Inhalt

W0364081

Die Fastenzeit – Österliche Bußzeit

Heilige Woche – Karwoche

Die Osterzeit

Messbuch 2018

Die vollständigen Messtexte
für Sonn- und Festtage
nach den authentischen liturgischen Ausgaben
der Bistümer des deutschen Sprachgebietes.
Mit der Feier der Gemeindemesse
und der Wort-Gottes-Feier
an Sonn- und Festtagen

Lesejahr B

Begründet von Eleonore Beck
Herausgegeben von Dorothee Sandherr-Klemp
und Susanne Sandherr

Butzon & Bercker

Die STÄNDIGE KOMMISSION FÜR DIE HERAUSGABE DER GEMEINSAMEN LITURGISCHEN BÜCHER IM DEUTSCHEN SPRACHGEBIET erteilte für die aus diesen Büchern entnommenen Texte die Abdruckerlaubnis. Die darin enthaltenen biblischen Texte sind Bestandteil der von den Bischofskonferenzen des deutschen Sprachgebietes approbierten Einheitsübersetzung der Heiligen Schrift.

Das DEUTSCHE LITURGISCHE INSTITUT erteilte für die aus „Fünf Hochgebete" und „Benediktionale" entnommenen Texte die Abdruckerlaubnis.

Der VEREIN ZUR FÖRDERUNG DES DEUTSCHEN LITURGISCHEN INSTITUTS E. V. (VzF) erteilte für die aus „Wort-Gottes-Feier. Werkbuch für die Sonn- und Festtage" entnommenen Texte die Abdruckerlaubnis.

Hinweis zu den Lesungen:
Anstelle des Wortes „Brüder" können bei den Anfangsworten der Lesungen auch die Worte „Brüder und Schwestern" bzw. „Schwestern und Brüder" gebraucht werden.

Die revidierte Einheitsübersetzung der Heiligen Schrift ist im Buchhandel seit Dezember 2016 erhältlich. In die Messlektionare ist sie noch nicht übernommen worden. Das erste neue Lektionar soll zum 1. Advent 2018 für das dann beginnende Lesejahr C erscheinen. Gemäß dieser Ankündigung des „Forums Liturgie im deutschen Sprachgebiet" der betroffenen Bischofskonferenzen und (Erz-)Diözesen wird die revidierte Einheitsübersetzung in „Berckers Messbuch" ab dem Jahrgang 2019 (beginnend mit dem 1. Advent 2018) Grundlage sein für die Wiedergabe der Texte aus der Heiligen Schrift.

ISBN 978-3-7666-2292-1

Mit kirchlicher Druckerlaubnis
Nr. 3.6–01/2017
Münster, den 1. Juni 2017
Dr. Norbert Köster, Generalvikar
Lektorat: Eva Dicks, Geldern
Satz: Schröder Media GbR, Dernbach
Druck und Bindung: Druckerei C.H.Beck, Nördlingen

ZU DIESEM BUCH
CHRIST IST ERSTANDEN: IHR SEID GESANDT

Überall ist Mittelalter ... Der Hymnenschatz unserer Liturgie jedenfalls weist ins Mittelalter zurück. Dessen Liturgie aber war lateinisch. Was bedeutete das für die einfachen Leute? Ihre Möglichkeiten, sich an dem von Klerikern oder Mönchen getragenen liturgischen Geschehen singend oder betend zu beteiligen, waren gering. Zu nennen sind hier die volkssprachlichen „Akklamationen“. Als sich diese gottesdienstlichen Gemeinderufe mit volkssprachlichen Texten verbanden, entstand etwas Neues: das Gemeindelied. Wegen des Schlussrufes „Kyrieleis“ (Herr, erbarme dich) wird dieser Liedtypus als „Leise“ bezeichnet. Die „Leisen“ deuteten das liturgische Geschehen und erschlossen den Festgehalt.

Mit der Türe ins Haus

„Christ ist erstanden“ (GL 318, KG 464, EG 99), zunächst einstrophig, ist eine der ältesten Leisen und das älteste deutsche Kirchenlied. Vier Worte haben hier Gewicht: erstanden, Marter, froh, Trost. Das Lied fällt mit der Tür ins Haus: „Christ ist erstanden“ (vgl. Mt 28,6). Mit diesem Bekenntnis steht und fällt unser Glaube: „Ist Christus nicht auferweckt worden, dann ist unsere Verkündigung leer und euer Glaube sinnlos.“ (1 Kor 15,14)

Der Jubel bebt

Erstehen, erstanden – das sind für viele heute Fremd-Wörter, Vokabeln einer religiösen Sondersprache. Im Mittelalter war es anders. „Christ ist erstanden!“ Merken wir die spontane Erregung, die Emphase in diesem Ausruf? Er lebt. Spüren wir, wie der Jubel bebt?

Einer für uns

Marter, dieses Wort wiegt schwer. Ist es nicht zu stark für unsere eigenen Erfahrungen? Doch auch unser Leid – Pein und Peinlichkeit, Qual und Erniedrigung, Verlust und Verlassenheit, Scham und Schmerz und Schuld – sind darin aufgehoben. Mit Verträgen und Versicherungen aller Art, mit Coolness und Cleverness polstern wir uns gegen „Martern“. Wir versuchen es. Das ist so unwirksam wie überflüssig. Christ ist erstanden – von der Marter alle(r). Nicht nur die Mitläufer, nicht nur die Täter und die Entscheider, auch der Gemarterte ist einer von uns. Er ist einer für uns (Jes 52,13 – 53,12).

Froh und Trost

Aus dem Indikativ „Christ ist erstanden“ folgt ein Imperativ: „des solln wir alle froh sein“. Froh und Trost – für das heutige Sprachgefühl ein etwas ungleiches Paar? Doch Trost hat ursprünglich nicht den Beigeschmack von Vertrösten. Trost ist das Vertrauenswürdige, das, was sicher, stark und verlässlich ist. Dieser Trost macht mutig und lebensmutig. Diesem Trost kann man trauen. Dieser Trost ist ein Grund zur Freude, zu großer Herzenslust.

So freut sich alles

Das Lied fragt auch: Was wäre, wenn (nicht)? Was wäre, wenn Gott den Gemarterten nicht als seinen Christus beglaubigt hätte? Dann hätte der Tod das letzte Wort. Nun aber hat Gott Jesus als geliebten Sohn erwiesen. „Seit dass er erstanden ist, / so freut sich alles, was da ist.“

Welt wird neu

Die Welt wird wirklich neu, von Gott her. Der große Übergang ist kein Tagtraum, sondern gottgeschenkte Wirklichkeit. Er ist wirklich wahr geworden, der wunderliche Wechsel: von der Sklaverei zur Freiheit, von der Nacht zum Tag, von eisiger Erstarrung zum Blühen, zum regsamen Leben.

Eure Söhne und Töchter werden Propheten sein

„Christ fuhr gen Himmel. / Was sandt er uns hernieder? / Er sandte uns den Heilgen Geist / zu Trost der armen Christenheit.“ (GL 319, KG 476, EG 120) Diese Strophe erinnert an das Ereignis der Geistsendung (vgl. Apg 2). Die Ausgießung des Heiligen Geistes hält sich nicht an Machtverhältnisse, vielmehr entmachtet sie bestehende Rang-

ordnungen und überwindet hierarchische Zerteilungen. Petrus zitiert in seiner Pfingstpredigt die Worte des Propheten: „Danach aber wird es geschehen, dass ich meinen Geist ausgieße über alles Fleisch. Eure Söhne und Töchter werden Propheten sein, eure Alten werden Träume haben, und eure jungen Männer haben Visionen. Auch über Knechte und Mägde werde ich meinen Geist ausgießen in jenen Tagen." (Joël 3,1 f.) Paulus erinnert daran, dass wir in dem einen Geist alle zu einem Leib getauft wurden, ob Juden oder Griechen, Sklaven oder Freie, „und alle wurden wir mit dem einen Geist getränkt." (1 Kor 12,13)
Folgt man den Aposteln Petrus und Paulus, so gründet und mündet die Kirche Jesu Christi in der belebenden, der be-geisternden Erfahrung, dass Männer und Frauen, Einheimische und Fremde, Alte und Junge, Gebildete und Ungebildete, Sklavinnen und Sklaven Gleiche sind, weil Gottes ureigene Geistkraft jeden und jede berührt hat und begabt.

In alle Land

Das neue Leben des auferweckten Herrn ist für alle Welt ein Segen. Es erinnert die Gemeinde daran, dass sie gesegnet, dass sie selber Segen ist: „Er segnet' sie mit seiner Hand / und sandte sie in alle Land." – Die mittelalterlichen Leisen „Christ ist erstanden" und „Christ fuhr gen Himmel" führen uns zurück zu den Anfängen des deutschen volkssprachlichen Gemeindeliedes. Ihr geistlicher Gehalt – die Betonung des „alle", des „jeder und jede", in Erlösungsgeschehen, Geistbegabung und Sendung – befreit auch heute zur aktiven Teilhabe und Teilnahme am liturgischen Geschehen und führt hinaus „in alle Land", ins Weite: Ihr seid das Volk. Ihr seid Sein Volk. Ihr seid gesandt!

Dorothee Sandherr-Klemp und Susanne Sandherr

EIN NEUES LESEJAHR: DAS EVANGELIUM NACH MARKUS

Beim Evangelium nach Markus handelt es sich um die früheste tradierte Darstellung des Lebens und Leidens Jesu. Der Matthäus- und der Lukas-Evangelist konnten bereits auf diese Jesus-Schrift zurückgreifen. Eine Zusammenschau der drei Erzählungen zeigt, dass sich die Erzählung des Markus wie ein roter Faden durch die anderen beiden Evangelien zieht. Das Evangelium, das wohl in den Jahren nach 70 nach Christus entstand, wurde in griechischer Sprache verfasst. Vermutlich ist es in Rom entstanden, wo auch seine ersten Adressaten zu suchen sind. Markus orientiert sich literarisch an den Lebensdarstellungen (Viten) großer Männer der griechischen und römischen Geschichte. Ziel der Viten ist es, die Leitlinien des Handelns der dargestellten Personen in Szenen aus ihrem Leben plastisch vor Augen zu führen und sie als attraktive Vorbilder darzustellen. Wenn Markus die Erzählungen aus dem Leben Jesu nach dem Vorbild der Viten zusammenträgt, will er Jesus als Lebensbegleiter nahebringen. Doch ein als Aufrührer hingerichteter Jude aus einem eher unbekannten, aber unruhigen Winkel des Römischen Reiches, warum sollte so einer mit einer literarischen Lebensdarstellung gewürdigt werden? Zudem nennt Markus seine Erzählung nicht Vita, sondern Evangelium: Gute Nachrichten. Das Evangelium nach Markus beginnt mit den Worten: „Anfang des Evangeliums von Jesus Christus, dem Sohn Gottes“ (Mk 1,1).

Gegenerzählung

Mit „Evangelium“, „Gute Nachrichten“ verband man im öffentlichen Raum damals vor allem den Herrschaftsantritt des römischen Kaisers Vespasian im Jahre 69 nach Christus. Die gute Nachricht von Vespasians Machtübernahme, die mit seinem brutalen, ja vernichtenden Durchgreifen in Palästina an Fahrt gewonnen hatte, stand nach einem Jahr bürgerkriegsartiger Wirren in Rom für Befriedung und innere Sicherheit, Ordnung und Ruhe. Das Evangelium nach Markus ist eine Gegenerzählung zu diesen offiziellen Nachrichten. Es handelt vom Wachsen eines anderen, des Gottesreiches, und vom Weg eines anderen Herrschers, des Messias-Königs, des Gottes- und Menschensohns Jesus, der in dieser Welt radikal scheitert oder radikal zu scheitern scheint.

Aufsteiger und Absteiger

Vespasian ist ein Aufsteiger, Jesus ein Absteiger; so sieht es jedenfalls aus. Wie kann es sein, dass über beider Weg „Gute Nachrichten" verbreitet werden? Markus macht mit dem ursprünglich offenen Schluss seiner Erzählung (Mk 16,1–8) deutlich, dass es an seinen Lesern und Leserinnen liegt, ob Jesus König und ob sein Evangelium in alle Welt verkündet wird. Folgen sie diesem König nach? Wird Jesu Weg auch unser Weg sein? Das ist die Frage, die das Evangelium nach Markus stellt.

Jesu Weg – unser Weg

Markus will den Weg Jesu für den Glaubensweg des und der Einzelnen durchsichtig machen. Die Handlung des Evangeliums spielt an fünf verschiedenen Orten, in der Wüste (1,1–15), an beiden Ufern des Meeres von Galiläa (1,16–8,21), auf dem Wege (8,27–10,52), zwischen Berg und Tempel von Jerusalem (11,1–15,41), und schließlich beim Grabmal (15,42–16,8). Den Mittelteil des Evangeliums bilden die Erzählungen vom Wege. Jesus ist mit den Jüngern allein unterwegs. Er geht ihnen voraus und weist ihnen, nun unverschlüsselt, den Weg. Seine Lehre aber ist hart: Mein Königsweg ist der Weg ans Kreuz. Darum untersagt Jesus den Jüngern, ihn nach außen mit einem geläufigen Ehrentitel – Messias/Christus – zu belegen, bevor sich ihr Verständnis vertieft hat. Sie müssen weiterlernen: Wer Jesus wirklich ist, kann nicht an einem Titel, sondern nur an seinem Weg abgelesen werden.

Königsweg, Dienstweg

Das Markus-Evangelium benennt Jesus mit Würdetiteln, die in der jüdischen Tradition für herausragende Heilsgestalten verwendet werden: Menschensohn, Christus bzw. Messias, Gottessohn. Doch was er vom Weg Jesu erzählt, steht auch in Spannung zu diesen Titeln, schreckt auf. Ja, Jesus ist in Wahrheit der Menschensohn, der zum endzeitlichen Gericht erwartet wird – und wird doch auf Erden selbst verurteilt und hingerichtet. Ja, Jesus ist in Wahrheit der Messias-König, von dem man erwartet, dass er die Feinde aus dem Land treibt – doch es sind nicht die römischen Besatzer, sondern die „Dämonen", von denen er die Menschen befreit. Ja, Jesus ist in Wahrheit Gottes Sohn – und doch ist er „der Erste" nur, indem er anderen dient (10,42–45). Jesu Königsweg ist der Dienst-Weg, und eben dieser Weg des Dienens, des Liebes-Dienstes an den Kleinen und Verachteten, wird, in individueller Vielfalt, den Männern und Frauen in seiner Nachfolge zugemutet und zugetraut.

Wüste und Grab

Während Jesus in Galiläa durch seine Predigten und Heilungen regen Zulauf hat, zerfällt in Jerusalem sein Anhängerkreis: Seine Schüler fliehen (14,50). Während Jesus in Galiläa sogar die zweifelnde heidnische Bevölkerung vom anderen Ufer für sich und seine Botschaft einnehmen kann, gelingt es ihm in Jerusalem nicht, seine Gegner, die Hohenpriester und Schriftgelehrten, zu gewinnen. Die beiden Eckpunkte der Erzählung, Wüste und Grab, korrespondieren. Beides sind Orte des Todes, doch es entspricht biblischer Erfahrung, dass Gott gerade in der lebensfeindlichen Wüste einen Neuanfang setzt mit seinem Volk Israel. Nur so können die Leser, die am Ende des Evangeliums ins Grab geführt werden, darauf hoffen, dass gerade an diesem Ort radikalen Abbruchs von einem absoluten Neuanfang erzählt werde. Und es geschieht. Ein Bote Gottes tritt auf und verkündet den Frauen, und durch sie allen Jüngern und Jüngerinnen Jesu, frohe Botschaft. Botschaft des Auferstandenen, Botschaft vom Auferstandenen. Die Leerstelle schlechthin wird zum Ort der Erfüllung. Jesu letztes Versprechen ist eingelöst: „Er geht euch voraus nach Galiläa; dort werdet ihr ihn sehen, wie er es euch gesagt hat." (16,7; vgl. 14,28)

Auf dem Weg

Jesus, der Auferstandene, ist der geliebte Sohn. Er ist allen voraus und ruft alle zurück, an den Ort des Anfangs und auf den Weg des Leben- und Liebenlernens, hinter ihm her. „Auf ihn sollt ihr hören." (9,7)

Susanne Sandherr

Der Advent

1. ADVENTSSONNTAG

3. Dezember 2017

Warten zwischen Anspannung und Entspannung, so beschreiben die Lesungen zum Auftakt des neuen Kirchenjahres die Hoffnung auf Gottes Kommen. Das Volk Israel wartet angespannt darauf, dass sich Gott dem Volk wieder so offenbart, wie es dies in seiner Geschichte schon erlebt hat. Paulus kann entspannt warten, hat doch die Botschaft des Evangeliums in der Gemeinde von Korinth viele Früchte getragen. Im Evangelium mahnt Jesus dazu, in Spannung zu bleiben, denn niemand weiß, wann das Ende, der große Tag Gottes, eintreffen wird. Aber wer seinen Worten der Liebe und der Barmherzigkeit vertraut, der kann dennoch entspannt dem Ende entgegensehen, denn diese Worte des Lebens werden selbst dann noch den Weg ausleuchten, wenn die Sterne vom Himmel fallen.

ERÖFFNUNGSVERS — Ps 25(24),1–3

Zu dir, Herr, erhebe ich meine Seele.
Mein Gott, dir vertraue ich.
Lass mich nicht scheitern,
lass meine Feinde nicht triumphieren!
Denn niemand, der auf dich hofft, wird zuschanden.

KYRIE-RUFE

Herr Jesus Christus, du reißt den Himmel auf
und kommst zu uns herab.

V/A: Herr, erbarme dich.
Du bringst, was kein Auge gesehen
und kein Ohr gehört hat.
V/A: Christus, erbarme dich.
Du erfüllst unser Verlangen,
dass Gott denen Gutes tut, die auf ihn hoffen.
V/A: Herr, erbarme dich.

TAGESGEBET

Herr, unser Gott, alles steht in deiner Macht; du schenkst das Wollen und das Vollbringen. Hilf uns, dass wir auf dem Weg der Gerechtigkeit Christus entgegengehen und uns durch Taten der Liebe auf seine Ankunft vorbereiten, damit wir den Platz zu seiner Rechten erhalten, wenn er wiederkommt in Herrlichkeit. Er, der in der Einheit des Heiligen Geistes mit dir lebt und herrscht in alle Ewigkeit.

WORTGOTTESDIENST

ZUR 1. LESUNG Als das Volk Israel wieder aus dem Exil in Babylon in seine Heimat zurückkehrte, hatte es viele Hoffnungsworte im Gepäck. Der Prophet, dessen Botschaften im zweiten Teil des Buches Jesaja (Jes 40–55) gesammelt sind, hatte während des Exils wuchtige Bilder gezeichnet. Mit Triumph werde das Volk wieder in Israel einziehen. Zurück in der Heimat, verdrängt die nüchterne Realität die einst strahlende Zukunft. Die Prophetensprüche, die aus der Zeit nach dem Exil stammen und im dritten Teil des Jesajabuches aufgeschrieben wurden, deuten dies so: In sein Land ist das Volk zwar zurückgekehrt, zu Gott aber nicht. Doch der „Erlöser von jeher" macht sich immer wieder neu auf. Er wird das Werk seiner Hände nicht im Stich lassen (V. 7). Die Zukunft, die Jesaja einst gesehen hatte, war schon das Reich des Friedens, das im Messias Jesus angebrochen ist und am Ende der Zeiten vollendet werden wird. Gott kommt, ganz sicher. Auch in diesen Tagen des Advents. Und er wird denen Gutes tun, die auf ihn hoffen.

ERSTE LESUNG

Jes 63,16b–17.19b; 64,3–7

Reiß doch den Himmel auf und komm herab!

Lesung aus dem Buch Jesaja.

Du, Herr, bist unser Vater, „Unser Erlöser von jeher“ wirst du genannt. Warum lässt du uns, Herr, von deinen Wegen abirren und machst unser Herz hart, sodass wir dich nicht mehr fürchten? Kehre zurück um deiner Knechte willen, um der Stämme willen, die dein Eigentum sind. Reiß doch den Himmel auf und komm herab, sodass die Berge zittern vor dir.

Seit Menschengedenken hat man noch nie vernommen, kein Ohr hat gehört, kein Auge gesehen, dass es einen Gott gibt außer dir, der denen Gutes tut, die auf ihn hoffen. Ach, kämst du doch denen entgegen, die tun, was recht ist, und nachdenken über deine Wege.

Ja, du warst zornig; denn wir haben gegen dich gesündigt, von Urzeit an sind wir treulos geworden. Wie unreine Menschen sind wir alle geworden, unsere ganze Gerechtigkeit ist wie ein schmutziges Kleid. Wie Laub sind wir alle verwelkt, unsere Schuld trägt uns fort wie der Wind.

Niemand ruft deinen Namen an, keiner rafft sich dazu auf, festzuhalten an dir. Denn du hast dein Angesicht vor uns verborgen und hast uns der Gewalt unserer Schuld überlassen. Und doch bist du, Herr, unser Vater. Wir sind der Ton und du bist unser Töpfer, wir alle sind das Werk deiner Hände.

ANTWORTPSALM

Ps 80(79),2ac u. 3bc.15–16.18–19 (R: vgl. 4)

R Richte uns wieder auf, o Gott,
lass dein Angesicht leuchten, dann sind wir gerettet. – R

Du Hirte Israels, höre! *
Der du auf den Kerubim thronst, erscheine!
Biete deine gewaltige Macht auf *
und komm uns zu Hilfe! – (R)

Gott der Heerscharen, wende dich uns wieder zu! *
Blick vom Himmel herab und sieh auf uns!
Sorge für diesen Weinstock *
und für den Garten, den deine Rechte gepflanzt hat. – (℟)

Deine Hand schütze den Mann zu deiner Rechten, *
den Menschensohn, den du für dich groß und stark gemacht.
Erhalt uns am Leben! *
Dann wollen wir deinen Namen anrufen
und nicht von dir weichen. – ℟

ZUR 2. LESUNG In Korinth hatte Paulus eine blühende Gemeinde hinterlassen. Verschiedene Gnadengaben ließen die Gemeinde in der griechischen Hafenstadt wachsen und gedeihen. Einigen stieg dieser Ruhm rasch zu Kopf, sodass sie der Apostel wieder auf den Boden der Tatsachen holen musste (vgl. 1 Kor 4,6–13). Glasklar, nicht ihr seid es, die sich den eigenen festen Glauben auf die Fahnen schreiben können. Es ist die Treue Gottes, die uns Tag für Tag leben und glauben lässt (V. 9). Er allein wird uns festigen bis ans Ende. Adventszeit heißt, sich dieser Treue wieder neu bewusst zu werden. „Nichts hab ich zu bringen, alles, Herr bist du."

ZWEITE LESUNG 1 Kor 1,3–9

Wir warten auf die Offenbarung unseres Herrn Jesus Christus

Lesung aus dem ersten Brief des Apostels Paulus an die Korinther.

Gnade sei mit euch und Friede von Gott, unserem Vater, und dem Herrn Jesus Christus.
Ich danke Gott jederzeit euretwegen für die Gnade Gottes, die euch in Christus Jesus geschenkt wurde, dass ihr an allem reich geworden seid in ihm, an aller Rede und aller Erkenntnis. Denn das Zeugnis über Christus wurde bei euch gefestigt, sodass euch keine

Gnadengabe fehlt, während ihr auf die Offenbarung Jesu Christi, unseres Herrn, wartet.

Er wird euch auch festigen bis ans Ende, sodass ihr schuldlos dasteht am Tag Jesu, unseres Herrn. Treu ist Gott, durch den ihr berufen worden seid zur Gemeinschaft mit seinem Sohn Jesus Christus, unserem Herrn.

RUF VOR DEM EVANGELIUM

Vers: Ps 85(84), 8

Halleluja. Halleluja.
Erweise uns, Herr, deine Huld
und gewähre uns dein Heil!
Halleluja.

ZUM EVANGELIUM Sicher kann man sich nicht sein. Wie viele haben schon berechnet, wann der Tag der Wiederkunft Christi sein wird. Alle Versuche sind kläglich gescheitert. Gott will auch keine Endzeitexperten aus uns machen, die einen exakten Fahrplan entwerfen können, wie es mit der Welt zu Ende geht. Darüber vergessen viele dann das Eigentliche. Denn darauf kommt es doch wohl letztlich an und das will Gott von uns: dass wir uns ganz auf ihn verlassen. Jetzt und hier. Die Sonne kann sich schließlich verfinstern und die Sterne können vom Himmel fallen. Wichtig ist nur, dass wir auch dann die Worte des Lebens kennen, die uns schon jetzt in stürmischen Zeiten Ruhe und Zuversicht geben können.

EVANGELIUM

Mk 13,33–37

Seid wachsam! Denn ihr wisst nicht, wann der Hausherr kommt

+ **Aus dem heiligen Evangelium nach Markus.**

In jener Zeit sprach Jesus zu seinen Jüngern: Seht euch vor und bleibt wach! Denn ihr wisst nicht, wann die Zeit da ist. Es ist wie mit einem Mann, der sein Haus verließ, um auf Reisen zu gehen: Er übertrug alle Verantwortung seinen Dienern, jedem eine bestimmte Aufgabe; dem Türhüter befahl er, wachsam zu sein.

Seid also wachsam! Denn ihr wisst nicht, wann der Hausherr kommt, ob am Abend oder um Mitternacht, ob beim Hahnenschrei oder erst am Morgen. Er soll euch, wenn er plötzlich kommt, nicht schlafend antreffen.

Was ich aber euch sage, das sage ich allen: Seid wachsam!

Oder:

LANGFASSUNG Mk 13,24–37

Dann wird man den Menschensohn mit großer Macht und Herrlichkeit auf den Wolken kommen sehen.
Seid wachsam! Denn ihr wisst nicht, wann der Hausherr kommt

+ **Aus dem heiligen Evangelium nach Markus.**

Jesus sprach zu seinen Jüngern: In jenen Tagen, nach der großen Not, wird sich die Sonne verfinstern und der Mond wird nicht mehr scheinen; die Sterne werden vom Himmel fallen und die Kräfte des Himmels werden erschüttert werden.

Dann wird man den Menschensohn mit großer Macht und Herrlichkeit auf den Wolken kommen sehen. Und er wird die Engel aussenden und die von ihm Auserwählten aus allen vier Windrichtungen zusammenführen, vom Ende der Erde bis zum Ende des Himmels.

Lernt etwas aus dem Vergleich mit dem Feigenbaum! Sobald seine Zweige saftig werden und Blätter treiben, wisst ihr, dass der Sommer nahe ist. Genauso sollt ihr erkennen, wenn ihr all das geschehen seht, dass das Ende vor der Tür steht.

Amen, ich sage euch: Diese Generation wird nicht vergehen, bis das alles eintrifft. Himmel und Erde werden vergehen, aber meine Worte werden nicht vergehen. Doch jenen Tag und jene Stunde kennt niemand, auch nicht die Engel im Himmel, nicht einmal der Sohn, sondern nur der Vater.

Seht euch also vor und bleibt wach! Denn ihr wisst nicht, wann die Zeit da ist. Es ist wie mit einem Mann, der sein Haus verließ, um auf Reisen zu gehen: Er übertrug alle Verantwortung seinen Dienern, jedem eine bestimmte Aufgabe; dem Türhüter befahl er, wachsam zu sein.

Seid also wachsam! Denn ihr wisst nicht, wann der Hausherr kommt, ob am Abend oder um Mitternacht, ob beim Hahnenschrei oder erst am Morgen. Er soll euch, wenn er plötzlich kommt, nicht schlafend antreffen.

Was ich aber euch sage, das sage ich allen: Seid wachsam!

Glaubensbekenntnis, S. 470 ff.

FÜRBITTEN

Zum Anfang des neuen Kirchenjahres erfahren wir neu, dass wir zur Hoffnung berufen sind und darum eingeladen, wachsam und achtsam zu leben. Jesus Christus, der uns entgegenkommt, bitten wir:

- Für die Kirche, dass sie, erfüllt von Glaube, Liebe und Hoffnung, den Menschen entgegengehe. V/A: Höre und erhöre uns.
- Für Menschen, die alles perfekt machen wollen, unter großem Druck stehen und sich dabei selbst verlieren. V/A: Höre und erhöre uns.
- Für alle, die friedfertig leben und sich bewusst für den Frieden einsetzen. V/A: Höre und erhöre uns.
- Für Menschen, die den Hunger in der Welt nicht einfach hinnehmen und anderen helfen. V/A: Höre und erhöre uns.
- Für Angehörige, Nachbarn und Freunde, die Not und Einsamkeit alter und kranker Menschen sehen und für sie da sind. V/A: Höre und erhöre uns.

Gott, du schenkst Neubeginn und Hoffnung: Lass uns deine heilsame Gegenwart in dieser Adventszeit immer deutlicher spüren und aus der Kraft deines Geistes leben. So bitten wir durch Christus, unseren Bruder und Herrn.

EUCHARISTIEFEIER

GABENGEBET

Allmächtiger Gott, alles, was wir haben, kommt von dir. Nimm die Gaben an, die wir darbringen. Mache sie für uns in diesem Leben zum Sakrament der Erlösung und rufe uns an deinen Tisch im kommenden Reich. Darum bitten wir durch Christus, unseren Herrn.

Präfation, S. 477 ff.

KOMMUNIONVERS Ps 85(84),13

Der Herr wird seinen Segen spenden
und unsere Erde bringt ihre Frucht hervor.

SCHLUSSGEBET

Herr, unser Gott, du hast uns an deinem Tisch mit neuer Kraft gestärkt. Zeige uns den rechten Weg durch diese vergängliche Welt und lenke unseren Blick auf das Unvergängliche, damit wir in allem dein Reich suchen. Darum bitten wir durch Christus, unseren Herrn.

FEIERLICHER SCHLUSSSEGEN

Der barmherzige Gott hat uns den Glauben an das Kommen seines Sohnes geschenkt; er segne und heilige euch durch das Licht seiner Gnade. – A: Amen.

Er mache euch standhaft im Glauben, froh in der Hoffnung und eifrig in Werken der Liebe. – A: Amen.
Die erste Ankunft des Erlösers sei euch Unterpfand der ewigen Herrlichkeit, die er uns schenken wird, wenn er wiederkommt auf den Wolken des Himmels. – A: Amen.
Das gewähre euch der dreieinige Gott, der Vater und der Sohn † und der Heilige Geist. – A: Amen.

***

DU LICHT

Du Licht,
das uns durch dunkle Zeiten trägt,
das Ängste und Sorgen vertreibt,
das uns Hoffnung in der Bedrängnis gibt
und uns Rettung und Hilfe verspricht.
Komm!

Du Licht,
das den Neubeginn ankündigt,
das die Schrecken der Nacht bannt,
das den Morgen anbrechen lässt
und uns durch den Tag begleitet.
Komm!

Du Licht,
Leitstern durch unser Leben,
Kraftquell auf all unseren Wegen,
Orientierung und Ziel,
unser Heil, unsere Zukunft.
Komm!

Gisela Baltes

HOCHFEST
DER OHNE ERBSÜNDE EMPFANGENEN JUNGFRAU UND GOTTESMUTTER MARIA

8. Dezember 2017

Unser Leben und Zusammenleben wirft mehr Fragen auf, als wir zu beantworten vermögen. Nicht selten schaden wir sogar denen, die wir lieben, eigene Schuld schieben wir anderen in die Schuhe. Wir misstrauen dem Liebeswillen Gottes, wir sind durch Größenfantasien verführbar, wir leben verstrickt. Und doch werden wir zum Knotenlösen gebraucht. Wie Maria. Wir können uns nicht selbst befreien. Auch Maria nicht. Alles, was sie bei der Verwirklichung unserer Erlösung tut, geschieht nicht aus eigenem Vermögen, sondern aus Gottes Wirken. Maria ist von Anfang an das, was uns allen von Christus her verheißen ist. Sie ist Urbild dessen, was Glauben heißt. An ihr wird deutlich, dass Gottes Handeln am Menschen, seine Gnade, menschliche Freiheit nicht beschneidet, sondern schenkt. Ihre Erwählung schon im Leib ihrer Mutter ersetzt nicht das Ja, das Mirjam bei der Ankündigung der Geburt ihres Kindes sprechen wird – Gottes Liebeswahl macht dieses Ja erst möglich.

ERÖFFNUNGSVERS

Jes 61,10

Von Herzen will ich mich freuen über den Herrn.
Meine Seele soll jubeln über meinen Gott.
Denn er kleidet mich in Gewänder des Heils,
er hüllt mich in den Mantel der Rettung
und schmückt mich köstlich wie eine Braut.

KYRIE-RUFE

Herr Jesus Christus, du hast deine Mutter Maria
vor jedem Schaden der Sünde unversehrt bewahrt.
V/A: Herr, erbarme dich.
Du hast in deiner Mutter Maria
eine würdige Wohnung gefunden.
V/A: Christus, erbarme dich.
Du rettest auch uns
aus aller Verstrickung in Schuld und Leid.
V/A: Herr, erbarme dich.

Ehre sei Gott, S. 467 f.

TAGESGEBET

Großer und heiliger Gott, im Hinblick auf den Erlösertod Christi hast du die selige Jungfrau Maria schon im ersten Augenblick ihres Daseins vor jeder Sünde bewahrt, um deinem Sohn eine würdige Wohnung zu bereiten. Höre auf ihre Fürsprache: Mache uns frei von Sünden und erhalte uns in deiner Gnade, damit wir mit reinem Herzen zu dir gelangen. Darum bitten wir durch Jesus Christus.

WORTGOTTESDIENST

ZUR 1. LESUNG Erzählungen vom Anfang der Welt und des Lebens eröffnen die Heilige Schrift. Sie sagen: Von Anbeginn leben wir aus dem großen Ja Gottes, seiner unerschöpflichen Liebesmacht, allen schlimmen Störungen, Verwerfungen und Verkehrungen zum Trotz. Die biblischen Texte sehen überaus klar, dass die Welt nicht einfach schön und lebensförderlich ist, sondern oft genug lebensgefährlich und schlecht. Menschliches Leben und Zusammenleben steckt voller Brüche. Daran hat sich wenig geändert. Die Bibel hilft uns im Buch Genesis mit deutenden, klärenden und letztlich tröstenden Anfangs-

und Menschheitsgeschichten, und das Neue Testament fügt eine große Anfangs- und Menschheitsgeschichte hinzu. Beginnt sie auf menschlicher Seite nicht hier, in Marias freiem Ja?

ERSTE LESUNG

Gen 3,9–15.20

Feindschaft setze ich zwischen dich und die Frau, zwischen deinen Nachwuchs und den Nachwuchs der Frau

Lesung aus dem Buch Genesis.

Nachdem Adam vom Baum gegessen hatte, rief Gott, der Herr, ihm zu und sprach: Wo bist du? Er antwortete: Ich habe dich im Garten kommen hören; da geriet ich in Furcht, weil ich nackt bin, und versteckte mich.

Darauf fragte er: Wer hat dir gesagt, dass du nackt bist? Hast du von dem Baum gegessen, von dem zu essen ich dir verboten habe? Adam antwortete: Die Frau, die du mir beigesellt hast, sie hat mir von dem Baum gegeben und so habe ich gegessen.

Gott, der Herr, sprach zu der Frau: Was hast du da getan? Die Frau antwortete: Die Schlange hat mich verführt und so habe ich gegessen.

Da sprach Gott, der Herr, zur Schlange: Weil du das getan hast, bist du verflucht unter allem Vieh und allen Tieren des Feldes. Auf dem Bauch sollst du kriechen und Staub fressen alle Tage deines Lebens. Feindschaft setze ich zwischen dich und die Frau, zwischen deinen Nachwuchs und ihren Nachwuchs. Er trifft dich am Kopf und du triffst ihn an der Ferse.

Adam nannte seine Frau Eva – Leben –, denn sie wurde die Mutter aller Lebendigen.

ANTWORTPSALM

Ps 98(97),1.2–3b.3c–4 (R: 1ab)

℟ Singet dem Herrn ein neues Lied;
denn er hat wunderbare Taten vollbracht. – ℟

Singet dem Herrn ein neues Lied; *
denn er hat wunderbare Taten vollbracht.
Er hat mit seiner Rechten geholfen *
und mit seinem heiligen Arm. – (℟)

Der Herr hat sein Heil bekannt gemacht *
und sein gerechtes Wirken enthüllt vor den Augen der Völker.
Er dachte an seine Huld *
und an seine Treue zum Hause Israel. – (℟)

Alle Enden der Erde *
sahen das Heil unsres Gottes.
Jauchzt vor dem Herrn, alle Länder der Erde, *
freut euch, jubelt und singt! – ℟

ZUR 2. LESUNG In der heutigen Lesung aus dem Epheserbrief hören wir das Danklied einer Gemeinde, die Gottes große Güte als das Glück ihres Lebens preist: Wir sind erwählt. Gottes Wort hören, zu Gott gehören, Gott gehören, das macht nicht hörig, das engt nicht ein; das macht weit, das befreit. Wir sind erwählt. Erwählt sein von Anfang an, das bedeutet, von Gott getragen sein von Anfang an, getragen zu einem Leben in seiner Nähe. Zu einem heiligen Leben. Heiligkeit des Lebens heißt: Gott hat unser Leben von Grund auf recht gemacht, gerecht gemacht, zurecht gebracht. Heilig leben heißt, in Freude leben. Hoffnungsvoll leben. Heilig leben heißt, so zusammenleben, dass wir einander gerecht werden. Dann sind wir Gott recht. Verstehen wir nun, zu welcher Hoffnung wir berufen sind?

ZWEITE LESUNG

Eph 1,3–6.11–12

In Christus hat Gott uns erwählt vor der Erschaffung der Welt, zum Lob seiner herrlichen Gnade

Lesung aus dem Brief des Apostels Paulus an die Epheser.

Gepriesen sei Gott, der Gott und Vater unseres Herrn Jesus Christus. Er hat uns mit allem Segen seines Geistes gesegnet durch unsere Gemeinschaft mit Christus im Himmel.

Denn in ihm hat er uns erwählt vor der Erschaffung der Welt, damit wir heilig und untadelig leben vor Gott; er hat uns aus Liebe im Voraus dazu bestimmt, seine Söhne zu werden durch Jesus Christus und zu ihm zu gelangen nach seinem gnädigen Willen, zum Lob seiner herrlichen Gnade. Er hat sie uns geschenkt in seinem geliebten Sohn.

Durch ihn sind wir auch als Erben vorherbestimmt und eingesetzt nach dem Plan dessen, der alles so verwirklicht, wie er es in seinem Willen beschließt; wir sind zum Lob seiner Herrlichkeit bestimmt, die wir schon früher auf Christus gehofft haben.

RUF VOR DEM EVANGELIUM

Vers: vgl. Lk 1,28

Halleluja. Halleluja.
Gegrüßet seist du, Maria, voll der Gnade,
der Herr ist mit dir,
du bist gebenedeit unter den Frauen.
Halleluja.

ZUM EVANGELIUM Zu einem unbekannten Mädchen kommt einer, der ihr etwas zu sagen hat: Der Herr ist mit dir! Gott hat Großes mit dir vor. Du hast viel von ihm zu erwarten. Ob ihr das schon einmal gesagt worden ist? Wahrscheinlich nicht. Wer würde einer Frau, einem Mädchen gar, solche Flausen in den Kopf setzen? Das wäre ja etwas ganz Neues. Das wäre unerhört. Die Bibel erklärt: Wer so rechtens spricht, muss ein Bote Gottes sein. Maria erfährt: Ihr Kind wird Sohn von Gott her sein. Maria erklärt sich nicht für unzuständig, sondern fragt nach. Sie bleibt nicht stehen bei dem, was sie für denkbar, für machbar und möglich hält. Am Ende lässt sie sich auf Gottes Un-Möglichkeiten ein. „Dein Mantel ist sehr weit und breit, / er deckt die ganze Christenheit", preist viele Jahrhunderte später ein Marienlied. Maria, das Mädchen aus dem kleinen Ort Nazaret, hat sich vom Herrn führen und herausführen lassen, ins Weite.

EVANGELIUM

Lk 1,26–38

Sei gegrüßt, du Begnadete, der Herr ist mit dir

+ **Aus dem heiligen Evangelium nach Lukas.**

In jener Zeit wurde der Engel Gabriel von Gott in eine Stadt in Galiläa namens Nazaret zu einer Jungfrau gesandt. Sie war mit einem Mann namens Josef verlobt, der aus dem Haus David stammte. Der Name der Jungfrau war Maria.

Der Engel trat bei ihr ein und sagte: Sei gegrüßt, du Begnadete, der Herr ist mit dir. Sie erschrak über die Anrede und überlegte, was dieser Gruß zu bedeuten habe.

Da sagte der Engel zu ihr: Fürchte dich nicht, Maria; denn du hast bei Gott Gnade gefunden. Du wirst ein Kind empfangen, einen Sohn wirst du gebären: dem sollst du den Namen Jesus geben. Er wird groß sein und Sohn des Höchsten genannt werden. Gott, der Herr, wird ihm den Thron seines Vaters David geben. Er wird über das Haus Jakob in Ewigkeit herrschen und seine Herrschaft wird kein Ende haben.

Maria sagte zu dem Engel: Wie soll das geschehen, da ich keinen Mann erkenne?

Der Engel antwortete ihr: Der Heilige Geist wird über dich kommen und die Kraft des Höchsten wird dich überschatten. Deshalb wird auch das Kind heilig und Sohn Gottes genannt werden.

Auch Elisabet, deine Verwandte, hat noch in ihrem Alter einen Sohn empfangen; obwohl sie als unfruchtbar galt, ist sie jetzt schon im sechsten Monat. Denn für Gott ist nichts unmöglich.

Da sagte Maria: Ich bin die Magd des Herrn; mir geschehe, wie du es gesagt hast. Danach verließ sie der Engel.

Glaubensbekenntnis, S. 470 ff.

FÜRBITTEN

Gott, du hast Maria erwählt, das Heil der Welt zur Welt zu bringen. Wir bitten für unsere unheile und zerrissene Welt:

- Für die Kirche, dass sie den Frieden suche und mutig Wege der ökumenischen Annäherung gehe. V: Erbarmender Gott. A: Wir bitten dich, erhöre uns.
- Für alle am Rande der Gesellschaft, dass sie in ihrer Not wahrgenommen werden und Hilfe finden. V: Erbarmender Gott. A: Wir bitten dich, erhöre uns.
- Für die Opfer von Hass und Gewalt, dass sie in Zukunft ein Leben in innerer und äußerer Sicherheit führen können. V: Erbarmender Gott. A: Wir bitten dich, erhöre uns.
- Für die Familien, dass sie Räume bilden, in denen sich die Generationen wertschätzend und liebevoll begegnen können. V: Erbarmender Gott. A: Wir bitten dich, erhöre uns.
- Für die Familien weltweit, die von kriegerischen Auseinandersetzungen betroffen sind, die Not und Mangel leiden und auseinanderzubrechen drohen. V: Erbarmender Gott. A: Wir bitten dich, erhöre uns.

Gott, du hast uns gerufen und berufen zur Hoffnung. Stärke uns, dass wir, wie Maria, befähigt werden zum einfachen und immer neuen Ja in unserem Leben. Darum bitten wir durch Christus, unseren Freund und Bruder.

EUCHARISTIEFEIER

GABENGEBET

Herr, unser Gott, in deiner Gnade hast du die selige Jungfrau Maria auserwählt und vor jeder Sünde bewahrt. An ihrem Fest feiern wir das Opfer, das alle Schuld der Menschen tilgt. Befreie uns auf ihre

Fürsprache aus der Verstrickung in das Böse, damit auch wir heilig und makellos vor dir stehen. Darum bitten wir durch Christus, unseren Herrn.

PRÄFATION

In Wahrheit ist es würdig und recht, dir, Vater im Himmel, zu danken und das Werk deiner Liebe zu rühmen. Denn du hast Maria vor der Erbschuld bewahrt, du hast sie mit der Fülle der Gnade beschenkt, da sie erwählt war, die Mutter deines Sohnes zu werden. In unversehrter Jungfräulichkeit hat sie Christus geboren, der als schuldloses Lamm die Sünde der Welt hinwegnimmt. Sie ist Urbild und Anfang der Kirche, der makellosen Braut deines Sohnes. Vor allen Heiligen ist sie ein Vorbild der Heiligkeit, ihre Fürsprache erfleht uns deine Gnade durch unseren Herrn Jesus Christus. Durch ihn preisen dich Himmel und Erde, Engel und Menschen und singen wie aus einem Munde das Lob deiner Herrlichkeit: Heilig …

KOMMUNIONVERS

Großes hat man von dir gesagt, Maria,
denn aus dir ging hervor die Sonne der Gerechtigkeit,
Christus, unser Gott.

SCHLUSSGEBET

Herr und Gott, das Sakrament, das wir empfangen haben, heile in uns die Wunden jener Schuld, vor der du die allerseligste Jungfrau Maria vom ersten Augenblick ihres Daseins an auf einzigartige Weise bewahrt hast. Darum bitten wir durch Christus, unseren Herrn.

FEIERLICHER SCHLUSSSEGEN

Gott, der allmächtige Vater, segne euch durch den Erlöser der Welt, unseren Herrn Jesus Christus, den Sohn der jungfräulichen Mutter Maria. – A: Amen.
Sie hat den Urheber des Lebens geboren; ihre mütterliche Fürsprache erwirke euch Gottes Hilfe. – A: Amen.
Euch und allen, die heute das Hochfest der ohne Erbsünde empfangenen Jungfrau Maria begehen, schenke Gott die wahre Freude und den ewigen Lohn. – A: Amen.
Das gewähre euch der dreieinige Gott, der Vater und der Sohn † und der Heilige Geist. – A: Amen.

***

BIS AUF DEN GRUND

Das Wort Gottes trägt man nicht in einem Köfferchen
bis ans Ende der Welt:
Man trägt es in sich,
nimmt es mit sich auf die Reise.
Man verstaut es nicht in einem Winkel seiner selbst,
in seinem Gedächtnis
wie im Regal eines Schrankes versorgt.

Man lässt es sinken bis auf den Grund seiner selbst,
bis zur Angel, in der unser ganzes Selbst sich dreht.

Madeleine Delbrêl

2. ADVENTSSONNTAG

10. Dezember 2017

Ausharren und nicht die Hoffnung verlieren. Wie soll einem das gelingen, wenn man im Exil ist und sich nichts sehnlicher wünscht, als endlich wieder die Berge der Heimat zu sehen? Wie soll das gehen, wenn man nur noch auf der Bettkante sitzt, weil man den Tag des Herrn jeden Moment erwartet, sich aber nichts tut? Bereitet dem Herrn den Weg, ruft Johannes als Bote Jesu. Diesen Weg sollen wir vor allem in unsere Herzen bahnen. Denn dann können wir getrost warten, ohne die Geduld zu verlieren.

ERÖFFNUNGSVERS

Vgl. Jes 30, 19.30

Der Herr wird kommen, um die Welt zu erlösen.
Volk Gottes, mach dich bereit.
Höre auf ihn und dein Herz wird sich freuen.

KYRIE-RUFE

Herr Jesus Christus, du forderst uns auf,
uns vorzusehen und wachsam zu sein.
V/A: Herr, erbarme dich.
Du kommst plötzlich zu uns,
wenn wir es nicht erwarten.
V/A: Christus, erbarme dich.
Du willst uns ohne Makel und Fehler
und in Frieden antreffen.
V/A: Herr, erbarme dich.

TAGESGEBET

Allmächtiger und barmherziger Gott, deine Weisheit allein zeigt uns den rechten Weg. Lass nicht zu, dass irdische Aufgaben und Sorgen uns hindern, deinem Sohn entgegenzugehen. Führe uns durch dein Wort und deine Gnade zur Gemeinschaft mit ihm, der in der Einheit des Heiligen Geistes mit dir lebt und herrscht in alle Ewigkeit.

WORTGOTTESDIENST

ZUR 1. LESUNG Wie Balsam müssen diese kraftvollen Trostworte des Propheten auf das Volk Israel gewirkt haben. Mitten in allem Elend, in Unterdrückung und Frondienst, spricht der Prophet mutig und tröstlich. Gott wird kommen und der Not seines Volkes ein Ende machen. So wie er einst das Volk aus Ägypten geführt hat, wird er auch jetzt wieder sein Volk aus der Wüste führen. Das ist kein Kriegszug, sondern wie eine kostbare Schafherde wird Gott, der Hirt, sein Volk behutsam zurückbringen. Gott will uns trösten. Er wird auch uns aus der Wüste unserer alltäglichen Verzweiflung bringen. Was krumm ist, soll gerade werden. Mit diesen Bildern der Hoffnung kann ich auch in meiner Wüste überleben.

ERSTE LESUNG

Jes 40,1–5.9–11

Bahnt für den Herrn einen Weg!

Lesung aus dem Buch Jesaja.

Tröstet, tröstet mein Volk, spricht euer Gott. Redet Jerusalem zu Herzen und verkündet der Stadt, dass ihr Frondienst zu Ende geht, dass ihre Schuld beglichen ist; denn sie hat die volle Strafe erlitten von der Hand des Herrn für all ihre Sünden.
Eine Stimme ruft: Bahnt für den Herrn einen Weg durch die Wüste! Baut in der Steppe eine ebene Straße für unseren Gott! Jedes Tal

soll sich heben, jeder Berg und Hügel sich senken. Was krumm ist, soll gerade werden, und was hüglig ist, werde eben. Dann offenbart sich die Herrlichkeit des Herrn, alle Sterblichen werden sie sehen. Ja, der Mund des Herrn hat gesprochen.

Steig auf einen hohen Berg, Zion, du Botin der Freude! Erheb deine Stimme mit Macht, Jerusalem, du Botin der Freude! Erheb deine Stimme, fürchte dich nicht! Sag den Städten in Juda: Seht, da ist euer Gott. Seht, Gott, der Herr, kommt mit Macht, er herrscht mit starkem Arm. Seht, er bringt seinen Siegespreis mit: Alle, die er gewonnen hat, gehen vor ihm her. Wie ein Hirt führt er seine Herde zur Weide, er sammelt sie mit starker Hand. Die Lämmer trägt er auf dem Arm, die Mutterschafe führt er behutsam.

ANTWORTPSALM

Ps 85(84),9–10.11–12.13–14 (℟: 8)

℟ Erweise uns, Herr, deine Huld
und gewähre uns dein Heil! – ℟

Ich will hören, was Gott redet: †
Frieden verkündet der Herr seinem Volk *
und seinen Frommen, den Menschen mit redlichem Herzen.
Sein Heil ist denen nahe, die ihn fürchten. *
Seine Herrlichkeit wohne in unserm Land. – (℟)

Es begegnen einander Huld und Treue; *
Gerechtigkeit und Friede küssen sich.
Treue sprosst aus der Erde hervor; *
Gerechtigkeit blickt vom Himmel hernieder. – (℟)

Auch spendet der Herr dann Segen *
und unser Land gibt seinen Ertrag.
Gerechtigkeit geht vor ihm her *
und Heil folgt der Spur seiner Schritte. – ℟

ZUR 2. LESUNG Wie die Zeit vergeht, sagen wir gerne. Tausend Tage. Was, schon so lange ist das her? Der Petrusbrief will aber nicht mit Alltagsweisheiten über die echte Not der ersten Christus-Gläubigen hinwegtäuschen. Viele drohten daran zu zerbrechen, dass die verheißene baldige Wiederkunft Christi ausblieb. Für Gott ist dies kein Zögern, sondern ein Ausdruck seiner Liebe, seiner Barmherzigkeit. Er will, dass alle Menschen gerettet werden (1 Tim 2,4). Zweitausend Jahre, also vor Gott zwei Tage, sind seitdem vergangen. Aber noch immer gilt sein Wort: Er ist geduldig mit uns (V. 9). Seine Liebe hat kein Ende und kein Maß. So geduldig und verschwenderisch sollen auch wir mit unserer Liebe umgehen. Dann sind wir „heilig und fromm" (V. 11).

ZWEITE LESUNG

2 Petr 3,8–14

Wir erwarten einen neuen Himmel und eine neue Erde

Lesung aus dem zweiten Brief des Apostels Petrus.

Das eine, liebe Brüder [*oder:* Brüder und Schwestern, *oder:* Schwestern und Brüder,], dürft ihr nicht übersehen: dass beim Herrn ein Tag wie tausend Jahre und tausend Jahre wie ein Tag sind. Der Herr zögert nicht mit der Erfüllung der Verheißung, wie einige meinen, die von Verzögerung reden; er ist nur geduldig mit euch, weil er nicht will, dass jemand zugrunde geht, sondern dass alle sich bekehren.

Der Tag des Herrn wird aber kommen wie ein Dieb. Dann wird der Himmel prasselnd vergehen, die Elemente werden verbrannt und aufgelöst, die Erde und alles, was auf ihr ist, werden nicht mehr gefunden.

Wenn sich das alles in dieser Weise auflöst: wie heilig und fromm müsst ihr dann leben, den Tag Gottes erwarten und seine Ankunft beschleunigen! An jenem Tag wird sich der Himmel im Feuer auflösen und die Elemente werden im Brand zerschmelzen. Dann erwarten wir, seiner Verheißung gemäß, einen neuen Himmel und eine neue Erde, in denen die Gerechtigkeit wohnt.

Weil ihr das erwartet, liebe Brüder, bemüht euch darum, von ihm ohne Makel und Fehler und in Frieden angetroffen zu werden.

RUF VOR DEM EVANGELIUM

Vers: Lk 3,4.6

Halleluja. Halleluja.
Bereitet dem Herrn den Weg!
Ebnet ihm die Straßen!
Und alle Menschen werden das Heil sehen,
das von Gott kommt.
Halleluja.

ZUM EVANGELIUM Mit einem überlangen Finger hat der Maler Matthias Grünewald Johannes den Täufer auf dem Isenheimer Altar dargestellt. Den Finger ganz auf Christus gerichtet, eine Schrift in der Hand, steht Johannes für die heilsgeschichtliche Tradition Israels, die im Kommen Jesu Christi, so der Glaube der Christenheit, ihren Höhepunkt erreicht. Markus stellt Johannes ans Ende der bisherigen Prophetenreihe; nun bricht endgültig das Kommen des Reiches Gottes an. Denn mit der Deutung der Worte des Propheten Jesaja auf Christus hin zeigt er, dass in Jesus Gott selbst erschienen ist. Johannes weiß um seine Aufgabe, ganz Zeigefinger zu sein. Bin auch ich in meinem Alltag ein solcher Zeigefinger Jesu? Ich muss keinen rauen Kamelhaarmantel tragen und wilden Honig essen. Es genügt, immer wieder auf den zu verweisen, der mit Heiligem Geist tauft – auch mich, seinen Zeigefinger.

EVANGELIUM

Mk 1,1–8

Bereitet dem Herrn den Weg!

+ Aus dem heiligen Evangelium nach Markus.

Anfang des Evangeliums von Jesus Christus, dem Sohn Gottes: Es begann, wie es bei dem Propheten Jesaja steht: Ich sende meinen Boten vor dir her; er soll den Weg für dich bahnen. Eine Stimme ruft in der Wüste: Bereitet dem Herrn den Weg! Ebnet ihm die Straßen!

So trat Johannes der Täufer in der Wüste auf und verkündigte Umkehr und Taufe zur Vergebung der Sünden.

Ganz Judäa und alle Einwohner Jerusalems zogen zu ihm hinaus; sie bekannten ihre Sünden und ließen sich im Jordan von ihm taufen. Johannes trug ein Gewand aus Kamelhaaren und einen ledernen Gürtel um seine Hüften und er lebte von Heuschrecken und wildem Honig.

Er verkündete: Nach mir kommt einer, der ist stärker als ich; ich bin es nicht wert, mich zu bücken, um ihm die Schuhe aufzuschnüren. Ich habe euch nur mit Wasser getauft, er aber wird euch mit dem Heiligen Geist taufen.

Glaubensbekenntnis, S. 470 ff.

FÜRBITTEN

Johannes durchbricht die Spirale aus Ehrgeiz und Konkurrenz. Er erkennt und anerkennt die Größe und Geist-Begabung Jesu und bereitet ihm den Weg. Vor Jesus Christus, unseren Herrn, tragen wir nun die Anliegen unserer Zeit.

- Hilf deiner Kirche, nicht im Stillstand zu verharren und ihren Weg durch die Zeit und in der Zeit zu erkennen. V/A: Höre unser Rufen.

- Bestärke die Politikerinnen und Politiker in ihrem Bestreben, dem Wohl aller zu dienen. V/A: Höre unser Rufen.

- Stärke unsere Kinder und lass sie erfahren, dass sie wertvoll sind, vor jeder Leistung. V/A: Höre unser Rufen.

- Hilf denen, die ein gutes Auskommen haben, mit jenen zu teilen, die Not und Mangel leiden. V/A: Höre unser Rufen.

- Sei allen nahe, die einen lieben Menschen im Tod verloren haben und voll Trauer sind. V/A: Höre unser Rufen.

Guter Gott, als Getaufte bitten wir um Erneuerung aus deinem Geist der Liebe, heute und alle Tage unseres Lebens.

EUCHARISTIEFEIER

GABENGEBET

Barmherziger Gott, wir bekennen, dass wir immer wieder versagen und uns nicht auf unsere Verdienste berufen können. Komm uns zu Hilfe, ersetze, was uns fehlt, und nimm unsere Gebete und Gaben gnädig an. Darum bitten wir durch Christus, unseren Herrn.

Präfation, S. 477 ff.

KOMMUNIONVERS

Bar 5,5; 4,36

Jerusalem, erhebe dich,
steig auf den Berg und schau die Freude,
die von deinem Gott zu dir kommt.

SCHLUSSGEBET

Herr, unser Gott, im heiligen Mahl hast du uns mit deinem Geist erfüllt. Lehre uns durch die Teilnahme an diesem Geheimnis, die Welt im Licht deiner Weisheit zu sehen und das Unvergängliche mehr zu lieben als das Vergängliche. Darum bitten wir durch Christus, unseren Herrn.

FEIERLICHER SCHLUSSSEGEN

S. 20 f.

***

AUCH IN MIR

Du, der über uns ist,
du, der einer von uns ist,
du, der ist
– auch in uns, dass dich alle sehen –
auch in mir,
dass ich den Weg bereite für dich,
dass ich danke für alles, was mir widerfuhr.
Dass ich dabei nicht
vergesse der anderen Not.
Behalte mich in deiner Liebe,
so wie du willst,
dass andere bleiben
in der meinen.

Dag Hammarskjöld

3. ADVENTSSONNTAG

17. Dezember 2017

„Freut euch zu jeder Zeit!", ruft der Apostel Paulus der Gemeinde in Thessalonich zu. Gaudete!, Freut euch!, so heißt dieser dritte Adventssonntag. In das Violett der Adventszeit mischt sich schon das Weiß von Weihnachten, das Weiß der Auferstehung und des Sieges über den Tod. Daher tragen Priester an diesem Tag rosa Messgewänder. Advent ist Vorfreude. In Jesus erfüllen sich Hoffnungen. Damals, als Gefangene entlassen und Gefesselte befreit wurden. Jetzt, wenn wir im Dunkel dieser Tage das Licht des Lebens und der Zuversicht erspähen. Und an jenem Morgen, wenn Christus diese Welt verwandelt und sein Reich des Friedens und der Gerechtigkeit vollenden wird. Könnte es einen besseren Grund geben? Freut euch!

ERÖFFNUNGSVERS

Phil 4,4.5b

Freut euch im Herrn zu jeder Zeit!
Noch einmal sage ich: Freut euch!
Denn der Herr ist nahe.

KYRIE-RUFE

Herr Jesus Christus, du erregst lauten Jubel
und schenkst große Freude.
V/A: Herr, erbarme dich.
Du bist gesandt, den Armen
eine frohe Botschaft zu bringen.
V/A: Christus, erbarme dich.
Du heilst alle, deren Herz zerbrochen ist.
V/A: Herr, erbarme dich.

TAGESGEBET

Allmächtiger Gott, sieh gütig auf dein Volk, das mit gläubigem Verlangen das Fest der Geburt Christi erwartet. Mache unser Herz bereit für das Geschenk der Erlösung, damit Weihnachten für uns alle ein Tag der Freude und der Zuversicht werde. Darum bitten wir durch Jesus Christus.

WORTGOTTESDIENST

ZUR 1. LESUNG Nach dem Lukas-Evangelium (Lk 4,14–21) zitiert Jesus die Passage aus dem Jesajabuch bei seinem ersten öffentlichen Auftreten in Nazaret. Eine Botschaft der Freude für zerbrochene Herzen, für die Gebeutelten und die Niedergeschlagenen. Worte der Hoffnung für die Verzagten und Mutlosen. Wer würde sich da nicht freuen? In Nazaret trieben sie Jesus empört aus der Stadt. Der Prophet der Freude gilt nichts im eigenen Land (Lk 4,24). Seit Jesus uns seinen Geist geschenkt hat, sind auch wir Freudenboten. Bekleidet mit dem Gewand des Heils und dem Mantel der Gerechtigkeit. Kann es uns da noch auf den Kirchenbänken halten? Draußen warten Arme, Gefangene und Gefesselte auf die Botschaft der Freude.

ERSTE LESUNG

Jes 61,1–2a.10–11

Von Herzen will ich mich freuen über den Herrn

Lesung aus dem Buch Jesaja.

Der Geist Gottes, des Herrn, ruht auf mir; denn der Herr hat mich gesalbt. Er hat mich gesandt, damit ich den Armen eine frohe Botschaft bringe und alle heile, deren Herz zerbrochen ist, damit ich den Gefangenen die Entlassung verkünde und den Gefesselten die Befreiung, damit ich ein Gnadenjahr des Herrn ausrufe.

Von Herzen will ich mich freuen über den Herrn. Meine Seele soll jubeln über meinen Gott. Denn er kleidet mich in Gewänder des

Heils, er hüllt mich in den Mantel der Gerechtigkeit, wie ein Bräutigam sich festlich schmückt und wie eine Braut ihr Geschmeide anlegt. Denn wie die Erde die Saat wachsen läßt und der Garten die Pflanzen hervorbringt, so bringt Gott, der Herr, Gerechtigkeit hervor und Ruhm vor allen Völkern.

ANTWORTPSALM Lk 1,46–48.49–50.53–54 (℞: vgl. Jes 61,10b)

℞ Meine Seele soll jubeln über Gott, meinen Retter. – ℞

Meine Seele preist die Größe des Herrn *
und mein Geist jubelt über Gott, meinen Retter.
Denn auf die Niedrigkeit seiner Magd hat er geschaut. *
Siehe, von nun an preisen mich selig alle Geschlechter. – (℞)

Denn der Mächtige hat Großes an mir getan *
und sein Name ist heilig.
Er erbarmt sich von Geschlecht zu Geschlecht *
über alle, die ihn fürchten. – (℞)

Die Hungernden beschenkt er mit seinen Gaben *
und lässt die Reichen leer ausgehn.
Er nimmt sich seines Knechtes Israel an *
und denkt an sein Erbarmen. – ℞

ZUR 2. LESUNG Am Ende seines Briefes an die Gemeinde von Thessalonich gibt der Apostel ganz praktische und lebensnahe Ratschläge. Freuen, beten, danken, alles prüfen, das Böse meiden. Die Vorfreude auf den kommenden Herrn versinkt nicht darin, sich eine goldene Zukunft auszumalen. Sie bewährt sich hier und jetzt. Bei mir und meinem Nächsten. Freude schenkt Gelassenheit, Beten hilft mir, den Blick von mir weg auf Gott zu richten und von ihm alles zu erwarten. Danken macht mich demütig und rückt mein Können ins rechte Licht. Wenn wir so leben, dann wird vieles relativ, dann konzentrieren wir uns auf das, was uns wirklich letzten Halt geben kann. Keine Angst: „Gott, der euch beruft, ist treu: er wird es tun" (V. 24).

ZWEITE LESUNG 1 Thess 5,16–24

Der Gott des Friedens bewahre euren Geist, eure Seele und euren Leib, damit ihr ohne Tadel seid, wenn der Herr kommt

Lesung aus dem ersten Brief des Apostels Paulus an die Thessalonicher.

Brüder [*oder:* Brüder und Schwestern! *oder:* Schwestern und Brüder!]! Freut euch zu jeder Zeit! Betet ohne Unterlass! Dankt für alles; denn das will Gott von euch, die ihr Christus Jesus gehört.
Löscht den Geist nicht aus! Verachtet prophetisches Reden nicht! Prüft alles und behaltet das Gute! Meidet das Böse in jeder Gestalt!
Der Gott des Friedens heilige euch ganz und gar und bewahre euren Geist, eure Seele und euren Leib unversehrt, damit ihr ohne Tadel seid, wenn Jesus Christus, unser Herr, kommt. Gott, der euch beruft, ist treu; er wird es tun.

RUF VOR DEM EVANGELIUM Vers: vgl. Jes 61,1 (Lk 4,18)

Halleluja. Halleluja.
Der Geist des Herrn ruht auf mir.
Der Herr hat mich gesandt,
den Armen die Frohe Botschaft zu bringen.
Halleluja.

ZUM EVANGELIUM Johannes ist ganz Stimme. Rufer für den, der nach ihm kommt. Wegbereiter, Vorbereiter. Aber gerade darin nimmt er eine ganz wichtige Rolle ein. Er ist Zeuge für das Licht. Durch ihn kommen die Menschen zum Glauben, schreibt Johannes (V. 7). Sie glauben Johannes, dass nun tatsächlich eine neue Zeit anbricht. Dass sich etwas ändern wird und Licht ins Dunkel kommt. Johannes ist authentisch, würde man heute sagen. Er ist ganz bei sich und damit ganz bei Gott. Vermutlich meinte auch Paulus dies, wenn er uns als Menschen ohne Tadel verstehen will. Erst wenn ich mich mit Leib und Seele auf Gott ausrichte, bin ich ganz bei mir.

EVANGELIUM

Joh 1,6–8.19–28

Mitten unter euch steht der, den ihr nicht kennt

+ Aus dem heiligen Evangelium nach Johannes.

Es trat ein Mensch auf, der von Gott gesandt war; sein Name war Johannes. Er kam als Zeuge, um Zeugnis abzulegen für das Licht, damit alle durch ihn zum Glauben kommen. Er war nicht selbst das Licht, er sollte nur Zeugnis ablegen für das Licht.

Dies ist das Zeugnis des Johannes: Als die Juden von Jerusalem aus Priester und Leviten zu ihm sandten mit der Frage: Wer bist du?, bekannte er und leugnete nicht; er bekannte: Ich bin nicht der Messias. Sie fragten ihn: Was bist du dann? Bist du Elija? Und er sagte: Ich bin es nicht. Bist du der Prophet? Er antwortete: Nein.

Da fragten sie ihn: Wer bist du? Wir müssen denen, die uns gesandt haben, Auskunft geben. Was sagst du über dich selbst? Er sagte: Ich bin die Stimme, die in der Wüste ruft: Ebnet den Weg für den Herrn!, wie der Prophet Jesaja gesagt hat.

Unter den Abgesandten waren auch Pharisäer. Sie fragten Johannes: Warum taufst du dann, wenn du nicht der Messias bist, nicht Elija und nicht der Prophet?

Er antwortete ihnen: Ich taufe mit Wasser. Mitten unter euch steht der, den ihr nicht kennt und der nach mir kommt; ich bin es nicht wert, ihm die Schuhe aufzuschnüren.

Dies geschah in Betanien, auf der anderen Seite des Jordan, wo Johannes taufte.

Glaubensbekenntnis, S. 470 ff.

FÜRBITTEN

Bedingungslos für jemanden einstehen? Johannes legt bedingungslos Zeugnis ab für den, der im Namen Gottes kommt, der mit Vollmacht kommt – Jesus Christus. Zu ihm rufen auch wir voll Hoffnung:

- Wir bitten um glaubwürdige Zeuginnen und Zeugen für deine Botschaft von der Menschenfreundlichkeit Gottes. V: Licht der Welt. A: Leuchte ihnen.
- Wir bitten um Menschen, die Ungerechtigkeit und Unrecht beim Namen nennen. V: Licht der Welt. A: Leuchte ihnen.
- Wir beten für alle, die Gedanken des Friedens denken und Wege des Friedens gehen. V: Licht der Welt. A: Leuchte ihnen.
- Wir bitten um Licht und Leben für alle, die in Gefangenschaft sind. V: Licht der Welt. A: Leuchte ihnen.
- Wir beten für jene unter uns, deren Lebenslicht in diesen Tagen verlischt, und für alle, die um sie trauern. V: Licht der Welt. A: Leuchte ihnen.

Guter Gott, dein Licht weist uns im Dunkel dieser Tage den Weg. Stärke unser Vertrauen und erhelle unseren Weg mit dem Licht deiner Gnade. Darum bitten wir durch Christus, unseren Herrn.

EUCHARISTIEFEIER

GABENGEBET

Herr, unser Gott, in dieser Feier erfüllen wir den Auftrag deines Sohnes. Nimm unsere Gaben an und gib deiner Kirche die Gnade, immer und überall sein Opfer zu feiern. Schenke uns durch dieses Geheimnis dein Heil, das du der Welt bereitet hast. Darum bitten wir durch Christus, unseren Herrn.

Präfation, S. 477 ff.

KOMMUNIONVERS

Jes 35,4

Sagt den Verzagten: Habt Mut, fürchtet euch nicht!
Seht, hier ist euer Gott!
Er selbst wird kommen und euch erretten.

SCHLUSSGEBET

Barmherziger Gott, komm durch dieses heilige Mahl uns schwachen Menschen zu Hilfe. Reinige uns von Schuld und mache uns bereit für das kommende Fest. Darum bitten wir durch Christus, unseren Herrn.

FEIERLICHER SCHLUSSSEGEN

S. 20 f.

***

SICH MIT UNS BEFREUNDT GEMACHT

Freuet euch, ihr Christen alle,
freue sich, wer immer kann;
Gott hat viel an uns getan.
Freuet euch mit großem Schalle,
dass er uns so hoch geacht',
sich mit uns befreundt gemacht.
Freude, Freude über Freude:
Christus wehret allem Leide.
Wonne, Wonne über Wonne:
Christus ist die Gnadensonne.

Christian Keimann

4. ADVENTSSONNTAG

24. Dezember 2017

Kurz vor der Feier der Heiligen Nacht spannen die Texte des vierten Adventssonntages noch einmal den großen heilsgeschichtlichen Bogen von der Befreiung des Volkes Israel aus der Knechtschaft Ägyptens bis zur Geburt des verheißenen Sprosses des Hauses David, mit dem das Reich Gottes in dieser Welt aufgerichtet werden wird. Dieses Heil gilt Juden und Heiden, ja der ganzen Welt. Die Herrschaft dieses Wunder-Rates und Friedens-Fürsten (vgl. Jes 9,5) wird für immer bestehen. Doch sind dies keine geschichtlichen Höhenflüge, die mit mir letztlich nichts zu tun haben. Für mich wird Gott ein Kind. Heilsgeschichte ist die Geschichte Gottes mit mir. Das ist das eigentliche Weihnachtswunder.

ERÖFFNUNGSVERS

Vgl. Jes 45,8

Tauet, ihr Himmel, von oben!
Ihr Wolken, regnet herab den Gerechten!
Tu dich auf, o Erde, und sprosse den Heiland hervor!

KYRIE-RUFE

Herr Jesus Christus, du hast Fleisch
angenommen durch den Heiligen Geist
von der Jungfrau Maria.
V/A: Herr, erbarme dich.
Du bist der Sohn des Höchsten.
V/A: Christus, erbarme dich.
Deine Herrschaft wird kein Ende haben.
V/A: Herr, erbarme dich.

TAGESGEBET

Allmächtiger Gott, gieße deine Gnade in unsere Herzen ein. Durch die Botschaft des Engels haben wir die Menschwerdung Christi, deines Sohnes, erkannt. Führe uns durch sein Leiden und Kreuz zur Herrlichkeit der Auferstehung. Darum bitten wir durch ihn, Jesus Christus.

WORTGOTTESDIENST

ZUR 1. LESUNG David will sichergehen. Dass die Lade Gottes in einem Zelt untergebracht ist, macht ihn unruhig. Was, wenn Gott einfach weiterzieht und sich ein neues Volk erwählt, einen neuen König bestimmt? Besser scheint es da, ein festes Haus zu bauen. Doch Gott rückt diesen kleinen „Turmbau" zurecht. Auch ein prächtiger Tempel kann Gottes Liebe nicht erzwingen. Seine Güte blickt auf das Kleine, das Unscheinbare, und stellt sich ihm an die Seite. Und der Herr verleiht David eine ganz andere „Sicherheit". Aus seinem Haus wird er abstammen, der ewige König, der die Herzen gewinnen will. Alles bin ich durch seine Güte. Daher kann ich überall dort sicher wohnen, wo ich mich dieser Liebe Gottes öffne.

ERSTE LESUNG 2 Sam 7,1–5.8b–12.14a.16

Dein Haus und dein Königtum sollen durch mich auf ewig bestehen bleiben

Lesung aus dem zweiten Buch Samuel.

In jenen Tagen, als König David in seinem Haus wohnte und der Herr ihm Ruhe vor allen seinen Feinden ringsum verschafft hatte, sagte er zu dem Propheten Natan: Ich wohne in einem Haus aus Zedernholz, die Lade Gottes aber wohnt in einem Zelt. Natan antwortete dem König: Geh nur und tu alles, was du im Sinn hast; denn der Herr ist mit dir.

Aber in jener Nacht erging das Wort des Herrn an Natan: Geh zu meinem Knecht David und sag zu ihm: So spricht der Herr: Du willst mir ein Haus bauen, damit ich darin wohne?
Ich habe dich von der Weide und von der Herde weggeholt, damit du Fürst über mein Volk Israel wirst, und ich bin überall mit dir gewesen, wohin du auch gegangen bist. Ich habe alle deine Feinde vor deinen Augen vernichtet und ich will dir einen großen Namen machen, der dem Namen der Großen auf der Erde gleich ist. Ich will meinem Volk Israel einen Platz zuweisen und es einpflanzen, damit es an seinem Ort sicher wohnen kann und sich nicht mehr ängstigen muss und schlechte Menschen es nicht mehr unterdrücken wie früher und auch von dem Tag an, an dem ich Richter in meinem Volk Israel eingesetzt habe. Ich verschaffe dir Ruhe vor allen deinen Feinden.
Nun verkündet dir der Herr, dass der Herr dir ein Haus bauen wird. Wenn deine Tage erfüllt sind und du dich zu deinen Vätern legst, werde ich deinen leiblichen Sohn als deinen Nachfolger einsetzen und seinem Königtum Bestand verleihen. Ich will für ihn Vater sein und er wird für mich Sohn sein. Dein Haus und dein Königtum sollen durch mich auf ewig bestehen bleiben; dein Thron soll auf ewig Bestand haben.

ANTWORTPSALM

Ps 89(88),2–3.20a u. 4–5.27 u. 29 (℟: 2a)

℟ Von den Taten deiner Huld, o Herr, will ich ewig singen. – ℟

Von den Taten deiner Huld, Herr, will ich ewig singen, *
bis zum fernsten Geschlecht laut deine Treue verkünden.
Denn ich bekenne: Deine Huld besteht für immer und ewig; *
deine Treue steht fest im Himmel. – (℟)

Einst hast du in einer Vision zu deinen Frommen gesprochen: †
„Ich habe einen Bund geschlossen mit meinem Erwählten *
und David, meinem Knecht, geschworen:
Deinem Haus gebe ich auf ewig Bestand *
und von Geschlecht zu Geschlecht richte ich deinen Thron auf. – (℟)

Er wird zu mir rufen: Mein Vater bist du, *
mein Gott, der Fels meines Heiles.
Auf ewig werde ich ihm meine Huld bewahren, *
mein Bund mit ihm bleibt allzeit bestehen." – R

ZUR 2. LESUNG Das Geheimnis, von dem Paulus im Römerbrief spricht, ist die Errettung aller Menschen und Völker durch die frohe Botschaft des Evangeliums. Für die Jünger und Jüngerinnen war dies eine große Herausforderung. Mussten Heiden nicht formell Juden werden, wenn sie Anteil am Heil haben wollten (vgl. Apg 15,1–21)? Doch da geht ihnen schließlich ein Licht auf, das Licht des Geistes. Sie erkannten, dass in den prophetischen Schriften das Geheimnis schon lange angedeutet und vorgebildet war: Die Liebe Gottes kennt keine Grenzen. Wie aktuell, und wie schwer, ist dieses Wort.

ZWEITE LESUNG Röm 16,25–27

Das Geheimnis, das seit ewigen Zeiten unausgesprochen war, wurde jetzt offenbar

Lesung aus dem Brief des Apostels Paulus an die Römer.

Ehre sei dem, der die Macht hat, euch Kraft zu geben – gemäß meinem Evangelium und der Botschaft von Jesus Christus, gemäß der Offenbarung jenes Geheimnisses, das seit ewigen Zeiten unausgesprochen war, jetzt aber nach dem Willen des ewigen Gottes offenbart und durch prophetische Schriften kundgemacht wurde, um alle Heiden zum Gehorsam des Glaubens zu führen. Ihm, dem einen, weisen Gott, sei Ehre durch Jesus Christus in alle Ewigkeit! Amen.

RUF VOR DEM EVANGELIUM

Vers: vgl. Lk 1,38

Halleluja. Halleluja.
Maria sagte:
Siehe, ich bin die Magd des Herrn;
mir geschehe nach deinem Wort.
Halleluja.

ZUM EVANGELIUM **„Mir geschehe, wie du es gesagt hast." Mit einem unscheinbaren Ja ermöglicht Maria eine neue Perspektive für die Welt. Gott macht sich so klein, dass er sich von diesem Ja abhängig macht. Sein Weg zur Welt geht durch eine kleine Kammer in Nazaret. So bahnt sich Gott auch in mein Herz seinen Weg. Nicht durch große Gesten, beeindruckende Bauwerke oder spektakuläre Wunder. Leise spricht er mich als „begnadet" an. Von meinem Wort hängt alles ab. Weihnachten, das Wunder der Geburt des hohen Gotteswortes als niedriger Mensch, fordert mich heraus. Der Herr will sich mir ganz schenken, um mich groß zu machen. „Mir geschehe, wie du es gesagt hast."**

EVANGELIUM

Lk 1,26–38

Du wirst ein Kind empfangen, einen Sohn wirst du gebären

+ Aus dem heiligen Evangelium nach Lukas.

In jener Zeit wurde der Engel Gabriel von Gott in eine Stadt in Galiläa namens Nazaret zu einer Jungfrau gesandt. Sie war mit einem Mann namens Josef verlobt, der aus dem Haus David stammte. Der Name der Jungfrau war Maria.

Der Engel trat bei ihr ein und sagte: Sei gegrüßt, du Begnadete, der Herr ist mit dir.

Sie erschrak über die Anrede und überlegte, was dieser Gruß zu bedeuten habe.

Da sagte der Engel zu ihr: Fürchte dich nicht, Maria; denn du hast bei Gott Gnade gefunden. Du wirst ein Kind empfangen, einen

Sohn wirst du gebären: dem sollst du den Namen Jesus geben. Er wird groß sein und Sohn des Höchsten genannt werden. Gott, der Herr, wird ihm den Thron seines Vaters David geben. Er wird über das Haus Jakob in Ewigkeit herrschen und seine Herrschaft wird kein Ende haben.

Maria sagte zu dem Engel: Wie soll das geschehen, da ich keinen Mann erkenne?

Der Engel antwortete ihr: Der Heilige Geist wird über dich kommen, und die Kraft des Höchsten wird dich überschatten. Deshalb wird auch das Kind heilig und Sohn Gottes genannt werden.

Auch Elisabet, deine Verwandte, hat noch in ihrem Alter einen Sohn empfangen; obwohl sie als unfruchtbar galt, ist sie jetzt schon im sechsten Monat. Denn für Gott ist nichts unmöglich.

Da sagte Maria: Ich bin die Magd des Herrn; mir geschehe, wie du es gesagt hast.

Danach verließ sie der Engel.

Glaubensbekenntnis, S. 470 ff.

FÜRBITTEN

Vertrauen wie Maria, das schließt Erschrecken, Schwanken, Verunsicherung nicht aus. Gerade so können auch wir Gott mit Zuversicht um seinen Beistand bitten.

- Für alle, die hoffnungs- und orientierungslos sind und den Weg nicht mehr erkennen können. Und für alle, die sie dennoch begleiten. V/A: Höre unser Rufen.
- Für alle Paare, die das Vertrauen ineinander verloren haben. Und für alle, die Wege zu erneuerter Gemeinschaft und Liebe suchen. V/A: Höre unser Rufen.
- Für alle, die unter Armut, Unterdrückung und Unrecht leiden. Und für alle, die Unrecht und Ungerechtigkeit dieser Welt nicht einfach hinnehmen, sondern helfen. V/A: Höre unser Rufen.

Guter Gott, dein Ja zu uns gilt ohne Einschränkung, auch wenn wir es nicht fassen können. Dafür danken wir dir und loben dich, heute und alle Tage unseres Lebens.

EUCHARISTIEFEIER

GABENGEBET

Herr, unser Gott, wir legen die Gaben auf den Altar. Heilige sie durch deinen Geist, der mit seiner Kraft die Jungfrau Maria überschattet hat. Darum bitten wir durch Christus, unseren Herrn.

Präfation, S. 477 ff.

KOMMUNIONVERS

Jes 7,14

Seht, die Jungfrau wird empfangen
und einen Sohn gebären.
Sein Name ist Immanuel, Gott mit uns.

SCHLUSSGEBET

Allmächtiger Gott, du hast uns in diesem Mahl das Heil zugesagt und uns schon jetzt Anteil daran gegeben. Lass uns das Kommen deines Sohnes in Freude erwarten und mache uns umso eifriger in deinem Dienst, je näher das Fest seiner Geburt heranrückt. Darum bitten wir durch Christus, unseren Herrn.

FEIERLICHER SCHLUSSSEGEN

S. 20 f.

***

VOR DER TÜR

Das schreib dir in dein Herze,
du hochbetrübtes Heer,
bei denen Gram und Schmerze
sich häuft je mehr und mehr;
seid unverzagt, ihr habet
die Hilfe vor der Tür;
der eure Herzen labet
und tröstet, steht allhier.

Paul Gerhardt

Die Weihnachtszeit

HOCHFEST DER GEBURT DES HERRN
WEIHNACHTEN – CHRISTTAG

Die großen Feste des Kirchenjahres erinnern uns an die Tiefendimensionen unseres menschlichen Lebens. Das gilt sicher besonders für das Weihnachtsfest mit seinem reichen Brauchtum, das bis heute nichts von seiner Anziehungskraft eingebüßt hat. In Christus ist das Leben erneuert. Er ist das Leben, sein Kommen hat das Leben, hat unser Leben neu geschaffen. Die Lesungen der Weihnachtszeit kreisen in vielfältigen Varianten um dieses Lebensgeschenk und erinnern uns daran, dass angesichts dessen, was Gott uns geschenkt hat, jedes Leben auf Erden eine unendliche Würde besitzt.

Im Geheimnis von Weihnachten spricht Gott jeden Menschen persönlich an, sein liebender, interessierter Blick ruht auf jedem Einzelnen. „Bei Gott hat seine Stelle das menschliche Geschlecht", heißt es am Schluss von Johann Sebastian Bachs Weihnachtsoratorium. Alles, was sich an schönem, lieb gewordenen Brauchtum mit dem Weihnachtsfest verknüpft hat, will nur die eine große Botschaft der Heiligen Nacht verdeutlichen, gleichsam unterstreichen: Die Geburt Jesu Christi ist die frohe Nachricht für mich und diese Welt! Als „Lebensfest" wird Weihnachten von der liturgischen Farbe Weiß ebenso wie von den vielen Kerzen und Lichtern in den Kirchen und Häusern geprägt. Jedes Licht erhellt die Finsternis unserer Welt und ruft uns allen zu: Sag wieder neu zu deinem Leben „Ja". Sag zu Gottes Leben in dir „Ja"; dann hast du richtig Weihnachten gefeiert.

AM HEILIGEN ABEND

24. Dezember 2017

Weihnachten ist der Grund unserer Hoffnung. Seit Jesus seinen Fuß auf diese Erde gesetzt hat, ist Jerusalem, ist unsere Welt, nicht mehr das „Ödland" (Jes 62,4), so bekennen wir. Zwischen Gott und den Menschen besteht ja ein unverbrüchlicher Bund. Die Bibel Israels, und sie allein, kündet davon. Weihnachten zieht uns unwiderruflich in diesen Bund hinein. Die Verheißungsgeschichte, die Heilsgeschichte, zieht eine Linie von Abraham bis zu dem Kind, das im Stall in Betlehem geboren wird. Weihnachten ruft zur Umkehr. Hin zu dem Menschen von Gott, den Israel ersehnt und der Täufer geahnt hat. In ihm ist aller Welt die biblische Gewissheit geschenkt: „Gott ist mit uns" (Mt 1,23).

ERÖFFNUNGSVERS

Vgl. Ex 16,6–7

Heute sollt ihr es erfahren:
Der Herr kommt, um uns zu erlösen,
und morgen werdet ihr seine Herrlichkeit schauen.

KYRIE-RUFE

Herr Jesus Christus, Gottes eingeborener Sohn,
du bist aus dem Vater geboren vor aller Zeit.
V/A: Herr, erbarme dich.
Du bist Gott von Gott, Licht vom Licht,
wahrer Gott vom wahren Gott.
V/A: Christus, erbarme dich.
Für uns Menschen und zu unserem Heil bist du
vom Himmel gekommen, hast Fleisch angenommen
und bist Mensch geworden.
V/A: Herr, erbarme dich.

Ehre sei Gott, S. 467 f.

TAGESGEBET

Gütiger Gott, Jahr für Jahr erwarten wir voll Freude das Fest unserer Erlösung. Gib, dass wir deinen Sohn von ganzem Herzen als unseren Retter und Heiland aufnehmen, damit wir ihm voll Zuversicht entgegengehen können, wenn er am Ende der Zeiten als Richter wiederkommt. Er, der in der Einheit des Heiligen Geistes mit dir lebt und herrscht in alle Ewigkeit.

WORTGOTTESDIENST

ZUR 1. LESUNG Die gesammelten Prophetensprüche am Ende des Jesajabuches schöpfen aus dem Vollen. Gerechtigkeit, Licht, Heil, Pracht, Wonne, Vermählung: der Verheißungsreigen scheint kein Ende zu nehmen. Das Volk Israel war zwar aus dem Exil zurückgekehrt, der Tempel wieder errichtet, aber Jerusalem schien dennoch am Boden zu liegen. Ungerechtigkeit und Gewalt beherrschten den Alltag. Denn kaum hatte sich das Volk wieder eingerichtet, waren alle Mahnungen vergessen. Aber Gott hält an seinem Volk fest. Er wird sich mit ihm „vermählen" (V. 5), wird einen festen Bund schließen. Deswegen kann der Prophet nicht schweigen und muss von dieser Liebe reden. Im Stall von Betlehem ist die Fackel des Heils (V. 1) entzündet worden. Warum nur schweigen wir so oft über dieses Wunder?

ERSTE LESUNG Jes 62,1–5

Der Herr hat an dir seine Freude

Lesung aus dem Buch Jesaja.

Um Zions willen kann ich nicht schweigen, um Jerusalems willen nicht still sein, bis das Recht in ihm aufstrahlt wie ein helles Licht und sein Heil aufleuchtet wie eine brennende Fackel.

Dann sehen die Völker deine Gerechtigkeit und alle Könige deine strahlende Pracht. Man ruft dich mit einem neuen Namen, den der Mund des Herrn für dich bestimmt. Du wirst zu einer prächtigen Krone in der Hand des Herrn, zu einem königlichen Diadem in der Rechten deines Gottes.

Nicht länger nennt man dich „Die Verlassene" und dein Land nicht mehr „Das Ödland", sondern man nennt dich „Meine Wonne" und dein Land „Die Vermählte". Denn der Herr hat an dir seine Freude und dein Land wird mit ihm vermählt.

Wie der junge Mann sich mit der Jungfrau vermählt, so vermählt sich mit dir dein Erbauer. Wie der Bräutigam sich freut über die Braut, so freut sich dein Gott über dich.

ANTWORTPSALM

Ps 89(88),20a u. 4–5.16–17.27 u. 29 (℟: 2a)

℟ Von den Taten deiner Huld, o Herr, will ich ewig singen. – ℟

Einst hast du in einer Vision zu deinen Frommen gesprochen: †
„Ich habe einen Bund geschlossen mit meinem Erwählten *
und David, meinem Knecht, geschworen:
Deinem Haus gebe ich auf ewig Bestand *
und von Geschlecht zu Geschlecht richte ich deinen Thron auf." – (℟)

Wohl dem Volk, das dich als König zu feiern weiß! *
Herr, sie gehen im Licht deines Angesichts.
Sie freuen sich über deinen Namen zu jeder Zeit, *
über deine Gerechtigkeit jubeln sie. – (℟)

„Er wird zu mir rufen: Mein Vater bist du, *
mein Gott, der Fels meines Heiles.
Auf ewig werde ich ihm meine Huld bewahren, *
mein Bund mit ihm bleibt allzeit bestehen." – ℟

ZUR 2. LESUNG Paulus kannte die Schrift sehr genau. Der Schüler des großen Gelehrten Gamaliel (Apg 22,3) kannte sie sicherlich auswendig, die Hinweise und Verheißungen auf den künftigen Messias. Dass sich in Jesus diese Erwartungen erfüllt haben sollten, hielt er zunächst für blanken Unsinn. Erst als ihm Christus selbst begegnet, werden ihm schließlich im doppelten Sinn die Augen geöffnet (Apg 9,17–19). Plötzlich scheint jede Schriftstelle von Jesus zu reden. Oder besser: in jeder Schriftstelle redet Jesus selbst zu ihm. Auch er kann davon nicht schweigen – wie der Prophet (Jes 62,1).

ZWEITE LESUNG Apg 13,16–17.22–25

Aus Davids Geschlecht hat Gott dem Volk Israel Jesus als Retter geschickt

Lesung aus der Apostelgeschichte.

In der Synagoge von Antiochia in Pisidien stand Paulus auf, gab mit der Hand ein Zeichen und sagte:

Ihr Israeliten und ihr Gottesfürchtigen, hört! Der Gott dieses Volkes Israel hat unsere Väter erwählt und das Volk in der Fremde erhöht, in Ägypten; er hat sie mit hoch erhobenem Arm von dort herausgeführt. Dann erhob er David zu ihrem König, von dem er bezeugte: Ich habe David, den Sohn des Isai, als einen Mann nach meinem Herzen gefunden, der alles, was ich will, vollbringen wird.

Aus seinem Geschlecht hat Gott dem Volk Israel, der Verheißung gemäß, Jesus als Retter geschickt.

Vor dessen Auftreten hat Johannes dem ganzen Volk Israel Umkehr und Taufe verkündigt.

Als Johannes aber seinen Lauf vollendet hatte, sagte er: Ich bin nicht der, für den ihr mich haltet; aber seht, nach mir kommt einer, dem die Sandalen von den Füßen zu lösen ich nicht wert bin.

RUF VOR DEM EVANGELIUM

Halleluja. Halleluja.
Morgen wird die Sünde der Erde getilgt
und über uns herrscht der Retter der Welt.
Halleluja.

ZUM EVANGELIUM Der Stammbaum Jesu ist eine Herausforderung für Lektorinnen und Lektoren. Und doch ist er Matthäus so wichtig, dass er ihn an den Beginn des Evangeliums stellt. Sohn Davids und Sohn Abrahams, das ist der Rahmen, in den die Geburt Jesu eingezeichnet ist. Das ist nicht nur ein Stammbaum der Verheißungen, sondern zeigt auch: Gott geht den unbequemen Weg. Er erscheint nicht als „deus ex machina", plötzlich als Strahl vom Himmel, sondern beugt sich in die Krippe, lässt sich aufs Holz legen und später auch an ihm kreuzigen. Josef befürchtet, dass sein ehrenwerter Stammbaum mit Marias Kind abreißen könnte. Es braucht oft eine himmlische Eingebung, den Weg Gottes zu verstehen. Aber wer sich auf ihn einlässt, erkennt in dem Kind den „Immanuel", den „Gott mit uns".

EVANGELIUM Mt 1,1–25

Stammbaum Jesu Christi, des Sohnes Davids, des Sohnes Abrahams

+ Aus dem heiligen Evangelium nach Matthäus.

Stammbaum Jesu Christi, des Sohnes Davids, des Sohnes Abrahams: Abraham war der Vater von Isaak, Isaak von Jakob, Jakob von Juda und seinen Brüdern. Juda war der Vater von Perez und Serach; ihre Mutter war Tamar. Perez war der Vater von Hezron, Hezron von Aram, Aram von Amminadab, Amminadab von Nachschon, Nachschon von Salmon. Salmon war der Vater von Boas; dessen Mutter war Rahab. Boas war der Vater von Obed; dessen Mutter war Rut. Obed war der Vater von Isai, Isai der Vater des Königs David.

David war der Vater von Salomo, dessen Mutter die Frau des Urija war. Salomo war der Vater von Rehabeam, Rehabeam von Abija, Abija von Asa, Asa von Joschafat, Joschafat von Joram, Joram von Usija. Usija war der Vater von Jotam, Jotam von Ahas, Ahas von Hiskija, Hiskija von Manasse, Manasse von Amos, Amos von Joschija. Joschija war der Vater von Jojachin und seinen Brüdern; das war zur Zeit der Babylonischen Gefangenschaft.

Nach der Babylonischen Gefangenschaft war Jojachin der Vater von Schealtiël, Schealtiël von Serubbabel, Serubbabel von Abihud, Abihud von Eljakim, Eljakim von Azor. Azor war der Vater von Zadok, Zadok von Achim, Achim von Eliud, Eliud von Eleasar, Eleasar von Mattan, Mattan von Jakob.

Jakob war der Vater von Josef, dem Mann Marias; von ihr wurde Jesus geboren, der der Christus – der Messias – genannt wird.

Im Ganzen sind es also von Abraham bis David vierzehn Generationen, von David bis zur Babylonischen Gefangenschaft vierzehn Generationen und von der Babylonischen Gefangenschaft bis zu Christus vierzehn Generationen.

Mit der Geburt Jesu Christi war es so: Maria, seine Mutter, war mit Josef verlobt; noch bevor sie zusammengekommen waren, zeigte sich, dass sie ein Kind erwartete – durch das Wirken des Heiligen Geistes. Josef, ihr Mann, der gerecht war und sie nicht bloßstellen wollte, beschloss, sich in aller Stille von ihr zu trennen.

Während er noch darüber nachdachte, erschien ihm ein Engel des Herrn im Traum und sagte: Josef, Sohn Davids, fürchte dich nicht, Maria als deine Frau zu dir zu nehmen; denn das Kind, das sie erwartet, ist vom Heiligen Geist. Sie wird einen Sohn gebären; ihm sollst du den Namen Jesus geben; denn er wird sein Volk von seinen Sünden erlösen.

Dies alles ist geschehen, damit sich erfüllte, was der Herr durch den Propheten gesagt hat:

Seht, die Jungfrau wird ein Kind empfangen, einen Sohn wird sie gebären, und man wird ihm den Namen Immanuel geben, das heißt übersetzt: Gott ist mit uns.

Als Josef erwachte, tat er, was der Engel des Herrn ihm befohlen hatte, und nahm seine Frau zu sich. Er erkannte sie aber nicht, bis sie ihren Sohn gebar. Und er gab ihm den Namen Jesus.

Oder:

KURZFASSUNG Mt 1,18–25

Maria wird einen Sohn gebären; ihm sollst du den Namen Jesus geben

+ Aus dem heiligen Evangelium nach Matthäus.

Mit der Geburt Jesu Christi war es so: Maria, seine Mutter, war mit Josef verlobt; noch bevor sie zusammengekommen waren, zeigte sich, dass sie ein Kind erwartete – durch das Wirken des Heiligen Geistes. Josef, ihr Mann, der gerecht war und sie nicht bloßstellen wollte, beschloss, sich in aller Stille von ihr zu trennen.

Während er noch darüber nachdachte, erschien ihm ein Engel des Herrn im Traum und sagte: Josef, Sohn Davids, fürchte dich nicht, Maria als deine Frau zu dir zu nehmen; denn das Kind, das sie erwartet, ist vom Heiligen Geist. Sie wird einen Sohn gebären; ihm sollst du den Namen Jesus geben; denn er wird sein Volk von seinen Sünden erlösen.

Dies alles ist geschehen, damit sich erfüllte, was der Herr durch den Propheten gesagt hat:

Seht, die Jungfrau wird ein Kind empfangen, einen Sohn wird sie gebären, und man wird ihm den Namen Immanuel geben, das heißt übersetzt: Gott ist mit uns.

Als Josef erwachte, tat er, was der Engel des Herrn ihm befohlen hatte, und nahm seine Frau zu sich. Er erkannte sie aber nicht, bis sie ihren Sohn gebar. Und er gab ihm den Namen Jesus.

Glaubensbekenntnis, S. 470 ff.

(*Kniebeuge zu den Worten:* „hat Fleisch angenommen“ bis „Mensch geworden“)

FÜRBITTEN

Die Fülle Gottes kommt in unsere innere Kargheit, die Freude Gottes strahlt in die Müdigkeit unserer Seelen, die Liebe Gottes füllt unsere leeren Herzen. So rufen wir zu ihm, der uns nahe sein will:

- Schenke deine Nähe allen, die betrübt und einsam sind. V/A: Komm, Herr Jesus.
- Belebe mit deiner Fülle alle, die treu und beständig für andere da sind. V/A: Komm, Herr Jesus.
- Erhelle mit deiner Freude alle, die bedrängt und bedrückt sind. V/A: Komm, Herr Jesus.
- Segne mit deiner Liebe alle, die sich verloren und verlassen fühlen. V/A: Komm, Herr Jesus.
- Entzünde dein Licht allen, die krank sind und deren Lebensweg zu Ende geht. V/A: Komm, Herr Jesus.

Vater im Himmel, wir danken dir für deine Liebe, die uns im Kind in der Krippe aufleuchtet. Sei bei uns auf unseren Wegen aus der Dunkelheit in dein Licht. Darum bitten wir durch Jesus, unseren Herrn und unsere Hoffnung.

EUCHARISTIEFEIER

GABENGEBET

Herr, unser Gott, mit der Menschwerdung deines Sohnes hat unsere Rettung begonnen. Nimm diese Gaben an und mache uns durch diese Opferfeier bereit für das Geheimnis der Heiligen Nacht, in der wir den Ursprung unserer Erlösung festlich begehen. Darum bitten wir durch Christus, unseren Herrn.

Präfation, S. 479 f.

KOMMUNIONVERS

Vgl. Jes 40,5

Die Herrlichkeit des Herrn wird offenbar
und alle Menschen erfahren Gottes Heil.

SCHLUSSGEBET

Allmächtiger Gott, gib uns Anteil am göttlichen Leben durch die Menschwerdung deines Sohnes, dessen Fleisch und Blut wir im Sakrament empfangen haben. Darum bitten wir durch ihn, Christus, unseren Herrn.

FEIERLICHER SCHLUSSSEGEN

S. 71

***

UND LEGT IN DEINE HÄNDE

Wie wird die Welt so still.
O Herz, wie sollst du's glauben?
Du trägst so schwere Last.
Die Welt will alles rauben,
was du so heiß umfasst.
Des Leidens ist kein Ziel.
Doch, der das A und O,
der Anfang und das Ende,
tritt heut in deine Zeit
und legt in deine Hände
das Pfand der Seligkeit.
Das macht dich reich und froh.

Jochen Klepper

IN DER HEILIGEN NACHT

24./25. Dezember 2017

Wer die Geburt Jesu betrachtet und meditiert, kann nicht distanziert zuhörend stehen bleiben. Die weihnachtliche Geschichte zieht uns hinein in die Liebesgeschichte Gottes mit uns Menschen. „Uns ist ein Kind geboren", verkündet der Prophet Jesaja in den düsteren Zeiten Israels. Gott ist erfüllt von der Sehnsucht nach uns Menschen. Er will uns nahe kommen wie ein Liebhaber seiner Geliebten. Er will sich für uns hingeben, uns von der Schuld erlösen. Darin kommt Weihnachten zu seinem Ziel: dass Gottes Liebeswort nicht nur einst in Betlehem geboren wurde, sondern dass es immer neu in uns geboren wird und in uns neue Lebensfreude zeugt.

ERÖFFNUNGSVERS — Ps 2,7

Der Herr sprach zu mir:
Mein Sohn bist du, heute habe ich dich gezeugt.

Oder:

Freut euch im Herrn,
heute ist uns der Heiland geboren.
Heute ist der wahre Friede vom Himmel herabgestiegen.

KYRIE-RUFE

Herr Jesus Christus, du erregst lauten
Jubel und schenkst große Freude.
V/A: Herr, erbarme dich.

Denn heute bist du uns geboren
als der Retter, der Messias, der Herr.
V/A: Christus, erbarme dich.
Du vernichtest das drückende Joch
und bringst auf Erden den Frieden.
V/A: Herr, erbarme dich.

Ehre sei Gott, S. 467 f.

TAGESGEBET

Herr, unser Gott, in dieser hochheiligen Nacht ist uns das wahre Licht aufgestrahlt. Lass uns dieses Geheimnis im Glauben erfassen und bewahren, bis wir im Himmel den unverhüllten Glanz deiner Herrlichkeit schauen. Darum bitten wir durch Jesus Christus.

WORTGOTTESDIENST

ZUR 1. LESUNG Zu der Zeit, als der Prophet Jesaja wirkte (um 730 vor Christus), war die politische Situation angespannt. Das Nordreich war im Untergang begriffen, das Südreich wurde von den Assyrern massiv bedroht. Man hörte förmlich die Soldatenstiefel dröhnend daherstampfen (V. 4). In dieser Finsternis sieht Jesaja dennoch ein Licht. Einen König, der das Land wieder aufrichtet, einen weisen Herrscher, der als Fürst des Friedens walten wird. Den Messias, der nach allem Elend der Eliten kommt, hatte Jesaja vermutlich noch gar nicht im Blick. Aber er war sich sicher, dass Gott seinem Volk in allem Dunkel ein Licht aufstecken wird. Dieses Licht leuchtete auf in der Geburt Jesu. Zwar steht die Herrschaft noch aus, das endgültige Reich Gottes bleibt unsere Hoffnung. Aber das Licht, das Jesaja ahnte und das in Jesus verletzlich aufstrahlte, wird niemals ausgehen und leuchtet meinen Weg aus. Schritt für Schritt.

ERSTE LESUNG

Jes 9,1–6

Ein Sohn ist uns geschenkt; man nennt ihn: Fürst des Friedens

Lesung aus dem Buch Jesaja.

Das Volk, das im Dunkel lebt, sieht ein helles Licht; über denen, die im Land der Finsternis wohnen, strahlt ein Licht auf. Du erregst lauten Jubel und schenkst große Freude. Man freut sich in deiner Nähe, wie man sich freut bei der Ernte, wie man jubelt, wenn Beute verteilt wird. Denn wie am Tag von Midian zerbrichst du das drückende Joch, das Tragholz auf unserer Schulter und den Stock des Treibers. Jeder Stiefel, der dröhnend daherstampft, jeder Mantel, der mit Blut befleckt ist, wird verbrannt, wird ein Fraß des Feuers.

Denn uns ist ein Kind geboren, ein Sohn ist uns geschenkt. Die Herrschaft liegt auf seiner Schulter; man nennt ihn: Wunderbarer Ratgeber, Starker Gott, Vater in Ewigkeit, Fürst des Friedens. Seine Herrschaft ist groß und der Friede hat kein Ende. Auf dem Thron Davids herrscht er über sein Reich; er festigt und stützt es durch Recht und Gerechtigkeit, jetzt und für alle Zeiten. Der leidenschaftliche Eifer des Herrn der Heere wird das vollbringen.

ANTWORTPSALM

Ps 96(95),1–2.3 u. 11.12–13a (℟: vgl. Lk 2,11)

℟ Heute ist uns der Heiland geboren: Christus, der Herr. – ℟

Singet dem Herrn ein neues Lied, *
singt dem Herrn, alle Länder der Erde!
Singt dem Herrn und preist seinen Namen, *
verkündet sein Heil von Tag zu Tag! – (℟)

Erzählt bei den Völkern von seiner Herrlichkeit, *
bei allen Nationen von seinen Wundern!
Der Himmel freue sich, die Erde frohlocke, *
es brause das Meer und alles, was es erfüllt. – (℟)

Es jauchze die Flur und was auf ihr wächst. *
Jubeln sollen alle Bäume des Waldes
vor dem Herrn, wenn er kommt, *
wenn er kommt, um die Erde zu richten. – ℟

ZUR 2. LESUNG Seit die Gnade Gottes in Jesus Christus auf dieser Welt erschienen ist, bleibt nichts mehr, wie es ist. Weihnachten erzieht uns, in aller Gottlosigkeit den Blick auf das Mensch gewordene Gotteswort zu richten, bei aller Hektik und Maßlosigkeit besonnen und gerecht zu bleiben. Das ist keine moralinsaure Bravheit. Die Weihnachtspädagogik erzieht uns zu Menschen, die in sich das ewige Licht verspüren. Die gar nicht anders können, als Gott zu danken und seine Gnade an andere weiterzuschenken. Unser Herz wird überreich mit Gottes Liebe gefüllt. Damit wir sie verschwenden können. Nicht nur am „Fest der Liebe".

ZWEITE LESUNG Tit 2,11–14

Die Gnade Gottes ist erschienen, um alle Menschen zu retten

Lesung aus dem Brief des Apostels Paulus an Titus.

Die Gnade Gottes ist erschienen, um alle Menschen zu retten. Sie erzieht uns dazu, uns von der Gottlosigkeit und den irdischen Begierden loszusagen und besonnen, gerecht und fromm in dieser Welt zu leben, während wir auf die selige Erfüllung unserer Hoffnung warten: auf das Erscheinen der Herrlichkeit unseres großen Gottes und Retters Christus Jesus.

Er hat sich für uns hingegeben, um uns von aller Schuld zu erlösen und sich ein reines Volk zu schaffen, das ihm als sein besonderes Eigentum gehört und voll Eifer danach strebt, das Gute zu tun.

RUF VOR DEM EVANGELIUM

Vers: vgl. Lk 2,10–11

Halleluja. Halleluja.
Ich verkünde euch eine große Freude:
Heute ist uns der Retter geboren;
er ist der Messias, der Herr.
Halleluja.

ZUM EVANGELIUM

„Den aller Weltkreis nicht beschloss", wie es in einem Weihnachtslied von Martin Luther heißt, ist in die Welt der kleinen Dinge, meiner kleinen Dinge, eingegangen. Er ist nicht im Himmel geblieben und ruft aus sicherer Distanz tröstende Worte auf die Erde. Nein, er kommt dorthin, wo es Heimatlosigkeit und Flüchtlingselend gibt; dorthin, wo schikaniert, gestorben und umgebracht wird. Er kommt in mein Leben mit allen meinen Sorgen, in mein Glück und in mein Elend. Die Weihnachtsgeschichte lehrt uns, unser Verhältnis zu Gott an einem ganz anderen Ende aufzuhängen. Dass wir eben nicht mehr von der Welt auf Gott, sondern dass wir vom Kind in der Krippe her auf das unfassliche Geheimnis der Welt schließen. Sehe ich die Welt im Licht dieser Botschaft, dann sehe ich das Wunder der Liebe, die sich hier in die Tiefe begeben hat.

EVANGELIUM

Lk 2,1–14

Heute ist euch der Retter geboren

+ Aus dem heiligen Evangelium nach Lukas.

In jenen Tagen erließ Kaiser Augustus den Befehl, alle Bewohner des Reiches in Steuerlisten einzutragen. Dies geschah zum ersten Mal; damals war Quirinius Statthalter von Syrien. Da ging jeder in seine Stadt, um sich eintragen zu lassen.

So zog auch Josef von der Stadt Nazaret in Galiläa hinauf nach Judäa in die Stadt Davids, die Betlehem heißt; denn er war aus dem Haus und Geschlecht Davids. Er wollte sich eintragen lassen mit Maria, seiner Verlobten, die ein Kind erwartete.

Als sie dort waren, kam für Maria die Zeit ihrer Niederkunft, und sie gebar ihren Sohn, den Erstgeborenen. Sie wickelte ihn in Windeln und legte ihn in eine Krippe, weil in der Herberge kein Platz für sie war.

In jener Gegend lagerten Hirten auf freiem Feld und hielten Nachtwache bei ihrer Herde.

Da trat der Engel des Herrn zu ihnen und der Glanz des Herrn umstrahlte sie. Sie fürchteten sich sehr, der Engel aber sagte zu ihnen: Fürchtet euch nicht, denn ich verkünde euch eine große Freude, die dem ganzen Volk zuteilwerden soll:

Heute ist euch in der Stadt Davids der Retter geboren; er ist der Messias, der Herr.

Und das soll euch als Zeichen dienen: Ihr werdet ein Kind finden, das, in Windeln gewickelt, in einer Krippe liegt.

Und plötzlich war bei dem Engel ein großes himmlisches Heer, das Gott lobte und sprach:

Verherrlicht ist Gott in der Höhe und auf Erden ist Friede bei den Menschen seiner Gnade.

Glaubensbekenntnis, S. 470 ff.

(*Kniebeuge zu den Worten:* „hat Fleisch angenommen" bis „Mensch geworden")

FÜRBITTEN

An Weihnachten sind alle Menschen von Gott beschenkt; darin liegt der eigentliche Grund unseres Schenkens. Wir bitten ihn, den Ursprung alles Guten:

- Hilf der Kirche, in der Nachfolge Christi kraftvoll und glaubwürdig das Gute zu tun. V: Gott, Geber alles Guten. A: Wir bitten dich, erhöre uns.

- Steh den Menschen bei, die auf der Flucht sind und Zuflucht suchen. V: Gott, Geber alles Guten. A: Wir bitten dich, erhöre uns.

- Lass die Mächtigen in der Ohnmacht des Christus-Kindes erkennen, was ihre eigentliche Aufgabe und Verantwortung ist. V: Gott, Geber alles Guten. A: Wir bitten dich, erhöre uns.
- Erbarme dich der verlassenen Kinder in aller Welt und gib ihnen Heimat und Wegbegleitung. V: Gott, Geber alles Guten. A: Wir bitten dich, erhöre uns.
- Beschenke die Kranken und Sterbenden mit dem Licht deiner Hoffnung. V: Gott, Geber alles Guten. A: Wir bitten dich, erhöre uns.

Großer Gott, als kleines, wehrloses Kind in der Krippe wollte dein ewiges Wort den Menschen nahe sein. Dafür danken wir dir, jetzt, in dieser Heiligen Nacht, und allezeit, bis unser Lebensweg einmal in dein Licht des Lebens mündet.

EUCHARISTIEFEIER

GABENGEBET

Allmächtiger Gott, in dieser heiligen Nacht bringen wir dir unsere Gaben dar. Nimm sie an und gib, dass wir durch den wunderbaren Tausch deinem Sohn gleichgestaltet werden, in dem unsere menschliche Natur mit deinem göttlichen Wesen vereint ist. Darum bitten wir durch ihn, Christus, unseren Herrn.

Präfation, S. 479 f.

KOMMUNIONVERS

Joh 1,14

Das Wort ist Fleisch geworden
und wir haben seine Herrlichkeit geschaut.

SCHLUSSGEBET

Herr, unser Gott, in der Freude über die Geburt unseres Erlösers bitten wir dich: Gib uns die Gnade, ihm unser ganzes Leben zu weihen, damit wir einst Anteil erhalten an der ewigen Herrlichkeit deines Sohnes, der mit dir lebt und herrscht in alle Ewigkeit.

FEIERLICHER SCHLUSSSEGEN

Der barmherzige Gott hat durch die Geburt seines Sohnes die Finsternis vertrieben und (diese Nacht) diesen Tag erleuchtet mit dem Glanz seines Lichtes; er mache eure Herzen hell mit dem Licht seiner Gnade. – A: Amen.
Den Hirten ließ er durch den Engel die große Freude verkünden; mit dieser Freude erfülle er euer ganzes Leben. – A: Amen.
In Christus hat Gott Himmel und Erde verbunden; durch ihn schenke er allen Menschen guten Willens seinen Frieden, durch ihn vereine er euch mit der Kirche des Himmels. – A: Amen.
Das gewähre euch der dreieinige Gott, der Vater und der Sohn † und der Heilige Geist. – A: Amen.

***

UND UNS DES LICHTES KINDER MACHT

Den aller Welt Kreis nie beschloss,
Der liegt in Marien Schoß;
Er ist ein Kindlein worden klein,
Der alle Ding' erhält allein.
Kyrieleis!

Das ewge Licht geht da herein,
Gibt der Welt ein neuen Schein;
Es leucht wohl mitten in der Nacht
Und uns des Lichtes Kinder macht.
Kyrieleis!

Martin Luther

AM MORGEN

25. Dezember 2017

Die Morgendämmerung ist eine Zeit des Aufbruchs. Die Gefahren der Nacht lichten sich, die Orientierung fällt leichter, auch die nächtliche Kühle verliert sich. Jetzt losgehen. Wie die Hirten zur Krippe, um zu staunen. Und dann, dem göttlichen Vorhaben bei Jesaja folgend, bis ans Ende der Erde gehen, um von Gottes Rettung zu erzählen. Beides steckt im staunenden und neugierigen Singen der vertrauten Weihnachtslieder.

ERÖFFNUNGSVERS

Vgl. Jes 9, 1.5; Lk 1, 33

Ein Licht strahlt heute über uns auf,
denn geboren ist uns der Herr.
Und man nennt ihn: Starker Gott, Friedensfürst,
Vater der kommenden Welt.
Seine Herrschaft wird kein Ende haben.

KYRIE-RUFE

Herr Jesus Christus, du bist das menschliche
Antlitz der Güte und Menschenliebe Gottes.
V/A: Herr, erbarme dich.
Du erweist unter uns Gottes Gnade,
um alle Menschen zu retten.
V/A: Christus, erbarme dich.
Du bist das aufstrahlende Licht aus der Höhe,
um allen zu leuchten, die in Finsternis sitzen
und im Schatten des Todes.
V/A: Herr, erbarme dich.

Ehre sei Gott, S. 467 f.

TAGESGEBET

Allmächtiger Gott, dein ewiges Wort ist Fleisch geworden, um uns mit dem Glanz deines Lichtes zu erfüllen. Gib, dass in unseren Werken widerstrahlt, was durch den Glauben in unserem Herzen leuchtet. Darum bitten wir durch ihn, Jesus Christus.

WORTGOTTESDIENST

ZUR 1. LESUNG Mit einer fröhlich und begeistert klingenden Aufforderung beginnt die Lesung: Hört, was der Herr bis ans Ende der Erde bekanntmacht! Ein Aufruf zum weihnachtlichen Hinhören – auf das Flüstern der Hirten, das Singen der Engel, das Schreien des Kindes. Dass die Weihnachtsbotschaft bis ans Ende der Erde dringt, erinnert uns daran, dass wir zu einer weltweiten Glaubensgemeinschaft gehören. Und daran, dass wir die Botschaft vom Heil dort weitersagen, wohin sie noch nicht gedrungen ist.

ERSTE LESUNG

Jes 62, 11–12

Sieh her, jetzt kommt deine Rettung

Lesung aus dem Buch Jesaja.

Hört, was der Herr bis ans Ende der Erde bekannt macht: Sagt der Tochter Zion: Sieh her, jetzt kommt deine Rettung. Siehe, er bringt seinen Siegespreis mit: Alle, die er gewonnen hat, gehen vor ihm her. Dann nennt man sie „Das heilige Volk", „Die Erlösten des Herrn". Und dich nennt man „Die begehrte, die nicht mehr verlassene Stadt".

ANTWORTPSALM

Ps 97(96),1 u. 6.11–12

℟ Ein Licht strahlt heute über uns auf:
geboren ist Christus, der Herr. – ℟

Der Herr ist König. Die Erde frohlocke. *
Freuen sollen sich die vielen Inseln.
Seine Gerechtigkeit verkünden die Himmel, *
seine Herrlichkeit schauen alle Völker. – (℟)

Ein Licht erstrahlt den Gerechten *
und Freude den Menschen mit redlichem Herzen.
Ihr Gerechten, freut euch am Herrn *
und lobt seinen heiligen Namen! – ℟

ZUR 2. LESUNG Christ, der Retter, ist da! Mit Inbrunst singen wir diese Zeile aus dem Weihnachtsklassiker „Stille Nacht". Auch in der Lesung ist Rettung ein zentrales Motiv; dreimal ist in dem kurzen Text vom Retter, vom Retten die Rede. Aber sind wir in der Lage, eigene, nicht aus der Traditionskiste gezogene Antworten auf die Frage zu geben, worin diese Rettung besteht? Wie erleben wir die „rettende Stund"? Die Lesung beschreibt nicht das Wie, wohl aber das Warum der Rettung: Gottes Güte, Menschenliebe und Erbarmen.

ZWEITE LESUNG

Tit 3,4–7

Gott hat uns gerettet aufgrund seines Erbarmens

Lesung aus dem Brief des Apostels Paulus an Titus.

Als die Güte und Menschenliebe Gottes, unseres Retters, erschien, hat er uns gerettet – nicht weil wir Werke vollbracht hätten, die uns gerecht machen können, sondern aufgrund seines Erbarmens – durch das Bad der Wiedergeburt und der Erneuerung im Heiligen Geist.

Ihn hat er in reichem Maß über uns ausgegossen durch Jesus Christus, unseren Retter, damit wir durch seine Gnade gerecht gemacht werden und das ewige Leben erben, das wir erhoffen.

RUF VOR DEM EVANGELIUM

Vers: Lk 2,14

Halleluja. Halleluja.
Verherrlicht ist Gott in der Höhe
und auf Erden ist Friede bei den Menschen seiner Gnade.
Halleluja.

ZUM EVANGELIUM Josef und die Hirten – was für ein Gegensatz! Auf der einen Seite Josef, der Stumme, der gerade mal Erwähnte, das Anhängsel Marias. Auf der anderen Seite die Hirten, die sich gegenseitig ermuntern, die erzählen und Gott preisen. Welche Rolle spielen wir in der Weihnachtsgeschichte? Sind wir stumme Beobachter oder redselige Erzähler? Oder wie Maria nachdenklich und im Herzen angerührt? Laut dem Evangelisten Lukas sind wir auf jeden Fall Staunende. Denn über die Worte der Hirten staunten *alle*.

EVANGELIUM

Lk 2,15–20

Die Hirten fanden Maria und Josef und das Kind

+ Aus dem heiligen Evangelium nach Lukas.

Als die Engel die Hirten verlassen hatten und in den Himmel zurückgekehrt waren, sagten die Hirten zueinander: Kommt, wir gehen nach Betlehem, um das Ereignis zu sehen, das uns der Herr verkünden ließ.

So eilten sie hin und fanden Maria und Josef und das Kind, das in der Krippe lag. Als sie es sahen, erzählten sie, was ihnen über dieses Kind gesagt worden war. Und alle, die es hörten, staunten über die Worte der Hirten.

Maria aber bewahrte alles, was geschehen war, in ihrem Herzen und dachte darüber nach.

Die Hirten kehrten zurück, rühmten Gott und priesen ihn für das, was sie gehört und gesehen hatten; denn alles war so gewesen, wie es ihnen gesagt worden war.

Glaubensbekenntnis, S. 470 ff.

(*Kniebeuge zu den Worten:* „hat Fleisch angenommen" bis „Mensch geworden")

FÜRBITTEN

Wie den Hirten, so ist auch uns heute die Güte und Liebe unseres Gottes erschienen. Wir rufen zu ihm und bitten ihn:

- Für unsere Kirche, dass dein Lob in ihr nie verstummt und dass ihre Tore weit offen stehen. V: Gott, unser Heil. A: Höre und erhöre uns.
- Für die Eltern neugeborener Kinder, dass sie Liebe geben können und in ihrem Kind den Reichtum der Liebe entdecken. V: Gott, unser Heil. A: Höre und erhöre uns.
- Für die Menschen in Armut und Bedrängnis; lass sie Hilfe erfahren, sodass sie wieder aus der Hoffnung leben können. V: Gott, unser Heil. A: Höre und erhöre uns.
- Für schwerkranke Menschen, dass ihnen Hilfe und Achtung, Freundlichkeit und Nähe geschenkt werde. V: Gott, unser Heil. A: Höre und erhöre uns.

Mit den Hirten rühmen und preisen wir Gott für das, was auch wir gesehen und gehört haben, und hoffen auf den Beistand dessen, der uns im Kind in der Krippe ganz nahe gekommen ist.

EUCHARISTIEFEIER

GABENGEBET

Himmlischer Vater, erfülle die Gaben dieser Erde mit deinem Segen, damit sie das Geheimnis dieses Tages darstellen: Wie Christus als neugeborener Mensch und als wahrer Gott vor uns aufleuchtet, so lass uns durch diese irdische Speise das göttliche Leben empfangen. Darum bitten wir durch ihn, Christus, unseren Herrn.

Präfation, S. 479 f.

KOMMUNIONVERS

Vgl. Sach 9,9

Juble laut, Tochter Zion, jauchze, Tochter Jerusalem,
siehe, dein König kommt zu dir,
der Heilige, der Heiland der Welt.

SCHLUSSGEBET

Herr, unser Gott, die Menschwerdung deines Sohnes erfülle uns mit Freude und Dank. Lass uns dieses unergründliche Geheimnis im Glauben erfassen und in tätiger Liebe bekennen. Darum bitten wir durch Christus, unseren Herrn.

FEIERLICHER SCHLUSSSEGEN

S. 71

***

UNBERECHENBAR

Weihnachten, wie sonderbar,
ist einmal nur im ganzen Jahr.
Gott liebt's doch unberechenbar,
kommt jeden Tag – wie wunderbar!

Stefan Voges

AM TAG

25. Dezember 2017

Es ist das Fest der Menschwerdung Gottes, des göttlichen Worts. Weil Jesus göttliche und Menschennatur in sich vereint, wird Weihnachten auch zu dem Fest unserer Hoffnung, an der Gottheit des Sohnes teilzuhaben. Daran erinnert das Tagesgebet der dritten Weihnachtsmesse. Gott stellt die wunderbare Würde des Menschen „noch wunderbarer" wieder her. Weihnachten ist also auch das Fest der unantastbaren Menschenwürde. Der Blick auf das Kind in der Krippe sieht auch die vielfach und vielerorts bedrohte Würde der Menschen in unserer Zeit.

ERÖFFNUNGSVERS

Vgl. Jes 9,5

Ein Kind ist uns geboren, ein Sohn ist uns geschenkt.
Auf seinen Schultern ruht die Herrschaft.

KYRIE-RUFE

Herr Jesus Christus, du bist
das ewige Wort Gottes,
durch das alles geworden ist.
V/A: Herr, erbarme dich.
Du bist Fleisch geworden
und hast unter uns gewohnt.
V/A: Christus, erbarme dich.
Du hast Menschennatur angenommen
und den Menschen in seiner Würde
wunderbar wiederhergestellt.
V/A: Herr, erbarme dich.

Ehre sei Gott, S. 467 f.

TAGESGEBET

Allmächtiger Gott, du hast den Menschen in seiner Würde wunderbar erschaffen und noch wunderbarer wiederhergestellt. Lass uns teilhaben an der Gottheit deines Sohnes, der unsere Menschennatur angenommen hat. Er, der in der Einheit des Heiligen Geistes mit dir lebt und herrscht in alle Ewigkeit.

WORTGOTTESDIENST

ZUR 1. LESUNG „... und seht, was in dieser hochheiligen Nacht / der Vater im Himmel für Freude uns macht": Mit eigenen Augen sehen, das wollten schon die Hirten in der Nacht. Bei Jesaja sehen die Wächter mit eigenen Augen, wie der Herr zurückkehrt, und beginnen zu jubeln. Was sehen wir *wirklich*? Was hält unseren Blick in einer Zeit, in der uns visuelle Reize allerorts überfluten? Weihnachten ist die Einladung, sich vom Mensch gewordenen Gott anschauen und den eigenen Blick auf dem Kind in der Krippe ruhen zu lassen. So wächst jubelnde Freude – und Gottes Ansehen.

ERSTE LESUNG Jes 52,7–10

Alle Enden der Erde sehen das Heil unseres Gottes

Lesung aus dem Buch Jesaja.

Wie willkommen sind auf den Bergen die Schritte des Freudenboten, der Frieden ankündigt, der eine frohe Botschaft bringt und Rettung verheißt, der zu Zion sagt: Dein Gott ist König.

Horch, deine Wächter erheben die Stimme, sie beginnen alle zu jubeln. Denn sie sehen mit eigenen Augen, wie der Herr nach Zion zurückkehrt.

Brecht in Jubel aus, jauchzt alle zusammen, ihr Trümmer Jerusalems! Denn der Herr tröstet sein Volk, er erlöst Jerusalem. Der Herr macht seinen heiligen Arm frei vor den Augen aller Völker. Alle Enden der Erde sehen das Heil unseres Gottes.

ANTWORTPSALM

Ps 98(97),1.2–3b.3c–4.5–6 (℟: vgl. 3cd)

℟ Alle Enden der Erde sehen das Heil unsres Gottes. – ℟

Singet dem Herrn ein neues Lied; *
denn er hat wunderbare Taten vollbracht.
Er hat mit seiner Rechten geholfen *
und mit seinem heiligen Arm. – (℟)

Der Herr hat sein Heil bekannt gemacht *
und sein gerechtes Wirken enthüllt vor den Augen der Völker.
Er dachte an seine Huld *
und an seine Treue zum Hause Israel. – (℟)

Alle Enden der Erde *
sahen das Heil unsres Gottes.
Jauchzt vor dem Herrn, alle Länder der Erde, *
freut euch, jubelt und singt! – (℟)

Spielt dem Herrn auf der Harfe, *
auf der Harfe zu lautem Gesang!
Zum Schall der Trompeten und Hörner *
jauchzt vor dem Herrn, dem König! – ℟

ZUR 2. LESUNG Der Hebräerbrief unterstreicht, gleich am Beginn, die unvergleichliche Würde des Gottessohnes, dem auch Gottes Engel dienen. Dabei fallen Formulierungen, die in ihrer gewaltigen Dimension nicht so recht zum kleinen Kind in der Krippe passen wollen: „Er trägt das All durch sein machtvolles Wort.“ Gleichzeitig machen sie deutlich, wen wir in der Krippe sehen, den Sohn des immer größeren Gottes. Das Kind in der Krippe ist der Abglanz der göttlichen Herrlichkeit und das Abbild des göttlichen Wesens. Eine wunderbare Spannung, die uns einlädt, auch in unserer Welt die versteckte Größe der kleinen Dinge zu entdecken!

ZWEITE LESUNG

Hebr 1,1–6

Gott hat zu uns gesprochen durch den Sohn

Lesung aus dem Hebräerbrief.

Viele Male und auf vielerlei Weise hat Gott einst zu den Vätern gesprochen durch die Propheten; in dieser Endzeit aber hat er zu uns gesprochen durch den Sohn, den er zum Erben des Alls eingesetzt und durch den er auch die Welt erschaffen hat; er ist der Abglanz seiner Herrlichkeit und das Abbild seines Wesens; er trägt das All durch sein machtvolles Wort, hat die Reinigung von den Sünden bewirkt und sich dann zur Rechten der Majestät in der Höhe gesetzt; er ist um so viel erhabener geworden als die Engel, wie der Name, den er geerbt hat, ihren Namen überragt.

Denn zu welchem Engel hat er jemals gesagt:
Mein Sohn bist du, heute habe ich dich gezeugt,
und weiter:
Ich will für ihn Vater sein und er wird für mich Sohn sein?
Wenn er aber den Erstgeborenen wieder in die Welt einführt, sagt er:
Alle Engel Gottes sollen sich vor ihm niederwerfen.

RUF VOR DEM EVANGELIUM

Halleluja. Halleluja.
Aufgeleuchtet ist uns aufs Neue der Tag der Erlösung:
Ein großes Licht ist heute auf Erden erschienen.
Kommt, ihr Völker, und betet an den Herrn, unseren Gott!
Halleluja.

ZUM EVANGELIUM Was hätte es wohl für eine Wirkung, wenn der Prolog des Johannes-Evangeliums im Gottesdienst mit verteilten Rollen gelesen und gesprochen würde? Der Gemeinde fiele dabei das Wir zu, sodass sie nur zwei Verse zu sprechen hätte – die aber sind kraft- und verheißungsvoll. Ob das Bekenntnis zum Fleisch gewordenen Wort und zur geschauten Herrlichkeit die Menschen anders ergreifen würde, wenn sie es selbst sprächen? Denn darum geht es doch, sich vom Geheimnis von Weihnachten berühren zu lassen, es wie Johannes zu bezeugen und aus der empfangenen Gnade zu leben.

EVANGELIUM

Joh 1,1–18

Das Wort ist Fleisch geworden und hat unter uns gewohnt

+ **Aus dem heiligen Evangelium nach Johannes.**

Im Anfang war das Wort, und das Wort war bei Gott, und das Wort war Gott. Im Anfang war es bei Gott. Alles ist durch das Wort geworden und ohne das Wort wurde nichts, was geworden ist. In ihm war das Leben und das Leben war das Licht der Menschen. Und das Licht leuchtet in der Finsternis und die Finsternis hat es nicht erfasst.

Es trat ein Mensch auf, der von Gott gesandt war; sein Name war Johannes. Er kam als Zeuge, um Zeugnis abzulegen für das Licht, damit alle durch ihn zum Glauben kommen. Er war nicht selbst das Licht, er sollte nur Zeugnis ablegen für das Licht.

Das wahre Licht, das jeden Menschen erleuchtet, kam in die Welt. Er war in der Welt und die Welt ist durch ihn geworden, aber die Welt erkannte ihn nicht. Er kam in sein Eigentum, aber die Seinen nahmen ihn nicht auf.

Allen aber, die ihn aufnahmen, gab er Macht, Kinder Gottes zu werden, allen, die an seinen Namen glauben, die nicht aus dem Blut, nicht aus dem Willen des Fleisches, nicht aus dem Willen des Mannes, sondern aus Gott geboren sind.

Und das Wort ist Fleisch geworden und hat unter uns gewohnt und wir haben seine Herrlichkeit gesehen, die Herrlichkeit des einzigen Sohnes vom Vater, voll Gnade und Wahrheit.

Johannes legte Zeugnis für ihn ab und rief: Dieser war es, über den ich gesagt habe: Er, der nach mir kommt, ist mir voraus, weil er vor mir war. Aus seiner Fülle haben wir alle empfangen, Gnade über Gnade.

Denn das Gesetz wurde durch Mose gegeben, die Gnade und die Wahrheit kamen durch Jesus Christus. Niemand hat Gott je gesehen. Der Einzige, der Gott ist und am Herzen des Vaters ruht, er hat Kunde gebracht.

Oder:

KURZFASSUNG

Joh 1,1–5.9–14

Das Wort ist Fleisch geworden und hat unter uns gewohnt

+ Aus dem heiligen Evangelium nach Johannes.

Im Anfang war das Wort, und das Wort war bei Gott, und das Wort war Gott. Im Anfang war es bei Gott. Alles ist durch das Wort geworden und ohne das Wort wurde nichts, was geworden ist. In ihm war das Leben und das Leben war das Licht der Menschen. Und das Licht leuchtet in der Finsternis und die Finsternis hat es nicht erfasst.

Das wahre Licht, das jeden Menschen erleuchtet, kam in die Welt. Er war in der Welt und die Welt ist durch ihn geworden, aber die Welt erkannte ihn nicht. Er kam in sein Eigentum, aber die Seinen nahmen ihn nicht auf.

Allen aber, die ihn aufnahmen, gab er Macht, Kinder Gottes zu werden, allen, die an seinen Namen glauben, die nicht aus dem Blut, nicht aus dem Willen des Fleisches, nicht aus dem Willen des Mannes, sondern aus Gott geboren sind.

Und das Wort ist Fleisch geworden und hat unter uns gewohnt und wir haben seine Herrlichkeit gesehen, die Herrlichkeit des einzigen Sohnes vom Vater, voll Gnade und Wahrheit.

Glaubensbekenntnis, S. 470 ff.

(*Kniebeuge zu den Worten:* „hat Fleisch angenommen“ bis „Mensch geworden“)

FÜRBITTEN

„Allen aber, die ihn aufnahmen, gab er Macht, Kinder Gottes zu werden“, so hörten wir heute im Evangelium des Weihnachtstages. Wir bitten Jesus, unseren Bruder und Herrn, um seine Nähe und um sein Erbarmen:

- Wir bitten für die Kirche, dass sie zur glaubwürdigen Künderin der Nähe Gottes werde. V: Licht der Welt. A: Wir bitten dich, erhöre uns.
- Wir bitten für alle, in denen es dunkel ist, um das Licht der Hoffnung. V: Licht der Welt. A: Wir bitten dich, erhöre uns.
- Wir beten für unsere kranken Angehörigen und Freunde, und für alle Menschen, die unter einer Krankheit leiden. V: Licht der Welt. A: Wir bitten dich, erhöre uns.
- Wir bitten für die Kinder in Kriegs- und Krisengebieten, dass der Hass sie nicht ergreife und sie in Frieden leben können. V: Licht der Welt. A: Wir bitten dich, erhöre uns.
- Wir beten für die Toten, die unser Leben hell und warm gemacht haben, und für alle Verstorbenen, dass sie in deinem Licht geborgen sind. V: Licht der Welt. A: Wir bitten dich, erhöre uns.

Gott, du bist unser Heil und unser Leben. In Jesus Christus hast du uns das Wort geschenkt, durch das wir leben und hoffen können. Dafür danken wir dir, heute, am heiligen Weihnachtstag, und an allen Tagen unseres Lebens.

EUCHARISTIEFEIER

GABENGEBET

Gott, unser Vater, in diesen Gaben willst du uns Versöhnung schenken und uns wieder mit dir verbinden. Nimm sie an und gib durch sie unserem heiligen Dienst die höchste Vollendung. Darum bitten wir durch Christus, unseren Herrn.

Präfation, S. 479 f.

KOMMUNIONVERS

Ps 98(97),3

Alle Enden der Erde sahen
die rettende Tat unseres Gottes.

SCHLUSSGEBET

Barmherziger Gott, in dieser heiligen Feier hast du uns deinen Sohn geschenkt, der heute als Heiland der Welt geboren wurde. Durch ihn sind wir wiedergeboren zum göttlichen Leben, führe uns auch zur ewigen Herrlichkeit durch ihn, der mit dir lebt und herrscht in alle Ewigkeit.

FEIERLICHER SCHLUSSSEGEN

S. 71

***

STAUNEN

Gott wird Mensch.
Sternenklares Staunen
über das Unglaubliche
wird zum Glauben
an das geliebte Leben.

Stefan Voges

HEILIGER STEPHANUS, ERSTER MÄRTYRER
FEST

26. Dezember 2017

Das Fest des heiligen Stephanus schließt an die Botschaft der Engel auf den Feldern vor Betlehem an: Friede auf Erden den Menschen der göttlichen Gnade! Stephanus, von dem es heißt, er habe voll Gnade und Kraft gewirkt, wird ein Opfer des Unfriedens. Mit seiner Vision des offenen Himmels wird er ein Opfer der Gewalt. Aber er stirbt im Frieden, indem er für seine Verfolger betet und damit den Kreislauf von Gewalt und Gegengewalt durchbricht. Dies legt die Liturgie uns als nachzuahmendes Beispiel vor.

ERÖFFNUNGSVERS

Das Tor des Himmels öffnete sich für Stephanus.
Er zog als Erster der Blutzeugen ein
und empfing die Krone der Herrlichkeit.

KYRIE-RUFE

Herr Jesus Christus, du hast den heiligen Stephanus
zum Dienst an den Tischen bestellt.
V/A: Herr, erbarme dich.
Du hast den heiligen Stephanus mit dem Glauben
und dem Heiligen Geist erfüllt.
V/A: Christus, erbarme dich.
Du hast dem heiligen Stephanus den Himmel aufgetan
und ihm die Krone der Martyrer verliehen.
V/A: Herr, erbarme dich.

Ehre sei Gott, S. 467 f.

TAGESGEBET

Allmächtiger Gott, wir ehren am heutigen Fest den ersten Märtyrer deiner Kirche. Gib, dass auch wir unsere Feinde lieben und so das Beispiel des heiligen Stephanus nachahmen, der sterbend für seine Verfolger gebetet hat. Darum bitten wir durch Jesus Christus.

WORTGOTTESDIENST

ZUR 1. LESUNG Voll Gnade und Kraft wirkt Stephanus Wunder und große Zeichen, er redet mit Weisheit und geist-voll. Diese Gaben wachsen ihm aus dem Glauben zu, den er durch das Gebet für seine Verfolger noch im Sterben bezeugt. Sein Glaube lässt ihn auch Unvorstellbares sehen, den offenen Himmel. An Weihnachten feiern wir, dass sich der Himmel geöffnet hat und Gottes Sohn als Mensch auf die Erde gekommen ist. Wir sehen das Kind in der Krippe, Stephanus sieht den Menschensohn zur Rechten Gottes. Mit Stephanus teilen wir den Glauben, aus dem Gnade und Kraft erwachsen, der aber auch Anlass für Verfolgung sein kann.

ERSTE LESUNG Apg 6,8–10; 7,54–60

Ich sehe den Himmel offen

Lesung aus der Apostelgeschichte.

In jenen Tagen tat Stephanus, voll Gnade und Kraft, Wunder und große Zeichen unter dem Volk. Doch einige von der sogenannten Synagoge der Libertiner und Zyrenäer und Alexandriner und Leute aus Zilizien und der Provinz Asien erhoben sich, um mit Stephanus zu streiten; aber sie konnten der Weisheit und dem Geist, mit dem er sprach, nicht widerstehen.

Als sie seine Rede hörten, waren sie aufs Äußerste über ihn empört und knirschten mit den Zähnen.

Er aber, erfüllt vom Heiligen Geist, blickte zum Himmel empor, sah die Herrlichkeit Gottes und Jesus zur Rechten Gottes stehen und rief: Ich sehe den Himmel offen und den Menschensohn zur Rechten Gottes stehen.

Da erhoben sie ein lautes Geschrei, hielten sich die Ohren zu, stürmten gemeinsam auf ihn los, trieben ihn zur Stadt hinaus und steinigten ihn. Die Zeugen legten ihre Kleider zu Füßen eines jungen Mannes nieder, der Saulus hieß.

So steinigten sie Stephanus; er aber betete und rief: Herr Jesus, nimm meinen Geist auf! Dann sank er in die Knie und schrie laut: Herr, rechne ihnen diese Sünde nicht an!

Nach diesen Worten starb er.

ANTWORTPSALM

Ps 31(30),3b–4.6 u. 8.16–17 (R: vgl. 6a)

℟ Herr, in deine Hände lege ich meinen Geist. – ℟

Sei mir ein schützender Fels, *
eine feste Burg, die mich rettet.
Denn du bist mein Fels und meine Burg; *
um deines Namens willen wirst du mich führen und leiten. – (℟)

In deine Hände lege ich voll Vertrauen meinen Geist; *
du hast mich erlöst, Herr, du treuer Gott.
Ich will jubeln und über deine Huld mich freuen; †
denn du hast mein Elend angesehn, *
du bist mit meiner Not vertraut. – (℟)

In deiner Hand liegt mein Geschick; *
entreiß mich der Hand meiner Feinde und Verfolger!
Lass dein Angesicht leuchten über deinem Knecht, *
hilf mir in deiner Güte! – ℟

RUF VOR DEM EVANGELIUM

Vers: Ps 118(117),26a.27a

Halleluja. Halleluja.
Gesegnet sei, der kommt im Namen des Herrn.
Gott, der Herr, erleuchte uns.
Halleluja.

ZUM EVANGELIUM Jesus hat seinen Jüngern die Verfolgung um seines Namens willen angekündigt. Aber worin besteht die größte Herausforderung in dieser Situation? Erst darin, den Tod auf sich zu nehmen, oder schon darin, sich dem Geist des Vaters zu überlassen und ihn durch sich reden zu lassen? Welchen Geistern leihen wir unseren Mund und zuvor unser Gehör? Diese Frage stellt sich nicht erst im Augenblick der Verfolgung und der Anklage. Stephanus ließ sich vom göttlichen Geist des Vertrauens und der Vergebung erfüllen.

EVANGELIUM

Mt 10,17–22

Nicht ihr werdet dann reden, sondern der Geist eures Vaters wird durch euch reden

+ Aus dem heiligen Evangelium nach Matthäus.

In jener Zeit sprach Jesus zu seinen Jüngern: Nehmt euch vor den Menschen in Acht! Denn sie werden euch vor die Gerichte bringen und in ihren Synagogen auspeitschen. Ihr werdet um meinetwillen vor Statthalter und Könige geführt, damit ihr vor ihnen und den Heiden Zeugnis ablegt. Wenn man euch vor Gericht stellt, macht euch keine Sorgen, wie und was ihr reden sollt; denn es wird euch in jener Stunde eingegeben, was ihr sagen sollt. Nicht ihr werdet dann reden, sondern der Geist eures Vaters wird durch euch reden.

Brüder werden einander dem Tod ausliefern und Väter ihre Kinder, und die Kinder werden sich gegen ihre Eltern auflehnen und sie in den Tod schicken.

Und ihr werdet um meines Namens willen von allen gehasst werden; wer aber bis zum Ende standhaft bleibt, der wird gerettet.

FÜRBITTEN

Am Gedenktag des heiligen Diakons Stephanus erinnern wir uns an seine Langmut und Liebe. Mit ihm beten wir für alle, die heute verfolgt und bedroht werden:

- Stärke deine Kirche, dass sie in der Kraft des Geistes Unrecht beim Namen nennen und sich gegen Ungerechtigkeit stellen kann. V/A: Höre unser Rufen.
- Bestärke und beschütze junge Menschen, die sich in Freiwilligendiensten, in Menschenrechtsorganisationen, in der Flüchtlingshilfe engagieren. V/A: Höre unser Rufen.
- Sei bei denen, die heute Ausgrenzung, Hass und Verfolgung um ihres Glaubens willen erleiden. V/A: Höre unser Rufen.
- Führe die Menschen, die durch Hass-Propaganda in die Irre geführt wurden, zurück zu einem Weg der Achtung und des Friedens. V/A: Höre unser Rufen.
- Ermutige alle, die sich dem Hunger in der Welt entgegenstellen. V/A: Höre unser Rufen.

Wir, deine Getauften, sind gerufen, einander zu vergeben und als neue Menschen zu leben. So bitten wir um deinen Geist der Liebe und der Versöhnung, durch Christus, unseren Herrn.

EUCHARISTIEFEIER

GABENGEBET

Herr, unser Gott, schau gütig auf dein Volk, das mit Freude und Hingabe den Festtag des heiligen Stephanus feiert, und nimm unsere Gaben an. Darum bitten wir durch Christus, unseren Herrn.

Präfation, S. 479 f.

KOMMUNIONVERS

Apg 7,59

Die Menge steinigte den Stephanus.
Er aber betete und rief:
Herr Jesus, nimm meinen Geist auf!

SCHLUSSGEBET

Herr, unser Gott, wir danken dir für die Gnade dieser festlichen Tage. In der Geburt deines Sohnes schenkst du uns das Heil; im Sterben des heiligen Stephanus zeigst du uns das Beispiel eines unerschrockenen Glaubenszeugen. Wir bitten dich: Stärke unsere Bereitschaft, deinen Sohn, unseren Herrn Jesus Christus, standhaft zu bekennen, der mit dir lebt und herrscht in alle Ewigkeit.

FEIERLICHER SCHLUSSSEGEN

S. 71

***

STEPHANUS

Sein letztes Wort, sein Testament sozusagen, ist der Ruf an seinen himmlischen Herrn, denen, die ihn gerade zu Tode steinigen, dies nicht als Sünde anzurechnen. Er ahmt mit diesem Gebet seinen Herrn nach, der am Kreuz betete: „Vater, vergib ihnen, denn sie wissen nicht, was sie tun“ (Lk 23,34). Der Märtyrer wird hier nicht als Glaubensheld, nicht seines mutigen Christusbekenntnisses, seiner den Tod nicht scheuenden Einsatzbereitschaft für die Wahrheit wegen gerühmt und als Vorbild empfohlen, sondern seiner Feindesliebe wegen, die ja bedeutet, dass erlittene Aggression, die man vielleicht selber sogar ausgelöst hat, sich nicht fortsetzt, indem sie wieder zurückgegeben wird. Sie soll sich in Gottes Erbarmen auflösen und so aus der Welt geschafft werden.

Alex Stock

FEST DER HEILIGEN FAMILIE

31. Dezember 2017

Eine zeitgeistige Liste mit zehn klugen Ratschlägen endet mit dem Tipp: Wähle deine Eltern mit Bedacht. Ob der Unmöglichkeit dieses Ratschlags stellt sich unwillkürlich ein Schmunzeln ein. Kinder haben schlicht keine Chance, ihre Eltern zu wählen, sie sind auf die Zuwendung und Liebe ihrer Eltern angewiesen. Umgekehrt wissen auch Eltern nicht, welchen Weg ihre Kinder wählen und ob sie, wenn sie selbst alt und schwach sind, auf die Unterstützung ihrer Kinder zählen können. Diese Gegenseitigkeit der Achtung und Liebe in der Familie kommt in den Lesungen des Festes zum Ausdruck. Die eingangs zitierte Regel könnte demnach abgewandelt werden und lauten: Liebt einander mit Bedacht!

ERÖFFNUNGSVERS — Lk 2,16

Die Hirten eilten hin und fanden Maria und Josef
und das Kind, das in einer Krippe lag.

KYRIE-RUFE

Herr Jesus Christus, du hast wie wir als Mensch gelebt.
V/A: Herr, erbarme dich.
Du bist in deiner Familie herangewachsen und kräftig geworden.
V/A: Christus, erbarme dich.
Du warst deinen Eltern gehorsam.
V/A: Herr, erbarme dich.

Ehre sei Gott, S. 467 f.

TAGESGEBET

Herr, unser Gott, in der Heiligen Familie hast du uns ein leuchtendes Vorbild geschenkt. Gib unseren Familien die Gnade, dass auch sie in Frömmigkeit und Eintracht leben und einander in der Liebe verbunden bleiben. Führe uns alle zur ewigen Gemeinschaft in deinem Vaterhaus. Darum bitten wir durch Jesus Christus.

WORTGOTTESDIENST

ZUR 1. LESUNG Das Zusammenleben in der Familie, besonders das Verhalten gegenüber den Eltern, ist laut Jesus Sirach ein Bewährungsfeld des Glaubens. Die Ehrerweisung gegenüber der Mutter gilt auch dem Herrn, und wer den Vater ehrt, für den gilt: Wenn er betet, wird er Erhörung finden. In Konflikten und angesichts verschiedener Alternativen ist es indes nicht immer leicht, eine Entscheidung zu treffen, die den Eltern Ehre erweist. Da erweckt mancher Schritt den Anschein mangelnder Achtung. Dann scheint es angeraten, zu überprüfen, ob die Entscheidungen von Liebe und nicht von Trotz oder gar Hass motiviert sind. Diese Unterscheidung immer neu zu machen, gilt nicht nur für Kinder, sondern auch für Eltern.

ERSTE LESUNG

Sir 3,2–6.12–14 (3–7.14–17a)

Der Herr hat den Kindern befohlen, ihren Vater zu ehren und das Recht ihrer Mutter zu achten

Lesung aus dem Buch Jesus Sirach.

Der Herr hat den Kindern befohlen, ihren Vater zu ehren, und die Söhne verpflichtet, das Recht ihrer Mutter zu achten. Wer den Vater ehrt, erlangt Verzeihung der Sünden, und wer seine Mutter achtet, gleicht einem Menschen, der Schätze sammelt. Wer den Vater ehrt, wird Freude haben an den eigenen Kindern, und wenn er betet, wird er Erhörung finden. Wer den Vater achtet, wird lange leben, und wer seiner Mutter Ehre erweist, der erweist sie dem Herrn.

Mein Sohn, wenn dein Vater alt ist, nimm dich seiner an und betrübe ihn nicht, solange er lebt. Wenn sein Verstand abnimmt, sieh es ihm nach und beschäme ihn nicht in deiner Vollkraft! Denn die Liebe zum Vater wird nicht vergessen, sie wird als Sühne für deine Sünden eingetragen.

ANTWORTPSALM

Ps 128(127),1–2.3.4–5 (℟: vgl. 1)

℟ Selig die Menschen,
die Gottes Wege gehen! – ℟

Wohl dem Mann, der den Herrn fürchtet und ehrt *
und der auf seinen Wegen geht!
Was deine Hände erwarben, kannst du genießen; *
wohl dir, es wird dir gut ergehn. – (℟)

Wie ein fruchtbarer Weinstock ist deine Frau *
drinnen in deinem Haus.
Wie junge Ölbäume sind deine Kinder *
rings um deinen Tisch. – (℟)

So wird der Mann gesegnet, *
der den Herrn fürchtet und ehrt.
Es segne dich der Herr vom Zion her. *
Du sollst dein Leben lang das Glück Jerusalems schauen. – ℟

Oder:

ZUR 1. LESUNG **Was willst du mir schon geben? Abram sieht sich von Gott um seine Zukunft betrogen, da er kinderlos geblieben ist, und er macht ihm einen spöttischen Vorwurf. Darauf folgt Gottes Verheißung, und Abram reagiert darauf, indem er Gott glaubt. Und die Verheißung erfüllt sich. Verschiedene Lebenssituationen, Verletzungen**

und Enttäuschungen, bringen Menschen dazu, Gott Vorwürfe zu machen – wie Abram. Aber sind sie auch bereit, sich wie Abram von Gott eine Zukunft zusagen zu lassen und ihm zu glauben?

ERSTE LESUNG

Gen 15,1–6; 21,1–3

Dein leiblicher Sohn wird dein Erbe sein

Lesung aus dem Buch Genesis.

In jenen Tagen erging das Wort des Herrn in einer Vision an Abram: Fürchte dich nicht, Abram, ich bin dein Schild; dein Lohn wird sehr groß sein.

Abram antwortete: Herr, mein Herr, was willst du mir schon geben? Ich gehe doch kinderlos dahin und Erbe meines Hauses ist Eliëser aus Damaskus. Und Abram sagte: Du hast mir keine Nachkommen gegeben; also wird mich mein Haussklave beerben.

Da erging das Wort des Herrn an ihn: Nicht er wird dich beerben, sondern dein leiblicher Sohn wird dein Erbe sein.

Er führte ihn hinaus und sprach: Sieh doch zum Himmel hinauf und zähl die Sterne, wenn du sie zählen kannst. Und er sprach zu ihm: So zahlreich werden deine Nachkommen sein.

Abram glaubte dem Herrn und der Herr rechnete es ihm als Gerechtigkeit an.

Der Herr nahm sich Saras an, wie er gesagt hatte, und er tat Sara so, wie er versprochen hatte. Sara wurde schwanger und gebar dem Abraham noch in seinem Alter einen Sohn zu der Zeit, die Gott angegeben hatte. Abraham nannte den Sohn, den ihm Sara gebar, Isaak.

ANTWORTPSALM

Ps 105 (104),1–2.3–4.5–6.8–9 (R: 7a.8a)

℟ Der Herr ist unser Gott;
ewig denkt er an seinen Bund. – ℟

Dankt dem Herrn! Ruft seinen Namen an! *
Macht unter den Völkern seine Taten bekannt!
Singt ihm und spielt ihm, *
sinnt nach über all seine Wunder! – (R)

Rühmt euch seines heiligen Namens! *
Alle, die den Herrn suchen, sollen sich von Herzen freuen.
Fragt nach dem Herrn und seiner Macht; *
sucht sein Antlitz allezeit! – (R)

Denkt an die Wunder, die er getan hat, *
an seine Zeichen und die Beschlüsse aus seinem Mund.
Bedenkt es, ihr Nachkommen seines Knechtes Abraham, *
ihr Kinder Jakobs, die er erwählt hat. – (R)

Ewig denkt er an seinen Bund, *
an das Wort, das er gegeben hat für tausend Geschlechter,
an den Bund, den er mit Abraham geschlossen, *
an den Eid, den er Isaak geschworen hat. – R

ZUR 2. LESUNG Ein Tugendkatalog und eine Hausordnung – die Lesung präsentiert eine Reihe von Anweisungen. Und wir würden uns diesen Aufforderungen wohl reflexartig widersetzen, wenn wir nicht aus Erfahrung wüssten, wie sinnvoll und hilfreich sie im Zusammenleben sind. Der Kolosserbrief wählt eine andere Begründung, indem er allen Imperativen einen Indikativ voranstellt: Ihr seid von Gott geliebt! Angesichts dessen haben die Regeln für das Zusammenleben eine Verstärkerfunktion: Indem wir anderen mit Erbarmen, Vergebung und Liebe begegnen, bezeugen wir ihnen die Liebe Gottes. Sie erfahren sich als von Gott geliebt – und können ihrerseits Verstärker dieser Liebe werden.

ZWEITE LESUNG Kol 3, 12–21

Die Liebe ist das Band, das alles zusammenhält

Lesung aus dem Brief des Apostels Paulus an die Kolosser.

Brüder [*oder:* Brüder und Schwestern! *oder:* Schwestern und Brüder!]! Ihr seid von Gott geliebt, seid seine auserwählten Heiligen. Darum bekleidet euch mit aufrichtigem Erbarmen, mit Güte, Demut, Milde, Geduld! Ertragt euch gegenseitig und vergebt einander, wenn einer dem andern etwas vorzuwerfen hat. Wie der Herr euch vergeben hat, so vergebt auch ihr! Vor allem aber liebt einander, denn die Liebe ist das Band, das alles zusammenhält und vollkommen macht.

In eurem Herzen herrsche der Friede Christi; dazu seid ihr berufen als Glieder des einen Leibes. Seid dankbar!

Das Wort Christi wohne mit seinem ganzen Reichtum bei euch. Belehrt und ermahnt einander in aller Weisheit! Singt Gott in eurem Herzen Psalmen, Hymnen und Lieder, wie sie der Geist eingibt, denn ihr seid in Gottes Gnade. Alles, was ihr in Worten und Werken tut, geschehe im Namen Jesu, des Herrn. Durch ihn dankt Gott, dem Vater!

Ihr Frauen, ordnet euch euren Männern unter, wie es sich im Herrn geziemt. Ihr Männer, liebt eure Frauen und seid nicht aufgebracht gegen sie! Ihr Kinder, gehorcht euren Eltern in allem; denn so ist es gut und recht im Herrn. Ihr Väter, schüchtert eure Kinder nicht ein, damit sie nicht mutlos werden.

RUF VOR DEM EVANGELIUM

Vers: Kol 3,15a.16a

Halleluja. Halleluja.
In eurem Herzen herrsche der Friede Christi.
Das Wort Christi wohne mit seinem ganzen Reichtum bei euch.
Halleluja.

Oder:

ZUR 2. LESUNG Auf drei Weichenstellungen im Leben Abrahams blickt die Lesung zurück. Von allen drei entscheidenden Momenten heißt es, dass sie aufgrund des Glaubens geschahen. Abraham und

Sara glaubten Gott. Aber Gott glaubte auch an Abraham und Sara. Diese Wechselseitigkeit des Glaubens kann in schwierigen Situationen und in Zeiten des Zweifels und des eigenen schwachen Glaubens Ermutigung sein.

ZWEITE LESUNG Hebr 11,8.11–12.17–19

Der Glaube Abrahams, Saras und Isaaks

Lesung aus dem Hebräerbrief.

Aufgrund des Glaubens gehorchte Abraham dem Ruf, wegzuziehen in ein Land, das er zum Erbe erhalten sollte; und er zog weg, ohne zu wissen, wohin er kommen würde.

Aufgrund des Glaubens empfing selbst Sara die Kraft, trotz ihres Alters noch Mutter zu werden; denn sie hielt den für treu, der die Verheißung gegeben hatte. So stammen denn auch von einem einzigen Menschen, dessen Kraft bereits erstorben war, viele ab: zahlreich wie die Sterne am Himmel und der Sand am Meeresstrand, den man nicht zählen kann.

Aufgrund des Glaubens brachte Abraham den Isaak dar, als er auf die Probe gestellt wurde, und gab den einzigen Sohn dahin, er, der die Verheißungen empfangen hatte und zu dem gesagt worden war: Durch Isaak wirst du Nachkommen haben.

Er verließ sich darauf, dass Gott sogar die Macht hat, Tote zum Leben zu erwecken; darum erhielt er Isaak auch zurück. Das ist ein Sinnbild.

RUF VOR DEM EVANGELIUM Vers: vgl. Hebr 1,1–2

Halleluja. Halleluja.
Einst hat Gott zu den Vätern gesprochen durch die Propheten;
heute aber hat er zu uns gesprochen durch den Sohn.
Halleluja.

ZUM EVANGELIUM Seinem Bericht vom Zeugnis des Simeon und der Hanna hat der Evangelist Lukas einen missionarischen Impuls eingeschrieben. Simeon freut sich ganz persönlich, das Heil zu sehen, fügt aber hinzu, dass dieses Heil, „Herrlichkeit für dein Volk Israel", sogar den Heiden leuchtet und sie erleuchtet. Und während Simeon nur zu den Eltern Jesu spricht, wendet sich Hanna an alle, die auf die Erlösung Jerusalems warten. Die Begegnung mit Jesus und die Freude darüber, die sich zuerst im Lob Gottes Bahn bricht, drängt aus dem persönlichen Erfahrungsraum hinaus, will geteilt, bezeugt und verkündet werden.

EVANGELIUM Lk 2,22–40

Das Kind wuchs heran; Gott erfüllte es mit Weisheit

+ Aus dem heiligen Evangelium nach Lukas.

Es kam für die Eltern Jesu der Tag der vom Gesetz des Mose vorgeschriebenen Reinigung. Sie brachten das Kind nach Jerusalem hinauf, um es dem Herrn zu weihen, gemäß dem Gesetz des Herrn, in dem es heißt: Jede männliche Erstgeburt soll dem Herrn geweiht sein. Auch wollten sie ihr Opfer darbringen, wie es das Gesetz des Herrn vorschreibt: ein Paar Turteltauben oder zwei junge Tauben.

In Jerusalem lebte damals ein Mann namens Simeon. Er war gerecht und fromm und wartete auf die Rettung Israels und der Heilige Geist ruhte auf ihm. Vom Heiligen Geist war ihm offenbart worden, er werde den Tod nicht schauen, ehe er den Messias des Herrn gesehen habe.

Jetzt wurde er vom Geist in den Tempel geführt; und als die Eltern Jesus hereinbrachten, um zu erfüllen, was nach dem Gesetz üblich war, nahm Simeon das Kind in seine Arme und pries Gott mit den Worten:

Nun lässt du, Herr, deinen Knecht, wie du gesagt hast, in Frieden scheiden. Denn meine Augen haben das Heil gesehen, das du vor allen Völkern bereitet hast, ein Licht, das die Heiden erleuchtet, und Herrlichkeit für dein Volk Israel.

Sein Vater und seine Mutter staunten über die Worte, die über Jesus gesagt wurden. Und Simeon segnete sie und sagte zu Maria, der Mutter Jesu: Dieser ist dazu bestimmt, dass in Israel viele durch ihn zu Fall kommen und viele aufgerichtet werden, und er wird ein Zeichen sein, dem widersprochen wird. Dadurch sollen die Gedanken vieler Menschen offenbar werden. Dir selbst aber wird ein Schwert durch die Seele dringen.

Damals lebte auch eine Prophetin namens Hanna, eine Tochter Penuëls, aus dem Stamm Ascher. Sie war schon hochbetagt. Als junges Mädchen hatte sie geheiratet und sieben Jahre mit ihrem Mann gelebt; nun war sie eine Witwe von vierundachtzig Jahren. Sie hielt sich ständig im Tempel auf und diente Gott Tag und Nacht mit Fasten und Beten.

In diesem Augenblick nun trat sie hinzu, pries Gott und sprach über das Kind zu allen, die auf die Erlösung Jerusalems warteten.

Als seine Eltern alles getan hatten, was das Gesetz des Herrn vorschreibt, kehrten sie nach Galiläa in ihre Stadt Nazaret zurück.

Das Kind wuchs heran und wurde kräftig; Gott erfüllte es mit Weisheit und seine Gnade ruhte auf ihm.

Oder:

KURZFASSUNG Lk 2,22.39–40

Das Kind wuchs heran; Gott erfüllte es mit Weisheit

+ Aus dem heiligen Evangelium nach Lukas.

Es kam für die Eltern Jesu der Tag der vom Gesetz des Mose vorgeschriebenen Reinigung. Sie brachten das Kind nach Jerusalem hinauf, um es dem Herrn zu weihen.

Als seine Eltern alles getan hatten, was das Gesetz des Herrn vorschreibt, kehrten sie nach Galiläa in ihre Stadt Nazaret zurück.

Das Kind wuchs heran und wurde kräftig; Gott erfüllte es mit Weisheit und seine Gnade ruhte auf ihm.

Glaubensbekenntnis, S. 470 ff.

FÜRBITTEN

„Die Liebe ist das Band, das alles zusammenhält und vollkommen macht." Wir bitten Gott, der die Liebe ist, um seine Nähe und seinen Beistand:

- Für unsere Kirche, dass sie als Zuhause, als Ort der Offenheit und der Geborgenheit, erfahren werde. V/A: Gott des Lebens, höre uns.
- Für alle in der Seelsorge Tätigen, dass sie, wie der greise Simeon und wie die Prophetin Hanna, die Freude über das Erlöser-Kind in die Welt tragen können. V/A: Gott des Lebens, höre uns.
- Für alle Eltern und Kinder, dass sie in Liebe und Vertrauen verbunden bleiben, auch durch Krisen und Erfahrungen der Fremdheit hindurch. V/A: Gott des Lebens, höre uns.
- Für alle, denen die Geborgenheit einer Familie fehlt, dass sie dennoch Vertrauen aufbauen können und echte Hilfe erfahren. V/A: Gott des Lebens, höre uns.
- Für alle Familien, die ihre schwächsten Glieder behutsam umsorgen und liebevoll tragen. V/A: Gott des Lebens, höre uns.

Gott, der du uns Vater und Mutter bist: Hilf uns, einander geduldig anzunehmen und miteinander zu wachsen. Darum bitten wir durch Jesus, deinen Sohn, unseren Herrn und Bruder.

EUCHARISTIEFEIER

GABENGEBET

Herr, unser Gott, am Fest der Heiligen Familie bringen wir das Opfer der Versöhnung dar. Höre auf die Fürsprache der jungfräulichen Gottesmutter und des heiligen Josef. Erhalte unsere Familien in deiner Gnade und in deinem Frieden. Darum bitten wir durch Christus, unseren Herrn.

Präfation, S. 479 f.

KOMMUNIONVERS

Bar 3,38

Unser Gott ist auf der Erde erschienen,
als Mensch unter den Menschen.

SCHLUSSGEBET

Gott, unser Vater, du hast uns mit dem Brot des Himmels gestärkt. Bleibe bei uns mit deiner Gnade, damit wir das Vorbild der Heiligen Familie nachahmen und nach der Mühsal dieses Lebens in ihrer Gemeinschaft das Erbe erlangen, das du deinen Kindern bereitet hast. Darum bitten wir durch Christus, unseren Herrn.

FEIERLICHER SCHLUSSSEGEN

S. 71

***

GEBET ZUR HEILIGEN FAMILIE

Jesus, Maria und Josef,
in euch betrachten wir
den Glanz der wahren Liebe,
an euch wenden wir uns voll Vertrauen.

Heilige Familie von Nazareth,
mache auch unsere Familien
zu Orten innigen Miteinanders
und zu Gemeinschaften des Gebetes,
zu echten Schulen des Evangeliums
und zu kleinen Hauskirchen.

Heilige Familie von Nazareth,
nie mehr gebe es in unseren Familien
Gewalt, Halsstarrigkeit und Spaltung;
wer Verletzung erfahren
oder Anstoß nehmen musste,
finde bald Trost und Heilung.

Heilige Familie von Nazareth,
lass allen bewusst werden,
wie heilig und unantastbar die Familie ist
und welche Schönheit sie besitzt im Plan Gottes.

Jesus, Maria und Josef,
hört und erhört unser Flehen.

Amen.

Papst Franziskus

OKTAVTAG VON WEIHNACHTEN
HOCHFEST DER GOTTESMUTTER MARIA

1. Januar 2018 – Neujahr

Mehr als eine Jahreszahl ändert sich nicht. Und doch ist der Jahreswechsel ein farbenfroh und lautstark gefeierter Einschnitt in der voranschreitenden Zeit, eine Unterbrechung, die mit guten Wünschen und guten Vorsätzen verknüpft ist. Die Liturgie eröffnet das Jahr mit einem wunderbaren Dreiklang biblischer Texte. Sie reden von der Zuwendung Gottes zum Menschen, von der Erhebung der Menschen zu Kindern Gottes und vom Wirken der göttlichen Gegenwart in den Herzen der Menschen.

ERÖFFNUNGSVERS

Sedulius

Gruß dir, heilige Mutter, du hast den König geboren,
der in Ewigkeit herrscht über Himmel und Erde.

KYRIE-RUFE

Herr Jesus Christus du hast durch deinen Eintritt
in die Welt die Fülle der Zeit heraufgeführt.
V/A: Herr, erbarme dich.
Du wurdest in der Fülle der Zeit geboren von einer Frau.
V/A: Christus, erbarme dich.
Du hast in der Fülle der Zeit der Welt den Frieden gebracht.
V/A: Herr, erbarme dich.

Ehre sei Gott, S. 467 f.

TAGESGEBET

Barmherziger Gott, durch die Geburt deines Sohnes aus der Jungfrau Maria hast du der Menschheit das ewige Heil geschenkt. Lass uns (auch im neuen Jahr) immer und überall die Fürbitte der gnadenvollen Mutter erfahren, die uns den Urheber des Lebens geboren hat, Jesus Christus, deinen Sohn, unseren Herrn und Gott, der in der Einheit des Heiligen Geistes mit dir lebt und herrscht in alle Ewigkeit.

WORTGOTTESDIENST

ZUR 1. LESUNG Die Fülle, die der aaronitische Segen zuspricht, ist unerschöpflich. Die menschliche Betrachtung wird ihn nie ganz erfassen können. Überraschend ist die Konstellation, in der der dreifache Segenswunsch überliefert wird: Der Herr selbst gibt kund, wie er im Segen angerufen werden soll und bewegt werden will. Er macht sich ausdrücklich ansprechbar, will um seine Zuwendung, seine Gnade und sein Heil gebeten werden. Er will gebeten werden, aber nicht, weil er seine Gaben sonst lieber für sich behält, sondern weil er seine Fülle so gerne schenken möchte. Eine Einladung zum täglichen segnenden Gebet, auch mit anderen Worten – die der Zuwendung Gottes trauen.

ERSTE LESUNG Num 6,22–27

So sollen sie meinen Namen auf die Israeliten legen und ich werde sie segnen

Lesung aus dem Buch Numeri.

Der Herr sprach zu Mose: Sag zu Aaron und seinen Söhnen: So sollt ihr die Israeliten segnen; sprecht zu ihnen:

Der Herr segne dich und behüte dich. Der Herr lasse sein Angesicht über dich leuchten und sei dir gnädig. Der Herr wende sein Angesicht dir zu und schenke dir Heil.

So sollen sie meinen Namen auf die Israeliten legen und ich werde sie segnen.

ANTWORTPSALM

Ps 67(66),2–3.5.6 u. 8 (℟: 2a)

℟ Gott sei uns gnädig und segne uns. – ℟

Gott sei uns gnädig und segne uns. *
Er lasse über uns sein Angesicht leuchten,
damit auf Erden sein Weg erkannt wird *
und unter allen Völkern sein Heil. – (℟)

Die Nationen sollen sich freuen und jubeln. *
Denn du richtest den Erdkreis gerecht.
Du richtest die Völker nach Recht *
und regierst die Nationen auf Erden. – (℟)

Die Völker sollen dir danken, o Gott, *
danken sollen dir die Völker alle.
Es segne uns Gott. *
Alle Welt fürchte und ehre ihn. – ℟

ZUR 2. LESUNG Upgrade, Beförderung, Statuswechsel – Begriffe aus der modernen Geschäftswelt deuten an, beschreiben aber nicht angemessen, was Paulus mit dem Erlangen der Sohnschaft meint. Sohn oder Tochter Gottes sein ist radikaler und weitreichender als weltliche Veränderungen. Und in noch einem Punkt unterscheiden sich beide Vorgänge. Während weltliche Beförderungen nicht selten zu Abgehobenheit und Dünkel führen, bewirkt der Geist der Gotteskindschaft die Hinwendung zum Vater: Nicht der überhebliche Stolz auf die eigene Stärke wächst, sondern die dankbare Vertrautheit mit Gott.

ZWEITE LESUNG

Gal 4,4–7

Gott sandte seinen Sohn, geboren von einer Frau, damit wir die Sohnschaft erlangen

Lesung aus dem Brief des Apostels Paulus an die Galater.

Brüder [*oder:* Brüder und Schwestern! *oder:* Schwestern und Brüder!]! Als die Zeit erfüllt war, sandte Gott seinen Sohn, geboren von einer Frau und dem Gesetz unterstellt, damit er die freikaufe, die unter dem Gesetz stehen, und damit wir die Sohnschaft erlangen.

Weil ihr aber Söhne seid, sandte Gott den Geist seines Sohnes in unser Herz, den Geist, der ruft: Abba, Vater.

Daher bist du nicht mehr Sklave, sondern Sohn; bist du aber Sohn, dann auch Erbe, Erbe durch Gott.

RUF VOR DEM EVANGELIUM

Vers: vgl. Hebr 1,1–2

Halleluja. Halleluja.
Einst hat Gott zu den Vätern gesprochen durch die Propheten;
heute aber hat er zu uns gesprochen durch den Sohn.
Halleluja.

ZUM EVANGELIUM Maria bewahrte alles, was geschehen war, in ihrem Herzen. Das klingt nach Absicht. Aber was ist mit all dem, was sich wider unseren Willen in unserem Herzen und unseren Gedanken festsetzt? Es sind, weiß Gott, nicht nur froh machende Heilsgeheimnisse, über die wir im Rückblick auf ein vergangenes und im Ausblick auf ein neues Jahr nachdenken. Bleiben wir mit Maria und Josef noch einen Moment an der Krippe stehen, um dort mit den Worten des Dichters Paul Gerhardt zu singen: „Ich stehe, bring und schenke dir, was du mir hast gegeben." Auch das, was unser Herz und unseren Kopf ungewollt schwer oder unerwartet leicht macht.

EVANGELIUM

Lk 2,16–21

Sie fanden Maria und Josef und das Kind.
Als acht Tage vorüber waren, gab man dem Kind den Namen Jesus

+ Aus dem heiligen Evangelium nach Lukas.

In jener Zeit eilten die Hirten nach Betlehem und fanden Maria und Josef und das Kind, das in der Krippe lag. Als sie es sahen, erzählten sie, was ihnen über dieses Kind gesagt worden war. Und alle, die es hörten, staunten über die Worte der Hirten.

Maria aber bewahrte alles, was geschehen war, in ihrem Herzen und dachte darüber nach.

Die Hirten kehrten zurück, rühmten Gott und priesen ihn für das, was sie gehört und gesehen hatten; denn alles war so gewesen, wie es ihnen gesagt worden war.

Als acht Tage vorüber waren und das Kind beschnitten werden sollte, gab man ihm den Namen Jesus, den der Engel genannt hatte, noch ehe das Kind im Schoß seiner Mutter empfangen wurde.

Glaubensbekenntnis, S. 470 ff.

FÜRBITTEN

In Jesus öffnet sich das Heil von Gott her auch für unsere Gegenwart. Vereint mit der Fürbitte der Gottesmutter bitten wir am Beginn dieses neuen Jahres:

- Für unseren Papst, die Bischöfe, Priester und Diakone und für alle, die das Wort Gottes verkünden, bezeugen und leben, um deinen Geist der Glaubwürdigkeit und der Treue. V/A: Treuer Gott, erhöre uns.

- Für die zertrennte Christenheit bitten wir um die Kraft der Liebe und um Mut zu sichtbaren Schritten hin zur vollen Einheit in Christus. V/A: Treuer Gott, erhöre uns.

- Für alle, die in zerstörten Häusern in Kriegsgebieten voll Angst und Sorge diesem neuen Jahr entgegensehen. V/A: Treuer Gott, erhöre uns.
- Für alle, die voll Hoffnung auf dieses beginnende Jahr schauen und ihr gemeinsames Leben unter Gottes Segen stellen wollen. V/A: Treuer Gott, erhöre uns.
- Für alle, die im vergangenen Jahr von uns gegangen sind, und für alle, die um einen lieben Menschen trauern. V/A: Treuer Gott, erhöre uns.

In deinem Segen, guter Gott, kann unser Leben gelingen, können wir vertrauensvoll auf das neue Jahr schauen. Wir danken dir, dass du der Gott mit uns bist, heute und alle Tage unseres Lebens.

EUCHARISTIEFEIER

GABENGEBET

Barmherziger Gott, von dir kommt alles Gute und du führst es zum Ziel. Wir danken dir für den Anfang des Heiles, das du uns in der Geburt deines Sohnes aus der Jungfrau Maria eröffnet hast. Höre auf ihre Fürsprache und führe uns (in diesem Jahr) näher zu dir. Darum bitten wir durch Christus, unseren Herrn.

PRÄFATION

In Wahrheit ist es würdig und recht, dir, Herr, heiliger Vater, immer und überall zu danken, weil du Großes getan hast an der seligen Jungfrau Maria. Vom Heiligen Geist überschattet, hat sie deinen eingeborenen Sohn empfangen und im Glanz unversehrter Jungfräulichkeit der Welt das ewige Licht geboren, unseren Herrn Jesus Christus. Durch ihn loben die Engel deine Herrlichkeit, beten dich an die Mächte, erbeben die Gewalten. Die Himmel und die himmlischen

Kräfte und die seligen Serafim feiern dich jubelnd im Chore. Mit ihrem Lobgesang lass auch unsere Stimmen sich vereinen und voll Ehrfurcht rufen: Heilig …

KOMMUNIONVERS

Hebr 13, 8

Jesus Christus ist derselbe
gestern und heute und in Ewigkeit.

SCHLUSSGEBET

Herr, unser Gott, am Fest der seligen Jungfrau Maria, die wir als Mutter deines Sohnes und Mutter der Kirche bekennen, haben wir voll Freude das heilige Sakrament empfangen. Lass es uns eine Hilfe sein, die uns zum ewigen Leben führt. Darum bitten wir durch Christus, unseren Herrn.

FEIERLICHER SCHLUSSSEGEN

Gott, unser Vater, der Quell und Ursprung alles Guten, gewähre euch seinen Segen und erhalte euch im neuen Jahr unversehrt an Leib und Seele. – A: Amen.
Er bewahre euch im rechten Glauben, in unerschütterlicher Hoffnung und in der Geduld unbeirrbarer Liebe. – A: Amen.
Eure Tage ordne er in seinem Frieden, eure Bitten erhöre er heute und immerdar; am Ende eurer Jahre schenke er euch das ewige Leben. – A: Amen.
Das gewähre euch der dreieinige Gott, der Vater und der Sohn † und der Heilige Geist. – A: Amen.

***

STRAHLEN

Erleucht auch meine finstre Sinnen;
Erleuchte mein Herze
Durch der Strahlen klaren Schein!
Dein Wort soll mir die hellste Kerze
In allen meinen Werken sein;
Dies lässet die Seele nichts Böses beginnen.

Aus dem Weihnachtsoratorium von Johann Sebastian Bach

ERSCHEINUNG DES HERRN – HOCHFEST

6. Januar 2018

„Ich will gegen das Geleucht der Lichter meinen Dunkelheiten trauen." So heißt es in einem neuen geistlichen Lied. Am Fest der Erscheinung des Herrn bekommt dieses seltsame Vertrauen ins Dunkel einen verheißungsvollen Sinn. Erst im Dunkel kann ich das Licht der Sterne unterscheiden. Erst wenn ich das Dunkle in meinem Leben annehme, kann ich Gottes wegweisendes Licht erkennen. Erst wenn ich vor den Dunkelheiten der Welt die Augen nicht verschließe, kann ich das Licht der Welt, die Strahlkraft des menschgewordenen Gottes, verstehen.

ERÖFFNUNGSVERS

Vgl. Mal 3,1; 1 Chr 19,12

Seht, gekommen ist der Herrscher, der Herr.
In seiner Hand ist die Macht und das Reich.

KYRIE-RUFE

Herr Jesus Christus, du bist über uns
aufgegangen als der Stern unseres Lebens.
V/A: Herr, erbarme dich.
Du hast die Güte und Menschenliebe Gottes,
unseres Retters, zur Erscheinung gebracht.
V/A: Christus, erbarme dich.
Du hast uns mit sehr großer Freude erfüllt.
V/A: Herr, erbarme dich.

Ehre sei Gott, S. 467 f.

TAGESGEBET

Allherrschender Gott, durch den Stern, dem die Weisen gefolgt sind, hast du am heutigen Tag den Heidenvölkern deinen Sohn geoffenbart. Auch wir haben dich schon im Glauben erkannt. Führe uns vom Glauben zur unverhüllten Anschauung deiner Herrlichkeit. Darum bitten wir durch Jesus Christus.

WORTGOTTESDIENST

ZUR 1. LESUNG Seit einigen Jahren gibt es weltweit sogenannte „Lichtschutzgebiete", Areale, in denen die nächtliche Dunkelheit als schützenswert gilt. Um Sterne beobachten zu können, ist es wichtig, die Lichtverschmutzung durch andere Lichtquellen so gering wie möglich zu halten, damit die Sterne unterscheidbar bleiben. In unserer Welt blenden uns viele Lichter, wollen uns von den Dunkelheiten ablenken. Aber wir dürfen die Augen nicht verschließen vor der Finsternis, die die Erde bedeckt, und vor dem Dunkel im Leben der Menschen. Im Lichtschutzgebiet menschlicher Existenzen erkennen wir die Herrlichkeit des Herrn.

ERSTE LESUNG

Jes 60,1–6

Die Herrlichkeit des Herrn geht leuchtend auf über dir

Lesung aus dem Buch Jesaja.

Auf, werde licht, Jerusalem, denn es kommt dein Licht und die Herrlichkeit des Herrn geht leuchtend auf über dir.

Denn siehe, Finsternis bedeckt die Erde und Dunkel die Völker, doch über dir geht leuchtend der Herr auf, seine Herrlichkeit erscheint über dir. Völker wandern zu deinem Licht und Könige zu deinem strahlenden Glanz.

Blick auf und schau umher: Sie alle versammeln sich und kommen zu dir. Deine Söhne kommen von fern, deine Töchter trägt man auf den Armen herbei. Du wirst es sehen und du wirst strahlen, dein Herz bebt vor Freude und öffnet sich weit.

Denn der Reichtum des Meeres strömt dir zu, die Schätze der Völker kommen zu dir. Zahllose Kamele bedecken dein Land, Dromedare aus Midian und Efa. Sie alle kommen von Saba, bringen Weihrauch und Gold und verkünden die ruhmreichen Taten des Herrn.

ANTWORTPSALM

Ps 72(71), 1–2.7–8.10–11.12–13 (℟: 11)

℟ Alle Könige müssen ihm huldigen,
alle Völker ihm dienen. – ℟

Verleih dein Richteramt, o Gott, dem König, *
dem Königssohn gib dein gerechtes Walten!
Er regiere dein Volk in Gerechtigkeit *
und deine Armen durch rechtes Urteil. – (℟)

Die Gerechtigkeit blühe auf in seinen Tagen *
und großer Friede, bis der Mond nicht mehr da ist.
Er herrsche von Meer zu Meer, *
vom Strom bis an die Enden der Erde. – (℟)

Die Könige von Tarschisch und von den Inseln bringen Geschenke, *
die Könige von Saba und Seba kommen mit Gaben.
Alle Könige müssen ihm huldigen, *
alle Völker ihm dienen. – (℟)

Er rettet den Gebeugten, der um Hilfe schreit, *
den Armen und den, der keinen Helfer hat.
Er erbarmt sich des Gebeugten und Schwachen, *
er rettet das Leben der Armen. – ℟

ZUR 2. LESUNG **Es gibt die, die dazugehören, und die, die nicht dazugehören. Eine alltägliche Logik, derer wir uns aus lebensprakti-**

schen Gründen selbstverständlich bedienen. Zugleich eine Logik, die Menschen einordnet und ausschließt und damit Wesen und Wandel des Lebens nicht gerecht wird. Paulus will mit Blick auf die Heiden die Logik des Dazu-/Nicht-Dazugehörens aufbrechen: Auch die Heiden haben teil an der Verheißung in Christus Jesus. Ein Beispiel und eine Aufforderung, starre Muster des Ein- und Ausschließens aufzubrechen – im Horizont der Weite des Evangeliums.

ZWEITE LESUNG Eph 3,2–3a.5–6

Jetzt ist offenbart worden: Auch die Heiden haben an der Verheißung in Christus Jesus teil

Lesung aus dem Brief des Apostels Paulus an die Epheser.

Brüder [*oder:* Brüder und Schwestern! *oder:* Schwestern und Brüder!]! Ihr habt gehört, welches Amt die Gnade Gottes mir für euch verliehen hat. Durch eine Offenbarung wurde mir das Geheimnis Christi mitgeteilt. Den Menschen früherer Generationen war es nicht bekannt; jetzt aber ist es seinen heiligen Aposteln und Propheten durch den Geist offenbart worden: dass nämlich die Heiden Miterben sind, zu demselben Leib gehören und an derselben Verheißung in Christus Jesus teilhaben durch das Evangelium.

RUF VOR DEM EVANGELIUM Vers: vgl. Mt 2,2

Halleluja. Halleluja.
Wir haben seinen Stern gesehen
und sind gekommen, dem Herrn zu huldigen.
Halleluja.

ZUM EVANGELIUM Die Geschichte der Sterndeuter aus dem Osten lässt sich auch als Parabel auf die Intuition lesen. Sie folgen ihrer Sehnsucht, dem Stern, der sie schließlich bis zur Krippe führt. Kompliziert wird die Geschichte erst, als sie in Jerusalem um Rat fragen. Wären sie doch einfach dem Stern gefolgt, dem, was sie als Orientierung erkannt hatten. Aber es ist nicht immer einfach, inmitten der vielen Einflüsse den eigenen Weg zu gehen. Und es ist nicht einfach, zwischen den vielen Lichtern und Irrlichtern den Stern zu erkennen, der die Richtung zum göttlichen Leben in Fülle weist.

EVANGELIUM Mt 2,1–12

Wir haben seinen Stern aufgehen sehen und sind gekommen, um ihm zu huldigen

+ **Aus dem heiligen Evangelium nach Matthäus.**

Als Jesus zur Zeit des Königs Herodes in Betlehem in Judäa geboren worden war, kamen Sterndeuter aus dem Osten nach Jerusalem und fragten: Wo ist der neugeborene König der Juden? Wir haben seinen Stern aufgehen sehen und sind gekommen, um ihm zu huldigen.

Als König Herodes das hörte, erschrak er und mit ihm ganz Jerusalem. Er ließ alle Hohenpriester und Schriftgelehrten des Volkes zusammenkommen und erkundigte sich bei ihnen, wo der Messias geboren werden solle.

Sie antworteten ihm: In Betlehem in Judäa; denn so steht es bei dem Propheten:

Du, Betlehem im Gebiet von Juda, bist keineswegs die unbedeutendste unter den führenden Städten von Juda; denn aus dir wird ein Fürst hervorgehen, der Hirt meines Volkes Israel.

Danach rief Herodes die Sterndeuter heimlich zu sich und ließ sich von ihnen genau sagen, wann der Stern erschienen war. Dann schickte er sie nach Betlehem und sagte: Geht und forscht sorgfältig nach, wo das Kind ist; und wenn ihr es gefunden habt, berichtet mir, damit auch ich hingehe und ihm huldige.

Nach diesen Worten des Königs machten sie sich auf den Weg.

Und der Stern, den sie hatten aufgehen sehen, zog vor ihnen her bis zu dem Ort, wo das Kind war; dort blieb er stehen. Als sie den

Stern sahen, wurden sie von sehr großer Freude erfüllt. Sie gingen in das Haus und sahen das Kind und Maria, seine Mutter; da fielen sie nieder und huldigten ihm. Dann holten sie ihre Schätze hervor und brachten ihm Gold, Weihrauch und Myrrhe als Gaben dar.
Weil ihnen aber im Traum geboten wurde, nicht zu Herodes zurückzukehren, zogen sie auf einem anderen Weg heim in ihr Land.

Glaubensbekenntnis, S. 470 ff.

FÜRBITTEN

Im Kind in der Krippe strahlt der Stern des Heils allen Völkern auf. Zu ihm, dem schutzlosen Kind, zu dem die Weisen wandern, rufen wir:

- Hilf allen, die im Dienst der Frohen Botschaft stehen, dein Licht zu erkennen. V/A: Wir bitten dich, erhöre uns.
- Inspiriere die Verantwortlichen in Politik und Gesellschaft zu einer Kultur der Auseinandersetzung ohne Hass und Polarisierung. V/A: Wir bitten dich, erhöre uns.
- Segne die Sternsinger, die in diesen Tagen durch die Straßen ziehen und dein Licht auf ihre Weise leuchten lassen. V/A: Wir bitten dich, erhöre uns.
- Segne die Armen dieser Erde und gib, dass ihre Chancen auf ein menschenwürdiges Leben, auf Bildung und Ausbildung, auch durch die Sternsinger-Aktion, wachsen. V/A: Wir bitten dich, erhöre uns.
- Bewege alle, die mit dir in der Taufe verbunden sind, sich mit ganzer Kraft um Einheit in Glaube, Hoffnung und Liebe zu mühen. V/A: Wir bitten dich, erhöre uns.

Hilf auch uns, guter Gott, wie die Sterndeuter aus dem Osten deinem Licht und deinen Weisungen zu trauen, heute und alle Tage unseres Lebens. So bitten wir durch Christus, unseren Herrn.

EUCHARISTIEFEIER

GABENGEBET

Allmächtiger Gott, nimm die Gaben deiner Kirche an. Sie bringt nicht mehr Gold, Weihrauch und Myrrhe dar, sondern er, den diese Gaben bezeichnen, wird für uns geopfert und uns zur Speise gegeben, unser Herr Jesus Christus, der mit dir lebt und herrscht in alle Ewigkeit.

PRÄFATION

In Wahrheit ist es würdig und recht, dir, Herr, heiliger Vater, allmächtiger, ewiger Gott, immer und überall zu danken. Denn heute enthüllst du das Geheimnis unseres Heiles, heute offenbarst du das Licht der Völker, deinen Sohn Jesus Christus. Er ist als sterblicher Mensch auf Erden erschienen und hat uns neu geschaffen im Glanz seines göttlichen Lebens. Darum singen wir mit den Engeln und Erzengeln, den Thronen und Mächten und mit all den Scharen des himmlischen Heeres den Hochgesang von deiner göttlichen Herrlichkeit: Heilig …

KOMMUNIONVERS

Vgl. Mt 2,2

Wir haben seinen Stern aufgehen sehen
und sind gekommen,
dem Herrn mit Geschenken zu huldigen.

SCHLUSSGEBET

Wir danken dir, allmächtiger Gott, für die heiligen Gaben und bitten dich: Erhelle unsere Wege mit dem Licht deiner Gnade, damit wir in Glauben und Liebe erfassen, was du uns im Geheimnis der Eucharistie geschenkt hast. Darum bitten wir durch Christus, unseren Herrn.

FEIERLICHER SCHLUSSSEGEN

Gott, unser Vater, hat uns aus der Finsternis in sein wunderbares Licht gerufen; er segne euch und stärke euch im Glauben, in der Hoffnung und in der Liebe. – A: Amen.
Und Christus, der heute der Welt erschienen ist als Licht in der Finsternis, leuchte auf in euren Herzen und mache euer Leben zum Licht für eure Brüder. – A: Amen.
Die Weisen sind dem Stern gefolgt und haben Christus gefunden; Gott führe auch euch auf dem Weg der irdischen Pilgerschaft zur Anschauung seiner Herrlichkeit. – A: Amen.
Das gewähre euch der dreieinige Gott, der Vater und der Sohn † und der Heilige Geist. – A: Amen.

***

IN DIR

Über dir
Sonne Mond und Sterne

Hinter ihnen
unendliche Welten

Hinter dem Himmel
unendliche Himmel

Über dir
was deine Augen sehen

In dir
alles Sichtbare
und
das unendlich Unsichtbare

Rose Ausländer

Zeit im Jahreskreis

TAUFE DES HERRN – FEST

7. Januar 2018

Das Fest der Taufe des Herrn markiert einen Wechsel im liturgischen Jahr: Die Weihnachtszeit endet; nun beginnt die sogenannte Zeit im Jahreskreis. Die Taufe markiert im Leben Jesu einen Wendepunkt: Jetzt beginnt sein öffentliches Auftreten und Wirken. Der kleine gefährdete Anfang der Gegenwart Gottes unter den Menschen entfaltet nun seine bekehrende und revolutionäre Kraft unter den Menschen. In jedem Leben gibt es Wendepunkte, manche deutlich erkennbar, manche zunächst unbemerkt. Entfalten sie Kraft in unserem Leben? Brechen damit neue, von Gott gesegnete Zeiten an?

ERÖFFNUNGSVERS

Vgl. Mt 3,16–17

Als Jesus getauft war, öffnete sich der Himmel,
und er sah den Geist Gottes wie eine Taube
auf sich herabkommen.
Und die Stimme des Vaters aus dem Himmel sprach:
Das ist mein geliebter Sohn, an dem ich Gefallen habe.

KYRIE-RUFE

Herr Jesus Christus, du hast dich von
Johannes im Jordan taufen lassen.
V/A: Herr, erbarme dich.

Du hast den Himmel sich öffnen und
den Geist auf dich herabkommen sehen.
V/A: Christus, erbarme dich.
Du bist Gottes geliebter Sohn,
an dir hat er Gefallen gefunden.
V/A: Herr, erbarme dich.

Ehre sei Gott, S. 467 f.

TAGESGEBET

Allmächtiger, ewiger Gott, bei der Taufe im Jordan kam der Heilige Geist auf unseren Herrn Jesus Christus herab und du hast ihn als deinen geliebten Sohn geoffenbart. Gib, dass auch wir, die aus dem Wasser und dem Heiligen Geist wiedergeboren sind, in deinem Wohlgefallen stehen und als deine Kinder aus der Fülle dieses Geistes leben. Darum bitten wir durch Jesus Christus.

WORTGOTTESDIENST

ZUR 1. LESUNG Immer wieder ertönt in der Geschichte der Ruf nach dem starken Mann, nach einem, der durchgreift und für Ordnung sorgt. Der Gottesknecht, von dem es dreimal heißt, dass er das Recht bringt, tritt anders auf. Nicht lautstark und lärmend, sondern den Einzelnen aufrichtend und stärkend. So entsteht ein anderes Recht als das des starken Mannes. Und in dieser Verheißung können wir uns nicht mit dem Ruf nach einem anderen begnügen, sondern sind selbst als Gottes Knechte und Mägde gefragt.

ERSTE LESUNG

Jes 42,5a.1–4.6–7

Seht, das ist mein Knecht, an ihm finde ich Gefallen

Lesung aus dem Buch Jesaja.

So spricht Gott, der Herr: Seht, das ist mein Knecht, den ich stütze; das ist mein Erwählter, an ihm finde ich Gefallen. Ich habe meinen Geist auf ihn gelegt, er bringt den Völkern das Recht. Er schreit nicht und lärmt nicht und lässt seine Stimme nicht auf der Straße erschallen. Das geknickte Rohr zerbricht er nicht und den glimmenden Docht löscht er nicht aus; ja, er bringt wirklich das Recht. Er wird nicht müde und bricht nicht zusammen, bis er auf der Erde das Recht begründet hat. Auf sein Gesetz warten die Inseln.

Ich, der Herr, habe dich aus Gerechtigkeit gerufen, ich fasse dich an der Hand. Ich habe dich geschaffen und dazu bestimmt, der Bund für mein Volk und das Licht für die Völker zu sein: blinde Augen zu öffnen, Gefangene aus dem Kerker zu holen und alle, die im Dunkel sitzen, aus ihrer Haft zu befreien.

ANTWORTPSALM

Ps 29(28),1–2.3ac–4.3b u. 9b–10 (℟: vgl. 11b)

℟ Der Herr schenkt seinem Volk den Frieden. – ℟

Bringt dar dem Herrn, ihr Himmlischen, *
bringt dar dem Herrn Lob und Ehre!
Bringt dar dem Herrn die Ehre seines Namens, *
werft euch nieder vor dem Herrn in heiligem Schmuck! – (℟)

Die Stimme des Herrn erschallt über den Wassern, *
der Herr über gewaltigen Wassern.
Die Stimme des Herrn ertönt mit Macht, *
die Stimme des Herrn voll Majestät. – (℟)

Der Gott der Herrlichkeit donnert. *
In seinem Palast rufen alle: O herrlicher Gott!
Der Herr thront über der Flut, *
der Herr thront als König in Ewigkeit. – ℟

Oder:

ZUR 1. LESUNG Kaufen ohne Geld – die ersten Verse der Lesung klingen nach einem Aufstand gegen die herrschende Wirtschaftsordnung. Dabei meint Jesaja mit dem, was nährt und satt macht, die Weisung des Herrn, das Wort Gottes. Sind diese beiden Welten überhaupt miteinander vereinbar? Vom Wort Gottes heißt es am Schluss der Lesung, dass es bewirkt, was Gott will. Will Gottes Wort nur fromme Auferbauung sein? Oder will es auch den Widerstand gegen unmenschliche wirtschaftliche Systeme wecken? Auf jeden Fall dürfen wir Gottes Wort nicht vorschnell festlegen und begrenzen. Denn wir wissen nicht, was es will. Gottes Gedanken sind nicht unsere Gedanken.

ERSTE LESUNG Jes 55,1–11

Kommt zum Wasser; hört, dann werdet ihr leben

Lesung aus dem Buch Jesaja.

So spricht der Herr: Auf, ihr Durstigen, kommt alle zum Wasser! Auch wer kein Geld hat, soll kommen. Kauft Getreide und esst, kommt und kauft ohne Geld, kauft Wein und Milch ohne Bezahlung! Warum bezahlt ihr mit Geld, was euch nicht nährt, und mit dem Lohn eurer Mühen, was euch nicht satt macht? Hört auf mich, dann bekommt ihr das Beste zu essen und könnt euch laben an fetten Speisen.

Neigt euer Ohr mir zu und kommt zu mir, hört, dann werdet ihr leben. Ich will einen ewigen Bund mit euch schließen gemäß der beständigen Huld, die ich David erwies.

Seht her: Ich habe ihn zum Zeugen für die Völker gemacht, zum Fürsten und Gebieter der Nationen. Völker, die du nicht kennst, wirst du rufen; Völker, die dich nicht kennen, eilen zu dir, um des Herrn, deines Gottes, des Heiligen Israels willen, weil er dich herrlich gemacht hat.

Sucht den Herrn, solange er sich finden lässt, ruft ihn an, solange er nahe ist. Der Ruchlose soll seinen Weg verlassen, der Frevler seine

Pläne. Er kehre um zum Herrn, damit er Erbarmen hat mit ihm, und zu unserem Gott; denn er ist groß im Verzeihen. Meine Gedanken sind nicht eure Gedanken und eure Wege sind nicht meine Wege – Spruch des Herrn. So hoch der Himmel über der Erde ist, so hoch erhaben sind meine Wege über eure Wege und meine Gedanken über eure Gedanken.

Denn wie der Regen und der Schnee vom Himmel fällt und nicht dorthin zurückkehrt, sondern die Erde tränkt und sie zum Keimen und Sprossen bringt, wie er dem Sämann Samen gibt und Brot zum Essen, so ist es auch mit dem Wort, das meinen Mund verlässt: Es kehrt nicht leer zu mir zurück, sondern bewirkt, was ich will, und erreicht all das, wozu ich es ausgesandt habe.

ANTWORTPSALM

Jes 12,2.3 u. 4bcd.5–6 (℟: 3)

℟ Ihr werdet Wasser schöpfen voll Freude
aus den Quellen des Heils. – ℟

Gott ist meine Rettung; *
ihm will ich vertrauen und niemals verzagen.
Denn meine Stärke und mein Lied ist der Herr. *
Er ist für mich zum Retter geworden. – (℟)

Ihr werdet Wasser schöpfen voll Freude *
aus den Quellen des Heils.
Dankt dem Herrn! Ruft seinen Namen an! †
Macht seine Taten unter den Völkern bekannt, *
verkündet: Sein Name ist groß und erhaben! – (℟)

Preist den Herrn; denn herrliche Taten hat er vollbracht; *
auf der ganzen Erde soll man es wissen.
Jauchzt und jubelt, ihr Bewohner von Zion; *
denn groß ist in eurer Mitte der Heilige Israels. – ℟

ZUR 2. LESUNG Seine Enzyklika „Pacem in terris" hat Papst Johannes XXIII. an „alle Menschen guten Willens" gerichtet. Papst Franziskus wendet sich mit „Laudato si'" ausdrücklich „an jeden Menschen, der auf diesem Planeten lebt". Wenn es um das Leben geht – und darum geht es im Letzten immer –, kommt es nicht auf das Ansehen der Person oder die Zugehörigkeit zu einer Religion an. Wenn es um das Leben geht, kommt es darauf an, das Richtige zu tun. In der Taufe salbt Gott mit dem Geist, der das Richtige zu erkennen vermag, und mit der Kraft, es zu tun.

ZWEITE LESUNG

Apg 10, 34–38

Gott hat Jesus gesalbt mit dem Heiligen Geist

Lesung aus der Apostelgeschichte.

In jenen Tagen begann Petrus zu reden und sagte: Wahrhaftig, jetzt begreife ich, dass Gott nicht auf die Person sieht, sondern dass ihm in jedem Volk willkommen ist, wer ihn fürchtet und tut, was recht ist.

Er hat das Wort den Israeliten gesandt, indem er den Frieden verkündete durch Jesus Christus; dieser ist der Herr aller.

Ihr wisst, was im ganzen Land der Juden geschehen ist, angefangen in Galiläa, nach der Taufe, die Johannes verkündet hat: wie Gott Jesus von Nazaret gesalbt hat mit dem Heiligen Geist und mit Kraft, wie dieser umherzog, Gutes tat und alle heilte, die in der Gewalt des Teufels waren; denn Gott war mit ihm.

RUF VOR DEM EVANGELIUM

Vers: vgl. Mt 3, 16.17; Mk 9, 7

Halleluja. Halleluja.
Der Himmel tat sich auf und eine Stimme sprach:
Das ist mein geliebter Sohn; auf ihn sollt ihr hören.
Halleluja.

Oder:

ZUR 2. LESUNG Personalchefs müssen sich die Frage stellen, welchem Zeugnis sie glauben – dem Abschlusszeugnis der Schule, Arbeitszeugnissen oder anderen Referenzen. Dahinter steht auch die Frage, nach welchen Kriterien und mit welcher Kompetenz Menschen Menschen beurteilen. Als Glaubende müssen wir uns die Frage stellen, ob wir den Zeugnissen über Jesus glauben. Sind sein Geist, seine Taufe und sein Tod am Kreuz verlässliche, und zuverlässig berichtete, Kriterien? Und können andere dem Zeugnis unseres Glaubens Glauben schenken?

ZWEITE LESUNG 1 Joh 5,1–9

Drei sind es, die Zeugnis geben: der Geist, das Wasser und das Blut

Lesung aus dem ersten Johannesbrief.

Brüder [*oder:* Brüder und Schwestern! *oder:* Schwestern und Brüder!]! Jeder, der glaubt, dass Jesus der Christus ist, stammt von Gott und jeder, der den Vater liebt, liebt auch den, der von ihm stammt. Wir erkennen, dass wir die Kinder Gottes lieben, wenn wir Gott lieben und seine Gebote erfüllen.

Denn die Liebe zu Gott besteht darin, dass wir seine Gebote halten. Seine Gebote sind nicht schwer. Denn alles, was von Gott stammt, besiegt die Welt. Und das ist der Sieg, der die Welt besiegt hat: unser Glaube. Wer sonst besiegt die Welt außer dem, der glaubt, dass Jesus der Sohn Gottes ist?

Dieser ist es, der durch Wasser und Blut gekommen ist: Jesus Christus. Er ist nicht nur im Wasser gekommen, sondern im Wasser und im Blut. Und der Geist ist es, der Zeugnis ablegt; denn der Geist ist die Wahrheit. Drei sind es, die Zeugnis ablegen: der Geist, das Wasser und das Blut; und diese drei sind eins.

Wenn wir von Menschen ein Zeugnis annehmen, so ist das Zeugnis Gottes gewichtiger; denn das ist das Zeugnis Gottes: Er hat Zeugnis abgelegt für seinen Sohn.

RUF VOR DEM EVANGELIUM

Vers: vgl. Joh 1,29

Halleluja. Halleluja.
Johannes sah Jesus auf sich zukommen und sagte:
Seht, das Lamm Gottes, das die Sünde der Welt hinwegnimmt.
Halleluja.

ZUM EVANGELIUM Die Taufe ist im wahrsten Sinn des Wortes Jesu Jordanerlebnis. Ein Erlebnis, aus dem er verändert und gestärkt hervorgeht. Er konnte dieses Ereignis nicht selbst machen und gestalten, er war auf die Taufe durch Johannes und auf den Zuspruch seines himmlischen Vaters angewiesen. Was sind Jordanerlebnisse in unserem Leben? Erlebnisse, die uns verändern, stärken und auf neue Lebensetappen vorbereiten. Erlebnisse, in denen wir die helfende Hand anderer Menschen erfahren und den Zuspruch Gottes vernehmen.

EVANGELIUM

Mk 1,7–11

Du bist mein geliebter Sohn, an dir habe ich Gefallen gefunden

+ Aus dem heiligen Evangelium nach Markus.

In jener Zeit trat Johannes in der Wüste auf und verkündete: Nach mir kommt einer, der ist stärker als ich; ich bin es nicht wert, mich zu bücken, um ihm die Schuhe aufzuschnüren. Ich habe euch nur mit Wasser getauft, er aber wird euch mit dem Heiligen Geist taufen.

In jenen Tagen kam Jesus aus Nazaret in Galiläa und ließ sich von Johannes im Jordan taufen. Und als er aus dem Wasser stieg, sah er, dass der Himmel sich öffnete und der Geist wie eine Taube auf ihn herabkam. Und eine Stimme aus dem Himmel sprach: Du bist mein geliebter Sohn, an dir habe ich Gefallen gefunden.

Glaubensbekenntnis, S. 470 ff.

FÜRBITTEN

Mit unserer Taufe sind wir hineingenommen in die Gotteskindschaft Jesu, gesalbt mit seinem Geist, berufen, mit ihm zu lieben und Gottes Gebote zu erfüllen. Am Fest der Taufe des Herrn bitten wir ihn:

- Hilf deiner Kirche, immer wieder neu in deinem Geist nach der Wahrheit zu suchen. V: Jesus, Licht der Welt. A: Höre und erhöre uns.
- Begleite alle, die auf der Suche sind. V: Jesus, Licht der Welt. A: Höre und erhöre uns.
- Stärke, die sich ihrer eigenen Taufe entsinnen und sich auf den Weg des Neuwerdens wagen. V: Jesus, Licht der Welt. A: Höre und erhöre uns.
- Ermutige, die im Ehrenamt für benachteiligte Menschen da sind und sich für sie einsetzen. V: Jesus, Licht der Welt. A: Höre und erhöre uns.
- Belebe die, deren Sinne abgestumpft sind und die keinen Sinn mehr in ihrem Leben sehen. V: Jesus, Licht der Welt. A: Höre und erhöre uns.
- Lass dein Licht des Lebens über den Verstorbenen aufstrahlen. V: Jesus, Licht der Welt. A: Höre und erhöre uns.

Erbarmender Gott, du öffnest die Augen unseres Herzens, damit wir erkennen, zu welcher Hoffnung wir berufen sind. Hilf uns, immer mehr und immer bewusster aus der Taufgnade zu leben.

EUCHARISTIEFEIER

GABENGEBET

Gott, unser Vater, wir feiern den Tag, an dem du Jesus als deinen geliebten Sohn geoffenbart hast. Nimm unsere Gaben an und mache sie zum Opfer Christi, der die Sünden der ganzen Welt abgewaschen hat. Er, der mit dir lebt und herrscht in alle Ewigkeit.

PRÄFATION

In Wahrheit ist es würdig und recht, dir, allmächtiger Vater, zu danken und deine Größe zu preisen. Denn bei der Taufe im Jordan offenbarst du das Geheimnis deines Sohnes durch wunderbare Zeichen: Die Stimme vom Himmel verkündet ihn als deinen geliebten Sohn, der auf Erden erschienen ist, als dein ewiges Wort, das unter uns Menschen wohnt. Der Geist schwebt über ihm in Gestalt einer Taube und bezeugt ihn als deinen Knecht, den du gesalbt hast, den Armen die Botschaft der Freude zu bringen. Darum singen wir mit den Engeln und Erzengeln, den Thronen und Mächten und mit all den Scharen des himmlischen Heeres den Hochgesang von deiner göttlichen Herrlichkeit: Heilig …

KOMMUNIONVERS

Joh 1,30.34

Dieser ist es, über den Johannes gesagt hat:
Ich habe es gesehen und lege Zeugnis ab:
Dieser ist der Sohn Gottes.

SCHLUSSGEBET

Gütiger Gott, du hast uns mit deinem Wort und dem Brot des Lebens genährt. Gib, dass wir gläubig auf deinen Sohn hören, damit wir deine Kinder heißen und es in Wahrheit sind. Darum bitten wir durch Christus, unseren Herrn.

***

DAS GEISTLICHE ORGELWERK

Gott ist ein Organist, wir sind das Orgelwerk,
Sein Geist bläst jedem ein und gibt zum Ton die Stärk.

Angelus Silesius

2. SONNTAG IM JAHRESKREIS

14. Januar 2018

Berufung ist inzwischen ein seltenes Wort. Es kommt vor allem in der geistlichen Entscheidungsfindung und in kirchlichen Zusammenhängen vor, auch wenn es im gängigen Begriff „Beruf" nachklingt. Vielleicht ist das Reden von einer Berufung deshalb außer Mode gekommen, weil sie etwas außerhalb meiner selbst voraussetzt, jemanden, der mich beruft. Dagegen ist es heute üblich, die bewegende Kraft für mein Leben im Innern meiner selbst zu suchen. Das muss sich keineswegs widersprechen. Ich muss nur wagen, das, was mich im Innersten antreibt, Gott zu nennen.

ERÖFFNUNGSVERS Ps 66(65),4

Alle Welt bete dich an, o Gott, und singe dein Lob,
sie lobsinge deinem Namen, du Allerhöchster.

KYRIE-RUFE

Herr Jesus Christus, du bist das Lamm Gottes,
das die Sünde der Welt hinwegnimmt.
V/A: Herr, erbarme dich.
Du lädst Menschen ein, zu kommen,
zu sehen und zu bleiben.
V/A: Christus, erbarme dich.
Du lädst dazu ein, dein Leben zu teilen und in dir
die Erfüllung des eigenen Lebens zu finden.
V/A: Herr, erbarme dich.

Ehre sei Gott, S. 467 f.

TAGESGEBET

Allmächtiger Gott, du gebietest über Himmel und Erde, du hast Macht über die Herzen der Menschen. Darum kommen wir voll Vertrauen zu dir; stärke alle, die sich um die Gerechtigkeit mühen, und schenke unserer Zeit deinen Frieden. Darum bitten wir durch Jesus Christus.

WORTGOTTESDIENST

ZUR 1. LESUNG Psalm 134 fordert zum nächtlichen Gotteslob auf, und im Johannes-Evangelium sucht Nikodemus Jesus bei Nacht auf. In diese Reihe nächtlicher Gottesbegegnungen gehört auch die Erzählung über den jungen Samuel, der nachts den Anruf Gottes hört. Biblische Vorbilder aufgreifend, kennt die geistliche Tradition die Nacht als bevorzugte Zeit des Gebets. Auch wenn der moderne Lebensrhythmus den Unterschied zwischen Tag und Nacht bisweilen aufhebt, könnte es sich lohnen, die Nacht als Zeit der Sammlung und des Gebets wiederzuentdecken, um wie Samuel die Stimme des Herrn zu hören.

ERSTE LESUNG 1 Sam 3,3b–10.19

Rede, Herr! Dein Diener hört

Lesung aus dem ersten Buch Samuel.

In jenen Tagen schlief der junge Samuel im Tempel des Herrn, wo die Lade Gottes stand. Da rief der Herr den Samuel und Samuel antwortete: Hier bin ich. Dann lief er zu Eli und sagte: Hier bin ich, du hast mich gerufen. Eli erwiderte: Ich habe dich nicht gerufen. Geh wieder schlafen! Da ging er und legte sich wieder schlafen.

Der Herr rief noch einmal: Samuel! Samuel stand auf und ging zu Eli und sagte: Hier bin ich, du hast mich gerufen. Eli erwiderte: Ich habe dich nicht gerufen, mein Sohn. Geh wieder schlafen! Samuel kannte den Herrn noch nicht und das Wort des Herrn war ihm noch nicht offenbart worden.

Da rief der Herr den Samuel wieder, zum dritten Mal. Er stand auf und ging zu Eli und sagte: Hier bin ich, du hast mich gerufen. Da merkte Eli, dass der Herr den Knaben gerufen hatte. Eli sagte zu Samuel: Geh, leg dich schlafen! Wenn er dich wieder ruft, dann antworte: Rede, Herr; denn dein Diener hört. Samuel ging und legte sich an seinem Platz nieder.

Da kam der Herr, trat zu ihm heran und rief wie die vorigen Male: Samuel, Samuel! Und Samuel antwortete: Rede, denn dein Diener hört.

Samuel wuchs heran und der Herr war mit ihm und ließ keines von all seinen Worten unerfüllt.

ANTWORTPSALM

Ps 40(39),2 u. 4ab.7–8.9–10 (℟: vgl. 8a.9a)

℟ Mein Gott, ich komme;
deinen Willen zu tun macht mir Freude. – ℟

Ich hoffte, ja ich hoffte auf den Herrn. *
Da neigte er sich mir zu und hörte mein Schreien.
Er legte mir ein neues Lied in den Mund, *
einen Lobgesang auf ihn, unsern Gott. – (℟)

An Schlacht- und Speiseopfern hast du kein Gefallen, *
Brand- und Sündopfer forderst du nicht.
Doch das Gehör hast du mir eingepflanzt; †
darum sage ich: Ja, ich komme. *
In dieser Schriftrolle steht, was an mir geschehen ist. – (℟)

Deinen Willen zu tun, mein Gott, macht mir Freude, *
deine Weisung trag ich im Herzen.
Gerechtigkeit verkünde ich in großer Gemeinde, *
meine Lippen verschließe ich nicht; Herr, du weißt es. – ℟

ZUR 2. LESUNG Eine deutsche Tageszeitung überschreibt ihre Sportseiten mit dem altmodischen Wort „Leibesübungen" und weist damit auch darauf hin, dass der Sport nicht unbedingt Selbstzweck ist, sondern dazu dient, den Leib gesund und beweglich zu halten. In dieser Perspektive kann man die geistliche Dimension des Sports erkennen. Sportliche Übungen dienen dazu, die Leiber als Glieder Christi gesund zu halten und durch eine achtsame Sorge für den Leib Gott in ihm zu verherrlichen. Getreu dem Wort der heiligen Teresa von Avila: Tu deinem Leib etwas Gutes, damit die Seele Lust hat, darin zu wohnen.

ZWEITE LESUNG 1 Kor 6,13c–15a.17–20

Eure Leiber sind Glieder Christi

Lesung aus dem ersten Brief des Apostels Paulus an die Korinther.

Brüder [*oder:* Brüder und Schwestern! *oder:* Schwestern und Brüder!]! Der Leib ist nicht für die Unzucht da, sondern für den Herrn, und der Herr für den Leib. Gott hat den Herrn auferweckt; er wird durch seine Macht auch uns auferwecken.

Wisst ihr nicht, dass eure Leiber Glieder Christi sind? Wer sich an den Herrn bindet, ist ein Geist mit ihm.

Hütet euch vor der Unzucht! Jede andere Sünde, die der Mensch tut, bleibt außerhalb des Leibes. Wer aber Unzucht treibt, versündigt sich gegen den eigenen Leib.

Oder wisst ihr nicht, dass euer Leib ein Tempel des Heiligen Geistes ist, der in euch wohnt und den ihr von Gott habt? Ihr gehört nicht euch selbst; denn um einen teuren Preis seid ihr erkauft worden. Verherrlicht also Gott in eurem Leib!

RUF VOR DEM EVANGELIUM Vers: vgl. Joh 1,41.17b

Halleluja. Halleluja.
Wir haben den Messias gefunden, den Gesalbten des Herrn.

Die Gnade und die Wahrheit sind durch ihn gekommen.
Halleluja.

ZUM EVANGELIUM Es ist wie eine Theaterszene: Der Täufer Johannes gibt das Stichwort und zwei seiner Jünger gehen los und folgen Jesus. Anders als im Theater war dieses Stichwort wohl nicht abgesprochen. Aber es gibt solche Wörter, Entdeckungen und Klarstellungen, die wirken wie Stichwörter und bringen in Bewegung. Welche Stichwörter waren in meinem Leben entscheidend und bewegend? Auf welches Stichwort warte ich, obwohl es vielleicht längst gefallen ist? Und wo bin ich als Stichwortgeber(in) gefragt?

EVANGELIUM

Joh 1,35–42

Sie folgten Jesus und sahen, wo er wohnte, und blieben bei ihm

+ Aus dem heiligen Evangelium nach Johannes.

In jener Zeit stand Johannes am Jordan, wo er taufte, und zwei seiner Jünger standen bei ihm. Als Jesus vorüberging, richtete Johannes seinen Blick auf ihn und sagte: Seht, das Lamm Gottes! Die beiden Jünger hörten, was er sagte, und folgten Jesus.

Jesus aber wandte sich um, und als er sah, dass sie ihm folgten, fragte er sie: Was wollt ihr? Sie sagten zu ihm: Rabbi – das heißt übersetzt: Meister –, wo wohnst du? Er antwortete: Kommt und seht! Da gingen sie mit und sahen, wo er wohnte, und blieben jenen Tag bei ihm; es war um die zehnte Stunde.

Andreas, der Bruder des Simon Petrus, war einer der beiden, die das Wort des Johannes gehört hatten und Jesus gefolgt waren. Dieser traf zuerst seinen Bruder Simon und sagte zu ihm: Wir haben den Messias gefunden. Messias heißt übersetzt: der Gesalbte – Christus. Er führte ihn zu Jesus. Jesus blickte ihn an und sagte: Du bist Simon, der Sohn des Johannes, du sollst Kephas heißen. Kephas bedeutet: Fels – Petrus.

Glaubensbekenntnis, S. 470 ff.

FÜRBITTEN

„Rabbi, wo wohnst du?“, fragen zwei Johannes-Jünger Jesus. „Kommt und seht!“, ist seine Antwort. Auch wir kommen zu Jesus mit unseren Fragen, mit den Anliegen und Sorgen unserer Zeit, und bitten ihn:

- Um erneuerte Kraft und neues Vertrauen für alle, die im Dienst der Verkündigung müde geworden sind. V/A: Kyrie, eleison.
- Um Beistand für die jungen Kirchen, dass Glaube, Hoffnung, Liebe und der Wille, auf der Seite der Schwachen zu stehen, in ihnen lebendig bleiben. V/A: Kyrie, eleison.
- Um Ausdauer, Liebe und Langmut für alle, die den Wunsch und Willen haben, ihre Ehe und die Beziehungen innerhalb der Familie zu erneuern. V/A: Kyrie, eleison.
- Um Ermutigung für alle, die deine Wahrheit und deine Liebe auf neuen Wegen in die Gegenwart tragen wollen. V/A: Kyrie, eleison.
- Um behutsame Begleitung für jene, die einen lieben Menschen verloren haben und nun voll Trauer sind. V/A: Kyrie, eleison.

Gott, du berufst auch heute Menschen, deine Wege zu bahnen und dir nachzufolgen. Wir danken dir, dass du mit jeder und jedem einen ganz persönlichen Weg gehst, heute und alle Tage unseres Lebens.

EUCHARISTIEFEIER

GABENGEBET

Herr, gib, dass wir das Geheimnis des Altares ehrfürchtig feiern; denn sooft wir die Gedächtnisfeier dieses Opfers begehen, vollzieht sich an uns das Werk der Erlösung. Durch Christus, unseren Herrn.

Präfation, S. 482 ff.

KOMMUNIONVERS

1 Joh 4,16

Wir haben die Liebe erkannt und an die Liebe geglaubt,
die Gott zu uns hat.

SCHLUSSGEBET

Barmherziger Gott, du hast uns alle mit dem einen Brot des Himmels gestärkt. Erfülle uns mit dem Geist deiner Liebe, damit wir ein Herz und eine Seele werden. Darum bitten wir durch Christus, unseren Herrn.

***

Für eine Wort-Gottes-Feier:

ERÖFFNUNGSGEBET ZUR WAHL

Gott, unser Heil, du rufst uns durch das Wort deines Sohnes und lädst uns ein, ihm zu folgen. Wir bitten dich: Öffne unsere Ohren und unsere Herzen, damit wir erfüllt werden von seiner Botschaft und seine Nähe erfahren. Das gewähre uns durch ihn, unseren Herrn Jesus Christus, der mit dir lebt in der Gemeinschaft des Heiligen Geistes jetzt und in Ewigkeit.

***

NUR EIN BOTE

herr
ich weiß
ich bin nur ein bote
gib dass ich meine botschaft entschlüssle
ohne von meinem weg abzukommen
und eine frage bleibe
verbinde mich mit meiner zeit
der ich entlaufen bin
und verhilf dieser
mich wieder zu ertragen

Said

3. SONNTAG IM JAHRESKREIS

21. Januar 2018

Die Pastoralkonstitution des Zweiten Vatikanischen Konzils, Gaudium et spes, thematisiert die Kirche in der Welt dieser Zeit und stellt damit klar, dass der Standort der Christinnen und Christen die Welt ist. Zur Frage, wie sie dort ihre Rolle als Licht der Welt gestalten können, nennen die biblischen Lesungen drei wichtige Aspekte. Prophetischer Widerspruch gehört dazu, eine gewisse Unabhängigkeit von den Dingen der Welt, und schließlich ein schlichtes Unterwegssein mit Jesus.

ERÖFFNUNGSVERS

Ps 96(95),1.6

Singet dem Herrn ein neues Lied,
singt dem Herrn, alle Lande!
Hoheit und Pracht sind vor seinem Angesicht,
Macht und Glanz in seinem Heiligtum!

KYRIE-RUFE

Herr Jesus Christus, du verkündest
Gottes frohe Botschaft.
V/A: Herr, erbarme dich.
Du rufst auf, umzukehren
und an das Evangelium zu glauben.
V/A: Christus, erbarme dich.
Du bist die Fülle der Zeit;
in dir ist das Reich Gottes nahe.
V/A: Herr, erbarme dich.

Ehre sei Gott, S. 467 f.

TAGESGEBET

Allmächtiger, ewiger Gott, lenke unser Tun nach deinem Willen und gib, dass wir im Namen deines geliebten Sohnes reich werden an guten Werken. Darum bitten wir durch ihn, Jesus Christus.

WORTGOTTESDIENST

ZUR 1. LESUNG Wie würde Jona heute vorgehen (müssen)? Als einsamer Rufer in einer modernen Megacity wäre er ohne Frage verloren. Also eine groß angelegte Werbeaktion auf Plakatwänden? Oder eine Social-Media-Kampagne im Internet? Vermutlich würden solche Maßnahmen hier und da Aufmerksamkeit finden, vielleicht würden ein paar Tausend im Internet „Gefällt mir“ klicken, aber vermutlich wären diese Aufrufe in einer reizüberfluteten Welt rasch wieder vergessen. Wirklich etwas verändern kann nur, was uns unbedingt angeht. Für die Einwohner Ninives war das Gott. Ist es in unserer Zeit das Fortbestehen der Erde?

ERSTE LESUNG Jona 3,1–5.10

Die Leute von Ninive wandten sich von ihren bösen Taten ab

Lesung aus dem Buch Jona.

Das Wort des Herrn erging an Jona: Mach dich auf den Weg und geh nach Ninive, in die große Stadt, und droh ihr all das an, was ich dir sagen werde. Jona machte sich auf den Weg und ging nach Ninive, wie der Herr es ihm befohlen hatte.

Ninive war eine große Stadt vor Gott; man brauchte drei Tage, um sie zu durchqueren. Jona begann, in die Stadt hineinzugehen; er ging einen Tag lang und rief: Noch vierzig Tage und Ninive ist zerstört!

Und die Leute von Ninive glaubten Gott. Sie riefen ein Fasten aus, und alle, groß und klein, zogen Bußgewänder an.

Und Gott sah ihr Verhalten; er sah, dass sie umkehrten und sich von ihren bösen Taten abwandten. Da reute Gott das Unheil, das er ihnen angedroht hatte, und er führte die Drohung nicht aus.

ANTWORTPSALM

Ps 25(24),4–5.6–7.8–9 (R: 4)

℟ Zeige mir, Herr, deine Wege,
lehre mich deine Pfade! – ℟

Zeige mir, Herr, deine Wege, *
lehre mich deine Pfade!
Führe mich in deiner Treue und lehre mich; †
denn du bist der Gott meines Heiles. *
Auf dich hoffe ich allezeit. – (℟)

Denk an dein Erbarmen, Herr, †
und an die Taten deiner Huld; *
denn sie bestehen seit Ewigkeit.
Denk nicht an meine Jugendsünden und meine Frevel! *
In deiner Huld denk an mich, Herr, denn du bist gütig. – (℟)

Gut und gerecht ist der Herr, *
darum weist er die Irrenden auf den rechten Weg.
Die Demütigen leitet er nach seinem Recht, *
die Gebeugten lehrt er seinen Weg. – ℟

ZUR 2. LESUNG Gleich mehrere Spannungen stecken in der Lesung aus dem ersten Korintherbrief. Zum einen scheint Paulus' Ansage, die Zeit sei kurz, nicht zu stimmen, wenn wir seinen Brief nach fast 2000 Jahren immer noch lesen. Zum andern erscheint uns seine Beschreibung des Verhältnisses zur Welt merkwürdig. Während die Kritik an Eigentum und weltlichen Werten als politische Position Zustimmung finden mag, erscheinen die Verneinung sozialer Bindungen und die Unterdrückung von Emotionen wenig christlich zu sein. Im Zusammenhang des Briefes wird deutlich: Es geht darum, sich von Anhänglichkeiten an die Welt frei zu machen, die vom Dienst an der Sache des Herrn abhalten. Ein Gedanke, der auch nach einer ziemlich langen kurzen Zeit noch aktuell ist.

ZWEITE LESUNG 1 Kor 7,29–31

Die Gestalt dieser Welt vergeht

Lesung aus dem ersten Brief des Apostels Paulus an die Korinther.

Ich sage euch, Brüder [*oder:* Brüder und Schwestern: *oder:* Schwestern und Brüder:]: Die Zeit ist kurz. Daher soll, wer eine Frau hat, sich in Zukunft so verhalten, als habe er keine, wer weint, als weine er nicht, wer sich freut, als freue er sich nicht, wer kauft, als würde er nicht Eigentümer, wer sich die Welt zunutze macht, als nutze er sie nicht; denn die Gestalt dieser Welt vergeht.

RUF VOR DEM EVANGELIUM Vers: Mk 1,15

Halleluja. Halleluja.
Das Reich Gottes ist nahe.
Kehrt um, und glaubt an das Evangelium!
Halleluja.

ZUM EVANGELIUM Es gibt Dinge, die dulden keinen Aufschub, die müssen unverzüglich geschehen. Am deutlichsten wird dies wohl bei den lebensrettenden *Sofort*maßnahmen. Offensichtlich gilt dies auch für die Beziehung zu Jesus. Zweimal verwendet der Evangelist Markus das Wort „sofort", einmal für den Aufbruch der Jünger Simon und Andreas, einmal für den Ruf Jesu an Jakobus und Johannes. Mit Jesus unterwegs sein duldet keine Verzögerung. Und in Zeiten des Zweifels ist es eine glaubensrettende Sofortmaßnahme, mit Jesus zu gehen.

EVANGELIUM Mk 1,14–20

Kehrt um, und glaubt an das Evangelium!

+ Aus dem heiligen Evangelium nach Markus.

Nachdem man Johannes den Täufer ins Gefängnis geworfen hatte, ging Jesus wieder nach Galiläa; er verkündete das Evangelium Gottes und sprach: Die Zeit ist erfüllt, das Reich Gottes ist nahe. Kehrt um, und glaubt an das Evangelium!

Als Jesus am See von Galiläa entlangging, sah er Simon und Andreas, den Bruder des Simon, die auf dem See ihr Netz auswarfen; sie waren nämlich Fischer. Da sagte er zu ihnen: Kommt her, folgt mir nach! Ich werde euch zu Menschenfischern machen. Sogleich ließen sie ihre Netze liegen und folgten ihm.

Als er ein Stück weiterging, sah er Jakobus, den Sohn des Zebedäus, und seinen Bruder Johannes; sie waren im Boot und richteten ihre Netze her. Sofort rief er sie und sie ließen ihren Vater Zebedäus mit seinen Tagelöhnern im Boot zurück und folgten Jesus nach.

Glaubensbekenntnis, S. 470 ff.

FÜRBITTEN

„Die Zeit ist erfüllt, das Reich Gottes ist nahe. Kehrt um, und glaubt an das Evangelium." Herzenswort Jesu, das auch uns trifft. Ins Herz? Wir rufen zu ihm und bitten ihn:

- Stärke alle, die deine Kirche heute als lebendiges Zeichen deiner Gegenwart aufleuchten lassen. V/A: Höre und erhöre uns.
- Ermutige die Getauften, ihre Verantwortung für Hunger, Armut und Ungerechtigkeit in der Welt zu erkennen. V/A: Höre und erhöre uns.
- Beschütze die jungen Menschen, die ihren Wunsch, etwas von der Welt zu sehen, mit tatkräftiger Hilfe für Benachteiligte verbinden. V/A: Höre und erhöre uns.

- Begleite, die sich für die Bewahrung deiner Schöpfung einsetzen. V/A: Höre und erhöre uns.
- Steh den Ausgebeuteten und Gefangenen bei. V/A: Höre und erhöre uns.
- Lass die Toten einmal in deinem Reich des Friedens sein. V/A: Höre und erhöre uns.

Wir beten so oft: Dein Reich komme! Hilf uns, dazu beizutragen, dass es Wirklichkeit wird, heute, morgen und an allen Tagen unseres Lebens. So bitten wir durch Christus, unseren brüderlichen Lehrer, deinen Sohn.

EUCHARISTIEFEIER

GABENGEBET

Herr, nimm unsere Gaben an und heilige sie, damit sie zum Sakrament der Erlösung werden, das uns Heil und Segen bringt. Darum bitten wir durch Christus, unseren Herrn.

Präfation, S. 482 ff.

KOMMUNIONVERS Joh 8,12

Ich bin das Licht der Welt – so spricht der Herr.
Wer mir nachfolgt, wird nicht in der Finsternis gehen.
Er wird das Licht des Lebens haben.

SCHLUSSGEBET

Allmächtiger Gott, in deinem Mahl schenkst du uns göttliches Leben. Gib, dass wir dieses Sakrament immer neu als dein großes Geschenk empfangen und aus seiner Kraft leben. Darum bitten wir durch Christus, unseren Herrn.

***

Für eine Wort-Gottes-Feier:

ERÖFFNUNGSGEBET ZUR WAHL

Barmherziger Gott, in deinem Sohn kommen deine Macht und Güte in unsere zerbrechliche Welt. Nimm alles weg, was uns von ihm trennt, und lehre uns, ihm, Jesus Christus, zu folgen, der in der Einheit des Heiligen Geistes mit dir lebt und herrscht in Ewigkeit.

***

EIN PROPHET

Dieser Narr
erinnert sich
an die Zukunft

Mit seinem Auge
das verfinstert ist
vor der Nacht

Mit seinem Ohr
das nichts mehr hört
vor dem Schweigen

Mit seinem Hirn
das verbrennt
vor dem Feuer

Mit seinem Schrei

Erich Fried

4. SONNTAG IM JAHRESKREIS

28. Januar 2018

Von klein auf stellen sich Menschen die Frage: Auf wen soll ich hören? Es gibt so viele Stimmen, die auf uns einreden: Eltern und Geschwister, Lehrer und Freunde, Idole und Verführer. Auf wen soll ich hören? Auf Stimmen, die in die Freiheit führen, und auf Worte, die durch Taten gedeckt sind.

ERÖFFNUNGSVERS

Ps 106(105),47

Hilf uns, Herr, unser Gott,
führe uns aus den Völkern zusammen!
Wir wollen deinen heiligen Namen preisen,
uns rühmen, weil wir dich loben dürfen.

KYRIE-RUFE

Herr Jesus Christus, du machst die
Menschen betroffen mit deiner Lehre.
V/A: Herr, erbarme dich.
Du lehrst wie einer,
der göttliche Vollmacht hat.
V/A: Christus, erbarme dich.
Du bist der Heilige Gottes.
V/A: Herr, erbarme dich.

Ehre sei Gott, S. 467 f.

TAGESGEBET

Herr, unser Gott, du hast uns erschaffen, damit wir dich preisen. Gib, dass wir dich mit ungeteiltem Herzen anbeten und die Menschen lieben, wie du sie liebst. Darum bitten wir durch Jesus Christus.

WORTGOTTESDIENST

ZUR 1. LESUNG „Einen Propheten wie mich" kündigt Mose dem Volk Israel an. Damit ist ein wichtiges Kriterium genannt, um die wahren von den falschen Propheten unterscheiden zu können. So wie Mose das Volk Israel, so muss das Wort der Propheten in die Freiheit führen. An der Freiheitsbotschaft lässt sich erkennen, dass Gott dem Propheten die Worte aufgetragen hat. In seiner Rede macht Gott auch klar: Die Freiheit ist dem Menschen aufgegeben, er darf sich Gottes Ruf in die Freiheit nicht widersetzen.

ERSTE LESUNG Dtn 18,15–20

Einen Propheten will ich ihnen erstehen lassen und meine Worte in seinen Mund legen

Lesung aus dem Buch Deuteronomium.

Mose sprach zum Volk: Einen Propheten wie mich wird dir der Herr, dein Gott, aus deiner Mitte, unter deinen Brüdern, erstehen lassen. Auf ihn sollt ihr hören. Der Herr wird ihn als Erfüllung von allem erstehen lassen, worum du am Horeb, am Tag der Versammlung, den Herrn, deinen Gott, gebeten hast, als du sagtest: Ich kann die donnernde Stimme des Herrn, meines Gottes, nicht noch einmal hören und dieses große Feuer nicht noch einmal sehen, ohne dass ich sterbe.

Damals sagte der Herr zu mir: Was sie von dir verlangen, ist recht. Einen Propheten wie dich will ich ihnen mitten unter ihren Brüdern erstehen lassen. Ich will ihm meine Worte in den Mund legen und er wird ihnen alles sagen, was ich ihm auftrage.

Einen Mann aber, der nicht auf meine Worte hört, die der Prophet in meinem Namen verkünden wird, ziehe ich selbst zur Rechenschaft. Doch ein Prophet, der sich anmaßt, in meinem Namen ein Wort zu verkünden, dessen Verkündigung ich ihm nicht aufgetragen habe, oder der im Namen anderer Götter spricht, ein solcher Prophet soll sterben.

ANTWORTPSALM

Ps 95(94),1–2.6–7c.7d–9 (℟: vgl. 7d.8a)

℟ Hört auf die Stimme des Herrn;
verhärtet nicht euer Herz! – ℟

Kommt, lasst uns jubeln vor dem Herrn *
und zujauchzen dem Fels unsres Heiles!
Lasst uns mit Lob seinem Angesicht nahen, *
vor ihm jauchzen mit Liedern! – (℟)

Kommt, lasst uns niederfallen, uns vor ihm verneigen, *
lasst uns niederknien vor dem Herrn, unserm Schöpfer!
Denn er ist unser Gott, †
wir sind das Volk seiner Weide, *
die Herde, von seiner Hand geführt. – (℟)

Ach, würdet ihr doch heute auf seine Stimme hören! †
„Verhärtet euer Herz nicht wie in Meriba, *
wie in der Wüste am Tag von Massa!
Dort haben eure Väter mich versucht, *
sie haben mich auf die Probe gestellt
und hatten doch mein Tun gesehen." – ℟

ZUR 2. LESUNG Ach Paulus, so möchte man sagen, du und deine Schwarzweißmalerei, deine zu kurz gegriffenen Alternativen. Als ob nur das eine oder das andere gälte. Ist denn nicht eine liebevolle Beziehung ganz im Sinne und damit eine Sache des Herrn? Und noch mehr: Kann das gemeinsame Engagement eines Paars für die Sache des Herrn den Einsatz des Einzelnen nicht noch übertreffen? Das Ganze ist doch nicht selten mehr als die Summe seiner Teile.

ZWEITE LESUNG 1 Kor 7,32–35

Die Jungfrau sorgt sich um die Sache des Herrn, um heilig zu sein

Lesung aus dem ersten Brief des Apostels Paulus an die Korinther.

Brüder [*oder:* Brüder und Schwestern! *oder:* Schwestern und Brüder!]! Ich wünschte, ihr wäret ohne Sorgen. Der Unverheiratete sorgt sich um die Sache des Herrn; er will dem Herrn gefallen. Der Verheiratete sorgt sich um die Dinge der Welt; er will seiner Frau gefallen. So ist er geteilt.

Die unverheiratete Frau aber und die Jungfrau sorgen sich um die Sache des Herrn, um heilig zu sein an Leib und Geist. Die Verheiratete sorgt sich um die Dinge der Welt; sie will ihrem Mann gefallen.

Das sage ich zu eurem Nutzen: nicht um euch eine Fessel anzulegen, vielmehr, damit ihr in rechter Weise und ungestört immer dem Herrn dienen könnt.

RUF VOR DEM EVANGELIUM Vers: Mt 4,16

Halleluja. Halleluja.
Das Volk, das im Dunkel lebte,
hat ein helles Licht gesehen;
denen, die im Schattenreich des Todes wohnten,
ist ein Licht erschienen.
Halleluja.

ZUM EVANGELIUM Es ist die erste Heilung, von der Markus in seinem Evangelium berichtet. In der Synagoge in Kafarnaum treibt Jesus einen bösen Geist aus. Von diesem Ereignis breitet sich sein Ruf aus. Welcher Ruf eilt Jesus nun wohl voraus? Der eines Wundertäters, von dem sich viele Heilung erwarten? Oder der eines geheimnisumwobenen Mannes, von dem die Leute nicht wissen, was sie erwarten können? Welchen Ruf Jesu tragen die Gemeinden, die sich in seinem Namen versammeln, heute weiter?

EVANGELIUM

Mk 1,21–28

Er lehrte sie wie einer, der göttliche Vollmacht hat

+ **Aus dem heiligen Evangelium nach Markus.**

In Kafarnaum ging Jesus am Sabbat in die Synagoge und lehrte. Und die Menschen waren sehr betroffen von seiner Lehre; denn er lehrte sie wie einer, der göttliche Vollmacht hat, nicht wie die Schriftgelehrten.

In ihrer Synagoge saß ein Mann, der von einem unreinen Geist besessen war. Der begann zu schreien: Was haben wir mit dir zu tun, Jesus von Nazaret? Bist du gekommen, um uns ins Verderben zu stürzen? Ich weiß, wer du bist: der Heilige Gottes.

Da befahl ihm Jesus: Schweig und verlass ihn! Der unreine Geist zerrte den Mann hin und her und verließ ihn mit lautem Geschrei.

Da erschraken alle und einer fragte den andern: Was hat das zu bedeuten? Hier wird mit Vollmacht eine ganz neue Lehre verkündet. Sogar die unreinen Geister gehorchen seinem Befehl.

Und sein Ruf verbreitete sich rasch im ganzen Gebiet von Galiläa.

Glaubensbekenntnis, S. 470 ff.

FÜRBITTEN

Jesus sprach mit Vollmacht, sein Wort bewirkte etwas. Daran müssen wir uns messen lassen. Wir werfen unsere Sorgen auf ihn, der unsere Blockaden und Ängste lösen kann:

- Wir bitten dich für alle Menschen, die von Sorgen niedergedrückt und wie gelähmt sind. V: Jesus, du unser Heiland. A: Steh ihnen bei.

- Wir beten für Menschen, die bei ihnen sind und ihnen helfen. V: Jesus, du unser Heiland. A: Steh ihnen bei.

- Wir beten für alle, die von einer psychischen Krankheit betroffen sind. V: Jesus, du unser Heiland. A: Steh ihnen bei.

- Wir bitten auch für ihre Familien, ihre Angehörigen und Freunde, um Verständnis und um Kraft. V: Jesus, du unser Heiland. A: Steh ihnen bei.

- Wir beten für die Hungernden, für Menschen auf der Flucht, im Niemandsland Gestrandete. V: Jesus, du unser Heiland. A: Steh ihnen bei.

- Wir beten auch für die Menschen, die ihre Not sehen, die den Einzelnen sehen und nicht über ihn hinwegsehen. V: Jesus, du unser Heiland. A: Steh ihnen bei.

Guter Gott, du stützt und stärkst uns und kommst uns entgegen mit deinem Erbarmen in Christus Jesus, unserem Herrn und Heiland.

EUCHARISTIEFEIER

GABENGEBET

Herr, unser Gott, wir legen die Gaben als Zeichen unserer Hingabe auf deinen Altar. Nimm sie entgegen und mach sie zum Sakrament unserer Erlösung. Darum bitten wir durch Christus, unseren Herrn.

Präfation, S. 482 ff.

KOMMUNIONVERS

Mt 5,3.5

Selig, die vor Gott arm sind;
denn ihnen gehört das Himmelreich.
Selig, die keine Gewalt anwenden;
denn sie werden das Land erben.

SCHLUSSGEBET

Barmherziger Gott, das Sakrament der Erlösung, das wir empfangen haben, nähre uns auf dem Weg zu dir und schenke dem wahren Glauben beständiges Wachstum. Darum bitten wir durch Christus, unseren Herrn.

⋆⋆⋆

Für eine Wort-Gottes-Feier:

ERÖFFNUNGSGEBET ZUR WAHL

Barmherziger Gott, dein Sohn hat die Menschen mit Vollmacht gelehrt und sie geheilt an Seele und Leib. Wir bitten dich: Gib, dass wir ihn erkennen und bekennen als deinen Christus, der in der Gemeinschaft des Heiligen Geistes mit dir lebt jetzt und in Ewigkeit.

⋆⋆⋆

WORAUF SOLLEN WIR HÖREN?

Worauf sollen wir hören, sag uns worauf?
So viele Geräusche –
welches ist wichtig?
So viele Beweise –
welcher ist richtig?
So viele Reden –
ein Wort ist wahr.

Wohin sollen wir gehen, sag uns wohin?
So viele Termine –
welcher ist wichtig?
So viele Parolen –
welche ist richtig?
So viele Straßen –
ein Weg ist wahr.

Wofür sollen wir leben, sag uns wofür?
So viele Gedanken –
welcher ist wichtig?
So viele Programme –
welches ist richtig?
So viele Fragen –
die Liebe zählt.

Lothar Zenetti

DARSTELLUNG DES HERRN – FEST

2. Februar 2018

Plötzlich ist noch einmal Weihnachten. Während das Leben Weihnachtsbaum und Lichterglanz längst hinter sich gelassen hat und seinen gewohnten Gang geht, taucht mit dem Fest der Darstellung des Herrn unvermutet die Erinnerung an die Geburt Jesu auf, die gerade 40 Tage zurückliegt. Eine Erinnerung daran, dass Gott Mensch geworden ist und sich für die Alltäglichkeit der Welt nicht zu schade ist. Und eine Ermutigung, die Weihnachtsfreude das ganze Jahr über in der Unaufgeregtheit des Alltags zu entdecken.

KERZENWEIHE UND PROZESSION

(An vielen Orten versammelt sich die Gemeinde mit dem Priester vor der Kirche oder in einem Nebenraum. Alle tragen Kerzen, die der Priester segnet. Nach der Weihe zieht man singend mit brennenden Kerzen in feierlicher Prozession in die Kirche ein. Die Messe beginnt dann mit dem Eröffnungsvers. An anderen Orten versammeln sich die Gläubigen in der Kirche. Auch sie bringen Kerzen, die gesegnet werden. Die Prozession und auch die brennenden Kerzen, mit denen wir die Messfeier dieses Tages beginnen, sind Zeichen für unseren Weg zu Gott, jenen Weg, auf dem sein Licht leuchtet.)

(Der Priester segnet die Kerzen:)

Lasset uns beten. Gott, du Quell und Ursprung allen Lichtes, du hast am heutigen Tag dem greisen Simeon Christus geoffenbart als das Licht zur Erleuchtung der Heiden. Segne † die Kerzen, die wir in unseren Händen tragen und zu deinem Lob entzünden. Führe uns auf dem Weg des Glaubens und der Liebe zu jenem Licht, das nie erlöschen wird. Darum bitten wir durch Christus, unseren Herrn.

(Der Priester fordert zur Prozession auf:)

Lasst uns ziehen in Frieden,
Christus, dem Herrn, entgegen!

(Während der Prozession wird der Lobgesang des Simeon gesungen oder ein anderes passendes Lied.)

DER LOBGESANG DES SIMEON Lk 2,29–32

℟ Ein Licht, das die Heiden erleuchtet,
und Herrlichkeit für dein Volk Israel. – ℟

Nun lässt du, Herr, deinen Knecht, *
wie du gesagt hast, in Frieden scheiden. – (℟)

Meine Augen haben das Heil gesehen, *
das du vor allen Völkern bereitet hast. – ℟

MESSFEIER

ERÖFFNUNGSVERS Vgl. Ps 48(47),10–11

Wir haben dein Heil empfangen, o Gott,
inmitten deines Tempels.
Wie dein Name, Gott, so reicht dein Ruhm
bis an die Enden der Erde;
deine rechte Hand ist voll von Gerechtigkeit.

KYRIE-RUFE

Herr Jesus Christus, du bist das Heil,
das Gott vor allen Völkern bereitet hat.
V/A: Herr, erbarme dich.

Du bist das Licht, das die Heiden erleuchtet.
V/A: Christus, erbarme dich.
Du bist Herrlichkeit für dein Volk Israel.
V/A: Herr, erbarme dich.

Ehre sei Gott, S. 467 f.

TAGESGEBET

Allmächtiger, ewiger Gott, dein eingeborener Sohn hat unsere menschliche Natur angenommen und wurde am heutigen Tag im Tempel dargestellt. Läutere unser Leben und Denken, damit wir mit reinem Herzen vor dein Antlitz treten. Darum bitten wir durch Jesus Christus.

WORTGOTTESDIENST

ZUR 1. LESUNG Dadurch, dass die Liturgie den Propheten Maleachi zu Wort kommen lässt, erhält das in warmen Kerzenschein getauchte Fest der Darstellung des Herrn eine ungeahnte, ja drastische Wendung. Wenn mit Jesus der Herr zu seinem Tempel kommt, der Bote des Bundes, dann beginnt damit auch die Zeit der Reinigung und Läuterung. „Wer kann bestehen, wenn er erscheint?", fragt der Prophet. Diese Frage müssen wir uns im Kerzenschein auch gefallen lassen.

ERSTE LESUNG Mal 3,1–4

Dann kommt zu seinem Tempel der Herr, den ihr sucht

Lesung aus dem Buch Maleachi.

So spricht Gott, der Herr: Seht, ich sende meinen Boten; er soll den Weg für mich bahnen. Dann kommt plötzlich zu seinem Tempel der Herr, den ihr sucht, und der Bote des Bundes, den ihr herbeiwünscht. Seht, er kommt!, spricht der Herr der Heere.

Doch wer erträgt den Tag, an dem er kommt? Wer kann bestehen, wenn er erscheint? Denn er ist wie das Feuer im Schmelzofen und wie die Lauge im Waschtrog. Er setzt sich, um das Silber zu schmelzen und zu reinigen: Er reinigt die Söhne Levis, er läutert sie wie Gold und Silber. Dann werden sie dem Herrn die richtigen Opfer darbringen. Und dem Herrn wird das Opfer Judas und Jerusalems angenehm sein wie in den Tagen der Vorzeit, wie in längst vergangenen Jahren.

ANTWORTPSALM

Ps 24(23),7–8.9–10 (℟: vgl. 10b)

℟ Der Herr der Heere,
er ist der König der Herrlichkeit. – ℟

Ihr Tore, hebt euch nach oben, †
hebt euch, ihr uralten Pforten; *
denn es kommt der König der Herrlichkeit.
Wer ist der König der Herrlichkeit? *
Der Herr, stark und gewaltig, der Herr, mächtig im Kampf. – (℟)

Ihr Tore, hebt euch nach oben, †
hebt euch, ihr uralten Pforten; *
denn es kommt der König der Herrlichkeit.
Wer ist der König der Herrlichkeit? *
Der Herr der Heerscharen, er ist der König der Herrlichkeit. – ℟

ZUR 2. LESUNG Viele Ängste und Sorgen in unserem Leben hängen mit dem Tod zusammen, mit dem einen am Ende des Lebens oder auch mit den vielen Abschieden, Trennungen, Erfahrungen des Unwiederbringlichen, die unser Leben markieren. Der Hebräerbrief bringt es auf den Punkt: Die Furcht vor dem Tod führt in die Sklaverei, in Dunkelheit und Hoffnungslosigkeit. Dass der Sohn Mensch und einer von uns geworden ist und den Tod entmachtet hat, befreit, gibt Hoffnung, ist ein Licht in der Dunkelheit unserer Ängste.

ZWEITE LESUNG Hebr 2,11–12.13c–18

Er musste in allem seinen Brüdern gleich sein

Lesung aus dem Hebräerbrief.

Er, der heiligt, und sie, die geheiligt werden, stammen alle von Einem ab; darum scheut er sich nicht, sie Brüder zu nennen und zu sagen: Ich will deinen Namen meinen Brüdern verkünden, inmitten der Gemeinde dich preisen; und ferner: Seht, ich und die Kinder, die Gott mir geschenkt hat.

Da nun die Kinder Menschen von Fleisch und Blut sind, hat auch Jesus in gleicher Weise Fleisch und Blut angenommen, um durch seinen Tod den zu entmachten, der die Gewalt über den Tod hat, nämlich den Teufel, und um die zu befreien, die durch die Furcht vor dem Tod ihr Leben lang der Knechtschaft verfallen waren. Denn er nimmt sich keineswegs der Engel an, sondern der Nachkommen Abrahams nimmt er sich an.

Darum musste er in allem seinen Brüdern gleich sein, um ein barmherziger und treuer Hoherpriester vor Gott zu sein und die Sünden des Volkes zu sühnen. Denn da er selbst in Versuchung geführt wurde und gelitten hat, kann er denen helfen, die in Versuchung geführt werden.

RUF VOR DEM EVANGELIUM Vers: vgl. Lk 2,32

Halleluja. Halleluja.
Ein Licht, das die Heiden erleuchtet,
und Herrlichkeit für das Volk Israel.
Halleluja.

ZUM EVANGELIUM Heil, Licht, Herrlichkeit – es sind wunderbare Worte und verheißungsvolle Bilder, mit denen Simeon Gott preist, als er das Kind Jesus in den Armen hält. Der Lobpreis Simeons steht im Zusammenhang der großen Heilsgeschichte. Nicht ausdrücklich zur Sprache kommt die natürliche Freude, die der Begegnung eines alten Menschen mit einem kleinen Kind entspringt, die Freude über das Geschenk neuen Lebens, über die Verheißung einer Zukunft. Auch diese ganz menschliche Freude wird Simeon bewegt haben. Denn in Jesus sind menschliches Leben und Gottes guter Wille für die Menschen untrennbar miteinander verbunden. Und weil er Mensch geworden ist, atmet jedes menschliche Leben etwas von Gottes Heil, Licht und Herrlichkeit.

EVANGELIUM Lk 2,22–40

Meine Augen haben das Heil gesehen

+ Aus dem heiligen Evangelium nach Lukas.

Es kam für die Eltern Jesu der Tag der vom Gesetz des Mose vorgeschriebenen Reinigung. Sie brachten das Kind nach Jerusalem hinauf, um es dem Herrn zu weihen, gemäß dem Gesetz des Herrn, in dem es heißt: Jede männliche Erstgeburt soll dem Herrn geweiht sein. Auch wollten sie ihr Opfer darbringen, wie es das Gesetz des Herrn vorschreibt: ein Paar Turteltauben oder zwei junge Tauben.

In Jerusalem lebte damals ein Mann namens Simeon. Er war gerecht und fromm und wartete auf die Rettung Israels und der Heilige Geist ruhte auf ihm. Vom Heiligen Geist war ihm offenbart worden, er werde den Tod nicht schauen, ehe er den Messias des Herrn gesehen habe.

Jetzt wurde er vom Geist in den Tempel geführt; und als die Eltern Jesus hereinbrachten, um zu erfüllen, was nach dem Gesetz üblich war, nahm Simeon das Kind in seine Arme und pries Gott mit den Worten:

Nun lässt du, Herr, deinen Knecht, wie du gesagt hast, in Frieden scheiden. Denn meine Augen haben das Heil gesehen, das du vor allen Völkern bereitet hast, ein Licht, das die Heiden erleuchtet, und Herrlichkeit für dein Volk Israel.

Sein Vater und seine Mutter staunten über die Worte, die über Jesus gesagt wurden. Und Simeon segnete sie und sagte zu Maria, der Mutter Jesu: Dieser ist dazu bestimmt, dass in Israel viele durch ihn zu Fall kommen und viele aufgerichtet werden, und er wird ein Zeichen sein, dem widersprochen wird. Dadurch sollen die Gedanken vieler Menschen offenbar werden. Dir selbst aber wird ein Schwert durch die Seele dringen.

Damals lebte auch eine Prophetin namens Hanna, eine Tochter Penuëls, aus dem Stamm Ascher. Sie war schon hochbetagt. Als junges Mädchen hatte sie geheiratet und sieben Jahre mit ihrem Mann gelebt; nun war sie eine Witwe von vierundachtzig Jahren. Sie hielt sich ständig im Tempel auf und diente Gott Tag und Nacht mit Fasten und Beten.

In diesem Augenblick nun trat sie hinzu, pries Gott und sprach über das Kind zu allen, die auf die Erlösung Jerusalems warteten.

Als seine Eltern alles getan hatten, was das Gesetz des Herrn vorschreibt, kehrten sie nach Galiläa in ihre Stadt Nazaret zurück.

Das Kind wuchs heran und wurde kräftig; Gott erfüllte es mit Weisheit und seine Gnade ruhte auf ihm.

Oder:

KURZFASSUNG Lk 2,22–32

Meine Augen haben das Heil gesehen

+ Aus dem heiligen Evangelium nach Lukas.

Es kam für die Eltern Jesu der Tag der vom Gesetz des Mose vorgeschriebenen Reinigung. Sie brachten das Kind nach Jerusalem hinauf, um es dem Herrn zu weihen, gemäß dem Gesetz des Herrn, in dem es heißt: Jede männliche Erstgeburt soll dem Herrn geweiht sein. Auch wollten sie ihr Opfer darbringen, wie es das Gesetz des Herrn vorschreibt: ein Paar Turteltauben oder zwei junge Tauben.

In Jerusalem lebte damals ein Mann namens Simeon. Er war gerecht und fromm und wartete auf die Rettung Israels und der Heilige Geist ruhte auf ihm. Vom Heiligen Geist war ihm offenbart worden, er werde den Tod nicht schauen, ehe er den Messias des Herrn gesehen habe.

Jetzt wurde er vom Geist in den Tempel geführt; und als die Eltern Jesus hereinbrachten, um zu erfüllen, was nach dem Gesetz üblich war, nahm Simeon das Kind in seine Arme und pries Gott mit den Worten:

Nun lässt du, Herr, deinen Knecht, wie du gesagt hast, in Frieden scheiden. Denn meine Augen haben das Heil gesehen, das du vor allen Völkern bereitet hast, ein Licht, das die Heiden erleuchtet, und Herrlichkeit für dein Volk Israel.

FÜRBITTEN

Der alte Name des Festes, „Mariä Lichtmess“, erinnert an die Entmachtung des Dunkels der Welt: Licht scheint auf von Gott her. Zu seinem Sohn, der in Jesus von Nazaret zur Welt gekommen ist, rufen wir heute und bitten ihn:

- Für alle, die in Kriegs- und Krisengebieten, in zerstörten Städten und Dörfern, in Dunkelheit und Kälte leben müssen. V: Christus höre uns. A: Christus, erhöre uns.
- Für alle, die ihre Stimme erheben für den Frieden. V: Christus höre uns. A: Christus, erhöre uns.
- Für alle, die krank sind. V: Christus höre uns. A: Christus, erhöre uns.
- Für alle, die einsam sind. V: Christus höre uns. A: Christus, erhöre uns.
- Für alle, die ihrer Berufung folgen. V: Christus höre uns. A: Christus, erhöre uns.
- Für alle, die Wärme und Licht bringen. V: Christus höre uns. A: Christus, erhöre uns.

Du, treuer Gott, bist das Licht, das unsere Dunkelheiten erhellt. Dir sei Lob und Dank in Ewigkeit.

EUCHARISTIEFEIER

GABENGEBET

Allmächtiger Gott, nach deinem Ratschluss hat dein eigener Sohn sich als makelloses Lamm für das Leben der Welt geopfert. Nimm die Gabe an, die deine Kirche in festlicher Freude darbringt. Darum bitten wir durch Christus, unseren Herrn.

PRÄFATION

In Wahrheit ist es würdig und recht, dir, Herr, heiliger Vater, allmächtiger, ewiger Gott, immer und überall zu danken. Denn heute hat die jungfräuliche Mutter deinen ewigen Sohn zum Tempel getragen; Simeon, vom Geist erleuchtet, preist ihn als Ruhm deines Volkes Israel, als Licht zur Erleuchtung der Heiden. Darum gehen auch wir dem Erlöser freudig entgegen und singen mit den Engeln und Heiligen das Lob deiner Herrlichkeit: Heilig …

KOMMUNIONVERS

Lk 2,30–31

Meine Augen haben das Heil gesehen,
das du vor allen Völkern bereitet hast.

SCHLUSSGEBET

Barmherziger Gott, stärke unsere Hoffnung durch das Sakrament, das wir empfangen haben, und vollende in uns das Werk deiner Gnade.

Du hast die Erwartung Simeons erfüllt und ihn Christus schauen lassen. Erfülle auch unser Verlangen: Lass uns Christus entgegengehen und in ihm das ewige Leben finden, der mit dir lebt und herrscht in alle Ewigkeit.

FEIERLICHER SCHLUSSSEGEN

Num 6,24–26

Der Herr segne euch und behüte euch; der Herr lasse sein Angesicht über euch leuchten und sei euch gnädig; er wende euch sein Antlitz zu und schenke euch seinen Frieden. – A: Amen.
Das gewähre euch der dreieinige Gott, der Vater und der Sohn † und der Heilige Geist. – A: Amen.

***

GOTT ERGREIFT MAN NICHT

Gott ist ein lauter Nichts, ihn rührt kein Nun noch Hier:
Je mehr du nach ihm greifst, je mehr entwird er dir.

Angelus Silesius

5. SONNTAG IM JAHRESKREIS

4. Februar 2018

Der Glaube an viele Götter ist gar nicht dumm. Das Leben ist vielfältig, und der Mensch hat unterschiedliche Impulse und Ziele. Man kann sie nicht auf einen Nenner bringen. Aber es gibt sie. Es gibt den Wunsch nach ewiger Jugend, aber auch die Hoffnung auf Weisheit und Reife. Es gibt die Sehnsucht nach Reinheit und Unschuld, aber auch die Lust am Mitmachen und das Verlangen nach Macht. Viele streben nach Reichtum, für andere liegt im einfachen Leben das Heil. Die einen sind unendlich wissensdurstig, andere treibt die Suche nach unmittelbarer, sinnlicher Erfahrung an. Wunderbar, sich aktiv und selbstständig zu fühlen, aber zu Zeiten wollen wir Schwäche zeigen dürfen, umsorgt werden. Zahlreiche, oft widersprüchliche Wünsche: manchmal auf verschiedene Personen verteilt, nicht selten aber in einem einzigen Menschenleben vereint. Viele Wünsche – viele Götter. Jede Gottheit ist für einen Aspekt des Lebens zuständig. Besonders praktisch an einem gut bestückten Götterhimmel aber ist: Heil und Unheil, erlebte Freude und erlittenes Leid können verschiedenen Gottheiten zugeordnet werden. Der biblische Ijob nimmt diesen Ausweg nicht. Und in seiner Spur rufen auch wir, mit der Klage Jesu am Kreuz und mit den Ijoben unserer Tage, nach ihm, dem Einen, Gott unseres Heils.

ERÖFFNUNGSVERS — Ps 95(94),6–7

Kommt, lasst uns niederfallen,
uns verneigen vor dem Herrn, unserem Schöpfer!
Denn er ist unser Gott.

KYRIE-RUFE

Herr Jesus Christus, du bist
gekommen, um zu predigen.
V/A: Herr, erbarme dich.
Du hast viele Kranke geheilt
und viele Dämonen ausgetrieben.
V/A: Christus, erbarme dich.
Du hast dich an einen einsamen Ort
zurückgezogen, um zu beten.
V/A: Herr, erbarme dich.

Ehre sei Gott, S. 467 f.

TAGESGEBET

Gott, unser Vater, wir sind dein Eigentum und setzen unsere Hoffnung allein auf deine Gnade. Bleibe uns nahe in jeder Not und Gefahr und schütze uns. Darum bitten wir durch Jesus Christus.

WORTGOTTESDIENST

ZUR 1. LESUNG Kriegsdienst, Frondienst, Sklaverei, die tägliche Not der Tagelöhner – das ist von Ijobs Leben geblieben, ist sein täglich Brot. Das blieb übrig von einem Leben, das nicht nur reich war an materiellen Gütern, reich an Beziehungen und Nähe, reich an Freude und Freunden, reich an Gesundheit, sondern vor allem reich durch die Freundschaft mit Gott. Ijobs Leben hat all dies verloren, außer dem Leben. Das Schlimmste: sein Leben ist hoffnungslos. Was bleibt, wenn alles verloren ging? Wer bleibt? Der Gott, den Ijob doch als satanischen Feind erlebt? Muss Ijob nun an Satan glauben? Muss Ijob „dran glauben“? Nein, denn Ijob wird dranbleiben, in Klage und Hader, in Nacht und Not: an seines Lebens einen und einzigen Gott.

ERSTE LESUNG

Ijob 7, 1–4.6–7

Nächte voller Mühsal teilte man mir zu

Lesung aus dem Buch Ijob.

Ijob ergriff das Wort und sprach: Ist nicht Kriegsdienst des Menschen Leben auf der Erde? Sind nicht seine Tage die eines Tagelöhners? Wie ein Knecht ist er, der nach Schatten lechzt, wie ein Tagelöhner, der auf den Lohn wartet.

So wurden Monde voll Enttäuschung mein Erbe und Nächte voller Mühsal teilte man mir zu. Lege ich mich nieder, sage ich: Wann darf ich aufstehn? Wird es Abend, bin ich gesättigt mit Unrast, bis es dämmert. Schneller als das Weberschiffchen eilen meine Tage, der Faden geht aus, sie schwinden dahin. Denk daran, dass mein Leben nur ein Hauch ist. Nie mehr schaut mein Auge Glück.

ANTWORTPSALM

Ps 147(146), 1–2.3–4.5–6 (R: vgl. 3a)

℟ Lobet den Herrn;
er heilt die gebrochenen Herzen. – ℟

(*Oder:* Halleluja.)

Gut ist es, unserem Gott zu singen; *
schön ist es, ihn zu loben.
Der Herr baut Jerusalem wieder auf, *
er sammelt die Versprengten Israels. – (℟)

Er heilt die gebrochenen Herzen *
und verbindet ihre schmerzenden Wunden.
Er bestimmt die Zahl der Sterne *
und ruft sie alle mit Namen. – (℟)

Groß ist unser Herr und gewaltig an Kraft, *
unermesslich ist seine Weisheit.
Der Herr hilft den Gebeugten auf *
und erniedrigt die Frevler. – ℟

ZUR 2. LESUNG Für den Philosophen Friedrich Nietzsche ist das Christentum eine List der Schwachen, die Schwäche in Stärke umlügt. Sklavenreligion, eine Religion von Unfreien für Unfreie. Der Apostel Paulus spricht im ersten Brief an die Christen in Korinth von einem auf ihm liegenden Zwang, das Evangelium zu verkünden: Gott zwingt mich dazu. Eine Botschaft, die unter Zwang weitergetragen wird, ein Bote, der seinen Auftrag gezwungenermaßen ausführt? Wie sollte daraus etwas Gutes entstehen? Hat Nietzsche die Sache also richtig gesehen? Wenn Paulus unterstreicht, dass sein Apostelamt nicht freiwillig ist, nicht menschlicher Willkür entspringt, sondern einer zwingenden Notwendigkeit, die Gottes Handschrift trägt, dann hat er sich nicht ängstlich oder listig für eine Sklavenexistenz und eine Sklavenreligion entschieden, er geht vielmehr mutig über unsere enge Logik von Freiheit und Unfreiheit hinaus. Der Apostel muss nicht sich selbst, seine Freiheiten, seine Ansprüche und Anrechte zum Maß aller Dinge machen – weil die Liebe Christi ihm zum Maß und Mittelpunkt des Lebens geworden ist. Ihr hat er sich geöffnet. So hat er eine unerhörte Unabhängigkeit gewonnen. So kann er auf alle Menschen zugehen, zwanglos. So kann er Nähe wagen, ohne Berührungsängste, ohne Unterschied. Seine Berufung, und unsere.

ZWEITE LESUNG 1 Kor 9,16–19.22–23

Weh mir, wenn ich das Evangelium nicht verkünde!

Lesung aus dem ersten Brief des Apostels Paulus an die Korinther.

Brüder [*oder:* Brüder und Schwestern! *oder:* Schwestern und Brüder!]! Wenn ich das Evangelium verkünde, kann ich mich deswegen nicht rühmen; denn ein Zwang liegt auf mir. Weh mir, wenn ich das Evangelium nicht verkünde!

Wäre es mein freier Entschluss, so erhielte ich Lohn. Wenn es mir aber nicht freisteht, so ist es ein Auftrag, der mir anvertraut wurde. Was ist nun mein Lohn? Dass ich das Evangelium unentgeltlich verkünde und so auf mein Recht verzichte.

Da ich also von niemand abhängig war, habe ich mich für alle zum Sklaven gemacht, um möglichst viele zu gewinnen. Den Schwachen wurde ich ein Schwacher, um die Schwachen zu gewinnen. Allen bin ich alles geworden, um auf jeden Fall einige zu retten. Alles aber tue ich um des Evangeliums willen, um an seiner Verheißung teilzuhaben.

RUF VOR DEM EVANGELIUM

Vers: vgl. Mt 8,17

Halleluja. Halleluja.
Christus hat unsere Leiden auf sich genommen,
unsere Krankheiten hat er getragen.
Halleluja.

ZUM EVANGELIUM Ein Tag im Leben Jesu, der Sabbat, Teil zwei. Nach dem öffentlichen Raum der Synagoge (Mk 1,21–28) betritt Jesus nun den privaten Raum des Hauses. Bei Markus ist das Haus der Raum der Schülerschaft. Hier beherbergt es zugleich eine Heilungsgeschichte. Simons Schwiegermutter liegt mit Fieber danieder. Die Freunde wenden sich an Jesus, und er wendet sich der Kranken zu „und richtete sie auf". Was ist die Folge dieser Heilung? „Und sie sorgte für sie." Die Geheilte bedient beim Mahl, das sie Jesus und seinen Begleitern bereitet hat. Die Schwiegermutter des Petrus nimmt so vorweg, was die Schüler Jesu noch mühsam werden lernen müssen: „Denn auch der Menschensohn ist nicht gekommen, um sich dienen zu lassen, sondern um zu dienen" (Mk 10,45). So wird Unheiles heil, und so weichen die Dämonen: an einem Tag im Leben Jesu, Teil drei.

EVANGELIUM

Mk 1,29–39

Er heilte viele, die an allen möglichen Krankheiten litten

+ Aus dem heiligen Evangelium nach Markus.

In jener Zeit ging Jesus zusammen mit Jakobus und Johannes in das Haus des Simon und Andreas. Die Schwiegermutter des Simon lag mit Fieber im Bett. Sie sprachen mit Jesus über sie, und er ging zu ihr, fasste sie an der Hand und richtete sie auf. Da wich das Fieber von ihr und sie sorgte für sie.

Am Abend, als die Sonne untergegangen war, brachte man alle Kranken und Besessenen zu Jesus. Die ganze Stadt war vor der Haustür versammelt, und er heilte viele, die an allen möglichen Krankheiten litten, und trieb viele Dämonen aus. Und er verbot den Dämonen zu reden; denn sie wussten, wer er war.

In aller Frühe, als es noch dunkel war, stand er auf und ging an einen einsamen Ort, um zu beten. Simon und seine Begleiter eilten ihm nach, und als sie ihn fanden, sagten sie zu ihm: Alle suchen dich. Er antwortete: Lasst uns anderswohin gehen, in die benachbarten Dörfer, damit ich auch dort predige; denn dazu bin ich gekommen. Und er zog durch ganz Galiläa, predigte in den Synagogen und trieb die Dämonen aus.

Glaubensbekenntnis, S. 470 ff.

FÜRBITTEN

„Alle suchen dich“, so hören wir im heutigen Evangelium. Ja, Jesus muss gesucht – und kann gefunden werden. Deshalb rufen auch wir hier und heute zu ihm:

- Wir bitten für die Menschen, die an einer schweren Krankheit leiden. Lass sie dein Heil erfahren, auch wenn Heilung nicht möglich ist. V/A: Herr, erbarme dich.

- Wir beten für alle, die kein Zuhause haben. Lass sie doch Mitte und Heimat finden, Begleitung und Zuwendung. V/A: Herr, erbarme dich.

- Wir beten für die Menschen, die meinen, nur noch leisten zu müssen. Schenke ihnen freien Atem und innere Ruhe. V/A: Herr, erbarme dich.

- Wir beten für alle, die Gottes Nähe suchen, dass sie dich finden. V/A: Herr, erbarme dich.

Gott und Vater, Jesus hat Einsamkeit und Dunkelheit zum Ort der Begegnung mit dir gewandelt. So hoffen auch wir, dass unsere Not zum Ort der Gottesbegegnung werden kann. Darum bitten wir durch Christus Jesus, unseren Freund und Lehrer.

EUCHARISTIEFEIER

GABENGEBET

Herr, unser Gott, du hast Brot und Wein geschaffen, um uns Menschen in diesem vergänglichen Leben Nahrung und Freude zu schenken. Mache diese Gaben zum Sakrament, das uns ewiges Leben bringt. Darum bitten wir durch Christus, unseren Herrn.

Präfation, S. 482 ff.

KOMMUNIONVERS Mt 5,4.6

Selig, die trauern; denn sie werden getröstet werden.
Selig, die hungern und dürsten nach der Gerechtigkeit;
denn sie werden satt werden.

SCHLUSSGEBET

Barmherziger Gott, du hast uns teilhaben lassen an dem einen Brot und dem einen Kelch. Lass uns eins werden in Christus und Diener der Freude sein für die Welt. Darum bitten wir durch Christus, unseren Herrn.

***

Für eine Wort-Gottes-Feier:

ERÖFFNUNGSGEBET ZUR WAHL

Gott, unser Retter, dein Sohn richtet auf, was darniederliegt, und heilt, was verwundet ist. Wir bitten dich: Gib Mut und Trost und Kraft den Leidenden, tröste alle, die trauern, und bewahre alle in Jesus Christus, deinem Sohn, unserem Bruder und Herrn, der in der Einheit des Heiligen Geistes mit dir lebt und wirkt jetzt und in Ewigkeit.

***

AUFERSTEHUNG

Erwacht
zu neuem Leben.

Unsere Freude
löse Erstarrtes.

Unsere Liebe
schaffe Geborgenheit.

Unsere Güte
heile Verbitterungen.

Unsere Sanftmut
versöhne Streitende.

Unsere Kraft
überwinde Mutlosigkeit.

Feiert
das Fest des Lebens.
Christus ist erstanden.
Wir mit ihm.

Gisela Baltes

6. SONNTAG IM JAHRESKREIS

11. Februar 2018

Die als Aussatz bezeichneten Erscheinungen, um die es in der ersten Lesung geht, können wir heute heilen. Aber manchen Krankheiten und Kranken und Belasteten gegenüber praktizieren wir selbst Ausschlussverfahren, die hinter den im Buch Levitikus vorgestellten, um Umsicht und Unterscheidung bemühten Umgangsweisen weit zurückbleiben: Wie hilflos sind wir, wenn wir behinderten Menschen begegnen; wie rasch brechen wir den Kontakt mit Bekannten ab, die seelisch schwer belastet sind. Wir meiden sie wie Aussätzige. Welcher Schreck fährt uns da in die Glieder? Welche Angst um die eigene Haut setzt unserer Nächstenliebe so enge Grenzen?

ERÖFFNUNGSVERS

Ps 31(30),3–4

Sei mir ein schützender Fels,
eine feste Burg, die mich rettet.
Denn du bist mein Fels und meine Burg;
um deines Namens willen wirst du mich führen und leiten.

KYRIE-RUFE

Herr Jesus Christus, Sohn des Vaters,
du trägst uns auf, in deiner Liebe zu bleiben
und deine Gebote zu halten.
V/A: Herr, erbarme dich.
Du erfüllst uns mit deiner vollkommenen Freude.
V/A: Christus, erbarme dich.
Du nennst uns deine Freunde und willst,
dass wir Frucht bringen, die bleibt.
V/A: Herr, erbarme dich.

Ehre sei Gott, S. 467 f.

TAGESGEBET

Gott, du liebst deine Geschöpfe und es ist deine Freude, bei den Menschen zu wohnen. Gib uns ein neues und reines Herz, das bereit ist, dich aufzunehmen. Darum bitten wir durch Jesus Christus.

WORTGOTTESDIENST

ZUR 1. LESUNG „Aussatz", ein pauschaler Name für ein komplexes Phänomen, zu dem wohl noch nicht die Lepra gehörte, gilt im alten Orient als unheilbar. In Israel bemüht man sich um Regeln, die einerseits dem Schutz der Gemeinschaft dienen. Unreinheit soll sich nicht wie eine ansteckende Krankheit ausbreiten. Zugleich will man falschen Verdächtigungen und Fehlurteilen wehren. Früherkennung war wichtig, auch um der Gesunden willen. Die Gottesrede, von der wir einen Ausschnitt hören, zielt auf rettende Klarsicht und auf rettende Behutsamkeit.

ERSTE LESUNG Lev 13,1–2.43ac.44ab.45–46

Der Aussätzige soll abgesondert wohnen, außerhalb des Lagers

Lesung aus dem Buch Levitikus.

Der Herr sprach zu Mose und Aaron: Wenn sich auf der Haut eines Menschen eine Schwellung, ein Ausschlag oder ein heller Fleck bildet, liegt Verdacht auf Hautaussatz vor. Man soll ihn zum Priester Aaron oder zu einem seiner Söhne, den Priestern, führen.

Der Priester soll ihn untersuchen. Stellt er eine Schwellung fest, die wie Aussatz aussieht, so ist der Mensch aussätzig; er ist unrein. Der Priester muss ihn für unrein erklären.

Der Aussätzige, der von diesem Übel betroffen ist, soll eingerissene Kleider tragen und das Kopfhaar ungepflegt lassen; er soll den Schnurrbart verhüllen und ausrufen: Unrein! Unrein!

Solange das Übel besteht, bleibt er unrein; er ist unrein. Er soll abgesondert wohnen, außerhalb des Lagers soll er sich aufhalten.

ANTWORTPSALM

Ps 32(31),1–2.5.10–11 (R: vgl. 7)

R Du bist mein Schutz, o Herr,
du rettest mich und hüllst mich in Jubel. – R

Wohl dem, dessen Frevel vergeben *
und dessen Sünde bedeckt ist.
Wohl dem Menschen, dem der Herr die Schuld nicht zur Last legt *
und dessen Herz keine Falschheit kennt. – (R)

Ich bekannte dir meine Sünde *
und verbarg nicht länger meine Schuld vor dir.
Ich sagte: Ich will dem Herrn meine Frevel bekennen. *
Und du hast mir die Schuld vergeben. – (R)

Der Frevler leidet viele Schmerzen, *
doch wer dem Herrn vertraut, den wird er mit seiner Huld umgeben.
Freut euch am Herrn und jauchzt, ihr Gerechten, *
jubelt alle, ihr Menschen mit redlichem Herzen! – R

ZUR 2. LESUNG Paulus mahnt die christliche Gemeinde in Korinth zu einem Leben nach dem Vorbild Jesu, dem sich der Apostel selbst verpflichtet weiß. Jesu Lebensart versklavt nicht, sondern befreit! Die geschenkte Freiheit und Gottesnähe sollen in allem, was Christen tun, zu spüren sein – und am Ende entscheidet nicht die eigene Überlegenheit oder der eigene Vorteil, sondern die Rücksicht auf Not und Nachteil des Bruders oder der Schwester über mein Lassen und Tun. Mit anderen Worten gesagt: „Tut alles zur Verherrlichung Gottes!"

ZWEITE LESUNG 1 Kor 10,31 – 11,1

Nehmt mich zum Vorbild, wie ich Christus zum Vorbild nehme

Lesung aus dem ersten Brief des Apostels Paulus an die Korinther.

Brüder [*oder:* Brüder und Schwestern! *oder:* Schwestern und Brüder!]! Ob ihr esst oder trinkt oder etwas anderes tut: tut alles zur Verherrlichung Gottes!

Gebt weder Juden noch Griechen, noch der Kirche Gottes Anlass zu einem Vorwurf! Auch ich suche allen in allem entgegenzukommen; ich suche nicht meinen Nutzen, sondern den Nutzen aller, damit sie gerettet werden.

Nehmt mich zum Vorbild, wie ich Christus zum Vorbild nehme.

RUF VOR DEM EVANGELIUM Vers: vgl. Lk 7,16

Halleluja. Halleluja.
Ein großer Prophet trat unter uns auf:
Gott nahm sich seines Volkes an.
Halleluja.

ZUM EVANGELIUM Aussatz, Isolation. Abschied vom – sozialen – Leben. Heilung vom Aussatz, der unrein macht? Nur großen Gottesmännern wie Mose und Elischa wird sie zugeschrieben, zugetraut (Num 12,10–15; 2 Kön 5). Hier traut sich Jesus noch mehr. Während Mose und Elischa mündliche Heilungen zugesprochen werden, berührt Jesus den Aussätzigen. Berührung eines Aussätzigen aber bedeutet Ansteckung mit seiner Unreinheit. Der Aussätzige wird hier rein; der ihn berührte jedoch unrein. Der Befreite soll seine Befreiung von Unreinheit vom Priester beurkunden lassen (Lev 14,2–32). Er möge aber nicht erzählen, wie ihm die Rückkehr in die Gemeinschaft möglich wurde. Doch der Geheilte hält sich nicht daran. Er posaunt es heraus: Jesus hat sich an mir unrein gemacht, um mir Leben zu ermöglichen. Jesus unrein! Jesus zieht selbst sich, den religiösen Weisungen entsprechend, zurück. Doch Leiden hat seine eigene Logik: Wenn er dem einen geholfen hat – warum nicht mir? Was habe ich zu verlieren? Und die Menschen strömen ihm zu. Jesus unrein. Das wäre doch das Ende. Abschied von allem. Ausschluss von allem. Jesus wagt das Ende, um des anderen willen, und so fängt das Leben, das Leben für alle, erst an.

EVANGELIUM

Mk 1,40–45

Der Aussatz verschwand und der Mann war rein

+ Aus dem heiligen Evangelium nach Markus.

In jener Zeit kam ein Aussätziger zu Jesus und bat ihn um Hilfe; er fiel vor ihm auf die Knie und sagte: Wenn du willst, kannst du machen, dass ich rein werde. Jesus hatte Mitleid mit ihm; er streckte die Hand aus, berührte ihn und sagte: Ich will es – werde rein! Im gleichen Augenblick verschwand der Aussatz und der Mann war rein.

Jesus schickte ihn weg und schärfte ihm ein: Nimm dich in Acht! Erzähl niemand etwas davon, sondern geh, zeig dich dem Priester und bring das Reinigungsopfer dar, das Mose angeordnet hat. Das soll für sie ein Beweis meiner Gesetzestreue sein.

Der Mann aber ging weg und erzählte bei jeder Gelegenheit, was geschehen war; er verbreitete die ganze Geschichte, sodass sich Jesus in keiner Stadt mehr zeigen konnte; er hielt sich nur noch außerhalb der Städte an einsamen Orten auf. Dennoch kamen die Leute von überallher zu ihm.

Glaubensbekenntnis, S. 470 ff.

FÜRBITTEN

Jesus durchbricht die Einsamkeit des Aussätzigen und berührt ihn. Auch wir hoffen auf die Begegnung mit Jesus. Lassen wir uns berühren von ihm; lassen wir uns anrühren von der Not der Menschen:

- Wir bitten für die Kirche, dass sie sich bewegen lasse von Trauer und Hoffnung der Menschen und ihnen mit der Frohen Botschaft und im barmherzigen Tun nahekomme. V: Jesus, du Freund des Lebens. A: Höre unser Rufen.
- Wir bitten für alle Menschen, die ausgeschlossen sind von Bildung und vielen Gütern dieser Erde, dass sie Teilhabe und Gemeinschaft erfahren. V: Jesus, du Freund des Lebens. A: Höre unser Rufen.
- Wir bitten für die alten Menschen in Heimen, Hospizen und Pflegeeinrichtungen, dass sie wirklich gesehen werden und dass der Mensch im Mittelpunkt steht bei allen Entscheidungen. V: Jesus, du Freund des Lebens. A: Höre unser Rufen.
- Wir beten für alle Menschen, deren Leben in diesen Tagen des wachsenden Lichts zu Ende geht. Lass sie einmal dein Heil schauen, lass sie umfangen sein von deinem Licht und Leben. V: Jesus, du Freund des Lebens. A: Höre unser Rufen.

Guter Gott, du rufst uns in deine Nähe. Lehre uns, das Geschenk deiner Gegenwart zu erfahren und weiterzugeben von dem, was du uns großzügig gibst. Darum bitten wir durch Christus, unseren Heiland.

EUCHARISTIEFEIER

GABENGEBET

Barmherziger Gott, das heilige Opfer reinige uns von Sünden und mache uns zu neuen Menschen. Es helfe uns, nach deinem Willen zu leben, damit wir den verheißenen Lohn erlangen. Darum bitten wir durch Christus, unseren Herrn.

Präfation, S. 482 ff.

KOMMUNIONVERS

Joh 3,16

Gott hat die Welt so geliebt,
dass er seinen einzigen Sohn hingab,
damit jeder, der an ihn glaubt, nicht zugrunde geht,
sondern das ewige Leben hat.

SCHLUSSGEBET

Gott, du Spender alles Guten, du hast uns das Brot des Himmels geschenkt. Erhalte in uns das Verlangen nach dieser Speise, die unser wahres Leben ist. Darum bitten wir durch Christus, unseren Herrn.

***

Für eine Wort-Gottes-Feier:

ERÖFFNUNGSGEBET ZUR WAHL

Gott, du wendest dich den Menschen zu und sendest deinen Sohn als Heiland der Welt. Mache deine Kirche zu einem Ort, an dem alle Menschen als Brüder und Schwestern leben können. Darum bitten wir durch ihn, Jesus Christus, deinen Sohn, der in der Einheit des Heiligen Geistes mit dir lebt jetzt und in Ewigkeit.

***

EINLADUNG

Herausgerufen
aus meinen Sorgen,
meinen Pflichten,
meinem Planen.

Herausgerufen
aus meiner Engherzigkeit,
meiner Erschöpfung,
meinen Grenzen.

Ermutigt,
mir und anderen
Raum zu geben,
frei zu werden.

Ermutigt,
loszulassen,
mich zu öffnen,
zu empfangen.

Gisela Baltes

Die Fastenzeit – Österliche Bußzeit

ASCHERMITTWOCH

14. Februar 2018

„Du aber geh in deine Kammer, wenn du betest, und schließ die Tür zu" – ruft uns Jesus hier zum Rückzug ins Private? Die böse Welt muss draußen bleiben – ist das nicht religiöses Biedermeier? Aber der empfohlene Weg ins Verborgene ist nicht heimelig. Das Verborgene ist ein Symbol für das Herz, die Herzmitte: für den Begegnungsraum von Gott und Mensch. Dieser nahe und ferne Ort ist vielen Menschen unheimlich. Sie meiden die Wege, die sie zu ihrem Herzort führen könnten. Es ist ein Raum der Stille und ein Ort der Kraft. Gerade an diesem Ort könnte unser Leben beginnen. Gerade hier könnten wir lernen, aus der Mitte zu leben. Gerade hier, im Verborgenen, könnte uns Verantwortung zuwachsen: für unser Leben, für unsere Mitmenschen, für die Welt.

ERÖFFNUNG UND WORTGOTTESDIENST

ERÖFFNUNGSVERS

Weish 11,24–25.27

Du erbarmst dich aller, o Herr,
und hast Nachsicht mit den Sünden der Menschen,
damit sie sich bekehren;
denn du bist der Herr, unser Gott.

(Das Allgemeine Schuldbekenntnis entfällt. Es wird ersetzt durch die Austeilung der Asche nach der Homilie.)

KYRIE-RUFE

Herr Jesus Christus, du konfrontierst uns
mit unserer Endlichkeit.
V/A: Herr, erbarme dich.
Du eröffnest unserem Geist
einen unendlichen Horizont.
V/A: Christus, erbarme dich.
Du weist uns den Weg zur Auferstehung
in Gottes Grenzenlosigkeit.
V/A: Herr, erbarme dich.

TAGESGEBET

Getreuer Gott, im Vertrauen auf dich beginnen wir die vierzig Tage der Umkehr und Buße. Gib uns die Kraft zu christlicher Zucht, damit wir dem Bösen absagen und mit Entschiedenheit das Gute tun. Darum bitten wir durch Jesus Christus.

ZUR 1. LESUNG Zerreißt eure Herzen, nicht eure Kleider! Der Prophet Joël fordert dies von seinen Glaubensgeschwistern. Die Erinnerung an die Besetzung des Landes und die gewaltsame Deportation ist in der ersten Hälfte des vierten Jahrhunderts noch nicht verblasst; neue politische Krisen und Naturkatastrophen kommen hinzu. Das Zerreißen der Kleider ist eine alte Trauersitte. Der Prophet geht noch weiter. Nur eine Trauer, die das beschädigte Leben aufgräbt, kann etwas bewirken – eine Erneuerung des Menschen von der Mitte her. Alle sind gemeint. Die Zeit drängt. Verhärtet euch nicht. Zieht euch nicht auf eure Gewohnheiten oder euer Recht zurück. Verlasst die Höhle. Macht euch angreifbar. Lasst den Schmerz zu, verdrängt ihn nicht. Wacht auf, werdet im Innersten lebendig. Lasst euch zum Mitleid bewegen – wie Gott.

ERSTE LESUNG

Joël 2,12–18

Zerreißt eure Herzen, nicht eure Kleider

Lesung aus dem Buch Joël.

So spricht der Herr: Kehrt um zu mir von ganzem Herzen mit Fasten, Weinen und Klagen. Zerreißt eure Herzen, nicht eure Kleider, und kehrt um zum Herrn, eurem Gott! Denn er ist gnädig und barmherzig, langmütig und reich an Güte und es reut ihn, dass er das Unheil verhängt hat. Vielleicht kehrt er um und es reut ihn und er lässt Segen zurück, sodass ihr Speise- und Trankopfer darbringen könnt für den Herrn, euren Gott.

Auf dem Zion stoßt in das Horn, ordnet ein heiliges Fasten an, ruft einen Gottesdienst aus! Versammelt das Volk, heiligt die Gemeinde! Versammelt die Alten, holt die Kinder zusammen, auch die Säuglinge! Der Bräutigam verlasse seine Kammer und die Braut ihr Gemach. Zwischen Vorhalle und Altar sollen die Priester klagen, die Diener des Herrn sollen sprechen: Hab Mitleid, Herr, mit deinem Volk, und überlass dein Erbe nicht der Schande, damit die Völker nicht über uns spotten. Warum soll man bei den Völkern sagen: Wo ist denn ihr Gott?

Da erwachte im Herrn die Leidenschaft für sein Land und er hatte Erbarmen mit seinem Volk.

ANTWORTPSALM

Ps 51(50),3–4.5–6b.12–13.14 u. 17 (℟: vgl. 3)

℟ Erbarme dich unser, o Herr,
denn wir haben gesündigt. – ℟

Gott, sei mir gnädig nach deiner Huld, *
tilge meine Frevel nach deinem reichen Erbarmen!
Wasch meine Schuld von mir ab *
und mach mich rein von meiner Sünde! – (℟)

Denn ich erkenne meine bösen Taten, *
meine Sünde steht mir immer vor Augen.

Gegen dich allein habe ich gesündigt, *
ich habe getan, was dir missfällt. – (℟)

Erschaffe mir, Gott, ein reines Herz *
und gib mir einen neuen, beständigen Geist!
Verwirf mich nicht von deinem Angesicht *
und nimm deinen heiligen Geist nicht von mir! – (℟)

Mach mich wieder froh mit deinem Heil; *
mit einem willigen Geist rüste mich aus!
Herr, öffne mir die Lippen *
und mein Mund wird deinen Ruhm verkünden. – ℟

ZUR 2. LESUNG „Lasst euch mit Gott versöhnen!" Die Grundbedeutung des griechischen Wortes für Versöhnung ist: anders machen, verändern, vertauschen – etwa Feindschaft mit Freundschaft. Paulus bittet die Menschen in der Gemeinde von Korinth: Lasst Veränderung zu. Lasst zu, dass Neues beginnt – in euch. Lasst den Tausch zu: Freundschaft statt Feindschaft. Habt keine Furcht, lasst Aufbruch zu. Lasst euch von Gottes Hand berühren, auf Neuland führen.

ZWEITE LESUNG 2 Kor 5,20 – 6,2

Lasst euch mit Gott versöhnen! Jetzt ist sie da, die Zeit der Gnade

Lesung aus dem zweiten Brief des Apostels Paulus an die Korinther.

Brüder [*oder:* Brüder und Schwestern! *oder:* Schwestern und Brüder!]! Wir sind Gesandte an Christi Statt und Gott ist es, der durch uns mahnt. Wir bitten an Christi Statt: Lasst euch mit Gott versöhnen! Er hat den, der keine Sünde kannte, für uns zur Sünde gemacht, damit wir in ihm Gerechtigkeit Gottes würden.

Als Mitarbeiter Gottes ermahnen wir euch, dass ihr seine Gnade nicht vergebens empfangt. Denn es heißt:

Zur Zeit der Gnade erhöre ich dich, am Tag der Rettung helfe ich dir.
Jetzt ist sie da, die Zeit der Gnade; jetzt ist er da, der Tag der Rettung.

RUF VOR DEM EVANGELIUM

Vers: vgl. Ps 95(94),7d.8a

Herr Jesus, dir sei Ruhm und Ehre! – ℟
Wenn ihr heute seine Stimme hört,
verhärtet nicht euer Herz!
Herr Jesus, dir sei Ruhm und Ehre!

ZUM EVANGELIUM Heuchelei ist wohl eine Versuchung jeder Religion. Die Aufforderung zu ungeheucheltem Beten und Fasten findet sich immer wieder in der Bibel. Zu Gerechtigkeit, nicht zu Selbstgerechtigkeit leitet Gottes Weisung an! Auf dem Berg ist es Jesus, der die Gerechtigkeit zu tun lehrt. In biblischer Sicht laufen Fasten und Beten leer, wenn sie nicht mit gerechter Lebenspraxis einhergehen (vgl. etwa Jes 58,3–11; Sach 7,5–10). Aber auch Gutes tun wird hohl, sagt Jesus, wenn es dabei nicht um den Bruder oder die Schwester, sondern um meinen Status in den Augen der anderen geht. Wenn ich nicht die Kleinen sehen, sondern in meiner Größe gesehen werden will. Gutes tun, beten und fasten, sagt Jesus, diese drei guten Dinge sind vor Gott unwirksam, unwirklich, sie können von Adonai gleichsam nicht gewürdigt werden, wenn sie bereits hier für die Wohltäter, Beter und Faster wirksam und wirklich waren und von ihnen selbst gewürdigt werden konnten. „Amen, das sage ich euch: Sie haben ihren Lohn bereits erhalten." Das ist nicht die Drohung mit himmlischem Liebesentzug und schon gar nicht die Mahnung, sich um Gottes willen von der ansteckenden Menschenwelt fernzuhalten, sondern die Wahrheit über das endlose Kreisen um mich selbst. Unser unendliches Selbstvergrößerungsverlangen unterschätzt uns und unterschätzt Gottes Freigiebigkeit. Es trennt uns von Gott, von den Menschen, von uns selbst, es hält uns in Einzelhaft, gefangen, befangen und endlich und klein.

EVANGELIUM Mt 6,1–6.16–18

Dein Vater, der das Verborgene sieht, wird es dir vergelten

+ **Aus dem heiligen Evangelium nach Matthäus.**

In jener Zeit sprach Jesus zu seinen Jüngern: Hütet euch, eure Gerechtigkeit vor den Menschen zur Schau zu stellen; sonst habt ihr keinen Lohn von eurem Vater im Himmel zu erwarten.

Wenn du Almosen gibst, lass es also nicht vor dir herposaunen, wie es die Heuchler in den Synagogen und auf den Gassen tun, um von den Leuten gelobt zu werden. Amen, das sage ich euch: Sie haben ihren Lohn bereits erhalten. Wenn du Almosen gibst, soll deine linke Hand nicht wissen, was deine rechte tut. Dein Almosen soll verborgen bleiben und dein Vater, der auch das Verborgene sieht, wird es dir vergelten.

Wenn ihr betet, macht es nicht wie die Heuchler. Sie stellen sich beim Gebet gern in die Synagogen und an die Straßenecken, damit sie von den Leuten gesehen werden. Amen, das sage ich euch: Sie haben ihren Lohn bereits erhalten.

Du aber geh in deine Kammer, wenn du betest, und schließ die Tür zu; dann bete zu deinem Vater, der im Verborgenen ist. Dein Vater, der auch das Verborgene sieht, wird es dir vergelten.

Wenn ihr fastet, macht kein finsteres Gesicht wie die Heuchler. Sie geben sich ein trübseliges Aussehen, damit die Leute merken, dass sie fasten. Amen, das sage ich euch: Sie haben ihren Lohn bereits erhalten.

Du aber salbe dein Haar, wenn du fastest, und wasche dein Gesicht, damit die Leute nicht merken, dass du fastest, sondern nur dein Vater, der auch das Verborgene sieht; und dein Vater, der das Verborgene sieht, wird es dir vergelten.

SEGNUNG UND AUSTEILUNG DER ASCHE

(Nach der Homilie lädt der Priester zum Gebet ein:)

Liebe Brüder und Schwestern, wir wollen Gott, unseren Vater, bitten, dass er diese Asche segne, die wir als Zeichen der Buße empfangen.

(Nach einer kurzen Gebetsstille betet der Priester:)

Barmherziger Gott, du bist den Demütigen nahe und lässt dich durch Buße versöhnen. Neige dein Ohr unseren Bitten und segne † alle, die gekommen sind, um das Aschenkreuz zu empfangen. Hilf uns, die vierzig Tage der Buße in rechter Gesinnung zu begehen, damit wir das heilige Osterfest mit geläutertem Herzen feiern. Darum bitten wir durch Christus, unseren Herrn.

Oder:

Gott, du willst nicht den Tod des Sünders, du willst, dass er sich bekehrt und lebt. Erhöre gnädig unsere Bitten: Segne † diese Asche, mit der wir uns bezeichnen lassen, weil wir wissen, dass wir Staub sind und zum Staub zurückkehren. Hilf uns, die vierzig Tage der Buße in rechter Gesinnung zu begehen. Verzeih uns unsere Sünden, erneuere uns nach dem Bild deines Sohnes und schenke uns durch seine Auferstehung das unvergängliche Leben. Darum bitten wir durch ihn, Christus, unseren Herrn.

(Danach legt der Priester allen, die vor ihn hintreten, die Asche auf und spricht zu jedem Einzelnen:)

Bekehrt euch und glaubt an das Evangelium. Mk 1, 15

Oder: Vgl. Gen 3, 19

Bedenke, Mensch, dass du Staub bist
und wieder zum Staub zurückkehren wirst.

(Während der Austeilung der Asche wird gesungen.)

ANTIPHON

Joël 2,13

Lasst uns umkehren zum Herrn, unserem Gott,
denn er ist gnädig und barmherzig und langmütig.
Groß ist seine Güte
und es reut ihn, dass er Unheil verhängt hat.

Oder: Joël 2,17; Est 4,17

Zwischen Vorhalle und Altar sollen die Priester klagen,
die Diener des Herrn sollen sprechen:
Hab Mitleid, Herr, mit deinem Volk,
lass den Mund derer, die dich loben, nicht verstummen.

Oder: Ps 51(50),3

Tilge, Herr, meine Frevel
nach deinem reichen Erbarmen.

RESPONSORIUM

Vgl. Bar 3,2; Ps 79(78),9

Wir wollen Buße tun für das, was wir gefehlt haben, und uns bessern, damit wir nicht, plötzlich vom Tod überrascht, nach einer Gnadenfrist suchen, die uns niemand geben kann.
℟ Höre, Herr, und hab Erbarmen,
denn wir haben gesündigt vor dir.

V: Hilf uns, du Gott unseres Heils!
Um der Ehre deines Namens willen reiß uns heraus! – ℟

FÜRBITTEN

Jesus warnt vor der Verzweckung der guten Werke. Diese haben ihren Wert in sich und nicht in der öffentlichen Anerkennung. Auch in der vor uns liegenden Zeit geht es um Erneuerung von innen. Wir rufen zu Jesus, dessen Liebe treu ist, und bitten ihn:

- Für die Kirche, dass sie in der Kraft des Geistes Mut fasse zu Erneuerung und Umkehr. V/A: Wir bitten dich, erhöre uns.
- Für alle Menschen, die sich durch Fasten, Gebet und Zuwendung zum Nächsten auf das Osterfest vorbereiten. V/A: Wir bitten dich, erhöre uns.
- Für alle, die auf Gewohntes verzichten wollen – und heute damit anfangen. V/A: Wir bitten dich, erhöre uns.
- Für alle, die Liebe entbehren, und für alle, die materiell arm sind, dass sie Fülle finden. V/A: Wir bitten dich, erhöre uns.
- Für alle, die um liebe Verstorbene trauern, und für alle, die sich alleingelassen fühlen, dass sie ins Licht der Hoffnung finden. V/A: Wir bitten dich, erhöre uns.

Hilf uns, guter Gott, diese Zeit der Gnade zu nutzen und uns neu auszurichten an dir. Darum bitten wir durch Christus Jesus, unseren Herrn.

EUCHARISTIEFEIER

GABENGEBET

Herr, unser Gott, zu Beginn der heiligen vierzig Tage bringen wir dieses Opfer dar und bitten dich: Hilf uns, umzukehren und Taten der Buße und der Liebe zu vollbringen, damit wir unseren bösen Neigungen nicht nachgeben. Reinige uns von Sünden und mache uns fähig, das Gedächtnis des Leidens unseres Herrn Jesus Christus mit ganzer Hingabe zu begehen, der mit dir lebt und herrscht in alle Ewigkeit.

Präfation, S. 480 f.

KOMMUNIONVERS

Ps 1,2–3

Wer über die Weisung des Herrn nachsinnt
bei Tag und Nacht,
bringt seine Frucht zur rechten Zeit.

SCHLUSSGEBET

Barmherziger Gott, stärke uns durch dieses heilige Mahl, damit wir fasten können, wie es dir gefällt, und durch die Feier dieser Tage Heilung finden. Darum bitten wir durch Christus, unseren Herrn.

***

STUNDE UM STUNDE

Herr,
Stunde um Stunde
fällt zu dir zurück.
Was ich erworben habe,
kann ich nicht behalten.
Was ich mein nenne,
bekam ich geliehen
auf unbekannte Frist.
Gib mir die Weisheit,
vieles zu lassen,
um alles zu gewinnen.

Bernhard Meuser

1. FASTENSONNTAG

18. Februar 2018

Die Fastenzeit, die österliche Bußzeit, beginnt mit dem Großen und Ganzen. Da gibt es den Bund mit Noach, also mit der ganzen Menschheit, und sogar mit den Tieren. Die Taufe nimmt in die Rettung hinein, an der selbst die Geister der Tiefe teilhaben können. Und sie fragt nach dem Bereich, in den wir uns hineinstellen wollen: in den Bereich, also ins Reich Gottes? Oder in den Bereich des Bösen? Als ob es da eine Wahl geben könnte.

ERÖFFNUNGSVERS

Ps 91(90),15–16

Wenn er mich anruft, dann will ich ihn erhören.
Ich bin bei ihm in der Not,
befreie ihn und bringe ihn zu Ehren.
Ich sättige ihn mit langem Leben
und lasse ihn mein Heil schauen.

KYRIE-RUFE

Herr Jesus Christus, du, der Gerechte, bist für uns gestorben,
um uns zu Gott hinzuführen.
V/A: Herr, erbarme dich.
Du bist hinabgestiegen in das Reich des Todes und
hast den Geistern gepredigt, die im Gefängnis waren.
V/A: Christus, erbarme dich.
Du bist in den Himmel gegangen, und Engel,
Gewalten und Mächte sind dir unterworfen.
V/A: Herr, erbarme dich.

TAGESGEBET

Allmächtiger Gott, du schenkst uns die heiligen vierzig Tage als eine Zeit der Umkehr und der Buße. Gib uns durch ihre Feier die Gnade, dass wir in der Erkenntnis Jesu Christi voranschreiten und die Kraft seiner Erlösungstat durch ein Leben aus dem Glauben sichtbar machen. Darum bitten wir durch ihn, der in der Einheit des Heiligen Geistes mit dir lebt und herrscht in alle Ewigkeit.

WORTGOTTESDIENST

ZUR 1. LESUNG Der Regenbogen ist das Zeichen des noachidischen Bundes, der allen Völkern gilt, ja, in den sogar die Tiere einbezogen werden. Nach der Flut herrscht nicht mehr und lange noch nicht der paradiesische Frieden, bei dem die einen eben nicht auf Kosten des Lebens anderer leben. Die Schrecken der Welt ließen sich nicht ein für alle Mal mit der Flut davonschwemmen. Aber der Gottessegen über den Tieren entzieht sie doch für immer dem Belieben menschlicher Verfügungsmacht. Ursprünglich ist der Bogen eine gefährliche Kriegswaffe. Um sie zu benutzen, muss man sie aus dem gebogenen Ruhezustand in die entgegengesetzte Richtung biegen. Statt diese furchtbare Waffe auch nur noch einmal anzurühren, hängt Gott sie an den Himmel, sich selbst zur Mahnung und zum Zeichen des Bundes, in dem er, Gott, sich selbst beschränkt und zugleich Frieden stiften will, aller Welt.

ERSTE LESUNG Gen 9,8–15

Ich habe meinen Bund mit euch geschlossen; nie wieder soll eine Flut kommen und die Erde verderben

Lesung aus dem Buch Genesis.

Gott sprach zu Noach und seinen Söhnen, die bei ihm waren: Hiermit schließe ich meinen Bund mit euch und mit euren Nachkommen und mit allen Lebewesen bei euch, mit den Vögeln, dem Vieh und allen Tieren des Feldes, mit allen Tieren der Erde, die mit euch aus der Arche gekommen sind.

Ich habe meinen Bund mit euch geschlossen: Nie wieder sollen alle Wesen aus Fleisch vom Wasser der Flut ausgerottet werden; nie wieder soll eine Flut kommen und die Erde verderben.

Und Gott sprach: Das ist das Zeichen des Bundes, den ich stifte zwischen mir und euch und den lebendigen Wesen bei euch für alle kommenden Generationen: Meinen Bogen setze ich in die Wolken; er soll das Bundeszeichen sein zwischen mir und der Erde. Balle ich Wolken über der Erde zusammen und erscheint der Bogen in den Wolken, dann gedenke ich des Bundes, der besteht zwischen mir und euch und allen Lebewesen, allen Wesen aus Fleisch, und das Wasser wird nie wieder zur Flut werden, die alle Wesen aus Fleisch vernichtet.

ANTWORTPSALM

Ps 25(24),4–5.6–7.8–9 (℟: vgl. 10)

℟ Deine Wege, Herr, sind Huld und Treue
für alle, die deinen Bund bewahren. – ℟

Zeige mir, Herr, deine Wege, *
lehre mich deine Pfade!
Führe mich in deiner Treue und lehre mich; †
denn du bist der Gott meines Heiles. *
Auf dich hoffe ich allezeit. – (℟)

Denk an dein Erbarmen, Herr, †
und an die Taten deiner Huld; *
denn sie bestehen seit Ewigkeit.
Denk nicht an meine Jugendsünden und meine Frevel! *
In deiner Huld denk an mich, Herr, denn du bist gütig. – (℟)

Gut und gerecht ist der Herr, *
darum weist er die Irrenden auf den rechten Weg.
Die Demütigen leitet er nach seinem Recht, *
die Gebeugten lehrt er seinen Weg. – ℟

ZUR 2. LESUNG Der Tod Jesu führt ihn in die Abgründe der Welt, die Abgründe jeder Seele. Ja, er führt ihn bis zu den Geistern im Gefängnis, die zu retten er kommt. Die eigene Rettung zu entdecken, dazu gibt uns die Taufe, dem Petrusbrief zufolge, die erstaunlichste, die wunderbare Gelegenheit. Jesus, der in die tiefste Tiefe hinabsteigt, ist auferstanden, hat schon den Himmel erreicht. Wenn die Mächte und Gewalten ihm unterworfen sind, können sie auch mir nichts mehr anhaben.

ZWEITE LESUNG 1 Petr 3,18–22

Euch rettet jetzt die Taufe

Lesung aus dem ersten Brief des Apostels Petrus.

Liebe Brüder [*oder:* Brüder und Schwestern! *oder:* Schwestern und Brüder!]! Christus ist der Sünden wegen ein einziges Mal gestorben, er, der Gerechte, für die Ungerechten, um euch zu Gott hinzuführen; dem Fleisch nach wurde er getötet, dem Geist nach lebendig gemacht. So ist er auch zu den Geistern gegangen, die im Gefängnis waren, und hat ihnen gepredigt. Diese waren einst ungehorsam, als Gott in den Tagen Noachs geduldig wartete, während die Arche gebaut wurde; in ihr wurden nur wenige, nämlich acht Menschen, durch das Wasser gerettet.

Dem entspricht die Taufe, die jetzt euch rettet. Sie dient nicht dazu, den Körper von Schmutz zu reinigen, sondern sie ist eine Bitte an Gott um ein reines Gewissen aufgrund der Auferstehung Jesu Christi, der in den Himmel gegangen ist; dort ist er zur Rechten Gottes und Engel, Gewalten und Mächte sind ihm unterworfen.

RUF VOR DEM EVANGELIUM Vers: vgl. Mt 4,4b

Lob dir, Christus, König und Erlöser! – R
Nicht nur von Brot lebt der Mensch,
sondern von jedem Wort aus Gottes Mund.
Lob dir, Christus, König und Erlöser!

ZUM EVANGELIUM Jesus verkündet, ja, Jesus lebt Gottes Gegenwart. Ihr weichen Satan und böse Geister. In ihrer Nähe verwandeln sich wilde Tiere in zahme Mitgeschöpfe. Reich Gottes; dazu gehören Friede und Freundschaft, Gerechtigkeit und gleiche Teilhabe. Dazu gehört Freiheit von Angst, von Unterdrückung und Armut. Reich Gottes heißt Zusammenleben ohne Zurücksetzung, ohne Vorzug der einen vor andern. Reich Gottes ist nah und unaufhaltsam.

EVANGELIUM

Mk 1,12–15

Er wurde vom Satan in Versuchung geführt und die Engel dienten ihm

+ Aus dem heiligen Evangelium nach Markus.

In jener Zeit trieb der Geist Jesus in die Wüste. Dort blieb Jesus vierzig Tage lang und wurde vom Satan in Versuchung geführt. Er lebte bei den wilden Tieren und die Engel dienten ihm.

Nachdem man Johannes ins Gefängnis geworfen hatte, ging Jesus wieder nach Galiläa; er verkündete das Evangelium Gottes und sprach: Die Zeit ist erfüllt, das Reich Gottes ist nahe. Kehrt um, und glaubt an das Evangelium!

Glaubensbekenntnis, S. 470 ff.

FÜRBITTEN

Auf unsere Kargheit reagiert Gott mit der Fülle seines Erbarmens, mit seinem Bund der Treue. So rufen auch wir heute zu ihm, der unsere Hoffnung ist:

- Wandle unser Rechnen und Berechnen in Vertrauen und Hoffnung. V: Treuer Gott. A: Höre unser Rufen.
- Stärke die Menschen, die den Frieden suchen, die gegen den Strom schwimmen und sich gegen die Flut des Hasses stemmen. V: Treuer Gott. A: Höre unser Rufen.

- Bestärke Männer und Frauen in der Politik weltweit, sich einzusetzen für Frieden und Freiheit. V: Treuer Gott. A: Höre unser Rufen.
- Begleite alle, die neue Wege zum Nächsten gehen, die Versöhnung dort wagen, wo Verhärtungen und Verschlossenheit sich festgesetzt haben. V: Treuer Gott. A: Höre unser Rufen.
- Sei bei denen, die Trauernde trösten, Hungrige nähren, Verirrten und Verlassenen beistehen. V: Treuer Gott. A: Höre unser Rufen.

Wir bitten dich, der du unsere Hoffnung und unser Heil bist, dass wir uns von deinem Geist leiten lassen und der Versuchung rascher Urteile und Verurteilungen widerstehen. Dann werden wir deine Wege gehen und einmal zu dir gelangen, der du lebst und uns liebst in Ewigkeit.

EUCHARISTIEFEIER

GABENGEBET

Herr, unser Gott, wir bringen Brot und Wein für das heilige Opfer, das wir zum Beginn dieser Fastenzeit feiern. Nimm mit diesen Gaben uns selbst an und vereine unsere Hingabe mit dem Opfer deines Sohnes, der mit dir lebt und herrscht in alle Ewigkeit.

PRÄFATION

In Wahrheit ist es würdig und recht, dir, Herr, heiliger Vater, allmächtiger, ewiger Gott, immer und überall zu danken durch unseren Herrn Jesus Christus. Denn er hat in der Wüste vierzig Tage gefastet und durch sein Beispiel diese Zeit der Buße geheiligt. Er macht die teuflische List des Versuchers zunichte und lässt uns die Bosheit des Feindes durchschauen. Er gibt uns die Kraft, den alten Sauerteig zu entfernen, damit wir Ostern halten mit lauterem Herzen und zum ewigen Ostern gelangen. Darum preisen wir dich mit den Kerubim und Serafim und singen mit allen Chören der Engel das Lob deiner Herrlichkeit: Heilig …

KOMMUNIONVERS

Ps 91(90),4

Mit seinen Flügeln schirmt dich der Herr,
unter seinen Schwingen findest du Zuflucht.

SCHLUSSGEBET

Gütiger Gott, du hast uns das Brot des Himmels gegeben, damit Glaube, Hoffnung und Liebe in uns wachsen. Erhalte in uns das Verlangen nach diesem wahren Brot, das der Welt das Leben gibt, und stärke uns mit jedem Wort, das aus deinem Mund hervorgeht. Darum bitten wir durch Christus, unseren Herrn.

FEIERLICHER SCHLUSSSEGEN

Der barmherzige Gott, der seinen Sohn für uns dahingegeben und uns in ihm ein Beispiel der Liebe geschenkt hat, segne euch und mache euch bereit, Gott und den Menschen zu dienen. – A: Amen.
Und Christus, der Herr, der uns durch sein Sterben dem ewigen Tode entrissen hat, stärke euren Glauben und führe euch zur unvergänglichen Herrlichkeit. – A: Amen.
Und allen, die ihm folgen auf dem Weg der Entäußerung, gebe er Anteil an seiner Auferstehung und an seiner Herrlichkeit. – A: Amen.
Das gewähre euch der dreieinige Gott, der Vater und der Sohn † und der Heilige Geist. – A: Amen.

⋆⋆⋆

WEISST DU WO

weißt du wo
der himmel ist
außen oder innen
eine handbreit
rechts und links
du bist mitten drinnen

weißt du wo
der himmel ist
nicht so tief verborgen
einen sprung
aus dir heraus
aus dem haus der sorgen

weißt du wo
der Himmel ist
nicht so hoch da oben
sag doch ja
zu dir und mir
du bist aufgehoben

Wilhelm Willms

2. FASTENSONNTAG

25. Februar 2018

Die österliche Bußzeit ist ein geistlicher Weg, ein Weg für Leib und Seele. Ein geistlicher Weg in der Auseinandersetzung mit Leben und Tod. Geh hin, sagt Gott zu Abraham, und kein Wort taucht häufiger auf in der alttestamentlichen Lesung des Sonntags als dieses: Gehen. Unter-wegs ist Gespräch angesagt. So stehen auch die Worte der Schrift miteinander im Gespräch im Laufe der Zeiten.

ERÖFFNUNGSVERS

Ps 27(26),8–9

Mein Herz denkt an dein Wort:
Sucht mein Angesicht!
Dein Angesicht, Herr, will ich suchen.
Verbirg nicht dein Gesicht vor mir.

KYRIE-RUFE

Herr Jesus Christus, du bist Gottes geliebter Sohn,
auf den wir hören sollen.
V/A: Herr, erbarme dich.
Du, der Sohn, wurdest nicht verschont,
sondern für uns alle hingegeben.
V/A: Christus, erbarme dich.
Du sitzt zur Rechten Gottes und trittst für uns ein.
V/A: Herr, erbarme dich.

TAGESGEBET

Gott, du hast uns geboten, auf deinen geliebten Sohn zu hören. Nähre uns mit deinem Wort und reinige die Augen unseres Geistes, damit wir fähig werden, deine Herrlichkeit zu erkennen. Darum bitten wir durch Jesus Christus.

WORTGOTTESDIENST

ZUR 1. LESUNG Eine rätselhafte Geschichte, berührende, irritierende Geschichte: die von der Erprobung Abrahams, so die Überschrift in der neuen Einheitsübersetzung, vom Opfer Abrahams, so in der neuen Luther-Übersetzung von 2017, von der Bindung Isaaks, so sagt es die jüdische Tradition. Schon einmal hatte Gott Abraham aufgefordert, wegzugehen. Damals, im 12. Kapitel, sollte Abraham weggehen aus Verwandtschaft und Vaterhaus. Um Gottes Segen zu erfahren und ein großes Volk zu werden. Und jetzt soll er gehen, um den einen Sohn darzubringen? Sara und Abraham waren über die Jahre daran irregeworden, sie zweifelten, ja verzweifelten, an Gottes Segens- und Bundeswort. So hatten sie Gottes Verheißung schließlich ein bisschen auf die Sprünge geholfen. Die Magd Hagar hatte einen Sohn Abrahams geboren, und doch hatte das mehr zu Not als zu Segen geführt. Zwei Geschichten (Gen 16 und 21) zeigen einmal Sara, einmal Abraham in Verantwortung dafür. Sollte jetzt Gott selbst irregeworden sein an seinem Bund, ihn infrage stellen, den Sohn fordern? Wo auch immer es einmal so aussehen könnte: Gott hält an Bund und Verheißung fest. Gott hält fest am Schutz des Lebens, am Schutz des Menschen, am Schutz seines Volkes.

ERSTE LESUNG Gen 22,1–2.9a.10–13.15–18

Das Opfer unseres Vaters Abraham (Messbuch: Erstes Hochgebet)

Lesung aus dem Buch Genesis.

In jenen Tagen stellte Gott Abraham auf die Probe. Er sprach zu ihm: Abraham! Er antwortete: Hier bin ich. Gott sprach: Nimm deinen Sohn, deinen einzigen, den du liebst, Isaak, geh in das Land Morija und bring ihn dort auf einem der Berge, den ich dir nenne, als Brandopfer dar.

Als sie an den Ort kamen, den ihm Gott genannt hatte, baute Abraham den Altar und schichtete das Holz auf. Schon streckte Abraham seine Hand aus und nahm das Messer, um seinen Sohn zu schlachten. Da rief ihm der Engel des Herrn vom Himmel her zu: Abraham, Abraham! Er antwortete: Hier bin ich. Jener sprach: Streck deine Hand nicht gegen den Knaben aus und tu ihm nichts zuleide! Denn jetzt weiß ich, dass du Gott fürchtest; du hast mir deinen einzigen Sohn nicht vorenthalten. Als Abraham aufschaute, sah er: Ein Widder hatte sich hinter ihm mit seinen Hörnern im Gestrüpp verfangen. Abraham ging hin, nahm den Widder und brachte ihn statt seines Sohnes als Brandopfer dar.

Der Engel des Herrn rief Abraham zum zweiten Mal vom Himmel her zu und sprach: Ich habe bei mir geschworen – Spruch des Herrn: Weil du das getan hast und deinen einzigen Sohn mir nicht vorenthalten hast, will ich dir Segen schenken in Fülle und deine Nachkommen zahlreich machen wie die Sterne am Himmel und den Sand am Meeresstrand. Deine Nachkommen sollen das Tor ihrer Feinde einnehmen. Segnen sollen sich mit deinen Nachkommen alle Völker der Erde, weil du auf meine Stimme gehört hast.

ANTWORTPSALM

Ps 116(115),10 u. 15.16–17.18–19 (℟: vgl. 9)

℟ Ich gehe meinen Weg vor Gott
im Land der Lebenden. – ℟

Voll Vertrauen war ich, auch wenn ich sagte: *
Ich bin so tief gebeugt.
Kostbar ist in den Augen des Herrn *
das Sterben seiner Frommen. – (℟)

Ach Herr, ich bin doch dein Knecht, †
dein Knecht bin ich, der Sohn deiner Magd. *
Du hast meine Fesseln gelöst.
Ich will dir ein Opfer des Dankes bringen *
und anrufen den Namen des Herrn. – (℟)

Ich will dem Herrn meine Gelübde erfüllen *
offen vor seinem ganzen Volk,
in den Vorhöfen am Hause des Herrn, *
in deiner Mitte, Jerusalem. – ℟

ZUR 2. LESUNG **Die alttestamentliche Lesung von der Bindung des Sohnes, Genesis 22, ist für Paulus und sogar für eine Kreuzestheologie, die er bereits vorgefunden hat, von entscheidender Prägekraft. Die griechische Übersetzung, die Septuaginta, interpretiert die Gottesrede an Abraham: „weil du *um meinetwillen* deinen einzigen Sohn nicht geschont hast ...". Die Hingabe Jesu geschieht *für uns.* Es offenbart sich darin die ganze Fülle, die ganze Liebe Gottes. Es zeigt sich hier die ganze Fülle, das volle Leben, das ewige Leben derer, für die der Auferstandene eintritt.**

ZWEITE LESUNG

Röm 8,31b–34

Gott hat seinen eigenen Sohn nicht verschont

Lesung aus dem Brief des Apostels Paulus an die Römer.

Brüder [*oder:* Brüder und Schwestern! *oder:* Schwestern und Brüder!]! Ist Gott für uns, wer ist dann gegen uns? Er hat seinen eigenen Sohn nicht verschont, sondern ihn für uns alle hingegeben – wie sollte er uns mit ihm nicht alles schenken?

Wer kann die Auserwählten Gottes anklagen? Gott ist es, der gerecht macht. Wer kann sie verurteilen? Christus Jesus, der gestorben ist, mehr noch: der auferweckt worden ist, sitzt zur Rechten Gottes und tritt für uns ein.

RUF VOR DEM EVANGELIUM

Lob dir, Christus, König und Erlöser! – R
Aus der leuchtenden Wolke rief die Stimme des Vaters:
Das ist mein geliebter Sohn; auf ihn sollt ihr hören.
Lob dir, Christus, König und Erlöser!

ZUM EVANGELIUM Drei Jünger nimmt Jesus mit auf den Berg. Sie dürfen mit dabei sein, als drei große Lehrer Israels miteinander im himmlischen Dialog stehen. Mose, Repräsentant der Tora, Elija, der Prophet schlechthin, Jesus, mit dem sie sich auf den Weg gemacht haben. Der Gedanke, für jeden von ihnen eine Hütte zu bauen, würde das Gespräch abbrechen lassen. Lieber also ein Dialog im Freien! Worüber mögen sie gesprochen haben? Jesus geht dem Tod entgegen; also über Sterben und Tod und Leben aus dem Tod? Am Schluss heißt es, dass es den Jüngern erst die Auferstehung des Menschensohns erlaubt, das Gespräch weiter in die Öffentlichkeit zu tragen. Jesus sieht sich dem Tod entgegengehen. Mose ist gestorben mit dem Blick auf das zukünftige Land Israel. Elija wurde entrückt von der Erde. Und Jesus? Eine vorläufige und zugleich endgültige Antwort gibt die Stimme aus der Wolke: Er ist der Sohn. Nach der Auferstehung des Sohns und Menschensohns – da haben die drei Jünger das Gespräch fortzusetzen.

EVANGELIUM

Mk 9,2–10

Aus der Wolke rief eine Stimme: Das ist mein geliebter Sohn

+ Aus dem heiligen Evangelium nach Markus.

In jener Zeit nahm Jesus Petrus, Jakobus und Johannes beiseite und führte sie auf einen hohen Berg, aber nur sie allein. Und er wurde vor ihren Augen verwandelt; seine Kleider wurden strahlend weiß, so weiß, wie sie auf Erden kein Bleicher machen kann.

Da erschien vor ihren Augen Elija und mit ihm Mose und sie redeten mit Jesus.

Petrus sagte zu Jesus: Rabbi, es ist gut, dass wir hier sind. Wir wollen drei Hütten bauen, eine für dich, eine für Mose und eine für Elija. Er wusste nämlich nicht, was er sagen sollte; denn sie waren vor Furcht ganz benommen.

Da kam eine Wolke und warf ihren Schatten auf sie, und aus der Wolke rief eine Stimme: Das ist mein geliebter Sohn; auf ihn sollt ihr hören. Als sie dann um sich blickten, sahen sie auf einmal niemand mehr bei sich außer Jesus.

Während sie den Berg hinabstiegen, verbot er ihnen, irgendjemand zu erzählen, was sie gesehen hatten, bis der Menschensohn von den Toten auferstanden sei. Dieses Wort beschäftigte sie und sie fragten einander, was das sei: von den Toten auferstehen.

Glaubensbekenntnis, S. 470 ff.

FÜRBITTEN

Im Taborlicht leuchtet den Jüngern die Gewissheit auf, dass dein Leben ein für alle Mal stärker ist als der Tod. Und doch müssen auch sie wieder hinabsteigen in Alltäglichkeit und Angst. Wir bitten um den Beistand Jesu:

- Für die christlichen Kirchen, dass der Skandal der Zertrennung nicht vergessen werde, sondern zu neuen Wegen aufeinander zuführe. V: Gott, du unsere Hoffnung. A: Wir bitten dich, erhöre uns.

- Für alle, die in Hospizen und in Krankenhäusern Leidende begleiten, dass das Taborlicht durch sie zu den Kranken und Sterbenden getragen werde. V: Gott, du unsere Hoffnung. A: Wir bitten dich, erhöre uns.

- Für alle, die enttäuscht und ausgebrannt sind und in ihren Anstrengungen keinen Sinn mehr erkennen, dass sie finden, was ihr Leben trägt. V: Gott, du unsere Hoffnung. A: Wir bitten dich, erhöre uns.

- Für die Verstorbenen in unseren Familien, für unsere Eltern und Großeltern, für die Menschen, die in uns das Licht des Glaubens entzündet haben, und für alle, die uns vorausgegangen sind in dein helles Licht. V: Gott, du unsere Hoffnung. A: Wir bitten dich, erhöre uns.

Barmherziger Gott, dein Licht leuchtet uns, wenn wir uns in undurchdringlichem Dunkel verirren. Dafür danken wir dir mit Jesus Christus, unserem Bruder und Lehrer.

EUCHARISTIEFEIER

GABENGEBET

Herr, das Opfer, das wir feiern, nehme alle Schuld von uns. Es heilige uns an Leib und Seele, damit wir uns in rechter Weise auf das Osterfest vorbereiten. Darum bitten wir durch Christus, unseren Herrn.

PRÄFATION

In Wahrheit ist es würdig und recht, dir, Vater im Himmel, zu danken durch unseren Herrn Jesus Christus. Denn er hat den Jüngern seinen Tod vorausgesagt und ihnen auf dem heiligen Berg seine Herrlichkeit kundgetan. In seiner Verklärung erkennen wir, was Gesetz und Propheten bezeugen: dass wir durch das Leiden mit Christus zur Auferstehung gelangen. Durch ihn rühmen wir deine Größe und singen mit den Chören der Engel das Lob deiner Herrlichkeit: Heilig …

KOMMUNIONVERS Mt 17,5

Dies ist mein geliebter Sohn,
an dem ich Gefallen gefunden habe:
Auf ihn sollt ihr hören.

SCHLUSSGEBET

Herr, du hast uns im Sakrament an der Herrlichkeit deines Sohnes Anteil gegeben. Wir danken dir, dass du uns schon auf Erden teilnehmen lässt an dem, was droben ist. Durch Christus, unseren Herrn.

FEIERLICHER SCHLUSSSEGEN

S. 197

***

WER DU SPRICHT

Wer Du spricht,
hat kein Etwas zum Gegenstand.
Denn wo Etwas ist,
ist anderes Etwas,
jedes Es grenzt an andere Es.
Es ist nur dadurch,
dass es an andres grenzt.

Wo aber Du gesprochen wird,
ist kein Etwas.
Du grenzt nicht.
Wer Du spricht,
hat kein Etwas,
hat nichts.
Aber er steht in Beziehung.

Martin Buber

3. FASTENSONNTAG

4. März 2018

Was tun? Die Zehn Gebote stellen diese Frage in den großen Zusammenhang, in dem sie nach der Überzeugung der Gläubigen ihren Platz hat: Gott stellt sich vor als der befreiende Gott Israels, der dich herausgeführt hat aus Ägypten, aus dem Sklavenhaus. Er spricht nicht mit erhobenem Zeigefinger. Die Tora, das Gesetz, das er seinem Volk Israel anvertraut, ist also nicht zu verstehen als eine Last, die der Herr den Menschen auferlegen will. Die Worte der Weisung wollen vielmehr frei machen. Sie zeugen von Gottes Barmherzigkeit und seiner Bereitschaft, sich mit den Menschen zu verbinden, zu verbünden. Der Mensch des Bundes steht in Freiheit und Verantwortung vor Gott. Gott ruft ihn immer wieder in die Entscheidung zwischen Gut und Böse. Das menschliche Bemühen um das rechte Handeln antwortet diesem Ruf.

ERÖFFNUNGSVERS Ez 36,22–26

Wort Gottes, des Herrn:
Ich werde euch beweisen, dass ich heilig bin.
Ich sammle euch aus allen Ländern.
Ich gieße reines Wasser über euch, damit ihr rein werdet,
und gebe euch einen neuen Geist.

KYRIE-RUFE

Herr Jesus Christus, durch dein heiliges Kreuz
hast du die Welt erlöst.
V/A: Herr, erbarme dich.

Du bist Gottes Kraft und Gottes Weisheit.
V/A: Christus, erbarme dich.
Du weißt, was im Menschen ist.
V/A: Herr, erbarme dich.

TAGESGEBET

Gott, unser Vater, du bist der Quell des Erbarmens und der Güte, wir stehen als Sünder vor dir und unser Gewissen klagt uns an. Sieh auf unsere Not und lass uns Vergebung finden durch Fasten, Gebet und Werke der Liebe. Darum bitten wir durch Jesus Christus.

WORTGOTTESDIENST

ZUR 1. LESUNG Gott spricht. Und es entsteht eine Welt. Die Erde und Israel sind je seine Schöpfung. Gott schenkt Freiheit und wartet auf Antwort. Auf eigentümliche Weise sind die erste Schöpfungsgeschichte (Genesis 1) und der Dekalog, das Zehn-Wort, die Zehn Gebote, miteinander verknüpft. Wie vertraut ist uns diese Lesung. Tausendmal gehört, rezitiert, aufgenommen, literarisch oder cineastisch bearbeitet. Wie prägend geworden für abendländische Kultur. Wie selbstverständlich so vieles: der Ruf zum Monotheismus, die Sieben-Tageswoche mit einem Feiertag, die Hochschätzung menschlichen Lebens, die Achtung von Intimbereich, leiblicher Integrität und persönlichem Eigentum. Und doch, nicht wir Christen sind aus Ägypten herausgeführt worden. Wir heiligen nicht den Sabbat und leben nicht im Lande Israel. Allein um Christi willen hören wir das Wort: „Gott sprach: Ich bin dein Gott."

ERSTE LESUNG Ex 20,1–17

Das Gesetz wurde durch Mose gegeben (Joh 1,17)

Lesung aus dem Buch Exodus.

In jenen Tagen sprach Gott auf dem Berg alle diese Worte: Ich bin Jahwe, dein Gott, der dich aus Ägypten geführt hat, aus dem Sklavenhaus.

Du sollst neben mir keine anderen Götter haben. Du sollst dir kein Gottesbild machen und keine Darstellung von irgendetwas am Himmel droben, auf der Erde unten oder im Wasser unter der Erde. Du sollst dich nicht vor anderen Göttern niederwerfen und dich nicht verpflichten, ihnen zu dienen.

Denn ich, der Herr, dein Gott, bin ein eifersüchtiger Gott: Bei denen, die mir feind sind, verfolge ich die Schuld der Väter an den Söhnen, an der dritten und vierten Generation; bei denen, die mich lieben und auf meine Gebote achten, erweise ich Tausenden meine Huld.

Du sollst den Namen des Herrn, deines Gottes, nicht missbrauchen; denn der Herr lässt den nicht ungestraft, der seinen Namen missbraucht.

Gedenke des Sabbats: Halte ihn heilig! Sechs Tage darfst du schaffen und jede Arbeit tun. Der siebte Tag ist ein Ruhetag, dem Herrn, deinem Gott, geweiht. An ihm darfst du keine Arbeit tun: du, dein Sohn und deine Tochter, dein Sklave und deine Sklavin, dein Vieh und der Fremde, der in deinen Stadtbereichen Wohnrecht hat.

Denn in sechs Tagen hat der Herr Himmel, Erde und Meer gemacht und alles, was dazugehört; am siebten Tag ruhte er. Darum hat der Herr den Sabbattag gesegnet und ihn für heilig erklärt.

Ehre deinen Vater und deine Mutter, damit du lange lebst in dem Land, das der Herr, dein Gott, dir gibt. Du sollst nicht morden. Du sollst nicht die Ehe brechen. Du sollst nicht stehlen. Du sollst nicht falsch gegen deinen Nächsten aussagen. Du sollst nicht nach dem Haus deines Nächsten verlangen. Du sollst nicht nach der Frau deines Nächsten verlangen, nach seinem Sklaven oder seiner Sklavin, seinem Rind oder seinem Esel oder nach irgendetwas, das deinem Nächsten gehört.

Oder:

KURZFASSUNG

Ex 20,1–3.7–8.12–17

Das Gesetz wurde durch Mose gegeben (Joh 1,17)

Lesung aus dem Buch Exodus.

In jenen Tagen sprach Gott auf dem Berg alle diese Worte: Ich bin Jahwe, dein Gott, der dich aus Ägypten geführt hat, aus dem Sklavenhaus. Du sollst neben mir keine anderen Götter haben.

Du sollst den Namen des Herrn, deines Gottes, nicht missbrauchen; denn der Herr lässt den nicht ungestraft, der seinen Namen missbraucht.

Gedenke des Sabbats: Halte ihn heilig!

Ehre deinen Vater und deine Mutter, damit du lange lebst in dem Land, das der Herr, dein Gott, dir gibt. Du sollst nicht morden. Du sollst nicht die Ehe brechen. Du sollst nicht stehlen. Du sollst nicht falsch gegen deinen Nächsten aussagen. Du sollst nicht nach dem Haus deines Nächsten verlangen. Du sollst nicht nach der Frau deines Nächsten verlangen, nach seinem Sklaven oder seiner Sklavin, seinem Rind oder seinem Esel oder nach irgendetwas, das deinem Nächsten gehört.

ANTWORTPSALM

Ps 19(18),8.9.10.11–12 (℟: Joh 6,68c)

℟ Herr, du hast Worte des ewigen Lebens. – ℟

Die Weisung des Herrn ist vollkommen, *
sie erquickt den Menschen.
Das Gesetz des Herrn ist verlässlich, *
den Unwissenden macht es weise. – (℟)

Die Befehle des Herrn sind richtig, *
sie erfreuen das Herz;
das Gebot des Herrn ist lauter, *
es erleuchtet die Augen. – (℟)

Die Furcht des Herrn ist rein, *
sie besteht für immer.
Die Urteile des Herrn sind wahr, *
gerecht sind sie alle. – (R)

Sie sind kostbarer als Gold, als Feingold in Menge. *
Sie sind süßer als Honig, als Honig aus Waben.
Auch dein Knecht lässt sich von ihnen warnen; *
wer sie beachtet, hat reichen Lohn. – R

ZUR 2. LESUNG Immer wieder werden „die da oben" verdächtigt, ein anderes Mal wird auf Beharrungswünsche in den Gemeinden verwiesen beim Ringen um die rechte kirchliche Lehre und gelingendes kirchliches Leben. Ist man mit einzelnen Menschen im Gespräch, erlebt man, dass persönliche Zugänge zur Eucharistie, zur Ökumene, zur Ehe, aber auch zu Begriffen wie Versuchung oder Reich Gottes, ein weites Spektrum umfassen. Ähnlich in der Frage nach dem Kreuz. Steht es für Erlösung? Für Trost? Für Gewalt ? Die Erfahrungen, die Prägungen sind so unterschiedlich. Auch Paulus erlebt, erleidet Streit um Kreuz und Kreuzigung. Und bleibt dabei: Gerade im Kreuz erweist sich Gottes Kraft und Gottes Weisheit. Paulus stand mit Korinth darüber im Dialog. Auch dahinter können wir nicht zurückbleiben. Wir haben immer neu ins Gespräch zu kommen mit denen, die nach Hinweisen dafür fragen, nach Zeichen, nach Zugängen. Mit denen, die Christen ernst nehmen als Gesprächspartner in den Debatten der Zeit.

ZWEITE LESUNG 1 Kor 1,22–25

Wir verkündigen Christus als den Gekreuzigten

Lesung aus dem ersten Brief des Apostels Paulus an die Korinther.

Brüder [*oder:* Brüder und Schwestern! *oder:* Schwestern und Brüder!]! Die Juden fordern Zeichen, die Griechen suchen Weisheit.

Wir dagegen verkündigen Christus als den Gekreuzigten: für Juden ein empörendes Ärgernis, für Heiden eine Torheit, für die Berufenen aber, Juden wie Griechen, Christus, Gottes Kraft und Gottes Weisheit.
Denn das Törichte an Gott ist weiser als die Menschen und das Schwache an Gott ist stärker als die Menschen.

RUF VOR DEM EVANGELIUM

Vers: vgl. Joh 3,16a.15

Lob dir, Christus, König und Erlöser! – R
So sehr hat Gott die Welt geliebt,
dass er seinen einzigen Sohn hingab,
damit jeder, der glaubt, in ihm das ewige Leben hat.
Lob dir, Christus, König und Erlöser!

ZUM EVANGELIUM Es sind vor allem die Schilderungen des Johannes, die unsere Bilderwelt bestimmt haben: Jesus mit der Geißel aus Stricken, der die Tische umwirft, von denen kistenweise das Geld kippt. Historisch zutreffend sind sie wohl nicht. Die Quellen verweisen eher darauf, dass Tauben- und Viehhändler ihre Ware draußen vor der Stadt verkauften. Außerdem hätten sie sich wohl massiv gewehrt, unterstützt von Leviten aus dem Tempel. Und so kurz vor dem Paschafest hätten auch die Römer schnellstens eingegriffen. Umso spannender, dass die Geschichte genauso überliefert wird und zwar sogleich, ganz am Anfang des Evangeliums! Der Evangelist zeigt uns Jesus als den, mit dem endzeitliches Heil angebrochen ist: kein Händler mehr im Haus des Herrn der Heerscharen (Sach 14,21). Er zieht hinauf zum Berg des Herrn, steht an heiliger Stätte mit reinem Herzen (Ps 24). Die Nähe zu Gott wird ihn verzehren (vgl. Ps 69,10), wird das Leben von ihm fordern. Von Beginn des Evangeliums an ist von der Passion die Rede. Die Gemeinde des Johannes weiß ja nicht nur vom Tod Jesu. Hinter ihr, gerade einmal ein Menschenalter her, liegt auch die Zerstörung des Tempels durch Rom. Doch der Evangelist verweist auf das Leben schenkende, Auferweckung wirkende Handeln Gottes an Jesus.

Es ist wie bei einer mathematischen Formel: Was auch immer in der Klammer sich ereignet – das Vorzeichen bestimmt den Wert. Für den Evangelisten ist das Vorzeichen: Ostern.

EVANGELIUM

Joh 2,13–25

Reißt diesen Tempel nieder, in drei Tagen werde ich ihn wieder aufrichten

+ **Aus dem heiligen Evangelium nach Johannes.**

Das Paschafest der Juden war nahe und Jesus zog nach Jerusalem hinauf. Im Tempel fand er die Verkäufer von Rindern, Schafen und Tauben und die Geldwechsler, die dort saßen.

Er machte eine Geißel aus Stricken und trieb sie alle aus dem Tempel hinaus, dazu die Schafe und Rinder; das Geld der Wechsler schüttete er aus und ihre Tische stieß er um.

Zu den Taubenhändlern sagte er: Schafft das hier weg, macht das Haus meines Vaters nicht zu einer Markthalle! Seine Jünger erinnerten sich an das Wort der Schrift: Der Eifer für dein Haus verzehrt mich.

Da stellten ihn die Juden zur Rede: Welches Zeichen lässt du uns sehen als Beweis, dass du dies tun darfst?

Jesus antwortete ihnen: Reißt diesen Tempel nieder, in drei Tagen werde ich ihn wieder aufrichten.

Da sagten die Juden: Sechsundvierzig Jahre wurde an diesem Tempel gebaut und du willst ihn in drei Tagen wieder aufrichten? Er aber meinte den Tempel seines Leibes.

Als er von den Toten auferstanden war, erinnerten sich seine Jünger, dass er dies gesagt hatte, und sie glaubten der Schrift und dem Wort, das Jesus gesprochen hatte.

Während er zum Paschafest in Jerusalem war, kamen viele zum Glauben an seinen Namen, als sie die Zeichen sahen, die er tat. Jesus aber vertraute sich ihnen nicht an, denn er kannte sie alle und brauchte von keinem ein Zeugnis über den Menschen; denn er wusste, was im Menschen ist.

Glaubensbekenntnis, S. 470 ff.

FÜRBITTEN

Das Haus meines Vaters ist keine Markthalle, sagt Jesus im Johannes-Evangelium. Gottesdienst und Geschäftemacherei gehen nicht zusammen. Im Haus des Vaters begegnen wir nicht dem, der seinen Blick nicht vom Profit, sondern dem, der ihn nicht vom Menschen lösen kann. Deshalb treten wir voll Hoffnung mit unseren Bitten vor ihn:

- Wir beten für alle Katechetinnen und Katecheten, die die frohe Botschaft der Nähe Gottes in entlegene und unwirtliche Gebiete und Ortschaften bringen. V: Barmherziger Gott. A: Höre unser Rufen.

- Wir bitten für alle, die Partei für die Schwachen und Benachteiligten ergreifen. V: Barmherziger Gott. A: Höre unser Rufen.

- Wir beten für alle, die im Konkurrenzkampf nicht mithalten können: in der Schule, in der Berufsausbildung, im Berufsalltag. V: Barmherziger Gott. A: Höre unser Rufen.

- Wir bitten für Familien, die kranke und schwache Familienmitglieder mittragen und liebevoll umsorgen. V: Barmherziger Gott. A: Höre unser Rufen.

- Wir beten für alle, denen ihr Leben sinnlos erscheint und die ohne Orientierung und Hoffnung sind. V: Barmherziger Gott. A: Höre unser Rufen.

Gott, wir sind dir nicht nützlich und doch begleitest du uns treu mit deiner sorgenden Liebe. Wir danken, dir, dass deine Weisungen ins Leben führen, heute und an allen Tagen unseres Lebens.

EUCHARISTIEFEIER

GABENGEBET

Barmherziger Gott, befreie uns durch dieses Opfer von unseren Sünden und schenke uns die Kraft, auch den Brüdern zu vergeben, wenn sie an uns schuldig geworden sind. Darum bitten wir durch Christus, unseren Herrn.

Präfation, S. 480 f.

KOMMUNIONVERS Ps 84(83),4–5

Der Sperling findet ein Haus
und die Schwalbe ein Nest für ihre Jungen
– deine Altäre, Herr der Heerscharen,
mein Gott und mein König!
Selig, die wohnen in deinem Haus, die dich allezeit loben!

SCHLUSSGEBET

Herr und Gott, du hast uns mit dem Brot des Himmels gesättigt und uns in dieser Speise ein Unterpfand dessen gegeben, was unseren Augen noch verborgen ist. Lass in unserem Leben sichtbar werden, was wir im Sakrament empfangen haben. Darum bitten wir durch Christus, unseren Herrn.

FEIERLICHER SCHLUSSSEGEN S. 197

***

WIR SIND VIEL STÄRKER, ALS WIR GLAUBEN

Heute jährt sich der Todestag vom Elsa Brandström zum 70. Mal. Aus ihren letzten Stunden stammen die Zeilen:
„Ich würde am liebsten allen jungen Menschen sagen: Habt vor nichts Angst. Das Leben ist aufregender, schöner und kraftvoller, als ihr euch vorstellen könnt. Wir aber sind viel stärker, als wir glauben."

4. FASTENSONNTAG

11. März 2018

Tod kann uns begegnen – lange bevor wir den ersten Toten sehen. Tod begegnet uns, wenn Leben zerstört wird, Hoffnung niedergemacht, wenn Beziehungen getrennt werden; Tod begegnet in Enttäuschung und Zukunftslosigkeit. Der biblische Gott aber will Leben um sich haben. Der biblische Gott macht Hoffnung groß, hält die Beziehung, schenkt Zukunft. Er führt täglich ins Auferstehen. Und liebt Resonanz. In unseren Worten und Werken.

ERÖFFNUNGSVERS

Vgl. Jes 66,10–11

Freue dich, Stadt Jerusalem!
Seid fröhlich zusammen mit ihr, alle, die ihr traurig wart.
Freut euch und trinkt euch satt
an der Quelle göttlicher Tröstung.

KYRIE-RUFE

Herr Jesus Christus, Menschensohn,
du wurdest in die Welt gesandt, damit
die Welt durch dich gerettet wird.
V/A: Herr, erbarme dich.
Du wurdest dahingegeben, damit keiner,
der an dich glaubt, zugrunde geht.
V/A: Christus, erbarme dich.
Du musstest erhöht werden, damit jeder,
der an dich glaubt, in dir das ewige Leben hat.
V/A: Herr, erbarme dich.

TAGESGEBET

Herr, unser Gott, du hast in deinem Sohn die Menschheit auf wunderbare Weise mit dir versöhnt. Gib deinem Volk einen hochherzigen Glauben, damit es mit froher Hingabe dem Osterfest entgegeneilt. Darum bitten wir durch Jesus Christus.

WORTGOTTESDIENST

ZUR 1. LESUNG Gott hat den Chaldäern, den Babyloniern, keinen Einhalt mehr geboten. Er ließ die Eroberung Jerusalems zu – so der Inhalt der hier ausgelassenen Verse. Lapidar wird der Untergang geschildert. Das Land liegt nun brach. Es ist wüst und entvölkert. Eine furchtbare Gestalt des Ruhe-, des Sabbatgebots. Für den Chronisten ein 70 Jahre währender Tod. Dann „erweckte der Herr den Geist des Königs Kyrus". Der Ruf und Auftrag Gottes an Kyrus gereicht Israel zum Leben. Eine Auferstehung, eine Alija (hebräisch: Aufstieg) kann beginnen, ein Hinaufziehen ins Land und zum Ort des Hauses des Herrn.

ERSTE LESUNG 2 Chr 36,14–16.19–23

Der Zorn und das Erbarmen des Herrn werden offenbar durch die Verbannung und die Befreiung des Volkes

Lesung aus dem zweiten Buch der Chronik.

In jenen Tagen begingen alle führenden Männer Judas und die Priester und das Volk viel Untreue. Sie ahmten die Greueltaten der Völker nach und entweihten das Haus, das der Herr in Jerusalem zu seinem Heiligtum gemacht hatte.

Immer wieder hatte der Herr, der Gott ihrer Väter, sie durch seine Boten gewarnt; denn er hatte Mitleid mit seinem Volk und seiner Wohnung. Sie aber verhöhnten die Boten Gottes, verachteten sein

Wort und verspotteten seine Propheten, bis der Zorn des Herrn gegen sein Volk so groß wurde, dass es keine Heilung mehr gab.

Die Chaldäer verbrannten das Haus Gottes, rissen die Mauern Jerusalems nieder, legten Feuer an alle seine Paläste und zerstörten alle wertvollen Geräte. Alle, die dem Schwert entgangen waren, führte Nebukadnezzar in die Verbannung nach Babel. Dort mussten sie ihm und seinen Söhnen als Sklaven dienen, bis das Reich der Perser zur Herrschaft kam. Da ging das Wort in Erfüllung, das der Herr durch den Mund Jeremias verkündet hatte. Das Land bekam seine Sabbate ersetzt, es lag brach während der ganzen Zeit der Verwüstung, bis siebzig Jahre voll waren.

Im ersten Jahr des Königs Kyrus von Persien sollte sich erfüllen, was der Herr durch Jeremia gesprochen hatte. Darum erweckte der Herr den Geist des Königs Kyrus von Persien und Kyrus ließ in seinem ganzen Reich mündlich und schriftlich den Befehl verkünden: So spricht Kyrus, der König von Persien: Der Herr, der Gott des Himmels, hat mir alle Reiche der Erde verliehen. Er selbst hat mir aufgetragen, ihm in Jerusalem in Juda ein Haus zu bauen. Jeder unter euch, der zu seinem Volk gehört – der Herr, sein Gott, sei mit ihm –, der soll hinaufziehen.

ANTWORTPSALM

Ps 137(136),1–2.3–4.5–6 (℟: vgl. 5a)

℟ Wie könnte ich dich je vergessen, Jerusalem! – ℟

An den Strömen von Babel, †
da saßen wir und weinten, *
wenn wir an Zion dachten.
Wir hängten unsere Harfen *
an die Weiden in jenem Land. – (℟)

Dort verlangten von uns die Zwingherren Lieder, †
unsere Peiniger forderten Jubel: *
„Singt uns Lieder vom Zion!"
Wie könnten wir singen die Lieder des Herrn, *
fern, auf fremder Erde? – (℟)

Wenn ich dich je vergesse, Jerusalem, *
dann soll mir die rechte Hand verdorren.
Die Zunge soll mir am Gaumen kleben, †
wenn ich an dich nicht mehr denke, *
wenn ich Jerusalem nicht zu meiner höchsten Freude erhebe. – ℟

ZUR 2. LESUNG Eine tägliche Auferstehung: dass wir leben. Dass wir um Christi willen in Beziehung stehen mit Gott. Dass wir handeln und wirken und Früchte unseres Tuns sehen können. Wir leben. Allein aus der Freude Gottes an Schöpfung. Grundlos. Ungeschuldet. Allein aus Liebe. Allein aus Gnade. Unvorstellbar, darauf nicht Antwort zu geben!

ZWEITE LESUNG Eph 2,4–10

Wir waren tot infolge unserer Sünden; aus Gnade sind wir gerettet

Lesung aus dem Brief des Apostels Paulus an die Epheser.

Brüder [*oder:* Brüder und Schwestern! *oder:* Schwestern und Brüder!]! Gott, der voll Erbarmen ist, hat uns, die wir infolge unserer Sünden tot waren, in seiner großen Liebe, mit der er uns geliebt hat, zusammen mit Christus wieder lebendig gemacht.

Aus Gnade seid ihr gerettet. Er hat uns mit Christus auferweckt und uns zusammen mit ihm einen Platz im Himmel gegeben. Dadurch, dass er in Christus Jesus gütig an uns handelte, wollte er den kommenden Zeiten den überfließenden Reichtum seiner Gnade zeigen.

Denn aus Gnade seid ihr durch den Glauben gerettet, nicht aus eigener Kraft – Gott hat es geschenkt –, nicht aufgrund eurer Werke, damit keiner sich rühmen kann.

Seine Geschöpfe sind wir, in Christus Jesus dazu geschaffen, in unserem Leben die guten Werke zu tun, die Gott für uns im Voraus bereitet hat.

RUF VOR DEM EVANGELIUM

Vers: vgl. Joh 3,16a.15

Lob dir, Christus, König und Erlöser! – ℟
So sehr hat Gott die Welt geliebt,
dass er seinen einzigen Sohn hingab,
damit jeder, der glaubt, in ihm das ewige Leben hat.
Lob dir, Christus, König und Erlöser!

ZUM EVANGELIUM Wir wohnen dem Gespräch zwischen zwei Schriftgelehrten bei, zwischen Jesus und Nikodemus, und werden selbst zu Jüngerinnen und Jüngern, zu einer Schule zu Füßen der Lehrer. Der Blick in die Schrift, auf die Erzählung von der Aufrichtung der Kupferschlange (Num 21,8) erweist: In der Todesnot durch Schlangen ist die erhöhte „Feuerschlange" dem ganzen Volk Israel Zeichen für die Rettung von Gott her, für Rettung aus dem Tod. In unserer allgegenwärtigen Todesnot, nämlich Gott aus den Augen zu verlieren, die Verbindung zu kappen, unterzugehen und sich in Gottesferne zu verlieren, in falschem Tun, hilft dies: Wie einst Israel auf die Schlange, so jetzt auf Jesus zu schauen, den schmachvoll Gekreuzigten und zugleich Erhöhten, den Aufgerichteten, Auferstandenen. Zu vertrauen auf ewiges Leben, auf Leben mit dem Helfer, dem Retter, mit Gott.

EVANGELIUM

Joh 3,14–21

Gott hat seinen Sohn in die Welt gesandt, damit die Welt durch ihn gerettet wird

+ Aus dem heiligen Evangelium nach Johannes.

In jener Zeit sprach Jesus zu Nikodemus: Wie Mose die Schlange in der Wüste erhöht hat, so muss der Menschensohn erhöht werden, damit jeder, der an ihn glaubt, in ihm das ewige Leben hat.

Denn Gott hat die Welt so sehr geliebt, dass er seinen einzigen Sohn hingab, damit jeder, der an ihn glaubt, nicht zugrunde geht, sondern das ewige Leben hat.

Denn Gott hat seinen Sohn nicht in die Welt gesandt, damit er die Welt richtet, sondern damit die Welt durch ihn gerettet wird. Wer an ihn glaubt, wird nicht gerichtet; wer nicht glaubt, ist schon gerichtet, weil er an den Namen des einzigen Sohnes Gottes nicht geglaubt hat.

Denn mit dem Gericht verhält es sich so: Das Licht kam in die Welt, und die Menschen liebten die Finsternis mehr als das Licht; denn ihre Taten waren böse.

Jeder, der Böses tut, hasst das Licht und kommt nicht zum Licht, damit seine Taten nicht aufgedeckt werden. Wer aber die Wahrheit tut, kommt zum Licht, damit offenbar wird, dass seine Taten in Gott vollbracht sind.

Glaubensbekenntnis, S. 470 ff.

FÜRBITTEN

Glauben heißt, bewusst und im Vertrauen auf Gott einen Perspektivwechsel zu vollziehen. Aus diesem Vertrauen heraus rufen auch wir heute zu ihm:

- Hilf allen, die auf Christus getauft sind, die Welt mit anderen Augen zu sehen und sich an ihm auszurichten. V: Du Gott des Lebens. A: Höre und erhöre uns.

- Bestärke unsere Kirche darin, auf die Menschen in ihrer Zerrissenheit und in ihrem Scheitern zuzugehen. V: Du Gott des Lebens. A: Höre und erhöre uns.

- Ermutige die Wohlhabenden und Gebildeten, sich für die einzusetzen, denen der Zugang zu materiellen und zu Bildungsgütern versperrt ist. V: Du Gott des Lebens. A: Höre und erhöre uns.

- Lass Konfliktparteien, die in Feindschaft und Sprachlosigkeit erstarrt sind, einander als Menschen wiedererkennen. V: Du Gott des Lebens. A: Höre und erhöre uns.

Oft scheinen wir die Finsternis mehr zu lieben als das Licht. Und doch sind wir zur Hoffnung berufen, weil du uns liebst und unser Heil willst. Dafür danken wir dir und loben dich, heute und allezeit.

EUCHARISTIEFEIER

GABENGEBET

Herr, unser Gott, in der Freude auf das Osterfest bringen wir unsere Gaben dar. Hilf uns, gläubig und ehrfürchtig das Opfer zu feiern, das der Welt Heilung schenkt und den Tod überwindet. Darum bitten wir durch Christus, unseren Herrn.

Präfation, S. 480 f.

KOMMUNIONVERS Ps 122(121),3–4

Jerusalem, du starke Stadt, dicht gebaut und fest gefügt!
Dorthin ziehen die Stämme hinauf, die Stämme des Herrn,
den Namen des Herrn zu preisen.

SCHLUSSGEBET

Allmächtiger Gott, dein ewiges Wort ist das wahre Licht, das jeden Menschen erleuchtet. Heile die Blindheit unseres Herzens, damit wir erkennen, was vor dir recht ist, und dich aufrichtig lieben. Darum bitten wir durch Christus, unseren Herrn.

FEIERLICHER SCHLUSSSEGEN S. 197

***

WARUM GUTE WERKE TUN?

Da wir nun aus unserm Elend ganz ohne unser Verdienst aus Gnade durch Christus erlöst sind, warum sollen wir gute Werke tun?

Wir sollen gute Werke tun,
weil Christus,
nachdem er uns mit seinem Blut erkauft hat,
uns auch durch seinen Heiligen Geist
erneuert zu seinem Ebenbild,
damit wir mit unserem ganzen Leben
uns dankbar gegen Gott
für seine Wohltat erweisen
und er durch uns gepriesen wird.
Danach auch,
dass wir bei uns selbst unsers Glaubens
aus seinen Früchten gewiss werden
und mit einem Leben, das Gott gefällt,
unsern Nächsten auch für Christus gewinnen.

Beginn des dritten Teils im Heidelberger Katechismus „Von der Dankbarkeit“

5. FASTENSONNTAG

18. März 2018

Nichts stellt Gott mehr infrage als blinde Grausamkeit. Die Entwertung des Menschen. Die Entwertung von Leben. Wie lässt sich Gott rechtfertigen angesichts von Leiden? Die Bibel gibt keine Antwort. Sie hält nur fest an dem einen Gott. Behaftet ihn mit der Hoffnung, dass Leid und Grausamkeit nicht das letzte Wort behalten.

ERÖFFNUNGSVERS

Ps 43(42), 1–2

Verschaff mir Recht, o Gott,
und führe meine Sache gegen ein treuloses Volk!
Rette mich vor bösen und tückischen Menschen,
denn du bist mein starker Gott.

KYRIE-RUFE

Herr Jesus Christus, du hast wie wir als Mensch gelebt,
in allem uns gleich außer der Sünde.
V/A: Herr, erbarme dich.
Du hast mit lautem Schreien und unter Tränen
Gebete und Bitten vor Gott gebracht.
V/A: Christus, erbarme dich.
Du bist erhört und aus deiner Angst befreit worden.
V/A: Herr, erbarme dich.

TAGESGEBET

Herr, unser Gott, dein Sohn hat sich aus Liebe zur Welt dem Tod überliefert. Lass uns in seiner Liebe bleiben und mit deiner Gnade aus ihr leben. Darum bitten wir durch Jesus Christus.

WORTGOTTESDIENST

ZUR 1. LESUNG „Israel gehören die Bundesschlüsse" – so staunt, so jubelt Paulus im Brief nach Rom. Gottes Bund mit Israel: er ist ein ums andere Mal erneuert, bestätigt, aufgenommen und insofern immer wieder „erfüllt", also bekräftigt und eingelöst. In immer neuen Bundesschlüssen. Mit Abraham, mit Mose, mit David. Israel gehören die Bundesschlüsse – in dieser Welt und in einer kommenden. Jetzt sind die Gebote immer neu und oft mühsam zu erschließen, dann werden sie ins Herz geschrieben sein. Jetzt gilt es zu lernen und zu lehren, dann muss niemand mehr lernen und niemand mehr lehren. Jetzt ist Gott immer neu zu suchen, dann wird er stets nahe sein, von allen zu jeder Zeit erkannt. Mag man jetzt auch scheitern oder gegen Gebote verstoßen – dann wird es kein Scheitern mehr geben. Kein Blatt Papier passt mehr zwischen Gott und sein Volk Israel. So wird der Bund Gottes, der niemals alt oder gar abgetan ist, sondern immer neu und bestätigt, bleiben und stehen in Ewigkeit.

ERSTE LESUNG Jer 31,31–34

Ich schließe mit ihnen einen neuen Bund und an ihre Sünde denke ich nicht mehr

Lesung aus dem Buch Jeremia.

Seht, es werden Tage kommen – Spruch des Herrn –, in denen ich mit dem Haus Israel und dem Haus Juda einen neuen Bund schließen werde, nicht wie der Bund war, den ich mit ihren Vätern geschlossen habe, als ich sie bei der Hand nahm, um sie aus Ägypten herauszuführen. Diesen meinen Bund haben sie gebrochen, obwohl ich ihr Gebieter war – Spruch des Herrn.

Denn das wird der Bund sein, den ich nach diesen Tagen mit dem Haus Israel schließe – Spruch des Herrn: Ich lege mein Gesetz in sie hinein und schreibe es auf ihr Herz. Ich werde ihr Gott sein und sie werden mein Volk sein.

Keiner wird mehr den andern belehren, man wird nicht zueinander sagen: Erkennt den Herrn!, sondern sie alle, klein und groß, werden mich erkennen – Spruch des Herrn. Denn ich verzeihe ihnen die Schuld, an ihre Sünde denke ich nicht mehr.

ANTWORTPSALM

Ps 51(50),3–4.12–13.14–15 (℟: vgl. 12a)

℟ Ein reines Herz erschaffe mir, o Gott! – ℟

Gott, sei mir gnädig nach deiner Huld, *
tilge meine Frevel nach deinem reichen Erbarmen!
Wasch meine Schuld von mir ab *
und mach mich rein von meiner Sünde! – (℟)

Erschaffe mir, Gott, ein reines Herz *
und gib mir einen neuen, beständigen Geist!
Verwirf mich nicht von deinem Angesicht *
und nimm deinen heiligen Geist nicht von mir! – (℟)

Mach mich wieder froh mit deinem Heil; *
mit einem willigen Geist rüste mich aus!
Dann lehre ich Abtrünnige deine Wege *
und die Sünder kehren um zu dir. – ℟

ZUR 2. LESUNG Der Tempel ist aufs Neue zerstört und mit ihm ein zweites Mal die große Tradition des Kults, der Opfer, der Priester. Es ist zerstört das Allerheiligste, der Ort, um den Namen des Herrn einmal im Jahr zu nennen, um zu flehen, zu rufen durch den Mund des

Priesters. Später einmal werden aus dieser Zerstörung heraus die Schulen der Rabbinen mündliche Überlieferung weitergeben, sie schriftlich fassen, kommentieren. Noch aber ist davon lange keine Rede. Nur wenige Versprengte haben überlebt. Hier und dort ein kleines Häuflein schwer Traumatisierter, Verwundeter, Versklavter. An solche Hebräer, an solche aus Israel, wendet sich der Brief. Jesus durchschreitet ein himmlisches Heiligtum – ein irdisches gibt es ja nicht mehr. Er wirkt priesterlich – nach besonderer Ordnung und Berufung. Priesterlich bringt er Gebet und Klage vor Gott, Repräsentanz aller Opfer. Der Weg seines Leidens führt ihn zur Vollendung. So gilt Israel – wider alle Erfahrung jener Zeiten – ewige Rettung, und den Völkern ringsum mit ihm.

ZWEITE LESUNG

Hebr 5,7–9

Er hat den Gehorsam gelernt und ist der Urheber des ewigen Heils geworden

Lesung aus dem Hebräerbrief.

Als Christus auf Erden lebte, hat er mit lautem Schreien und unter Tränen Gebete und Bitten vor den gebracht, der ihn aus dem Tod retten konnte, und er ist erhört und aus seiner Angst befreit worden.

Obwohl er der Sohn war, hat er durch Leiden den Gehorsam gelernt; zur Vollendung gelangt, ist er für alle, die ihm gehorchen, der Urheber des ewigen Heils geworden.

RUF VOR DEM EVANGELIUM

Vers: Joh 12,26a

Lob dir, Christus, König und Erlöser! – ℟
(So spricht der Herr:)
Wenn einer mir dienen will, folge er mir nach;
und wo ich bin, dort wird auch mein Diener sein.
Lob dir, Christus, König und Erlöser!

ZUM EVANGELIUM Die Gewalt hat einen langen Arm. Der Herrscher der Welt, der ferne Kaiser in Rom, wird Jesus fassen noch im letzten Winkel Jerusalems. Wenn von der Verherrlichung, der Heiligung des Namens Gottes, die Rede ist, steht das fürs Martyrium. Das Weizenkorn vergeht nicht sanft, sondern stirbt. Es zerbricht, zerquillt, gibt seine Gestalt auf. Nur so bringt es Frucht. Dass der Gottesknecht leidet, missverstanden wird, gering geachtet, ist den biblischen Menschen vertraut. Doch es bleibt eine bittere Anfechtung, wenn mit dem Messias Gottes nicht auch messianische Zeit anbricht. Vielmehr bleibt die Allgegenwart der Gewalt und des Todes einstweilen grausam spürbar. Und doch gilt gerade hier für das Zeugnis des Johannes, was im Evangelium nach Lukas Maria singt: Gott stürzt die Mächtigen vom Thron und erhöht die Niedrigen. Und der erhöhte Jesus wird die Seinen zu sich ziehen.

EVANGELIUM Joh 12,20–33

Wenn das Weizenkorn in die Erde fällt und stirbt, bringt es reiche Frucht

+ Aus dem heiligen Evangelium nach Johannes.

In jener Zeit traten einige Griechen, die beim Osterfest in Jerusalem Gott anbeten wollten, an Philippus heran, der aus Betsaida in Galiläa stammte, und sagten zu ihm: Herr, wir möchten Jesus sehen. Philippus ging und sagte es Andreas; Andreas und Philippus gingen und sagten es Jesus.

Jesus aber antwortete ihnen: Die Stunde ist gekommen, dass der Menschensohn verherrlicht wird. Amen, amen, ich sage euch: Wenn das Weizenkorn nicht in die Erde fällt und stirbt, bleibt es allein; wenn es aber stirbt, bringt es reiche Frucht. Wer an seinem Leben hängt, verliert es; wer aber sein Leben in dieser Welt gering achtet, wird es bewahren bis ins ewige Leben. Wenn einer mir dienen will, folge er mir nach; und wo ich bin, dort wird auch mein Diener sein. Wenn einer mir dient, wird der Vater ihn ehren.

Jetzt ist meine Seele erschüttert. Was soll ich sagen: Vater, rette mich aus dieser Stunde? Aber deshalb bin ich in diese Stunde gekommen. Vater, verherrliche deinen Namen!

Da kam eine Stimme vom Himmel: Ich habe ihn schon verherrlicht und werde ihn wieder verherrlichen. Die Menge, die dabeistand und das hörte, sagte: Es hat gedonnert. Andere sagten: Ein Engel hat zu ihm geredet.

Jesus antwortete und sagte: Nicht mir galt diese Stimme, sondern euch. Jetzt wird Gericht gehalten über diese Welt; jetzt wird der Herrscher dieser Welt hinausgeworfen werden. Und ich, wenn ich über die Erde erhöht bin, werde alle zu mir ziehen.

Das sagte er, um anzudeuten, auf welche Weise er sterben werde.

Glaubensbekenntnis, S. 470 ff.

FÜRBITTEN

Jesus sehen heißt, den leidenden Menschen zu sehen. Jesus sehen heißt sehen, dass seine Seele erschüttert ist. Jesus sehen heißt aber auch, unerschütterliches Vertrauen zu lernen. So rufen auch wir zu Gott, der uns bewahren will bis ins ewige Leben:

- Jesus Christus hat sich dem Gesetz des Weizenkorns unterstellt: Erhalte und stärke in deiner Kirche den Glauben, dass aus dem Tod neues Leben hervorgeht. V: Gott, unser Vater. A: Höre und erhöre uns.

- Jesus Christus ist durch Demütigung, Angst und Schmerz gegangen: Bleibe bei denen, die in kriegerischen Auseinandersetzungen, in Gefangenschaft Erniedrigung und Todesangst ausgesetzt sind. V: Gott, unser Vater. A: Höre und erhöre uns.

- Jesus Christus hat sich in großer Not in die Hände des Vaters gegeben: Stärke in allen leidenden Menschen die Hoffnung auf Gottes Nähe. V: Gott, unser Vater. A: Höre und erhöre uns.

- Jesus Christus hat Männer und Frauen in seine Nachfolge gerufen: Ermutige auch heute Menschen, sich von dir rufen und senden zu lassen. V: Gott, unser Vater. A: Höre und erhöre uns.

Du, Gott des Lebens, hast deinen Sohn aus dem Tod ins Leben gerufen. Wir vertrauen darauf, dass auch wir vom Tod in dein Leben gehen. Dir sei Lob und Dank in Ewigkeit.

EUCHARISTIEFEIER

GABENGEBET

Erhöre uns, allmächtiger Gott. Du hast uns durch dein Wort zum Zeugnis eines christlichen Lebens berufen. Reinige uns durch dieses Opfer und stärke uns zum Kampf gegen das Böse. Darum bitten wir durch Christus, unseren Herrn.

Präfation, S. 480 f.

KOMMUNIONVERS

Joh 12,24–25

Amen, Amen, ich sage euch:
Wenn das Weizenkorn nicht in die Erde fällt und stirbt,
bleibt es allein.
Wenn es aber stirbt, bringt es reiche Frucht.

SCHLUSSGEBET

Allmächtiger Gott, du hast uns das Sakrament der Einheit geschenkt. Lass uns immer lebendige Glieder Christi bleiben, dessen Leib und Blut wir empfangen haben. Darum bitten wir durch ihn, Christus, unseren Herrn.

FEIERLICHER SCHLUSSSEGEN

S. 197

***

SONST BLEIBT ES JA ALLEIN

Das Weizenkorn muss sterben, sonst bleibt es ja allein;
der eine lebt vom andern, für sich kann keiner sein.
Geheimnis des Glaubens: Im Tod ist das Leben.

So gab der Herr sein Leben, verschenkte sich wie Brot.
Wer dieses Brot genommen, verkündet seinen Tod.
Geheimnis des Glaubens: Im Tod ist das Leben.

Wer dies Geheimnis feiert, soll selber sein wie Brot;
so lässt er sich verzehren von aller Menschennot.
Geheimnis des Glaubens: Im Tod ist das Leben.

Als Brot für viele Menschen hat uns der Herr erwählt;
wir leben füreinander, und nur die Liebe zählt.
Geheimnis des Glaubens: Im Tod ist das Leben.

Lothar Zenetti

HEILIGER JOSEF, BRÄUTIGAM DER GOTTESMUTTER MARIA – HOCHFEST

19. März 2018

Josef hat klare Pläne für sein Leben. Er bereitet sich auf die Ehe mit seiner Braut Maria vor. Doch Gott deutet ihm an, dass er andere Pläne hat. Nun muss sich Josef entscheiden. Matthäus stellt uns den jungen Mann als gottesfürchtigen und gerechten Menschen vor. Doch auch ein Gerechter ist jetzt überfordert: Seine Verlobte bekommt ein Kind, dessen Vater er nicht ist. Josef ist zuerst bestürzt und ratlos, doch dann fasst er sich. Er fasst einen Plan. Doch der Planer wird zum Träumer vor dem Herrn. Sein Bote erscheint ihm und weist einen anderen Weg. Und der Planer folgt Gottes Traum.

ERÖFFNUNGSVERS

Vgl. Lk 12,42

Seht, das ist der treue und kluge Hausvater,
dem der Herr seine Familie anvertraut,
damit er für sie sorge.

KYRIE-RUFE

Jesus Christus, Bruder und Herr, du hast dich
der väterlichen Obhut des heiligen Josef anvertraut.
V/A: Herr, erbarme dich.
Du hast von dem väterlichen Vorbild
des heiligen Josef, der gerecht war, gelernt.
V/A: Christus, erbarme dich.
Du hast den heiligen Josef als das väterliche Haupt
der Heiligen Familie anerkannt.
V/A: Herr, erbarme dich.

Ehre sei Gott, S. 467 f.

TAGESGEBET

Allmächtiger Gott, du hast Jesus, unseren Heiland, und seine Mutter Maria der treuen Sorge des heiligen Josef anvertraut. Höre auf seine Fürsprache und hilf deiner Kirche, die Geheimnisse der Erlösung treu zu verwalten, bis das Werk des Heiles vollendet ist. Darum bitten wir durch Jesus Christus.

WORTGOTTESDIENST

ZUR 1. LESUNG David hat sich als König etabliert und ist sesshaft geworden in seinem Palast in Jerusalem. Sollte das seinem Gott, der ihn auf dem Weg zum Königtum begleitet hat, nicht auch zukommen? Denn David hat sein Herumirren, sein Leben auf der Flucht, als Last erfahren, und diese Last will er jetzt auch Gott abnehmen. Er will dem Herrn ein Haus bauen, einen festen Tempel aus Zedernholz. Aber Gott lässt sich nicht berechnen, nicht in unsere Pläne einbauen, er lässt sich von uns nicht festnehmen und festsetzen. Ich baue *dir* ein Haus, so lautet Gottes Botschaft für David. In Gottes Perspektive meint Haus keinen festen Ort oder klar umgrenzten Raum. Das Wort „Haus" wird zu einem dynamischen Begriff, wenn Gott dem David den Fortbestand seiner Dynastie, „auf ewig", in seinem Sohn verheißt. Gott bleibt – in Bewegung.

ERSTE LESUNG 2 Sam 7,4–5a.12–14a.16

Der Herr wird ihm den Thron seines Vaters David geben (Lk 1,32)

Lesung aus dem zweiten Buch Samuel.

Das Wort des Herrn erging an Natan: Geh zu meinem Knecht David und sag zu ihm: So spricht der Herr: Wenn deine Tage erfüllt sind und du dich zu deinen Vätern legst, werde ich deinen leib-

lichen Sohn als deinen Nachfolger einsetzen und seinem Königtum Bestand verleihen. Er wird für meinen Namen ein Haus bauen und ich werde seinem Königsthron ewigen Bestand verleihen. Ich will für ihn Vater sein und er wird für mich Sohn sein.
Dein Haus und dein Königtum sollen durch mich auf ewig bestehen bleiben; dein Thron soll auf ewig Bestand haben.

ANTWORTPSALM

Ps 89(88),2–3.4–5.27 u. 29 (℟: Lk 1,32b)

℟ Gott, der Herr, wird ihm den Thron seines Vaters David geben. – ℟

Von den Taten deiner Huld, Herr, will ich ewig singen, *
bis zum fernsten Geschlecht laut deine Treue verkünden.
Denn ich bekenne: Deine Huld besteht für immer und ewig; *
deine Treue steht fest im Himmel. – (℟)

„Ich habe einen Bund geschlossen mit meinem Erwählten *
und David, meinem Knecht, geschworen:
Deinem Haus gebe ich auf ewig Bestand *
und von Geschlecht zu Geschlecht richte ich deinen Thron auf. – (℟)

Er wird zu mir rufen: Mein Vater bist du, *
mein Gott, der Fels meines Heiles.
Auf ewig werde ich ihm meine Huld bewahren, *
mein Bund mit ihm bleibt allzeit bestehen.“ – ℟

ZUR 2. LESUNG Für Paulus ist Abraham der Vater aller Glaubenden – nicht nur der Juden, sondern auch der Heiden. Denn Abraham wird in der Bibel als „Gerechter“ bezeichnet, noch bevor die Beschneidung zum Bundeszeichen wurde und bevor Gott dem Mose die Tora, die Lebensweisung, gab. Das Prinzip von Abrahams Gerechtigkeit ist sein Gottvertrauen. Paulus hat so ein bedeutendes biblisches Argument, um auch Menschen aus den Heidenvölkern gerecht nennen zu können aufgrund ihres Glaubens. Abraham ist ein kinderlos gebliebener, hochbetagter Mann, als Gott ihm verheißt, Vater einer Menge von Völkern zu werden. (Gen 17,5) Klingt es nicht wie Hohn, wenn Gott ihn als Vater anredet? Doch Gott gibt Abraham sein Wort. Auch wenn es menschlich Unmögliches in Aussicht stellt – Gottes Wort gilt. Und Abraham glaubte „dem Gott, der die Toten lebendig macht und das, was nicht ist, ins Dasein ruft". Glauben lernen mit Josef und Abraham. Die heutige Leseordnung lädt dazu ein!

ZWEITE LESUNG

Röm 4,13.16–18.22

Gegen alle Hoffnung hat er voll Hoffnung geglaubt

Lesung aus dem Brief des Apostels Paulus an die Römer.

Brüder [*oder:* Brüder und Schwestern! *oder:* Schwestern und Brüder!]! Abraham und seine Nachkommen erhielten nicht aufgrund des Gesetzes die Verheißung, Erben der Welt zu sein, sondern aufgrund der Glaubensgerechtigkeit.

Deshalb gilt: „aus Glauben", damit auch gilt: „aus Gnade". Nur so bleibt die Verheißung für alle Nachkommen gültig, nicht nur für die, welche das Gesetz haben, sondern auch für die, welche wie Abraham den Glauben haben.

Nach dem Schriftwort: Ich habe dich zum Vater vieler Völker bestimmt, ist er unser aller Vater vor Gott, dem er geglaubt hat, dem Gott, der die Toten lebendig macht und das, was nicht ist, ins Dasein ruft.

Gegen alle Hoffnung hat er voll Hoffnung geglaubt, dass er der Vater vieler Völker werde, nach dem Wort: So zahlreich werden deine Nachkommen sein.

Darum wurde der Glaube ihm als Gerechtigkeit angerechnet.

RUF VOR DEM EVANGELIUM

Vers: vgl. Ps 84(83),5

Dein ist die Ehre, dein ist die Macht, Christus, Herr und Erlöser. – R̸
Selig, die in deinem Hause wohnen, Herr,
die dich loben allezeit.
Dein ist die Ehre, dein ist die Macht, Christus, Herr und Erlöser.

ZUM EVANGELIUM Was den heiligen Josef angeht, gibt sich die Bibel recht wortkarg. Nur der Evangelist Matthäus interessiert sich für den Mann an Marias Seite. Er stellt ihn uns als gottesfürchtigen und gerechten Menschen vor Augen. Doch nun ist etwas geschehen, das auch ihn überfordert. Da wird dem ganz Ratlosen wunderbar Rat zuteil: Ein Bote des Herrn erscheint ihm im Traum und zeigt ihm, wie es nach Gottes Willen weitergehen soll. Josef, der Treue, traut Gott. Er folgt ihm auf neue, nie betretene Pfade. Er erwacht und willigt ein, Maria zu sich zu nehmen und dem Sohn ein Vater zu sein.

EVANGELIUM Mt 1,16.18–21.24a

Josef tat, was der Engel des Herrn ihm befohlen hatte

+ Aus dem heiligen Evangelium nach Matthäus.

Jakob war der Vater von Josef, dem Mann Marias; von ihr wurde Jesus geboren, der der Christus – der Messias – genannt wird.

Mit der Geburt Jesu Christi war es so: Maria, seine Mutter, war mit Josef verlobt; noch bevor sie zusammengekommen waren, zeigte sich, dass sie ein Kind erwartete – durch das Wirken des Heiligen Geistes. Josef, ihr Mann, der gerecht war und sie nicht bloßstellen wollte, beschloss, sich in aller Stille von ihr zu trennen.

Während er noch darüber nachdachte, erschien ihm ein Engel des Herrn im Traum und sagte: Josef, Sohn Davids, fürchte dich nicht, Maria als deine Frau zu dir zu nehmen; denn das Kind, das sie erwartet, ist vom Heiligen Geist.

Sie wird einen Sohn gebären; ihm sollst du den Namen Jesus geben; denn er wird sein Volk von seinen Sünden erlösen.

Als Josef erwachte, tat er, was der Engel des Herrn ihm befohlen hatte.

Oder:

ZUM EVANGELIUM Ein Zwölfjähriger, der erstmals eigene Wege geht. Ein Sohn, der Vater und Mutter verlässt, um nach Hause zu kommen. Ein Halbwüchsiger, der entdeckt, dass er seinen Angehörigen nicht gehört. Ein Kind, das sich abnabelt, weil es eine andere Bindung spürt. Der Evangelist Lukas interessiert sich mehr für Maria als für den Mann an ihrer Seite; so ist es die Mutter, die für beide die Frage stellt: Kind, wie konntest du uns das antun, Vater und mir? Versetzt die Antwort vor allem Josef einen Stich? Mein Kind – und doch nicht meines. Wie ich – und doch ein anderer. Diese Spannung müssen alle Eltern aushalten. Hier lässt sich noch eine ganz andere Spannung ahnen. Fürsorglich und vertrauensvoll halten Maria und Josef stand. Zerreißende Spannung, und Josef lässt sich nicht zerreißen. Ohne das Kind loszulassen, gibt er den Sohn frei.

EVANGELIUM

Lk 2,41–51a

Dein Vater und ich haben dich voll Angst gesucht

+ Aus dem heiligen Evangelium nach Lukas.

Die Eltern Jesu gingen jedes Jahr zum Paschafest nach Jerusalem. Als er zwölf Jahre alt geworden war, zogen sie wieder hinauf, wie es dem Festbrauch entsprach.

Nachdem die Festtage zu Ende waren, machten sie sich auf den Heimweg. Der junge Jesus aber blieb in Jerusalem, ohne dass seine Eltern es merkten. Sie meinten, er sei irgendwo in der Pilgergruppe, und reisten eine Tagesstrecke weit; dann suchten sie ihn bei den Verwandten und Bekannten. Als sie ihn nicht fanden, kehrten sie nach Jerusalem zurück und suchten ihn dort.

Nach drei Tagen fanden sie ihn im Tempel; er saß mitten unter den Lehrern, hörte ihnen zu und stellte Fragen. Alle, die ihn hörten, waren erstaunt über sein Verständnis und über seine Antworten.

Als seine Eltern ihn sahen, waren sie sehr betroffen und seine Mutter sagte zu ihm: Kind, wie konntest du uns das antun? Dein Vater und ich haben dich voll Angst gesucht.

Da sagte er zu ihnen: Warum habt ihr mich gesucht? Wusstet ihr nicht, dass ich in dem sein muss, was meinem Vater gehört? Doch sie verstanden nicht, was er damit sagen wollte.

Dann kehrte er mit ihnen nach Nazaret zurück und war ihnen gehorsam.

Glaubensbekenntnis, S. 470 ff.

FÜRBITTEN

Josef traut dem Gottesboten, und so seiner inneren Stimme, mehr als dem überwältigenden Augenschein. Mit ihm rufen wir zu Gott, dass er unsere enge Sicht weite und unsere harten Herzen erweiche:

- Bewege die getrennten christlichen Kirchen und bringe sie auf den Weg zur lebendigen Einheit. V: Vater im Himmel. A: Wir bitten dich, erhöre uns.
- Segne die Arbeit der Menschen. V: Vater im Himmel. A: Wir bitten dich, erhöre uns.
- Ermutige zum Teilen und lass die Freude des Gebens erfahren. V: Vater im Himmel. A: Wir bitten dich, erhöre uns.
- Hilf denen, die sich zerstritten haben, wieder ins Gespräch zu kommen, und schenke Verständigung und Verständnis, wo Misstrauen und Missverstehen regieren. V: Vater im Himmel. A: Wir bitten dich, erhöre uns.
- Lehre alle Getauften, Jesus so zu suchen wie Maria und Josef. V: Vater im Himmel. A: Wir bitten dich, erhöre uns.

Guter Gott und Vater, auf dich wollen wir vertrauen und dir wollen wir trauen, wie es der heilige Josef getan hat. Stärke und begleite uns, darum bitten wir durch Christus, unseren Bruder und Herrn.

EUCHARISTIEFEIER

GABENGEBET

Herr, unser Gott, der heilige Josef hat deinem ewigen Sohn, den die Jungfrau Maria geboren hat, in Treue gedient. Lass auch uns Christus dienen und dieses Opfer mit reinem Herzen feiern. Darum bitten wir durch Christus, unseren Herrn.

PRÄFATION

In Wahrheit ist es würdig und recht, dir, allmächtiger Vater, zu danken und am Fest des heiligen Josef die Wege deiner Weisheit zu rühmen. Denn ihm, dem Gerechten, hast du die jungfräuliche Gottesmutter anvertraut, ihn, deinen treuen und klugen Knecht, bestellt zum Haupt der Heiligen Familie. An Vaters Statt sollte er deinen eingeborenen Sohn beschützen, der durch die Überschattung des Heiligen Geistes empfangen war, unseren Herrn Jesus Christus. Durch ihn loben die Engel deine Herrlichkeit, beten dich an die Mächte, erbeben die Gewalten. Die Himmel und die himmlischen Kräfte und die seligen Serafim feiern dich jubelnd im Chore. Mit ihrem Lobgesang lass auch unsere Stimmen sich vereinen und voll Ehrfurcht rufen: Heilig …

KOMMUNIONVERS Mt 25,21

Komm, du guter und getreuer Knecht;
nimm teil am Festmahl deines Herrn.

SCHLUSSGEBET

Herr, unser Gott, du hast uns am Fest des heiligen Josef um deinen Altar versammelt und mit dem Brot des Lebens gestärkt. Schütze deine Familie und erhalte in ihr deine Gaben. Darum bitten wir durch Christus, unseren Herrn.

FEIERLICHER SCHLUSSSEGEN

Der gütige Gott, der die Heiligen zur Vollendung geführt hat, segne euch und bewahre euch vor allem Unheil. – A: Amen.
Das Vorbild des heiligen Josef lehre euch, und ihre Fürsprache helfe euch, Gott und den Menschen zu dienen. – A: Amen.
Das gewähre euch der dreieinige Gott, der Vater und der Sohn † und der Heilige Geist. – A: Amen.

***

JOSEF, MANN GOTTES

Josef, Mann Gottes,
schenke mir ein waches Ohr
und lehre mich, mit dem Herzen zu hören.
Gib mit Mut aufzubrechen,
wenn es nottut mitten in der Nacht,
und jene zu wecken, die in Gefahr sind.

Zeige mir, wann es Zeit ist zu kommen
und Zeit ist zu gehen
und wann es gut ist zu bleiben.

Hilft mir, auf den Engel zu hören,
der in der Nacht spricht
und der mein Leben aufklären kann,
der mir im Traum sagt,
was ich am Tage tun soll.

Heinz Janssen

Heilige Woche – Karwoche

PALMSONNTAG

25. März 2018

Die Karwoche öffnet der Palmsonntag. Tor von der Vorbereitungszeit zur Zeit seines Leidens und Sterbens, und doch schon österlicher Sonntag. Da ist einerseits das Evangelium vom Einzug Jesu in Jerusalem, Jubel und Trubel. Da ist andererseits seine Salbung auf den Tod, das letzte Mahl, seine Auslieferung, Übergabe, Verhör und Verleugnung. Da ist Verspottung und Kreuzigung, Sterben, Kreuzabnahme und Beisetzung. Hoffnung auf Auferstehung. Hinauf und hinab geht es, mit ihm. Wir sehen zu. Gebannt oder gelangweilt. Routiniert oder ratlos. Sind wir Zuschauer, gar Gaffer? Bleiben wir stehen? Gehen wir weiter? Gehen wir mit?

FEIER DES EINZUGS CHRISTI IN JERUSALEM

1. PROZESSION

(Die Gemeinde versammelt sich vor der Kirche oder in einer Nebenkirche. Alle tragen Zweige in den Händen. Falls keine Prozession stattfindet, beginnt die Feier mit dem Einzug, siehe S. 246.)

ERÖFFNUNGSVERS Mt 21,9

Hosanna dem Sohne Davids!
Gepriesen, der da kommt im Namen des Herrn,

der König von Israel.
Hosanna in der Höhe!

(Der Priester begrüßt die Gemeinde und lädt sie zur gemeinsamen Feier ein.)

GEBET

Allmächtiger, ewiger Gott, segne † diese (grünen) Zweige, die Zeichen des Lebens und des Sieges, mit denen wir Christus, unserem König, huldigen. Mit Lobgesängen begleiten wir ihn in seine heilige Stadt; gib, dass wir durch ihn zum himmlischen Jerusalem gelangen, der mit dir lebt und herrscht in alle Ewigkeit.

ZUM EVANGELIUM Die Liturgie des Palmsonntags bezeugt einen doppelten Festgehalt. Während die Messe ganz von der Passionserfahrung durchdrungen ist, wird in Palmweihe und Palmprozession der verheißungsvolle Einzug Jesu in Jerusalem gefeiert. Doch auch hier geht es nicht um die Machtergreifung eines ehrgeizigen Menschen. Jesus kommt ohne Waffen, ohne Streitmacht, ohne Eroberungsabsichten – er kommt einfach als Festpilger. Er kommt auf einem Esel und eben nicht auf einem Streitross nach Jerusalem. So ist er der ganz andere und doch der ganz typisch-jüdische König, der in Jerusalem einzieht (Gen 49,9–11; Ps 118,25–27; Sach 9,9). In ihm kommt die Gnade Gottes an die Macht. Jesus ist nicht unterwegs, um seine eigene Herrschaft aufzurichten: Er kommt im Namen des Herrn. Der Mann aus Nazaret plant keinen Gottesstaat: Er ist der König mit der Dornenkrone.

EVANGELIUM

Mk 11,1–10

Gesegnet sei er, der kommt im Namen des Herrn

+ Aus dem heiligen Evangelium nach Markus.

Es war einige Tage vor dem Osterfest. Als sie in die Nähe von Jerusalem kamen, nach Betfage und Betanien am Ölberg, schickte Jesus zwei seiner Jünger voraus. Er sagte zu ihnen: Geht in das Dorf, das vor euch liegt; gleich wenn ihr hineinkommt, werdet ihr einen jungen Esel angebunden finden, auf dem noch nie ein Mensch gesessen hat. Bindet ihn los und bringt ihn her! Und wenn jemand zu euch sagt: Was tut ihr da?, dann antwortet: Der Herr braucht ihn; er lässt ihn bald wieder zurückbringen. Da machten sie sich auf den Weg und fanden außen an einer Tür an der Straße einen jungen Esel angebunden und sie banden ihn los. Einige, die dabeistanden, sagten zu ihnen: Wie kommt ihr dazu, den Esel loszubinden? Sie gaben ihnen zur Antwort, was Jesus gesagt hatte, und man ließ sie gewähren. Sie brachten den jungen Esel zu Jesus, legten ihre Kleider auf das Tier und er setzte sich darauf. Und viele breiteten ihre Kleider auf der Straße aus; andere rissen auf den Feldern Zweige von den Büschen ab und streuten sie auf den Weg. Die Leute, die vor ihm hergingen und die ihm folgten, riefen:

Hosanna! Gesegnet sei er, der kommt im Namen des Herrn! Gesegnet sei das Reich unseres Vaters David, das nun kommt. Hosanna in der Höhe!

Oder:

ZUM EVANGELIUM Muss man bestimmte Dinge mit eigenen Augen gesehen haben, um sie wirklich zu verstehen? Oder gilt vielmehr: dass man manches erst begriffen haben muss, um es zu sehen? Der Evangelist Johannes lenkt unseren Blick auf den Einzug Jesu als König. Wer die Propheten kennt, Sacharja (9,9) und Zefanja (3,16), versteht, wie beim Einzug Jesu Gott selbst in Israels Mitte gegenwärtig wird – und gegenwärtig bleibt auf Jesu Weg bis zum Kreuz, wo am Ort tiefster Erniedrigung Gott selbst sein gewaltlos und liebreich rettendes Königreich aufrichtet. Fürchte dich nicht, Tochter Zion! Siehe, dein König kommt!

EVANGELIUM

Joh 12,12–16

Gesegnet sei er, der kommt im Namen des Herrn

+ **Aus dem heiligen Evangelium nach Johannes.**

In jener Zeit hörte die Volksmenge, die sich zum Osterfest eingefunden hatte, Jesus komme nach Jerusalem. Da nahmen sie Palmzweige, zogen hinaus, um ihn zu empfangen, und riefen:

Hosanna! Gesegnet sei er, der kommt im Namen des Herrn, der König Israels!

Jesus fand einen jungen Esel und setzte sich darauf – wie es in der Schrift heißt: Fürchte dich nicht, Tochter Zion! Siehe, dein König kommt; er sitzt auf dem Fohlen einer Eselin.

Das alles verstanden seine Jünger zunächst nicht; als Jesus aber verherrlicht war, da wurde ihnen bewusst, dass es so über ihn in der Schrift stand und dass man so an ihm gehandelt hatte.

(Der Priester fordert die Gemeinde zur Prozession auf. Während der Prozession singen Schola und Volk.)

HYMNUS

Chor: Ruhm und Preis und Ehre sei dir,
Erlöser und König!
Jubelnd rief einst das Volk sein Hosianna dir zu.
Alle: Ruhm und Preis und Ehre …

Chor: Du bist Israels König,
Davids Geschlechte entsprossen,
der im Namen des Herrn als der Gesegnete kommt.
Alle: Ruhm und Preis und Ehre …

Chor: Dir lobsingen im Himmel der Seligen Chöre;
so auch preist dich der Mensch,
so alle Schöpfung zugleich.
Alle: Ruhm und Preis und Ehre …

Chor: Einst mit Zweigen in Händen
eilte das Volk dir entgegen;
so mit Lied und Gebet ziehen wir heute mit dir.
Alle: Ruhm und Preis und Ehre …

Chor: Dort erklang dir der Jubel,
als du dahingingst zu leiden;
dir, dem König der Welt,
bringen wir hier unser Lob.
Alle: Ruhm und Preis und Ehre …

Chor: Hat ihr Lob dir gefallen,
nimm auch das unsre entgegen,
großer König und Herr, du, dem das Gute gefällt.
Alle: Ruhm und Preis und Ehre …

ANTWORTGESANG ZUM EINZUG IN DIE KIRCHE

Chor: Gepriesen, der kommt im Namen des Herrn!
Alle: Gepriesen …

Chor: Als das Volk hörte,
dass Jesus nach Jerusalem komme,
da zogen sie ihm entgegen.
Sie trugen Palmzweige in den Händen und riefen:
Hosanna, hosanna, hosanna in der Höhe.
Alle: Hosanna …

2. EINFACHER EINZUG

(Wenn keine Prozession oder ein feierlicher Einzug stattfindet, beginnt die Messe mit dem folgenden Eröffnungsvers.)

ERÖFFNUNGSVERS

Ps 24(23),9–10

Sechs Tage vor dem Osterfest
kam der Herr in die Stadt Jerusalem.
Da liefen ihm Kinder entgegen
mit Palmzweigen in den Händen und riefen:
Hosanna in der Höhe!
Sei gepriesen, der du kommst als Heiland der Welt.

Ihr Tore, hebt euch nach oben,
hebt euch, ihr uralten Pforten;
denn es kommt der König der Herrlichkeit.

Wer ist der König der Herrlichkeit?
Der Herr der Heerscharen,
er ist der König der Herrlichkeit.

Hosanna in der Höhe!
Sei gepriesen, der du kommst als Heiland der Welt.

MESSE

KYRIE-RUFE

Herr Jesus Christus, Gott und Mensch,
du hast das Leiden angenommen.
V/A: Herr, erbarme dich.
Du hast Gott gegenwärtig gemacht
im Leid und der Todesnot der Menschen.
V/A: Christus, erbarme dich.
Du hast durch dein heiliges Kreuz die Welt erlöst.
V/A: Herr, erbarme dich.

TAGESGEBET

Allmächtiger, ewiger Gott, deinem Willen gehorsam, hat unser Erlöser Fleisch angenommen, er hat sich selbst erniedrigt und sich unter die Schmach des Kreuzes gebeugt. Hilf uns, dass wir ihm auf dem Weg des Leidens nachfolgen und an seiner Auferstehung Anteil erlangen. Darum bitten wir durch ihn, Jesus Christus.

WORTGOTTESDIENST

ZUR 1. LESUNG Menschen können einander Furchtbares antun. Wie kann man das aushalten? Äußere Gewalt, aber auch seelische Demütigung, lässt keinen Menschen unberührt. Hier spricht jemand, der solche Gewalt erfahren hat. Was gab ihm die Kraft, dennoch weiterzuleben und nicht zugrunde zu gehen? Nicht aus sich selbst kann er es. „Gott gab mir …“, sagt er. Nur deshalb kann er weiter andere trösten. Das, was unzerstörbar in mir ist, ist die Verheißung Gottes, mich festzuhalten, wo ich selbst es nicht mehr kann. Dieses Lied vom Gottesknecht, vom Gottvertrauten, half den Schülern und Schülerinnen Jesu, das Leiden des Messias, ein Skandal ohnegleichen für ihr Fühlen und Denken, im Glauben anzunehmen.

ERSTE LESUNG Jes 50,4–7

Mein Gesicht verbarg ich nicht vor Schmähungen, doch ich weiß, dass ich nicht in Schande gerate (Drittes Lied vom Gottesknecht)

Lesung aus dem Buch Jesaja.

Gott, der Herr, gab mir die Zunge eines Jüngers, damit ich verstehe, die Müden zu stärken durch ein aufmunterndes Wort. Jeden Morgen weckt er mein Ohr, damit ich auf ihn höre wie ein Jünger. Gott, der Herr, hat mir das Ohr geöffnet.

Ich aber wehrte mich nicht und wich nicht zurück. Ich hielt meinen Rücken denen hin, die mich schlugen, und denen, die mir den

Bart ausrissen, meine Wangen. Mein Gesicht verbarg ich nicht vor Schmähungen und Speichel.

Doch Gott, der Herr, wird mir helfen; darum werde ich nicht in Schande enden. Deshalb mache ich mein Gesicht hart wie einen Kiesel; ich weiß, dass ich nicht in Schande gerate.

ANTWORTPSALM

Ps 22(21),8–9.17–18.19–20.23–24 (R: 2a)

℟ Mein Gott, mein Gott,
warum hast du mich verlassen? – ℟

Alle, die mich sehen, verlachen mich, *
verziehen die Lippen, schütteln den Kopf:
„Er wälze die Last auf den Herrn, †
der soll ihn befreien! *
Der reiße ihn heraus, wenn er an ihm Gefallen hat.“ – (℟)

Viele Hunde umlagern mich, †
eine Rotte von Bösen umkreist mich. *
Sie durchbohren mir Hände und Füße.
Man kann all meine Knochen zählen; *
sie gaffen und weiden sich an mir. – (℟)

Sie verteilen unter sich meine Kleider *
und werfen das Los um mein Gewand.
Du aber, Herr, halte dich nicht fern! *
Du, meine Stärke, eil mir zu Hilfe! – (℟)

Ich will deinen Namen meinen Brüdern verkünden, *
inmitten der Gemeinde dich preisen.
Die ihr den Herrn fürchtet, preist ihn, †
ihr alle vom Stamm Jakobs, rühmt ihn; *
erschauert alle vor ihm, ihr Nachkommen Israels! – ℟

ZUR 2. LESUNG Ein berühmter biblischer Hymnus und so etwas wie das Gegenstück zur biblischen Erzählung vom Urmisstrauen des Menschen (Gen 3). Christus Jesus hält am Vorrecht der Gottgleichheit nicht fest – weil er auf Gott vertraut. Die adamitische Menschheit hingegen sucht Gottes Status eigenmächtig zu erringen, weil sie der Liebe und Freundschaft des Schöpfers nicht trauen kann (Gen 3,5). Immer das alte Lied mit uns Menschen. Oder Grund genug, dem Herrn ein neues Lied zu singen? Wir werden gefragt, wie wir unser Leben leben wollen. In wessen Spuren wollen wir gehen?

ZWEITE LESUNG Phil 2,6–11

Christus Jesus erniedrigte sich; darum hat ihn Gott über alle erhöht

Lesung aus dem Brief des Apostels Paulus an die Philipper.

Christus Jesus war Gott gleich, hielt aber nicht daran fest, wie Gott zu sein, sondern er entäußerte sich und wurde wie ein Sklave und den Menschen gleich. Sein Leben war das eines Menschen; er erniedrigte sich und war gehorsam bis zum Tod, bis zum Tod am Kreuz.

Darum hat ihn Gott über alle erhöht und ihm den Namen verliehen, der größer ist als alle Namen, damit alle im Himmel, auf der Erde und unter der Erde ihre Knie beugen vor dem Namen Jesu und jeder Mund bekennt: „Jesus Christus ist der Herr" – zur Ehre Gottes, des Vaters.

RUF VOR DER PASSION Vers: vgl. Phil 2,8b–9

Christus Sieger, Christus König, Christus Herr in Ewigkeit! – R
Christus war für uns gehorsam bis zum Tod,
bis zum Tod am Kreuz.
Darum hat ihn Gott über alle erhöht
und ihm den Namen verliehen, der größer ist als alle Namen.
Christus Sieger, Christus König, Christus Herr in Ewigkeit!

ZUR PASSION Kein Sonntag kennt eine längere Evangelienlesung. Heute wird uns das ganze Geschehen der Osterwoche vor Augen geführt. Alles ist gesagt. Aber das Sagen allein genügt nicht. Es muss mitvollzogen werden. Sonst wird es nicht Ostern. Deswegen endet das Evangelium auch mit dem Begräbnis. Es wird gleichsam das Drehbuch der kommenden Woche vorgestellt, mit aller Dramatik von Verrat, letztem Mahl, Todesangst, Gefangennahme, Verleugnung, Verurteilung und Tod. Aber Ostern wird nicht erwähnt. Die Auferstehung ist nichts, was der Mensch machen oder planen kann. Sie kommt, wenn sie kommt, von Gott her. Von Gott allein.

(Die Passion wird meist mit verteilten Rollen gelesen:
E = Evangelist, † = Worte Jesu, S = Worte sonstiger Personen)

PASSION Mk 14,1–15,47

Das Leiden unseres Herrn Jesus Christus

Das Leiden unseres Herrn Jesus Christus nach Markus.

Der Beschluss des Hohen Rates

E Es war zwei Tage vor dem Pascha und dem Fest der Ungesäuerten Brote. Die Hohenpriester und die Schriftgelehrten suchten nach einer Möglichkeit, Jesus mit List in ihre Gewalt zu bringen, um ihn zu töten. Sie sagten aber: S Ja nicht am Fest, damit es im Volk keinen Aufruhr gibt.

Die Salbung in Betanien

E Als Jesus in Betanien im Haus Simons des Aussätzigen bei Tisch war, kam eine Frau mit einem Alabastergefäß voll echtem, kostbarem Nardenöl, zerbrach es und goss das Öl über sein Haar. Einige aber wurden unwillig und sagten zueinander: S Wozu diese Verschwendung? Man hätte das Öl um mehr als dreihundert Denare verkaufen und das Geld den Armen geben können. E Und sie machten der Frau heftige Vorwürfe. Jesus aber sagte: † Hört auf! Warum lasst ihr sie nicht in Ruhe? Sie hat ein gutes Werk an mir getan. Denn die Armen habt ihr immer bei euch und ihr könnt ihnen Gutes tun, sooft ihr wollt; mich aber habt ihr nicht immer. Sie hat getan, was sie konnte. Sie hat im Voraus meinen Leib für das Begräbnis gesalbt. Amen, ich sage euch: Überall auf der Welt, wo das Evangelium verkündet wird, wird man sich an sie erinnern und erzählen, was sie getan hat.

Der Verrat durch Judas

E Judas Iskariot, einer der Zwölf, ging zu den Hohenpriestern. Er wollte Jesus an sie ausliefern. Als sie das hörten, freuten sie sich und versprachen, ihm Geld dafür zu geben. Von da an suchte er nach einer günstigen Gelegenheit, ihn auszuliefern.

Die Vorbereitung des Paschamahls

Am ersten Tag des Festes der Ungesäuerten Brote, an dem man das Paschalamm schlachtete, sagten die Jünger zu Jesus: S Wo sollen wir das Paschamahl für dich vorbereiten? E Da schickte er zwei seiner Jünger voraus und sagte zu ihnen: † Geht in die Stadt; dort wird euch ein Mann begegnen, der einen Wasserkrug trägt. Folgt ihm, bis er in ein Haus hineingeht; dann sagt zu dem Herrn des Hauses: Der Meister lässt dich fragen: Wo ist der Raum, in dem ich mit meinen Jüngern das Paschalamm essen kann? Und der Hausherr wird euch einen großen Raum im Obergeschoss zeigen, der schon für das Festmahl hergerichtet und mit Polstern ausgestattet ist. Dort bereitet alles für uns vor! E Die Jünger machten sich auf den Weg und kamen in die Stadt. Sie fanden alles so, wie er es ihnen gesagt hatte, und bereiteten das Paschamahl vor.

Das Mahl

Als es Abend wurde, kam Jesus mit den Zwölf. Während sie nun bei Tisch waren und aßen, sagte er: † Amen, ich sage euch: Einer von euch wird mich verraten und ausliefern, einer von denen, die zusammen mit mir essen. E Da wurden sie traurig und einer nach dem andern fragte ihn: S Doch nicht etwa ich? E Er sagte zu ihnen: † Einer von euch Zwölf, der mit mir aus derselben Schüssel isst. Der Menschensohn muss zwar seinen Weg gehen, wie die Schrift über ihn

sagt. Doch weh dem Menschen, durch den der Menschensohn verraten wird. Für ihn wäre es besser, wenn er nie geboren wäre.
E Während des Mahls nahm er das Brot und sprach den Lobpreis; dann brach er das Brot, reichte es ihnen und sagte: † Nehmt, das ist mein Leib. E Dann nahm er den Kelch, sprach das Dankgebet, reichte ihn den Jüngern und sie tranken alle daraus. Und er sagte zu ihnen: † Das ist mein Blut, das Blut des Bundes, das für viele vergossen wird. Amen, ich sage euch: Ich werde nicht mehr von der Frucht des Weinstocks trinken bis zu dem Tag, an dem ich von Neuem davon trinke im Reich Gottes.

Der Gang zum Ölberg

E Nach dem Lobgesang gingen sie zum Ölberg hinaus. Da sagte Jesus zu ihnen: † Ihr werdet alle an mir Anstoß nehmen und zu Fall kommen; denn in der Schrift steht: Ich werde den Hirten erschlagen, dann werden sich die Schafe zerstreuen. Aber nach meiner Auferstehung werde ich euch nach Galiläa vorausgehen. E Da sagte Petrus zu ihm: S Auch wenn alle an dir Anstoß nehmen – ich nicht! E Jesus antwortete ihm: † Amen, ich sage dir: Noch heute Nacht, ehe der Hahn zweimal kräht, wirst du mich dreimal verleugnen. E Petrus aber beteuerte: S Und wenn ich mit dir sterben müsste – ich werde dich nie verleugnen. E Das Gleiche sagten auch alle anderen.

Das Gebet in Getsemani

Sie kamen zu einem Grundstück, das Getsemani heißt, und er sagte zu seinen Jüngern: † Setzt euch und wartet hier, während ich bete.
E Und er nahm Petrus, Jakobus und Johannes mit sich. Da ergriff ihn Furcht und Angst, und er sagte zu ihnen: † Meine Seele ist zu Tode betrübt. Bleibt hier und wacht! E Und er ging ein Stück weiter, warf sich auf die Erde nieder und betete, dass die Stunde, wenn möglich, an ihm vorübergehe. Er sprach: † Abba, Vater, alles ist dir möglich. Nimm diesen Kelch von mir! Aber nicht, was ich will, sondern was du willst, soll geschehen. E Und er ging zurück und fand sie schlafend. Da sagte er zu Petrus: † Simon, du schläfst? Konntest du nicht einmal eine Stunde wach bleiben? Wacht und betet, damit ihr nicht in Versuchung geratet. Der Geist ist willig, aber das Fleisch ist

schwach. E Und er ging wieder weg und betete mit den gleichen Worten. Als er zurückkam, fand er sie wieder schlafend, denn die Augen waren ihnen zugefallen; und sie wussten nicht, was sie ihm antworten sollten. Und er kam zum dritten Mal und sagte zu ihnen: † Schlaft ihr immer noch und ruht euch aus? Es ist genug. Die Stunde ist gekommen; jetzt wird der Menschensohn den Sündern ausgeliefert. Steht auf, wir wollen gehen! Seht, der Verräter, der mich ausliefert, ist da.

Die Gefangennahme

E Noch während er redete, kam Judas, einer der Zwölf, mit einer Schar von Männern, die mit Schwertern und Knüppeln bewaffnet waren; sie waren von den Hohenpriestern, den Schriftgelehrten und den Ältesten geschickt worden. Der Verräter hatte mit ihnen ein Zeichen vereinbart und gesagt: S Der, den ich küssen werde, der ist es. Nehmt ihn fest, führt ihn ab und lasst ihn nicht entkommen. E Und als er kam, ging er sogleich auf Jesus zu und sagte: S Rabbi! E Und er küsste ihn. Da ergriffen sie ihn und nahmen ihn fest. Einer von denen, die dabeistanden, zog das Schwert, schlug auf den Diener des Hohenpriesters ein und hieb ihm ein Ohr ab. Da sagte Jesus zu ihnen: † Wie gegen einen Räuber seid ihr mit Schwertern und Knüppeln ausgezogen, um mich festzunehmen. Tag für Tag war ich bei euch im Tempel und lehrte und ihr habt mich nicht verhaftet; aber das ist geschehen, damit die Schrift in Erfüllung geht. E Da verließen ihn alle und flohen. Ein junger Mann aber, der nur mit einem leinenen Tuch bekleidet war, wollte ihm nachgehen. Da packten sie ihn; er aber ließ das Tuch fallen und lief nackt davon.

Das Verhör vor dem Hohen Rat

Darauf führten sie Jesus zum Hohenpriester und es versammelten sich alle Hohenpriester und Ältesten und Schriftgelehrten. Petrus aber war Jesus von Weitem bis in den Hof des hohepriesterlichen Palastes gefolgt; nun saß er dort bei den Dienern und wärmte sich am Feuer. Die Hohenpriester und der ganze Hohe Rat bemühten sich um Zeugenaussagen gegen Jesus, um ihn zum Tod verurteilen zu können; sie fanden aber nichts. Viele machten zwar falsche Aussagen über ihn,

aber die Aussagen stimmten nicht überein. Einige der falschen Zeugen, die gegen ihn auftraten, behaupteten: S Wir haben ihn sagen hören: Ich werde diesen von Menschen erbauten Tempel niederreißen und in drei Tagen einen anderen errichten, der nicht von Menschenhand gemacht ist. E Aber auch in diesem Fall stimmten die Aussagen nicht überein. Da stand der Hohepriester auf, trat in die Mitte und fragte Jesus: S Willst du denn nichts sagen zu dem, was diese Leute gegen dich vorbringen? E Er aber schwieg und gab keine Antwort. Da wandte sich der Hohepriester nochmals an ihn und fragte: S Bist du der Messias, der Sohn des Hochgelobten? E Jesus sagte: † Ich bin es. Und ihr werdet den Menschensohn zur Rechten der Macht sitzen und mit den Wolken des Himmels kommen sehen. E Da zerriss der Hohepriester sein Gewand und rief: S Wozu brauchen wir noch Zeugen? Ihr habt die Gotteslästerung gehört. Was ist eure Meinung? E Und sie fällten einstimmig das Urteil: S Er ist schuldig und muss sterben.
E Und einige spuckten ihn an, verhüllten sein Gesicht, schlugen ihn und riefen: S Zeig, dass du ein Prophet bist! E Auch die Diener schlugen ihn ins Gesicht.

Die Verleugnung durch Petrus

Als Petrus unten im Hof war, kam eine von den Mägden des Hohenpriesters. Sie sah, wie Petrus sich wärmte, blickte ihn an und sagte: S Auch du warst mit diesem Jesus aus Nazaret zusammen. E Doch er leugnete es und sagte: S Ich weiß nicht und verstehe nicht, wovon du redest. E Dann ging er in den Vorhof hinaus. Als die Magd ihn dort bemerkte, sagte sie zu denen, die dabeistanden, noch einmal: S Der gehört zu ihnen. E Er aber leugnete es wieder ab. Wenig später sagten die Leute, die dort standen, von Neuem zu Petrus: S Du gehörst wirklich zu ihnen; du bist doch auch ein Galiläer. E Da fing er an zu fluchen und schwor: S Ich kenne diesen Menschen nicht, von dem ihr redet. E Gleich darauf krähte der Hahn zum zweiten Mal, und Petrus erinnerte sich, dass Jesus zu ihm gesagt hatte: Ehe der Hahn zweimal kräht, wirst du mich dreimal verleugnen. Und er begann zu weinen.

Die Verhandlung vor Pilatus

Gleich in der Frühe fassten die Hohenpriester, die Ältesten und die Schriftgelehrten, also der ganze Hohe Rat, über Jesus einen Beschluss: Sie ließen ihn fesseln und abführen und lieferten ihn Pilatus aus. Pilatus fragte ihn: S Bist du der König der Juden? E Er antwortete ihm: † Du sagst es. E Die Hohenpriester brachten viele Anklagen gegen ihn vor. Da wandte sich Pilatus wieder an ihn und fragte: S Willst du denn nichts dazu sagen? Sieh doch, wie viele Anklagen sie gegen dich vorbringen. E Jesus aber gab keine Antwort mehr, sodass Pilatus sich wunderte.
Jeweils zum Fest ließ Pilatus einen Gefangenen frei, den sie sich ausbitten durften. Damals saß gerade ein Mann namens Barabbas im Gefängnis, zusammen mit anderen Aufrührern, die bei einem Aufstand einen Mord begangen hatten. Die Volksmenge zog zu Pilatus hinauf und bat, ihnen die gleiche Gunst zu gewähren wie sonst. Pilatus fragte sie: S Wollt ihr, dass ich den König der Juden freilasse? E Er merkte nämlich, dass die Hohenpriester nur aus Neid Jesus an ihn ausgeliefert hatten. Die Hohenpriester aber wiegelten die Menge auf, lieber die Freilassung des Barabbas zu fordern. Pilatus wandte sich von Neuem an sie und fragte: S Was soll ich dann mit dem tun, den ihr den König der Juden nennt? E Da schrien sie: S Kreuzige ihn! E Pilatus entgegnete: S Was hat er denn für ein Verbrechen begangen? E Sie schrien noch lauter: S Kreuzige ihn! E Darauf ließ Pilatus, um die Menge zufriedenzustellen, Barabbas frei und gab den Befehl, Jesus zu geißeln und zu kreuzigen.

Die Verspottung Jesu durch die Soldaten

Die Soldaten führten ihn in den Palast hinein, das heißt in das Prätorium, und riefen die ganze Kohorte zusammen. Dann legten sie ihm einen Purpurmantel um und flochten einen Dornenkranz; den setzten sie ihm auf und grüßten ihn: S Heil dir, König der Juden! E Sie schlugen ihm mit einem Stock auf den Kopf und spuckten ihn an, knieten vor ihm nieder und huldigten ihm. Nachdem sie so ihren Spott mit ihm getrieben hatten, nahmen sie ihm den Purpurmantel ab und zogen ihm seine eigenen Kleider wieder an.

Die Kreuzigung

Dann führten sie Jesus hinaus, um ihn zu kreuzigen. Einen Mann, der gerade vom Feld kam, Simon von Zyrene, den Vater des Alexander und des Rufus, zwangen sie, sein Kreuz zu tragen. Und sie brachten Jesus an einen Ort namens Golgota, das heißt übersetzt: Schädelhöhe. Dort reichten sie ihm Wein, der mit Myrrhe gewürzt war; er aber nahm ihn nicht. Dann kreuzigten sie ihn. Sie warfen das Los und verteilten seine Kleider unter sich und gaben jedem, was ihm zufiel. Es war die dritte Stunde, als sie ihn kreuzigten. Und eine Aufschrift auf einer Tafel gab seine Schuld an: Der König der Juden. Zusammen mit ihm kreuzigten sie zwei Räuber, den einen rechts von ihm, den andern links. Die Leute, die vorbeikamen, verhöhnten ihn, schüttelten den Kopf und riefen: S Ach, du willst den Tempel niederreißen und in drei Tagen wieder aufbauen? Hilf dir doch selbst und steig herab vom Kreuz! E Auch die Hohenpriester und die Schriftgelehrten verhöhnten ihn und sagten zueinander: S Anderen hat er geholfen, sich selbst kann er nicht helfen. Der Messias, der König von Israel! Er soll doch jetzt vom Kreuz herabsteigen, damit wir sehen und glauben. E Auch die beiden Männer, die mit ihm zusammen gekreuzigt wurden, beschimpften ihn.

(Hier stehen alle auf.)

Der Tod Jesu

Als die sechste Stunde kam, brach über das ganze Land eine Finsternis herein. Sie dauerte bis zur neunten Stunde. Und in der neunten Stunde rief Jesus mit lauter Stimme: † Eloi, Eloi, lema sabachtani?, E das heißt übersetzt: † Mein Gott, mein Gott, warum hast du mich verlassen? E Einige von denen, die dabeistanden und es hörten, sagten: S Hört, er ruft nach Elija! E Einer lief hin, tauchte einen Schwamm in Essig, steckte ihn auf einen Stock und gab Jesus zu trinken. Dabei sagte er: S Lasst uns doch sehen, ob Elija kommt und ihn herabnimmt. E Jesus aber schrie laut auf. Dann hauchte er den Geist aus.

(Hier knien alle zu einer kurzen Gebetsstille nieder.)

Da riss der Vorhang im Tempel von oben bis unten entzwei.
Als der Hauptmann, der Jesus gegenüberstand, ihn auf diese Weise sterben sah, sagte er: S Wahrhaftig, dieser Mensch war Gottes Sohn.
E Auch einige Frauen sahen von Weitem zu, darunter Maria aus Magdala, Maria, die Mutter von Jakobus dem Kleinen und Joses, sowie Salome; sie waren Jesus schon in Galiläa nachgefolgt und hatten ihm gedient. Noch viele andere Frauen waren dabei, die mit ihm nach Jerusalem hinaufgezogen waren.

Das Begräbnis Jesu

Da es Rüsttag war, der Tag vor dem Sabbat, und es schon Abend wurde, ging Josef von Arimathäa, ein vornehmer Ratsherr, der auch auf das Reich Gottes wartete, zu Pilatus und wagte es, um den Leichnam Jesu zu bitten. Pilatus war überrascht, als er hörte, dass Jesus schon tot sei. Er ließ den Hauptmann kommen und fragte ihn, ob Jesus bereits gestorben sei. Als der Hauptmann ihm das bestätigte, überließ er Josef den Leichnam. Josef kaufte ein Leinentuch, nahm Jesus vom Kreuz, wickelte ihn in das Tuch und legte ihn in ein Grab, das in einen Felsen gehauen war. Dann wälzte er einen Stein vor den Eingang des Grabes.
Maria aus Magdala aber und Maria, die Mutter des Joses, beobachteten, wohin der Leichnam gelegt wurde.

Oder:

KURZFASSUNG

Mk 15,1–39

Das Leiden unseres Herrn Jesus Christus

Das Leiden unseres Herrn Jesus Christus nach Markus.

Die Verhandlung vor Pilatus

E Gleich in der Frühe fassten die Hohenpriester, die Ältesten und die Schriftgelehrten, also der ganze Hohe Rat, über Jesus einen Beschluss: Sie ließen ihn fesseln und abführen und lieferten ihn Pilatus aus. Pilatus fragte ihn: S Bist du der König der Juden? E Er antwortete ihm: † Du sagst es. E Die Hohenpriester brachten viele Anklagen gegen

ihn vor. Da wandte sich Pilatus wieder an ihn und fragte: S Willst du denn nichts dazu sagen? Sieh doch, wie viele Anklagen sie gegen dich vorbringen. E Jesus aber gab keine Antwort mehr, sodass Pilatus sich wunderte.
Jeweils zum Fest ließ Pilatus einen Gefangenen frei, den sie sich ausbitten durften. Damals saß gerade ein Mann namens Barabbas im Gefängnis, zusammen mit anderen Aufrührern, die bei einem Aufstand einen Mord begangen hatten. Die Volksmenge zog zu Pilatus hinauf und bat, ihnen die gleiche Gunst zu gewähren wie sonst. Pilatus fragte sie: S Wollt ihr, dass ich den König der Juden freilasse? E Er merkte nämlich, dass die Hohenpriester nur aus Neid Jesus an ihn ausgeliefert hatten. Die Hohenpriester aber wiegelten die Menge auf, lieber die Freilassung des Barabbas zu fordern. Pilatus wandte sich von Neuem an sie und fragte: S Was soll ich dann mit dem tun, den ihr den König der Juden nennt? E Da schrien sie: S Kreuzige ihn! E Pilatus entgegnete: S Was hat er denn für ein Verbrechen begangen? E Sie schrien noch lauter: S Kreuzige ihn! E Darauf ließ Pilatus, um die Menge zufriedenzustellen, Barabbas frei und gab den Befehl, Jesus zu geißeln und zu kreuzigen.

Die Verspottung Jesu durch die Soldaten

Die Soldaten führten ihn in den Palast hinein, das heißt in das Prätorium, und riefen die ganze Kohorte zusammen. Dann legten sie ihm einen Purpurmantel um und flochten einen Dornenkranz; den setzten sie ihm auf und grüßten ihn: S Heil dir, König der Juden! E Sie schlugen ihm mit einem Stock auf den Kopf und spuckten ihn an, knieten vor ihm nieder und huldigten ihm. Nachdem sie so ihren Spott mit ihm getrieben hatten, nahmen sie ihm den Purpurmantel ab und zogen ihm seine eigenen Kleider wieder an.

Die Kreuzigung

Dann führten sie Jesus hinaus, um ihn zu kreuzigen. Einen Mann, der gerade vom Feld kam, Simon von Zyrene, den Vater des Alexander und des Rufus, zwangen sie, sein Kreuz zu tragen. Und sie brachten Jesus an einen Ort namens Golgota, das heißt übersetzt: Schädelhöhe. Dort reichten sie ihm Wein, der mit Myrrhe gewürzt war; er aber nahm ihn nicht. Dann kreuzigten sie ihn. Sie warfen das Los und verteilten seine Kleider unter sich und gaben jedem, was ihm zufiel. Es war die dritte Stunde, als sie ihn kreuzigten. Und eine Aufschrift auf einer Tafel gab seine Schuld an: Der König der Juden. Zusammen mit ihm kreuzigten sie zwei Räuber, den einen rechts von ihm, den andern links. Die Leute, die vorbeikamen, verhöhnten ihn, schüttelten den Kopf und riefen: S Ach, du willst den Tempel niederreißen und in drei Tagen wieder aufbauen? Hilf dir doch selbst und steig herab vom Kreuz! E Auch die Hohenpriester und die Schriftgelehrten verhöhnten ihn und sagten zueinander: S Anderen hat er geholfen, sich selbst kann er nicht helfen. Der Messias, der König von Israel! Er soll doch jetzt vom Kreuz herabsteigen, damit wir sehen und glauben. E Auch die beiden Männer, die mit ihm zusammen gekreuzigt wurden, beschimpften ihn.

(Hier stehen alle auf.)

Der Tod Jesu

Als die sechste Stunde kam, brach über das ganze Land eine Finsternis herein. Sie dauerte bis zur neunten Stunde. Und in der neunten Stunde rief Jesus mit lauter Stimme: † Eloi, Eloi, lema sabachtani?, E das heißt übersetzt: † Mein Gott, mein Gott, warum hast du mich verlassen? E Einige von denen, die dabeistanden und es hörten, sagten: S Hört, er ruft nach Elija! E Einer lief hin, tauchte einen Schwamm in Essig, steckte ihn auf einen Stock und gab Jesus zu trinken. Dabei sagte er: S Lasst uns doch sehen, ob Elija kommt und ihn herabnimmt. E Jesus aber schrie laut auf. Dann hauchte er den Geist aus.

(Hier knien alle zu einer kurzen Gebetsstille nieder.)

Da riss der Vorhang im Tempel von oben bis unten entzwei.
Als der Hauptmann, der Jesus gegenüberstand, ihn auf diese Weise sterben sah, sagte er: S Wahrhaftig, dieser Mensch war Gottes Sohn.

Glaubensbekenntnis, S. 470 ff.

FÜRBITTEN

Das Leiden Jesu: berührt es uns noch? Jesus ließ sich berühren, von den Menschen, die ihn, den Heiland, suchten. Auch wir suchen ihn und kommen zu ihm mit den Lasten und Leiden unserer Tage.

- Wir bitten um Frieden der Konfessionen und Religionen, der Ethnien und Nationen. V: Erlöser der Welt. A: Wir bitten dich, erhöre uns.
- Wir bitten um Brot für die Welt, um Bildung und Ausbildung für die vielen, die ohne Chancen sind. V: Erlöser der Welt. A: Wir bitten dich, erhöre uns.
- Wir beten um Aussöhnung und Verständigung zerstrittener Paare und Familien. V: Erlöser der Welt. A: Wir bitten dich, erhöre uns.
- Wir beten darum, dass die Angst von denen genommen werde, die an einer schweren Krankheit leiden. V: Erlöser der Welt. A: Wir bitten dich, erhöre uns.
- Wir beten um dein Licht für unsere Toten. V: Erlöser der Welt. A: Wir bitten dich, erhöre uns.

Leiden hat so viele Gesichter und wir übersehen so viele. Lass uns wachsam und achtsam werden gegenüber Leiden, Traurigkeit und Not. Stärke unser Vertrauen, dass bei dir niemand vergessen ist. Darum bitten wir durch Jesus, unseren Bruder.

EUCHARISTIEFEIER

GABENGEBET

Herr, unser Gott, schenke uns Verzeihung durch das Leiden deines Sohnes. Wir haben sie zwar durch unsere Taten nicht verdient, aber wir vertrauen auf dein Erbarmen. Darum versöhne uns mit dir durch das einzigartige Opfer unseres Herrn Jesus Christus, der mit dir lebt und herrscht in alle Ewigkeit.

PRÄFATION

In Wahrheit ist es würdig und recht, dir, allmächtiger Vater, zu danken und das Werk deiner Liebe zu rühmen durch unseren Herrn Jesus Christus. Er war ohne Sünde und hat für die Sünder gelitten. Er war ohne Schuld und hat sich ungerechtem Urteil unterworfen. Sein Tod hat unsere Vergehen getilgt, seine Auferstehung uns Gnade und Leben erworben. Darum preisen wir jetzt und in Ewigkeit dein Erbarmen und singen mit den Chören der Engel das Lob deiner Herrlichkeit: Heilig …

KOMMUNIONVERS

Mt 26,42

Mein Vater,
wenn dieser Kelch an mir nicht vorübergehen kann
und ich ihn trinken muss, so geschehe dein Wille.

SCHLUSSGEBET

Herr, unser Gott, du hast uns im heiligen Mahl gestärkt. Durch das Sterben deines Sohnes gibst du uns die Kraft, das Leben zu erhoffen, das uns der Glaube verheißt. Gib uns durch seine Auferstehung die Gnade, das Ziel unserer Pilgerschaft zu erreichen. Darum bitten wir durch ihn, Christus, unseren Herrn.

FEIERLICHER SCHLUSSSEGEN

S. 197

***

GUTER RAT

Jesus, du machst keine gute Figur
auf dem Esel. Ich
meine es gut.

Palmzweige schwingen
dir
die Falschen.

Die Kleinen
geraten aus dem
Häuschen.

Willst du nicht lieber die Pferde
wechseln
mitten im Strom.

Susanne Sandherr

GRÜNDONNERSTAG – HOHER DONNERSTAG

29. März 2018

Von Liebe und von verratener Liebe. Judas Iskariot, du hast es uns leicht gemacht. Wir sind die anderen, die Guten. Du hast die Liebe Jesu verraten. Oder fühltest du dich in deiner Liebe zu Jesus verraten? Weil du vergeblich und bebend gewartet hast? Weil nichts passiert ist? Jesus und Judas. Zwei Allerweltnamen damals. Darum brauchen sie einen Zusatz, Jesus aus Nazaret, Judas Iskariot. Jesus und Judas, zwei fromme jüdische Namen, zwei fromme jüdische Männer. Und jetzt Jesus, der anerkannte Herr, als Fußwäscher. Als Sklave aller. Kann das sein? Judas ist schon innerlich ausgestiegen, er lässt den Skandal gar nicht mehr an sich heran. Petrus hat damit ein Problem – er ist jedenfalls derjenige aus dem Schülerkreis, der es zugibt, der es herauslässt. Alles muss raus. Dieser Schlussverkaufsruf ist das sympathische und rettende Lebenswort des Petrus. Alles muss raus. Gut so. Wenn wir am Ende des Tages Jesu herausforderndes Handeln verinnerlichen, so verinnerlichen, dass es unser Leben, unser Tun und Lassen prägt, sind wir rein.

MESSE VOM LETZTEN ABENDMAHL

ERÖFFNUNGSVERS

Vgl. Gal 6, 14

Wir rühmen uns des Kreuzes unseres Herrn Jesus Christus.
In ihm ist uns Heil geworden und Auferstehung und Leben.
Durch ihn sind wir erlöst und befreit.

KYRIE-RUFE

Herr Jesus Christus, du hast
dein Leben für uns hingegeben.
V/A: Herr, erbarme dich.
Du spendest uns das Brot des Lebens
und den Kelch des Segens.
V/A: Christus, erbarme dich.
Ein Beispiel deiner Liebe hast du
uns gegeben, damit auch wir so
handeln, wie du an uns gehandelt hast.
V/A: Herr, erbarme dich.

Ehre sei Gott, S. 467 f.

(Die Glocken läuten zu unserem Preislied. Danach verstummen sie bis zur Feier der Osternacht.)

TAGESGEBET

Allmächtiger, ewiger Gott, am Abend vor seinem Leiden hat dein geliebter Sohn der Kirche das Opfer des Neuen und Ewigen Bundes anvertraut und das Gastmahl seiner Liebe gestiftet. Gib, dass wir aus diesem Geheimnis die Fülle des Lebens und der Liebe empfangen. Darum bitten wir durch ihn, Jesus Christus.

WORTGOTTESDIENST

ZUR 1. LESUNG Das Paschafest erinnert an die Nacht, in der Gott die Väter und Mütter Israels aus der ägyptischen Sklaverei in die Freiheit führte. Das Erinnerungsmahl soll keine ruhige, entspannte Mahlzeit sein. Es ist ein bewusstes Fast Food, es wird hastig eingenommen. Man bleibt angespannt, gleichsam auf dem Sprung. Nichts Altes wird für die Zubereitung der Speisen verwendet. Nichts soll übrig bleiben, das erneut in den Nahrungskreislauf eingespeist werden könnte. Denn das Paschamahl inszeniert eine heilsame Unterbrechung. Der Herr überspringt unsere Schuld. Der dichte Zaun hat eine glückliche Lücke. Durch den Juden Jesus, der dieses Fest vor seinem Tod im Vertrauen auf den einen Gott der Schöpfung und der Rettung gefeiert hat und der selbst zum Pascha-Lamm wurde, sind auch wir auf dem Sprung. Auch für uns gibt es einen Ausweg aus der Knechtschaft – hineingenommen in die Mahlgemeinschaft der von Gott Geretteten.

ERSTE LESUNG Ex 12,1–8.11–14

Die Feier des Paschamahles

Lesung aus dem Buch Exodus.

In jenen Tagen sprach der Herr zu Mose und Aaron in Ägypten: Dieser Monat soll die Reihe eurer Monate eröffnen, er soll euch als der Erste unter den Monaten des Jahres gelten. Sagt der ganzen Gemeinde Israel:

Am Zehnten dieses Monats soll jeder ein Lamm für seine Familie holen, ein Lamm für jedes Haus. Ist die Hausgemeinschaft für ein Lamm zu klein, so nehme er es zusammen mit dem Nachbarn, der seinem Haus am nächsten wohnt, nach der Anzahl der Personen. Bei der Aufteilung des Lammes müsst ihr berücksichtigen, wie viel der Einzelne essen kann. Nur ein fehlerfreies, männliches, einjähriges Lamm darf es sein, das Junge eines Schafes oder einer Ziege müsst ihr nehmen. Ihr sollt es bis zum vierzehnten Tag dieses Monats aufbewahren. Gegen Abend soll die ganze versammelte Gemeinde Israel die Lämmer schlachten. Man nehme etwas von dem Blut und bestreiche damit die beiden Türpfosten und den Türsturz an den Häusern, in denen man das Lamm essen will. Noch in der gleichen Nacht soll man das Fleisch essen. Über dem Feuer gebraten und zusammen mit ungesäuertem Brot und Bitterkräutern soll man es essen.

So aber sollt ihr es essen: eure Hüften gegürtet, Schuhe an den Füßen, den Stab in der Hand. Esst es hastig! Es ist die Paschafeier für den Herrn – das heißt: der Vorübergang des Herrn.

In dieser Nacht gehe ich durch Ägypten und erschlage in Ägypten jeden Erstgeborenen bei Mensch und Vieh. Über alle Götter Ägyptens halte ich Gericht, ich, der Herr. Das Blut an den Häusern, in denen ihr wohnt, soll ein Zeichen zu eurem Schutz sein. Wenn ich das Blut sehe, werde ich an euch vorübergehen, und das vernichtende Unheil wird euch nicht treffen, wenn ich in Ägypten dreinschlage.

Diesen Tag sollt ihr als Gedenktag begehen. Feiert ihn als Fest zur Ehre des Herrn! Für die kommenden Generationen macht euch diese Feier zur festen Regel!

ANTWORTPSALM Ps 116(115),12–13.15–16.17–18 (℟: vgl. 1 Kor 10,16)

℟ Der Kelch des Segens gibt uns Anteil an Christi Blut. – ℟

Wie kann ich dem Herrn all das vergelten, *
was er mir Gutes getan hat?
Ich will den Kelch des Heils erheben *
und anrufen den Namen des Herrn. – (℟)

Kostbar ist in den Augen des Herrn *
das Sterben seiner Frommen.
Ach Herr, ich bin doch dein Knecht, †
dein Knecht bin ich, der Sohn deiner Magd. *
Du hast meine Fesseln gelöst. – (℟)

Ich will dir ein Opfer des Dankes bringen *
und anrufen den Namen des Herrn.
Ich will dem Herrn meine Gelübde erfüllen *
offen vor seinem ganzen Volk. – ℟

ZUR 2. LESUNG Jesus hat nicht mit sich geknausert, nein; das Gegenteil ist unvorstellbar, und unvorstellbar hilfreich, wahr. Sein ganzes Leben war offen für Gott und darum für die Menschen. Sehr kritisch stellt Paulus die vertrauensvolle und großmütige Lebensgabe Jesu der Art und Weise gegenüber, wie die korinthische Gemeinde Herrenmahl feiert. Eine Gruppe, die von Jesu Tod neues Leben erhofft, kann sich doch mit überkommenem Kastendenken und allgemein akzeptierter sozialer Zerklüftung nicht abfinden! Paulus begreift das Gedächtnismahl als Wandlungsimpuls für individuelle, gesellschaftliche und kirchliche Wirklichkeit. Nur wenn wir uns wandeln, verkündigen wir den Tod des Herrn, bis er kommt.

ZWEITE LESUNG

1 Kor 11,23–26

Sooft ihr von diesem Brot esst und aus diesem Kelch trinkt, verkündet ihr den Tod des Herrn, bis er kommt

Lesung aus dem ersten Brief des Apostels Paulus an die Korinther.

Brüder [*oder:* Brüder und Schwestern! *oder:* Schwestern und Brüder!]! Ich habe vom Herrn empfangen, was ich euch dann überliefert habe:

Jesus, der Herr, nahm in der Nacht, in der er ausgeliefert wurde, Brot, sprach das Dankgebet, brach das Brot und sagte: Das ist mein Leib für euch. Tut dies zu meinem Gedächtnis!

Ebenso nahm er nach dem Mahl den Kelch und sprach: Dieser Kelch ist der Neue Bund in meinem Blut. Tut dies, sooft ihr daraus trinkt, zu meinem Gedächtnis!

Denn sooft ihr von diesem Brot esst und aus dem Kelch trinkt, verkündet ihr den Tod des Herrn, bis er kommt.

RUF VOR DEM EVANGELIUM

Vers: Joh 13,34ac

Herr Jesus, dir sei Ruhm und Ehre! – R
(So spricht der Herr:)
Ein neues Gebot gebe ich euch:
Wie ich euch geliebt habe, so sollt auch ihr einander lieben.
Herr Jesus, dir sei Ruhm und Ehre!

Oder:

Dies ist mein Gebot:
Liebet einander, wie ich euch geliebt.

ZUM EVANGELIUM Kaiser Caligula soll Senatoren gezwungen haben, geschürzt wie Sklaven zu seinen Füßen aufzuwarten. Eine Geste des Hochmuts und der Demütigung. Jesus, ihn muss niemand zwingen. In solchem Dienst erweist er sich Gott gleich, der sich, so bekennt es die jüdische Überlieferung, in Sklavenarbeit stürzt, um an seinem Volk zu handeln, es zu waschen und zu kleiden (Ez 16), auf Adlerflügeln es zu tragen (Ez 19,4) und über Israels Schlaf zu wachen (Ps 121,4). In solchem Dienst nimmt Jesus zeichenhaft die Erniedrigung am Kreuz schon auf sich. Ob sich die Jünger dazu rufen lassen, ob sie ihm folgen werden in einen gegenseitigen Dienst? Berufen dazu sind sie, alle zusammen, sie sind rein. Alles Trennende ist hinweggewaschen.

EVANGELIUM Joh 13,1–15

Er erwies ihnen seine Liebe bis zur Vollendung

+ **Aus dem heiligen Evangelium nach Johannes.**

Es war vor dem Paschafest. Jesus wusste, dass seine Stunde gekommen war, um aus dieser Welt zum Vater hinüberzugehen. Da er die Seinen, die in der Welt waren, liebte, erwies er ihnen seine Liebe bis zur Vollendung.

Es fand ein Mahl statt, und der Teufel hatte Judas, dem Sohn des Simon Iskariot, schon ins Herz gegeben, ihn zu verraten und auszuliefern. Jesus, der wusste, dass ihm der Vater alles in die Hand gegeben hatte und dass er von Gott gekommen war und zu Gott zurückkehrte, stand vom Mahl auf, legte sein Gewand ab und umgürtete sich mit einem Leinentuch. Dann goss er Wasser in eine Schüssel und begann, den Jüngern die Füße zu waschen und mit dem Leinentuch abzutrocknen, mit dem er umgürtet war.

Als er zu Simon Petrus kam, sagte dieser zu ihm: Du, Herr, willst mir die Füße waschen? Jesus antwortete ihm: Was ich tue, verstehst du jetzt noch nicht; doch später wirst du es begreifen.

Petrus entgegnete ihm: Niemals sollst du mir die Füße waschen!

Jesus erwiderte ihm: Wenn ich dich nicht wasche, hast du keinen Anteil an mir.

Da sagte Simon Petrus zu ihm: Herr, dann nicht nur meine Füße, sondern auch die Hände und das Haupt.

Jesus sagte zu ihm: Wer vom Bad kommt, ist ganz rein und braucht sich nur noch die Füße zu waschen. Auch ihr seid rein, aber nicht alle. Er wusste nämlich, wer ihn verraten würde; darum sagte er: Ihr seid nicht alle rein.

Als er ihnen die Füße gewaschen, sein Gewand wieder angelegt und Platz genommen hatte, sagte er zu ihnen: Begreift ihr, was ich an euch getan habe? Ihr sagt zu mir Meister und Herr und ihr nennt mich mit Recht so; denn ich bin es. Wenn nun ich, der Herr und Meister, euch die Füße gewaschen habe, dann müsst auch ihr einander die Füße waschen. Ich habe euch ein Beispiel gegeben, damit auch ihr so handelt, wie ich an euch gehandelt habe.

FUSSWASCHUNG

(Nach der Homilie kann die Fußwaschung folgen. Sie ist Zeichen dafür, dass wir als Kirche uns an Jesu Weisung binden. Dabei können die folgenden Antiphonen gesungen werden.)

ANTIPHON 1 Joh 13,35

Daran werden alle erkennen, dass ihr meine Jünger seid,
wenn ihr Liebe habt zueinander.
V: Jesus sagte zu seinen Jüngern:
A: Daran werden alle erkennen, dass ihr meine Jünger seid,
wenn ihr Liebe habt zueinander.

ANTIPHON 2

Joh 13,34

Ein neues Gebot gebe ich euch: „Liebt einander!“
Wie ich euch geliebt habe, so sollt auch ihr einander lieben.

ANTIPHON 3

1 Kor 13,13

In euch sollen bleiben Glaube, Hoffnung, Liebe, diese drei:
am größten unter ihnen ist die Liebe.
V: Jetzt bleiben Glaube, Hoffnung, Liebe, diese drei:
am größten unter ihnen ist die Liebe.
A: In euch sollen bleiben Glaube, Hoffnung, Liebe, diese drei:
am größten unter ihnen ist die Liebe.

FÜRBITTEN

Jesus erniedrigt sich noch unter seine Jünger. Das irritiert besonders Petrus: Wie kann er einen Herrn haben und achten, der ihm die Füße wäscht wie ein Sklave? Diesen Erniedrigten als seinen Herrn anzunehmen bedeutet, ihm auf diesem Weg in die Niedrigkeit zu folgen. Eine solche Haltung wird im Evangelium zu einem Gebot: Ihr müsst einander die Füße waschen. Wie können wir heute diesem Gebot folgen? In der Fürsorge, im Dienst aneinander, auch im fürbittenden Gebet:

- Für die Kirche; dass sie immer neu und bewusst dienende Kirche sei. V: Christus, Brot des Lebens. A: Wir bitten dich, erhöre uns.
- Für alle, die in Hilfsorganisationen versuchen, den Hunger in der Welt zu stillen, und für alle, die ihren eigenen Konsum überdenken. V: Christus, Brot des Lebens. A: Wir bitten dich, erhöre uns.
- Für alle, die Verrat und Untreue, Abwehr und Ausgrenzung erleben und sich doch nicht verhärten lassen. V: Christus, Brot des Lebens. A: Wir bitten dich, erhöre uns.
- Für alle, die sich hier versammeln, deine Gaben annehmen und im Glauben und in der Liebe wachsen wollen. V: Christus, Brot des Lebens. A: Wir bitten dich, erhöre uns.

- Für unsere lieben Verstorbenen, dass du sie um dich versammelst im Mahl der Freude. V: Christus, Brot des Lebens. A: Wir bitten dich, erhöre uns.

Gott, deine Liebe zu uns ist weit und tief. Wir danken dir und preisen dich in der Gemeinschaft der ganzen Kirche durch Jesus Christus, unseren Herrn.

Eucharistiefeier

OPFERGANG

(Zu Beginn der Eucharistiefeier können die Gläubigen einen Opfergang mit Gaben für die Armen halten. Dazu kann man singen:)

Wo Güte und Liebe, da wohnet Gott. – ℟

1. Christi Liebe hat uns geeint,
lasst uns frohlocken und jubeln in ihm!
Fürchten und lieben wollen wir den lebendigen Gott
und einander lieben aus lauterem Herzen. – (℟)

2. Da wir allesamt eines geworden,
hüten wir uns, getrennt zu werden im Geiste!
Es fliehe der Streit, böser Hader entweiche;
in unserer Mitte wohne der Herr. – (℟)

3. Christus spricht zu den Seinen:
Wo zwei oder drei
in meinem Namen versammelt sind,
da bin ich mitten unter ihnen. – (℟)

4. So lasst uns Gott anhangen aus ganzer Seele
und nichts soll stehen vor seiner Liebe.
Lasst uns in Gott dem Nächsten gut sein wie uns selbst
und Gottes wegen lieben auch den Feind. – (℟)

5. Mit den Heiligen wollen wir schauen
dein Antlitz, Christus, dereinst in der Herrlichkeit.
O, welch unermessliche Freude
durch die grenzenlose Weite der Ewigkeit. Amen. – R̸

GABENGEBET

Herr, gib, dass wir das Geheimnis des Altares ehrfürchtig feiern; denn sooft wir die Gedächtnisfeier dieses Opfers begehen, vollzieht sich an uns das Werk der Erlösung. Durch Christus, unseren Herrn.

PRÄFATION

In Wahrheit ist es würdig und recht, dir, Herr, heiliger Vater, allmächtiger, ewiger Gott, immer und überall zu danken durch unseren Herrn Jesus Christus. Als der wahre und ewige Hohepriester hat er die Feier eines immerwährenden Opfers gestiftet. Er hat sich selbst als Opfergabe dargebracht für das Heil der Welt und uns geboten, dass auch wir diese Gabe darbringen zu seinem Gedächtnis. Er stärkt uns, wenn wir seinen Leib empfangen, den er für uns geopfert hat. Er heiligt uns, wenn wir sein Blut trinken, das er für uns vergossen hat. Darum singen wir mit den Engeln und Erzengeln, den Thronen und Mächten und mit all den Scharen des himmlischen Heeres den Hochgesang von deiner göttlichen Herrlichkeit: Heilig …

KOMMUNIONVERS

1 Kor 11,24.25

Das ist mein Leib, der für euch hingegeben wird.
Dieser Kelch ist der neue Bund in meinem Blut.
Sooft ihr dieses Brot esst und diesen Kelch trinkt,
tut es zum Gedenken an mich – so spricht der Herr.

SCHLUSSGEBET

Allmächtiger Gott, du hast uns heute im Abendmahl deines Sohnes gestärkt. Sättige uns beim himmlischen Gastmahl mit dem ewigen Leben. Darum bitten wir durch ihn, Christus, unseren Herrn.

(Nach dem Schlussgebet wird die heilige Eucharistie in eine Kapelle oder an einen Nebenaltar getragen. Während der Prozession singt die Gemeinde. Nach der Feier wird der Altar abgedeckt, die Kreuze werden aus der Kirche entfernt oder verhüllt. In vielen Gemeinden beten die Gläubigen in dieser Nacht vor der Eucharistie.)

***

DIE LEINENSCHÜRZE

Du doch nicht, niemals!
Mein lieber, lieber Freund,
mein großer Lehrer,
verkleidet als Sklave. Nicht du.

Aber du willst doch,
dass wir uns nahe sind,
willst Anteil
an mir.

So gesehen. Ja, ich will!
Füße und Hände und
Haupt. Ich bitte dich,
leg los.

Du weißt nicht,
um was du bittest.
Simon,
du bist rein.

Susanne Sandherr

KARFREITAG – DIE FEIER VOM LEIDEN UND STERBEN CHRISTI

30. März 2018

Karfreitag. Was sagt mir dieses Wort und dieser Festtag heute? Dem einen oder der anderen mag es unverständlich erscheinen, weshalb uns das Leiden und Sterben eines Mannes vor zweitausend Jahren so zu Herzen gehen soll. Sind wir nicht täglich von unzähligen Todesmeldungen umgeben? Allein im Jahr 2016 sind beim Fluchtversuch über das Mittelmeer 5079 Menschen gestorben. Angesichts solcher Statistiken fällt das Schicksal eines Einzelnen, so scheint es, kaum noch ins Gewicht. Im Englischen würde man sagen: Who cares? Wen interessiert das? Was soll's. Genauer betrachtet aber kann diese allzu alltägliche Frage – who cares – auch so verstanden werden: Wer kümmert sich? Wen bekümmert das Leid eines Einzelnen? Mit dieser drängenden und bedrängenden Frage konfrontiert uns der Karfreitag. Karfreitag, der freie Tag im Jahr, der mich um einen Einzigen bekümmert sein lässt, und in ihm um alle.

GEBET

Gedenke, Herr, der großen Taten, die dein Erbarmen gewirkt hat. Schütze und heilige deine Diener, für die dein Sohn Jesus Christus sein Blut vergossen und das österliche Geheimnis eingesetzt hat, der mit dir lebt und herrscht in alle Ewigkeit.

Oder:

Allmächtiger, ewiger Gott, durch das Leiden deines Sohnes hast du den Tod vernichtet, der vom ersten Menschen auf alle Geschlechter übergegangen ist. Nach dem Gesetz der Natur tragen wir das Abbild des ersten Adam an uns; hilf uns durch deine Gnade, das Bild des neuen Adam in uns auszuprägen und Christus ähnlich zu werden, der mit dir lebt und herrscht in alle Ewigkeit.

WORTGOTTESDIENST

ZUR 1. LESUNG „Wer hat geglaubt, was wir gehört haben? Der Arm des HERRN – wem wurde er offenbar?" (Jes 53,1) In dieser Doppelfrage des sogenannten vierten Gottesknechtslieds zeigt sich das Problem des Propheten Jesaja, das auch uns heute gar nicht so fremd sein mag. Wir wollen von der Größe und Herrlichkeit Gottes sprechen, aber wie? Dass der Knecht Gottes „Erfolg" haben wird (Jes 52,13), scheint alles andere als ausgemacht. Im Gegenteil: das Aussehen dieses Menschen ist abstoßend, weder schön noch edel; schmerzverzerrt, eher jemand, an dem man vorbeisieht, den man übersieht, als einer, zu dem man aufblicken möchte. Juden und Christen wissen sich, aller unterschiedlichen Deutung und Wertung Jesu zum Trotz, einig im Bekenntnis zu dem biblischen Gott, dessen Erscheinen unscheinbar sich vollzieht. Seine Botschaft ist nicht gedruckt auf einer Hochglanzbroschüre, sondern geht uns nah in menschlicher, verletzlicher und verwundbarer Gestalt.

ERSTE LESUNG

Jes 52,13 – 53,12

Er wurde durchbohrt wegen unserer Verbrechen (Viertes Lied vom Gottesknecht)

Lesung aus dem Buch Jesaja.

Seht, mein Knecht hat Erfolg, er wird groß sein und hoch erhaben. Viele haben sich über ihn entsetzt, so entstellt sah er aus, nicht mehr wie ein Mensch, seine Gestalt war nicht mehr die eines Menschen. Jetzt aber setzt er viele Völker in Staunen, Könige müssen vor ihm verstummen. Denn was man ihnen noch nie erzählt hat, das sehen sie nun; was sie niemals hörten, das erfahren sie jetzt.

Wer hat unserer Kunde geglaubt? Der Arm des Herrn – wem wurde er offenbar? Vor seinen Augen wuchs er auf wie ein junger Spross, wie ein Wurzeltrieb aus trockenem Boden. Er hatte keine schöne und edle Gestalt, sodass wir ihn anschauen mochten. Er sah nicht so aus, dass wir Gefallen fanden an ihm. Er wurde verachtet und von den Menschen gemieden, ein Mann voller Schmerzen, mit Krankheit vertraut. Wie einer, vor dem man das Gesicht verhüllt, war er verachtet; wir schätzten ihn nicht.

Aber er hat unsere Krankheit getragen und unsere Schmerzen auf sich geladen. Wir meinten, er sei von Gott geschlagen, von ihm getroffen und gebeugt. Doch er wurde durchbohrt wegen unserer Verbrechen, wegen unserer Sünden zermalmt. Zu unserem Heil lag die Strafe auf ihm, durch seine Wunden sind wir geheilt.

Wir hatten uns alle verirrt wie Schafe, jeder ging für sich seinen Weg. Doch der Herr lud auf ihn die Schuld von uns allen. Er wurde misshandelt und niedergedrückt, aber er tat seinen Mund nicht auf. Wie ein Lamm, das man zum Schlachten führt, und wie ein Schaf angesichts seiner Scherer, so tat auch er seinen Mund nicht auf.

Durch Haft und Gericht wurde er dahingerafft, doch wen kümmerte sein Geschick? Er wurde vom Land der Lebenden abgeschnitten und wegen der Verbrechen seines Volkes zu Tode getroffen. Bei den Ruchlosen gab man ihm sein Grab, bei den Verbrechern seine Ruhestätte, obwohl er kein Unrecht getan hat und kein trügerisches Wort in seinem Mund war.

Doch der Herr fand Gefallen an seinem zerschlagenen Knecht, er rettete den, der sein Leben als Sühnopfer hingab. Er wird Nachkommen sehen und lange leben. Der Plan des Herrn wird durch ihn gelingen. Nachdem er so vieles ertrug, erblickt er das Licht. Er sättigt sich an Erkenntnis. Mein Knecht, der gerechte, macht die vielen gerecht; er lädt ihre Schuld auf sich.

Deshalb gebe ich ihm seinen Anteil unter den Großen und mit den Mächtigen teilt er die Beute, weil er sein Leben dem Tod preisgab und sich unter die Verbrecher rechnen ließ. Denn er trug die Sünden von vielen und trat für die Schuldigen ein.

ANTWORTPSALM Ps 31(30),2 u. 6.12–13.15–16.17 u. 25 (R: Lk 23,46)

℟ Vater, in deine Hände lege ich meinen Geist. – ℟

Herr, ich suche Zuflucht bei dir. †
Lass mich doch niemals scheitern; *
rette mich in deiner Gerechtigkeit!
In deine Hände lege ich voll Vertrauen meinen Geist; *
du hast mich erlöst, Herr, du treuer Gott. – (℟)

Zum Spott geworden bin ich all meinen Feinden, †
ein Hohn den Nachbarn, ein Schrecken den Freunden; *
wer mich auf der Straße sieht, der flieht vor mir.
Ich bin dem Gedächtnis entschwunden wie ein Toter, *
bin geworden wie ein zerbrochenes Gefäß. – (℟)

Ich aber, Herr, ich vertraue dir, *
ich sage: „Du bist mein Gott."
In deiner Hand liegt mein Geschick; *
entreiß mich der Hand meiner Feinde und Verfolger. – (℟)

Lass dein Angesicht leuchten über deinem Knecht, *
hilf mir in deiner Güte!
Euer Herz sei stark und unverzagt, *
ihr alle, die ihr wartet auf den Herrn. – ℟

ZUR 2. LESUNG Vom Ende her gelesen, wirkt der zweite Lesungstext befremdlich. Wird hier nicht menschliches Leiden verharmlost oder gar verherrlicht? Dabei fordert der Text gerade nicht zu blindem Gehorsam oder stummem Erdulden von Gewalt auf, sondern will neue Horizonte öffnen. In den Sätzen davor wird Jesus, der als der Hohepriester verstanden wird, weil er in und durch seinen Tod Sündenvergebung erwirkt hat, in höchstem Maße als menschlich und verletzlich beschrieben. Aber, und das ist entscheidend, Jesus war ohne Sünde, d. h. er hat sich nicht von Gott abgewandt, sondern er wendet uns, auch im Leiden und Sterben, das wahre menschliche Antlitz und darin gerade Gottes Antlitz zu. Sollen wir nun in Ehrfurcht erstarren? Der Hebräerbrief ruft uns auf, mit „Zuversicht“ (4,16) vor Gott zu treten. In der Originalsprache steht übrigens der Begriff „Parrhesia“, der Redefreiheit bedeutet und damit für ein offenes, engagiertes Gespräch, auch und gerade über den Glauben, plädiert.

ZWEITE LESUNG

Hebr 4,14–16; 5,7–9

Er hat den Gehorsam gelernt und ist für alle, die ihm gehorchen, der Urheber des ewigen Heils geworden

Lesung aus dem Hebräerbrief.

Brüder [*oder:* Brüder und Schwestern! *oder:* Schwestern und Brüder!]! Da wir einen erhabenen Hohenpriester haben, der die Himmel durchschritten hat, Jesus, den Sohn Gottes, lasst uns an dem Bekenntnis festhalten. Wir haben ja nicht einen Hohenpriester, der nicht mitfühlen könnte mit unserer Schwäche, sondern einen, der in allem wie wir in Versuchung geführt worden ist, aber nicht gesündigt hat.

Lasst uns also voll Zuversicht hingehen zum Thron der Gnade, damit wir Erbarmen und Gnade finden und so Hilfe erlangen zur rechten Zeit.

Als Christus auf Erden lebte, hat er mit lautem Schreien und unter Tränen Gebete und Bitten vor den gebracht, der ihn aus dem Tod retten konnte, und er ist erhört und aus seiner Angst befreit worden. Obwohl er der Sohn war, hat er durch Leiden den Gehorsam gelernt; zur Vollendung gelangt, ist er für alle, die ihm gehorchen, der Urheber des ewigen Heils geworden.

RUF VOR DER PASSION

Vers: vgl. Phil 2,8b–9

Herr Jesus, dir sei Ruhm und Ehre! – ℟
Christus war für uns gehorsam bis zum Tod,
bis zum Tod am Kreuz.
Darum hat ihn Gott über alle erhöht

und ihm den Namen verliehen, der größer ist als alle Namen.
Herr Jesus, dir sei Ruhm und Ehre!

ZUR PASSION Die Passionsgeschichte des Johannes-Evangeliums überrascht jedes Jahr aufs Neue. Zwar sind uns die Personen vertraut: Jesus und Petrus, Judas und Pilatus, Johannes und Maria. Aber aufrüttelnd, ja erschütternd ist doch immer wieder der Gerichtsprozess, der bei Johannes sehr viel ausführlicher geschildert wird als in den anderen drei Evangelien. Pilatus, der neben Jesus als Einziger der in der Passionsgeschichte genannten Personen im christlichen Glaubensbekenntnis auftaucht, hält Gericht über Jesus, den König, den wahren Menschen. Überraschenderweise verteidigt Jesus sich nicht, sondern verweist auf ein Reich, das „nicht von dieser Welt" ist und das dennoch, oder gerade deshalb, unserer Welt die wahre Macht verleiht. Die Macht, von der hier die Rede ist, könnte als Ohnmacht erscheinen – oder aber, was sie in Wahrheit zu sein beansprucht, als eine Macht der Liebe und der Gerechtigkeit, eine Macht, die „der Stadt Bestes" (Jer 29,7) sucht. Ist diese gelebte Menschlichkeit nur ein Wunschdenken? Mit dieser Frage konfrontiert uns Jesus, der für diese Menschlichkeit unter uns Menschen gelebt hat und am Ende für diese Menschlichkeit starb.

(Die Passion wird meist mit verteilten Rollen gelesen:
E = Evangelist, † = Worte Jesu, S = Worte sonstiger Personen)

PASSION

Joh 18,1 – 19,42

Das Leiden unseres Herrn Jesus Christus

Das Leiden unseres Herrn Jesus Christus nach Johannes.

Die Verhaftung

E Jesus ging mit seinen Jüngern hinaus, auf die andere Seite des Baches Kidron. Dort war ein Garten; in den ging er mit seinen Jüngern hinein. Auch Judas, der Verräter, der ihn auslieferte, kannte den Ort, weil Jesus dort oft mit seinen Jüngern zusammengekommen war.

Judas holte die Soldaten und die Gerichtsdiener der Hohenpriester und der Pharisäer und sie kamen dorthin mit Fackeln, Laternen und Waffen. Jesus, der alles wusste, was mit ihm geschehen sollte, ging hinaus und fragte sie: † Wen sucht ihr? E Sie antworteten ihm: S Jesus von Nazaret. E Er sagte zu ihnen: † Ich bin es. E Auch Judas, der Verräter, stand bei ihnen. Als er zu ihnen sagte: Ich bin es!, wichen sie zurück und stürzten zu Boden. Er fragte sie noch einmal: † Wen sucht ihr? E Sie sagten: S Jesus von Nazaret. E Jesus antwortete: † Ich habe euch gesagt, dass ich es bin. Wenn ihr mich sucht, dann lasst diese gehen! E So sollte sich das Wort erfüllen, das er gesagt hatte: Ich habe keinen von denen verloren, die du mir gegeben hast. Simon Petrus aber, der ein Schwert bei sich hatte, zog es, schlug nach dem Diener des Hohenpriesters und hieb ihm das rechte Ohr ab; der Diener hieß Malchus. Da sagte Jesus zu Petrus: † Steck das Schwert in die Scheide! Der Kelch, den mir der Vater gegeben hat – soll ich ihn nicht trinken?

Das Verhör vor Hannas und die Verleugnung durch Petrus

E Die Soldaten, ihre Befehlshaber und die Gerichtsdiener der Juden nahmen Jesus fest, fesselten ihn und führten ihn zuerst zu Hannas; er war nämlich der Schwiegervater des Kajaphas, der in jenem Jahr Hoherpriester war. Kajaphas aber war es, der den Juden den Rat gegeben hatte: S Es ist besser, dass ein einziger Mensch für das Volk stirbt. E Simon Petrus und ein anderer Jünger folgten Jesus. Dieser Jünger war mit dem Hohenpriester bekannt und ging mit Jesus in den Hof des hohepriesterlichen Palastes. Petrus aber blieb draußen am Tor stehen. Da kam der andere Jünger, der Bekannte des Hohenpriesters, heraus; er sprach mit der Pförtnerin und führte Petrus hinein. Da sagte die Pförtnerin zu Petrus: S Bist du nicht auch einer von den Jüngern dieses Menschen? E Er antwortete: S Nein. E Die Diener und die Knechte hatten sich ein Kohlenfeuer angezündet und standen dabei, um sich zu wärmen; denn es war kalt. Auch Petrus stand bei ihnen und wärmte sich.
Der Hohepriester befragte Jesus über seine Jünger und über seine Lehre. Jesus antwortete ihm: † Ich habe offen vor aller Welt gesprochen. Ich habe immer in der Synagoge und im Tempel gelehrt, wo alle Juden zusammenkommen. Nichts habe ich im Geheimen gesprochen. Warum fragst du mich? Frag doch die, die mich gehört haben, was ich zu ihnen gesagt habe; sie wissen, was ich geredet habe. E Auf

diese Antwort hin schlug einer von den Knechten, der dabeistand, Jesus ins Gesicht und sagte: S Redest du so mit dem Hohenpriester? E Jesus entgegnete ihm: † Wenn es nicht recht war, was ich gesagt habe, dann weise es nach; wenn es aber recht war, warum schlägst du mich? E Danach schickte ihn Hannas gefesselt zum Hohenpriester Kajaphas.

Simon Petrus aber stand am Feuer und wärmte sich. Sie sagten zu ihm: S Bist nicht auch du einer von seinen Jüngern? E Er leugnete und sagte: S Nein. E Einer von den Dienern des Hohenpriesters, ein Verwandter dessen, dem Petrus das Ohr abgehauen hatte, sagte: S Habe ich dich nicht im Garten bei ihm gesehen? E Wieder leugnete Petrus und gleich darauf krähte ein Hahn.

Das Verhör und die Verurteilung durch Pilatus

Von Kajaphas brachten sie Jesus zum Prätorium; es war früh am Morgen. Sie selbst gingen nicht in das Gebäude hinein, um nicht unrein zu werden, sondern das Paschalamm essen zu können. Deshalb kam Pilatus zu ihnen heraus und fragte: S Welche Anklage erhebt ihr gegen diesen Menschen? E Sie antworteten ihm: S Wenn er kein Übeltäter wäre, hätten wir ihn dir nicht ausgeliefert. E Pilatus sagte zu ihnen: S Nehmt ihr ihn doch und richtet ihn nach eurem Gesetz! E Die Juden antworteten ihm: S Uns ist es nicht gestattet, jemand hinzurichten. E So sollte sich das Wort Jesu erfüllen, mit dem er angedeutet hatte, auf welche Weise er sterben werde. Pilatus ging wieder in das Prätorium hinein, ließ Jesus rufen und fragte ihn: S Bist du der König der Juden? E Jesus antwortete: † Sagst du das von dir aus, oder haben es dir andere über mich gesagt? E Pilatus entgegnete: S Bin ich denn ein Jude? Dein eigenes Volk und die Hohenpriester haben dich an mich ausgeliefert. Was hast du getan? E Jesus antwortete: † Mein Königtum ist nicht von dieser Welt. Wenn es von dieser Welt wäre, würden meine Leute kämpfen, damit ich den Juden nicht ausgeliefert würde. Aber mein Königtum ist nicht von hier. E Pilatus sagte zu ihm: S Also bist du doch ein König? E Jesus antwortete: † Du sagst es, ich bin ein König. Ich bin dazu geboren und dazu in die Welt gekommen, dass ich für die Wahrheit Zeugnis ablege. Jeder, der aus der Wahrheit ist, hört auf meine Stimme. E Pilatus sagte zu ihm: S Was ist Wahrheit?

E Nachdem er das gesagt hatte, ging er wieder zu den Juden hinaus und sagte zu ihnen: S Ich finde keinen Grund, ihn zu verurteilen. Ihr seid gewohnt, dass ich euch am Paschafest einen Gefangenen freilasse. Wollt ihr also, dass ich euch den König der Juden freilasse?
E Da schrien sie wieder: S Nicht diesen, sondern Barabbas! E Barabbas aber war ein Straßenräuber.
Darauf ließ Pilatus Jesus geißeln. Die Soldaten flochten einen Kranz aus Dornen; den setzten sie ihm auf und legten ihm einen purpurroten Mantel um. Sie stellten sich vor ihn hin und sagten: S Heil dir, König der Juden! E Und sie schlugen ihm ins Gesicht. Pilatus ging wieder hinaus und sagte zu ihnen: S Seht, ich bringe ihn zu euch heraus; ihr sollt wissen, dass ich keinen Grund finde, ihn zu verurteilen. E Jesus kam heraus; er trug die Dornenkrone und den purpurroten Mantel. Pilatus sagte zu ihnen: S Seht, da ist der Mensch! E Als die Hohenpriester und ihre Diener ihn sahen, schrien sie: S Ans Kreuz mit ihm, ans Kreuz mit ihm! E Pilatus sagte zu ihnen: S Nehmt ihr ihn und kreuzigt ihn! Denn ich finde keinen Grund, ihn zu verurteilen. E Die Juden entgegneten ihm: S Wir haben ein Gesetz, und nach diesem Gesetz muss er sterben, weil er sich als Sohn Gottes ausgegeben hat.
E Als Pilatus das hörte, wurde er noch ängstlicher. Er ging wieder in das Prätorium hinein und fragte Jesus: S Woher stammst du? E Jesus aber gab ihm keine Antwort. Da sagte Pilatus zu ihm: S Du sprichst nicht mit mir? Weißt du nicht, dass ich Macht habe, dich freizulassen, und Macht, dich zu kreuzigen? E Jesus antwortete: † Du hättest keine Macht über mich, wenn es dir nicht von oben gegeben wäre; darum liegt größere Schuld bei dem, der mich dir ausgeliefert hat.
E Daraufhin wollte Pilatus ihn freilassen, aber die Juden schrien: S Wenn du ihn freilässt, bist du kein Freund des Kaisers; jeder, der sich als König ausgibt, lehnt sich gegen den Kaiser auf. E Auf diese Worte hin ließ Pilatus Jesus herausführen und er setzte sich auf den Richterstuhl an dem Platz, der Lithostrotos, auf hebräisch Gabbata, heißt. Es war am Rüsttag des Paschafestes, ungefähr um die sechste Stunde. Pilatus sagte zu den Juden: S Da ist euer König! E Sie aber schrien: S Weg mit ihm, kreuzige ihn! E Pilatus aber sagte zu ihnen: S Euren König soll ich kreuzigen? E Die Hohenpriester antworteten: S Wir haben keinen König außer dem Kaiser. E Da lieferte er ihnen Jesus aus, damit er gekreuzigt würde.

Die Hinrichtung Jesu

Sie übernahmen Jesus. Er trug sein Kreuz und ging hinaus zur sogenannten Schädelhöhe, die auf hebräisch Golgota heißt. Dort kreuzigten sie ihn und mit ihm zwei andere, auf jeder Seite einen, in der Mitte Jesus.
Pilatus ließ auch ein Schild anfertigen und oben am Kreuz befestigen; die Inschrift lautete: Jesus von Nazaret, der König der Juden. Dieses Schild lasen viele Juden, weil der Platz, wo Jesus gekreuzigt wurde, nahe bei der Stadt lag. Die Inschrift war hebräisch, lateinisch und griechisch abgefasst. Die Hohenpriester der Juden sagten zu Pilatus: S Schreib nicht: Der König der Juden, sondern dass er gesagt hat: Ich bin der König der Juden. E Pilatus antwortete: S Was ich geschrieben habe, habe ich geschrieben.
E Nachdem die Soldaten Jesus ans Kreuz geschlagen hatten, nahmen sie seine Kleider und machten vier Teile daraus, für jeden Soldaten einen. Sie nahmen auch sein Untergewand, das von oben her ganz durchgewebt und ohne Naht war. Sie sagten zueinander: S Wir wollen es nicht zerteilen, sondern darum losen, wem es gehören soll. E So sollte sich das Schriftwort erfüllen: Sie verteilten meine Kleider unter sich und warfen das Los um mein Gewand. Dies führten die Soldaten aus.
Bei dem Kreuz Jesu standen seine Mutter und die Schwester seiner Mutter, Maria, die Frau des Klopas, und Maria von Magdala. Als Jesus seine Mutter sah und bei ihr den Jünger, den er liebte, sagte er zu seiner Mutter: † Frau, siehe, dein Sohn! E Dann sagte er zu dem Jünger: † Siehe, deine Mutter! E Und von jener Stunde an nahm sie der Jünger zu sich.

(Hier stehen alle auf.)

Danach, als Jesus wusste, dass nun alles vollbracht war, sagte er, damit sich die Schrift erfüllte: † Mich dürstet. E Ein Gefäß mit Essig stand da. Sie steckten einen Schwamm mit Essig auf einen Ysopzweig und hielten ihn an seinen Mund. Als Jesus von dem Essig genommen hatte, sprach er: † Es ist vollbracht! E Und er neigte das Haupt und gab seinen Geist auf.

(Hier knien alle zu einer kurzen Gebetsstille nieder.)

Die Bestattung des Leichnams

Weil Rüsttag war und die Körper während des Sabbats nicht am Kreuz bleiben sollten, baten die Juden Pilatus, man möge den Gekreuzigten die Beine zerschlagen und ihre Leichen dann abnehmen; denn dieser Sabbat war ein großer Feiertag. Also kamen die Soldaten und zerschlugen dem Ersten die Beine, dann dem andern, der mit ihm gekreuzigt worden war.
Als sie aber zu Jesus kamen und sahen, dass er schon tot war, zerschlugen sie ihm die Beine nicht, sondern einer der Soldaten stieß mit der Lanze in seine Seite, und sogleich floss Blut und Wasser heraus. Und der, der es gesehen hat, hat es bezeugt, und sein Zeugnis ist wahr. Und er weiß, dass er Wahres berichtet, damit auch ihr glaubt. Denn das ist geschehen, damit sich das Schriftwort erfüllte: Man soll an ihm kein Gebein zerbrechen. Und ein anderes Schriftwort sagt: Sie werden auf den blicken, den sie durchbohrt haben.
Josef aus Arimathäa war ein Jünger Jesu, aber aus Furcht vor den Juden nur heimlich. Er bat Pilatus, den Leichnam Jesu abnehmen zu dürfen, und Pilatus erlaubte es. Also kam er und nahm den Leichnam ab.
Es kam auch Nikodemus, der früher einmal Jesus bei Nacht aufgesucht hatte. Er brachte eine Mischung aus Myrrhe und Aloë, etwa hundert Pfund. Sie nahmen den Leichnam Jesu und umwickelten ihn mit Leinenbinden, zusammen mit den wohlriechenden Salben, wie es beim jüdischen Begräbnis Sitte ist.
An dem Ort, wo man ihn gekreuzigt hatte, war ein Garten, und in dem Garten war ein neues Grab, in dem noch niemand bestattet worden war. Wegen des Rüsttages der Juden und weil das Grab in der Nähe lag, setzten sie Jesus dort bei.

GROSSE FÜRBITTEN

1. Für die heilige Kirche

Lasst uns beten, Brüder und Schwestern, für die heilige Kirche Gottes, dass unser Gott und Herr ihr Frieden schenke auf der ganzen

Erde, sie eine und behüte und uns ein Leben gewähre in Ruhe und Sicherheit zum Lob seines Namens.
(Beuget die Knie. – Erhebet euch.)

Allmächtiger, ewiger Gott, du hast in Christus allen Völkern deine Herrlichkeit geoffenbart. Behüte, was du in deinem Erbarmen geschaffen hast, damit deine Kirche auf der ganzen Erde in festem Glauben verharre. Darum bitten wir durch Christus, unseren Herrn.

2. Für den Papst
Lasst uns auch beten für unsern Papst N.: Der allmächtige Gott, der ihn zum Bischofsamt erwählt hat, erhalte ihn seiner Kirche und gebe ihm Kraft, das heilige Volk Gottes zu leiten.
(Beuget die Knie. – Erhebet euch.)

Allmächtiger, ewiger Gott, du Hirte deines Volkes, in deiner Weisheit ist alles begründet. Höre auf unser Gebet und bewahre in deiner Güte unseren Papst N. Leite durch ihn deine Kirche und gib, dass sie wachse im Glauben und in der Liebe. Darum bitten wir durch Christus, unseren Herrn.

3. Für alle Stände der Kirche
Lasst uns beten für unseren Bischof N., für alle Bischöfe, Priester, Diakone, für alle, die zum Dienst in der Kirche bestellt sind, und für das ganze Volk Gottes.
(Beuget die Knie. – Erhebet euch.)

Allmächtiger, ewiger Gott, dein Geist heiligt den ganzen Leib der Kirche und leitet ihn. Erhöre unser Gebet für alle Stände deines Volkes und gib ihnen die Gnade, dir in Treue zu dienen. Darum bitten wir durch Christus, unseren Herrn.

4. Für die Katechumenen
Lasst uns auch beten für die (unsere) Katechumenen: Unser Herr und Gott öffne ihre Herzen für sein Wort, er schenke ihnen in der Taufe die Vergebung aller Sünden und nehme sie auf in sein Vaterhaus, damit sie das Leben finden in unserem Herrn Jesus Christus.
(Beuget die Knie. – Erhebet euch.)

Allmächtiger, ewiger Gott, du gibst deiner Kirche immer neue Fruchtbarkeit. Schenke allen, die sich auf die Taufe vorbereiten, Wachstum im Glauben und in der Erkenntnis. Führe sie zur Wiedergeburt aus dem Quell der Taufe und nimm sie an als deine Kinder. Darum bitten wir durch Christus, unseren Herrn.

5. Für die Einheit der Christen

Lasst uns beten für alle Brüder und Schwestern, die an Christus glauben, dass unser Herr und Gott sie leite auf dem Weg der Wahrheit und sie zusammenführe in der Einheit der heiligen Kirche.
(Beuget die Knie. – Erhebet euch.)

Allmächtiger Gott, du allein kannst die Spaltung überwinden und die Einheit bewahren. Erbarme dich deiner Christenheit, die geheiligt ist durch die eine Taufe. Einige sie im wahren Glauben und schließe sie zusammen durch das Band der Liebe. Darum bitten wir durch Christus, unseren Herrn.

6. Für die Juden

Lasst uns auch beten für die Juden, zu denen Gott, unser Herr, zuerst gesprochen hat: Er bewahre sie in der Treue zu seinem Bund und in der Liebe zu seinem Namen, damit sie das Ziel erreichen, zu dem sein Ratschluss sie führen will.
(Beuget die Knie. – Erhebet euch.)

Allmächtiger, ewiger Gott, du hast Abraham und seinen Kindern deine Verheißung gegeben. Erhöre das Gebet deiner Kirche für das Volk, das du als erstes zu deinem Eigentum erwählt hast: Gib, dass es zur Fülle der Erlösung gelangt. Darum bitten wir durch Christus, unseren Herrn.

7. Für alle, die nicht an Christus glauben

Lasst uns beten für alle, die nicht an Christus glauben, dass der Heilige Geist sie erleuchte und sie auf den Weg des Heils führe.
(Beuget die Knie. – Erhebet euch.)

Allmächtiger, ewiger Gott, steh allen bei, die sich nicht zu Christus bekennen, damit sie mit redlichem Herzen vor dir leben und die

Wahrheit finden. Uns aber gib, dass wir das Geheimnis deines Lebens immer tiefer erfassen und in der brüderlichen Liebe wachsen, damit wir immer mehr zu glaubhaften Zeugen deiner Güte werden. Darum bitten wir durch Christus, unseren Herrn.

8. Für alle, die nicht an Gott glauben
Lasst uns auch beten für alle, die Gott nicht erkennen, dass sie mit seiner Hilfe ihrem Gewissen folgen und so zum Gott und Vater aller Menschen gelangen.
(Beuget die Knie. – Erhebet euch.)

Allmächtiger, ewiger Gott, du hast den Menschen geschaffen, dass er dich suche und in dir Ruhe finde. Gib dich zu erkennen in den Beweisen deines Erbarmens und in den Taten deiner Gläubigen, damit die Menschen trotz aller Hindernisse dich finden und als den wahren Gott und Vater bekennen. Darum bitten wir durch Christus, unseren Herrn.

9. Für die Regierenden
Lasst uns beten für die Regierenden: Unser Herr und Gott lenke ihren Geist und ihr Herz nach seinem Willen, damit sie den wahren Frieden und die Freiheit suchen zum Heil aller Völker.
(Beuget die Knie. – Erhebet euch.)

Allmächtiger, ewiger Gott, in deiner Hand sind die Herzen der Menschen und das Recht der Völker. Schau gnädig auf jene, die uns regieren, damit auf der ganzen Welt Sicherheit und Frieden herrschen, Wohlfahrt der Völker und Freiheit des Glaubens. Darum bitten wir durch Christus, unseren Herrn.

10. Für alle notleidenden Menschen
Lasst uns Gott, den allmächtigen Vater, bitten für alle, die der Hilfe bedürfen: Er reinige die Welt von allem Irrtum, nehme die Krankheiten hinweg, vertreibe den Hunger, löse ungerechte Fesseln, gebe den Heimatlosen Sicherheit, den Pilgernden und Reisenden eine glückliche Heimkehr, den Kranken die Gesundheit und den Sterbenden das ewige Leben.
(Beuget die Knie. – Erhebet euch.)

Allmächtiger, ewiger Gott, du Trost der Betrübten, du Kraft der Leidenden, höre auf alle, die in ihrer Bedrängnis zu dir rufen, und lass sie in jeder Not deine Barmherzigkeit erfahren. Darum bitten wir durch Christus, unseren Herrn.

KREUZVEREHRUNG

(Nach dem Wortgottesdienst folgt die feierliche Kreuzverehrung. Das Kreuz ist Zeichen der Niederlage, aber auch Zeichen des Sieges, es ist das Zeichen unserer Hoffnung. Im Zeichen des Kreuzes ehren wir Christus und bekennen uns zu ihm und seinem Weg.)

RUF ZUR KREUZERHEBUNG

V: Ecce lignum Crucis,
in quo salus mundi
pependit.
A: Venite, adoremus.

V: Seht das Kreuz, an dem
der Herr gehangen, das
Heil der Welt.
A: Kommt, lasset uns
anbeten.

GESÄNGE ZUR KREUZVEREHRUNG

ANTWORTGESANG

A: Dein Kreuz, o Herr, verehren wir
und deine heilige Auferstehung
preisen und rühmen wir:
Denn siehe, durch das Holz des Kreuzes
kam Freude in alle Welt.

V: Gott sei uns gnädig und segne uns. Vgl. Ps 67(66),2
Er lasse sein Angesicht über uns leuchten
und erbarme sich unser.

A: Dein Kreuz, o Herr, verehren wir
und deine heilige Auferstehung
preisen und rühmen wir:
Denn siehe, durch das Holz des Kreuzes
kam Freude in alle Welt.

IMPROPERIEN

A: Mein Volk, was habe ich dir getan, womit nur habe ich dich betrübt? Antworte mir.

V: Aus der Knechtschaft Ägyptens habe ich dich herausgeführt. Du aber bereitest das Kreuz deinem Erlöser.

A: Mein Volk …

Hagios, ho Theos,
Sanctus Deus.
Heiliger Gott.

Hagios Ischyros.
Sanctus Fortis.
Heiliger, starker Gott.

Hagios Athanatos, eleison hemas.
Sanctus Immortalis, miserere nobis.
Heiliger, unsterblicher Gott, erbarme dich unser.

V: Vierzig Jahre habe ich dich geleitet durch die Wüste. Ich habe dich mit Manna gespeist und dich hineingeführt in das Land der Verheißung. Du aber bereitest das Kreuz deinem Erlöser.

Hagios, ho Theos,
Sanctus Deus.
Heiliger Gott.

Hagios Ischyros.
Sanctus Fortis.
Heiliger, starker Gott.

Hagios Athanatos, eleison hemas.
Sanctus Immortalis, miserere nobis.
Heiliger, unsterblicher Gott, erbarme dich unser.

V: Was hätte ich dir mehr tun sollen und tat es nicht? Als meinen erlesenen Weinberg pflanzte ich dich, du aber brachtest mir bittere Trauben, du hast mich in meinem Durst mit Essig getränkt und mit der Lanze deinem Erlöser die Seite durchstoßen.

Hagios, ho Theos,
Sanctus Deus.
Heiliger Gott.

Hagios Ischyros.
Sanctus Fortis.
Heiliger, starker Gott.

Hagios Athanatos, eleison hemas.
Sanctus Immortalis, miserere nobis.
Heiliger, unsterblicher Gott, erbarme dich unser.

V: Deinetwegen habe ich Ägypten geschlagen und seine Erstgeburt, du aber hast mich geschlagen und dem Tod überliefert.
A: Mein Volk, was habe ich dir getan, womit nur habe ich dich betrübt? Antworte mir.
V: Ich habe dich aus Ägypten herausgeführt und den Pharao versinken lassen im Roten Meer, du aber hast mich den Hohenpriestern überliefert.
A: Mein Volk …
V: Ich habe vor dir einen Weg durch das Meer gebahnt, du aber hast mit der Lanze meine Seite geöffnet.
A: Mein Volk …
V: In einer Wolkensäule bin ich dir vorangezogen, du aber hast mich vor den Richterstuhl des Pilatus geführt.
A: Mein Volk …
V: Ich habe dich in der Wüste mit Manna gespeist, du aber hast mich ins Gesicht geschlagen und mich gegeißelt.

A: Mein Volk …

V: Ich habe dir Wasser aus dem Felsen zu trinken gegeben und dich gerettet, du aber hast mich getränkt mit Galle und Essig.

A: Mein Volk …

V: Deinetwegen habe ich die Könige Kanaans geschlagen, du aber schlugst mir mit einem Rohr auf mein Haupt.

A: Mein Volk …

V: Ich habe dir ein Königszepter in die Hand gegeben, du aber hast mich gekrönt mit einer Krone von Dornen.

A: Mein Volk …

V: Ich habe dich erhöht und ausgestattet mit großer Kraft, du aber erhöhtest mich am Holz des Kreuzes.

A: Mein Volk …

HYMNUS

Hier kann der Hymnus Pange, lingua, gloriosi proelium certaminis *eingefügt werden.*

KOMMUNION

(Das Allerheiligste wird zum Altar gebracht. Der Priester tritt zum Altar und spricht mit gefalteten Händen:)

Dem Wort unseres Herrn und Erlösers gehorsam und getreu seiner göttlichen Weisung, wagen wir zu sprechen:

(Er breitet die Hände aus und betet mit der Gemeinde:)

Vater unser im Himmel, geheiligt werde dein Name. Dein Reich komme. Dein Wille geschehe, wie im Himmel so auf Erden. Unser tägliches Brot gib uns heute. Und vergib uns unsere Schuld, wie auch wir vergeben unsern Schuldigern. Und führe uns nicht in Versuchung, sondern erlöse uns von dem Bösen.

(Der Priester fährt allein fort mit ausgebreiteten Händen:)

Erlöse uns, Herr, allmächtiger Vater, von allem Bösen und gib Frieden in unseren Tagen. Komm uns zu Hilfe mit deinem Erbarmen und bewahre uns vor Verwirrung und Sünde, damit wir voll Zuversicht das Kommen unseres Erlösers Jesus Christus erwarten.

(Die Gemeinde beschließt das Gebet mit dem Ruf:)

Denn dein ist das Reich und die Kraft
und die Herrlichkeit in Ewigkeit. Amen.

(Der Priester faltet die Hände und spricht leise:)

Herr Jesus Christus, der Empfang deines Leibes bringe mir nicht Gericht und Verdammnis, sondern Segen und Heil.

(Der Priester macht eine Kniebeuge, nimmt eine Hostie, hält sie über der Schale und spricht, zur Gemeinde gewendet, laut:)

Seht das Lamm Gottes,
das hinwegnimmt die Sünde der Welt.

(Zusammen mit der Gemeinde spricht er ein Mal:)

Herr, ich bin nicht würdig,
dass du eingehst unter mein Dach,
aber sprich nur ein Wort,
so wird meine Seele gesund.

SCHLUSSGEBET

Allmächtiger, ewiger Gott, durch den Tod und die Auferstehung deines Sohnes hast du uns das neue Leben geschenkt. Bewahre in uns, was deine Barmherzigkeit gewirkt hat, und gib uns durch den Empfang dieses Sakramentes die Kraft, dir treu zu dienen. Darum bitten wir durch Christus, unseren Herrn.

SEGENSGEBET ÜBER DAS VOLK

Herr, unser Gott, reicher Segen komme herab auf dein Volk, das den Tod deines Sohnes gefeiert hat und die Auferstehung erwartet. Schenke ihm Verzeihung und Trost, Wachstum im Glauben und die ewige Erlösung. Darum bitten wir durch Christus, unseren Herrn.

***

SEHT DAS KREUZ

Seit jeher,
so die einen,
ist das Kreuz
ein Stein des Anstoßes.
Einmal ins Rollen gebracht
folgen – wie eine Lawine –
Tod und Zerstörung.

Seht das Kreuz,
sagen die anderen,
das Heil der Welt.
In dem Tod des Einen
ist der Tod,
auch dein Tod und mein Tod,
gestorben.

Das Kreuz verstellt nicht,
das Kreuz verhüllt nichts.
Nackt ist der Tod und kalt.
Keine Fahnen klirren im Wind.
Selig, wer das Kreuz sieht
und dennoch glaubt.

René Dausner

Die Osterzeit

HOCHFEST DER AUFERSTEHUNG DES HERRN

OSTERSONNTAG

31. März / 1. April 2018

DIE FEIER DER OSTERNACHT

Draußen und drinnen, Nacht und Licht, Feuer und Wasser, Osterkerze und Bienenwachs, Zeichen und Schrift, Musik und Gesang, biblische Lesungen in Fülle. Die Osternacht, die auch als Nacht der Nächte bezeichnet wird, ist aufgeladen mit Symbolik, Darstellung und Interpretationskunst. Umso herausfordernder freilich ist die Gestaltung und Feier dieser Liturgie. Es geht ums Ganze: um die Welt, in der wir leben, um die Menschheit gestern, heute und morgen, um das Leben meines Nächsten – und um mich selbst. Der Gottesdienst ist nicht nur Feier des Geheimnisses Gottes, der Schöpfung und der Neuschöpfung, sondern auch eine Einführung in das Geheimnis der Menschwerdung Jesu, des Wortes Gottes. Der „Fromme von morgen“, so Karl Rahner, werde „ein ‚Mystiker‘ sein, einer, der etwas erfahren hat, oder er wird nicht mehr sein.“ Wer den Mut hat, sich darauf einzulassen, kann in der Osternacht etwas erleben.

LICHTFEIER

(In der Lichtfeier wird das Osterfeuer gesegnet. An ihm wird die Osterkerze entzündet und in feierlichem Zug in die dunkle Kirche getragen. Wenn es nicht möglich ist, das Osterfeuer anzuzünden, beginnt die Feier mit dem Einzug der Osterkerze.)

BEGRÜSSUNG

Liebe Brüder und Schwestern!
In der Osternacht ist unser Herr Jesus Christus vom Tode auferstanden und zum Leben hinübergegangen. Darum hält die Kirche in der ganzen Welt diese Nacht heilig; sie lädt ihre Söhne und Töchter, wo immer sie wohnen, ein, zu wachen und zu beten. Auch wir sind in (zu Beginn – am Ende) dieser Nacht der Einladung gefolgt. Wir begehen das Gedächtnis des österlichen Heilswerkes Christi, indem wir das Wort Gottes hören und die heiligen Mysterien feiern in der zuversichtlichen Hoffnung, dass wir einst am Sieg Christi über den Tod und an seinem Leben in Gott teilnehmen dürfen.

SEGEN ÜBER DAS FEUER

Lasset uns beten. Allmächtiger, ewiger Gott, du hast durch Christus allen, die an dich glauben, das Licht deiner Herrlichkeit geschenkt. Segne † dieses neue Feuer, das die Nacht erhellt, und entflamme in uns die Sehnsucht nach dir, dem unvergänglichen Licht, damit wir mit reinem Herzen zum ewigen Osterfest gelangen. Darum bitten wir durch Christus, unseren Herrn.

BEREITUNG DER OSTERKERZE

(Nach der Segnung des Feuers wird die Osterkerze herbeigebracht. Der Zelebrant ritzt mit einem Griffel ein Kreuz in die Kerze, darüber

zeichnet er den ersten Buchstaben des griechischen Alphabets, Alpha, darunter den letzten, Omega. Zwischen die Kreuzesarme schreibt er die Jahreszahl. Dabei spricht er:)

Christus, gestern und heute *(senkrechter Balken),*
Anfang und Ende *(Querbalken),*
Alpha *(über dem Kreuz)*
und Omega *(unter dem Kreuz).*

Sein ist die Zeit *(1. Ziffer)*
und die Ewigkeit *(2. Ziffer).*
Sein ist die Macht
und die Herrlichkeit *(3. Ziffer)*
in alle Ewigkeit. Amen *(4. Ziffer).*

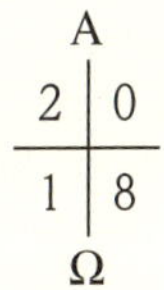

(Der Priester kann in das geritzte Kreuz fünf Weihrauchkörner einfügen. Dabei spricht er:)

Durch seine heiligen Wunden *(1),*
die leuchten in Herrlichkeit *(2),*
behüte uns *(3)*
und bewahre uns *(4)*
Christus, der Herr. Amen *(5).*

1
4 2 5
3

(Danach zündet der Priester die Osterkerze am Feuer an und spricht:)

Christus ist glorreich auferstanden vom Tod.
Sein Licht vertreibe das Dunkel der Herzen.

PROZESSION

(Der Priester oder ein Diakon nimmt die Osterkerze, hebt sie empor und singt:)

Lumen Christi.	Christus, das Licht.
A: Deo gratias.	A: Dank sei Gott.

(Alle ziehen in die Kirche ein. Am Eingang wird der Preisruf wiederholt. Die Mitfeiernden zünden ihre Kerzen an der Osterkerze an.

Vor dem Altar wendet sich der Priester dem Volk zu und singt zum dritten Mal den Preisruf. Nun werden in der Kirche die Lichter angezündet.)

DAS OSTERLOB

Frohlocket, ihr Chöre der Engel, frohlocket, ihr himmlischen Scharen, lasset die Posaune erschallen, preiset den Sieger, den erhabenen König! Lobsinge, du Erde, überstrahlt vom Glanz aus der Höhe! Licht des großen Königs umleuchtet dich. Siehe, geschwunden ist allerorten das Dunkel. Auch du freue dich, Mutter Kirche, umkleidet von Licht und herrlichem Glanze! Töne wider, heilige Halle, töne von des Volkes mächtigem Jubel.

(V: Der Herr sei mit euch.
A: Und mit deinem Geiste.)
V: Erhebet die Herzen.
A: Wir haben sie beim Herrn.
V: Lasset uns danken dem Herrn, unserm Gott.
A: Das ist würdig und recht.

In Wahrheit ist es würdig und recht, den verborgenen Gott, den allmächtigen Vater, mit aller Glut des Herzens zu rühmen und seinen eingeborenen Sohn, unseren Herrn Jesus Christus, mit jubelnder Stimme zu preisen. Er hat für uns beim ewigen Vater Adams Schuld bezahlt und den Schuldbrief ausgelöscht mit seinem Blut, das er aus Liebe vergossen hat. Gekommen ist das heilige Osterfest, an dem das wahre Lamm geschlachtet ward, dessen Blut die Türen der Gläubigen heiligt und das Volk bewahrt vor Tod und Verderben. Dies ist die Nacht, die unsere Väter, die Söhne Israels, aus Ägypten befreit und auf trockenem Pfad durch die Fluten des Roten Meeres geführt hat. Dies ist die Nacht, in der die leuchtende Säule das Dunkel der Sünde vertrieben hat. Dies ist die Nacht, die auf der ganzen Erde alle, die an Christus glauben, scheidet von den Lastern der Welt, dem Elend der Sünde entreißt, ins Reich der Gnade heimführt und einfügt in die heilige Kirche. Dies ist die selige Nacht, in der Christus die Ketten des Todes zerbrach und aus der Tiefe als Sieger emporstieg. O unfassbare

Liebe des Vaters: Um den Knecht zu erlösen, gabst du den Sohn dahin! O wahrhaft heilbringende Sünde des Adam, du wurdest uns zum Segen, da Christi Tod dich vernichtet hat. O glückliche Schuld, welch großen Erlöser hast du gefunden. Der Glanz dieser heiligen Nacht nimmt den Frevel hinweg, reinigt von Schuld, gibt den Sündern die Unschuld, den Trauernden Freude. O wahrhaft selige Nacht, die Himmel und Erde versöhnt, die Gott und Menschen verbindet! In dieser gesegneten Nacht, heiliger Vater, nimm an das Abendopfer unseres Lobes, nimm diese Kerze entgegen als unsere festliche Gabe! Aus dem köstlichen Wachs der Bienen bereitet, wird sie dir dargebracht von deiner heiligen Kirche durch die Hand ihrer Diener. So bitten wir dich, o Herr: Geweiht zum Ruhm deines Namens, leuchte die Kerze fort, um in dieser Nacht das Dunkel zu vertreiben. Nimm sie an als lieblich duftendes Opfer, vermähle ihr Licht mit den Lichtern am Himmel. Sie leuchte, bis der Morgenstern erscheint, jener wahre Morgenstern, der in Ewigkeit nicht untergeht: dein Sohn, unser Herr Jesus Christus, der von den Toten erstand, der den Menschen erstrahlt im österlichen Licht, der lebt und herrscht in Ewigkeit!
A: Amen.

WORTGOTTESDIENST

ZUR 1. LESUNG Nichts wäre missverständlicher, als die erste Schöpfungserzählung im Sinn eines Berichts zu lesen, um ihn dann mit aktuellen naturwissenschaftlichen Erkenntnissen zu vergleichen. Vielmehr gilt es zu beachten, dass es in dieser Lesung um ein Grundverständnis dessen geht, was Schöpfung genannt wird. Kunstvoll wird hier von der grundlegenden Unterscheidung zwischen Dunkelheit und Licht erzählt, von der Bedeutung des Wassers und von der Entstehung von Pflanzen- und Tierwelt. Vom Menschen, der in diese Umwelt hineinversetzt wird, ist erst am sechsten Tag die Rede, dafür aber wird das göttliche Urteil erstmals von „gut“ in „sehr gut“ verwandelt. Der Mensch, der als Ebenbild Gottes geschaffen worden ist, erhält so eine besondere Stellung, die in der Verantwortung für die Umwelt besteht.

An der Wahrnehmung oder Zurückweisung dieser Verantwortung hängt alles – jedenfalls unendlich viel.

ERSTE LESUNG

Gen 1,1–2,2

Gott sah alles an, was er gemacht hatte: Es war sehr gut

Lesung aus dem Buch Genesis.

Im Anfang schuf Gott Himmel und Erde; die Erde aber war wüst und wirr, Finsternis lag über der Urflut und Gottes Geist schwebte über dem Wasser. Gott sprach: Es werde Licht. Und es wurde Licht. Gott sah, dass das Licht gut war. Gott schied das Licht von der Finsternis und Gott nannte das Licht Tag und die Finsternis nannte er Nacht. Es wurde Abend und es wurde Morgen: erster Tag.

Dann sprach Gott: Ein Gewölbe entstehe mitten im Wasser und scheide Wasser von Wasser. Gott machte also das Gewölbe und schied das Wasser unterhalb des Gewölbes vom Wasser oberhalb des Gewölbes. So geschah es und Gott nannte das Gewölbe Himmel. Es wurde Abend und es wurde Morgen: zweiter Tag.

Dann sprach Gott: Das Wasser unterhalb des Himmels sammle sich an einem Ort, damit das Trockene sichtbar werde. So geschah es. Das Trockene nannte Gott Land und das angesammelte Wasser nannte er Meer. Gott sah, dass es gut war. Dann sprach Gott: Das Land lasse junges Grün wachsen, alle Arten von Pflanzen, die Samen tragen, und von Bäumen, die auf der Erde Früchte bringen mit ihrem Samen darin. So geschah es. Das Land brachte junges Grün hervor, alle Arten von Pflanzen, die Samen tragen, alle Arten von Bäumen, die Früchte bringen mit ihrem Samen darin. Gott sah, dass es gut war. Es wurde Abend und es wurde Morgen: dritter Tag.

Dann sprach Gott: Lichter sollen am Himmelsgewölbe sein, um Tag und Nacht zu scheiden. Sie sollen Zeichen sein und zur Bestimmung von Festzeiten, von Tagen und Jahren dienen; sie sollen Lichter am Himmelsgewölbe sein, die über die Erde hin leuchten. So geschah es. Gott machte die beiden großen Lichter, das größere, das über den Tag herrscht, das kleinere, das über die Nacht herrscht, auch die Sterne. Gott setzte die Lichter an das Himmelsgewölbe, damit sie über die Erde hin leuchten, über Tag und Nacht herrschen und das Licht von der Finsternis scheiden. Gott sah, dass es gut war. Es wurde Abend und es wurde Morgen: vierter Tag.

Dann sprach Gott: Das Wasser wimmle von lebendigen Wesen und Vögel sollen über dem Land am Himmelsgewölbe dahinfliegen. Gott schuf alle Arten von großen Seetieren und anderen Lebewesen, von denen das Wasser wimmelt, und alle Arten von gefiederten Vögeln. Gott sah, dass es gut war. Gott segnete sie und sprach: Seid fruchtbar und vermehrt euch und bevölkert das Wasser im Meer und die Vögel sollen sich auf dem Land vermehren. Es wurde Abend und es wurde Morgen: fünfter Tag.

Dann sprach Gott: Das Land bringe alle Arten von lebendigen Wesen hervor, von Vieh, von Kriechtieren und von Tieren des Feldes. So geschah es. Gott machte alle Arten von Tieren des Feldes, alle Arten von Vieh und alle Arten von Kriechtieren auf dem Erdboden. Gott sah, dass es gut war.

Dann sprach Gott: Lasst uns Menschen machen als unser Abbild, uns ähnlich. Sie sollen herrschen über die Fische des Meeres, über die Vögel des Himmels, über das Vieh, über die ganze Erde und über alle Kriechtiere auf dem Land. Gott schuf also den Menschen als sein Abbild; als Abbild Gottes schuf er ihn. Als Mann und Frau schuf er sie.

Gott segnete sie und Gott sprach zu ihnen: Seid fruchtbar und vermehrt euch, bevölkert die Erde, unterwerft sie euch und herrscht über die Fische des Meeres, über die Vögel des Himmels und über alle Tiere, die sich auf dem Land regen. Dann sprach Gott: Hiermit übergebe ich euch alle Pflanzen auf der ganzen Erde, die Samen tragen, und alle Bäume mit samenhaltigen Früchten. Euch sollen sie zur Nahrung dienen. Allen Tieren des Feldes, allen Vögeln des Himmels und allem, was sich auf der Erde regt, was Lebensatem in sich hat, gebe ich alle grünen Pflanzen zur Nahrung. So geschah es. Gott sah alles an, was er gemacht hatte: Es war sehr gut. Es wurde Abend und es wurde Morgen: der sechste Tag.

So wurden Himmel und Erde vollendet und ihr ganzes Gefüge. Am siebten Tag vollendete Gott das Werk, das er geschaffen hatte, und er ruhte am siebten Tag, nachdem er sein ganzes Werk vollbracht hatte.

Oder:

KURZFASSUNG

Gen 1,1.26–31a

Gott sah alles an, was er gemacht hatte: Es war sehr gut

Lesung aus dem Buch Genesis.

Im Anfang schuf Gott Himmel und Erde. Und Gott sprach: Lasst uns Menschen machen als unser Abbild, uns ähnlich. Sie sollen herrschen über die Fische des Meeres, über die Vögel des Himmels, über das Vieh, über die ganze Erde und über alle Kriechtiere auf dem Land. Gott schuf also den Menschen als sein Abbild; als Abbild Gottes schuf er ihn. Als Mann und Frau schuf er sie.

Gott segnete sie und Gott sprach zu ihnen: Seid fruchtbar und vermehrt euch, bevölkert die Erde, unterwerft sie euch und herrscht über die Fische des Meeres, über die Vögel des Himmels und über alle Tiere, die sich auf dem Land regen. Dann sprach Gott: Hiermit übergebe ich euch alle Pflanzen auf der ganzen Erde, die Samen tragen, und alle Bäume mit samenhaltigen Früchten. Euch sollen sie zur Nahrung dienen. Allen Tieren des Feldes, allen Vögeln des Himmels und allem, was sich auf der Erde regt, was Lebensatem in sich hat, gebe ich alle grünen Pflanzen zur Nahrung. So geschah es.

Gott sah alles an, was er gemacht hatte: Es war sehr gut.

ANTWORTPSALM

Ps 104(103),1–2.5–6.10 u. 12.13–14b.24 u. 1ab (℟: vgl. 30)

℟ Sende aus deinen Geist
und das Antlitz der Erde wird neu. – ℟

Lobe den Herrn, meine Seele! †
Herr, mein Gott, wie groß bist du! *
Du bist mit Hoheit und Pracht bekleidet.
Du hüllst dich in Licht wie in ein Kleid, *
du spannst den Himmel aus wie ein Zelt. – (℟)

Du hast die Erde auf Pfeiler gegründet; *
in alle Ewigkeit wird sie nicht wanken.
Einst hat die Urflut sie bedeckt wie ein Kleid, *
die Wasser standen über den Bergen. – (℟)

Du lässt die Quellen hervorsprudeln in den Tälern, *
sie eilen zwischen den Bergen dahin.
An den Ufern wohnen die Vögel des Himmels, *
aus den Zweigen erklingt ihr Gesang. – (℟)

Du tränkst die Berge aus deinen Kammern, *
aus deinen Wolken wird die Erde satt.
Du lässt Gras wachsen für das Vieh, *
auch Pflanzen für den Menschen, die er anbaut. – (℟)

Herr, wie zahlreich sind deine Werke! †
Mit Weisheit hast du sie alle gemacht, *
die Erde ist voll von deinen Geschöpfen.
Lobe den Herrn, meine Seele! *
Herr, mein Gott, wie groß bist du! – ℟

Oder:

ANTWORTPSALM Ps 33 (32), 4–5.6–7.12–13.20 u. 22 (℟: vgl. 5b)

℟ Von deiner Huld, o Herr, ist die Erde erfüllt. – ℟

Das Wort des Herrn ist wahrhaftig, *
all sein Tun ist verlässlich.
Er liebt Gerechtigkeit und Recht, *
die Erde ist erfüllt von der Huld des Herrn. – (℟)

Durch das Wort des Herrn wurden die Himmel geschaffen, *
ihr ganzes Heer durch den Hauch seines Mundes.
Wie im Schlauch fasst er das Wasser des Meeres, *
verschließt die Urflut in Kammern. – (℟)

Wohl dem Volk, dessen Gott der Herr ist, *
die Nation, die er sich zum Erbteil erwählt hat.
Der Herr blickt herab vom Himmel, *
er sieht auf alle Menschen. – (℟)

Unsre Seele hofft auf den Herrn; *
er ist für uns Schild und Hilfe.
Lass deine Güte über uns walten, o Herr, *
denn wir schauen aus nach dir. – ℟

GEBET

Allmächtiger Gott, du bist wunderbar in allem, was du tust. Lass deine Erlösten erkennen, dass deine Schöpfung groß ist, doch größer noch das Werk der Erlösung, die du uns in der Fülle der Zeit geschenkt hast durch den Tod des Osterlammes, unseres Herrn Jesus Christus, der mit dir lebt und herrscht in alle Ewigkeit.

ZUR 2. LESUNG Auch wer keine Kinder hat, versteht die Radikalität dieser Geschichte, in der Abraham von Gott „auf die Probe" gestellt wird (22,1). Das einzige Kind, das Sarah und Abraham im hohen Alter geschenkt worden ist, soll vom Vater eigenhändig als Opfer dargebracht werden. Am Ende der Geschichte wird der Sohn den Eltern ein zweites Mal geschenkt, weil Gottes Wort das Opfer des Sohnes verhindert. Statt des Sohnes wird ein Widder dargebracht. Die Interpretationsgeschichte dieser Erzählung ist lang und vielfältig. Die Religionsgeschichte findet in dieser Erzählung den menschheitsgeschichtlichen Wandel vom Menschenopfer zum Tieropfer wieder, in der jüdischen Tradition gilt sie als Inbegriff des Leidens von Jüdinnen und

Juden im Lauf der Jahrhunderte, und die christliche Lesart sieht in der Annahme und Aufhebung des Sohnesopfers ein Vorausbild des Weges Jesu. Dabei stellt die Geschichte auch uns immer wieder auf eine harte Probe: Wo verläuft die Grenze zwischen verantwortungsvollem Gottvertrauen und verantwortungslosem Wahn? Und, konkreter noch: Verstehen wir den Tod Jesu als Hingabe an Gott und als Eintreten für unser Leben?

ZWEITE LESUNG Gen 22,1–18

Das Opfer unseres Vaters Abraham (Messbuch: 1. Hochgebet)

Lesung aus dem Buch Genesis.

In jenen Tagen stellte Gott Abraham auf die Probe. Er sprach zu ihm: Abraham! Er antwortete: Hier bin ich. Gott sprach: Nimm deinen Sohn, den einzigen, den du liebst, Isaak, geh in das Land Morija und bring ihn dort auf einem Berge, den ich dir nenne, als Brandopfer dar.

Frühmorgens stand Abraham auf, sattelte seinen Esel, holte seine beiden Jungknechte und seinen Sohn Isaak, spaltete Holz zum Opfer und machte sich auf den Weg zu dem Ort, den ihm Gott genannt hatte. Als Abraham am dritten Tag aufblickte, sah er den Ort von weitem.

Da sagte Abraham zu seinen Jungknechten: Bleibt mit dem Esel hier! Ich will mit dem Knaben hingehen und anbeten; dann kommen wir zu euch zurück. Abraham nahm das Holz für das Brandopfer und lud es seinem Sohn Isaak auf. Er selbst nahm das Feuer und das Messer in die Hand. So gingen beide miteinander. Nach einer Weile sagte Isaak zu seinem Vater Abraham: Vater! Er antwortete: Ja, mein Sohn! Dann sagte Isaak: Hier ist Feuer und Holz. Wo aber ist das Lamm für das Brandopfer? Abraham entgegnete: Gott wird sich das Opferlamm aussuchen, mein Sohn. Und beide gingen miteinander weiter.

Als sie an den Ort kamen, den ihm Gott genannt hatte, baute Abraham den Altar, schichtete das Holz auf, fesselte seinen Sohn Isaak und legte ihn auf den Altar, oben auf das Holz. Schon streckte Abraham seine Hand aus und nahm das Messer, um seinen Sohn zu schlachten. Da rief ihm der Engel des Herrn vom Himmel her zu: Abraham, Abraham! Er antwortete: Hier bin ich. Jener sprach: Streck deine Hand nicht gegen den Knaben aus und tu ihm nichts zuleide! Denn jetzt weiß ich, dass du Gott fürchtest; du hast mir deinen einzigen Sohn nicht vorenthalten. Als Abraham aufschaute, sah er: Ein Widder hatte sich hinter ihm mit seinen Hörnern im Gestrüpp verfangen. Abraham ging hin, nahm den Widder und brachte ihn statt seines Sohnes als Brandopfer dar.

Abraham nannte jenen Ort Jahwe-Jire – Der Herr sieht –, wie man noch heute sagt: Auf dem Berg lässt sich der Herr sehen.

Der Engel des Herrn rief Abraham zum zweiten Mal vom Himmel her zu und sprach: Ich habe bei mir geschworen – Spruch des Herrn: Weil du das getan hast und deinen einzigen Sohn mir nicht vorenthalten hast, will ich dir Segen schenken in Fülle und deine Nachkommen zahlreich machen wie die Sterne am Himmel und den Sand am Meeresstrand. Deine Nachkommen sollen das Tor ihrer Feinde einnehmen. Segnen sollen sich mit deinen Nachkommen alle Völker der Erde, weil du auf meine Stimme gehört hast.

Oder:

KURZFASSUNG Gen 22,1–2.9a.10–13.15–18

Das Opfer unseres Vaters Abraham (Messbuch: 1. Hochgebet)

Lesung aus dem Buch Genesis.

In jenen Tagen stellte Gott Abraham auf die Probe. Er sprach zu ihm: Abraham! Er antwortete: Hier bin ich. Gott sprach: Nimm deinen Sohn, den einzigen, den du liebst, Isaak, geh in das Land Morija und bring ihn dort auf einem Berge, den ich dir nenne, als Brandopfer dar.

Als sie an den Ort kamen, den ihm Gott genannt hatte, baute Abraham den Altar und schichtete das Holz auf. Schon streckte Abraham seine Hand aus und nahm das Messer, um seinen Sohn zu schlachten. Da rief ihm der Engel des Herrn vom Himmel her zu: Abraham, Abraham! Er antwortete: Hier bin ich. Jener sprach:

Streck deine Hand nicht gegen den Knaben aus und tu ihm nichts zuleide! Denn jetzt weiß ich, dass du Gott fürchtest; du hast mir deinen einzigen Sohn nicht vorenthalten. Als Abraham aufschaute, sah er: Ein Widder hatte sich hinter ihm mit seinen Hörnern im Gestrüpp verfangen. Abraham ging hin, nahm den Widder und brachte ihn statt seines Sohnes als Brandopfer dar.

Der Engel des Herrn rief Abraham zum zweiten Mal vom Himmel her zu und sprach: Ich habe bei mir geschworen – Spruch des Herrn: Weil du das getan hast und deinen einzigen Sohn mir nicht vorenthalten hast, will ich dir Segen schenken in Fülle und deine Nachkommen zahlreich machen wie die Sterne am Himmel und den Sand am Meeresstrand. Deine Nachkommen sollen das Tor ihrer Feinde einnehmen. Segnen sollen sich mit deinen Nachkommen alle Völker der Erde, weil du auf meine Stimme gehört hast.

ANTWORTPSALM

Ps 16(15),5 u. 8.9–10.2 u. 11 (℟: vgl. 1)

℟ Behüte mich, Gott,
denn ich vertraue auf dich. – ℟

Du, Herr, gibst mir das Erbe und reichst mir den Becher; *
du hältst mein Los in deinen Händen.
Ich habe den Herrn beständig vor Augen. *
Er steht mir zur Rechten, ich wanke nicht. – (℟)

Darum freut sich mein Herz und frohlockt meine Seele; *
auch mein Leib wird wohnen in Sicherheit.
Denn du gibst mich nicht der Unterwelt preis; *
du lässt deinen Frommen das Grab nicht schauen. – (℟)

Ich sage zum Herrn: „Du bist mein Herr; *
mein ganzes Glück bist du allein."
Du zeigst mir den Pfad zum Leben. †
Vor deinem Angesicht herrscht Freude in Fülle, *
zu deiner Rechten Wonne für alle Zeit. – ℟

GEBET

Gott, du Vater aller Gläubigen, durch deine Gnade mehrst du auf dem ganzen Erdenrund die Kinder deiner Verheißung. Durch das österliche Sakrament der Taufe erfüllst du den Eid, den du Abraham geschworen hast, und machst ihn zum Vater aller Völker. Gib allen, die du zu deinem Volke berufen hast, die Gnade, diesem Ruf zu folgen. Darum bitten wir durch Christus, unseren Herrn.

ZUR 3. LESUNG Dem Wasser kommt in dieser dritten Lesung eine besondere Rolle zu. Wasser ist das Elixier, ohne das es Leben nicht geben kann. Aber Wasser kann auch zerstörerisch wirken, wie die Erzählung vom Durchzug durch das Rote Meer verdeutlicht, eine Erzählung, die als Einzige der sieben Lesungen des Ersten Testaments in der Osternacht nicht fehlen darf. Denn zu bedeutend ist die Erzählung von der Errettung Israels aus der ägyptischen Knechtschaft, eine Erzählung über Leben und Überleben, die bis in unsere Zeit auch von Jüdinnen und Juden am Pessachfest in Erinnerung gerufen wird. Der Glaube an Gottes wirksames Handeln in der Geschichte betrifft auch das Geschick Jesu, und nicht nur, weil sein Tod am Kreuz mit dem Pessachfest in zeitlicher Verbindung steht. Vielmehr wird sein Tod zum Dreh- und Angelpunkt des Lebens, auch unseres Lebens. In der Taufe, die auch ein Auftauchen aus dem Wasser ist, des Elements, das Leben geben und nehmen kann, in der Taufe werden wir neu geboren.

DRITTE LESUNG Ex 14,15–15,1

Die Israeliten zogen auf trockenem Boden mitten durch das Meer

Lesung aus dem Buch Exodus.

In jenen Tagen, als die Israeliten sahen, dass die Ägypter ihnen nachrückten, erschraken sie sehr und schrien zum Herrn. Da sprach der Herr zu Mose: Was schreist du zu mir? Sag den Israeliten, sie sollen aufbrechen. Und du heb deinen Stab hoch, streck deine

Hand über das Meer und spalte es, damit die Israeliten auf trockenem Boden in das Meer hineinziehen können. Ich aber will das Herz der Ägypter verhärten, damit sie hinter ihnen hineinziehen. So will ich am Pharao und an seiner ganzen Streitmacht, an seinen Streitwagen und Reitern meine Herrlichkeit erweisen. Die Ägypter sollen erkennen, dass ich der Herr bin, wenn ich am Pharao, an seinen Streitwagen und Reitern meine Herrlichkeit erweise.

Der Engel Gottes, der den Zug der Israeliten anführte, erhob sich und ging an das Ende des Zuges und die Wolkensäule vor ihnen erhob sich und trat an das Ende. Sie kam zwischen das Lager der Ägypter und das Lager der Israeliten. Die Wolke war da und Finsternis und Blitze erhellten die Nacht. So kamen sie die ganze Nacht einander nicht näher.

Mose streckte seine Hand über das Meer aus und der Herr trieb die ganze Nacht das Meer durch einen starken Ostwind fort. Er ließ das Meer austrocknen und das Wasser spaltete sich. Die Israeliten zogen auf trockenem Boden ins Meer hinein, während rechts und links von ihnen das Wasser wie eine Mauer stand. Die Ägypter setzten ihnen nach; alle Pferde des Pharao, seine Streitwagen und Reiter zogen hinter ihnen ins Meer hinein.

Um die Zeit der Morgenwache blickte der Herr aus der Feuer- und Wolkensäule auf das Lager der Ägypter und brachte es in Verwirrung. Er hemmte die Räder an ihren Wagen und ließ sie nur schwer vorankommen. Da sagte der Ägypter: Ich muss vor Israel fliehen; denn Jahwe kämpft an ihrer Seite gegen Ägypten.

Darauf sprach der Herr zu Mose: Streck deine Hand über das Meer, damit das Wasser zurückflutet und den Ägypter, seine Wagen und Reiter zudeckt. Mose streckte seine Hand über das Meer und gegen Morgen flutete das Meer an seinen alten Platz zurück, während die Ägypter auf der Flucht ihm entgegenliefen. So trieb der Herr die Ägypter mitten ins Meer. Das Wasser kehrte zurück und bedeckte Wagen und Reiter, die ganze Streitmacht des Pharao, die den Israeliten ins Meer nachgezogen war. Nicht ein Einziger von ihnen blieb übrig. Die Israeliten aber waren auf trockenem Boden mitten durch das Meer gezogen, während rechts und links von ihnen das Wasser wie eine Mauer stand.

So rettete der Herr an jenem Tag Israel aus der Hand der Ägypter.

Israel sah die Ägypter tot am Strand liegen. Als Israel sah, dass der Herr mit mächtiger Hand an den Ägyptern gehandelt hatte, fürchtete das Volk den Herrn. Sie glaubten an den Herrn und an Mose, seinen Knecht.

Damals sang Mose mit den Israeliten dem Herrn dieses Lied; sie sagten: Ich singe dem Herrn ein Lied, denn er ist hoch und erhaben. Rosse und Wagen warf er ins Meer.

ANTWORTPSALM Ex 15,1b–2b.2c–3.4–5.6 u. 13.17–18 (℟: vgl. 1bc)

℟ Dem Herrn will ich singen,
machtvoll hat er sich kundgetan. – ℟

Ich singe dem Herrn ein Lied, †
denn er ist hoch und erhaben. *
Rosse und Wagen warf er ins Meer.
Meine Stärke und mein Lied ist der Herr, *
er ist für mich zum Retter geworden. – (℟)

Er ist mein Gott, ihn will ich preisen; *
den Gott meines Vaters will ich rühmen.
Der Herr ist ein Krieger, *
Jahwe ist sein Name. – (℟)

Pharaos Wagen und seine Streitmacht warf er ins Meer. *
Seine besten Kämpfer versanken im Schilfmeer.
Fluten deckten sie zu, *
sie sanken in die Tiefe wie Steine. – (℟)

Deine Rechte, Herr, ist herrlich an Stärke; *
deine Rechte, Herr, zerschmettert den Feind.
Du lenktest in deiner Güte das Volk, das du erlöst hast, *
du führtest sie machtvoll zu deiner heiligen Wohnung. – (℟)

Du brachtest sie hin und pflanztest sie ein *
auf dem Berg deines Erbes.

Einen Ort, wo du thronst, Herr, hast du gemacht; †
ein Heiligtum, Herr, haben deine Hände gegründet. *
Der Herr ist König für immer und ewig. – ℟

GEBET

Gott, deine uralten Wunder leuchten noch in unseren Tagen. Was einst dein mächtiger Arm an *einem* Volk getan hat, das tust du jetzt an allen Völkern: Einst hast du Israel aus der Knechtschaft des Pharao befreit und durch die Fluten des Roten Meeres geführt; nun aber führst du alle Völker durch das Wasser der Taufe zur Freiheit. Gib, dass alle Menschen Kinder Abrahams werden und zur Würde des auserwählten Volkes gelangen. Darum bitten wir durch Christus, unseren Herrn.

ZUR 4. LESUNG Wer schon einmal ein Haus gebaut hat, weiß, wie wichtig die Fundamente sind. Worauf aber gründen wir unser Leben? In einer Zeit, in der politische und gesellschaftliche Sicherheiten weggebrochen sind, verkündet der Prophet Deuterojesaja, der Zweite Jesaja, Zuversicht. Grundlage dieses neuen Vertrauens in haltloser und rastloser Zeit ist die Gerechtigkeit, die Gott der Stadt Jerusalem verheißt. „Du wirst auf Gerechtigkeit gegründet sein." (54,14) Diese Hoffnungsperspektive ist ungebrochen aktuell, nicht nur für den Nahen Osten und das Zusammenleben von Palästinensern und Israelis; die Hoffnungsperspektive einer auf Gerechtigkeit aufbauenden neuen und erneuerten Gesellschaft gilt auch uns heute – jedem und jeder, urbi et orbi, der einen Stadt und dem ganzen Erdkreis.

VIERTE LESUNG Jes 54,5–14

Mit ewiger Huld habe ich Erbarmen mit dir, spricht dein Erlöser, der Herr

Lesung aus dem Buch Jesaja.

Jerusalem, dein Schöpfer ist dein Gemahl, „Herr der Heere“ ist sein Name. Der Heilige Israels ist dein Erlöser, „Gott der ganzen Erde“ wird er genannt.

Ja, der Herr hat dich gerufen als verlassene, bekümmerte Frau. Kann man denn die Frau verstoßen, die man in der Jugend geliebt hat?, spricht dein Gott. Nur für eine kleine Weile habe ich dich verlassen, doch mit großem Erbarmen hole ich dich heim. Einen Augenblick nur verbarg ich vor dir mein Gesicht in aufwallendem Zorn; aber mit ewiger Huld habe ich Erbarmen mit dir, spricht dein Erlöser, der Herr.

Wie in den Tagen Noachs soll es für mich sein: So wie ich damals schwor, dass die Flut Noachs die Erde nie mehr überschwemmen wird, so schwöre ich jetzt, dir nie mehr zu zürnen und dich nie mehr zu schelten. Auch wenn die Berge von ihrem Platz weichen und die Hügel zu wanken beginnen – meine Huld wird nie von dir weichen und der Bund meines Friedens nicht wanken, spricht der Herr, der Erbarmen hat mit dir.

Du Ärmste, vom Sturm Gepeitschte, die ohne Trost ist, sieh her: Ich selbst lege dir ein Fundament aus Malachit und Grundmauern aus Saphir. Aus Rubinen mache ich deine Zinnen, aus Beryll deine Tore und alle deine Mauern aus kostbaren Steinen. Alle deine Söhne werden Jünger des Herrn sein, und groß ist der Friede deiner Söhne. Du wirst auf Gerechtigkeit gegründet sein. Du bist fern von Bedrängnis, denn du brauchst dich nicht mehr zu fürchten und bist fern von Schrecken; er kommt an dich nicht heran.

ANTWORTPSALM Ps 30(29),2 u. 4.5–6b.6cd u. 12a u. 13b (R: vgl. 2ab)

℟ Herr, du zogst mich empor aus der Tiefe;
ich will dich rühmen in Ewigkeit. – ℟

Ich will dich rühmen, Herr, †
denn du hast mich aus der Tiefe gezogen *
und lässt meine Feinde nicht über mich triumphieren.

Herr, du hast mich herausgeholt aus dem Reich des Todes, *
aus der Schar der Todgeweihten mich zum Leben gerufen. – (℟)

Singt und spielt dem Herrn, ihr seine Frommen, *
preist seinen heiligen Namen!
Denn sein Zorn dauert nur einen Augenblick, *
doch seine Güte ein Leben lang. – (℟)

Wenn man am Abend auch weint, *
am Morgen herrscht wieder Jubel.
Du hast mein Klagen in Tanzen verwandelt, *
Herr, mein Gott, ich will dir danken in Ewigkeit. – ℟

GEBET

Allmächtiger, ewiger Gott, verherrliche deinen Namen. Gewähre, was du den Vätern um ihres Glaubens willen versprochen hast, und mehre durch die Taufe die Zahl deiner Kinder. Lass deine Kirche erfahren, dass sich erfüllt, was die Heiligen des Alten Bundes gläubig erhofft haben. Darum bitten wir durch Christus, unseren Herrn.

ZUR 5. LESUNG Was Jesaja im 55. Kapitel beschreibt, klingt zu schön, um wahr zu sein. Getreide, Wein und Milch kaufen ohne Bezahlung; Essen und Trinken für alle. Wie das möglich sein kann? Die Antwort ist ebenso schlicht wie irritierend: „Hört, dann werdet ihr leben." Haben wir nicht gelernt, dass Reden allein nicht satt macht? Wie kann Gott behaupten, sein Wort werde uns sättigen und Wohlergehen schenken? Die Antwort ist einfach: Gottes Wort ist seine Barmherzigkeit, Gottes Wort ist seine Zuwendung und Zuneigung zu uns. Das Wort, das Gott entsendet, kehrt nicht leer zu ihm zurück, sondern bewirkt, was der Herr will. Das Wort Gottes ist nicht leeres Geschwätz, sondern Fülle und Reichtum. Wen das Wort Gottes erfüllt, der ist reich und kann leben und kann selbst aus seiner Fülle anderen mit-teilen. Voraussetzung ist, dass wir uns von diesem Wort berühren und verändern lassen und die Bereitschaft lernen, umzusetzen, was es in Tat und Wahrheit ist: Gerechtigkeit und Liebe.

FÜNFTE LESUNG

Jes 55,1–11

Kommt zu mir, dann werdet ihr leben. Ich will einen ewigen Bund mit euch schließen

Lesung aus dem Buch Jesaja.

So spricht der Herr: Auf, ihr Durstigen, kommt alle zum Wasser! Auch wer kein Geld hat, soll kommen. Kauft Getreide, und esst, kommt und kauft ohne Geld, kauft Wein und Milch ohne Bezahlung! Warum bezahlt ihr mit Geld, was euch nicht nährt, und mit dem Lohn eurer Mühen, was euch nicht satt macht? Hört auf mich, dann bekommt ihr das Beste zu essen und könnt euch laben an fetten Speisen. Neigt euer Ohr mir zu und kommt zu mir, hört, dann werdet ihr leben. Ich will einen ewigen Bund mit euch schließen gemäß der beständigen Huld, die ich David erwies. Seht her: Ich habe ihn zum Zeugen für die Völker gemacht, zum Fürsten und Gebieter der Nationen. Völker, die du nicht kennst, wirst du rufen; Völker, die dich nicht kennen, eilen zu dir, um des Herrn, deines Gottes, des Heiligen Israels willen, weil er dich herrlich gemacht hat.

Sucht den Herrn, solange er sich finden lässt, ruft ihn an, solange er nahe ist. Der Ruchlose soll seinen Weg verlassen, der Frevler seine Pläne. Er kehre um zum Herrn, damit er Erbarmen hat mit ihm, und zu unserem Gott; denn er ist groß im Verzeihen. Meine Gedanken sind nicht eure Gedanken und eure Wege sind nicht meine Wege – Spruch des Herrn. So hoch der Himmel über der Erde ist, so hoch erhaben sind meine Wege über eure Wege und meine Gedanken über eure Gedanken.

Denn wie der Regen und der Schnee vom Himmel fällt und nicht dorthin zurückkehrt, sondern die Erde tränkt und sie zum Keimen und Sprossen bringt, wie er dem Sämann Samen gibt und Brot zum Essen, so ist es auch mit dem Wort, das meinen Mund verlässt: Es kehrt nicht leer zu mir zurück, sondern bewirkt, was ich will, und erreicht all das, wozu ich es ausgesandt habe.

ANTWORTPSALM

Jes 12,2.3 u. 4bcd.5–6 (℟: 3)

℟ Ihr werdet Wasser schöpfen voll Freude
aus den Quellen des Heils. – ℟

Gott ist meine Rettung; *
ihm will ich vertrauen und niemals verzagen.
Denn meine Stärke und mein Lied ist der Herr. *
Er ist für mich zum Retter geworden. – (℟)

Ihr werdet Wasser schöpfen voll Freude *
aus den Quellen des Heils.
Dankt dem Herrn! Ruft seinen Namen an! †
Macht seine Taten unter den Völkern bekannt, *
verkündet: Sein Name ist groß und erhaben! – (℟)

Preist den Herrn; denn herrliche Taten hat er vollbracht; *
auf der ganzen Erde soll man es wissen.
Jauchzt und jubelt, ihr Bewohner von Zion; *
denn groß ist in eurer Mitte der Heilige Israels. – ℟

GEBET

Allmächtiger, ewiger Gott, du einzige Hoffnung der Welt, durch die Propheten hast du die Heilsereignisse angekündigt, die sich in unseren Tagen erfüllen. Erwecke du selbst in uns das Verlangen, dir immer treuer zu dienen; denn niemand macht Fortschritte im Guten, wenn ihn nicht deine Gnade führt. Darum bitten wir durch Christus, unseren Herrn.

ZUR 6. LESUNG Neben dem Wasser ist das Licht zentral in der Liturgie der Osternacht. Der Wechsel vom Dunkel ins Licht steht dabei auch für Erleuchtung und Aufklärung, für die Helligkeit und das Taggeschehen, und nicht zuletzt für die Vernunft. In der sechsten Lesung ist von der Weisheit die Rede, die schwierig zu finden ist und leicht verfehlt werden kann. Aber das prophetische Wort rückt nicht von der Weisheit ab, sondern hält am Anspruch fest, dass die Weisheit Gottes erkannt werden kann. Wer sich auf Gottes Wort besinnt, wird Sinn erfahren. Darin besteht die große Hoffnung und die Zusage, die möglicherweise der einzige Weg ist, in dunklen Zeiten ein großes Licht zu sehen.

SECHSTE LESUNG

Bar 3,9–15.32–4,4

Geh deinen Weg im Licht der Weisheit Gottes

Lesung aus dem Buch Baruch.

Höre, Israel, die Gebote des Lebens; merkt auf, um Einsicht zu erlangen. Warum, Israel, warum lebst du im Gebiet der Feinde, siechst dahin in einem fremden Land, bist unrein geworden, den Toten gleich, wurdest zu den Abgeschiedenen gezählt? Du hast den Quell der Weisheit verlassen. Wärest du auf Gottes Weg gegangen, du wohntest in Frieden für immer. Nun lerne, wo die Einsicht ist, wo Kraft und wo Klugheit, dann erkennst du zugleich, wo langes Leben und Lebensglück, wo Licht für die Augen und Frieden zu finden sind.

Wer hat je den Ort der Weisheit gefunden? Wer ist zu ihren Schatzkammern vorgedrungen? Doch der Allwissende kennt sie; er hat sie in seiner Einsicht entdeckt. Er hat ja die Erde für immer gegründet, er hat sie mit Tieren bevölkert. Er entsendet das Licht und es eilt dahin; er ruft es zurück und zitternd gehorcht es ihm. Froh leuchten die Sterne auf ihren Posten. Ruft er sie, so antworten sie: Hier sind wir. Sie leuchten mit Freude für ihren Schöpfer. Das ist unser Gott; kein anderer gilt neben ihm. Er hat den Weg der Weisheit ganz erkundet und hat sie Jakob, seinem Diener, verliehen, Israel, seinem Liebling. Dann erschien sie auf der Erde und hielt sich unter den Menschen auf.

Sie ist das Buch der Gebote Gottes, das Gesetz, das ewig besteht. Alle, die an ihr festhalten, finden das Leben; doch alle, die sie verlassen, verfallen dem Tod. Kehr um, Jakob, ergreif sie! Geh deinen Weg im Glanz ihres Lichtes! Überlass deinen Ruhm keinem andern, dein Vorrecht keinem fremden Volk! Glücklich sind wir, das Volk Israel; denn wir wissen, was Gott gefällt.

ANTWORTPSALM

Ps 19(18), 8.9.10.11–12 (℟: Joh 6,68c)

℟ Herr, du hast Worte des ewigen Lebens. – ℟

Die Weisung des Herrn ist vollkommen, *
sie erquickt den Menschen.
Das Gesetz des Herrn ist verlässlich, *
den Unwissenden macht es weise. – (℟)

Die Befehle des Herrn sind richtig, *
sie erfreuen das Herz;
das Gebot des Herrn ist lauter, *
es erleuchtet die Augen. – (℟)

Die Furcht des Herrn ist rein, *
sie besteht für immer.
Die Urteile des Herrn sind wahr, *
gerecht sind sie alle. – (℟)

Sie sind kostbarer als Gold, als Feingold in Menge. *
Sie sind süßer als Honig, als Honig aus Waben.
Auch dein Knecht lässt sich von ihnen warnen; *
wer sie beachtet, hat reichen Lohn. – ℟

GEBET

Gott, unser Vater, du mehrst die Zahl deiner Kinder und rufst aus allen Völkern Menschen in deine Kirche. Beschütze gütig die Täuflinge, damit sie den Quell der Weisheit niemals verlassen und auf deinen Wegen gehen. Darum bitten wir durch Christus, unseren Herrn.

ZUR 7. LESUNG Erneuerung – so lautet das große Stichwort, unter dem der Prophet Ezechiel Gottes Wort verkündet. Erneuerung bedeutet das Anknüpfen an eine Beziehung zwischen Gott und Mensch, die vonseiten des Menschen brüchig geworden ist; Erneuerung bedeutet zugleich das Ausrichten auf eine neue, bessere Zukunft. „Ihr werdet mein Volk sein und ich werde euer Gott sein." (36,28) Wenn auch die Christenheit für sich in Anspruch nimmt, Volk Gottes zu sein, so findet sie in der Hinwendung Gottes zum Menschen ein wichtiges Motiv. Ziel dieser Rede ist wahre Menschlichkeit, eine neue Humanität, die den Menschen sein „Herz von Fleisch" (36,26) erkennen lässt.

SIEBTE LESUNG Ez 36,16–17a.18–28

Ich gieße reines Wasser über euch aus und schenke euch ein neues Herz

Lesung aus dem Buch Ezechiel.

Das Wort des Herrn erging an mich: Hör zu, Menschensohn! Als Israel in seinem Land wohnte, machten sie das Land durch ihr Verhalten und ihre Taten unrein. Da goss ich meinen Zorn über sie aus, weil sie Blut vergossen im Land und das Land mit ihren Götzen befleckten. Ich zerstreute sie unter die Völker; in alle Länder wurden sie vertrieben. Nach ihrem Verhalten und nach ihren Taten habe ich sie gerichtet.

Als sie aber zu den Völkern kamen, entweihten sie überall, wohin sie kamen, meinen heiligen Namen; denn man sagte von ihnen: Das ist das Volk Jahwes und doch mussten sie sein Land verlassen. Da tat mir mein heiliger Name leid, den das Haus Israel bei den Völkern entweihte, wohin es auch kam.

Darum sag zum Haus Israel: So spricht Gott, der Herr: Nicht euretwegen handle ich, Haus Israel, sondern um meines heiligen Namens willen, den ihr bei den Völkern entweiht habt, wohin ihr auch gekommen seid. Meinen großen, bei den Völkern entweihten Namen, den ihr mitten unter ihnen entweiht habt, werde ich wieder heiligen. Und die Völker – Spruch Gottes, des Herrn – werden erkennen, dass ich der Herr bin, wenn ich mich an euch vor ihren Augen als heilig erweise. Ich hole euch heraus aus den Völkern, ich sammle euch aus allen Ländern und bringe euch in euer Land. Ich gieße reines Wasser über euch aus, dann werdet ihr rein. Ich reinige euch von aller Unreinheit und von allen euren Götzen.

Ich schenke euch ein neues Herz und lege einen neuen Geist in euch. Ich nehme das Herz von Stein aus eurer Brust und gebe euch ein Herz von Fleisch. Ich lege meinen Geist in euch und bewirke, dass ihr meinen Gesetzen folgt und auf meine Gebote achtet und sie erfüllt. Dann werdet ihr in dem Land wohnen, das ich euren Vätern gab. Ihr werdet mein Volk sein und ich werde euer Gott sein.

ANTWORTPSALM Ps 42(41), 3.5 u. 10a; 43(42), 3–4 (R: vgl. 42[41],2)

℟ Wie der Hirsch verlangt nach frischem Wasser,
so verlangt meine Seele, Gott, nach dir. – ℟

Meine Seele dürstet nach Gott, *
nach dem lebendigen Gott.
Wann darf ich kommen *
und Gottes Antlitz schauen? – (℟)

Das Herz geht mir über, wenn ich daran denke: †
wie ich zum Haus Gottes zog in festlicher Schar, *
mit Jubel und Dank in feiernder Menge.
Ich sage zu Gott, meinem Fels: *
„Warum hast du mich vergessen?“ – (℟)

Sende dein Licht und deine Wahrheit, damit sie mich leiten; *
sie sollen mich führen zu deinem heiligen Berg
und zu deiner Wohnung.
So will ich zum Altar Gottes treten, zum Gott meiner Freude. *
Jauchzend will ich dich auf der Harfe loben, Gott, mein Gott. – ℟

[Falls eine Taufe gespendet wird:
Jes 12,2.3 u. 4bcd.5–6 (wie nach der fünften Lesung, s. S. 315)]

Oder:

ANTWORTPSALM

Ps 51(50),12–13.14–15.18–19 (℟: vgl. 12a)

℟ Ein reines Herz erschaffe mir, o Gott! – ℟

Erschaffe mir, Gott, ein reines Herz *
und gib mir einen neuen, beständigen Geist!
Verwirf mich nicht von deinem Angesicht *
und nimm deinen heiligen Geist nicht von mir! – (℟)

Mach mich wieder froh mit deinem Heil; *
mit einem willigen Geist rüste mich aus!
Dann lehre ich Abtrünnige deine Wege *
und die Sünder kehren um zu dir. – (℟)

Schlachtopfer willst du nicht, ich würde sie dir geben; *
an Brandopfern hast du kein Gefallen.
Das Opfer, das Gott gefällt, ist ein zerknirschter Geist, *
ein zerbrochenes und zerschlagenes Herz wirst du, Gott,
nicht verschmähen. – ℟

GEBET

Gott, du unwandelbare Kraft, du ewiges Licht, schau gütig auf deine Kirche und wirke durch sie das Heil der Menschen. So erfahre die

Welt, was du von Ewigkeit her bestimmt hast: Was alt ist, wird neu, was dunkel ist, wird licht, was tot war, steht auf zum Leben, und alles wird wieder heil in dem, der der Ursprung von allem ist, in unserem Herrn Jesus Christus, der mit dir lebt und herrscht in alle Ewigkeit.

Oder (wenn eine Taufe folgt):

Sei uns nahe, allmächtiger Gott, und wirke in den Sakramenten, die uns deine Liebe schenkt: Sende den Geist aus, der uns zu deinen Kindern macht, den Geist, durch den dir aus dem Wasser der Taufe ein neues Volk geboren wird. Was wir unter heiligen Zeichen vollziehen, das vollende du mit deiner Kraft. Darum bitten wir durch Christus, unseren Herrn.

Ehre sei Gott, S. 467 f.

(Es läuten die Glocken.)

TAGESGEBET

Lasset uns beten. Gott, du hast diese Nacht hell gemacht durch den Glanz der Auferstehung unseres Herrn. Erwecke in deiner Kirche den Geist der Kindschaft, den du uns durch die Taufe geschenkt hast, damit wir neu werden an Leib und Seele und dir mit aufrichtigem Herzen dienen. Darum bitten wir durch Jesus Christus.

ZUR EPISTEL „Leben in Christus Jesus" – was meint diese Aussage, mit der die Lesung aus dem Römerbrief des Apostels Paulus endet? Der italienische Philosoph Giorgio Agamben hat vorgeschlagen, das Leben in Christus – Christus bedeutet: Messias – als messianisches Leben zu verstehen. Messianisches Leben bedeutet zu erkennen, dass die Vergangenheit in die Gegenwart hineinragt und umgekehrt die Gegenwart sich in die Vergangenheit erstreckt. Jesu Leben und Tod sind demnach nicht einfach vergangene Ereignisse der Geschichte, sondern betreffen uns heute. Getauft zu sein auf Jesu Tod und mit ihm das ewige Leben zu leben heißt, christlich oder eben messianisch, im Messias, zu leben. Mit Nietzsche ließe sich daher fragen: Müssten wir darum nicht ein wenig erlöster aussehen und leben?

EPISTEL

Röm 6,3–11

Sind wir mit Christus gestorben, so glauben wir, dass wir auch mit ihm leben werden

Lesung aus dem Brief des Apostels Paulus an die Römer.

Brüder [*oder:* Brüder und Schwestern! *oder:* Schwestern und Brüder!]! Wir alle, die wir auf Christus Jesus getauft wurden, sind auf seinen Tod getauft worden. Wir wurden mit ihm begraben durch die Taufe auf den Tod; und wie Christus durch die Herrlichkeit des Vaters von den Toten auferweckt wurde, so sollen auch wir als neue Menschen leben.

Wenn wir nämlich ihm gleich geworden sind in seinem Tod, dann werden wir mit ihm auch in seiner Auferstehung vereinigt sein. Wir wissen doch: Unser alter Mensch wurde mitgekreuzigt, damit der von der Sünde beherrschte Leib vernichtet werde und wir nicht Sklaven der Sünde bleiben. Denn wer gestorben ist, der ist frei geworden von der Sünde.

Sind wir nun mit Christus gestorben, so glauben wir, dass wir auch mit ihm leben werden. Wir wissen, dass Christus, von den Toten auferweckt, nicht mehr stirbt; der Tod hat keine Macht mehr über ihn. Denn durch sein Sterben ist er ein für alle Mal gestorben für die Sünde, sein Leben aber lebt er für Gott. So sollt auch ihr euch als Menschen begreifen, die für die Sünde tot sind, aber für Gott leben in Christus Jesus.

ANTWORTPSALM

Ps 118(117),1–2.16–17.22–23

R Halleluja, halleluja, halleluja. – R

Danket dem Herrn, denn er ist gütig, *
denn seine Huld währt ewig.

So soll Israel sagen: *
Denn seine Huld währt ewig. – (℟)

„Die Rechte des Herrn ist erhoben, *
die Rechte des Herrn wirkt mit Macht!“
Ich werde nicht sterben, sondern leben, *
um die Taten des Herrn zu verkünden. – (℟)

Der Stein, den die Bauleute verwarfen, *
er ist zum Eckstein geworden.
Das hat der Herr vollbracht, *
vor unseren Augen geschah dieses Wunder. – ℟

ZUM EVANGELIUM Im Markus-Evangelium sind drei Frauen die ersten Zeuginnen der Auferstehung Jesu: Maria aus Magdala, Maria, die Mutter des Jakobus, und Salome, deren Name einzig an dieser Stelle in der Bibel genannt wird. Der anfänglichen Furcht folgen schnell Zuversicht und der Auftrag, auch den anderen Jüngern von der Auferstehung Jesu zu erzählen. Aus anderen Zusammenhängen ist uns bewusst, wie uneindeutig und missverständlich Zeugenaussagen sein können. Aber sie sind der einzige Zugang zum Geschehen, das nicht wiederholt und darum auch historisch nicht gesichert werden kann. Und trotz, vielleicht gerade wegen dieser Unsicherheiten hängt die Überzeugungskraft des christlichen Glaubens von der Glaubwürdigkeit der Zeuginnen und Zeugen ab.

EVANGELIUM Mk 16,1–7

Ihr sucht Jesus von Nazaret, den Gekreuzigten; er ist auferstanden

+ **Aus dem heiligen Evangelium nach Markus.**

Als der Sabbat vorüber war, kauften Maria aus Magdala, Maria, die Mutter des Jakobus, und Salome wohlriechende Öle, um damit zum Grab zu gehen und Jesus zu salben.

Am ersten Tag der Woche kamen sie in aller Frühe zum Grab, als eben die Sonne aufging. Sie sagten zueinander: Wer könnte uns den Stein vom Eingang des Grabes wegwälzen? Doch als sie hinblickten, sahen sie, dass der Stein schon weggewälzt war; er war sehr groß.

Sie gingen in das Grab hinein und sahen auf der rechten Seite einen jungen Mann sitzen, der mit einem weißen Gewand bekleidet war; da erschraken sie sehr.

Er aber sagte zu ihnen: Erschreckt nicht! Ihr sucht Jesus von Nazaret, den Gekreuzigten. Er ist auferstanden; er ist nicht hier. Seht, da ist die Stelle, wo man ihn hingelegt hatte. Nun aber geht und sagt seinen Jüngern, vor allem Petrus: Er geht euch voraus nach Galiläa; dort werdet ihr ihn sehen, wie er es euch gesagt hat.

TAUFFEIER

(Die Tauffeier besteht, je nach den Umständen, aus drei Teilen: Segnung des Taufwassers, Spendung der Taufe, Erneuerung des Taufversprechens. Die Täuflinge kommen mit Eltern und Paten zum Taufbrunnen und werden der Gemeinde vorgestellt.)

LITANEI

(Die Namen der Kirchen- und Ortspatrone oder der Namenspatrone der Täuflinge können in die Litanei eingefügt werden.)

V/A: Kyrie, eleison. *Oder:* Herr, erbarme dich.
V/A: Christe, eleison. Christus, erbarme dich.
V/A: Kyrie, eleison. Herr, erbarme dich.

V: Heilige Maria, Mutter Gottes A: Bitte für uns.
Heiliger Michael
Ihr heiligen Engel Gottes A: Bittet für uns.
Heiliger Johannes der Täufer A: Bitte für uns.
Heiliger Josef

Heilige Apostel Petrus und Paulus — A: Bittet für uns.
Heiliger Andreas — A: Bitte für uns.
Heiliger Johannes
Heilige Maria Magdalena
Heiliger Stephanus
Heiliger Ignatius von Antiochien
Heiliger Laurentius
Heilige Perpetua und Felizitas — A: Bittet für uns.
Heilige Agnes — A: Bitte für uns.
Heiliger Gregor
Heiliger Augustinus
Heiliger Athanasius
Heiliger Basilius
Heiliger Martin
Heiliger Benedikt
Heiliger Franziskus
Heiliger Dominikus
Heiliger Franz Xaver
Heiliger Pfarrer von Ars
Heilige Katharina von Siena
Heilige Theresia von Jesus
Alle Heiligen Gottes — A: Bittet für uns.
Jesus, sei uns gnädig — A: Herr, befreie uns.
Von allem Bösen
Von aller Sünde
Von der ewigen Verdammnis
Durch deine Menschwerdung
und dein heiliges Leben
Durch dein Sterben und dein Auferstehn
Durch die Sendung des Heiligen Geistes
Wir armen Sünder — A: Wir bitten dich, erhöre uns.

(Wenn Täuflinge anwesend sind:)

V: Schenke diesen Erwählten im Wasser der Taufe
das neue Leben.

(Wenn keine Täuflinge anwesend sind:)

V: Heilige in deiner Gnade dieses Wasser für die Taufe deiner Kinder.
V: Jesus, Sohn des lebendigen Gottes.
V: Christus, höre uns. A: Christus, erhöre uns.

TAUFWASSERWEIHE

(Der Priester segnet das Taufwasser und singt oder spricht mit gefalteten Händen:)

Allmächtiger, ewiger Gott, deine unsichtbare Macht bewirkt das Heil der Menschen durch sichtbare Zeichen. Auf vielfältige Weise hast du das Wasser dazu erwählt, dass es hinweise auf das Geheimnis der Taufe: Schon im Anfang der Schöpfung schwebte dein Geist über dem Wasser und schenkte ihm die Kraft, zu retten und zu heiligen. Selbst die Sintflut war ein Zeichen der Taufe, denn das Wasser brachte der Sünde den Untergang und heiligem Leben einen neuen Anfang. Als die Kinder Abrahams, aus Pharaos Knechtschaft befreit, trockenen Fußes das Rote Meer durchschritten, da waren sie ein Bild deiner Gläubigen, die durch das Wasser der Taufe aus der Knechtschaft des Bösen befreit sind.
Allmächtiger, ewiger Gott, dein geliebter Sohn wurde von Johannes im Jordan getauft und von dir gesalbt mit Heiligem Geiste. Als er am Kreuz hing, flossen aus seiner Seite Blut und Wasser. Nach seiner Auferstehung befahl er den Jüngern: „Geht hin und lehret alle Völker und taufet sie im Namen des Vaters und des Sohnes und des Heiligen Geistes."
Allmächtiger, ewiger Gott, schau gnädig auf deine Kirche und öffne ihr den Brunnen der Taufe. Dieses Wasser empfange die Gnade deines eingeborenen Sohnes vom Heiligen Geiste, damit der Mensch, der auf dein Bild hin geschaffen ist, durch das Sakrament der Taufe gereinigt wird von der alten Schuld und aus Wasser und Heiligem Geiste aufersteht zum neuen Leben deiner Kinder.

(Bei den folgenden Worten senkt der Priester die Osterkerze – einmal oder dreimal – in das Wasser:)

Durch deinen geliebten Sohn steige herab in dieses Wasser die Kraft des Heiligen Geistes, damit alle, die durch die Taufe mit Christus begraben sind in seinen Tod, durch die Taufe mit Christus auferstehen zum ewigen Leben. Darum bitten wir durch Jesus Christus, deinen Sohn, unseren Herrn und Gott, der in der Einheit des Heiligen Geistes mit dir lebt und herrscht in Ewigkeit. – A: Amen.

(Die Kerze wird aus dem Wasser genommen. Dabei singt man:)

Preist, ihr Quellen, den Herrn, Dan 3,77
lobt und erhebt ihn in Ewigkeit.

TAUFSPENDUNG

(Die einzelnen Täuflinge versprechen Christus die Treue. Sie werden nach ihrem Glauben befragt und getauft. Erwachsene Täuflinge empfangen sofort nach der Taufe die Firmung, wenn ein Bischof oder ein Priester mit Firmvollmacht anwesend ist.)

(SEGNUNG DES WASSERS)

(Wenn keine Taufe stattfindet und auch kein Taufwasser gesegnet wird, so segnet der Priester das Wasser mit dem folgenden Gebet:)

Liebe Brüder und Schwestern!
Wir bitten den Herrn, dass er dieses Wasser segne, mit dem wir nun besprengt werden. Das geweihte Wasser soll uns an die Taufe erinnern; Gott aber erneuere in uns seine Gnade, damit wir dem Geist treu bleiben, den wir empfangen haben.

(Nach einer kurzen Gebetsstille spricht der Priester mit gefalteten Händen:)

Herr, unser Gott, sei deinem Volk nahe, das wachend und betend diese Osternacht feiert. Du hast uns wunderbar erschaffen und noch wunderbarer wiederhergestellt. Wir gedenken deiner großen Taten und bitten dich:

† Segne dieses Wasser, das uns an deine Sorge für uns Menschen erinnert. Im Anfang hast du das Wasser erschaffen, damit es der Erde Fruchtbarkeit bringt und uns Menschen zum frischen Trunk und zum reinigenden Bad wird. Du hast das Wasser in Dienst genommen für das Werk deines Erbarmens: Im Roten Meer hast du dein Volk durch das Wasser aus der Knechtschaft Ägyptens befreit, in der Wüste mit Wasser aus dem Felsen seinen Durst gestillt. Die Propheten sahen im Bild des lebendigen Wassers den Neuen Bund, den du mit uns Menschen schließen wolltest.

Durch das Wasser, das Christus im Jordan geheiligt hat, reinigst du im Bad der Taufe den sündigen Menschen und schenkst ihm das neue Leben deiner Kinder. Darum sei dieses Wasser eine Erinnerung an unsere Taufe, es vereinige uns in österlicher Freude mit unseren Brüdern und Schwestern, die in dieser heiligen Nacht getauft werden, und mit allen, die aus dem Wasser und dem Heiligen Geist wiedergeboren sind zum ewigen Leben. Darum bitten wir durch Christus, unseren Herrn. A: Amen.

ERNEUERUNG DES TAUFVERSPRECHENS

(Nach der Spendung der Taufe oder nach der Segnung des Wassers erneuern alle, mit brennenden Kerzen in den Händen, ihr Taufversprechen. Der Priester führt dazu mit etwa folgenden Worten ein:)

Liebe Brüder und Schwestern!
Wir alle sind einst durch das österliche Geheimnis der Taufe mit Christus begraben worden, damit wir mit ihm auferstehen zu einem neuen Leben. Nach den vierzig Tagen der Fastenzeit, in denen wir uns auf Ostern vorbereitet haben, wollen wir darum das Taufversprechen erneuern, mit dem wir einst dem Satan abgeschworen und Gott versprochen haben, ihm, unserem Herrn, in der heiligen katholischen Kirche zu dienen.

Deshalb frage ich euch:

P: Widersagt ihr dem Bösen, um in der Freiheit der Kinder Gottes leben zu können?

A: Ich widersage.

P: Widersagt ihr den Verlockungen des Bösen, damit es nicht Macht über euch gewinnt?

A: Ich widersage.

P: Widersagt ihr dem Satan, dem Urheber des Bösen?

A: Ich widersage.

P: Glaubt ihr an Gott, den Vater, den Allmächtigen, den Schöpfer des Himmels und der Erde?

A: Ich glaube.

P: Glaubt ihr an Jesus Christus, seinen eingeborenen Sohn, unseren Herrn, der geboren ist von der Jungfrau Maria, der gelitten hat und begraben wurde, von den Toten auferstand und zur Rechten des Vaters sitzt?

A: Ich glaube.

P: Glaubt ihr an den Heiligen Geist, die heilige katholische Kirche, die Gemeinschaft der Heiligen, die Vergebung der Sünden, die Auferstehung der Toten und das ewige Leben?

A: Ich glaube.

P: Der allmächtige Gott, der Vater unseres Herrn Jesus Christus, hat uns aus dem Wasser und dem Heiligen Geist neues Leben geschenkt und uns alle Sünden vergeben. Er bewahre uns durch seine Gnade in Christus Jesus, unserem Herrn, zum ewigen Leben.

A: Amen.

(Der Priester besprengt die Gemeinde mit gesegnetem Wasser; alle singen die Antiphon oder ein Tauflied.)

ANTIPHON

Vgl. Ez 47,1–2.9

Ich sah ein Wasser ausgehen vom Tempel,
von dessen rechter Seite.
Halleluja, halleluja.
Und alle, zu denen das Wasser kam, wurden gerettet
und sie werden rufen:
Halleluja, halleluja.

FÜRBITTEN

Die Erde wird erschüttert und verschüttete Hoffnung kommt ans Licht. Die Frauen am Grab erfahren es als Erste: Der Gekreuzigte lebt! Zu Gott, der Licht und Leben schenkt, rufen wir:

- Stehe allen bei, die in Hoffnungslosigkeit gefangen sind. V/A: Sende aus deinen Geist, und das Antlitz der Erde wird neu.
- Sei denen nahe, die von den Fesseln der Armut niedergedrückt werden. V/A: Sende aus deinen Geist, und das Antlitz der Erde wird neu.
- Öffne denen die Tür, die auf der Suche nach Sinn und Halt sind. V/A: Sende aus deinen Geist, und das Antlitz der Erde wird neu.
- Stärke die Kranken mit Hoffnung und sei den Sterbenden nahe mit deinem hellen Licht. V/A: Sende aus deinen Geist, und das Antlitz der Erde wird neu.
- Erfülle deine Kirche mit der Freude und der Hoffnung der Osternacht. V/A: Sende aus deinen Geist, und das Antlitz der Erde wird neu.

Du, treuer Gott, komm uns entgegen in unserem schwachen Glauben und stärke uns durch deinen Geist. So bitten wir dich mit Jesus Christus, unserem Bruder und auferstandenem Herrn.

EUCHARISTIEFEIER

GABENGEBET

Herr, unser Gott, nimm die Gebete und Gaben deines Volkes an und gib, dass diese österliche Feier, die im Opfer des wahren Osterlammes ihren Ursprung hat, uns zum ewigen Heil führt. Darum bitten wir durch Christus, unseren Herrn.

Präfation, S. 481 f.

KOMMUNIONVERS

1 Kor 5,7–8

Unser Osterlamm ist geopfert, Christus, der Herr.
Halleluja!
Wir sind befreit von Sünde und Schuld.
So lasst uns Festmahl halten in Freude.
Halleluja!

SCHLUSSGEBET

Herr, unser Gott, du hast uns durch die österlichen Sakramente gestärkt. Schenke uns den Geist deiner Liebe, damit deine Gemeinde ein Herz und eine Seele wird. Darum bitten wir durch Christus, unseren Herrn.

FEIERLICHER SCHLUSSSEGEN

In dieser Nacht, die erhellt ist durch die Auferstehung unseres Herrn Jesus Christus, segne euch der gütige Gott und bewahre euch vor der Finsternis der Sünde. – A: Amen.
In Christus haben wir Anteil am ewigen Leben; in ihm führe euch Gott zur unvergänglichen Herrlichkeit. – A: Amen.
Unser Erlöser hat uns durch die Tage seines Leidens zur österlichen Freude geführt; er geleite euch alle Tage des Lebens bis zu jener Osterfreude, die niemals endet. – A: Amen.
Das gewähre euch der dreieinige Gott, der Vater und der Sohn † und der Heilige Geist. – A: Amen.

***

PERFEKTE ÜBERRASCHUNG

Wenn die Toten nicht tot und
die Gräber nicht voll sind,
wenn die Gewohnheit gestört und
das Erwartete erwartet wird,
wenn die Überraschung perfekt und
die Verunsicherung gegeben ist –
wird Auferstehung
bereits
gewesen
sein.

René Dausner

AM TAG

1. April 2018

Die Liturgie des Ostersonntags ist geprägt von der Freude über Jesu Auferstehung. Das hebräische Wort „Halleluja“ (lobt Gott den HERRN) kehrt daher immer wieder, in unterschiedlichen Zusammenhängen, um den Triumph des Lebens über den Tod zu besingen. Eine Besonderheit des Ostersonntags ist ein Gedicht, das auf das 11. Jahrhundert zurückgeht. Das Gedicht von Wipo von Burgund († 1046 nach Christus) nennt den Kampf zwischen Leben und Tod einen „unbegreiflichen Zweikampf“ (duello mirando), aus dem der getötete Lebensfürst als Lebender hervorgeht und regiert. An diese dramatische Darstellung schließt sich das Zeugnis Marias von Magdala an, die sagt, was sie am Grab gesehen und erlebt hat. „Er lebt, der Herr, meine Hoffnung“ – mit diesem poetischen Bekenntnis formuliert sie den Grundstein des Osterglaubens und lädt auch uns ein, mit Herz und Verstand ins Osterlob einzustimmen.

ERÖFFNUNGSVERS

Vgl. Ps 139(138),18.5–6

Ich bin erstanden und bin immer bei dir. Halleluja.
Du hast deine Hand auf mich gelegt. Halleluja.
Wie wunderbar ist für mich dieses Wissen. Halleluja.

Oder:

Vgl. Lk 24,34; Offb 1,6

Der Herr ist auferstanden,
er ist wahrhaft auferstanden. Halleluja.
Sein ist die Macht und die Herrlichkeit in Ewigkeit.
Halleluja.

KYRIE-RUFE

Herr Jesus Christus, du wurdest getötet,
von Gott aber am dritten Tag auferweckt.
V/A: Herr, erbarme dich.
Du bist den vorherbestimmten Zeugen erschienen.
V/A: Christus, erbarme dich.
Du bist der von Gott eingesetzte Richter
der Lebenden und der Toten.
V/A: Herr, erbarme dich.

Ehre sei Gott, S. 467 f.

TAGESGEBET

Allmächtiger, ewiger Gott, am heutigen Tag hast du durch deinen Sohn den Tod besiegt und uns den Zugang zum ewigen Leben erschlossen. Darum begehen wir in Freude das Fest seiner Auferstehung. Schaffe uns neu durch deinen Geist, damit auch wir auferstehen und im Licht des Lebens wandeln. Darum bitten wir durch Jesus Christus.

WORTGOTTESDIENST

ZUR 1. LESUNG In seiner Rede stellt sich Petrus einem grundsätzlichen Problem: Wie werde ich glaubwürdig? Wie kann ich andere, die meine Erfahrungen nicht teilen, überzeugen von der Wahrheit, die mich erfüllt? Petrus erinnert an gemeinsame Erlebnisse mit Jesus und bezieht seine Zuhörer als Zeugen für seine Auferstehung ein. Am Ende beruft er sich auch auf die Propheten des Alten Testaments, die die Glaubensbotschaft von der Sündenvergebung bestätigen sollen. Dieser Rückgriff auf die vergangene Tradition, zugleich ein gewagter Ausblick, kann uns die Augen öffnen für die Zeichen unserer Zeit und deren Deutung im Licht des Evangeliums: Erkennen wir in den biblischen

Texten, die mehr als zweitausend Jahre alt sind, einen Sinn, der uns hilft unsere Gegenwart zu verstehen? Wie glaubwürdig erscheint uns die Botschaft von der Auferstehung Jesu? Können wir glauben, dass wir „durch seinen Namen die Vergebung der Sünden" (10,43) empfangen? Können wir glauben?

ERSTE LESUNG

Apg 10,34a.37–43

Wir haben mit ihm nach seiner Auferstehung gegessen und getrunken

Lesung aus der Apostelgeschichte.

In jenen Tagen begann Petrus zu reden und sagte: Ihr wisst, was im ganzen Land der Juden geschehen ist, angefangen in Galiläa, nach der Taufe, die Johannes verkündet hat: wie Gott Jesus von Nazaret gesalbt hat mit dem Heiligen Geist und mit Kraft, wie dieser umherzog, Gutes tat und alle heilte, die in der Gewalt des Teufels waren; denn Gott war mit ihm. Und wir sind Zeugen für alles, was er im Land der Juden und in Jerusalem getan hat.

Ihn haben sie an den Pfahl gehängt und getötet. Gott aber hat ihn am dritten Tag auferweckt und hat ihn erscheinen lassen, zwar nicht dem ganzen Volk, wohl aber den von Gott vorherbestimmten Zeugen: uns, die wir mit ihm nach seiner Auferstehung von den Toten gegessen und getrunken haben.

Und er hat uns geboten, dem Volk zu verkündigen und zu bezeugen: Das ist der von Gott eingesetzte Richter der Lebenden und der Toten.

Von ihm bezeugen alle Propheten, dass jeder, der an ihn glaubt, durch seinen Namen die Vergebung der Sünden empfängt.

ANTWORTPSALM

Ps 118(117),1–2.16–17.22–23 (R: vgl. 24)

℟ Das ist der Tag, den der Herr gemacht;
lasst uns jubeln und seiner uns freuen. – ℟

Oder:

℟ Halleluja. – ℟

Danket dem Herrn, denn er ist gütig, *
denn seine Huld währt ewig.
So soll Israel sagen: *
Denn seine Huld währt ewig. – (℟)

„Die Rechte des Herrn ist erhoben, *
die Rechte des Herrn wirkt mit Macht!“
Ich werde nicht sterben, sondern leben, *
um die Taten des Herrn zu verkünden. – (℟)

Der Stein, den die Bauleute verwarfen, *
er ist zum Eckstein geworden.
Das hat der Herr vollbracht, *
vor unseren Augen geschah dieses Wunder. – ℟

ZUR 2. LESUNG Wer allein die wenigen Zeilen des Kolosserbriefes auf sich wirken lässt, kann leicht zu einem fatalen Schluss kommen: Die Abwendung von allem Irdischen sei gefordert, und diese Abwendung sei eine unausweichliche Folge der Auferstehung. Was als glasklare Forderung erscheint, ist aber nichts weiter als ein Trugbild. Denn Auferstehung bedeutet Verwandlung und nicht Verachtung. Während ein nur feststellendes, stillstellendes Denken davon gekennzeichnet ist, dass oben oben und unten unten ist und bleiben soll, zielt die Auferstehung auf eine Dynamik, die die Welt verändern will. Mit Christus auferweckt zu sein, verändert die Perspektive auf uns selbst und auf unsere Um- und Mitwelt. Wer den Glauben der Auferstehung in sich aufnimmt, spürt die Sehnsucht nach Veränderung, die wir aus dem Vaterunser kennen: „wie im Himmel, so auf Erden“.

ZWEITE LESUNG

Kol 3, 1–4

Strebt nach dem, was im Himmel ist, wo Christus zur Rechten Gottes sitzt

Lesung aus dem Brief des Apostels Paulus an die Kolosser.

Brüder [*oder:* Brüder und Schwestern! *oder:* Schwestern und Brüder!]! Ihr seid mit Christus auferweckt; darum strebt nach dem, was im Himmel ist, wo Christus zur Rechten Gottes sitzt. Richtet euren Sinn auf das Himmlische und nicht auf das Irdische! Denn ihr seid gestorben und euer Leben ist mit Christus verborgen in Gott. Wenn Christus, unser Leben, offenbar wird, dann werdet auch ihr mit ihm offenbar werden in Herrlichkeit.

Oder:

ZUR 2. LESUNG Vorzeichen sind nicht unwichtig. Es ist schon ein Unterschied, ob vor der Zahl auf dem Kontoauszug ein Plus oder ein Minus steht. Bei der heutigen Lesung scheint ein solches Vorzeichen weggelassen worden zu sein. Denn der Lesungstext beginnt recht unvermittelt mit dem Satz: „Ihr wisst, dass ein wenig Sauerteig den ganzen Teig durchsäuert. Schafft den alten Sauerteig weg, damit ihr neuer Teig seid." (5,6f.) Es fehlt der Satz: „Zu Unrecht rühmt ihr euch." Paulus ruft also nicht pauschal dazu auf, alte Zöpfe abzuschneiden. Vielmehr übt der Apostel konkrete Kritik an Fehlverhalten in der Gemeinde. Die Auferstehung Jesu hat für uns gerade deshalb Bedeutung, weil unser bisheriges Leben, unsere „Bosheit und Schlechtigkeit" nicht einfach vergessen werden sollen. Aber das Schlechte, das als Schlechtes erkannt und benannt wird, muss nicht schlecht bleiben. Auferstehung ist in dieser Hinsicht ein Schuldenschnitt. Die Lebensbilanz, die mit der Auferstehung gezogen wird, ermöglicht das Umschulden. Auf der Habenseite steht nun das Leben in „Aufrichtigkeit und Wahrheit" (5,8).

ZWEITE LESUNG

1 Kor 5,6b–8

Schafft den alten Sauerteig weg, damit ihr neuer Teig seid

Lesung aus dem ersten Brief des Apostels Paulus an die Korinther.

Brüder [*oder:* Brüder und Schwestern! *oder:* Schwestern und Brüder!]! Ihr wisst, dass ein wenig Sauerteig den ganzen Teig durchsäuert. Schafft den alten Sauerteig weg, damit ihr neuer Teig seid. Ihr seid ja schon ungesäuertes Brot; denn als unser Paschalamm ist Christus geopfert worden. Lasst uns also das Fest nicht mit dem alten Sauerteig feiern, nicht mit dem Sauerteig der Bosheit und Schlechtigkeit, sondern mit den ungesäuerten Broten der Aufrichtigkeit und Wahrheit.

SEQUENZ

(Wenn die musikalische Gestaltung es nahelegt, kann die Sequenz nach dem Hallelujavers gesungen werden, wobei sie dann mit „Amen. Halleluja" abgeschlossen wird.)

Singt das Lob dem Osterlamme,
bringt es ihm dar, ihr Christen.

Das Lamm erlöst' die Schafe:
Christus, der ohne Schuld war,
versöhnte die Sünder mit dem Vater.

Tod und Leben, die kämpften
unbegreiflichen Zweikampf;
des Lebens Fürst, der starb, herrscht nun lebend.

Maria Magdalena,
sag uns, was du gesehen.

Sah Engel in dem Grabe,
die Binden und das Linnen.

Das Grab des Herrn sah ich offen
und Christus von Gottes Glanz umflossen.

Er lebt, der Herr, meine Hoffnung,
er geht euch voran nach Galiläa.

Lasst uns glauben, was Maria den Jüngern verkündet.
Sie sah den Herren, den Auferstandnen.

Ja, der Herr ist auferstanden, ist wahrhaft erstanden.
Du Sieger, König, Herr, hab Erbarmen! (Amen. Halleluja.)

RUF VOR DEM EVANGELIUM

Vers: vgl. 1 Kor 5,7b–8a

Halleluja. Halleluja.
Unser Paschalamm ist geopfert: Christus.
So lasst uns das Festmahl feiern im Herrn.
Halleluja.

ZUM EVANGELIUM Das Evangelium des Johannes erzählt nicht von der Auferstehung, sondern von den Geschehnissen danach. Auffällig ist dabei die Dynamik des Geschehens, die durch die eilig laufenden Personen zum Ausdruck kommt. Zuerst läuft Maria von Magdala, die das leere Grab gesehen hat, zu Petrus; Petrus liefert sich mit einem weiteren, ungenannten Jünger gar einen Wettlauf. Auferstehung ist also ein Prozess, der eine Annäherung ermöglicht und nötig macht, ohne das Ziel zu erreichen. Denn das Grab ist und bleibt leer. In dieser Hinsicht sind wir in derselben Situation wie Maria und Petrus vor zweitausend Jahren. Auch für uns ist und bleibt das Grab leer. Und diese Leere lädt uns ein zu verweilen, aus dem Betrieb des Alltags auszusteigen und angesichts der Leere die Fülle des Lebens zu erkennen. Bin ich dazu bereit?

EVANGELIUM

Joh 20,1–9

Er sah und glaubte

\+ **Aus dem heiligen Evangelium nach Johannes.**

Am ersten Tag der Woche kam Maria von Magdala frühmorgens, als es noch dunkel war, zum Grab und sah, dass der Stein vom Grab weggenommen war. Da lief sie schnell zu Simon Petrus und dem Jünger, den Jesus liebte, und sagte zu ihnen: Man hat den Herrn aus dem Grab weggenommen und wir wissen nicht, wohin man ihn gelegt hat.

Da gingen Petrus und der andere Jünger hinaus und kamen zum Grab; sie liefen beide zusammen dorthin, aber weil der andere Jünger schneller war als Petrus, kam er als Erster ans Grab. Er beugte sich vor und sah die Leinenbinden liegen, ging aber nicht hinein.

Da kam auch Simon Petrus, der ihm gefolgt war, und ging in das Grab hinein. Er sah die Leinenbinden liegen und das Schweißtuch, das auf dem Kopf Jesu gelegen hatte; es lag aber nicht bei den Leinenbinden, sondern zusammengebunden daneben an einer besonderen Stelle.

Da ging auch der andere Jünger, der zuerst an das Grab gekommen war, hinein; er sah und glaubte. Denn sie wussten noch nicht aus der Schrift, dass er von den Toten auferstehen musste.

Oder:

LANGFASSUNG

Joh 20,1–18

Er sah und glaubte. –
Ich gehe hinauf zu meinem Vater und zu eurem Vater

\+ **Aus dem heiligen Evangelium nach Johannes.**

Am ersten Tag der Woche kam Maria von Magdala frühmorgens, als es noch dunkel war, zum Grab und sah, dass der Stein vom Grab weggenommen war. Da lief sie schnell zu Simon Petrus und dem Jünger, den Jesus liebte, und sagte zu ihnen: Man hat den

Herrn aus dem Grab weggenommen und wir wissen nicht, wohin man ihn gelegt hat.

Da gingen Petrus und der andere Jünger hinaus und kamen zum Grab; sie liefen beide zusammen dorthin, aber weil der andere Jünger schneller war als Petrus, kam er als Erster ans Grab. Er beugte sich vor und sah die Leinenbinden liegen, ging aber nicht hinein.

Da kam auch Simon Petrus, der ihm gefolgt war, und ging in das Grab hinein. Er sah die Leinenbinden liegen und das Schweißtuch, das auf dem Kopf Jesu gelegen hatte; es lag aber nicht bei den Leinenbinden, sondern zusammengebunden daneben an einer besonderen Stelle.

Da ging auch der andere Jünger, der zuerst an das Grab gekommen war, hinein; er sah und glaubte. Denn sie wussten noch nicht aus der Schrift, dass er von den Toten auferstehen musste. Dann kehrten die Jünger wieder nach Hause zurück.

Maria aber stand draußen vor dem Grab und weinte. Während sie weinte, beugte sie sich in die Grabkammer hinein. Da sah sie zwei Engel in weißen Gewändern sitzen, den einen dort, wo der Kopf, den anderen dort, wo die Füße des Leichnams Jesu gelegen hatten. Die Engel sagten zu ihr: Frau, warum weinst du? Sie antwortete ihnen: Man hat meinen Herrn weggenommen und ich weiß nicht, wohin man ihn gelegt hat.

Als sie das gesagt hatte, wandte sie sich um und sah Jesus dastehen, wusste aber nicht, dass es Jesus war. Jesus sagte zu ihr: Frau, warum weinst du? Wen suchst du? Sie meinte, es sei der Gärtner, und sagte zu ihm: Herr, wenn du ihn weggebracht hast, sag mir, wohin du ihn gelegt hast. Dann will ich ihn holen.

Jesus sagte zu ihr: Maria! Da wandte sie sich ihm zu und sagte auf Hebräisch zu ihm: Rabbuni!, das heißt: Meister. Jesus sagte zu ihr: Halte mich nicht fest; denn ich bin noch nicht zum Vater hinaufgegangen. Geh aber zu meinen Brüdern und sag ihnen: Ich gehe hinauf zu meinem Vater und zu eurem Vater, zu meinem Gott und zu eurem Gott.

Maria von Magdala ging zu den Jüngern und verkündete ihnen: Ich habe den Herrn gesehen. Und sie richtete aus, was er ihr gesagt hatte.

(Anstelle dieses Evangeliums kann auch das Evangelium aus der Osternacht – S. 323 f. – gewählt werden; wenn die Messe am Abend stattfindet, steht das Evangelium von Ostermontag – S. 350 f. – zur Wahl, mit dem dazugehörigen Ruf vor dem Evangelium.)

Glaubensbekenntnis, S. 470 ff.

FÜRBITTEN

Maria von Magdala wurde zur Zeugin und Künderin der Auferstehung Jesu. Zu ihm, unserem gekreuzigten und auferweckten Herrn und Bruder, rufen wir heute, am heiligen Ostertag:

- Erfülle deine Kirche mit österlicher Freude und hilf ihr, deinen Frieden in die Welt zu tragen. V: Auferstandener Christus. A: Höre unser Rufen.
- Lass die Kirche Anwältin und Unterstützerin des Lebens in jeder seiner Phasen sein, damit die Würde des Menschen unantastbar werde. V: Auferstandener Christus. A: Höre unser Rufen.
- Führe die Christinnen und Christen aller Konfessionen in der Osterfreude zusammen und schenke ihnen neue Kraft auf dem Weg zur Einheit in dir. V: Auferstandener Christus. A: Höre unser Rufen.
- Leite die politisch Verantwortlichen durch deinen Geist und gib ihnen die Kraft zum Handeln in Klarheit und Wahrheit. V: Auferstandener Christus. A: Höre unser Rufen.
- Schenke den Kranken deine Nähe, lass sie teilhaben an der Osterfreude und an der Freude über die erwachende Natur. V: Auferstandener Christus. A: Höre unser Rufen.
- Lass unsere Verstorbenen um dich versammelt sein im Kreis der Liebe. V: Auferstandener Christus. A: Höre unser Rufen.

Gott, du schenkst Leben in Fülle und Freude. Wir danken dir, dass du in der Auferstehung deines Sohnes auch uns zur Hoffnung auf ein neues Sein in deiner Liebe berufen hast. Dir sei Lob und Preis in Ewigkeit.

EUCHARISTIEFEIER

GABENGEBET

Herr, unser Gott, nimm die Gaben an, die wir in österlicher Freude darbringen für das Opfer, durch das deine Kirche auf wunderbare Weise wiedergeboren und gestärkt wird. Darum bitten wir durch Christus, unseren Herrn.

Präfation, S. 481 f.

KOMMUNIONVERS 1 Kor 6,7–8

Unser Osterlamm ist geopfert, Christus, der Herr.
Halleluja.
Wir sind befreit von Sünde und Schuld.
So lasst uns Festmahl halten in Freude. Halleluja.

SCHLUSSGEBET

Allmächtiger Gott, du hast deiner Kirche durch die österlichen Geheimnisse neues Leben geschenkt. Bewahre und beschütze uns in deiner Liebe und führe uns zur Herrlichkeit der Auferstehung. Darum bitten wir durch Christus, unseren Herrn.

FEIERLICHER SCHLUSSSEGEN

An diesem Tag, der geheiligt ist durch die Auferstehung unseres Herrn Jesus Christus, segne euch der gütige Gott und bewahre euch vor der Finsternis der Sünde. – A: Amen.
In Christus haben wir Anteil am ewigen Leben; in ihm führe euch Gott zur unvergänglichen Herrlichkeit. – A: Amen.
Unser Erlöser hat uns durch die Tage seines Leidens zur österlichen Freude geführt; er geleite euch alle Tage des Lebens bis zu jener Osterfreude, die niemals endet. – A: Amen.
Das gewähre euch der dreieinige Gott, der Vater und der Sohn † und der Heilige Geist. – A: Amen.

***

ES HAT DEN TOD VERSCHLUNGEN

Es war ein wunderlicher Krieg,
Da Tod und Leben rungen,
Das Leben behielt den Sieg,
Es hat den Tod verschlungen.
Die Schrift hat verkündet das,
Wie ein Tod den andern fraß,
Ein Spott aus dem Tod ist worden.

Martin Luther

OSTERMONTAG

2. April 2018

Im Christentum werden ebenso wie im Judentum bedeutende Feste an mehreren Tagen gefeiert. Der Ostermontag hat daher keinen anderen Festinhalt als der Ostersonntag. Und doch wirft der Ostermontag eine spezielle Frage auf, nämlich, wie das neue Leben in Christus, mein messianisches Leben, meinen Alltag prägen kann. Wenn Sünde so viel bedeutet wie Abwendung von Gott, wie kann dann Umkehr möglich werden? In Christus. Brennt auch uns das Herz, wenn wir Brot teilen? Erkennen wir im Fremden, der uns auf der Straße begegnet und unsere Hilfe braucht, das Antlitz Jesu?

ERÖFFNUNGSVERS

Der Herr ist vom Tod auferstanden, wie er gesagt hat.
Freut euch und frohlockt, denn er herrscht in Ewigkeit.
Halleluja.

KYRIE-RUFE

Jesus Christus, auferstandener Herr,
du bist bei uns auf dem Weg.
V/A: Herr, erbarme dich.
Du gibst dich zu erkennen,
wenn du uns das Brot brichst.
V/A: Christus, erbarme dich.
Du entfachst dein Feuer in unseren Herzen,
wenn du uns den Sinn der Schrift erschließt.
V/A: Herr, erbarme dich.

Ehre sei Gott, S. 467 f.

TAGESGEBET

Gott, du Herr allen Lebens, durch die Taufe schenkst du deiner Kirche Jahr für Jahr neue Söhne und Töchter. Gib, dass alle Christen in ihrem Leben dem Sakrament treu bleiben, das sie im Glauben empfangen haben. Darum bitten wir durch Jesus Christus.

WORTGOTTESDIENST

ZUR 1. LESUNG Wer war dieser Jesus von Nazaret, dessen Leben am Kreuz endete? Petrus versucht die Problematik dieser Ereignisse zu verstehen und greift dazu nicht nur auf persönliche Erfahrungen zurück, sondern auch auf die Bibel. Mit Psalm 16 deutet Petrus das jähe Lebensende Jesu nicht als ein Scheitern. Vielmehr betont Petrus, dass Gott sich Jesu auch im Tod angenommen und den Heiligen Geist nicht nur ihm, sondern auch den Glaubenden habe zuteilwerden lassen. Dieser Rückgriff zeigt, dass ein Verständnis der Auferstehung einer deutenden erklärenden Einführung bedarf. Das Leben Jesu ist daher stets im Zusammenhang der Heilsgeschichte Gottes mit seinem geliebten Volk Israel und mit der ganzen Menschheit zu sehen.

ERSTE LESUNG

Apg 2,14.22b–33

Gott hat Jesus auferweckt, dafür sind wir alle Zeugen

Lesung aus der Apostelgeschichte.

Am Pfingsttag trat Petrus auf, zusammen mit den Elf; er erhob seine Stimme und begann zu reden: Ihr Juden und alle Bewohner von Jerusalem! Dies sollt ihr wissen, achtet auf meine Worte!
Jesus, den Nazoräer, den Gott vor euch beglaubigt hat durch machtvolle Taten, Wunder und Zeichen, die er durch ihn in eurer Mitte

getan hat, wie ihr selbst wisst – ihn, der nach Gottes beschlossenem Willen und Vorauswissen hingegeben wurde, habt ihr durch die Hand von Gesetzlosen ans Kreuz geschlagen und umgebracht.

Gott aber hat ihn von den Wehen des Todes befreit und auferweckt; denn es war unmöglich, dass er vom Tod festgehalten wurde. David nämlich sagt über ihn:

Ich habe den Herrn beständig vor Augen. Er steht mir zur Rechten, ich wanke nicht. Darum freut sich mein Herz und frohlockt meine Zunge und auch mein Leib wird in sicherer Hoffnung ruhen; denn du gibst mich nicht der Unterwelt preis, noch lässt du deinen Frommen die Verwesung schauen. Du zeigst mir die Wege zum Leben, du erfüllst mich mit Freude vor deinem Angesicht.

Brüder, ich darf freimütig zu euch über den Patriarchen David reden: Er starb und wurde begraben und sein Grabmal ist bei uns erhalten bis auf den heutigen Tag. Da er ein Prophet war und wusste, dass Gott ihm den Eid geschworen hatte, einer von seinen Nachkommen werde auf seinem Thron sitzen, sagte er vorausschauend über die Auferstehung des Christus: Er gibt ihn nicht der Unterwelt preis und sein Leib schaut die Verwesung nicht. Diesen Jesus hat Gott auferweckt, dafür sind wir alle Zeugen. Nachdem er durch die rechte Hand Gottes erhöht worden war und vom Vater den verheißenen Heiligen Geist empfangen hatte, hat er ihn ausgegossen, wie ihr seht und hört.

ANTWORTPSALM

Ps 89(88),2–3.4–5 (℟: 2a)

℟ Von den Taten deiner Huld, o Herr, will ich ewig singen. – ℟

Oder:

℟ Halleluja. – ℟

Von den Taten deiner Huld, Herr, will ich ewig singen, *
bis zum fernsten Geschlecht laut deine Treue verkünden.
Denn ich bekenne: Deine Huld besteht für immer und ewig; *
deine Treue steht fest im Himmel. – (℟)

„Ich habe einen Bund geschlossen mit meinem Erwählten *
und David, meinem Knecht, geschworen:
Deinem Haus gebe ich auf ewig Bestand *
und von Geschlecht zu Geschlecht richte ich deinen Thron auf.“ – R

ZUR 2. LESUNG Paulus, der Jesus zu Lebzeiten wohl nicht begegnet ist, hat sich nach dem erschütternden Erlebnis in Damaskus der Verkündigung des Evangeliums verschrieben; er hat nahezu die damals bekannte Welt bereist und in rastloser Unruhe dieses Evangelium verkündet. Mit dem heutigen Lesungstext wird deutlich, dass Paulus selbst sich auf Überlieferungen bezieht, die ihm mitgeteilt worden sind. Die Bibelwissenschaft hat herausgearbeitet, dass in dem zitierten Text eines der ältesten christlichen Bekenntnisse überhaupt überliefert worden ist. Deutlich wird dadurch, dass sich Paulus auf die Schriften einlässt und von ihnen her den Glauben an Christus Jesus deutet.

ZWEITE LESUNG 1 Kor 15,1–8.11

Das Evangelium, das ich euch verkündet habe, ist der Grund, auf dem ihr steht

Lesung aus dem ersten Brief des Apostels Paulus an die Korinther.

Ich erinnere euch, Brüder [*oder:* Brüder und Schwestern, *oder:* Schwestern und Brüder,], an das Evangelium, das ich euch verkündet habe. Ihr habt es angenommen; es ist der Grund, auf dem ihr steht. Durch dieses Evangelium werdet ihr gerettet, wenn ihr an dem Wortlaut festhaltet, den ich euch verkündet habe. Oder habt ihr den Glauben vielleicht unüberlegt angenommen?

Denn vor allem habe ich euch überliefert, was auch ich empfangen habe:

Christus ist für unsere Sünden gestorben, gemäß der Schrift, und ist begraben worden. Er ist am dritten Tag auferweckt worden, gemäß der Schrift, und erschien dem Kephas, dann den Zwölf.

Danach erschien er mehr als fünfhundert Brüdern zugleich; die meisten von ihnen sind noch am Leben, einige sind entschlafen. Danach erschien er dem Jakobus, dann allen Aposteln. Als Letztem von allen erschien er auch mir, dem Unerwarteten, der „Missgeburt".

Ob nun ich verkündige oder die anderen: das ist unsere Botschaft, und das ist der Glaube, den ihr angenommen habt.

RUF VOR DEM EVANGELIUM

Vers: vgl. Lk 24,32

Halleluja. Halleluja.
Brannte uns nicht das Herz,
als der Herr unterwegs mit uns redete
und uns den Sinn der Schrift erschloss?
Halleluja.

ZUM EVANGELIUM Die berühmte Emmausgeschichte findet sich nur beim Evangelisten Lukas; sie erzählt die Geschichte von der Begegnung mit dem Auferstandenen auf eine ganz neue Art und Weise. Denn zunächst erscheint der Auferstandene wie ein unbekannter Fremder, der eine Wegstrecke mit Kleopas und einem zweiten, namenlosen, Jünger geht. Gemeinsam sprechen sie über die Vorfälle in Jerusalem, über die Kreuzigung und den Tod Jesu ebenso wie über die Erlebnisse der Frauen am leeren Grab. Wie in den Reden des Petrus und in den Briefen des Paulus greift auch hier der Fremde auf die Bibel Israels zurück, um die Ereignisse den anderen deuten zu können. Mit dem Brotbrechen kommt für die Jünger die entscheidende Wende, die zur Erkenntnis im Nachhinein führt: Dieser Fremde, dem wir unterwegs begegnet sind, mit dem wir gesprochen haben und der glaubhaft die Ereignisse gedeutet und am Ende mit uns Abendmahl gehalten hat, war der Auferstandene selbst. Den Glauben als Weg zu begreifen heißt auch, sich der Frage auszusetzen, wo Christus Jesus mir bereits erschienen ist.

EVANGELIUM Lk 24,13–35

Sie erkannten ihn, als er das Brot brach

+ Aus dem heiligen Evangelium nach Lukas.

Am ersten Tag der Woche waren zwei von den Jüngern Jesu auf dem Weg in ein Dorf namens Emmaus, das sechzig Stadien von Jerusalem entfernt ist. Sie sprachen miteinander über all das, was sich ereignet hatte. Während sie redeten und ihre Gedanken austauschten, kam Jesus hinzu und ging mit ihnen. Doch sie waren wie mit Blindheit geschlagen, sodass sie ihn nicht erkannten. Er fragte sie: Was sind das für Dinge, über die ihr auf eurem Weg miteinander redet?

Da blieben sie traurig stehen, und der eine von ihnen – er hieß Kleopas – antwortete ihm: Bist du so fremd in Jerusalem, dass du als Einziger nicht weißt, was in diesen Tagen dort geschehen ist? Er fragte sie: Was denn?

Sie antworteten ihm: Das mit Jesus aus Nazaret. Er war ein Prophet, mächtig in Wort und Tat vor Gott und dem ganzen Volk. Doch unsere Hohenpriester und Führer haben ihn zum Tod verurteilen und ans Kreuz schlagen lassen. Wir aber hatten gehofft, dass er der sei, der Israel erlösen werde. Und dazu ist heute schon der dritte Tag, seitdem das alles geschehen ist.

Aber nicht nur das: Auch einige Frauen aus unserem Kreis haben uns in große Aufregung versetzt. Sie waren in der Frühe beim Grab, fanden aber seinen Leichnam nicht. Als sie zurückkamen, erzählten sie, es seien ihnen Engel erschienen und hätten gesagt, er lebe. Einige von uns gingen dann zum Grab und fanden alles so, wie die Frauen gesagt hatten; ihn selbst aber sahen sie nicht.

Da sagte er zu ihnen: Begreift ihr denn nicht? Wie schwer fällt es euch, alles zu glauben, was die Propheten gesagt haben. Musste nicht der Messias all das erleiden, um so in seine Herrlichkeit zu gelangen? Und er legte ihnen dar, ausgehend von Mose und allen Propheten, was in der gesamten Schrift über ihn geschrieben steht.

So erreichten sie das Dorf, zu dem sie unterwegs waren. Jesus tat, als wolle er weitergehen, aber sie drängten ihn und sagten: Bleib doch bei uns; denn es wird bald Abend, der Tag hat sich schon geneigt.

Da ging er mit hinein, um bei ihnen zu bleiben. Und als er mit ihnen bei Tisch war, nahm er das Brot, sprach den Lobpreis, brach das Brot und gab es ihnen. Da gingen ihnen die Augen auf und sie erkannten ihn; dann sahen sie ihn nicht mehr. Und sie sagten zueinander: Brannte uns nicht das Herz in der Brust, als er unterwegs mit uns redete und uns den Sinn der Schrift erschloss?

Noch in derselben Stunde brachen sie auf und kehrten nach Jerusalem zurück und sie fanden die Elf und die anderen Jünger versammelt. Diese sagten: Der Herr ist wirklich auferstanden und ist dem Simon erschienen. Da erzählten auch sie, was sie unterwegs erlebt und wie sie ihn erkannt hatten, als er das Brot brach.

Oder:

ZUM EVANGELIUM Ein schwieriger Text, der von dem Auferstehungsglauben einerseits und dessen Bestreitung andererseits berichtet. Zwei Beobachtungen sind für das nähere Verständnis hilfreich. Zum einen ist erkennbar, dass die Frage der Auferstehung keine historischen Beweise zu ihrer Beantwortung vortragen kann. Der Glaube an die Auferstehung ist darum nicht blind, er ist aber angewiesen auf persönliches Zeugnis und auf die Deutungen persönlicher Erfahrungen. Zum anderen verdeutlicht der Text eine Erkenntnis, die in der jüngeren Geschichtsforschung immer deutlicher herausgearbeitet wird. Die im Neuen Testament geschilderten Streitigkeiten zwischen Juden und Christus-Bekennern sind, gerade in ihrer Schärfe, verständlich als innerjüdische Streitigkeiten. Während die einen den Glauben an Jesus Christus, den von Gott Auferweckten und machtvoll Bestätigten, verkünden, weisen die anderen die Verkündigung des Menschen Jesu als Messias und Sohn Gottes zurück. Umso dringlicher stellt sich uns die Frage, ob wir uns auf den Glauben an Christus Jesus einlassen können.

EVANGELIUM Mt 28,8–15

Sagt meinen Brüdern, sie sollen nach Galiläa gehen und dort werden sie mich sehen

+ Aus dem heiligen Evangelium nach Matthäus.

Nachdem die Frauen die Botschaft des Engels vernommen hatten, verließen sie sogleich das Grab und eilten voll Furcht und großer Freude zu seinen Jüngern, um ihnen die Botschaft zu verkünden.

Plötzlich kam ihnen Jesus entgegen und sagte: Seid gegrüßt! Sie gingen auf ihn zu, warfen sich vor ihm nieder und umfassten seine Füße. Da sagte Jesus zu ihnen: Fürchtet euch nicht! Geht und sagt meinen Brüdern, sie sollen nach Galiläa gehen und dort werden sie mich sehen.

Noch während die Frauen unterwegs waren, kamen einige von den Wächtern in die Stadt und berichteten den Hohenpriestern alles, was geschehen war. Diese fassten gemeinsam mit den Ältesten den Beschluss, die Soldaten zu bestechen. Sie gaben ihnen viel Geld und sagten: Erzählt den Leuten: Seine Jünger sind bei Nacht gekommen und haben ihn gestohlen, während wir schliefen. Falls der Statthalter davon hört, werden wir ihn beschwichtigen und dafür sorgen, dass ihr nichts zu befürchten habt. Die Soldaten nahmen das Geld und machten alles so, wie man es ihnen gesagt hatte. So kommt es, dass dieses Gerücht bei den Juden bis heute verbreitet ist.

FÜRBITTEN

Jesus Christus, du hast die Jünger auf dem Weg nach Emmaus begleitet und ihnen den Sinn der Schrift erschlossen. Voll Hoffnung rufen wir zu dir:

- Begleite deine Kirche durch die Zeit und sende ihr deinen Geist, damit sie den Menschen heute die Botschaft der Hoffnung glaubwürdig bezeuge. V: Jesus Christus, Herr und Bruder. A: Bleibe bei uns.
- Ermutige, die Ungerechtigkeit und Unrecht benennen und sich einsetzen für Gerechtigkeit und Teilhabe. V: Jesus Christus, Herr und Bruder. A: Bleibe bei uns.
- Schenke auch uns das brennende Herz der Emmaus-Jünger, damit wir Gemeinschaft mit dir erfahren und aus deinem Geist handeln können. V: Jesus Christus, Herr und Bruder. A: Bleibe bei uns.

- Stärke die Männer und Frauen, die sich für den Frieden einsetzen, Erstarrung und Hass überwinden und Schritte der Versöhnung gehen. V: Jesus Christus, Herr und Bruder. A: Bleibe bei uns.
- Schenke deine Nähe all denjenigen, deren Leben in diesen Tagen der erwachenden Natur und des zunehmenden Lichts zu Ende geht, und erfülle sie mit der Hoffnung, die nur du geben kannst. V: Jesus Christus, Herr und Bruder. A: Bleibe bei uns.

Erbarmender Gott, erfülle unser Herz mit Osterfreude, damit wir als erlöste Menschen leben können. Darum bitten wir, für heute und für alle Tage unseres Lebens.

EUCHARISTIEFEIER

GABENGEBET

Gott, du hast deinem Volk durch das Bekenntnis des Glaubens und den Empfang der Taufe neues Leben geschenkt. Nimm die Gaben (der Neugetauften und aller) deiner Gläubigen gnädig an und lass uns in dir Seligkeit und ewiges Leben finden. Darum bitten wir durch Christus, unseren Herrn.

Präfation, S. 481 f.

KOMMUNIONVERS

Vgl. Röm 6,9

Christus ist vom Tod erstanden; er stirbt nicht mehr.
Gebrochen ist die Macht des Todes. Halleluja.

SCHLUSSGEBET

Allmächtiger Gott, du hast uns durch die österlichen Geheimnisse auf den Weg des Lebens geführt. Lass deine Gnade in uns mächtig werden, damit wir uns deiner Gaben würdig erweisen und unseren Weg zu dir vollenden. Darum bitten wir durch Christus, unseren Herrn.

FEIERLICHER SCHLUSSSEGEN S. 344

***

EMMAUS UND EMMANUEL

Zwei wie du und ich,
beide uns mit ihrem Rücken zugewandt,
gehen mit gesenktem Haupt,
einträchtig und erschöpft
mit ihm, dem Einen,
den wir nur schemenhaft
erkannt zu haben glauben,
ihres Weges.

Lautlos und stumm
reden sie für sich und vor sich
hin, bis er, der Fremde, fragt:
Was treibt euch um?
Die Trauer um den Toten,
sagen sie.
Und er, er selbst, der Totgeglaubte,
ergreift das Wort, das Brot und ihre Herzen,
und öffnet ihre Augen
tränenfrei.

Was sie nun sahen,
war Emmanuel, der Gott-mit-uns,
noch nicht oder schon
nicht mehr.

René Dausner

2. SONNTAG DER OSTERZEIT
SONNTAG DER GÖTTLICHEN BARMHERZIGKEIT
WEISSER SONNTAG

8. April 2018

Kaum zu glauben? Judentum, Christentum und Islam verbindet der Glaube an einen Gott, dessen Wesen Barmherzigkeit ist. Für uns Christen ist die Barmherzigkeit Gottes in Jesus Christus, in seiner Zuwendung zu den Menschen, konkret erfahrbar geworden. Jesus hat sein Leben gegeben für die vielen. Hingabe, Barmherzigkeit war seine Art zu leben und zu sterben. Das ist Gottes Art. Jesus, unser Bruder, und doch von Gottes Art. Er hat sich den Leidenden zugewandt. Er selbst hat Leiden und Tod nicht gesucht, erbarmend hat er beides nicht gescheut. Wenn wir lernen, die Barmherzigkeit Gottes in der Banalität unseres Alltags anzunehmen, werden wir von ihr her befähigt, Zeugnis abzulegen für die Barmherzigkeit Gottes. Gemeinsam mit Juden und Muslimen können wir in einer so oft unbarmherzigen Zeit Gesandte der göttlichen Barmherzigkeit sein.

ERÖFFNUNGSVERS

Vgl. 5 Esra 2,36–37 (apokr.)

Freut euch und dankt Gott, der euch zu sich gerufen hat.
Ihr seid Kinder Gottes und Erben seiner Herrlichkeit.
Halleluja.

KYRIE-RUFE

Herr Jesus Christus, du trittst in unsere Mitte
und sprichst uns deinen Frieden zu.
V/A: Herr, erbarme dich.

Du bist unter uns gegenwärtig
im Brot des Lebens und im Kelch des Segens.
V/A: Christus, erbarme dich.
Du bist das menschliche Antlitz Gottes,
der voll Erbarmen ist.
V/A: Herr, erbarme dich.

Ehre sei Gott, S. 467 f.

TAGESGEBET

Barmherziger Gott, durch die jährliche Osterfeier erneuerst du den Glauben deines Volkes. Lass uns immer tiefer erkennen, wie heilig das Bad der Taufe ist, das uns gereinigt hat, wie mächtig dein Geist, aus dem wir wiedergeboren sind, und wie kostbar das Blut, durch das wir erkauft sind. Darum bitten wir durch Jesus Christus.

WORTGOTTESDIENST

ZUR 1. LESUNG „Ein Herz und eine Seele" – der sprichwörtlich gewordene Ausdruck gilt oft einem verliebten Paar und mutet etwas kitschig an. Hier ist etwas anderes gemeint: Die christliche Gemeinde zeichnet sich dadurch aus, dass sie ein Herz und eine Seele ist. In der Lesung wird deutlich: Die frühen Christen und Christinnen teilen das Leben miteinander, einer weiß um den anderen, Solidarität und tätige Mitmenschlichkeit prägen das Gemeindeleben. Tertullian schreibt im zweiten christlichen Jahrhundert, dass den Heiden dieses Miteinander als ungewöhnlich auffiel. Sie sagten: „Seht, wie sie einander lieben." Fallen wir den neuen Heiden auf?

ERSTE LESUNG Apg 4,32–35

Die Gemeinde der Gläubigen war ein Herz und eine Seele

Lesung aus der Apostelgeschichte.

Die Gemeinde der Gläubigen war ein Herz und eine Seele. Keiner nannte etwas von dem, was er hatte, sein Eigentum, sondern sie hatten alles gemeinsam.

Mit großer Kraft legten die Apostel Zeugnis ab von der Auferstehung Jesu, des Herrn, und reiche Gnade ruhte auf ihnen allen.

Es gab auch keinen unter ihnen, der Not litt. Denn alle, die Grundstücke oder Häuser besaßen, verkauften ihren Besitz, brachten den Erlös und legten ihn den Aposteln zu Füßen. Jedem wurde davon so viel zugeteilt, wie er nötig hatte.

ANTWORTPSALM Ps 118(117),2 u. 4.16–17.18 u. 22.23–24 (R: 1)

℟ Danket dem Herrn, denn er ist gütig,
denn seine Huld währt ewig! – ℟

Oder:

℟ Halleluja. – ℟

So soll Israel sagen: *
Denn seine Huld währt ewig.
So sollen alle sagen, die den Herrn fürchten und ehren: *
Denn seine Huld währt ewig. – (℟)

„Die Rechte des Herrn ist erhoben, *
die Rechte des Herrn wirkt mit Macht!"
Ich werde nicht sterben, sondern leben, *
um die Taten des Herrn zu verkünden. – (℟)

Der Herr hat mich hart gezüchtigt, *
doch er hat mich nicht dem Tod übergeben.
Der Stein, den die Bauleute verwarfen, *
er ist zum Eckstein geworden. – (℟)

Das hat der Herr vollbracht, *
vor unseren Augen geschah dieses Wunder.

Dies ist der Tag, den der Herr gemacht hat; *
wir wollen jubeln und uns an ihm freuen. – R

ZUR 2. LESUNG Die Welt besiegen – ist das das Ziel christlichen Glaubens? Ja. Damit verbunden ist aber nicht eine Missachtung des Lebens, das wir in der Welt führen, vielmehr steht die Welt hier in johanneischer Sprache für Gottferne, Hass, Missachtung des anderen, Um-sich-selbst-Kreisen, vertrackte Abhängigkeiten – für alles, was uns hindert, als Kinder Gottes in dieser Welt Gottes Gegenwart zu bezeugen. Unser Glaube ist nicht harmlos. Er fordert uns heraus, an der Liebe Gottes nicht zu verzweifeln, sie auszuhalten, anzunehmen, uns von ihr wandeln zu lassen, nach seinem Willen und seinen Weisungen zu leben. Der erste Johannesbrief begleitet uns durch die Osterzeit und will uns daran erinnern. Wie sehr braucht unsere Welt die Liebe, die von Gott kommt!

ZWEITE LESUNG 1 Joh 5, 1–6

Alles, was von Gott stammt, besiegt die Welt

Lesung aus dem ersten Johannesbrief.

Brüder [*oder:* Brüder und Schwestern! *oder:* Schwestern und Brüder!]! Jeder, der glaubt, dass Jesus der Christus ist, stammt von Gott, und jeder, der den Vater liebt, liebt auch den, der von ihm stammt. Wir erkennen, dass wir die Kinder Gottes lieben, wenn wir Gott lieben und seine Gebote erfüllen.

Denn die Liebe zu Gott besteht darin, dass wir seine Gebote halten. Seine Gebote sind nicht schwer. Denn alles, was von Gott stammt, besiegt die Welt. Und das ist der Sieg, der die Welt besiegt hat: unser Glaube. Wer sonst besiegt die Welt außer dem, der glaubt, dass Jesus der Sohn Gottes ist?

Dieser ist es, der durch Wasser und Blut gekommen ist: Jesus Christus. Er ist nicht nur im Wasser gekommen, sondern im Wasser und im Blut. Und der Geist ist es, der Zeugnis ablegt; denn der Geist ist die Wahrheit.

RUF VOR DEM EVANGELIUM

Vers: Joh 20,29

Halleluja. Halleluja.
(So spricht der Herr:)
Weil du mich gesehen hast, Thomas, glaubst du.
Selig sind, die nicht sehen und doch glauben.
Halleluja.

ZUM EVANGELIUM Der Auferstandene, der den Jüngern begegnet, ist der verwundete Jesus. Der den Jüngern und Jüngerinnen begegnet, ist verwandelt, und doch der, der am Kreuz gelitten hat und gestorben ist. Wie die Geschichte Jesu, so endet die Geschichte eines jeden Menschen nicht mit dem Tod, sie wird weitergeführt – mit allen Wunden, mit der je eigenen, verwundeten und wunderbaren Geschichte dieses Menschen. An den Wunden erkennen die Jünger den Auferstandenen, so auch Thomas. Es wird im Text nicht gesagt, dass er die Wunden berührt; allein, dass er an ihnen Jesus erkennt, lässt ihn seinen Glauben bekennen: „Mein Herr und mein Gott."

EVANGELIUM

Joh 20,19–31

Acht Tage darauf kam Jesus und trat in ihre Mitte

+ Aus dem heiligen Evangelium nach Johannes.

Am Abend des ersten Tages der Woche, als die Jünger aus Furcht vor den Juden die Türen verschlossen hatten, kam Jesus, trat in ihre Mitte und sagte zu ihnen: Friede sei mit euch! Nach diesen Worten zeigte er ihnen seine Hände und seine Seite. Da freuten sich die Jünger, dass sie den Herrn sahen.

Jesus sagte noch einmal zu ihnen: Friede sei mit euch! Wie mich der Vater gesandt hat, so sende ich euch. Nachdem er das gesagt hatte, hauchte er sie an und sprach zu ihnen: Empfangt den Heiligen Geist! Wem ihr die Sünden vergebt, dem sind sie vergeben; wem ihr die Vergebung verweigert, dem ist sie verweigert.

Thomas, genannt Didymus – Zwilling –, einer der Zwölf, war nicht bei ihnen, als Jesus kam. Die anderen Jünger sagten zu ihm: Wir haben den Herrn gesehen.

Er entgegnete ihnen: Wenn ich nicht die Male der Nägel an seinen Händen sehe und wenn ich meinen Finger nicht in die Male der Nägel und meine Hand nicht in seine Seite lege, glaube ich nicht.

Acht Tage darauf waren seine Jünger wieder versammelt und Thomas war dabei. Die Türen waren verschlossen.

Da kam Jesus, trat in ihre Mitte und sagte: Friede sei mit euch!

Dann sagte er zu Thomas: Streck deinen Finger aus – hier sind meine Hände! Streck deine Hand aus und leg sie in meine Seite und sei nicht ungläubig, sondern gläubig!

Thomas antwortete ihm: Mein Herr und mein Gott! Jesus sagte zu ihm: Weil du mich gesehen hast, glaubst du. Selig sind, die nicht sehen und doch glauben.

Noch viele andere Zeichen, die in diesem Buch nicht aufgeschrieben sind, hat Jesus vor den Augen seiner Jünger getan. Diese aber sind aufgeschrieben, damit ihr glaubt, dass Jesus der Messias ist, der Sohn Gottes, und damit ihr durch den Glauben das Leben habt in seinem Namen.

Glaubensbekenntnis, S. 470 ff.

FÜRBITTEN

Der Apostel Thomas kann allen Menschen eine Brücke zum Glauben sein, die ihre Zweifel und Bedenken nicht einfach beiseiteschieben wollen, als wären sie nicht da. Wir beten zu Jesus, dem Gekreuzigten und Auferstandenen, und bitten ihn:

- Stärke und weite den Glauben deiner Kirche, sodass Zweifel und Fragen nicht ausgeblendet werden müssen, sondern Raum und Antwort finden. V: Kyrie, eleison. A: Christe, eleison.
- Schenke den Erstkommunionkindern Gemeinschaft mit dir und untereinander und lass sie wachsen in Glaube, Liebe und Hoffnung. V: Kyrie, eleison. A: Christe, eleison.

- Segne die Familien, die sich heute zusammengefunden haben, und schenke ihnen innere Verbindung. V: Kyrie, eleison. A: Christe, eleison.
- Segne auch die Katechetinnen und Katecheten, die die Kinder begleitet und zur Mahlgemeinschaft mit dir geführt haben. V: Kyrie, eleison. A: Christe, eleison.
- Sei mit deinem Segen bei den Kindern weltweit, die in Armut aufwachsen und die früh arbeiten müssen, um zu überleben. V: Kyrie, eleison. A: Christe, eleison.
- Schenke allen Menschen, die von Zweifeln geplagt sind und doch glauben möchten, die Erfahrung deiner Nähe. V: Kyrie, eleison. A: Christe, eleison.

Barmherziger Gott, wir leben aus deiner Liebe. In der Auferweckung deines Sohnes hast du uns bleibenden Grund zur Freude und zur Hoffnung geschenkt. Lass uns nun als österliche Menschen leben mit Christus, unserem Bruder und auferstandenen Herrn.

EUCHARISTIEFEIER

GABENGEBET

Gott, du hast deinem Volk durch das Bekenntnis des Glaubens und den Empfang der Taufe neues Leben geschenkt. Nimm die Gaben (der Neugetauften und aller) deiner Gläubigen gnädig an und lass uns in dir Seligkeit und ewiges Leben finden. Darum bitten wir durch Christus, unseren Herrn.

Präfation, S. 481 f.

KOMMUNIONVERS Joh 20,29

Selig, die nicht sehen und doch glauben.
Halleluja.

SCHLUSSGEBET

Allmächtiger Gott, im heiligen Sakrament haben wir den Leib und das Blut deines Sohnes empfangen. Lass diese österliche Gabe in uns weiterwirken und fruchtbar sein. Darum bitten wir durch Christus, unseren Herrn.

FEIERLICHER SCHLUSSSEGEN

Der allmächtige Gott hat uns durch die Auferstehung seines Sohnes aus Sünde und Tod befreit; er segne euch und schenke euch seine Freude. – A: Amen.
Und Christus, mit dem wir auferstanden sind durch den Glauben, bewahre in euch die Gabe der Erlösung. – A: Amen.
Gott hat uns in der Taufe angenommen als Kinder seiner Gnade; er schenke euch das verheißene Erbe. – A: Amen.
Das gewähre euch der dreieinige Gott, der Vater und der Sohn † und der Heilige Geist. – A: Amen.

***

EIN LEBENSSTIL

Wir dürfen nie vergessen, dass die Barmherzigkeit kein abstraktes Wort ist, sondern ein Lebensstil: Ein Mensch kann barmherzig sein oder er kann nicht barmherzig sein; es ist ein Lebensstil. (…) Was die Barmherzigkeit lebendig macht, ist die beständige Dynamik des Zugehens auf die Bedürfnisse und Nöte der Menschen, die sich in geistlicher und materieller Not befinden. Die Barmherzigkeit hat Augen, um hinzusehen; Ohren, um zuzuhören; Hände, um wieder aufzurichten …

Papst Franziskus, Jubiläums-Audienz, Donnerstag, 30. Juni 2016

VERKÜNDIGUNG DES HERRN – HOCHFEST

9. April 2018

Heute geht es um das Fragen und Hören. Wir haben Gesetze und Gebräuche und befolgen sie scheinbar fraglos, oder wir fragen so lange nach, bis uns alles sinnlos erscheint. Fragen ist nicht so einfach, denn es bedarf des Einfühlungsvermögens in den Befragten. Und genauso müssen wir uns dann auf die Antwort einlassen, müssen sie wägen und wieder fragen, wenn wir etwas nicht verstehen. So zeigt sich das Fragen und Hören als eine große Kunst, nicht als die tölpelhafte Unbedarftheit, als die sie uns so häufig dargestellt werden.

ERÖFFNUNGSVERS

Vgl. Hebr 10,5.7

Als Christus in diese Welt eintrat,
sprach er zu seinem Vater:
Siehe, ich komme, um deinen Willen zu erfüllen.

KYRIE-RUFE

Herr Jesus Christus, du bist empfangen
durch den Heiligen Geist,
geboren von der Jungfrau Maria.
V/A: Herr, erbarme dich.
Du, Gott von Ewigkeit, bist Mensch geworden,
damit der Mensch vergöttlicht werde.
V/A: Christus, erbarme dich.
Du bist ganz Gott und ganz Mensch,
in unvermischter, unverwandelter,
ungetrennter und ungesonderter Einheit.
V/A: Herr, erbarme dich.

Ehre sei Gott, S. 467 f.

TAGESGEBET

Gott, du bist groß und unbegreiflich. Nach deinem Willen ist dein ewiges Wort im Schoß der Jungfrau Maria Mensch geworden. Gläubig bekennen wir, dass unser Erlöser wahrer Gott und wahrer Mensch ist. Mache uns würdig, Anteil zu erhalten an seinem göttlichen Leben. Darum bitten wir durch ihn, Jesus Christus.

WORTGOTTESDIENST

ZUR 1. LESUNG Der Herr bietet Ahas ein Zeichen an – doch dieser traut sich nicht, um etwas zu bitten. Ist dies Bescheidenheit oder zu große Rücksichtnahme? Ahas bittet um nichts – und der Herr bietet ein Zeichen auf, das die Welt in Atem hält. Während sich der Prophet professionell über das Bittgebaren seiner Zeitgenossen aufregt, hat Ahas die Zeichen der Zeit erkannt: Er bittet um nichts. Das Gebet steht immer unter dem Vorbehalt, dass man sich um sich selbst dreht und nur bittet, um etwas zu erhalten. Herr, schenke uns die Weisheit, uns Dir absichtslos zuzuwenden und uns Deiner Gegenwart zu erfreuen, ohne dass Du uns zusätzlich belohnst.

ERSTE LESUNG Jes 7,10–14

Seht, die Jungfrau wird ein Kind empfangen;
sie wird ihm den Namen Immanuel – Gott mit uns – geben

Lesung aus dem Buch Jesaja.

In jenen Tagen sprach der Herr zu Ahas – dem König von Juda; er sagte: Erbitte dir vom Herrn, deinem Gott, ein Zeichen, sei es von unten, aus der Unterwelt, oder von oben, aus der Höhe.

Ahas antwortete: Ich will um nichts bitten und den Herrn nicht auf die Probe stellen.

Da sagte Jesaja: Hört her, ihr vom Haus David! Genügt es euch nicht, Menschen zu belästigen? Müsst ihr auch noch meinen Gott belästigen? Darum wird euch der Herr von sich aus ein Zeichen geben: Seht, die Jungfrau wird ein Kind empfangen, sie wird einen Sohn gebären und sie wird ihm den Namen Immanuel – Gott mit uns – geben.

ANTWORTPSALM

Ps 40(39),7–8.9–10.11 (℟: vgl. 8a.9a)

℟ Mein Gott, ich komme;
deinen Willen zu tun macht mir Freude. – ℟

An Schlacht- und Speiseopfern hast du kein Gefallen, *
Brand- und Sündopfer forderst du nicht.
Doch das Gehör hast du mir eingepflanzt; †
darum sage ich: Ja, ich komme. *
In dieser Schriftrolle steht, was an mir geschehen ist. – (℟)

Deinen Willen zu tun, mein Gott, macht mir Freude, *
deine Weisung trag ich im Herzen.
Gerechtigkeit verkünde ich in großer Gemeinde, *
meine Lippen verschließe ich nicht; Herr, du weißt es. – (℟)

Deine Gerechtigkeit verberge ich nicht im Herzen, *
ich spreche von deiner Treue und Hilfe,
ich schweige nicht über deine Huld und Wahrheit *
vor der großen Gemeinde. – ℟

ZUR 2. LESUNG Schlacht- und Speiseopfer gelten und werden nach gültigem Gesetz dargebracht. Und doch regt sich schon seit langer Zeit prophetische Kritik an ihnen. Der Hebräerbrief legt Jesus Christus diese Kritik in den Mund, und auch das sich zeitgleich findende Judentum lernt nach der Zerstörung des Tempels in der Auseinandersetzung mit den eigenen Schriften und Traditionen, ohne das Tiefopfer auszukommen. Mindestens genauso interessant ist aber die Beobachtung, dass der Wille Jesu allein nicht ausreicht, sondern dass er in die Tat umgesetzt werden muss. Es braucht mein und dein „Ja, ich komme, um deinen Willen, Gott, zu tun".

ZWEITE LESUNG Hebr 10,4–10

Ja, ich komme – so steht es über mich in der Schriftrolle –, um deinen Willen, Gott, zu tun

Lesung aus dem Hebräerbrief.

Brüder [*oder:* Brüder und Schwestern! *oder:* Schwestern und Brüder!]! Das Blut von Stieren und Böcken kann unmöglich Sünden wegnehmen. Darum spricht Christus bei seinem Eintritt in die Welt:

Schlacht- und Speiseopfer hast du nicht gefordert, doch einen Leib hast du mir geschaffen; an Brand- und Sündopfern hast du kein Gefallen. Da sagte ich: Ja, ich komme – so steht es über mich in der Schriftrolle –, um deinen Willen, Gott, zu tun.

Zunächst sagt er: Schlacht- und Speiseopfer, Brand- und Sündopfer forderst du nicht, du hast daran kein Gefallen, obgleich sie doch nach dem Gesetz dargebracht werden; dann aber hat er gesagt: Ja, ich komme, um deinen Willen zu tun. So hebt Christus das Erste auf, um das Zweite in Kraft zu setzen.

Aufgrund dieses Willens sind wir durch die Opfergabe des Leibes Jesu Christi ein für alle Mal geheiligt.

RUF VOR DEM EVANGELIUM Vers: vgl. Joh 1,14ab

Halleluja, Halleluja.
Das Wort ist Fleisch geworden und hat unter uns gewohnt
und wir haben seine Herrlichkeit geschaut.
Halleluja.

ZUM EVANGELIUM Gott ist nichts unmöglich. Spätestens hier muss der Leser erschaudern. Wenn er der Verkündigung des Engels womöglich ehrfürchtig gelauscht haben sollte, dann stockt ihm hier der Atem. Nichts ist Ihm unmöglich, kein Ding zu groß oder zu schwer. Ja, warum macht Gott es dann nicht? Vielleicht liegt der Schlüssel in der Frage Mariens: Wie soll das gehen? Sie sagt nicht: Na, dann los jetzt, sondern fragt nach. Fragen wir, wenn Gott uns etwas anbietet? Winken wir ab? Oder können wir vor lauter Ungeduld sein Handeln gar nicht erwarten? Lernen wir doch endlich zu fragen. Mit Maria.

EVANGELIUM Lk 1,26–38

Du hast bei Gott Gnade gefunden, Maria; du wirst ein Kind empfangen, einen Sohn wirst du gebären

+ Aus dem heiligen Evangelium nach Lukas.

In jener Zeit wurde der Engel Gabriel von Gott in eine Stadt in Galiläa namens Nazaret zu einer Jungfrau gesandt. Sie war mit einem Mann namens Josef verlobt, der aus dem Haus David stammte. Der Name der Jungfrau war Maria.

Der Engel trat bei ihr ein und sagte: Sei gegrüßt, du Begnadete, der Herr ist mit dir. Sie erschrak über die Anrede und überlegte, was dieser Gruß zu bedeuten habe.

Da sagte der Engel zu ihr: Fürchte dich nicht, Maria; denn du hast bei Gott Gnade gefunden. Du wirst ein Kind empfangen, einen Sohn wirst du gebären: dem sollst du den Namen Jesus geben. Er wird groß sein und Sohn des Höchsten genannt werden. Gott, der Herr, wird ihm den Thron seines Vaters David geben. Er wird über das Haus Jakob in Ewigkeit herrschen und seine Herrschaft wird kein Ende haben.

Maria sagte zu dem Engel: Wie soll das geschehen, da ich keinen Mann erkenne?

Der Engel antwortete ihr: Der Heilige Geist wird über dich kommen, und die Kraft des Höchsten wird dich überschatten. Deshalb wird auch das Kind heilig und Sohn Gottes genannt werden.

Auch Elisabet, deine Verwandte, hat noch in ihrem Alter einen Sohn empfangen; obwohl sie als unfruchtbar galt, ist sie jetzt schon im sechsten Monat. Denn für Gott ist nichts unmöglich.
Da sagte Maria: Ich bin die Magd des Herrn; mir geschehe, wie du es gesagt hast.
Danach verließ sie der Engel.

Glaubensbekenntnis, S. 470 ff.

(*Kniebeuge bei den Worten:* „hat Fleisch angenommen" bis „Mensch geworden")

FÜRBITTEN

Durch Marias freies Ja nimmt das Heil von Gott her Gestalt an. Menschengestalt. Am Fest der Verkündigung des Herrn bitten wir, vereint mit ihrer Fürsprache:

- Für alle, die sich im Gewohnten und Erwartbaren eingerichtet haben. V/A: Höre und erhöre uns.
- Für alle, die mutig neue Wege gehen. V/A: Höre und erhöre uns.
- Für alle, die Hunger und Not erleiden müssen. V/A: Höre und erhöre uns.
- Für alle, die ihre Not sehen und helfen. V/A: Höre und erhöre uns.
- Für alle, die unheilbar krank sind. V/A: Höre und erhöre uns.
- Für alle, die an ihrer Seite bleiben. V/A: Höre und erhöre uns.

Gnädiger Gott, du bist langmütig und reich an Güte. Lass auch uns wachsen in Glaube, Hoffnung und Liebe, verbunden mit Maria, unserer Schwester im Glauben, Hoffen und Lieben. So bitten wir durch Christus, unseren Herrn.

EUCHARISTIEFEIER

GABENGEBET

Allmächtiger Gott, nimm die Gaben deiner Kirche gütig an. Sie erkennt in der Menschwerdung deines Sohnes ihren eigenen Ursprung; lass uns heute in der Feier dieses Geheimnisses seine Liebe erfahren. Darum bitten wir durch Christus, unseren Herrn.

PRÄFATION

In Wahrheit ist es würdig und recht, dir, Vater im Himmel, zu danken und das Werk deiner Liebe zu rühmen. Denn heute brachte der Engel Maria die Botschaft und deine Magd nahm sie auf mit gläubigem Herzen. Durch die Kraft des Heiligen Geistes empfing die Jungfrau dein ewiges Wort und das Wort wurde Mensch in ihrem Schoß, um unter uns Menschen zu wohnen. So hast du an Israel deine Verheißung erfüllt und den gesandt, den die Völker erwarten, deinen Sohn, unseren Herrn Jesus Christus. Durch ihn preisen wir dein Erbarmen und singen mit den Chören der Engel das Lob deiner Herrlichkeit: Heilig …

KOMMUNIONVERS

Jes 7, 14

Seht, die Jungfrau wird empfangen
und einen Sohn gebären.
Sein Name ist: Immanuel – Gott mit uns.

SCHLUSSGEBET

Ewiger Gott, bewahre, was du uns im Sakrament des Glaubens geschenkt hast. Lass uns festhalten am Bekenntnis, dass dein Sohn, den die Jungfrau empfangen hat, wahrer Gott und wahrer Mensch ist, und führe uns in der Kraft seiner Auferstehung zur ewigen Freude. Darum bitten wir durch ihn, Christus, unseren Herrn.

FEIERLICHER SCHLUSSSEGEN

Gott, der allmächtige Vater, segne euch durch den Erlöser der Welt, unseren Herrn Jesus Christus, den Sohn der jungfräulichen Mutter Maria. – A: Amen.
Sie hat den Urheber des Lebens geboren; ihre mütterliche Fürsprache erwirke euch Gottes Hilfe. – A: Amen.
Euch und allen, die heute das Fest der Verkündigung unseres Herrn begehen, schenke Gott die wahre Freude und den ewigen Lohn. – A: Amen.
Das gewähre euch der dreieinige Gott, der Vater und der Sohn † und der Heilige Geist. – A: Amen.

***

ÜBERRASCHUNG

Was will der Mann
mit den Flügeln?
Er spricht so komisch,
ich bin doch nur
Maria.

Ein Kind soll ich bekommen?
Wie soll das gehen –
ohne einen Mann?

Der Heilige Geist
soll das machen –
das glaubt mir doch kein Mensch!

Doch wenn Gott im Spiel ist,
glaube ich,
ist alles möglich.

Also gut:
Mach es so,
wie du willst,
ich bin für dich da.

Heinz Detlef Stäps

3. SONNTAG DER OSTERZEIT

15. April 2018

Ein tiefgreifender österlicher Wandel verbindet die drei Lesungstexte des heutigen Sonntags: die Heilung des Gelähmten in der Apostelgeschichte, der Aufruf des ersten Johannesbriefes, ganz aus der Liebe zu leben, die Angst der Jünger, die sich in Freude wandelt, als sie Jesus erkennen. Es ist ein Wandel, der auch uns ergreifen wird, wenn wir uns der Botschaft von Ostern öffnen und auf sie unser Leben gründen. Unser Lebens-Wandel.

ERÖFFNUNGSVERS

Ps 66(65), 1–2

Jauchzt vor Gott, alle Menschen der Erde!
Spielt zum Ruhm seines Namens!
Verherrlicht ihn mit Lobpreis! Halleluja.

KYRIE-RUFE

Jesus Christus, auferstandener Herr,
du öffnest uns die Augen
für das Verständnis der Schrift.
V/A: Herr, erbarme dich.
Du bist am dritten Tag auferweckt
worden, gemäß der Schrift.
V/A: Christus, erbarme dich.
Du wurdest verkündet unter
den Heiden, geglaubt in der Welt,
aufgenommen in die Herrlichkeit.
V/A: Herr, erbarme dich.

Ehre sei Gott, S. 467 f.

TAGESGEBET

Allmächtiger Gott, lass die österliche Freude in uns fortdauern, denn du hast deiner Kirche neue Lebenskraft geschenkt und die Würde unserer Gotteskindschaft in neuem Glanz erstrahlen lassen. Gib, dass wir den Tag der Auferstehung voll Zuversicht erwarten als einen Tag des Jubels und des Dankes. Darum bitten wir durch Jesus Christus.

WORTGOTTESDIENST

ZUR 1. LESUNG Petrus wendet sich nach der Heilung des Gelähmten an die vor dem Tempel versammelte Menge. Die Menschen sind verwundert, da sie das Geschehen nicht einordnen können (V. 12b). Petrus macht klar: Die Jünger vermögen eine solche Heilung nicht zu vollbringen, es ist die Kraft Gottes, die hier wirksam ist. Dass der Gott Jesu, der Gott Abrahams, Isaaks und Jakobs, ein Gott des Lebens ist, dazu bekennt sich Petrus leidenschaftlich und entschieden und legt so Zeugnis ab für die Botschaft von Ostern. Zugleich ruft er zur Umkehr auf, denn die österliche Botschaft kann nur dort wirksam werden, wo Menschen sich ihr öffnen und sich von ihr verändern lassen. Dazu sind auch wir eingeladen in diesen österlichen Tagen.

ERSTE LESUNG Apg 3,12a.13–15.17–19

Den Urheber des Lebens habt ihr getötet, aber Gott hat ihn von den Toten auferweckt

Lesung aus der Apostelgeschichte.

In jenen Tagen wandte sich Petrus an das Volk: Der Gott Abrahams, Isaaks und Jakobs, der Gott unserer Väter, hat seinen Knecht Jesus verherrlicht, den ihr verraten und vor Pilatus verleugnet habt, obwohl dieser entschieden hatte, ihn freizulassen. Ihr aber habt den Heiligen und Gerechten verleugnet und die Freilassung eines Mörders gefordert. Den Urheber des Lebens habt ihr getötet, aber Gott hat ihn von den Toten auferweckt. Dafür sind wir Zeugen.

Nun, Brüder, ich weiß, ihr habt aus Unwissenheit gehandelt, ebenso wie eure Führer. Gott aber hat auf diese Weise erfüllt, was er durch den Mund aller Propheten im Voraus verkündigt hat: dass sein Messias leiden werde. Also kehrt um und tut Buße, damit eure Sünden getilgt werden.

ANTWORTPSALM

Ps 4,2.4 u. 7.8–9 (℟: vgl. 7b)

℟ Lass dein Angesicht über uns leuchten, o Herr! – ℟

Oder:

℟ Halleluja. – ℟

Wenn ich rufe, erhöre mich, *
Gott, du mein Retter!
Du hast mir Raum geschaffen, als mir angst war. *
Sei mir gnädig und hör auf mein Flehen! – (℟)

Erkennt doch: Wunderbar handelt der Herr an den Frommen; *
der Herr erhört mich, wenn ich zu ihm rufe.
Viele sagen: „Wer lässt uns Gutes erleben?" *
Herr, lass dein Angesicht über uns leuchten! – (℟)

Du legst mir größere Freude ins Herz, *
als andere haben bei Korn und Wein in Fülle.
In Frieden leg ich mich nieder und schlafe ein; *
denn du allein, Herr, lässt mich sorglos ruhen. – ℟

ZUR 2. LESUNG Liebe und Gehorsam – in unserem heutigen Empfinden geht das schwer zusammen. Der Verfasser des ersten

Johannesbriefes spricht davon, dass wir die Gebote Jesu Christi halten sollen, dass wir uns an sein Wort halten sollen. Dabei geht es jedoch weniger um eine Bedingung für die Liebe Gottes, als vielmehr um eine Konsequenz aus der Liebe Gottes. Wenn wir uns seiner Liebe öffnen, werden wir ganz von ihm erfüllt. Wer Gott liebt, geht auf seinen Wegen, beachtet seine Weisungen – aus Liebe, weil er nicht anders kann.

ZWEITE LESUNG 1 Joh 2,1–5a

Er ist die Sühne, nicht nur für unsere Sünden, sondern auch für die der ganzen Welt

Lesung aus dem ersten Johannesbrief.

Meine Kinder, ich schreibe euch dies, damit ihr nicht sündigt. Wenn aber einer sündigt, haben wir einen Beistand beim Vater: Jesus Christus, den Gerechten. Er ist die Sühne für unsere Sünden, aber nicht nur für unsere Sünden, sondern auch für die der ganzen Welt.

Wenn wir seine Gebote halten, erkennen wir, dass wir ihn erkannt haben. Wer sagt: Ich habe ihn erkannt!, aber seine Gebote nicht hält, ist ein Lügner und die Wahrheit ist nicht in ihm. Wer sich aber an sein Wort hält, in dem ist die Gottesliebe wahrhaft vollendet.

RUF VOR DEM EVANGELIUM Vers: vgl. Lk 24,32

Halleluja. Halleluja.
Herr Jesus, erschließ uns die Schrift!
Lass unser Herz entbrennen, wenn du zu uns redest.
Halleluja.

ZUM EVANGELIUM Was für armselige Gestalten diese Jünger doch sind! Gerade haben sie das Zeugnis der beiden aus Emmaus zurückgekehrten Brüder gehört, da tritt Jesus in ihre Mitte. Und sie? Sie erkennen ihn nicht, verkennen ihn gar, halten ihn für einen Geist, lassen zu, dass die Angst von ihnen Besitz ergreift. Sie zweifeln. Dabei ist doch nur wenig Zeit vergangen, seit sie mit ihm zusammen waren. Und er? Mit dem Friedenswort grüßt er sie, zeigt ihnen seine Hände, seine Füße, er ist also einer aus Fleisch und Blut, bittet sie um etwas zu essen, deutet ihnen die Schrift … Von ihm kein Wort der Enttäuschung, im Gegenteil, diese armseligen Gestalten macht er zu seinen Zeugen – und mit ihnen auch uns. Im Hören auf sein Wort, in der Gemeinschaft, in der Feier des Lebens, im gemeinsamen Mahl ist er uns nah und will die Angst in uns vertreiben – auf dass wir, von Hoffnung erfüllt, frohe Zeugen und Zeuginnen der österlichen Botschaft werden.

EVANGELIUM Lk 24,35–48

So steht es in der Schrift: Der Messias wird leiden und am dritten Tag von den Toten auferstehen

+ Aus dem heiligen Evangelium nach Lukas.

Die beiden Jünger, die von Emmaus zurückgekehrt waren, erzählten den Elf und den anderen Jüngern, was sie unterwegs erlebt und wie sie Jesus erkannt hatten, als er das Brot brach.

Während sie noch darüber redeten, trat er selbst in ihre Mitte und sagte zu ihnen: Friede sei mit euch! Sie erschraken und hatten große Angst, denn sie meinten, einen Geist zu sehen.

Da sagte er zu ihnen: Was seid ihr so bestürzt? Warum lasst ihr in eurem Herzen solche Zweifel aufkommen? Seht meine Hände und meine Füße an: Ich bin es selbst. Fasst mich doch an und begreift: Kein Geist hat Fleisch und Knochen, wie ihr es bei mir seht. Bei diesen Worten zeigte er ihnen seine Hände und Füße.

Sie staunten, konnten es aber vor Freude immer noch nicht glauben. Da sagte er zu ihnen: Habt ihr etwas zu essen hier? Sie gaben ihm ein Stück gebratenen Fisch; er nahm es und aß es vor ihren Augen.

Dann sprach er zu ihnen: Das sind die Worte, die ich zu euch gesagt habe, als ich noch bei euch war:

Alles muss in Erfüllung gehen, was im Gesetz des Mose, bei den Propheten und in den Psalmen über mich gesagt ist.
Darauf öffnete er ihnen die Augen für das Verständnis der Schrift. Er sagte zu ihnen: So steht es in der Schrift: Der Messias wird leiden und am dritten Tag von den Toten auferstehen und in seinem Namen wird man allen Völkern, angefangen in Jerusalem, verkünden, sie sollen umkehren, damit ihre Sünden vergeben werden.
Ihr seid Zeugen dafür.

Glaubensbekenntnis, S. 470 ff.

FÜRBITTEN

„Was seid ihr so bestürzt? … Ich bin es selbst. Fasst mich doch an, und begreift." Jesus kommt seinen Jüngern, die bei seinem Leiden die Flucht ergriffen haben, weit entgegen. Er beschämt sie nicht, im Gegenteil. Das ist auch für uns heute Grund zu hoffen, zu vertrauen und um seinen Beistand zu bitten:

- Für uns, deine Kirche, die immer wieder versagt hat und schuldig geworden ist, dass wir uns um Erneuerung in deinem Geist bemühen. V: Christus, höre uns. A: Christus, erhöre uns.
- Für uns, deine Getauften, dass wir auf dein Wort hören und es tiefer verstehen, damit auch heute Unerwartetes wirklich werde. V: Christus, höre uns. A: Christus, erhöre uns.
- Für alle, die den Glauben in ihrem Leben bezeugen und so ein Vorbild für andere sind. V: Christus, höre uns. A: Christus, erhöre uns.
- Für jene, die Enttäuschten neue Hoffnung vermitteln. V: Christus, höre uns. A: Christus, erhöre uns.
- Für unsere lieben Verstorbenen, die uns im Tod vorausgegangen sind, dass sie Fülle und Freude deines Lebens erfahren. V: Christus, höre uns. A: Christus, erhöre uns.

Bei dir, Gott, ist Fülle und Heil; du ermutigst uns und willst, dass wir leben. Dir sei Dank und Lob in Ewigkeit.

EUCHARISTIEFEIER

GABENGEBET

Allmächtiger Gott, nimm die Gaben an, die deine Kirche dir in österlicher Freude darbringt. Du hast ihr Grund gegeben zu solchem Jubel, erhalte ihr die Freude bis zur Vollendung. Darum bitten wir durch Christus, unseren Herrn.

Präfation, S. 481 f.

KOMMUNIONVERS Lk 24,46–47

Es steht geschrieben: Der Messias wird leiden und am dritten Tag von den Toten auferstehen, und in seinem Namen wird man allen Völkern die Bekehrung predigen, damit ihre Sünden vergeben werden. Halleluja.

SCHLUSSGEBET

Ewiger Gott, du hast uns durch die Ostergeheimnisse erneuert. Wende dich uns voll Güte zu und bleibe bei uns mit deiner Huld, bis wir mit verklärtem Leib zum unvergänglichen Leben auferstehen. Darum bitten wir durch Christus, unseren Herrn.

FEIERLICHER SCHLUSSSEGEN S. 362

***

ALLES WANDELT SICH

Alles wandelt sich. Neu beginnen
Kannst du mit dem letzten Atemzug.
Aber was geschehen ist, ist geschehen. Und das Wasser
Das du in den Wein gossest, kannst du
Nicht mehr herausschütten.

Was geschehen ist, ist geschehen. Das Wasser
Das du in den Wein gossest, kannst du
Nicht mehr herausschütten, aber
Alles wandelt sich. Neu beginnen
Kannst du mit dem letzten Atemzug.

Bertolt Brecht

4. SONNTAG DER OSTERZEIT

22. April 2018

In seiner Regel fordert der Mönchsvater Benedikt seine Brüder auf, auch in der Nacht zum Lobpreis Gottes aufzustehen. Auch in der Nacht, so sieht es das 15. Kapitel der Benediktsregel vor, ist das Halleluja zu singen. Dabei geht es Benedikt nicht nur darum, den Gottesdienst zu regeln. Auch in der Nacht des Glaubens und des Lebens, in der Bedrohung, ertönt das österliche Halleluja, dürfen wir uns festhalten, uns festmachen an der Hoffnung wider alle Hoffnung. Ostern.

ERÖFFNUNGSVERS

Ps 33(32),5–6

Die Erde ist voll von der Huld des Herrn.
Durch das Werk des Herrn wurden die Himmel geschaffen.
Halleluja.

KYRIE-RUFE

Herr Jesus Christus, du guter Hirt,
du gibst dein Leben hin für die Schafe.
V/A: Herr, erbarme dich.
Du gibst dein Leben hin,
um es wieder zu nehmen.
V/A: Christus, erbarme dich.
Du bist der eine Hirt,
und es wird nur eine Herde geben.
V/A: Herr, erbarme dich.

Ehre sei Gott, S. 467 f.

TAGESGEBET

Allmächtiger, ewiger Gott, dein Sohn ist der Kirche siegreich vorausgegangen als der Gute Hirt. Geleite auch die Herde, für die er sein Leben dahingab, aus aller Not zur ewigen Freude. Darum bitten wir durch ihn, Jesus Christus.

WORTGOTTESDIENST

ZUR 1. LESUNG Der Lesungstext führt die erste Lesung des vorangegangenen Sonntags fort: Nach der Heilung des Gelähmten am Tempel werden Petrus und Johannes festgenommen. Petrus spricht während seines Verhörs vor den Führern und Ältesten, den Schriftgelehrten und Hohepriestern. Und er hält unbeirrt an seiner Überzeugung fest: Im Namen Jesu ist der Gelähmte geheilt, es ist die Kraft Gottes, die hier wirksam ist. Petrus legt erneut Zeugnis ab für die Botschaft von Ostern: Jesus ist von den Toten auferstanden, durch ihn werden wir gerettet. Er hat die Kraft, Menschen zu verwandeln, sie heil zu machen.

ERSTE LESUNG Apg 4,8–12

In keinem anderen ist das Heil zu finden

Lesung aus der Apostelgeschichte.

In jenen Tagen sagte Petrus, erfüllt vom Heiligen Geist: Ihr Führer des Volkes und ihr Ältesten! Wenn wir heute wegen einer guten Tat an einem kranken Menschen darüber vernommen werden, durch wen er geheilt worden ist, so sollt ihr alle und das ganze Volk Israel wissen: im Namen Jesu Christi, des Nazoräers, den ihr gekreuzigt habt und den Gott von den Toten auferweckt hat. Durch ihn steht dieser Mann gesund vor euch.

Er – Jesus – ist der Stein, der von euch Bauleuten verworfen wurde, der aber zum Eckstein geworden ist. Und in keinem anderen ist das Heil zu finden. Denn es ist uns Menschen kein anderer Name unter dem Himmel gegeben, durch den wir gerettet werden sollen.

ANTWORTPSALM Ps 118(117),1 u. 4.8–9.21–22.23 u. 26.28–29 (℟: 22)

℟ Der Stein, den die Bauleute verwarfen,
er ist zum Eckstein geworden. – ℟

Oder:

℟ Halleluja. – ℟

Danket dem Herrn, denn er ist gütig, *
denn seine Huld währt ewig.
So sollen alle sagen, die den Herrn fürchten und ehren: *
Denn seine Huld währt ewig. – (℟)

Besser, sich zu bergen beim Herrn, *
als auf Menschen zu bauen.
Besser, sich zu bergen beim Herrn, *
als auf Fürsten zu bauen. – (℟)

Ich danke dir, dass du mich erhört hast; *
du bist für mich zum Retter geworden.
Der Stein, den die Bauleute verwarfen, *
er ist zum Eckstein geworden. – (℟)

Das hat der Herr vollbracht, *
vor unseren Augen geschah dieses Wunder.
Gesegnet sei er, der kommt im Namen des Herrn. *
Wir segnen euch, vom Haus des Herrn her. – (℟)

Du bist mein Gott, dir will ich danken; *
mein Gott, dich will ich rühmen.
Danket dem Herrn, denn er ist gütig, *
denn seine Huld währt ewig. – ℟

ZUR 2. LESUNG Kind Gottes sein – die große Zusage, die uns geschenkt ist, die Nähe verheißt. Wir dürfen ihn Vater nennen! Und noch mehr: Wir werden ihn sehen, wie er ist, er gibt sich uns zu erkennen. Und doch sind Kinder Gottes keine Einzelkinder; als Kinder Gottes sind wir alle einander Geschwister und aufgefordert, unser Miteinander geschwisterlich zu gestalten, einander zu lieben. Allein darum geht es, darin bezeugen wir die Liebe des Vaters.

ZWEITE LESUNG

1 Joh 3, 1–2

Wir werden Gott sehen, wie er ist

Lesung aus dem ersten Johannesbrief.

Brüder [*oder:* Brüder und Schwestern! *oder:* Schwestern und Brüder!]! Seht, wie groß die Liebe ist, die der Vater uns geschenkt hat: Wir heißen Kinder Gottes und wir sind es. Die Welt erkennt uns nicht, weil sie ihn nicht erkannt hat.

Liebe Brüder, jetzt sind wir Kinder Gottes. Aber was wir sein werden, ist noch nicht offenbar geworden. Wir wissen, dass wir ihm ähnlich sein werden, wenn er offenbar wird; denn wir werden ihn sehen, wie er ist.

RUF VOR DEM EVANGELIUM

Vers: Joh 10, 14

Halleluja. Halleluja.
(So spricht der Herr:)
Ich bin der gute Hirt.
Ich kenne die Meinen und die Meinen kennen mich.
Halleluja.

ZUM EVANGELIUM „Ich bin der gute Hirte" – zweimal charakterisiert sich Jesus mit diesen Worten. Wenn Gott im Alten Testament von sich selbst spricht, eine Aussage über sich mit den Worten „Ich bin …" macht, dann gibt er etwas Wesentliches von sich zu erkennen, offenbart sich selbst (vgl. Ex 3,14). So auch Jesus: In jedem der sieben „Ich bin …"-Worte des Johannes-Evangeliums zeigt er seine Bedeutung für das Heil der Menschen. Viele süßliche Darstellungen des guten Hirten kommen einem beim Lesen dieser Perikope in den Sinn. Die Realität eines Hirten ist heute wie auch in der Antike fern von romantischen Klischees. Bei Wind und Wetter ist der Hirt bei seiner Herde, verteidigt sie gegen die Angriffe wilder Tiere und hat jedes einzelne Tier im Blick. So dürfen auch wir gewiss sein, dass der Herr unser Wohlergehen im Blick hat, gerade dann, wenn die Lage alles andere als erbaulich ist.

EVANGELIUM

Joh 10,11–18

Der gute Hirt gibt sein Leben hin für die Schafe

+ Aus dem heiligen Evangelium nach Johannes.

In jener Zeit sprach Jesus: Ich bin der gute Hirt. Der gute Hirt gibt sein Leben hin für die Schafe. Der bezahlte Knecht aber, der nicht Hirt ist und dem die Schafe nicht gehören, lässt die Schafe im Stich und flieht, wenn er den Wolf kommen sieht; und der Wolf reißt sie und jagt sie auseinander. Er flieht, weil er nur ein bezahlter Knecht ist und ihm an den Schafen nichts liegt.

Ich bin der gute Hirt; ich kenne die Meinen und die Meinen kennen mich, wie mich der Vater kennt und ich den Vater kenne; und ich gebe mein Leben hin für die Schafe.

Ich habe noch andere Schafe, die nicht aus diesem Stall sind; auch sie muss ich führen und sie werden auf meine Stimme hören; dann wird es nur eine Herde geben und einen Hirten.

Deshalb liebt mich der Vater, weil ich mein Leben hingebe, um es wieder zu nehmen. Niemand entreißt es mir, sondern ich gebe es aus freiem Willen hin. Ich habe Macht, es hinzugeben, und ich habe Macht, es wieder zu nehmen. Diesen Auftrag habe ich von meinem Vater empfangen.

Glaubensbekenntnis, S. 470 ff.

FÜRBITTEN

Dass er für seine Schafe sorgt und sie nicht gleich im Stich lässt, wenn es brenzlig wird, das entsprach zur Zeit Jesu der Vorstellung von einem guten Hirten. Aber sein Leben für die Schafe geben? Wie groß muss die Liebe des Hirten sein. Zu Jesus, dem wahrhaft guten Hirten, rufen wir und bitten ihn:

- Für alle, die in der Seelsorge an ihre Grenzen kommen, dass sie durch deine Liebe ermutigt und gestärkt werden. V/A: Höre unser Rufen.
- Für unsere Gemeinde und alle Getauften, dass deine Liebe durch sie sichtbar und erfahrbar werde. V/A: Höre unser Rufen.
- Für Menschen, denen viele Türen zugeschlagen wurden und die sich ausgeschlossen fühlen. V/A: Höre unser Rufen.
- Für die vielen Kinder weltweit, die ohne Familie und Versorgung sind. V/A: Höre unser Rufen.
- Für alle, die ihnen selbstlos helfen, die ihnen Halt, Struktur und Zukunft geben. V/A: Höre unser Rufen.

Guter Gott, in deinem Sohn Jesus Christus, dessen Liebe unser Maß übersteigt, wissen wir dich an unserer Seite. Dafür sei dir Lob und Dank, heute und allezeit.

EUCHARISTIEFEIER

GABENGEBET

Herr, unser Gott, gib, dass wir dir allzeit danken durch die Feier der österlichen Geheimnisse. In ihnen führst du das Werk der Erlösung fort, mache sie für uns zur Quelle der unvergänglichen Freude. Darum bitten wir durch Christus, unseren Herrn.

Präfation, S. 481 f.

KOMMUNIONVERS

Auferstanden ist der Gute Hirt.
Er gab sein Leben für die Schafe.
Er ist für seine Herde gestorben. Halleluja.

SCHLUSSGEBET

Gott, du Hirt deines Volkes, sieh voll Huld auf deine Herde, die durch das kostbare Blut deines Sohnes erkauft ist; bleibe bei ihr und führe sie auf die Weide des ewigen Lebens. Darum bitten wir durch ihn, Christus, unseren Herrn.

FEIERLICHER SCHLUSSSEGEN S. 362

***

MIT DER GANZEN LIEBE MEINES HERZENS

Mein Vater,
ich überlasse mich dir,
mach mit mir, was dir gefällt.

Was du auch mit mir tun magst, ich danke dir.

Zu allem bin ich bereit,
alles nehme ich an.
Wenn nur dein Wille sich an mir erfüllt
und an allen deinen Geschöpfen,
so ersehne ich weiter nichts, mein Gott.

In deine Hände lege ich meine Seele;
ich gebe sie dir, mein Gott,
mit der ganzen Liebe meines Herzens,
weil ich dich liebe
und weil diese Liebe mich treibt,
mich dir hinzugeben,
mich in deine Hände zu legen, ohne Maß,
mit einem grenzenlosen Vertrauen;
denn du bist mein Vater.

Charles de Foucauld

5. SONNTAG DER OSTERZEIT

29. April 2018

Deine Nähe will uns wandeln, will uns das Herz weiten, uns zu österlichen Menschen machen, prophetische Kraft verleihen, lebendig machen. Neue Lieder können wir singen, so der Eröffnungsvers, das Halleluja anstimmen, auf neuen Wegen gehen, in der Gewissheit, dass du uns nicht nur vorangehst, sondern uns auch entgegenkommst und im Hier und Jetzt in deinem Wort, im Bruder, in der Schwester, in deinem Leib begegnen willst. Heute ist Sonntag, Tag des Herrn, Osterzeit. Zeit, deine Nähe wahrzunehmen und dir in meinem Leben Raum zu geben.

ERÖFFNUNGSVERS

Ps 98(97),1–2

Singt dem Herrn ein neues Lied,
denn er hat wunderbare Taten vollbracht
und sein gerechtes Wirken enthüllt
vor den Augen der Völker. Halleluja.

KYRIE-RUFE

Herr Jesus Christus, du bist
der wahre Weinstock,
wir sind die Reben.
V/A: Herr, erbarme dich.
Du hast uns rein gemacht
durch das Wort, das du
zu uns gesagt hast.
V/A: Christus, erbarme dich.

Du bleibst in uns, so
können wir Frucht bringen.
V/A: Herr, erbarme dich.

Ehre sei Gott, S. 467 f.

TAGESGEBET

Gott, unser Vater, du hast uns durch deinen Sohn erlöst und als deine geliebten Kinder angenommen. Sieh voll Güte auf alle, die an Christus glauben, und schenke ihnen die wahre Freiheit und das ewige Erbe. Darum bitten wir durch Jesus Christus.

WORTGOTTESDIENST

ZUR 1. LESUNG Ein radikaler Lebenswandel, wie ihn Saulus vollzieht, macht einsam. Seine früheren Mitstreiter in der Bekämpfung der Anhänger des neuen Weges (Apg 9,2) trachten ihm nach dem Leben (Apg 9,23). Die Hellenisten, mit denen er in Jerusalem Streitgespräche führt, planen, ihn zu töten. Auch die Jünger Jesu sind skeptisch und können dem, der sie noch kürzlich so erbittert verfolgte, nicht vertrauen (Apg 9,26). Dennoch tritt Saulus unerschrocken auf und bezeugt die österliche Botschaft. Allein Barnabas nimmt sich seiner an und öffnet ihm die Türen der Apostel und Jüngerinnen. Manchmal ist es ein einzelner Mensch, der sich eines anderen im rechten Moment annimmt. Gibt es solche Menschen auch in meinem Leben, die an mich geglaubt haben, als ich allein stand, die mich ermutigt haben, am Erkannten festzuhalten gegen allen Widerstand, die mir Türen geöffnet haben?

ERSTE LESUNG Apg 9,26–31

Barnabas erzählte den Jüngern, wie Saulus auf dem Weg den Herrn gesehen habe

Lesung aus der Apostelgeschichte.

In jenen Tagen, als Saulus nach Jerusalem kam, versuchte er, sich den Jüngern anzuschließen. Aber alle fürchteten sich vor ihm und konnten nicht glauben, dass er ein Jünger war.

Barnabas jedoch nahm sich seiner an und brachte ihn zu den Aposteln. Er erzählte ihnen, wie Saulus auf dem Weg den Herrn gesehen habe und dass dieser mit ihm gesprochen habe und wie er in Damaskus mutig und offen im Namen Jesu aufgetreten sei.

So ging er bei ihnen in Jerusalem ein und aus, trat unerschrocken im Namen des Herrn auf und führte auch Streitgespräche mit den Hellenisten. Diese aber planten, ihn zu töten. Als die Brüder das merkten, brachten sie ihn nach Cäsarea hinab und schickten ihn von dort nach Tarsus.

Die Kirche in ganz Judäa, Galiläa und Samarien hatte nun Frieden; sie wurde gefestigt und lebte in der Furcht vor dem Herrn. Und sie wuchs durch die Hilfe des Heiligen Geistes.

ANTWORTPSALM

Ps 22(21),26–27.28 u. 30ab.30c–32 (R: 26a)

℟ Deine Treue, Herr, preise ich in großer Gemeinde. – ℟

Oder:

℟ Halleluja. – ℟

Deine Treue preise ich in großer Gemeinde; *
ich erfülle meine Gelübde vor denen, die Gott fürchten.
Die Armen sollen essen und sich sättigen; †
den Herrn sollen preisen, die ihn suchen. *
Aufleben soll euer Herz für immer. – (℟)

Alle Enden der Erde sollen daran denken †
und werden umkehren zum Herrn: *
Vor ihm werfen sich alle Stämme der Völker nieder.
Vor ihm allein sollen niederfallen die Mächtigen der Erde, *
vor ihm sich alle niederwerfen, die in der Erde ruhen. – (℟)

Meine Seele, sie lebt für ihn; *
mein Stamm wird ihm dienen.
Vom Herrn wird man dem künftigen Geschlecht erzählen, †
seine Heilstat verkündet man dem kommenden Volk: *
denn er hat das Werk getan. – ℟

ZUR 2. LESUNG **Gott ist größer als unser Herz. Unser Herz ist oft erfüllt von Angst und in vielerlei Zwängen gefangen. Engherzig sind wir oft. Gott will unser Herz weiten, uns heilen, vergeben, trösten, Freude schenken, damit wir diese Freude, die von Ostern herkommt, in die Welt tragen können, damit wir frei sind, seine Liebe weiterzugeben. Öffnen wir ihm unser Herz. Lassen wir uns anstecken von dieser Freude, die die Kraft hat, Enge und Angst aus unseren Herzen zu vertreiben.**

ZWEITE LESUNG

1 Joh 3,18–24

Wir sollen an den Namen Jesu Christi glauben und einander lieben

Lesung aus dem ersten Johannesbrief.

Meine Kinder, wir wollen nicht mit Wort und Zunge lieben, sondern in Tat und Wahrheit.
Daran werden wir erkennen, dass wir aus der Wahrheit sind, und werden unser Herz in seiner Gegenwart beruhigen. Denn wenn das Herz uns auch verurteilt – Gott ist größer als unser Herz und er weiß alles.
Liebe Brüder [*oder:* Brüder und Schwestern, *oder:* Schwestern und Brüder,], wenn das Herz uns aber nicht verurteilt, haben wir gegenüber Gott Zuversicht; alles, was wir erbitten, empfangen wir von ihm, weil wir seine Gebote halten und tun, was ihm gefällt.
Und das ist sein Gebot: Wir sollen an den Namen seines Sohnes Jesus Christus glauben und einander lieben, wie es seinem Gebot entspricht. Wer seine Gebote hält, bleibt in Gott und Gott in ihm. Und dass er in uns bleibt, erkennen wir an dem Geist, den er uns gegeben hat.

RUF VOR DEM EVANGELIUM

Vers: Joh 15,4a.5b

Halleluja. Halleluja.
(So spricht der Herr:)
Bleibt in mir, dann bleibe ich in euch.
Wer in mir bleibt, der bringt reiche Frucht.
Halleluja.

ZUM EVANGELIUM In ihm bleiben – wie die zweite Lesung, so lädt auch das Evangelium dazu ein. Wie schwer es uns fällt, in ihm zu bleiben, in seiner Gegenwart zu leben. Im Alltag bricht oft so vieles über uns herein, dass wir wenig Raum haben, die Nähe des Herrn wahrzunehmen. Das ist menschlich. Deshalb feiern wir Ostern, jeden Sonntag neu. Um uns zu erinnern, um uns von ihm aufrichten zu lassen, um seine heilende Nähe zu erfahren und bei uns selbst und so bei ihm anzukommen, um heil, um ganz zu werden. So wie die Reben ihre Kraft aus dem Weinstock ziehen, erfahren wir Kraft in der Nähe zu ihm. Der Sonntag als Tag des Herrn bietet Raum dafür; nutzen wir ihn!

EVANGELIUM

Joh 15,1–8

Wer in mir bleibt und in wem ich bleibe, der bringt reiche Frucht

+ **Aus dem heiligen Evangelium nach Johannes.**

In jener Zeit sprach Jesus zu seinen Jüngern: Ich bin der wahre Weinstock und mein Vater ist der Winzer. Jede Rebe an mir, die keine Frucht bringt, schneidet er ab, und jede Rebe, die Frucht bringt, reinigt er, damit sie mehr Frucht bringt.

Ihr seid schon rein durch das Wort, das ich zu euch gesagt habe. Bleibt in mir, dann bleibe ich in euch. Wie die Rebe aus sich keine Frucht bringen kann, sondern nur, wenn sie am Weinstock bleibt, so könnt auch ihr keine Frucht bringen, wenn ihr nicht in mir bleibt.

Ich bin der Weinstock, ihr seid die Reben. Wer in mir bleibt und in wem ich bleibe, der bringt reiche Frucht; denn getrennt von mir könnt ihr nichts vollbringen. Wer nicht in mir bleibt, wird wie die Rebe weggeworfen und er verdorrt. Man sammelt die Reben, wirft sie ins Feuer und sie verbrennen.

Wenn ihr in mir bleibt und wenn meine Worte in euch bleiben, dann bittet um alles, was ihr wollt: Ihr werdet es erhalten. Mein Vater wird dadurch verherrlicht, dass ihr reiche Frucht bringt und meine Jünger werdet.

Glaubensbekenntnis, S. 470 ff.

FÜRBITTEN

Ohne Weinstock können die Reben nicht leben. Gerade so ist die Verbindung zu Christus für Christen notwendig, um Leben und Frucht zu bringen. Wir rufen zu ihm, der uns nahe sein will:

- Wir bitten für alle Menschen, die Jesus Christus suchen, dass sie ihn finden. V: Kyrie, eleison. A: Christe, eleison.
- Wir beten für alle, die die Schönheit der Schöpfung sehen und sich für den Erhalt von Natur und Lebensräumen einsetzen. V: Kyrie, eleison. A: Christe, eleison.
- Wir bitten für alle, die sich abgeschnitten fühlen vom Leben, weil sie von schwerer Krankheit betroffen sind. V: Kyrie, eleison. A: Christe, eleison.
- Wir bitten dich um deinen Beistand für alle Kinder und Jugendlichen, die nur geringe Chancen im Leben haben, weil ihnen Fürsorge, Zuneigung und Bildung verwehrt sind. V: Kyrie, eleison. A: Christe, eleison.
- Wir beten für die Opfer feindseliger Auseinandersetzungen, von Krieg und Terror, und für alle Toten, dass sie Frieden finden bei dir. V: Kyrie, eleison. A: Christe, eleison.

Guter Gott, deine Zusage gilt auch uns heute. Hilf uns, mit dir verbunden zu bleiben in deinem Sohn Jesus Christus, unserem Bruder und Lehrer.

EUCHARISTIEFEIER

GABENGEBET

Erhabener Gott, durch die Feier des heiligen Opfers gewährst du uns Anteil an deiner göttlichen Natur. Gib, dass wir dich nicht nur als den einen wahren Gott erkennen, sondern unser ganzes Leben nach dir ausrichten. Darum bitten wir durch Christus, unseren Herrn.

Präfation, S. 481 f.

KOMMUNIONVERS Joh 15, 1.5

So spricht der Herr:
Ich bin der wahre Weinstock, ihr seid die Rebzweige.
Wer in mir bleibt und in wem ich bleibe,
der bringt reiche Frucht. Halleluja.

SCHLUSSGEBET

Barmherziger Gott, höre unser Gebet. Du hast uns im Sakrament das Brot des Himmels gegeben, damit wir an Leib und Seele gesunden. Gib, dass wir die Gewohnheiten des alten Menschen ablegen und als neue Menschen leben. Darum bitten wir durch Christus, unseren Herrn.

FEIERLICHER SCHLUSSSEGEN S. 362

***

UNSER HERZ

Gott ist der doch immer Größere,
nicht, weil er uns klein hielte,
sondern weil er derjenige ist,
in dessen Gegenwart
wir unser Herz beruhigen dürfen,
auch wenn es uns verurteilt.

Franz-Josef Bode

6. SONNTAG DER OSTERZEIT

6. Mai 2018

Der Eröffnungsvers ruft uns dazu auf, das Evangelium voll Freude in die Welt hinauszutragen, jauchzend und rufend, erfüllt von der Gewissheit, dass der Herr sein Volk befreit hat. Es ist die österliche Freude, die sich Bahn brechen will in uns, die uns anstecken will und ansteckend macht, die Grenzen überwindet und die wurzelt in der Zusage, dass wir von Gott geliebt, seine Freunde und Freundinnen sind.

ERÖFFNUNGSVERS

Vgl. Jes 48,20

Verkündet es jauchzend, damit man es hört!
Ruft es hinaus bis ans Ende der Erde!
Ruft: Der Herr hat sein Volk befreit. Halleluja.

KYRIE-RUFE

Herr Jesus Christus, du hast uns geliebt,
wie dich der Vater geliebt hat.
V/A: Herr, erbarme dich.
Du gebietest uns, einander zu lieben,
wie du uns geliebt hast.
V/A: Christus, erbarme dich.
Du nennst uns Freunde, weil du
uns alles mitgeteilt hast, was du
von deinem Vater gehört hast.
V/A: Herr, erbarme dich.

Ehre sei Gott, S. 467 f.

TAGESGEBET

Allmächtiger Gott, lass uns die österliche Zeit in herzlicher Freude begehen und die Auferstehung unseres Herrn preisen, damit das Ostergeheimnis, das wir in diesen fünfzig Tagen feiern, unser ganzes Leben prägt und verwandelt. Darum bitten wir durch Jesus Christus.

WORTGOTTESDIENST

ZUR 1. LESUNG Die Begegnung zwischen Petrus und Kornelius ist in mehrfacher Hinsicht grenzüberschreitend. Da ist zunächst die Grenze zwischen den Vertretern der römischen Besatzungsmacht und dem jüdischen Christus-Gläubigen Petrus: Eine Begegnung zwischen einem Juden und einem Heiden war damals nahezu ausgeschlossen. Petrus jedoch ist es wichtig, Kornelius auf Augenhöhe zu begegnen, als Bruder, und es ist ihm unangenehm, dass dieser sich vor ihm niederkniet. Dabei rumorte in dieser Zeit die hoch kontroverse Frage, ob auch Menschen aus dem Heidentum, neutral gesprochen: Nichtjuden, Christen werden können. Diese Frage wird durch die Taufe des Kornelius und seiner Leute positiv beantwortet. Petrus macht in seiner Rede im Haus des Kornelius klar, dass Gott nicht auf die Person sieht. Aber worauf denn sonst? Person ist hier in dem Sinne verstanden, der uns in dem juristischen Grundsatz zu urteilen „ohne Ansehen der Person" erhalten ist. Gemeint ist damit: ohne Seitenblick auf die religiöse Gruppenzugehörigkeit, den gesellschaftlichen Status. Kriterium für die Taufe sind, gut jüdisch, die Furcht des Herrn und das Handeln in Gerechtigkeit aus dem Glauben.

ERSTE LESUNG Apg 10,25–26.34–35.44–48

Auch auf die Heiden wurde die Gabe des Heiligen Geistes ausgegossen

Lesung aus der Apostelgeschichte.

Als Petrus in Cäsarea beim Hauptmann Kornelius ankam, ging ihm dieser entgegen und warf sich ehrfürchtig vor ihm nieder. Petrus aber richtete ihn auf und sagte: Steh auf! Auch ich bin nur ein Mensch.

Dann begann Petrus zu reden und sagte: Wahrhaftig, jetzt begreife ich, dass Gott nicht auf die Person sieht, sondern dass ihm in jedem Volk willkommen ist, wer ihn fürchtet und tut, was recht ist.

Noch während Petrus redete, kam der Heilige Geist auf alle herab, die das Wort hörten. Die gläubig gewordenen Juden, die mit Petrus gekommen waren, konnten es nicht fassen, dass auch auf die Heiden die Gabe des Heiligen Geistes ausgegossen wurde. Denn sie hörten sie in Zungen reden und Gott preisen.

Petrus aber sagte: Kann jemand denen das Wasser zur Taufe verweigern, die ebenso wie wir den Heiligen Geist empfangen haben? Und er ordnete an, sie im Namen Jesu Christi zu taufen. Danach baten sie ihn, einige Tage zu bleiben.

ANTWORTPSALM

Ps 98(97), 1.2–3b.3c–4 (℟: vgl. 2)

℟ Der Herr hat sein Heil enthüllt
vor den Augen der Völker. – ℟

Oder:

℟ Halleluja. – ℟

Singet dem Herrn ein neues Lied; *
denn er hat wunderbare Taten vollbracht.
Er hat mit seiner Rechten geholfen *
und mit seinem heiligen Arm. – (℟)

Der Herr hat sein Heil bekannt gemacht *
und sein gerechtes Wirken enthüllt vor den Augen der Völker.
Er dachte an seine Huld *
und an seine Treue zum Hause Israel. – (℟)

Alle Enden der Erde *
sahen das Heil unsres Gottes.
Jauchzt vor dem Herrn, alle Länder der Erde, *
freut euch, jubelt und singt! – R

ZUR 2. LESUNG Gott ist die Liebe. Zu groß scheint dieser Satz, zu plakativ, zu kitschig. Gemeint ist aber weniger ein „lieber Gott", dem wir uns gefühlig überlassen können. Wie diese Liebe Gottes zu den Menschen zu verstehen ist, das lesen wir in den biblischen Schriften, die von der Liebe Gottes zu seinem Volk und zu den Menschen erzählen. Dabei zwingt er diese Liebe weder auf noch verhindert diese Liebe, dass Menschen in Freiheit ihren Weg gehen und auch schwere Erfahrungen, leidvolle Erfahrungen machen. Die Liebe Gottes ist vielmehr eine Zusage: Gott sucht mich, er meint mich, er will, dass ich mein Herz öffne und so die Liebe, die ich von ihm empfange, weitergeben kann.

ZWEITE LESUNG 1 Joh 4,7–10

Gott ist die Liebe

Lesung aus dem ersten Johannesbrief.

Liebe Brüder [*oder:* Brüder und Schwestern, *oder:* Schwestern und Brüder,], wir wollen einander lieben; denn die Liebe ist aus Gott, und jeder, der liebt, stammt von Gott und erkennt Gott. Wer nicht liebt, hat Gott nicht erkannt; denn Gott ist die Liebe.

Die Liebe Gottes wurde unter uns dadurch offenbart, dass Gott seinen einzigen Sohn in die Welt gesandt hat, damit wir durch ihn leben.

Nicht darin besteht die Liebe, dass wir Gott geliebt haben, sondern dass er uns geliebt und seinen Sohn als Sühne für unsere Sünden gesandt hat.

RUF VOR DEM EVANGELIUM

Vers: vgl. Joh 14,23

Halleluja. Halleluja.
(So spricht der Herr:)
Wer mich liebt, hält fest an meinem Wort.
Mein Vater wird ihn lieben und wir werden bei ihm wohnen.
Halleluja.

ZUM EVANGELIUM Die Jünger und Jüngerinnen sind von Jesus hineingenommen in die Liebesbeziehung zwischen Jesus und dem Vater. Jesus sucht eine Beziehung auf Augenhöhe; nicht mehr Knechte, sondern Freunde nennt er sie. Liebe und Freundschaft gehören, das macht der Text deutlich, zusammen. Diese innige Verbundenheit, die Jesus den Jüngern und damit auch uns anbietet, umfasst den ganzen Menschen, umfasst auch Tun und Wollen. Die Freunde und Freundinnen Jesu handeln nach seinen Geboten und erfüllen seinen Auftrag in der Welt. Es ist die Liebe unter Freunden, die Jesus den Jüngern in seinen Abschiedsreden als bleibende Verbindung zusagt. Über den Tod hinaus.

EVANGELIUM

Joh 15,9–17

Es gibt keine größere Liebe, als wenn einer sein Leben für seine Freunde hingibt

+ Aus dem heiligen Evangelium nach Johannes.

In jener Zeit sprach Jesus zu seinen Jüngern: Wie mich der Vater geliebt hat, so habe auch ich euch geliebt. Bleibt in meiner Liebe! Wenn ihr meine Gebote haltet, werdet ihr in meiner Liebe bleiben, so wie ich die Gebote meines Vaters gehalten habe und in seiner Liebe bleibe.

Dies habe ich euch gesagt, damit meine Freude in euch ist und damit eure Freude vollkommen wird. Das ist mein Gebot: Liebt einander, so wie ich euch geliebt habe. Es gibt keine größere Liebe, als wenn einer sein Leben für seine Freunde hingibt.

Ihr seid meine Freunde, wenn ihr tut, was ich euch auftrage.

Ich nenne euch nicht mehr Knechte; denn der Knecht weiß nicht, was sein Herr tut. Vielmehr habe ich euch Freunde genannt; denn ich habe euch alles mitgeteilt, was ich von meinem Vater gehört habe.
Nicht ihr habt mich erwählt, sondern ich habe euch erwählt und dazu bestimmt, dass ihr euch aufmacht und Frucht bringt und dass eure Frucht bleibt. Dann wird euch der Vater alles geben, um was ihr ihn in meinem Namen bittet.
Dies trage ich euch auf: Liebt einander!

Glaubensbekenntnis, S. 470 ff.

FÜRBITTEN

Nicht um blinden Gehorsam geht es Jesus. Nicht Knechten, sondern Freunden gibt er sein Gebot. Was für eine Lebens-Chance. Zu ihm, der zu einem Leben in Freiheit und Liebe ruft, rufen wir:

- Hilf der Kirche, das Gebot der Liebe nicht nur zu verkünden, sondern zu leben und mit Leben zu füllen. V: Jesus, unser Licht und unser Heil. A: Wir bitten dich, erhöre uns.
- Bewege die Mächtigen der Welt, ihre Macht in den Dienst des Wohls aller zu stellen. V: Jesus, unser Licht und unser Heil. A: Wir bitten dich, erhöre uns.
- Weise Wege allen Menschen, deren Glaubenswille fehlgeleitet wurde und in blinde Selbstgewissheit, in Aggression und Hass umgeschlagen ist. V: Jesus, unser Licht und unser Heil. A: Wir bitten dich, erhöre uns.
- Erfülle, die an Jesus Christus glauben, mit deinem Geist der Tatkraft, der Liebe und der Hoffnung. V: Jesus, unser Licht und unser Heil. A: Wir bitten dich, erhöre uns.
- Führe die Verstorbenen unserer Gemeinde und alle Toten in deine Fülle und Freude. V: Jesus, unser Licht und unser Heil. A: Wir bitten dich, erhöre uns.

Du traust uns zu, treuer Gott, dass auch wir Frucht bringen. Stärke unser Vertrauen in deine Nähe, so bitten wir durch Christus Jesus, unseren Herrn.

EUCHARISTIEFEIER

GABENGEBET

Herr und Gott, lass unser Gebet zu dir aufsteigen und nimm unsere Gaben an. Reinige uns durch deine Gnade, damit wir fähig werden, das Sakrament deiner großen Liebe zu empfangen. Darum bitten wir durch Christus, unseren Herrn.

Präfation, S. 481 f.

KOMMUNIONVERS

Joh 14,15–16

So spricht der Herr:
Wenn ihr mich liebt, werdet ihr meine Gebote halten.
Ich werde den Vater bitten
und er wird euch einen anderen Beistand geben,
damit er immer bei euch bleibe. Halleluja.

SCHLUSSGEBET

Allmächtiger Gott, du hast uns durch die Auferstehung Christi neu geschaffen für das ewige Leben. Erfülle uns mit der Kraft dieser heilbringenden Speise, damit das österliche Geheimnis in uns reiche Frucht bringe. Darum bitten wir durch Christus, unseren Herrn.

FEIERLICHER SCHLUSSSEGEN S. 362

***

MIT EINEM FREUND

Denn meiner Meinung nach ist inneres Beten nichts anderes als Verweilen bei einem Freund, mit dem wir oft allein zusammenkommen, einfach um bei ihm zu sein, weil wir nicht sicher wissen, dass er uns liebt.

Teresa von Avila

CHRISTI HIMMELFAHRT – HOCHFEST

10. Mai 2018

Weg ist er. Das irdische Wirken Jesu kommt mit der Himmelfahrt zu einem Abschluss. Die Himmelfahrt ist Teil des österlichen Festgeheimnisses. Allein Lukas erzählt in der Apostelgeschichte von ihr losgelöst von Tod und Auferstehung. Und das Bodenpersonal? Nicht an den Himmel starren sollen wir, wir sind vielmehr hineingenommen in die Dynamik des österlichen Geschehens: Wir leben. Wir sind Zeugen und Zeuginnen dieses Geschehens und tragen die Botschaft der Auferstehung in die Welt. Und wir warten auf die Wiederkehr Jesu am Ende der Zeiten: Maranatha – komm, Herr Jesus!

ERÖFFNUNGSVERS — Apg 1,11

Ihr Männer von Galiläa,
was steht ihr da und schaut zum Himmel?
Der Herr wird wiederkommen,
wie er jetzt aufgefahren ist. Halleluja.

KYRIE-RUFE

Jesus Christus, auferstandener Herr,
du bist in den Himmel aufgenommen
und sitzest zur Rechten Gottes.
V/A: Herr, erbarme dich.
Du wirst verkündet unter den Heiden.
V/A: Christus, erbarme dich.
Du wirst geglaubt in der Welt.
V/A: Herr, erbarme dich.

Ehre sei Gott, S. 467 f.

TAGESGEBET

Allmächtiger, ewiger Gott, erfülle uns mit Freude und Dankbarkeit, denn in der Himmelfahrt deines Sohnes hast du den Menschen erhöht. Schenke uns das feste Vertrauen, dass auch wir zu der Herrlichkeit gerufen sind, in die Christus uns vorausgegangen ist, der in der Einheit des Heiligen Geistes mit dir lebt und herrscht in alle Ewigkeit.

WORTGOTTESDIENST

ZUR 1. LESUNG Vor seiner Aufnahme in den Himmel sendet Jesus die Jünger. Sie werden durch den Heiligen Geist befähigt, Zeugen und Zeuginnen Jesu nicht nur in ihrem direkten Umfeld, sondern bis zu den Enden der Erde zu sein. Damit sind alle Völker als Adressaten der Botschaft Jesu benannt. Ein Gedanke, der den Aposteln zunächst fremd ist. Geprägt von den Verheißungen der Schriften hoffen sie, dass am Ende der Zeiten das davidische Reich wiederhergestellt wird. Jesus verneint dies nicht, er macht jedoch deutlich, dass der Verlauf der Heilsgeschichte Gott allein überlassen ist. In dieser Aussage ist zweierlei enthalten. Zum einen wird die Erwartung der Apostel aus der Tradition des Judentums nicht verneint. Die Verheißungen Gottes an Israel sind bleibend gültig! Zugleich macht Jesus deutlich, dass wir uns nicht an eigene Vorstellungen darüber klammern sollen, wie die Heilsgeschichte zu verlaufen hat – vielmehr dürfen wir vertrauende Zeugen und Zeuginnen der Botschaft des Heils sein.

ERSTE LESUNG Apg 1,1–11

Dieser Jesus, der in den Himmel aufgenommen wurde, wird ebenso wiederkommen, wie ihr ihn habt zum Himmel hingehen sehen

Lesung aus der Apostelgeschichte.

Im ersten Buch, lieber Theophilus, habe ich über alles berichtet, was Jesus getan und gelehrt hat, bis zu dem Tag, an dem er in den Himmel aufgenommen wurde. Vorher hat er durch den Heiligen Geist den Aposteln, die er sich erwählt hatte, Anweisungen gegeben. Ihnen hat er nach seinem Leiden durch viele Beweise gezeigt, dass er lebt; vierzig Tage hindurch ist er ihnen erschienen und hat vom Reich Gottes gesprochen.

Beim gemeinsamen Mahl gebot er ihnen: Geht nicht weg von Jerusalem, sondern wartet auf die Verheißung des Vaters, die ihr von mir vernommen habt. Johannes hat mit Wasser getauft, ihr aber werdet schon in wenigen Tagen mit dem Heiligen Geist getauft.

Als sie nun beisammen waren, fragten sie ihn: Herr, stellst du in dieser Zeit das Reich für Israel wieder her? Er sagte zu ihnen: Euch steht es nicht zu, Zeiten und Fristen zu erfahren, die der Vater in seiner Macht festgesetzt hat. Aber ihr werdet die Kraft des Heiligen Geistes empfangen, der auf euch herabkommen wird; und ihr werdet meine Zeugen sein in Jerusalem und in ganz Judäa und Samarien und bis an die Grenzen der Erde.

Als er das gesagt hatte, wurde er vor ihren Augen emporgehoben und eine Wolke nahm ihn auf und entzog ihn ihren Blicken.

Während sie unverwandt ihm nach zum Himmel emporschauten, standen plötzlich zwei Männer in weißen Gewändern bei ihnen und sagten: Ihr Männer von Galiläa, was steht ihr da und schaut zum Himmel empor? Dieser Jesus, der von euch ging und in den Himmel aufgenommen wurde, wird ebenso wiederkommen, wie ihr ihn habt zum Himmel hingehen sehen.

ANTWORTPSALM

Ps 47(46),2–3.6–7.8–9 (R: vgl. 6)

℟ Gott stieg empor unter Jubel,
der Herr beim Schall der Posaunen. – ℟

Oder:

℟ Halleluja. – ℟

Ihr Völker alle, klatscht in die Hände; *
jauchzt Gott zu mit lautem Jubel!
Denn furchtgebietend ist der Herr, der Höchste, *
ein großer König über die ganze Erde. – (℟)

Gott stieg empor unter Jubel, *
der Herr beim Schall der Hörner.
Singt unserm Gott, ja singt ihm! *
Spielt unserm König, spielt ihm! – (℟)

Denn Gott ist König der ganzen Erde. *
Spielt ihm ein Psalmenlied!
Gott wurde König über alle Völker, *
Gott sitzt auf seinem heiligen Thron. – ℟

ZUR 2. LESUNG Im Glaubensbekenntnis bezeugen wir jeden Sonntag, dass der auferstandene und erhobene Jesus zur Rechten Gottes des Vaters sitzt. Der in den Himmel Aufgefahrene ist nicht einfach weg, nicht irgendwo in ein großes Nichts eingegangen, er lebt in der Gegenwart des Vaters, und viel mehr noch, der Vater teilt seine Herrschaft mit ihm. Er hat ihn erhoben über alle anderen Mächte und Gewalten. Das ist es, was uns mit Hoffnung erfüllt. Keine Macht der Welt, weder Sünde noch Tod, kann uns von ihm trennen. Durch ihn dürfen auch wir auf das ewige Leben beim Vater hoffen.

ZWEITE LESUNG

Eph 1,17–23

Gott hat Christus auf den Platz zu seiner Rechten erhoben

Lesung aus dem Brief des Apostels Paulus an die Epheser.

Brüder [*oder:* Brüder und Schwestern! *oder:* Schwestern und Brüder!]! Der Gott Jesu Christi, unseres Herrn, der Vater der Herrlichkeit, gebe euch den Geist der Weisheit und Offenbarung, damit ihr ihn erkennt. Er erleuchte die Augen eures Herzens, damit ihr versteht, zu welcher Hoffnung ihr durch ihn berufen seid, welchen Reichtum die Herrlichkeit seines Erbes den Heiligen schenkt und wie überragend groß seine Macht sich an uns, den Gläubigen, erweist durch das Wirken seiner Kraft und Stärke.

Er hat sie an Christus erwiesen, den er von den Toten auferweckt und im Himmel auf den Platz zu seiner Rechten erhoben hat, hoch über alle Fürsten und Gewalten, Mächte und Herrschaften und über jeden Namen, der nicht nur in dieser Welt, sondern auch in der zukünftigen genannt wird.

Alles hat er ihm zu Füßen gelegt und ihn, der als Haupt alles überragt, über die Kirche gesetzt. Sie ist sein Leib und wird von ihm erfüllt, der das All ganz und gar beherrscht.

Oder:

ZUR 2. LESUNG Moralisch belehrend scheint diese Passage aus dem Brief an die Gemeinde in Ephesus zu beginnen, und ermahnt wird wohl niemand gern. Und doch wird hier das Ideal einer christlichen Gemeinschaft entworfen, das bis heute nichts von seinem kritischen Potenzial eingebüßt hat. Eine Einheit, die nichts mit Gleichmacherei zu tun hat, in der vielmehr jede und jeder den Entfaltungsraum und die Möglichkeit findet, die eigenen Charismen als Gottesgabe zum Wohle aller zu leben. Einheit in der Vielfalt, Einheit, die Individualität braucht, sie würdigt und stärkt. Diese Worte, angewandt auf unsere katholische Kirche, oder gar auf die ökumenische Gemeinschaft der Glaubenden, haben die Kraft zur Verwandlung. Nur im Miteinander, nicht im Ausschluss, nicht im Gegeneinander, können wir Christus in seiner vollendeten Gestalt darstellen.

ZWEITE LESUNG Eph 4,1–13

Christus in seiner vollendeten Gestalt

Lesung aus dem Brief des Apostels Paulus an die Epheser.

Brüder [*oder:* Brüder und Schwestern! *oder:* Schwestern und Brüder!]! Ich, der ich um des Herrn willen im Gefängnis bin, ermahne euch, ein Leben zu führen, das des Rufes würdig ist, der an euch erging.

Seid demütig, friedfertig und geduldig, ertragt einander in Liebe und bemüht euch, die Einheit des Geistes zu wahren durch den Frieden, der euch zusammenhält. Ein Leib und ein Geist, wie euch durch eure Berufung auch eine gemeinsame Hoffnung gegeben ist; ein Herr, ein Glaube, eine Taufe, ein Gott und Vater aller, der über allem und durch alles und in allem ist.

Aber jeder von uns empfing die Gnade in dem Maß, wie Christus sie ihm geschenkt hat. Deshalb heißt es: Er stieg hinauf zur Höhe und erbeutete Gefangene, er gab den Menschen Geschenke. Wenn er aber hinaufstieg, was bedeutet dies anderes, als dass er auch zur Erde herabstieg? Derselbe, der herabstieg, ist auch hinaufgestiegen bis zum höchsten Himmel, um das All zu beherrschen.

Und er gab den einen das Apostelamt, andere setzte er als Propheten ein, andere als Evangelisten, andere als Hirten und Lehrer, um die Heiligen für die Erfüllung ihres Dienstes zu rüsten, für den Aufbau des Leibes Christi.

So sollen wir alle zur Einheit im Glauben und in der Erkenntnis des Sohnes Gottes gelangen, damit wir zum vollkommenen Menschen werden und Christus in seiner vollendeten Gestalt darstellen.

Oder:

KURZFASSUNG Eph 4,1–7.11–13

Christus in seiner vollendeten Gestalt

Lesung aus dem Brief des Apostels Paulus an die Epheser.

Brüder [*oder:* Brüder und Schwestern! *oder:* Schwestern und Brüder!]! Ich, der ich um des Herrn willen im Gefängnis bin, ermahne euch, ein Leben zu führen, das des Rufes würdig ist, der an euch erging.

Seid demütig, friedfertig und geduldig, ertragt einander in Liebe und bemüht euch, die Einheit des Geistes zu wahren durch den Frieden, der euch zusammenhält. E i n Leib und e i n Geist, wie euch durch eure Berufung auch e i n e gemeinsame Hoffnung gegeben ist; e i n Herr, e i n Glaube, e i n e Taufe, e i n Gott und Vater aller, der über allem und durch alles und in allem ist.

Aber jeder von uns empfing die Gnade in dem Maß, wie Christus sie ihm geschenkt hat. Und er gab den einen das Apostelamt, andere setzte er als Propheten ein, andere als Evangelisten, andere als Hirten und Lehrer, um die Heiligen für die Erfüllung ihres Dienstes zu rüsten, für den Aufbau des Leibes Christi.

So sollen wir alle zur Einheit im Glauben und in der Erkenntnis des Sohnes Gottes gelangen, damit wir zum vollkommenen Menschen werden und Christus in seiner vollendeten Gestalt darstellen.

RUF VOR DEM EVANGELIUM

Vers: Mt 28, 19a.20b

Halleluja. Halleluja.
(So spricht der Herr:)
Geht zu allen Völkern
und macht alle Menschen zu meinen Jüngern.
Ich bin bei euch alle Tage bis zum Ende der Welt.
Halleluja.

ZUM EVANGELIUM Er ist fort. Er kann nicht mehr selbst predigen und Gespräche führen. Er kann nicht mehr Zeichen wirken, Dämonen austreiben, Kranke heilen. Er braucht uns. Wir sind berufen, seine Botschaft weiterzutragen, ihn zu bezeugen in unserem Tun. Krankheit, Dämonen, Schlangen und Gift – die Widerstände, die uns begegnen, sie können uns nicht daran hindern, diese Botschaft weiterzutragen, wenn wir an unserer Sendung festhalten und auf seinen Beistand bauen, den er uns gewährt.

EVANGELIUM

Mk 16,15–20

Er wurde in den Himmel aufgenommen und setzte sich zur Rechten Gottes

+ **Aus dem heiligen Evangelium nach Markus.**

In jener Zeit erschien Jesus den Elf und sprach zu ihnen: Geht hinaus in die ganze Welt und verkündet das Evangelium allen Geschöpfen! Wer glaubt und sich taufen lässt, wird gerettet; wer aber nicht glaubt, wird verdammt werden.

Und durch die, die zum Glauben gekommen sind, werden folgende Zeichen geschehen: In meinem Namen werden sie Dämonen austreiben; sie werden in neuen Sprachen reden; wenn sie Schlangen anfassen oder tödliches Gift trinken, wird es ihnen nicht schaden; und die Kranken, denen sie die Hände auflegen, werden gesund werden.

Nachdem Jesus, der Herr, dies zu ihnen gesagt hatte, wurde er in den Himmel aufgenommen und setzte sich zur Rechten Gottes.

Sie aber zogen aus und predigten überall. Der Herr stand ihnen bei und bekräftigte die Verkündigung durch die Zeichen, die er geschehen ließ.

Glaubensbekenntnis, S. 470 ff.

FÜRBITTEN

In der Himmelfahrt vollendet sich Jesu Weg des Heils. Können wir unser Herz aufschließen und uns beschenken lassen von Gott, der seinen Sohn aufgenommen und beschenkt hat? Im Gebet öffnen wir unsere Hände und rufen zu Gott, dem barmherzigen Vater:

- Wir beten für die Kirche: dass der Blick zum Himmel sie stärke in ihrer Heilssorge für die Erde. V: Gott, unser Vater. A: Wir bitten dich, erhöre uns.
- Wir beten für alle Getauften: dass sie nicht aufgehen in eigenen Sorgen, sondern sich den Blick für die Not des anderen bewahren. V: Gott, unser Vater. A: Wir bitten dich, erhöre uns.

- Wir beten für die Kranken und Sterbenden: dass sie die heilsame Nähe Jesu erfahren und so den Weg gehen, der zur Vollendung führt. V: Gott, unser Vater. A: Wir bitten dich, erhöre uns.
- Wir beten für alle, die sich ehrenamtlich engagieren: dass durch ihr Tun in deinem Geist sich das Antlitz der Erde erneuere. V: Gott, unser Vater. A: Wir bitten dich, erhöre uns.
- Wir beten für Menschen auf der Flucht: dass sie, die die Heimat verloren haben und in der Fremde sind, dort Menschenfreundlichkeit und solidarische Hilfe erleben. V: Gott, unser Vater. A: Wir bitten dich, erhöre uns.

Guter Gott, erleuchte die Augen unseres Herzens, damit auch wir aus Hoffnung leben und handeln. Darum bitten wird durch Christus, unseren Bruder und erhöhten Herrn.

EUCHARISTIEFEIER

GABENGEBET

Allmächtiger Gott, am Fest der Himmelfahrt deines Sohnes bringen wir dieses Opfer dar. Gib uns durch diese heilige Feier die Gnade, dass wir uns über das Irdische erheben und suchen, was droben ist. Darum bitten wir durch Christus, unseren Herrn.

PRÄFATION

In Wahrheit ist es würdig und recht, dir, allmächtiger Vater, zu danken durch unseren Herrn Jesus Christus, den König der Herrlichkeit. Denn er ist heute als Sieger über Sünde und Tod aufgefahren in den Himmel. Die Engel schauen den Mittler zwischen Gott und den Menschen, den Richter der Welt, den Herrn der ganzen Schöpfung. Er kehrt zu dir heim, nicht um uns Menschen zu verlassen, er gibt den Gliedern seines Leibes die Hoffnung, ihm dorthin zu folgen, wohin er als Erster vorausging. Darum jubelt heute der ganze Erdkreis in österlicher Freude, darum preisen dich die himmlischen Mächte und die Chöre der Engel und singen das Lob deiner Herrlichkeit: Heilig …

KOMMUNIONVERS

Mt 28,20

Ich bin bei euch alle Tage
bis zum Ende der Welt. Halleluja.

SCHLUSSGEBET

Allmächtiger, ewiger Gott, du hast uns, die wir noch auf Erden leben, deine göttlichen Geheimnisse anvertraut. Lenke unser Sinnen und Verlangen zum Himmel, wo Christus als Erster der Menschen bei dir ist, der mit dir lebt und herrscht in alle Ewigkeit.

FEIERLICHER SCHLUSSSEGEN

Der allherrschende Gott, der heute Christus zu seiner Rechten erhöht und uns den Zugang zum Leben erschlossen hat, gewähre euch die Fülle seines Segens. – A: Amen.
Vor den Augen seiner Jünger wurde Christus zum Himmel erhoben; er sei euch ein gnädiger Richter, wenn er wiederkommt. – A: Amen.
Er thront in der Herrlichkeit des Vaters und bleibt dennoch inmitten seiner Kirche; er schenke euch den Trost seiner Gegenwart. – A: Amen.
Das gewähre euch der dreieinige Gott, der Vater und der Sohn † und der Heilige Geist. – A: Amen.

***

VORFREUDE

Himmelfahrtsfreude – man muss innerlich sehr still geworden sein, um den leisen Klang dieses Wortes überhaupt zu hören. Freude lebt von der Stille und von der Unbegreiflichkeit. In der Tat, begreiflich ist diese Freude nicht. Aber das Begreifliche macht nie Freude, es ist das Unbegreifliche und doch Wahre, Wirkliche, Lebendige, an dem Freude sich entzündet. Darum ist rechte Freude selbst immer etwas Unbegreifliches, sowohl für die andren als auch für den, der sie empfindet. Freude ist einfach da, Himmelfahrtsfreude ist einfach da, wo in der Kirche von Christi Erhöhung über alle Welt und von seiner Wiederkunft geredet wird, wo er selbst seiner freudig wartenden Gemeinde im Sakrament begegnet. Sie ist da, nicht laut, sondern verhalten, die Welt macht ihr Angst, die Sünde macht ihr Angst –, aber sie ist da als die himmlische Freude der Knechte, die des Nachts wachen und Ausschau halten bei brennenden Kerzen, bis ihr lieber Herr heimkommt (Lukas 12,35–40). Alle Christusfreude in dieser Welt ist ja Vorfreude – und wer wird seine Vorfreude laut verraten? Und doch, welche Freude ist stärker als die Vorfreude? Vorfreude – in welcher Erwartung denn? In der Erwartung der letzten Dinge. Der Herr, den wir nicht sehen, aber dennoch liebhaben, er wird wiederkommen.

Dietrich Bonhoeffer

7. SONNTAG DER OSTERZEIT

13. Mai 2018

Liebe, Lieben, große, aber auch gefährdete Worte. Missbraucht und geschunden, trivialisiert und banalisiert. Und doch wiederauferstanden. Wieder und wieder. Schlüsselworte der Bibel Alten und Neuen Testamentes. Schlüsselworte der johanneischen Tradition. Gott ist die Liebe. „Gott kennen heißt wissen, was zu tun ist", sagt der jüdische Philosoph Emmanuel Levinas (1906–1995). Gott kennen heißt lieben.

ERÖFFNUNGSVERS

Ps 27(26),7–9

Vernimm, o Herr, mein lautes Rufen;
sei mir gnädig und erhöre mich!
Mein Herz denkt an dein Wort:
„Sucht mein Angesicht!"
Dein Angesicht, Herr, will ich suchen.
Verbirg nicht dein Gesicht vor mir! Halleluja.

KYRIE-RUFE

Herr Jesus Christus, du hast den Namen
des Vaters den Menschen offenbart.
V/A: Herr, erbarme dich.
Du bittest den Vater, uns vor
dem Bösen zu bewahren.
V/A: Christus, erbarme dich.
Du hast uns in die Welt gesandt,
wie auch der Vater dich in die Welt
gesandt hat.
V/A: Herr, erbarme dich.

Ehre sei Gott, S. 467 f.

TAGESGEBET

Allmächtiger Gott, wir bekennen, dass unser Erlöser bei dir in deiner Herrlichkeit ist. Erhöre unser Rufen und lass uns erfahren, dass er alle Tage bis zum Ende der Welt bei uns bleibt, wie er uns verheißen hat. Er, der in der Einheit des Heiligen Geistes mit dir lebt und herrscht in alle Ewigkeit.

WORTGOTTESDIENST

ZUR 1. LESUNG Die Zwölf ist biblisch nicht irgendeine Zahl. Israel besteht nach der Tradition aus zwölf Stämmen, den Nachkommen der zwölf Söhne Jakobs, der von Gott den Namen Israel, Gotteskämpfer, verliehen bekam. Zwölf Stämme Israels meint: ganz Israel; das Volk, das Gott erwählt hat und das er selbst vollenden will, in seiner Vollzahl, in seiner Vollgestalt. Dass der Herr die zerstreuten und untergegangenen Stämme nach der assyrischen Zerstörung des Nordreichs und dem Babylonischen Exil wieder sammeln würde, ist eine alte Heilsvorstellung, die im Neuen Testament lebendig bleibt. Auf den Toren des vom Himmel herabkommenden Jerusalem stehen die Namen der zwölf Stämme geschrieben (Offb 21,12). Ganz Israel: Lukas erzählt davon, dass der gesprengte Kreis der Zwölf sich durch ein transparentes Auswahlverfahren und mit Gottes Hilfe rasch wieder schließt. Zum Amt der Zwölf gehört die Zeugenschaft nicht nur für Tod und Auferstehung Jesu, sondern auch für sein gesamtes öffentliches Leben. Und wie sie ihr eigenes Amt als Anteil oder Los, griechisch: kleros, verstehen, in dem Gott seinen Willen äußert (vgl. Spr 16,33), wird auch Matthias durch Los bestimmt.

ERSTE LESUNG

Apg 1,15–17.20a.c–26

Einer von diesen muss nun zusammen mit uns Zeuge seiner Auferstehung sein

Lesung aus der Apostelgeschichte.

In jenen Tagen erhob sich Petrus im Kreis der Brüder – etwa hundertzwanzig waren zusammengekommen – und sagte: Brüder! Es musste sich das Schriftwort erfüllen, das der Heilige Geist durch den Mund Davids im Voraus über Judas gesprochen hat. Judas wurde zum Anführer derer, die Jesus gefangennahmen. Er wurde zu uns gezählt und hatte Anteil am gleichen Dienst.

Es steht im Buch der Psalmen: Sein Amt soll ein anderer erhalten! Einer von den Männern, die die ganze Zeit mit uns zusammen waren, als Jesus, der Herr, bei uns ein und aus ging, angefangen von der Taufe durch Johannes bis zu dem Tag, an dem er von uns ging und in den Himmel aufgenommen wurde, – einer von diesen muss nun zusammen mit uns Zeuge seiner Auferstehung sein.

Und sie stellten zwei Männer auf: Josef, genannt Barsabbas, mit dem Beinamen Justus, und Matthias. Dann beteten sie: Herr, du kennst die Herzen aller; zeige, wen von diesen beiden du erwählt hast, diesen Dienst und dieses Apostelamt zu übernehmen. Denn Judas hat es verlassen und ist an den Ort gegangen, der ihm bestimmt war. Dann gaben sie ihnen Lose; das Los fiel auf Matthias und er wurde den elf Aposteln zugerechnet.

ANTWORTPSALM

Ps 103(102),1–2.11–12.19–20b (R: 19a)

℟ Der Herr hat seinen Thron errichtet im Himmel. – ℟

Oder:

℟ Halleluja. – ℟

Lobe den Herrn, meine Seele, *
und alles in mir seinen heiligen Namen!

Lobe den Herrn, meine Seele, *
und vergiss nicht, was er dir Gutes getan hat. – (℟)

So hoch der Himmel über der Erde ist, *
so hoch ist seine Huld über denen, die ihn fürchten.
So weit der Aufgang entfernt ist vom Untergang, *
so weit entfernt er die Schuld von uns. – (℟)

Der Herr hat seinen Thron errichtet im Himmel, *
seine königliche Macht beherrscht das All.
Lobt den Herrn, ihr seine Engel, *
ihr starken Helden, die seine Befehle vollstrecken! – ℟

ZUR 2. LESUNG Lieben ist nicht leisten. Für unsere Liebe klopfen wir uns nie auf die Schulter, gut geliebt heute! Denn unsere Liebe ist immer nur Antwort auf eine Liebe, die gegeben, ein Lieben, das uns vorgegeben ist. Liebe wird hier geschildert als Bewegung eines Kraftfeldes, das von Gott ausgeht, um den Menschen zu ergreifen und ihm Anteil an seiner innersten Wirklichkeit zu schenken. Deshalb ist hier nicht von Ergreifen und Begreifen, sondern von Annehmen, und nicht von Erwerben und Erreichen, sondern von Bleiben die Rede. Gottesgeschenk Liebe. Gewährte Bleibe. „Gott ist die Liebe, und wer in der Liebe bleibt, bleibt in Gott, und Gott bleibt in ihm."

ZWEITE LESUNG 1 Joh 4,11–16

Wer in der Liebe bleibt, bleibt in Gott und Gott bleibt in ihm

Lesung aus dem ersten Johannesbrief.

Liebe Brüder [*oder:* Brüder und Schwestern, *oder:* Schwestern und Brüder,], wenn Gott uns so geliebt hat, müssen auch wir einander lieben. Niemand hat Gott je geschaut; wenn wir einander lieben, bleibt Gott in uns und seine Liebe ist in uns vollendet.

Daran erkennen wir, dass wir in ihm bleiben und er in uns bleibt: Er hat uns von seinem Geist gegeben. Wir haben gesehen und bezeugen, dass der Vater den Sohn gesandt hat als den Retter der Welt.
Wer bekennt, dass Jesus der Sohn Gottes ist, in dem bleibt Gott und er bleibt in Gott. Wir haben die Liebe, die Gott zu uns hat, erkannt und gläubig angenommen. Gott ist die Liebe, und wer in der Liebe bleibt, bleibt in Gott und Gott bleibt in ihm.

RUF VOR DEM EVANGELIUM

Vers: vgl. Joh 14,18; 16,22b

Halleluja. Halleluja.
(So spricht der Herr:)
Ich lasse euch nicht als Waisen zurück.
Ich komme wieder zu euch.
Dann wird euer Herz sich freuen.
Halleluja.

ZUM EVANGELIUM Nicht von der Welt, aber in der Welt, so drückt es das Johannes-Evangelium aus. Ein Spagat, dessen Ausführung alles andere als einfach ist. Die Quadratur des Kreises, könnte man meinen. Worum geht es im Christentum? Was zählt: Kampf oder Kontemplation? Mystik oder Politik? Beten oder handeln? Falsche Frage. Falsche Alternative. Wenn wir auf den Weg Jesu schauen, kann daran kein Zweifel sein. Das Johannes-Evangelium weist uns den Weg: zwischen allen Stühlen. Gut so. Bequem ist es nicht.

EVANGELIUM

Joh 17,6a.11b–19

Bewahre sie in deinem Namen, den du mir gegeben hast, damit sie eins sind wie wir

+ Aus dem heiligen Evangelium nach Johannes.

In jener Zeit erhob Jesus seine Augen zum Himmel und betete: Vater, ich habe deinen Namen den Menschen offenbart, die du mir aus der Welt gegeben hast. Heiliger Vater, bewahre sie in deinem Namen, den du mir gegeben hast, damit sie eins sind wie wir.

Solange ich bei ihnen war, bewahrte ich sie in deinem Namen, den du mir gegeben hast. Und ich habe sie behütet und keiner von ihnen ging verloren, außer dem Sohn des Verderbens, damit sich die Schrift erfüllt.

Aber jetzt gehe ich zu dir. Doch dies rede ich noch in der Welt, damit sie meine Freude in Fülle in sich haben. Ich habe ihnen dein Wort gegeben und die Welt hat sie gehasst, weil sie nicht von der Welt sind, wie auch ich nicht von der Welt bin. Ich bitte nicht, dass du sie aus der Welt nimmst, sondern dass du sie vor dem Bösen bewahrst. Sie sind nicht von der Welt, wie auch ich nicht von der Welt bin.

Heilige sie in der Wahrheit; dein Wort ist Wahrheit. Wie du mich in die Welt gesandt hast, so habe auch ich sie in die Welt gesandt. Und ich heilige mich für sie, damit auch sie in der Wahrheit geheiligt sind.

Glaubensbekenntnis, S. 470 ff.

FÜRBITTEN

Nicht aus eigener Kraft können wir uns bewahren. Wir rufen zu Gott, dem heiligen Vater, der uns Einheit und Freude in Fülle schenken will:

- Wir beten für die Einheit der Christen, damit das Zeugnis des Glaubens und der Liebe nicht länger durch Spaltung verdunkelt werde. V/A: Höre und erhöre uns.
- Wir bitten für alle Ordenschristen, die in Verbundenheit mit dir und der Welt leben und wirken. V/A: Höre und erhöre uns.

- Wir bitten für alle Politikerinnen und Politiker, die in deinem Geist Lösungen suchen. V/A: Höre und erhöre uns.
- Wir beten für seelisch beschwerte, für kranke und einsame Menschen, dass sie Freundlichkeit und Freundschaft erfahren. V/A: Höre und erhöre uns.
- Wir bitten dich für alle, die ihren Weg nicht finden können, die Dunkelheit durchleben; dass sie neu sehen lernen. V/A: Höre und erhöre uns.

Lebendiger Gott, dir vertrauen wir uns an und hoffen, dass du uns in der Kraft deines Geistes zur Seite stehst, heute und alle Tage unseres Lebens. So bitten wir durch Christus, unseren Herrn.

EUCHARISTIEFEIER

GABENGEBET

Herr und Gott, nimm die Gebete und Opfergaben deiner Gläubigen an. Lass uns diese heilige Feier mit ganzer Hingabe begehen, damit wir einst das Leben in der Herrlichkeit des Himmels erlangen. Darum bitten wir durch Christus, unseren Herrn.

PRÄFATION

In Wahrheit ist es würdig und recht, dir, allmächtiger Vater, zu danken durch unseren Herrn Jesus Christus, den König der Herrlichkeit. Denn er ist als Sieger über Sünde und Tod aufgefahren in den Himmel. Die Engel schauen den Mittler zwischen Gott und den Menschen, den Richter der Welt, den Herrn der ganzen Schöpfung. Er kehrt zu dir heim, nicht um uns Menschen zu verlassen, er gibt den Gliedern seines Leibes die Hoffnung, ihm dorthin zu folgen, wohin er als Erster vorausging. Darum preisen wir dich in österlicher Freude und singen mit den Chören der Engel das Lob deiner Herrlichkeit: Heilig …

KOMMUNIONVERS

Vgl. Joh 17,22

Ich bitte dich, Vater, lass sie eins sein,
wie wir eins sind. Halleluja.

SCHLUSSGEBET

Erhöre uns, Gott, unser Heil, und schenke uns die feste Zuversicht, dass durch die Feier der heiligen Geheimnisse die ganze Kirche jene Vollendung erlangen wird, die Christus, ihr Haupt, in deiner Herrlichkeit schon besitzt, der mit dir lebt und herrscht in alle Ewigkeit.

FEIERLICHER SCHLUSSSEGEN

S. 362

***

WO WOHNST DU?

Herr, wo wohnst du?
Wo die Liebe und die Güte wohnt,
da nur wohnt der Herr.
Wohnen ist wichtig.
Unsere Wohnung ist unsere dritte Haut.
Wie wollen wir leben?
Wie wollen wir wohnen?
Woran wollen wir uns nie gewöhnen?
Wo die Liebe und die Güte wohnt,
da nur wohnt der Herr.

Susanne Sandherr

PFINGSTEN – HOCHFEST

Pfingsten, endgültige Rundung – und definitiver Aufbruch der Geschichte Jesu von Nazaret. Pfingsten, Fest der Freude über die Lebensgabe, erfahrbar ganz innen, Gabe von oben, Gabe par excellence. Pfingsten, Ereignis der Ausgießung des Geistes über alles Fleisch, und über jeden und jede besonders. Der von Christus und den Propheten verheißene Geisthauch, der unberechenbare göttliche Geistbraus, sorgt dafür, dass wir aus den immer gleichen Umlaufbahnen unseres Lebens herausfinden, herausspringen, exorbitant. Und wirkt, dass wir immer neu zur Mitte finden und, erneuert, aus der Mitte leben. „Gottes Geist in unserer Mitte."

DIE MITTE BRINGT UNS IN BEWEGUNG

Schaut euch
die Kirche an
mit ihren jahrhundealten
Gesetzen und Traditionen

in ihrer Mitte
rotiert der Geist

macht Menschen lebendig
und bringt sie in Bewegung

Erneuerung
kommt von innen

Heinz Detlef Stäps

AM VORABEND

19. Mai 2018

Das eine österliche Mysterium und doch drei Feste. Damit uns die Freude nicht überwältigt. Freude und Jubel über die Auferweckung, die wundersame Rettung aus dem Tode, des verfolgten, bedrängten, ermordeten Herrn. Seine Erhöhung zur Rechten des Vaters – Christi Himmelfahrt. Fünfzig Tage nach Pessach, das jüdische Wochenfest, und das Freudenfest einer Gemeinschaft, die offen genug ist für Gottes belebenden, überraschenden Geist. Pfingsten. Gottes Geist, komm!

ERÖFFNUNGSVERS Röm 5,5

Die Liebe Gottes ist ausgegossen in unsere Herzen
durch den Heiligen Geist, der uns gegeben ist.
Halleluja.

KYRIE-RUFE

Herr Jesus Christus, verherrlichter Herr,
du hast uns nicht als Waisen zurückgelassen.
V/A: Herr, erbarme dich.
Du hast uns einen Beistand gegeben,
der für immer bei uns bleiben soll.
V/A: Christus, erbarme dich.
Du hast als erste Gabe für alle, die glauben,
den Heiligen Geist gesandt.
V/A: Herr, erbarme dich.

Ehre sei Gott, S. 467 f.

TAGESGEBET

Gott, unser Herr, du hast das österliche Geheimnis im Geschehen des Pfingsttages vollendet und Menschen aus allen Völkern das Heil geoffenbart. Vereine im Heiligen Geist die Menschen aller Sprachen und Nationen zum Bekenntnis deines Namens. Darum bitten wir durch Jesus Christus.

WORTGOTTESDIENST

ZUR 1. LESUNG Vielleicht haben Sie sich auch schon einmal über den Infopoint, das Handy und die Bahncard geärgert? Ich spreche nicht von den bezeichneten Sachen, sondern von den pseudoenglischen Wörtern. Vielleicht kann man das aber auch locker sehen; Sprachmoden, die vorbeigehen. Bei unseren Urgroßeltern war das Französische en vogue. Und die deutsche Sprache gehört ja noch nicht zu den bedrohten Arten. Und dennoch. Die Bibel erzählt von einer zweckmäßig erscheinenden, in Wirklichkeit aber gewalttätigen Sprachvereinheitlichung, die in heilloser Zersplitterung endet, in einer alle von allen entfremdenden Sprachenverwirrung. Um der durch monopolistische Machtgier bedrohten Vielfalt seiner Schöpfung willen hat Gott dazwischengefunkt. Immerhin brauchte es ein Pfingsten, wie es das zweite Kapitel der Apostelgeschichte berichtet, um danach die Isolation und Verständnislosigkeit der Menschengruppen aufzuheben. Aber nicht gewaltsam, nicht durch noch größeren Anpassungsdruck. Nein, die Wunde von Babel wird nur durch das Wunder der Liebe, durch vielsprachige Einmütigkeit, nicht durch verordnete Eintönigkeit, geheilt!

ERSTE LESUNG Gen 11,1–9

Man nannte die Stadt Babel; denn dort hat der Herr die Sprachen aller Welt verwirrt

Lesung aus dem Buch Genesis.

Alle Menschen hatten die gleiche Sprache und gebrauchten die gleichen Worte. Als sie von Osten aufbrachen, fanden sie eine Ebene im Land Schinar und siedelten sich dort an.

Sie sagten zueinander: Auf, formen wir Lehmziegel und brennen wir sie zu Backsteinen. So dienten ihnen gebrannte Ziegel als Steine und Erdpech als Mörtel. Dann sagten sie: Auf, bauen wir uns eine Stadt und einen Turm mit einer Spitze bis zum Himmel und machen wir uns damit einen Namen, dann werden wir uns nicht über die ganze Erde zerstreuen.

Da stieg der Herr herab, um sich Stadt und Turm anzusehen, die die Menschenkinder bauten. Er sprach: Seht nur, *ein* Volk sind sie und *eine* Sprache haben sie alle. Und das ist erst der Anfang ihres Tuns. Jetzt wird ihnen nichts mehr unerreichbar sein, was sie sich auch vornehmen.

Auf, steigen wir hinab und verwirren wir dort ihre Sprache, sodass keiner mehr die Sprache des anderen versteht.

Der Herr zerstreute sie von dort aus über die ganze Erde und sie hörten auf, an der Stadt zu bauen. Darum nannte man die Stadt Babel – Wirrsal –, denn dort hat der Herr die Sprache aller Welt verwirrt und von dort aus hat er die Menschen über die ganze Erde zerstreut.

Oder:

ZUR 1. LESUNG „Mose stieg zu Gott hinauf", sagt die Bibel lakonisch. Mose steigt hinauf – nicht um sich zu erhöhen, nicht um sich mit Gott zu messen oder gar an seine Stelle zu setzen, sondern um die Welt von Gottes Warte aus zu sehen, um Seine Weisungen zu erkennen und zu empfangen. Jeder andere Aufstieg wäre – ein Abstieg.

ERSTE LESUNG Ex 19,3–8a.16–20

Vor den Augen des ganzen Volkes stieg der Herr auf den Berg Sinai herab

Lesung aus dem Buch Exodus.

In jenen Tagen stieg Mose zu Gott hinauf. Da rief ihm der Herr vom Berg her zu: Das sollst du dem Haus Jakob sagen und den Israeliten verkünden: Ihr habt gesehen, was ich den Ägyptern angetan habe, wie ich euch auf Adlerflügeln getragen und hierher zu mir gebracht habe. Jetzt aber, wenn ihr auf meine Stimme hört und meinen Bund haltet, werdet ihr unter allen Völkern mein besonderes Eigentum sein. Mir gehört die ganze Erde, ihr aber sollt mir als ein Reich von Priestern und als ein heiliges Volk gehören. Das sind die Worte, die du den Israeliten mitteilen sollst.

Mose ging und rief die Ältesten des Volkes zusammen. Er legte ihnen alles vor, was der Herr ihm aufgetragen hatte. Das ganze Volk antwortete einstimmig und erklärte: Alles, was der Herr gesagt hat, wollen wir tun.

Am dritten Tag, im Morgengrauen, begann es zu donnern und zu blitzen. Schwere Wolken lagen über dem Berg und gewaltiger Hörnerschall erklang. Das ganze Volk im Lager begann zu zittern. Mose führte es aus dem Lager hinaus Gott entgegen. Unten am Berg blieben sie stehen.

Der ganze Sinai war in Rauch gehüllt, denn der Herr war im Feuer auf ihn herabgestiegen. Der Rauch stieg vom Berg auf wie Rauch aus einem Schmelzofen. Der ganze Berg bebte gewaltig und der Hörnerschall wurde immer lauter. Mose redete und Gott antwortete im Donner. Der Herr war auf den Sinai, auf den Gipfel des Berges, herabgestiegen. Er hatte Mose zu sich auf den Gipfel des Berges gerufen und Mose war hinaufgestiegen.

Oder:

ZUR 1. LESUNG Ein gespenstisches Bild. Und so viel mehr. Gott selbst wird die Gräber öffnen und die Leichen des Volkes herausholen – doch hier geht es nicht um makabre Effekte, sondern darum, Menschen das Leben wiederzugeben, auch wenn sie alle Hoffnung begraben haben. Alles ist sinnlos, wir sind doch schon längst tot: So fühlt man sich in der Verbannung, zur Zeit Ezechiels. Der Prophet hält dagegen: Gott sagt dem Volk zu, dass sein lebenspendender Geist wirken und es wieder beleben wird – und dies sagt der Herr auch heute jedem verzweifelten Menschen zu: ob jung oder alt, Frau oder Mann, einheimisch oder vertrieben, Flüchtling, verfemt und fremd.

ERSTE LESUNG Ez 37,1–14

Ihr ausgetrockneten Gebeine, ich selbst bringe Geist in euch, dann werdet ihr lebendig

Lesung aus dem Buch Ezechiel.

In jenen Tagen legte sich die Hand des Herrn auf mich und der Herr brachte mich im Geist hinaus und versetzte mich mitten in die Ebene. Sie war voll von Gebeinen.

Er führte mich ringsum an ihnen vorüber und ich sah sehr viele über die Ebene verstreut liegen; sie waren ganz ausgetrocknet.

Er fragte mich: Menschensohn, können diese Gebeine wieder lebendig werden? Ich antwortete: Herr und Gott, das weißt nur du. Da sagte er zu mir: Sprich als Prophet über diese Gebeine und sag zu ihnen: Ihr ausgetrockneten Gebeine, hört das Wort des Herrn! So spricht Gott, der Herr, zu diesen Gebeinen: Ich selbst bringe Geist in euch, dann werdet ihr lebendig. Ich spanne Sehnen über euch und umgebe euch mit Fleisch; ich überziehe euch mit Haut und bringe Geist in euch, dann werdet ihr lebendig. Dann werdet ihr erkennen, dass ich der Herr bin.

Da sprach ich als Prophet, wie mir befohlen war; und noch während ich redete, hörte ich auf einmal ein Geräusch: Die Gebeine rückten zusammen, Bein an Bein. Und als ich hinsah, waren plötzlich Sehnen auf ihnen und Fleisch umgab sie und Haut überzog sie. Aber es war noch kein Geist in ihnen.

Da sagte er zu mir: Rede als Prophet zum Geist, rede, Menschensohn, sag zum Geist: So spricht Gott, der Herr: Geist, komm herbei von den vier Winden! Hauch diese Erschlagenen an, damit sie lebendig werden.

Da sprach ich als Prophet, wie er mir befohlen hatte, und es kam Geist in sie. Sie wurden lebendig und standen auf – ein großes, gewaltiges Heer.

Er sagte zu mir: Menschensohn, diese Gebeine sind das ganze Haus Israel. Jetzt sagt Israel: Ausgetrocknet sind unsere Gebeine, unsere Hoffnung ist untergegangen, wir sind verloren. Deshalb tritt als Prophet auf und sag zu ihnen: So spricht Gott, der Herr: Ich öffne eure Gräber und hole euch, mein Volk, aus euren Gräbern herauf. Ich bringe euch zurück in das Land Israel. Wenn ich eure Gräber öffne und euch, mein Volk, aus euren Gräbern heraufhole, dann werdet ihr erkennen, dass ich der Herr bin. Ich hauche euch meinen Geist ein, dann werdet ihr lebendig und ich bringe euch wieder in euer Land. Dann werdet ihr erkennen, dass ich der Herr bin. Ich habe gesprochen und ich führe es aus – Spruch des Herrn.

Oder:

ZUR 1. LESUNG Erst das Drohen des Gerichts, der sich nahende Tag JHWHs, rüttelt alle auf, auch die notorisch Betriebsblinden und die besonders Coolen. Alle sind nun gerufen, sich zu entscheiden. Nur eine Umkehr der Herzen und ein tatkräftiger, solidarischer Neubeginn können die bevorstehende Vernichtung aufhalten oder gar in das Geschenk neuen Lebens verwandeln. Auf das Erwachen der Menschen antwortet der Herr mit Erbarmen und leidenschaftlicher Liebe. Nicht nur mit Korn, Wein und Öl soll das Volk überhäuft werden; seinen eigenen Geist will der Herr über alle ausgießen. Alle in Israel will er zu Propheten machen, ohne Rücksicht auf Geschlecht, Alter und sozialen Status. Da nicken alle, aber eigentlich sind wir ironisch-hochnäsig drauf. Prophet, Prophetin Gottes sein, was heißt das? Im Joëlbuch ist damit die Fähigkeit gemeint, das Wort Gottes auch den fremden Völkern zu vermitteln. Wir leben heute in einer Gesellschaft, die durch ein Nebeneinander verschiedenster Überzeugungen und Lebensformen gekennzeichnet ist. Zumindest theoretisch existiert zwar ein Kernbestand gemeinsamer Werte, das Grundgesetz. Doch wie schwer fällt es uns, die eigenste Glaubensüberzeugung so zu leben, dass sie auch anderen etwas sagt. Das aber hieße es, des Herrn Prophet und Prophetin zu sein.

ERSTE LESUNG

Joël 3, 1–5

Ich werde meinen Geist ausgießen über meine Knechte und Mägde

Lesung aus dem Buch Joël.

So spricht Gott, der Herr: Es wird geschehen, dass ich meinen Geist ausgieße über alles Fleisch. Eure Söhne und Töchter werden Propheten sein, eure Alten werden Träume haben und eure jungen Männer haben Visionen. Auch über Knechte und Mägde werde ich meinen Geist ausgießen in jenen Tagen.

Ich werde wunderbare Zeichen wirken am Himmel und auf der Erde: Blut und Feuer und Rauchsäulen. Die Sonne wird sich in Finsternis verwandeln und der Mond in Blut, ehe der Tag des Herrn kommt, der große und schreckliche Tag.

Und es wird geschehen: Wer den Namen des Herrn anruft, wird gerettet. Denn auf dem Berg Zion und in Jerusalem gibt es Rettung, wie der Herr gesagt hat, und wen der Herr ruft, der wird entrinnen.

ANTWORTPSALM

Ps 104(103), 1–2.24–25.27–28.29–30 (R: vgl. 30)

R Sende aus deinen Geist
und das Antlitz der Erde wird neu. – R

Oder:

R Halleluja. – R

Lobe den Herrn, meine Seele! †
Herr, mein Gott, wie groß bist du! *
Du bist mit Hoheit und Pracht bekleidet.
Du hüllst dich in Licht wie in ein Kleid, *
du spannst den Himmel aus wie ein Zelt. – (R)

Herr, wie zahlreich sind deine Werke! †
Mit Weisheit hast du sie alle gemacht, *
die Erde ist voll von deinen Geschöpfen.
Da ist das Meer, so groß und weit, *
darin ein Gewimmel ohne Zahl: kleine und große Tiere. – (R)

Sie alle warten auf dich, *
dass du ihnen Speise gibst zur rechten Zeit.
Gibst du ihnen, dann sammeln sie ein; *
öffnest du deine Hand, werden sie satt an Gutem. – (R)

Verbirgst du dein Gesicht, sind sie verstört; †
nimmst du ihnen den Atem, so schwinden sie hin *
und kehren zurück zum Staub der Erde.
Sendest du deinen Geist aus, so werden sie alle erschaffen *
und du erneuerst das Antlitz der Erde. – R

ZUR 2. LESUNG Wer Gottes Geist empfangen hat, wohnt nicht in den Wolken, sondern auf der Erde. Der Geist treibt keinen Keil zwischen ihn und den Rest der Welt, sondern stiftet eine neue Kultur der Geschwisterlichkeit. Der Geist ist kein Betäubungsmittel, er macht Menschen vielmehr offen, ja dünnhäutig für das, was unter uns geschieht, für alles Wunderbare, aber auch für das Unerträgliche. Die Versklavung an falsche Götter, die Zerstörung der Schöpfung, die herrschende Härte und Kälte: wer dem Geist in seinem Leben Raum gibt, kann all das nicht mehr verleugnen und muss doch daran nicht verzweifeln. Weil Gott, wie der Apostel sagt, uns und die ganze Schöpfung aus der Verlorenheit und in seine rettende Nähe führen wird. Denn Schöpfung sind wir, und mit ihr sind wir solidarisch, mit ihr, die seufzt und schreit und in Geburtswehen liegt.

ZWEITE LESUNG Röm 8,22–27

Der Geist selber tritt für uns ein mit Seufzen, das wir nicht in Worte fassen können

Lesung aus dem Brief des Apostels Paulus an die Römer.

Brüder [*oder:* Brüder und Schwestern! *oder:* Schwestern und Brüder!]! Wir wissen, dass die gesamte Schöpfung bis zum heutigen Tag seufzt und in Geburtswehen liegt. Aber auch wir, obwohl wir als Erstlingsgabe den Geist haben, seufzen in unserem Herzen und

warten darauf, dass wir mit der Erlösung unseres Leibes als Söhne offenbar werden.
Denn wir sind gerettet, doch in der Hoffnung. Hoffnung aber, die man schon erfüllt sieht, ist keine Hoffnung. Wie kann man auf etwas hoffen, das man sieht? Hoffen wir aber auf das, was wir nicht sehen, dann harren wir aus in Geduld.
So nimmt sich auch der Geist unserer Schwachheit an. Denn wir wissen nicht, worum wir in rechter Weise beten sollen; der Geist selber tritt jedoch für uns ein mit Seufzen, das wir nicht in Worte fassen können. Und Gott, der die Herzen erforscht, weiß, was die Absicht des Geistes ist: Er tritt so, wie Gott es will, für die Heiligen ein.

RUF VOR DEM EVANGELIUM

(*Zum Vers* Komm, Heiliger Geist … *knien alle.*)

Halleluja. Halleluja.
Komm, Heiliger Geist,
erfülle die Herzen deiner Gläubigen
und entzünde in ihnen das Feuer deiner Liebe!
Halleluja.

ZUM EVANGELIUM Dieses Kapitel des Johannes-Evangeliums erinnert an die Wüstenexistenz des Volkes Israel und an die Gabe des Manna; nun ist das Wüstenwunder der Wasserspende im Blick. Auch christliche Existenz ist von der Wüste bestimmt, in der Gottes Fürsorge allein vor dem Verhungern oder Verdursten bewahrt. „Wer Durst hat, komme zu mir und es trinke, wer an mich glaubt." Jesus, den seine Gemeinde als Gottes Messias bekennt, lebt die Nachfolge des allein guten Gottes.

EVANGELIUM

Joh 7,37–39

Ströme von lebendigem Wasser werden fließen

+ Aus dem heiligen Evangelium nach Johannes.

Am letzten Tag des Festes, dem großen Tag, stellte sich Jesus hin und rief: Wer Durst hat, komme zu mir, und es trinke, wer an mich glaubt. Wie die Schrift sagt: Aus seinem Inneren werden Ströme von lebendigem Wasser fließen.

Damit meinte er den Geist, den alle empfangen sollten, die an ihn glauben; denn der Geist war noch nicht gegeben, weil Jesus noch nicht verherrlicht war.

Glaubensbekenntnis, S. 470 ff.

FÜRBITTEN

„Wer Durst hat, komme zu mir, und es trinke, wer an mich glaubt." Wasser ist Leben. Johannes sieht Jesus als Quelle lebendigen Wassers und als lebendig machenden Gotteshauch. Um diesen Geist des Lebens bitten wir:

- Für alle, denen ihr Leben zu entgleiten scheint, für alle, die mutlos und ausgebrannt sind. V/A: Komm, Heiliger Geist.
- Für alle, die ihnen Mut zusprechen, ihnen aufhelfen und sie stärken. V/A: Komm, Heiliger Geist.
- Für alle, die um ihres Glaubens willen ausgegrenzt und bedroht werden. V/A: Komm, Heiliger Geist.
- Für alle, die ihnen Zeichen der Solidarität und des Beistands geben. V/A: Komm, Heiliger Geist.
- Für alle, die Hunger und Durst leiden, im Gefängnis sind oder auf der Flucht. V/A: Komm, Heiliger Geist.
- Für alle, die ihnen tatkräftig helfen, Schweigen durchbrechen und Unrecht benennen. V/A: Komm, Heiliger Geist.
- Für alle, die den Tod nahen sehen und ihn fürchten. V/A: Komm, Heiliger Geist.
- Für alle, die Sterbenden beistehen. V/A: Komm, Heiliger Geist.

Im Heiligen Geist ist deine Gegenwart, lebendiger Gott, stets neu und anders erfahrbar. Komm, Schöpfergeist, und wehe, wo du willst. Darum bitten wir in Christus Jesus, unserem Herrn und Bruder.

EUCHARISTIEFEIER

GABENGEBET

Herr, unser Gott, dein Geist segne diese Gaben und erfülle durch sie die Kirche mit der Kraft deiner Liebe, damit die ganze Welt erkennt, dass du sie zum Heil gerufen hast. Darum bitten wir durch Christus, unseren Herrn.

Präfation, S. 445

KOMMUNIONVERS Joh 7,37

Am letzten Tag des Festes, dem großen Tag,
stand Jesus da und rief:
Wer Durst hat, komme zu mir und trinke. Halleluja.

SCHLUSSGEBET

Herr, unser Gott, du hast uns im heiligen Mahl gesättigt. Erfülle uns durch dieses Sakrament mit der Glut des Heiligen Geistes, den du am Pfingstfest den Aposteln gesandt hast. Darum bitten wir durch Christus, unseren Herrn.

FEIERLICHER SCHLUSSSEGEN S. 446

***

NUN BITTEN WIR DEN HEILIGEN GEIST

Nun bitten wir den Heiligen Geist
Um den rechten Glauben allermeist,
Dass er uns behüte an unserm Ende,
Wenn wir heimfahr'n aus diesem Elende.
Kyrieleis!

Du wertes Licht, gib uns deinen Schein,
Lehr uns Jesum Christ kennen allein,
Dass wir an ihm bleiben, dem treuen Heiland,
Der uns bracht hat zum rechten Vaterland.
Kyrieleis!

Du süße Lieb', schenk uns deine Gunst,
Lass uns empfinden der Liebe Brunst,
Das wir uns von Herzen einander lieben
Und im Frieden auf einem Sinn bleiben.
Kyrieleis!

Du höchster Tröster in aller Not,
Hilf, dass wir nicht fürchten Schand noch Tod,
Dass in uns die Sinne doch nicht verzagen,
Wenn der Feind wird das Leben verklagen!
Kyrieleis!

Martin Luther

AM TAG

20. Mai 2018

In die gelähmte Gemeinschaft der Jesusfreunde kommt neuer Schwung. Hier wirkt Gottes eigener Geist. Diese ermutigende Erfahrung wird in der Apostelgeschichte auf das jüdische Wochenfest datiert, den als Fest der Bundeserneuerung begangenen 50. Tag nach dem Paschafest. Am 50. Tag nach Pascha bzw. Ostern – das griechische „pentekoste", der „fünfzigste", hat sich zu unserem Wort „Pfingsten" abgeschliffen – feiert die christliche Gemeinde den durch Jesu Lebensgabe erneuerten Gottesbund. Seine Gabe ist die heilige Geistkraft, die Totes lebendig macht, Getrenntes verbindet, Erstarrtes wärmt, Glühendes kühlt und Müdes erfrischt. Im 20. Jahrhundert war das Pfingstfest das erklärte Lieblingsfest von Papst Johannes XXIII., der damit die Hoffnung auf eine heilsame Erneuerung der Kirche verband. „Pfingsten könnte eigentlich das ‚Reformationsfest' der Kirchen sein, an dem der Geist wie ein Sturm durch die Gemeinden fegt und erwärmt, was erkaltet ist, gesunden lässt, was krank geworden ist, reinigt, was befleckt, wässert, was vertrocknet ist." (Josef Wohlmuth)

ERÖFFNUNGSVERS

Vgl. Weish 1,7

Der Geist des Herrn erfüllt den Erdkreis.
In ihm hat alles Bestand.
Nichts bleibt verborgen vor ihm. Halleluja.

KYRIE-RUFE

Jesus Christus, auferstandener Herr, du
sendest uns den Geist des Lebens, durch
den du das Antlitz der Erde erneuerst.
V/A: Herr, erbarme dich.

Du sendest uns den Geist der Wahrheit,
der uns in die ganze Wahrheit führen wird.
V/A: Christus, erbarme dich.
Du sendest uns den Geist der Freiheit, der
uns deine Herrlichkeit widerspiegeln lässt.
V/A: Herr, erbarme dich.

Ehre sei Gott, S. 467 f.

TAGESGEBET

Allmächtiger, ewiger Gott, durch das Geheimnis des heutigen Tages heiligst du deine Kirche in allen Völkern und Nationen. Erfülle die ganze Welt mit den Gaben des Heiligen Geistes, und was deine Liebe am Anfang der Kirche gewirkt hat, das wirke sie auch heute in den Herzen aller, die an dich glauben. Darum bitten wir durch Jesus Christus.

WORTGOTTESDIENST

ZUR 1. LESUNG Sind die Flammen des brennenden und nicht verbrennenden Dornbusches (Ex 3,2) nicht verwandt mit dem wundersamen Pfingstfeuer, von dem die Apostelgeschichte hier spricht? Gott offenbart sich in unendlich vielen Feuerzungen: Ich brenne in Liebe zu dir, es entbrennt mein Mitleid mit dir. Ich bin Feuer und Flamme für dich. Ich bin hier und dort. Ich suche dich mit brennender Sorge. Meine Sehnsucht findet dich. Ich erhelle, ich erwärme, ich belebe dich. Ich bin dein „Ich-bin-da". – So wird die Botschaft von der ohne Zwang bezwingenden Liebesglut des Gottes Israels pfingstlich in alle Welt gebracht.

ERSTE LESUNG

Apg 2,1–11

Alle wurden mit dem Heiligen Geist erfüllt und begannen zu reden

Lesung aus der Apostelgeschichte.

Als der Pfingsttag gekommen war, befanden sich alle am gleichen Ort. Da kam plötzlich vom Himmel her ein Brausen, wie wenn ein heftiger Sturm daherfährt, und erfüllte das ganze Haus, in dem sie waren.

Und es erschienen ihnen Zungen wie von Feuer, die sich verteilten; auf jeden von ihnen ließ sich eine nieder. Alle wurden mit dem Heiligen Geist erfüllt und begannen, in fremden Sprachen zu reden, wie es der Geist ihnen eingab.

In Jerusalem aber wohnten Juden, fromme Männer aus allen Völkern unter dem Himmel. Als sich das Getöse erhob, strömte die Menge zusammen und war ganz bestürzt; denn jeder hörte sie in seiner Sprache reden. Sie gerieten außer sich vor Staunen und sagten:

Sind das nicht alles Galiläer, die hier reden? Wieso kann sie jeder von uns in seiner Muttersprache hören:

Parther, Meder und Elamiter, Bewohner von Mesopotamien, Judäa und Kappadozien, von Pontus und der Provinz Asien, von Phrygien und Pamphylien, von Ägypten und dem Gebiet Libyens nach Zyrene hin, auch die Römer, die sich hier aufhalten, Juden und Proselyten, Kreter und Araber, wir hören sie in unseren Sprachen Gottes große Taten verkünden.

ANTWORTPSALM Ps 104(103),1–2.24–25.29–30.31 u. 34 (R: vgl. 30)

℟ Sende aus deinen Geist
und das Antlitz der Erde wird neu. – ℟

Oder:

℟ Halleluja. – ℟

Lobe den Herrn, meine Seele! †
Herr, mein Gott, wie groß bist du! *
Du bist mit Hoheit und Pracht bekleidet.
Du hüllst dich in Licht wie in ein Kleid, *
du spannst den Himmel aus wie ein Zelt. – (℟)

Herr, wie zahlreich sind deine Werke! †
Mit Weisheit hast du sie alle gemacht, *
die Erde ist voll von deinen Geschöpfen.
Da ist das Meer, so groß und weit, *
darin ein Gewimmel ohne Zahl: kleine und große Tiere. – (℟)

Verbirgst du dein Gesicht, sind sie verstört; †
nimmst du ihnen den Atem, so schwinden sie hin *
und kehren zurück zum Staub der Erde.
Sendest du deinen Geist aus, so werden sie alle erschaffen *
und du erneuerst das Antlitz der Erde. – (℟)

Ewig währe die Herrlichkeit des Herrn; *
der Herr freue sich seiner Werke.
Möge ihm mein Dichten gefallen. *
Ich will mich freuen am Herrn. – ℟

ZUR 2. LESUNG In der zweiten Pfingstlesung wird der Zusammenhang zwischen dem auferstandenen Herrn und dem Wirken des Geistes aufgezeigt. Der eine Herr Jesus Christus belebt seinen Leib, die Gemeinde, durch die Kraft seines Geistes, sodass jedes einzelne Glied dieses Leibes und alle Glieder in all ihrer Unterschiedlichkeit nicht gegeneinander, sondern miteinander vor dem *einen* Gott stehen, der alles in allem wirkt. Ja, der Gotteshauch des Auferstandenen verbindet bislang Getrenntes und schafft Gemeinschaft sogar unter Menschen, die sich zuvor fremd oder feindlich gegenüberstanden!

ZWEITE LESUNG

1 Kor 12,3b–7.12–13

Durch den einen Geist wurden wir in der Taufe alle in einen einzigen Leib aufgenommen

Lesung aus dem ersten Brief des Apostels Paulus an die Korinther.

Brüder [*oder:* Brüder und Schwestern! *oder:* Schwestern und Brüder!]! Keiner kann sagen: Jesus ist der Herr!, wenn er nicht aus dem Heiligen Geist redet.

Es gibt verschiedene Gnadengaben, aber nur den einen Geist. Es gibt verschiedene Dienste, aber nur den einen Herrn. Es gibt verschiedene Kräfte, die wirken, aber nur den einen Gott: Er bewirkt alles in allen. Jedem aber wird die Offenbarung des Geistes geschenkt, damit sie anderen nützt.

Denn wie der Leib eine Einheit ist, doch viele Glieder hat, alle Glieder des Leibes aber, obgleich es viele sind, einen einzigen Leib bilden: so ist es auch mit Christus. Durch den einen Geist wurden wir in der Taufe alle in einen einzigen Leib aufgenommen, Juden und Griechen, Sklaven und Freie; und alle wurden wir mit dem einen Geist getränkt.

Oder:

ZUR 2. LESUNG Wer sich taufen lässt, ohne sich beschneiden zu lassen, kommt nicht ins Heil, schärfen die Gegner des Apostels den Gemeinden in Galatien ein. Paulus hält dagegen: Wer nicht alles auf das Kreuz Jesu setzt, nimmt die Rettung nicht ernst und verwirkt das Heil. Und auch wenn scharf markierte Gegensätze am Anfang des heutigen Abschnitts aus dem Galaterbrief stehen, lehnt der Apostel doch das geistlose Entweder-oder ab: Heil durch das Gesetz *oder* Heil durch das Kreuz. Die Freiheit, die die Getauften in Wahrheit gewonnen haben, darf nicht missbraucht werden. Vielmehr gilt es, einander in Liebe zu dienen (Gal 5,13). Und nicht nur widerspricht die Tora der Liebe nicht, die Liebe ist die Erfüllung der Tora Gottes in seinem Geist (Röm 13,10).

ZWEITE LESUNG Gal 5,16–25

Lasst euch vom Geist leiten!

Lesung aus dem Brief des Apostels Paulus an die Galater.

Brüder [*oder:* Brüder und Schwestern! *oder:* Schwestern und Brüder!]! Lasst euch vom Geist leiten, dann werdet ihr das Begehren des Fleisches nicht erfüllen.

Denn das Begehren des Fleisches richtet sich gegen den Geist, das Begehren des Geistes aber gegen das Fleisch; beide stehen sich als Feinde gegenüber, sodass ihr nicht imstande seid, das zu tun, was ihr wollt.

Wenn ihr euch aber vom Geist führen lasst, dann steht ihr nicht unter dem Gesetz.

Die Werke des Fleisches sind deutlich erkennbar: Unzucht, Unsittlichkeit, ausschweifendes Leben, Götzendienst, Zauberei, Feindschaften, Streit, Eifersucht, Jähzorn, Eigennutz, Spaltungen, Parteiungen, Neid und Missgunst, Trink- und Eßgelage und Ähnliches mehr. Ich wiederhole, was ich euch schon früher gesagt habe: Wer so etwas tut, wird das Reich Gottes nicht erben.

Die Frucht des Geistes aber ist Liebe, Freude, Friede, Langmut, Freundlichkeit, Güte, Treue, Sanftmut und Selbstbeherrschung; dem allem widerspricht das Gesetz nicht.

Alle, die zu Christus Jesus gehören, haben das Fleisch und damit ihre Leidenschaften und Begierden gekreuzigt.

Wenn wir aus dem Geist leben, dann wollen wir dem Geist auch folgen.

SEQUENZ

(Wenn die musikalische Gestaltung es nahelegt, kann die Sequenz nach dem Hallelujavers gesungen werden, wobei sie dann mit „Amen. Halleluja" abgeschlossen wird.)

Komm herab, o Heil'ger Geist,
der die finstre Nacht zerreißt,
strahle Licht in diese Welt.

Komm, der alle Armen liebt,
komm, der gute Gaben gibt,
komm, der jedes Herz erhellt.

Höchster Tröster in der Zeit,
Gast, der Herz und Sinn erfreut,
köstlich Labsal in der Not,

in der Unrast schenkst du Ruh,
hauchst in Hitze Kühlung zu,
spendest Trost in Leid und Tod.

Komm, o du glückselig Licht,
fülle Herz und Angesicht,
dring bis auf der Seele Grund.

Ohne dein lebendig Wehn
kann im Menschen nichts bestehn,
kann nichts heil sein noch gesund.

Was befleckt ist, wasche rein,
Dürrem gieße Leben ein,
heile du, wo Krankheit quält.

Wärme du, was kalt und hart,
löse, was in sich erstarrt,
lenke, was den Weg verfehlt.

Gib dem Volk, das dir vertraut,
das auf deine Hilfe baut,
deine Gaben zum Geleit.

Lass es in der Zeit bestehn,
deines Heils Vollendung sehn
und der Freuden Ewigkeit.
(Amen. Halleluja.)

RUF VOR DEM EVANGELIUM

(*Zum Vers* Komm, Heiliger Geist … *knien alle.*)

Halleluja. Halleluja.
Komm, Heiliger Geist,
erfülle die Herzen deiner Gläubigen
und entzünde in ihnen das Feuer deiner Liebe!
Halleluja.

ZUM EVANGELIUM Jesus, dem Auferweckten, öffnen sich Schloss und Riegel. Er zeigt den in Schock und Schmerz Erstarrten seine verwundeten Hände und seine durchbohrte Seite. Gerade so bringt er, der nicht Bewahrte, sondern tödlich Versehrte, und doch von Gott Gerettete, den furchtsamen Freunden, und am Ende dem zweifelnden Zwilling, Freude und Frieden. Den Gottesatem haucht er ihnen allen zu – Geisthauch, der Leben bringt und sogar die Kraft der Sündenvergebung schenkt.

EVANGELIUM

Joh 20, 19–23

Wie mich der Vater gesandt hat, so sende ich euch: Empfangt den Heiligen Geist

+ Aus dem heiligen Evangelium nach Johannes.

Am Abend des ersten Tages der Woche, als die Jünger aus Furcht vor den Juden die Türen verschlossen hatten, kam Jesus, trat in ihre Mitte und sagte zu ihnen: Friede sei mit euch!

Nach diesen Worten zeigte er ihnen seine Hände und seine Seite. Da freuten sich die Jünger, dass sie den Herrn sahen.

Jesus sagte noch einmal zu ihnen: Friede sei mit euch! Wie mich der Vater gesandt hat, so sende ich euch.

Nachdem er das gesagt hatte, hauchte er sie an und sprach zu ihnen: Empfangt den Heiligen Geist! Wem ihr die Sünden vergebt, dem sind sie vergeben; wem ihr die Vergebung verweigert, dem ist sie verweigert.

Oder:

ZUM EVANGELIUM Vor seinem Leiden und Sterben verheißt Jesus einen kommenden Beistand, den „Geist der Wahrheit". Dieser erscheint nicht aus dem Nichts und kommt auch nicht von ungefähr, sondern von Jesus her. Jesus handelt durch ihn. Zugleich offenbart der Sohn, dass der Geist vom Vater stammt: wie Jesus selbst geht der künftige Beistand „vom Vater aus". Wie der Wind weht der Geist, „wo er will" (Joh 3,8), und doch spricht er nicht „aus sich selbst heraus", sondern bindet sich in seinem Wirken an das, „was er hört". Der Geist ist das neue Geschenk des Vaters an die Jünger und Jüngerinnen Jesu – Geschenk, das die Gottesgabe Jesus durch die Zeiten, immer verlässlich und stets neu, bekundet und bezeugt.

EVANGELIUM Joh 15,26–27;16,12–15

Der Geist der Wahrheit wird euch in die ganze Wahrheit führen

+ Aus dem heiligen Evangelium nach Johannes.

In jener Zeit sprach Jesus zu seinen Jüngern: Wenn der Beistand kommt, den ich euch vom Vater aus senden werde, der Geist der Wahrheit, der vom Vater ausgeht, dann wird er Zeugnis für mich ablegen. Und auch ihr sollt Zeugnis ablegen, weil ihr von Anfang an bei mir seid.

Noch vieles habe ich euch zu sagen, aber ihr könnt es jetzt nicht tragen. Wenn aber jener kommt, der Geist der Wahrheit, wird er euch in die ganze Wahrheit führen. Denn er wird nicht aus sich selbst heraus reden, sondern er wird sagen, was er hört, und euch verkünden, was kommen wird.

Er wird mich verherrlichen; denn er wird von dem, was mein ist, nehmen und es euch verkünden. Alles, was der Vater hat, ist mein; darum habe ich gesagt: Er nimmt von dem, was mein ist, und wird es euch verkünden.

Glaubensbekenntnis, S. 470 ff.

FÜRBITTEN

Wie der Schöpfer dem Menschen am Anfang seinen Lebensatem einhaucht, so haucht Jesus nun seine Freunde an. Sein Geist wird nun ihr Geist, sein Leben ihr Leben, seine Sendung ihre Sendung: Was für ein Vertrauen, was für ein Auftrag. Ein Auftrag, der auch uns gilt. Rufen wir zu Gott, dass er uns seinen Beistand sende:

- Komm, Geist der Weisheit, zu allen, die heute in der Kirche Zukunft gestalten. V/A: Sende aus deinen Geist, und das Antlitz der Erde wird neu.

- Komm, Geist des Rates, zu allen, die in Konflikten vermitteln und Wege des Friedens suchen. V/A: Sende aus deinen Geist, und das Antlitz der Erde wird neu.

- Komm, Geist der Stärke, zu all denen, die unter den Lasten ihres Lebens zu zerbrechen drohen. V/A: Sende aus deinen Geist, und das Antlitz der Erde wird neu.

- Komm, Geist des Trostes, zu allen Menschen, die um Verlorenes klagen und in denen es dunkel ist. V/A: Sende aus deinen Geist, und das Antlitz der Erde wird neu.

- Komm, Geist der Liebe, zu allen, die in Partnerschaft, Ehe und Familie einen schweren Weg gehen. V/A: Sende aus deinen Geist, und das Antlitz der Erde wird neu.

„Empfangt Heiligen Geist“, dazu ruft Jesus auch uns Heutige auf. Öffnen wir dem heiligen Pneuma unsere Herzen, am heiligen Pfingsttag, und alle Tage unseres Lebens.

EUCHARISTIEFEIER

GABENGEBET

Allmächtiger Gott, erfülle die Verheißung deines Sohnes: Sende uns deinen Geist, damit er uns in die volle Wahrheit einführt und uns das Geheimnis dieses Opfers immer mehr erschließt. Darum bitten wir durch Christus, unseren Herrn.

PRÄFATION

In Wahrheit ist es würdig und recht, dir, Herr, heiliger Vater, immer und überall zu danken und diesen Tag in festlicher Freude zu feiern. Denn heute hast du das österliche Heilswerk vollendet, heute hast du den Heiligen Geist gesandt über alle, die du mit Christus auferweckt und zu deinen Kindern berufen hast. Am Pfingsttag erfüllst du deine Kirche mit Leben: Dein Geist schenkt allen Völkern die Erkenntnis des lebendigen Gottes und vereint die vielen Sprachen im Bekenntnis des einen Glaubens. Darum preisen dich alle Völker auf dem Erdenrund in österlicher Freude. Darum rühmen dich die himmlischen Kräfte und die Mächte der Engel und singen das Lob deiner Herrlichkeit: Heilig …

KOMMUNIONVERS

Vgl. Apg 2,4.11

Alle wurden mit dem Heiligen Geist erfüllt
und verkündeten Gottes große Taten. Halleluja.

SCHLUSSGEBET

Herr, unser Gott, du hast deine Kirche mit himmlischen Gaben beschenkt. Erhalte ihr deine Gnade, damit die Kraft aus der Höhe, der

Heilige Geist, in ihr weiterwirkt und die geistliche Speise sie nährt bis zur Vollendung. Darum bitten wir durch Christus, unseren Herrn.

FEIERLICHER SCHLUSSSEGEN

Der gütige Gott hat am heutigen Tag die Jünger durch die Eingießung des Heiligen Geistes erleuchtet; er segne euch und schenke euch den Reichtum seiner Gaben. – A: Amen.
Jenes Feuer, das in vielen Zungen auf die Jünger herabkam, reinige eure Herzen und entzünde in euch die göttliche Liebe. – A: Amen.
Der Heilige Geist, der die vielen Sprachen im Bekenntnis des Glaubens geeint hat, festige euch in der Wahrheit und führe euch vom Glauben zum Schauen. – A: Amen.
Das gewähre euch der dreieinige Gott, der Vater und der Sohn † und der Heilige Geist. – A: Amen.

***

BEGINNEN MIT DIR

Gott, du hast uns geschaffen,
jeden und jede von uns.
Wir haben deinen Lebenshauch,
deine Ruach,
empfangen,
jeder und jede von uns.
Alle hast du begabt
mit ihr.

Lasst uns leben,
alle Gaben leben.
Lasst uns miteinander leben,
fröhlich nehmen,
fröhlich geben.
Lasst uns gedenken,
lasst uns danken,
jetzt und hier.

Heute feiern wir deine Geistkraft,
die uns stark macht,
die uns schön macht,
die uns gut macht,
die uns klug macht,
die uns Mut macht:
zu beginnen
mit dir.

Susanne Sandherr

PFINGSTMONTAG

21. Mai 2018

„Ohne dein lebendig Wehn / kann im Menschen nichts bestehn, / kann nichts heil sein noch gesund", heißt es in dem berühmten Pfingsthymnus „Komm herab, o Heilger Geist" (GL 344). „Ohne dein lebendig Wehn …" Dieser biblischen Ur-Erfahrung spüren die Schriftlesungen des Pfingstmontags vielstimmig nach. Alles Leben ist auf den erweckenden und erneuernden Gottesgeist, Gotteshauch, Gottesatem angewiesen. Jubelnde Freude über das wunderbar zugehauchte, eingehauchte Leben, und Sehnsucht nach endgültiger Beatmung, Belebung, Befreiung, Erneuerung: Komm, Heiliger Geist!

ERÖFFNUNGSVERS

Offb 1,5–6

Christus liebt uns
und hat uns durch sein Blut befreit von unseren Sünden;
er hat uns die Würde von Königen gegeben
und uns zu Priestern gemacht
für den Dienst vor seinem Gott und Vater. Halleluja.

KYRIE-RUFE

Herr Jesus Christus, du führst dein Volk zusammen
aus allen Sprachen und Nationen.
V/A: Herr, erbarme dich.
Du sendest uns den Heiligen Geist als Band der Einheit.
V/A: Christus, erbarme dich.
Du schenkst uns in dem einen Geist den einen Glauben
und die eine gemeinsame Hoffnung.
V/A: Herr, erbarme dich.

Ehre sei Gott, S. 467 f.

TAGESGEBET

Gott und Vater unseres Herrn Jesus Christus, im Neuen Bund berufst du aus allen Völkern dein Volk und führst es zusammen im Heiligen Geist. Gib, dass deine Kirche ihrer Sendung treu bleibt, dass sie ein Sauerteig ist für die Menschheit, die du in Christus erneuern und zu deiner Familie umgestalten willst. Darum bitten wir durch ihn, der in der Einheit des Heiligen Geistes mit dir lebt und herrscht in alle Ewigkeit.

WORTGOTTESDIENST

ZUR 1. LESUNG Zerstreuung, ein vieldeutiges Wort. Wenn sich dunkle Wolken in uns zusammenballen, was wäre uns dann willkommener als Zerstreuung? Aber Menschen entwurzeln, sie von ihrem angestammten Lebensort in alle vier Winde zerstreuen, das ist grausam. Das Los der Flüchtlinge und Vertriebenen. Da werden nicht gnädig innere Gewitterwolken aufgelöst, sondern die gute Selbstverständlichkeit des Lebens wird gnadenlos vernichtet. Das ist furchtbar: der Heimat beraubt werden, in die Zerstreuung getrieben sein, in die Verbannung. Nirgendwo sein, niemand. Ein Niemand. Denken wir an das unendliche Flüchtlingselend unserer Tage. Zerstreuung. Da gibt es noch den zerstreuten Professor, der beim Frühstück gedankenverloren Salz auf das Marmeladenbrot streut. Kein großes Drama. Und schließlich gibt es die Zerstreuung der Aussaat. Den Gläubigen, die aus Jerusalem vertrieben und wie Spreu zerstreut worden waren, ist ein großes Unglück widerfahren. Und doch wurde ihre Zerstreuung ein Glück: Hingabe, nicht vergebens. Weizen aus Spreu. Reiche Aussaat, unverhoffte Ernte für viele.

ERSTE LESUNG

Apg 8, 1b.4.14–17

Petrus und Johannes legten ihnen die Hände auf

Lesung aus der Apostelgeschichte.

In jenen Tagen brach eine schwere Verfolgung über die Kirche in Jerusalem herein. Alle wurden in die Gegenden von Judäa und Samarien zerstreut, mit Ausnahme der Apostel. Die Gläubigen, die zerstreut worden waren, zogen umher und verkündeten das Wort.

Als die Apostel in Jerusalem hörten, dass Samarien das Wort Gottes angenommen hatte, schickten sie Petrus und Johannes dorthin. Diese zogen hinab und beteten für sie, sie möchten den Heiligen Geist empfangen. Denn er war noch auf keinen von ihnen herabgekommen; sie waren nur auf den Namen Jesu, des Herrn, getauft. Dann legten sie ihnen die Hände auf und sie empfingen den Heiligen Geist.

Oder:

ZUR 1. LESUNG Das deutsche Wort Geist klingt nach grauer Theorie, nach blasser Abstraktion – oder sogar geisterhaft-gespenstisch. Das war aber nicht immer so, und bei diesem blechernen Klang muss es nicht bleiben. Im Ezechielbuch hören wir von einem Feld, das mit ausgebleichtem Gebein übersät ist. Ein trostloser Anblick. Und doch. Gott schafft aus dieser Triumphstätte des Todes regsames Leben. Zuerst bilden sich Sehnen, Haut und Fleisch: Ohne diese könnten wir nicht leben, aber sie reichen zum Leben nicht aus. Erst als Gottes Geist weht, haucht oder bläst – das ist der vergessene Ursprung unseres Wortes Geist –, als er alle anweht und anhaucht, werden aus den regungslosen Körpern lebendige Leiber. Erstorbenes regt sich, was tot war, wird wach. „Sie wurden lebendig und standen auf." Menschen empfangen Geisthauch und stehen auf. Stehen auf und gehen. Stehen auf und leben. Miteinander, füreinander, geist-voll, vor Gott.

ERSTE LESUNG

Ez 37,1–14

Ihr ausgetrockneten Gebeine, ich selbst bringe Geist in euch; dann werdet ihr lebendig

Lesung aus dem Buch Ezechiel.

In jenen Tagen legte sich die Hand des Herrn auf mich und der Herr brachte mich im Geist hinaus und versetzte mich mitten in die Ebene. Sie war voll von Gebeinen.

Er führte mich ringsum an ihnen vorüber und ich sah sehr viele über die Ebene verstreut liegen; sie waren ganz ausgetrocknet.

Er fragte mich: Menschensohn, können diese Gebeine wieder lebendig werden? Ich antwortete: Herr und Gott, das weißt nur du.

Da sagte er zu mir: Sprich als Prophet über diese Gebeine und sag zu ihnen: Ihr ausgetrockneten Gebeine, hört das Wort des Herrn! So spricht Gott, der Herr, zu diesen Gebeinen: Ich selbst bringe Geist in euch, dann werdet ihr lebendig. Ich spanne Sehnen über euch und umgebe euch mit Fleisch; ich überziehe euch mit Haut und bringe Geist in euch, dann werdet ihr lebendig. Dann werdet ihr erkennen, dass ich der Herr bin.

Da sprach ich als Prophet, wie mir befohlen war; und noch während ich redete, hörte ich auf einmal ein Geräusch: Die Gebeine rückten zusammen, Bein an Bein. Und als ich hinsah, waren plötzlich Sehnen auf ihnen und Fleisch umgab sie und Haut überzog sie. Aber es war noch kein Geist in ihnen.

Da sagte er zu mir: Rede als Prophet zum Geist, rede, Menschensohn, sag zum Geist: So spricht Gott, der Herr: Geist, komm herbei von den vier Winden! Hauch diese Erschlagenen an, damit sie lebendig werden.

Da sprach ich als Prophet, wie er mir befohlen hatte, und es kam Geist in sie. Sie wurden lebendig und standen auf – ein großes, gewaltiges Heer.

Er sagte zu mir: Menschensohn, diese Gebeine sind das ganze Haus Israel. Jetzt sagt Israel: Ausgetrocknet sind unsere Gebeine, unsere Hoffnung ist untergegangen, wir sind verloren. Deshalb tritt als Prophet auf und sag zu ihnen: So spricht Gott, der Herr: Ich öffne eure Gräber und hole euch, mein Volk, aus euren Gräbern herauf. Ich bringe euch zurück in das Land Israel. Wenn ich eure Gräber öffne und euch, mein Volk, aus euren Gräbern heraufhole, dann werdet ihr erkennen, dass ich der Herr bin. Ich hauche euch meinen Geist ein, dann werdet ihr lebendig und ich bringe euch wieder in euer Land. Dann werdet ihr erkennen, dass ich der Herr bin.

Ich habe gesprochen und ich führe es aus – Spruch des Herrn.

ANTWORTPSALM Ps 22(21),23–24.26–27.28 u. 31b–32 (℟: vgl. 23a)

℟ Deinen Namen will ich meinen Brüdern verkünden. – ℟

Oder:

℟ Halleluja. – ℟

Ich will deinen Namen, Herr, meinen Brüdern verkünden, *
inmitten der Gemeinde dich preisen.
Die ihr den Herrn fürchtet, preist ihn, †
ihr alle vom Stamm Jakobs, rühmt ihn; *
erschauert alle vor ihm, ihr Nachkommen Israels! – (℟)

Deine Treue preise ich in großer Gemeinde: *
ich erfülle meine Gelübde vor denen, die Gott fürchten.
Die Armen sollen essen und sich sättigen; †
den Herrn sollen preisen, die ihn suchen. *
Aufleben soll euer Herz für immer. – (℟)

Alle Enden der Erde sollen daran denken †
und werden umkehren zum Herrn: *
Vor ihm werfen sich alle Stämme der Völker nieder.
Vom Herrn wird man dem künftigen Geschlecht erzählen, †
seine Heilstat verkündet man dem kommenden Volk; *
denn er hat das Werk getan. – ℟

ZUR 2. LESUNG Der Verfasser des Epheserbriefes formuliert das Danklied einer Gemeinde, die Gottes große Güte als das Glück ihres Lebens preist: Wir sind in Christus erwählt. Gottes Wort hören, zu Gott gehören, Gott gehören, das macht nicht hörig, das engt nicht ein; das macht weit, das befreit. Wir sind erwählt. Erwählt sein von Anfang an, das bedeutet, von Gott getragen sein von Anfang an, getragen zu einem Leben in Gottes Nähe. Zu einem heiligen Leben – der Heilige Geist ist das Unterpfand dieser Berufung. Heiligkeit des Lebens heißt: Gott hat unser Leben von Grund auf recht gemacht, gerecht gemacht, zurecht gebracht. Heilig leben heißt, in Freude leben. Hoffnungsvoll leben. Heilig leben heißt, so zusammenleben, dass wir einander gerecht werden. Dann sind wir Gott recht. Verstehen wir nun, zu welcher Hoffnung uns der Geist berufen hat?

ZWEITE LESUNG Eph 1,3a.4a.13–19a

Ihr habt das Siegel des verheißenen Heiligen Geistes empfangen

Lesung aus dem Brief des Apostels Paulus an die Epheser.

Gepriesen sei Gott, der Gott und Vater unseres Herrn Jesus Christus: In ihm hat er uns erwählt vor der Erschaffung der Welt. Durch ihn habt auch ihr das Wort der Wahrheit gehört, das Evangelium von eurer Rettung; durch ihn habt ihr das Siegel des verheißenen Heiligen Geistes empfangen, als ihr den Glauben annahmt.

Der Geist ist der erste Anteil des Erbes, das wir erhalten sollen, der Erlösung, durch die wir Gottes Eigentum werden, zum Lob seiner Herrlichkeit.

Darum höre ich nicht auf, für euch zu danken, wenn ich in meinen Gebeten an euch denke; denn ich habe von eurem Glauben an Jesus, den Herrn, und von eurer Liebe zu allen Heiligen gehört. Der Gott Jesu Christi, unseres Herrn, der Vater der Herrlichkeit, gebe euch den Geist der Weisheit und Offenbarung, damit ihr ihn erkennt. Er erleuchte die Augen eures Herzens, damit ihr versteht, zu welcher Hoffnung ihr durch ihn berufen seid, welchen Reichtum die Herrlichkeit seines Erbes den Heiligen schenkt und wie überragend groß seine Macht sich an uns, den Gläubigen, erweist.

RUF VOR DEM EVANGELIUM

(*Zum Vers* Komm, Heiliger Geist … *knien alle.*)
Halleluja. Halleluja.
Komm, Heiliger Geist,
erfülle die Herzen deiner Gläubigen
und entzünde in ihnen das Feuer deiner Liebe.
Halleluja.

ZUM EVANGELIUM Gottlob. Jesu Gotteslob lautet: „Ich preise dich, Vater." Geisterfüllt preist Jesus-Immanuel Gott, den Vater, „Herr des Himmels und der Erde", dafür, dass er die unvergleichliche Nähe, die göttliche Einigkeit von Vater und Sohn aus der Verborgenheit ans Licht gebracht hat. Und nicht etwa den „Weisen und Klugen", nicht den stets gut Informierten und Sachverständigen wird Ein-Sicht geschenkt, sondern barmherzig den Unmündigen und Kleinen. Das ist revolutionär und doch gute biblische Weisheitstradition. Die keine großen Leuchten sind, sehen ein helles Licht. (Vgl. Ps 8,3; Spr 26,12; Weish 10,21)

EVANGELIUM

Lk 10,21–24

Selig, die sehen, was ihr seht, und hören, was ihr hört

+ **Aus dem heiligen Evangelium nach Lukas.**

In jener Stunde rief Jesus, vom Heiligen Geist erfüllt, voll Freude aus: Ich preise dich, Vater, Herr des Himmels und der Erde, weil du all das den Weisen und Klugen verborgen, den Unmündigen aber offenbart hast. Ja, Vater, so hat es dir gefallen.

Mir ist von meinem Vater alles übergeben worden; niemand weiß, wer der Sohn ist, nur der Vater, und niemand weiß, wer der Vater ist, nur der Sohn und der, dem es der Sohn offenbaren will.

Jesus wandte sich an die Jünger und sagte zu ihnen allein: Selig sind die, deren Augen sehen, was ihr seht. Ich sage euch: Viele Propheten und Könige wollten sehen, was ihr seht, und haben es nicht gesehen und wollten hören, was ihr hört, und haben es nicht gehört.

FÜRBITTEN

Die befreiende Botschaft Jesu erschließt sich den Kleinen und Staunenden. Die klug und berechnend ihre Ziele verfolgen, verpassen das Ziel. Die Sorgen und Lasten unserer Tage tragen wir hoffnungsvoll vor den Herrn:

- Wir bitten dich für die, die nicht mithalten können: Lass sie bei dir Halt finden und von dir gehalten sein. A: Jesus, du unsere Hoffnung. A: Höre und erhöre uns.
- Wir beten für alle, die auf Heilung hoffen, dass sie hilfreiche Menschen finden. A: Jesus, du unsere Hoffnung. A: Höre und erhöre uns.
- Wir beten für unsere Gemeinden, dass in ihnen Begegnung stattfindet, die Trennung überwindet und Verkrustung aufbricht. A: Jesus, du unsere Hoffnung. A: Höre und erhöre uns.
- Wir bitten dich für alle, die sich ihrer Armut schämen, dass sie Unterstützung und Freundschaft empfangen. A: Jesus, du unsere Hoffnung. A: Höre und erhöre uns.
- Wir beten für alle, denen Macht gegeben ist, dass sie sie menschenfreundlich einsetzen. A: Jesus, du unsere Hoffnung. A: Höre und erhöre uns.
- Wir bitten dich für die Menschen in Nigeria und in so vielen Ländern, in denen Ausbeutung natürlicher Ressourcen das Leben bedroht. A: Jesus, du unsere Hoffnung. A: Höre und erhöre uns.

Vater im Himmel, du hast uns mit deinem Geist der Weisheit gesalbt. Lehre uns, gute Wege zu gehen. Darum bitten wir durch Christus, unseren Herrn.

EUCHARISTIEFEIER

GABENGEBET

Gott, unser Vater, nimm unsere Gaben an, in denen das Opfer deines Sohnes gegenwärtig wird. Aus seiner Seitenwunde ist die Kirche hervorgegangen als Werk des Heiligen Geistes. Lass sie ihren Ursprung nie vergessen, sondern daraus in dieser Feier Heil und Leben schöpfen. Darum bitten wir durch Christus, unseren Herrn.

Präfation, S. 445

KOMMUNIONVERS

Joh 16,13

Wenn der Geist der Wahrheit kommt,
wird er euch in die volle Wahrheit einführen. Halleluja.

SCHLUSSGEBET

Herr, du hast uns gestärkt durch das Sakrament deines Sohnes. Mache das Werk deiner Kirche fruchtbar und enthülle durch sie den Armen das Geheimnis unserer Erlösung; denn die Armen hast du vor allen dazu berufen, Anteil zu haben an deinem Reich. Darum bitten wir durch Christus, unseren Herrn.

Oder:

Gütiger Gott, bewahre dem Volk der Erlösten deine Liebe und Treue. Das Leiden deines Sohnes hat uns gerettet, sein Geist, der von dir ausgeht, führe uns den rechten Weg. Darum bitten wir durch Christus, unseren Herrn.

***

PFINGSTLIED

säuseln
wind und
stürme
um die babeltürme

zungen
flüstern
lallen
geist auf uns gefallen

silben
worte
trunkenheit
aufbruch und versunkenheit

sprachen
wirrwarr-melodie
sich verstehen wie noch nie

menschen-zungen
feuerbrand
fremde werden geistverwandt

altes reden
ist verstört
neue sprache
unerhört

Wilhelm Willms

AN DEN HEILIGEN GEIST

Ich glaube an den Heiligen Geist,
der die Kirche Jesu Christi,
jeden und jede von uns, lebendig
und zum Zeugen macht.

Ich glaube an den Heiligen Geist,
der die Kirche Jesu Christi,
jeden Einzelnen von uns, befähigt,
miteinander zu reden,
aufeinander zu hören, zu lieben.

Ich glaube an den Heiligen Geist,
der die Kirche Jesu Christi,
jeden und jede von uns, begleitet
und führt und ans Ziel bringt.

Eleonore Beck

Die Feier der Gemeindemesse

Deinen Tod, o Herr, verkünden wir,
und deine Auferstehung preisen wir,
bis du kommst in Herrlichkeit.

Inhaltsübersicht der Feier der Gemeindemesse

P = Priester	A = Alle	L = Lektor/in
G = Gemeinde	D = Diakon	

ERÖFFNUNG

EINZUG – GESANG ZUR ERÖFFNUNG

(Die Gemeinde versammelt sich. Darauf tritt der Priester an den Altar. Er wird begleitet von denen, die bei der Messfeier einen besonderen Dienst an Altar oder Ambo versehen. Während des Einzugs wird der Gesang zur Eröffnung gesungen.)

VEREHRUNG DES ALTARES

(Der Priester verehrt gemeinsam mit seiner Begleitung den Altar und küsst ihn. Nach der Verehrung des Altares gehen der Priester und seine Begleitung zu ihren Sitzen. Alle stehen und machen das Kreuzzeichen. Der Priester spricht:)

P: † Im Namen des Vaters
und des Sohnes und des
Heiligen Geistes. Amen.

P: † In nómine Patris,
et Fílii, et Spíritus
Sancti. Amen.

BEGRÜSSUNG DER GEMEINDE

P: Der Herr sei mit euch.
G: Und mit deinem Geiste.

P: Dóminus vobíscum.
G: Et cum spíritu tuo.

Oder:

Die Gnade unseres Herrn Jesus Christus,
die Liebe Gottes des Vaters
und die Gemeinschaft des Heiligen Geistes
sei mit euch.

Oder:

Gnade und Friede von Gott, unserem Vater,
und dem Herrn Jesus Christus
sei mit euch.

Oder:

Gnade und Friede von dem,
der ist und der war und der kommen wird,
sei mit euch.

Oder:

Gnade und Friede
in der heiligen Versammlung der Kirche Gottes
sei mit euch.

Oder:

Der Herr der Herrlichkeit
und Spender jeder Gnade
sei mit euch.

Oder:

Die Gnade des Herrn Jesus,
der für uns Mensch geworden ist
(gelitten hat, gestorben ist …),
sei mit euch.

Oder:

Die Gnade unseres Herrn Jesus Christus
sei mit euch.

(Der Priester, der Diakon oder ein anderer dazu Beauftragter kann eine knappe Einführung in die Feier geben.)

ALLGEMEINES SCHULDBEKENNTNIS

(Es folgt das Allgemeine Schuldbekenntnis mit Einladung und Stille.)

FORM A

EINLADUNG

Brüder und Schwestern,
damit wir die heiligen Geheimnisse
in rechter Weise feiern können,
wollen wir bekennen, dass wir gesündigt haben.

Oder:

Bevor wir das Gedächtnis des Herrn begehen,
wollen wir uns besinnen und bekennen,
dass wir sündige Menschen sind.

(Oder eine andere, frei formulierte Einladung.)

SCHULDBEKENNTNIS

P: Wir sprechen das Schuldbekenntnis:
A: Ich bekenne Gott, dem Allmächtigen,
und allen Brüdern und Schwestern,
dass ich Gutes unterlassen
und Böses getan habe
– ich habe gesündigt
in Gedanken, Worten und Werken –

(alle schlagen an die Brust)

durch meine Schuld, durch meine Schuld,
durch meine große Schuld.
Darum bitte ich die selige Jungfrau Maria,
alle Engel und Heiligen

und euch, Brüder und Schwestern,
für mich zu beten bei Gott, unserem Herrn.

VERGEBUNGSBITTE

P: Der allmächtige Gott erbarme sich unser.
Er lasse uns die Sünden nach
und führe uns zum ewigen Leben.
A: Amen.

FORM B

EINLADUNG

Brüder und Schwestern,
bevor wir das Wort Gottes hören
und das Opfer Christi feiern,
wollen wir uns bereiten
und Gott um Vergebung unserer Sünden bitten.

Oder:

Damit wir das Gedächtnis des Herrn recht begehen,
prüfen wir uns selbst
und bekennen unsere Schuld
vor Gott und der Kirche.

(Oder eine andere, frei formulierte Einladung.)

SCHULDBEKENNTNIS

P: Erbarme dich, Herr, unser Gott,
erbarme dich.
A: Denn wir haben vor dir gesündigt.
P: Erweise, Herr, uns deine Huld.
A: Und schenke uns dein Heil.

VERGEBUNGSBITTE

P: Nachlass, Vergebung und Verzeihung
unserer Sünden gewähre uns
der allmächtige und barmherzige Herr.
A: Amen.

FORM C

KYRIE-LITANEI

EINLADUNG

Zu Beginn dieser Messfeier wollen wir uns besinnen und das Erbarmen des Herrn auf uns herabrufen.

(Oder eine andere, frei formulierte Einladung.)

ANRUFUNGEN

V: Herr Jesus Christus,
du bist vom Vater gesandt, zu heilen,
was verwundet ist:
V: Kyrie, eléison.
A: Kyrie, eléison.

Oder:

V: Herr, erbarme dich (unser).
A: Herr, erbarme dich (unser).

V: Du bist gekommen, die Sünder zu berufen:
V: Christe, eléison.
A: Christe, eléison.

Oder:

V: Christus, erbarme dich (unser).
A: Christus, erbarme dich (unser).

V: Du bist zum Vater heimgekehrt,
um für uns einzutreten:
V: Kyrie, eléison.
A: Kyrie, eléison.

Oder:

V: Herr, erbarme dich (unser).
A: Herr, erbarme dich (unser).

(Diese mit dem Kyrie verbundenen Anrufungen können frei formuliert werden.)

VERGEBUNGSBITTE

P: Der Herr erbarme sich unser.
Er nehme von uns Sünde und Schuld,
damit wir mit reinem Herzen
diese Feier begehen.
A: Amen.

KYRIE

(Es folgen die Kyrie-Rufe – falls sie nicht schon vorausgegangen sind.)

V: Herr, erbarme dich (unser).
A: Herr, erbarme dich (unser).
V: Christus, erbarme dich (unser).
A: Christus, erbarme dich (unser).
V: Herr, erbarme dich (unser).
A: Herr, erbarme dich (unser).

V: Kyrie, eléison.
A: Kyrie, eléison.
V: Christe, eléison.
A: Christe, eléison.
V: Kyrie, eléison.
A: Kyrie, eléison.

(An den Sonntagen außerhalb der Advents- und Fastenzeit, an Hochfesten, Festen und bei anderen festlichen Gottesdiensten folgt das Gloria.)

EHRE SEI GOTT IN DER HÖHE

A: Ehre sei Gott in der Höhe
und Friede auf Erden
den Menschen seiner Gnade.
Wir loben dich,
wir preisen dich,
wir beten dich an,
wir rühmen dich
und danken dir,
denn groß ist deine Herrlichkeit:
Herr und Gott, König des Himmels,
Gott und Vater, Herrscher über das All,
Herr, eingeborener Sohn, Jesus Christus.
Herr und Gott, Lamm Gottes, Sohn des Vaters,
du nimmst hinweg die Sünde der Welt:
erbarme dich unser;
du nimmst hinweg die Sünde der Welt:
nimm an unser Gebet;
du sitzest zur Rechten des Vaters:
erbarme dich unser.
Denn du allein bist der Heilige,
du allein der Herr,
du allein der Höchste:
Jesus Christus,
mit dem Heiligen Geist,
zur Ehre Gottes des Vaters.
Amen.

Oder:

GLORIA

A: Glória in excélsis Deo
et in terra pax
homínibus bonae voluntátis.
Laudámus te,

benedícimus te,
adorámus te,
glorificámus te,
grátias ágimus tibi
propter magnam glóriam tuam,
Dómine Deus, Rex caeléstis,
Deus Pater omnipotens.
Dómine Fili unigénite, Iesu Christe,
Dómine Deus, Agnus Dei, Fílius Patris,
qui tollis peccáta mundi,
miserére nobis;
qui tollis peccáta mundi,
súscipe deprecatiónem nostram.
Qui sedes ad déxteram Patris,
miserére nobis.
Quóniam tu solus Sanctus,
tu solus Dóminus,
tu solus Altíssimus,
Iesu Christe,
cum Sancto Spíritu:
in glória Dei Patris.
Amen.

TAGESGEBET

(Der Priester lädt zum Gebet ein. Er singt oder spricht:)

P: Lasset uns beten.

(Nach einer kurzen Stille, in der sich alle zum Gebet sammeln, breitet der Priester die Hände aus und singt oder spricht das Tagesgebet. Die Gemeinde beschließt das Gebet mit dem Ruf:)

G: Amen.

WORTGOTTESDIENST

ERSTE LESUNG UND ZWISCHENGESANG

(Der Lektor geht zum Ambo und trägt die erste Lesung vor. Alle hören sitzend zu. Wo nach der Lesung ein Zuruf der Gemeinde üblich ist, fügt der Lektor folgenden Ruf an:)

L: Wort des lebendigen Gottes.	L: Verbum Dómini.
G: Dank sei Gott.	G: Deo grátias.

(Dann trägt der Kantor (Psalmist) als ersten Zwischengesang den Antwortpsalm vor. Die Gemeinde übernimmt den Kehrvers.)

ZWEITE LESUNG UND ZWISCHENGESANG

(Folgt eine zweite Lesung, so wird auch sie durch einen Lektor vom Ambo aus vorgetragen. Sie wird in der gleichen Weise abgeschlossen wie die erste Lesung. Auf die zweite Lesung folgt als Zwischengesang das Halleluja bzw. der an dessen Stelle vorgesehene andere Gesang.)

EVANGELIUM

(Der Diakon oder der Priester geht zum Ambo: Ministranten – mit Kerzen und Weihrauch – begleiten ihn.)

D/P: Der Herr sei mit euch.	D/P: Dóminus vobíscum.
G: Und mit deinem Geiste.	G: Et cum spíritu tuo.
D/P: † Aus dem heiligen Evangelium nach N.	D/P: Inítium *oder* Sequéntia sancti Evangélii secúndum N.

(Dabei bezeichnet er das Buch und sich selbst auf Stirn, Mund und Brust mit dem Kreuzzeichen.)

G: Ehre sei dir, o Herr.	G: Glória tibi, Dómine.

(Wo nach dem Evangelium ein Zuruf der Gemeinde üblich ist, fügt der Diakon/Priester an:)

D/P: Evangelium unseres Herrn Jesus Christus.
G: Lob sei dir, Christus.

D/P: Verbum Dómini.
G: Laus tibi, Christe.

(Danach küsst der Diakon/Priester das Buch und spricht leise:)

D/P: Herr, durch dein Evangelium nimm hinweg unsere Sünden.

HOMILIE

(Die Homilie ist ein Teil der Liturgie. Sie ist an allen Sonntagen und gebotenen Feiertagen vorgeschrieben, sonst empfohlen. An Sonntagen, an Hochfesten und bei anderen festlichen Gottesdiensten folgt das Credo.)

DAS GROSSE GLAUBENSBEKENNTNIS

(Das Apostolische Glaubensbekenntnis siehe S. 473.)

(P: Wir sprechen das Große Glaubensbekenntnis.)

A: Wir glauben an den einen Gott,
den Vater, den Allmächtigen,
der alles geschaffen hat, Himmel und Erde,
die sichtbare und die unsichtbare Welt.
Und an den einen Herrn Jesus Christus,
Gottes eingeborenen Sohn,
aus dem Vater geboren vor aller Zeit:
Gott von Gott, Licht vom Licht,
wahrer Gott vom wahren Gott,
gezeugt, nicht geschaffen,
eines Wesens mit dem Vater;
durch ihn ist alles geschaffen.
Für uns Menschen und zu unserem Heil
ist er vom Himmel gekommen,

(Zu den folgenden Worten bis zu „Mensch geworden" verbeugen sich alle – an Weihnachten und am Hochfest der Verkündigung des Herrn kniet man nieder.)

hat Fleisch angenommen
durch den Heiligen Geist
von der Jungfrau Maria
und ist Mensch geworden.
Er wurde für uns gekreuzigt
unter Pontius Pilatus,
hat gelitten und ist begraben worden,
ist am dritten Tage auferstanden
nach der Schrift
und aufgefahren in den Himmel.
Er sitzt zur Rechten des Vaters
und wird wiederkommen in Herrlichkeit,
zu richten die Lebenden und die Toten;
seiner Herrschaft wird kein Ende sein.
Wir glauben an den Heiligen Geist,
der Herr ist und lebendig macht,
der aus dem Vater und dem Sohn hervorgeht,
der mit dem Vater und dem Sohn
angebetet und verherrlicht wird,
der gesprochen hat durch die Propheten,
und die eine, heilige, katholische
und apostolische Kirche.
Wir bekennen die eine Taufe
zur Vergebung der Sünden.
Wir erwarten die Auferstehung der Toten
und das Leben der kommenden Welt. Amen.

Oder:

CREDO

A: Credo in unum Deum,
Patrem omnipoténtem,

factórem caeli et terrae,
visibílium ómnium et invisibílium.
Et in unum Dóminum Iesum Christum,
Fílium Dei unigénitum,
et ex Patre natum ante ómnia sáecula.
Deum de Deo, lumen de lúmine,
Deum verum de Deo vero,
génitum, non factum,
consubstantiálem Patri:
per quem ómnia facta sunt.
Qui propter nos hómines et propter nostram salútem
descéndit de caelis.

(Zu den folgenden Worten bis zu „factus est" verbeugen sich alle – an Weihnachten und am Hochfest der Verkündigung des Herrn kniet man nieder.)

Et incarnátus est
de Spíritu Sancto
ex María Vírgine,
et homo factus est.
Crucifíxus étiam pro nobis
sub Póntio Piláto;
passus et sepúltus est,
et resurréxit tértia die,
secúndum Scriptúras,
et ascéndit in caelum,
sedet ad déxteram Patris.
Et íterum ventúrus est cum glória,
iudicáre vivos et mórtuos,
cuius regni non erit finis.
Et in Spíritum Sanctum,
Dóminum et vivificántem:
qui ex Patre Filióque procédit.
Qui cum Patre et Fílio
simul adorátur et conglorificátur:
qui locútus est per prophétas.

Et unam, sanctam, cathólicam
et apostólicam Ecclésiam.
Confíteor unum baptísma
in remissiónem peccatórum.
Et expécto resurrectiónem mortuórum,
et vitam ventúri sáeculi. Amen.

Oder:

DAS APOSTOLISCHE GLAUBENSBEKENNTNIS

(P: Wir sprechen das Apostolische Glaubensbekenntnis.)

A: Ich glaube an Gott,
den Vater, den Allmächtigen,
den Schöpfer des Himmels und der Erde,
und an Jesus Christus,
seinen eingeborenen Sohn, unsern Herrn,

(Zu den folgenden Worten bis zu „Jungfrau Maria" verbeugen sich alle – an Weihnachten und am Hochfest der Verkündigung des Herrn kniet man nieder.)

empfangen durch den Heiligen Geist,
geboren von der Jungfrau Maria,
gelitten unter Pontius Pilatus,
gekreuzigt, gestorben und begraben,
hinabgestiegen in das Reich des Todes,
am dritten Tage auferstanden von den Toten,
aufgefahren in den Himmel;
er sitzt zur Rechten Gottes,
des allmächtigen Vaters;
von dort wird er kommen,
zu richten die Lebenden und die Toten.
Ich glaube an den Heiligen Geist,
die heilige katholische Kirche,
Gemeinschaft der Heiligen,
Vergebung der Sünden,

Auferstehung der Toten
und das ewige Leben. Amen.

FÜRBITTEN (ALLGEMEINES GEBET)

(Es folgen die Fürbitten.)

EUCHARISTIEFEIER

GABENBEREITUNG

GESANG ZUR GABENBEREITUNG

(Das Herbeibringen und die Bereitung der Gaben können von einem geeigneten Gesang oder von Orgelspiel begleitet werden oder auch in der Stille geschehen.)

HERBEIBRINGEN DER GABEN

(Es empfiehlt sich, dass die Gläubigen ihre Teilnahme durch eine Gabe bekunden. Sie können durch Vertreter Brot und Wein für die Eucharistie oder selber andere Gaben herbeibringen, die für die Bedürfnisse der Kirche und der Armen bestimmt sind.)

ZURÜSTUNG DES ALTARES

(Die Ministranten/Akolythen bringen den Kelch mit Korporale und Kelchtüchlein und das Messbuch zum Altar.)

BEGLEITGEBETE ZUR GABENBEREITUNG

(Der Priester nimmt die Schale mit dem Brot, hält sie über den Altar und spricht leise:)

Gepriesen bist du, Herr, unser Gott, Schöpfer der Welt. Du schenkst uns das Brot, die Frucht der Erde und der menschlichen Arbeit. Wir bringen dieses Brot vor dein Angesicht, damit es uns das Brot des Lebens werde. (Gepriesen bist du in Ewigkeit, Herr, unser Gott.)

(Er stellt die Schale auf das Korporale.)

(Der Priester/Diakon gießt Wein und ein wenig Wasser in den Kelch und spricht leise:)

Wie das Wasser sich mit dem Wein verbindet zum heiligen Zeichen, so lasse uns dieser Kelch teilhaben an der Gottheit Christi, der unsere Menschennatur angenommen hat.

(Der Priester nimmt den Kelch, hält ihn über den Altar und spricht leise:)

Gepriesen bist du, Herr, unser Gott, Schöpfer der Welt. Du schenkst uns den Wein, die Frucht des Weinstocks und der menschlichen Arbeit. Wir bringen diesen Kelch vor dein Angesicht, damit er uns der Kelch des Heiles werde. (Gepriesen bist du in Ewigkeit, Herr, unser Gott.)

(Er stellt den Kelch auf das Korporale.)

(Der Priester verneigt sich und spricht leise:)

Herr, wir kommen zu dir mit reumütigem Herzen und mit demütigem Sinn. Nimm uns an und gib, dass unser Opfer dir gefalle.

HÄNDEWASCHUNG

(Zur Händewaschung an der Seite des Altares spricht der Priester leise:)

Herr, wasche ab meine Schuld,
von meinen Sünden mach mich rein.

EINLADUNG ZUM GABENGEBET

(Der Priester steht, der Gemeinde zugewandt, in der Mitte des Altares und spricht:)

FORM A

P: Lasset uns beten
zu Gott, dem allmächtigen Vater,
dass er die Gaben der Kirche annehme
zu seinem Lob und zum Heil der ganzen Welt.

Oder:

FORM B

P: Lasset uns beten.

(Oder eine andere geeignete Gebetseinladung.)

(Alle verharren eine kurze Zeit in stillem Gebet.)

Oder:

FORM C

P: Betet, Brüder und Schwestern,
dass mein und euer Opfer
Gott, dem allmächtigen Vater, gefalle.
A: Der Herr nehme das Opfer an
aus deinen Händen
zum Lob und Ruhm seines Namens,
zum Segen für uns
und seine ganze heilige Kirche.

GABENGEBET

(Der Priester breitet die Hände aus und trägt das Gabengebet vor. Die Gemeinde beschließt das Gebet mit dem Ruf:)

G: Amen.

DAS EUCHARISTISCHE HOCHGEBET

(Der Priester beginnt das Eucharistische Hochgebet. Er breitet die Hände aus und singt oder spricht:)

P: Der Herr sei mit euch.
G: Und mit deinem Geiste.
P: Erhebet die Herzen.
G: Wir haben sie beim Herrn.
P: Lasset uns danken dem Herrn, unserm Gott.
G: Das ist würdig und recht.

P: Dóminus vobíscum.
G: Et cum spíritu tuo.
P: Sursum corda.
G: Habémus ad Dóminum.
P: Grátias agámus Dómino Deo nostro.
G: Dignum et iustum est.

(Der Priester singt oder spricht die Präfation.)

PRÄFATIONEN

FÜR DIE ADVENTSZEIT

(3. Dezember – 24. Dezember 2017)

I.

In Wahrheit ist es würdig und recht, dir, allmächtiger Vater, zu danken durch unseren Herrn Jesus Christus. Denn in seinem ersten Kommen hat er sich entäußert und ist Mensch geworden. So hat er die alte Verheißung erfüllt und den Weg des Heiles erschlossen. Wenn er wiederkommt im Glanz seiner Herrlichkeit, werden wir sichtbar empfangen, was wir jetzt mit wachem Herzen gläubig erwarten. Darum preisen wir dich mit allen Engeln und Heiligen und singen vereint mit ihnen das Lob deiner Herrlichkeit: Heilig …

II.

In Wahrheit ist es würdig und recht, dir, Herr, heiliger Vater, allmächtiger, ewiger Gott, immer und überall zu danken durch unseren Herrn Jesus Christus. Von ihm redet die Botschaft aller Propheten, die jungfräuliche Mutter trug ihn voll Liebe in ihrem Schoß, seine Ankunft verkündete Johannes der Täufer und zeigte auf ihn, der unerkannt mitten unter den Menschen war. Er schenkt uns in diesen Tagen die Freude, uns für das Fest seiner Geburt zu bereiten, damit wir ihn wachend und betend erwarten und bei seinem Kommen mit Liedern des Lobes empfangen. Darum singen wir mit den Engeln und Erzengeln, den Thronen und Mächten und mit all den Scharen des himmlischen Heeres den Hochgesang von deiner göttlichen Herrlichkeit: Heilig …

III.
Wir danken dir, Vater im Himmel, und rühmen dich durch unseren Herrn Jesus Christus. Ihn hast du der verlorenen Menschheit als Erlöser verheißen. Seine Wahrheit leuchtet den Suchenden, seine Kraft stärkt die Schwachen, seine Heiligkeit bringt den Sündern Vergebung. Denn er ist der Heiland der Welt, den du gesandt hast, weil du getreu bist. Darum preisen wir dich mit den Kerubim und Serafim und singen mit allen Chören der Engel das Lob deiner Herrlichkeit: Heilig …

IV.
In Wahrheit ist es würdig und recht, dir, Herr, heiliger Vater, allmächtiger, ewiger Gott, immer und überall zu danken und dein Erbarmen zu preisen. Denn was durch Adams Sünde verlorenging, bringt uns Christus zurück, unser Retter und Heiland. Was du durch sein erstes Kommen begonnen hast, wirst du bei seiner Wiederkunft an uns vollenden. Darum dienen dir alle Geschöpfe, ehren dich die Erlösten, rühmt dich die Schar deiner Heiligen. Auch wir preisen dich mit den Chören der Engel und singen vereint mit ihnen das Lob deiner Herrlichkeit: Heilig …

V.
(Diese Präfation wird vor allem an den Tagen vom 17. bis 24. Dezember gewählt.)
In Wahrheit ist es würdig und recht, dir, Vater im Himmel, zu danken und dein Erbarmen zu preisen. Denn schon leuchtet auf der Tag der Erlösung und nahe ist die Zeit unseres Heiles, da der Retter kommt, unser Herr Jesus Christus. Durch ihn rühmen wir das Werk

deiner Liebe und vereinen uns mit den Chören der Engel zum Hochgesang von deiner göttlichen Herrlichkeit: Heilig ...

Hochfest der ohne Erbsünde empfangenen Jungfrau und Gottesmutter Maria (8. Dezember 2017) – siehe S. 29.

FÜR DIE WEIHNACHTSZEIT

(24. Dezember 2017 – 5. Januar 2018)

I.
In Wahrheit ist es würdig und recht, dir, Herr, heiliger Vater, allmächtiger, ewiger Gott, immer und überall zu danken. Denn Fleisch geworden ist das Wort, und in diesem Geheimnis erstrahlt dem Auge unseres Geistes das neue Licht deiner Herrlichkeit. In der sichtbaren Gestalt des Erlösers lässt du uns den unsichtbaren Gott erkennen, um in uns die Liebe zu entflammen zu dem, was kein Auge geschaut hat. Darum singen wir mit den Engeln und Erzengeln, den Thronen und Mächten und mit all den Scharen des himmlischen Heeres den Hochgesang von deiner göttlichen Herrlichkeit: Heilig ...

II.
In Wahrheit ist es würdig und recht, dir, Vater im Himmel, zu danken durch unseren Herrn Jesus Christus. Denn groß ist das Geheimnis seiner Geburt: er, der unsichtbare Gott, ist (heute) sichtbar als Mensch erschienen. Vor aller Zeit aus dir geboren, hat er sich den Gesetzen der Zeit unterworfen. In ihm ist alles neu geschaffen. Er heilt die Wunden der ganzen Schöpfung, richtet auf, was darniederliegt, und ruft den verlorenen Menschen ins Reich deines Friedens. Darum rühmen dich Himmel und Erde, Engel und Menschen und singen das Lob deiner Herrlichkeit: Heilig ...

III.
In Wahrheit ist es würdig und recht, dir, allmächtiger Vater, zu danken und dein Erbarmen zu rühmen durch unseren Herrn Jesus Christus. Durch ihn schaffst du den Menschen neu und schenkst

ihm ewige Ehre. Denn einen wunderbaren Tausch hast du vollzogen: dein göttliches Wort wurde ein sterblicher Mensch und wir sterbliche Menschen empfangen in Christus dein göttliches Leben. Darum preisen wir dich mit allen Chören der Engel und singen vereint mit ihnen das Lob deiner Herrlichkeit: Heilig …

Fest der Heiligen Familie (31. Dezember 2017) – siehe S. 479 f.
Hochfest der Gottesmutter Maria (1. Januar 2018) – siehe S. 111 f.
Erscheinung des Herrn (6. Januar 2018) – siehe S. 120.
Taufe des Herrn (7. Januar 2018) – siehe S. 131.
Für die Sonntage im Jahreskreis – siehe S. 482 ff.
Darstellung des Herrn (2. Februar 2018) – siehe S. 163.
Aschermittwoch (14. Februar 2018) – siehe unten.
1. Fastensonntag (18. Februar 2018) – siehe S. 196.
2. Fastensonntag (25. Februar 2018) – siehe S. 205.
Heiliger Josef (19. März 2018) – siehe S. 240.
Verkündigung des Herrn (9. April 2018) – siehe S. 369.

PRÄFATIONEN FÜR DIE FASTENZEIT

I.

In Wahrheit ist es würdig und recht, dir, Vater im Himmel, zu danken und dein Erbarmen zu preisen. Denn jedes Jahr schenkst du deinen Gläubigen die Gnade, das Osterfest in der Freude des Heiligen Geistes zu erwarten. Du mahnst uns in dieser Zeit der Buße zum Gebet und zu Werken der Liebe, du rufst uns zur Feier der Geheimnisse, die in uns die Gnade der Kindschaft erneuern. So führst du uns mit geläutertem Herzen zur österlichen Freude und zur Fülle des Lebens durch unseren Herrn Jesus Christus. Durch ihn rühmen wir deine Größe und vereinen uns mit den Chören der Engel zum Hochgesang von deiner göttlichen Herrlichkeit: Heilig …

II.

Wir danken dir, Vater im Himmel, und rühmen deinen heiligen Namen. Denn jetzt ist die Zeit der Gnade, jetzt sind die Tage des Heiles. Du hilfst uns, das Böse zu überwinden, du schenkst uns von

Neuem die Reinheit des Herzens. Du gibst deinen Kindern die Kraft, in dieser vergänglichen Welt das unvergängliche Heil zu wirken durch unseren Herrn Jesus Christus. Durch ihn preisen wir dich in deiner Kirche und vereinen uns mit den Engeln und Heiligen zum Hochgesang von deiner göttlichen Herrlichkeit: Heilig …

Palmsonntag (25. März 2018) – siehe S. 262
Gründonnerstag (29. März 2018) – siehe S. 273.

FÜR DIE OSTERZEIT

I.

(**Osternacht:** 31. März/1. April 2018; **Ostersonntag:** 1. April 2018; **Ostermontag:** 2. April 2018; **2. Sonntag der Osterzeit:** 8. April 2018)

In Wahrheit ist es würdig und recht, dir, Vater, immer und überall zu danken, diese Nacht (diesen Tag, diese Tage) aber aufs Höchste zu feiern, da unser Osterlamm geopfert ist, Jesus Christus. Denn er ist das wahre Lamm, das die Sünde der Welt hinwegnimmt. Durch seinen Tod hat er unseren Tod vernichtet und durch seine Auferstehung das Leben neu geschaffen. Darum jubelt in dieser Nacht (heute) der ganze Erdkreis in österlicher Freude, darum preisen dich die himmlischen Mächte und die Chöre der Engel und singen das Lob deiner Herrlichkeit: Heilig …

II.

(**3.–7. Sonntag der Osterzeit:** 15. April – 13. Mai 2018)

Wir danken dir, Vater im Himmel, und rühmen dich durch unseren Herrn Jesus Christus. Durch ihn erstehen die Kinder des Lichtes zum ewigen Leben, durch ihn wird den Gläubigen das Tor des himmlischen Reiches geöffnet. Denn unser Tod ist durch seinen Tod überwunden, in seiner Auferstehung ist das Leben für alle erstanden. Durch ihn preisen wir dich in österlicher Freude und singen mit den Chören der Engel das Lob deiner Herrlichkeit: Heilig …

III.
In Wahrheit ist es würdig und recht, dir, Vater, in diesen Tagen freudig zu danken, da unser Osterlamm geopfert ist, Jesus Christus. Er bringt sich dir allzeit für uns dar und steht vor dir als unser Anwalt. Denn einmal geopfert, stirbt er nicht wieder, sondern lebt auf ewig als das Lamm, das geschlachtet ist. Durch ihn preisen wir dich in österlicher Freude und singen mit den Chören der Engel das Lob deiner Herrlichkeit: Heilig …

IV.
In Wahrheit ist es würdig und recht, dir, Vater, in diesen Tagen freudig zu danken, da unser Osterlamm geopfert ist, Jesus Christus. Das Alte ist vergangen, die gefallene Welt erlöst, das Leben in Christus erneuert. Darum preisen wir dich in österlicher Freude und singen mit den Chören der Engel das Lob deiner Herrlichkeit: Heilig …

V.
In Wahrheit ist es würdig und recht, dir, Vater, in diesen Tagen freudig zu danken, da unser Osterlamm geopfert ist, Jesus Christus. Als er seinen Leib am Kreuz dahingab, hat er die Opfer der Vorzeit vollendet. Er hat sich dir dargebracht zu unserem Heil, er selbst ist der Priester, der Altar und das Opferlamm. Durch ihn preisen wir dich in österlicher Freude und singen mit den Chören der Engel das Lob deiner Herrlichkeit: Heilig …

FÜR DIE SONNTAGE IM JAHRESKREIS

(14. Januar – 11. Februar 2018)
(3. Juni – 18. November 2018)

I.
In Wahrheit ist es würdig und recht, dir, Herr, heiliger Vater, allmächtiger, ewiger Gott, immer und überall zu danken durch unseren Herrn Jesus Christus. Denn er hat Großes an uns getan: durch seinen Tod und seine Auferstehung hat er uns von der Sünde und von der Knechtschaft des Todes befreit und zur Herrlichkeit des neuen Lebens berufen. In ihm sind wir ein auserwähltes Ge-

schlecht, dein heiliges Volk, dein königliches Priestertum. So verkünden wir die Werke deiner Macht, denn du hast uns aus der Finsternis in dein wunderbares Licht gerufen. Darum singen wir mit den Engeln und Erzengeln, den Thronen und Mächten und mit all den Scharen des himmlischen Heeres den Hochgesang von deiner göttlichen Herrlichkeit: Heilig …

II.
In Wahrheit ist es würdig und recht, dir, allmächtiger Vater, zu danken und das Werk deiner Gnade zu rühmen durch unseren Herrn Jesus Christus. Denn aus Erbarmen mit uns sündigen Menschen ist er Mensch geworden aus Maria, der Jungfrau. Durch sein Leiden am Kreuz hat er uns vom ewigen Tod befreit und durch seine Auferstehung uns das unvergängliche Leben erworben. Darum preisen dich deine Erlösten und singen mit den Chören der Engel das Lob deiner Herrlichkeit: Heilig …

III.
In Wahrheit ist es würdig und recht, dir, Herr, heiliger Vater, allmächtiger, ewiger Gott, immer und überall zu danken. Denn wir erkennen deine Herrlichkeit in dem, was du an uns getan hast: Du bist uns mit der Macht deiner Gottheit zu Hilfe gekommen und hast uns durch deinen menschgewordenen Sohn Rettung und Heil gebracht aus unserer menschlichen Sterblichkeit. So kam uns aus unserer Vergänglichkeit das unvergängliche Leben durch unseren Herrn Jesus Christus. Durch ihn preisen wir jetzt und in Ewigkeit dein Erbarmen und singen mit den Chören der Engel das Lob deiner Herrlichkeit: Heilig …

IV.
Wir danken dir, Vater im Himmel, und rühmen dich durch unseren Herrn Jesus Christus. Denn durch seine Geburt hat er den Menschen erneuert, durch sein Leiden unsere Sünden getilgt, in seiner Auferstehung den Weg zum Leben erschlossen und in seiner Auffahrt zu dir das Tor des Himmels geöffnet. Durch ihn rühmen dich deine Erlösten und singen mit den Chören der Engel das Lob deiner Herrlichkeit: Heilig …

V.
In Wahrheit ist es würdig und recht, dir, allmächtiger Vater, zu danken und dich mit der ganzen Schöpfung zu loben. Denn du hast die Welt mit all ihren Kräften ins Dasein gerufen und sie dem Wechsel der Zeiten unterworfen. Den Menschen aber hast du auf dein Bild hin geschaffen und ihm das Werk deiner Allmacht übergeben. Du hast ihn bestimmt, über die Erde zu herrschen, dir, seinem Herrn und Schöpfer, zu dienen und das Lob deiner großen Taten zu verkünden durch unseren Herrn Jesus Christus. Darum singen wir mit den Engeln und Erzengeln, den Thronen und Mächten und mit all den Scharen des himmlischen Heeres den Hochgesang von deiner göttlichen Herrlichkeit: Heilig …

VI.
In Wahrheit ist es würdig und recht, dir, Vater im Himmel, zu danken und dich mit der ganzen Schöpfung zu loben. Denn in dir leben wir, in dir bewegen wir uns und sind wir. Jeden Tag erfahren wir aufs Neue das Wirken deiner Güte. Schon in diesem Leben besitzen wir den Heiligen Geist, das Unterpfand ewiger Herrlichkeit. Durch ihn hast du Jesus auferweckt von den Toten und uns die sichere Hoffnung gegeben, dass sich an uns das österliche Geheimnis vollendet. Darum preisen wir dich mit allen Chören der Engel und singen vereint mit ihnen das Lob deiner Herrlichkeit: Heilig …

VII.
In Wahrheit ist es würdig und recht, dir, Vater im Himmel, zu danken und deine Gnade zu rühmen. So sehr hast du die Welt geliebt, dass du deinen Sohn als Erlöser gesandt hast. Er ist uns Menschen gleich geworden in allem, außer der Sünde, damit du in uns lieben kannst, was du in deinem eigenen Sohne geliebt hast. Durch den Ungehorsam der Sünde haben wir deinen Bund gebrochen, durch den Gehorsam deines Sohnes hast du ihn erneuert. Darum preisen wir das Werk deiner Liebe und vereinen uns mit den Chören der Engel zum Hochgesang von deiner göttlichen Herrlichkeit: Heilig …

VIII.
In Wahrheit ist es würdig und recht, dir, allmächtiger Vater, zu danken und dein Erbarmen zu rühmen. Die Sünde hatte die Menschen von dir getrennt, du aber hast sie zu dir zurückgeführt durch das Blut deines Sohnes und die Kraft deines Geistes. Wie du eins bist mit dem Sohn und dem Heiligen Geist, so ist deine Kirche geeint nach dem Bild des dreieinigen Gottes. Sie ist dein heiliges Volk, der Leib Christi und der Tempel des Heiligen Geistes zum Lob deiner Weisheit und Liebe. Darum preisen wir dich in deiner Kirche und vereinen uns mit den Engeln und Heiligen zum Hochgesang von deiner göttlichen Herrlichkeit: Heilig …

Christi Himmelfahrt (10. Mai 2018) – siehe S. 411 f.
7. Sonntag der Osterzeit (13. Mai 2018) – siehe S. 420.
Pfingsten (20. Mai 2018) – siehe S. 445 f.
Pfingstmontag (21. Mai 2018) – siehe S. 445 f.
Dreifaltigkeitssonntag (27. Mai 2018) – siehe S. 583 f.
Hochfest des Leibes und Blutes Christi – Fronleichnam (31. Mai 2018) – siehe S. 598
Herz-Jesu-Fest (8. Juni 2018) – siehe S. 617.
Geburt Johannes' des Täufers (24. Juni 2018) – siehe S. 643.
Hochfest der Apostel Petrus und Paulus (29. Juni 2018) – siehe S. 652.
Verklärung des Herrn (6. August 2018) – siehe S. 710.
Mariä Aufnahme in den Himmel (15. August 2018) – siehe S. 726 f.
Allerheiligen (1. November 2018) – siehe S. 827.
Allerseelen (2. November 2018) – siehe S. 836 f.
Christkönigssonntag (25. November 2018) – siehe S. 865.

(Zum Schluss der Präfation faltet der Priester die Hände. Gemeinsam mit der Gemeinde singt er das Sanctus.)

A: Heilig, heilig, heilig
Gott, Herr aller Mächte
und Gewalten.
Erfüllt sind Himmel

A: Sanctus, Sanctus,
Sanctus Dóminus Deus
Sábaoth.
Pleni sunt caeli

und Erde	et terra
von deiner Herrlichkeit.	glória tua.
Hosanna in der Höhe.	Hosánna in excélsis.
Hochgelobt sei,	Benedíctus
der da kommt	qui venit
im Namen des Herrn.	in nómine Dómini.
Hosanna in der Höhe.	Hosánna in excélsis.

ANFÄNGE DER HOCHGEBETE

Dich, gütiger Vater, bitten wir – siehe unten.

Ja, du bist heilig, großer Gott,
du bist der Quell aller Heiligkeit – siehe S. 497.

Ja, du bist heilig, großer Gott,
und alle deine Werke verkünden dein Lob – siehe S. 504.

Wir preisen dich, heiliger Vater – siehe S. 513.

ERSTES HOCHGEBET

(Der Priester breitet die Hände aus und spricht:)

P: Dich, gütiger Vater, bitten wir
durch deinen Sohn,
unseren Herrn Jesus Christus:
Nimm diese heiligen,
makellosen Opfergaben an
und † segne sie.
Wir bringen sie dar
vor allem für deine heilige katholische Kirche
in Gemeinschaft mit deinem Diener,
unserem Papst N.,
mit unserem Bischof N.
und mit allen, die Sorge tragen
für den rechten,

katholischen und apostolischen Glauben.
Schenke deiner Kirche Frieden und Einheit,
behüte und leite sie auf der ganzen Erde.

GEDÄCHTNIS DER LEBENDEN

Gedenke deiner Diener
und Dienerinnen N. N.
(für die wir heute besonders beten)
und aller, die hier versammelt sind.

Herr, du kennst ihren Glauben
und ihre Hingabe;
für sie bringen wir dieses Opfer des Lobes dar,
und sie selber weihen es dir
für sich und für alle, die ihnen verbunden sind,
für ihre Erlösung
und für ihre Hoffnung
auf das unverlierbare Heil.
Vor dich,
den ewigen, lebendigen und wahren Gott,
bringen sie ihre Gebete und Gaben.

GEDÄCHTNIS DER HEILIGEN

(Mit dem Gedächtnis der Heiligen wird an bestimmten Tagen die Erwähnung des Festgeheimnisses verbunden:)

In Gemeinschaft mit der ganzen Kirche
gedenken wir deiner Heiligen.
Wir ehren vor allem Maria,
die glorreiche, allzeit jungfräuliche Mutter
unseres Herrn und Gottes Jesus Christus. ► S. 491

An Sonntagen:

In Gemeinschaft mit der ganzen Kirche
feiern wir den ersten Tag der Woche als den Tag,

an dem Christus von den Toten erstanden ist,
und gedenken deiner Heiligen:
Wir ehren vor allem Maria,
die glorreiche, allzeit jungfräuliche Mutter
unseres Herrn und Gottes Jesus Christus. ▶ S. 491

An Mariä Empfängnis:

In Gemeinschaft mit der ganzen Kirche
feiern wir den Tag,
an dem Maria ohne Erbschuld empfangen wurde,
da sie auserwählt war,
die Mutter des Erlösers zu werden.
Wir ehren vor allen Heiligen sie,
die glorreiche, allzeit jungfräuliche Mutter
unseres Herrn und Gottes Jesus Christus. ▶ S. 491

Von Weihnachten bis Neujahr:

In Gemeinschaft mit der ganzen Kirche
feiern wir (die hochheilige Nacht) den hochheiligen Tag,
(in der) an dem Maria in unversehrter Jungfräulichkeit
der Welt den Erlöser geboren hat.
Wir ehren vor allen Heiligen sie,
die glorreiche, allzeit jungfräuliche Mutter
unseres Herrn und Gottes Jesus Christus. ▶ S. 491

An Erscheinung des Herrn:

In Gemeinschaft mit der ganzen Kirche
feiern wir den hochheiligen Tag,
an dem dein eingeborener Sohn,
dir gleich in ewiger Herrlichkeit,
als wahrer Mensch
leibhaftig und sichtbar erschienen ist.
Wir gedenken deiner Heiligen
und ehren vor allem Maria,
die glorreiche, allzeit jungfräuliche Mutter
unseres Herrn und Gottes Jesus Christus. ▶ S. 491

An Lichtmess:

In Gemeinschaft mit der ganzen Kirche
feiern wir den Tag,
an dem dein eingeborener Sohn
im Tempel dargestellt wurde.
Wir gedenken deiner Heiligen
und ehren vor allem Maria,
die glorreiche, allzeit jungfräuliche Mutter
unseres Herrn und Gottes Jesus Christus. ▶ S. 491

An Verkündigung des Herrn:

In Gemeinschaft mit der ganzen Kirche
feiern wir den Tag,
an dem Maria deinen ewigen Sohn
durch den Heiligen Geist empfangen hat.
Wir ehren vor allen Heiligen sie,
die glorreiche, allzeit jungfräuliche Mutter
unseres Herrn und Gottes
Jesus Christus. ▶ S. 491

Am Gründonnerstag:

In Gemeinschaft mit der ganzen Kirche
feiern wir den hochheiligen Tag,
an dem unser Herr Jesus Christus
sich für uns hingegeben hat.
Wir gedenken deiner Heiligen
und ehren vor allem Maria,
die glorreiche, allzeit jungfräuliche Mutter
unseres Herrn und Gottes
Jesus Christus. ▶ S. 491

Von der Osternacht bis zum Weißen Sonntag:

In Gemeinschaft mit der ganzen Kirche
feiern wir
das Hochfest der Auferstehung

unseres Herrn Jesus Christus.
Wir gedenken deiner Heiligen
und ehren vor allem Maria,
die glorreiche, allzeit jungfräuliche Mutter
unseres Herrn und Gottes Jesus Christus. ► S. 491

An Christi Himmelfahrt:

In Gemeinschaft mit der ganzen Kirche
feiern wir den Tag,
an dem unser Herr Jesus Christus,
dein eingeborener Sohn,
unsere schwache,
mit seiner Gottheit vereinte Menschennatur
zu deiner Rechten erhoben hat.
Wir gedenken deiner Heiligen
und ehren vor allem Maria,
die glorreiche, allzeit jungfräuliche Mutter
unseres Herrn und Gottes Jesus Christus. ► S. 491

Am Pfingsttag:

In Gemeinschaft mit der ganzen Kirche
feiern wir das hohe Pfingstfest,
an dem der Heilige Geist
in Feuerzungen auf die Jünger herabkam.
Wir gedenken deiner Heiligen
und ehren vor allem Maria,
die glorreiche, allzeit jungfräuliche Mutter
unseres Herrn und Gottes Jesus Christus. ► S. 491

An Johannes' Geburt:

In Gemeinschaft mit der ganzen Kirche
feiern wir den Tag,
an dem Johannes geboren wurde,
der Christus voranging, um ihm den Weg zu bereiten,
dem Erlöser der Welt.

Wir gedenken deiner Heiligen
und ehren vor allem Maria,
die glorreiche, allzeit jungfräuliche Mutter
unseres Herrn und Gottes Jesus Christus. ▶ unten

An Mariä Himmelfahrt:

In Gemeinschaft mit der ganzen Kirche
feiern wir den Tag,
an dem die jungfräuliche Gottesmutter
in den Himmel aufgenommen wurde.
Wir ehren vor allen Heiligen sie,
die glorreiche, allzeit jungfräuliche Mutter
unseres Herrn und Gottes Jesus Christus. ▶ unten

An Allerheiligen:

In Gemeinschaft mit der ganzen Kirche
feiern wir den Tag,
der dem Gedächtnis aller Heiligen geweiht ist,
die im Leben Christus nachfolgten
und im Sterben
von ihm die Krone der Herrlichkeit empfingen.
Wir ehren vor allen Heiligen Maria,
die glorreiche, allzeit jungfräuliche Mutter
unseres Herrn und Gottes Jesus Christus.

Wir ehren ihren Bräutigam, den heiligen Josef;
deine heiligen Apostel und Märtyrer:
Petrus und Paulus, Andreas
(Jakobus, Johannes, Thomas, Jakobus,
Philippus, Bartholomäus, Matthäus,
Simon und Thaddäus,
Linus, Kletus, Klemens, Xystus, Kornelius,
Cyprianus, Laurentius, Chrysogonus,
Johannes und Paulus, Kosmas und Damianus)
und alle deine Heiligen;
blicke auf ihr heiliges Leben und Sterben

und gewähre uns auf ihre Fürsprache
in allem deine Hilfe und deinen Schutz.

(Das folgende Gebet hat an bestimmten Tagen und bei verschiedenen Feiern eine besondere Form:)

Nimm gnädig an, o Gott,
diese Gaben deiner Diener
und deiner ganzen Gemeinde;
ordne unsere Tage in deinem Frieden,
rette uns vor dem ewigen Verderben
und nimm uns auf in die Schar
deiner Erwählten. ► S. 493

Am Gründonnerstag:

Nimm gnädig an, o Gott,
diese Gaben deiner Diener
und deiner ganzen Gemeinde.
Wir bringen sie dar am Tag,
an dem unser Herr Jesus Christus
seinen Jüngern aufgetragen hat,
die Geheimnisse seines Leibes und Blutes zu feiern.
Ordne unsere Tage in deinem Frieden,
rette uns vor dem ewigen Verderben
und nimm uns auf in die Schar deiner Erwählten. ► S. 493

Von der Osternacht bis zum Weißen Sonntag:

Nimm gnädig an, o Gott, diese Gaben deiner Diener
und deiner ganzen Gemeinde.
Wir bringen sie dar auch für jene,
die an diesem Osterfest
aus dem Wasser und dem Heiligen Geist
zum neuen Leben geboren wurden,
denen du alle Sünden vergeben hast.
Ordne unsere Tage in deinem Frieden,
rette uns vor dem ewigen Verderben
und nimm uns auf in die Schar deiner Erwählten. ► S. 493

Schenke, o Gott, diesen Gaben Segen in Fülle
und nimm sie zu eigen an.
Mache sie uns zum wahren Opfer im Geiste,
das dir wohlgefällt:
zum Leib und Blut deines geliebten Sohnes,
unseres Herrn Jesus Christus.

Am Abend vor seinem Leiden
nahm er das Brot
in seine heiligen und ehrwürdigen Hände,
erhob die Augen zum Himmel,
zu dir, seinem Vater, dem allmächtigen Gott,
sagte dir Lob und Dank,
brach das Brot,
reichte es seinen Jüngern und sprach:

NEHMET UND ESSET ALLE DAVON:
DAS IST MEIN LEIB,
DER FÜR EUCH HINGEGEBEN WIRD.

Ebenso nahm er nach dem Mahl
diesen erhabenen Kelch
in seine heiligen und ehrwürdigen Hände,
sagte dir Lob und Dank,
reichte den Kelch seinen Jüngern und sprach:

NEHMET UND TRINKET ALLE DARAUS:
DAS IST DER KELCH
DES NEUEN UND EWIGEN BUNDES,
MEIN BLUT,
DAS FÜR EUCH
UND FÜR ALLE VERGOSSEN WIRD
ZUR VERGEBUNG DER SÜNDEN.
TUT DIES ZU MEINEM GEDÄCHTNIS.

Geheimnis des Glaubens:

G: Deinen Tod, o Herr,
verkünden wir
und deine Auferstehung
preisen wir,
bis du kommst in
Herrlichkeit.

G: Mortem tuam
annuntiámus,
Dómine,
et tuam resurrec-
tiónem confitémur,
donec vénias.

P: Darum, gütiger Vater,
feiern wir, deine Diener
und dein heiliges Volk,
das Gedächtnis deines Sohnes,
unseres Herrn Jesus Christus.
Wir verkünden sein heilbringendes Leiden,
seine Auferstehung von den Toten
und seine glorreiche Himmelfahrt.
So bringen wir aus den Gaben,
die du uns geschenkt hast,
dir, dem erhabenen Gott,
die reine, heilige und makellose Opfergabe dar:
das Brot des Lebens
und den Kelch des ewigen Heiles.

Blicke versöhnt und gütig darauf nieder
und nimm sie an
wie einst die Gaben
deines gerechten Dieners Abel,
wie das Opfer unseres Vaters Abraham,
wie die heilige Gabe, das reine Opfer
deines Hohenpriesters Melchisedek.

Wir bitten dich,
allmächtiger Gott:
Dein heiliger Engel trage diese Opfergabe
auf deinen himmlischen Altar
vor deine göttliche Herrlichkeit;
und wenn wir durch unsere Teilnahme am Altar

den heiligen Leib und das Blut
deines Sohnes empfangen,
erfülle uns mit aller Gnade
und allem Segen des Himmels.

GEDÄCHTNIS DER VERSTORBENEN

Gedenke auch deiner Diener,
und Dienerinnen (N. und N.),
die uns vorangegangen sind,
bezeichnet mit dem Siegel des Glaubens,
und die nun ruhen in Frieden.

Wir bitten dich:
Führe sie und alle,
die in Christus entschlafen sind,
in das Land der Verheißung,
des Lichtes und des Friedens.

Auch uns, deinen sündigen Dienern,
die auf deine reiche Barmherzigkeit hoffen,
gib Anteil und Gemeinschaft
mit deinen heiligen Aposteln und Märtyrern:
Johannes, Stephanus, Matthias, Barnabas
(Ignatius, Alexander, Marzellinus, Petrus,
Felizitas, Perpetua, Agatha, Luzia,
Agnes, Cäcilia, Anastasia)
und mit allen deinen Heiligen;
wäge nicht unser Verdienst,
sondern schenke gnädig Verzeihung
und gib uns mit ihnen das Erbe des Himmels.
Darum bitten wir dich
durch unseren Herrn Jesus Christus.
Denn durch ihn erschaffst du immerfort
all diese guten Gaben,
gibst ihnen Leben und Weihe
und spendest sie uns.

DURCH IHN UND MIT IHM UND IN IHM IST DIR, GOTT, ALLMÄCHTIGER VATER, IN DER EINHEIT DES HEILIGEN GEISTES ALLE HERRLICHKEIT UND EHRE JETZT UND IN EWIGKEIT.

G: Amen.

(Fortsetzung: Gebet des Herrn – siehe S. 531 f.)

ZWEITES HOCHGEBET

P: Der Herr sei mit euch.
G: Und mit deinem Geiste.
P: Erhebet die Herzen.
G: Wir haben sie beim Herrn.
P: Lasset uns danken
dem Herrn, unserm Gott.
G: Das ist würdig und recht.

P: Dóminus vobíscum.
G: Et cum spíritu tuo.
P: Sursum corda.
G: Habémus ad Dóminum.
P: Grátias agámus
Dómino Deo nostro.
G: Dignum et iustum est.

P: In Wahrheit ist es würdig und recht,
dir, Herr, heiliger Vater,
immer und überall zu danken
durch deinen geliebten Sohn Jesus Christus.
Er ist dein Wort,
durch ihn hast du alles erschaffen.
Ihn hast du gesandt
als unseren Erlöser und Heiland.
Er ist Mensch geworden durch den Heiligen Geist,
geboren von der Jungfrau Maria.
Um deinen Ratschluss zu erfüllen
und dir ein heiliges Volk zu erwerben,
hat er sterbend die Arme ausgebreitet
am Holze des Kreuzes.
Er hat die Macht des Todes gebrochen
und die Auferstehung kundgetan.

Darum preisen wir dich
mit allen Engeln und Heiligen
und singen vereint mit ihnen
das Lob deiner Herrlichkeit:

A: Heilig, heilig, heilig Gott, Herr aller Mächte und Gewalten. Erfüllt sind Himmel und Erde von deiner Herrlichkeit. Hosanna in der Höhe. Hochgelobt sei, der da kommt im Namen des Herrn. Hosanna in der Höhe.	A: Sanctus, Sanctus, Sanctus Dóminus Deus Sábaoth. Pleni sunt caeli et terra glória tua. Hosánna in excélsis. Benedíctus qui venit in nómine Dómini. Hosánna in excélsis.

P: Ja, du bist heilig, großer Gott,
du bist der Quell aller Heiligkeit. ▶ S. 501

(In diesem Gebet kann an bestimmten Tagen das Festgeheimnis erwähnt werden.)

An Sonntagen:

Darum kommen wir vor dein Angesicht
und feiern in Gemeinschaft mit der ganzen Kirche
den ersten Tag der Woche als den Tag,
an dem Christus von den Toten erstanden ist.
Durch ihn, den du zu deiner Rechten erhöht hast,
bitten wir dich: ▶ S. 501

An Mariä Empfängnis:

Darum kommen wir vor dein Angesicht
und feiern in Gemeinschaft
mit der ganzen Kirche den Tag,
an dem Maria ohne Erbschuld empfangen wurde,

da sie auserwählt war,
die Mutter des Erlösers zu werden.
Durch ihn, der unsere Sünden hinwegnimmt,
bitten wir dich: ► S. 501

Von Weihnachten bis Neujahr:

Darum kommen wir vor dein Angesicht
und feiern in Gemeinschaft mit der ganzen Kirche
(die hochheilige Nacht) den hochheiligen Tag,
(in der) an dem Maria in unversehrter Jungfräulichkeit
der Welt den Erlöser geboren hat.
Durch ihn, unseren Retter und Herrn,
bitten wir dich: ► S. 501

An Erscheinung des Herrn:

Darum kommen wir vor dein Angesicht
und feiern in Gemeinschaft mit der ganzen Kirche
den hochheiligen Tag,
an dem dein eingeborener Sohn,
dir gleich in ewiger Herrlichkeit,
als wahrer Mensch
leibhaft und sichtbar erschienen ist.
Durch ihn, unseren Erlöser und Heiland,
bitten wir dich: ► S. 501

An Lichtmess:

Darum kommen wir vor dein Angesicht
und feiern in Gemeinschaft
mit der ganzen Kirche den Tag,
an dem dein eingeborener Sohn
im Tempel dargestellt wurde.
Durch ihn, das Licht von deinem Licht,
bitten wir dich: ► S. 501

An Verkündigung des Herrn:

Darum kommen wir vor dein Angesicht
und feiern in Gemeinschaft
mit der ganzen Kirche den Tag,
an dem Maria deinen ewigen Sohn
durch den Heiligen Geist empfangen hat.
Durch ihn, der zu unserem Heil Mensch geworden ist,
bitten wir dich: ▶ S. 501

Am Gründonnerstag:

Darum kommen wir vor dein Angesicht
und feiern in Gemeinschaft mit der ganzen Kirche
den hochheiligen Tag,
an dem unser Herr Jesus Christus
sich für uns hingegeben hat.
Durch ihn, unseren Erlöser und Heiland,
den du verherrlicht hast, bitten wir dich: ▶ S. 501

Von der Osternacht bis zum Weißen Sonntag:

Darum kommen wir vor dein Angesicht
und feiern in Gemeinschaft
mit der ganzen Kirche
das Hochfest
der Auferstehung unseres Herrn Jesus Christus.
Durch ihn, der zu deiner Rechten erhöht ist,
bitten wir dich: ▶ S. 501

An Christi Himmelfahrt:

Darum kommen wir vor dein Angesicht
und feiern in Gemeinschaft
mit der ganzen Kirche den Tag,
an dem unser Herr Jesus Christus,
dein eingeborener Sohn,
unsere schwache,
mit seiner Gottheit vereinte Menschennatur

zu deiner Rechten erhoben hat.
Durch ihn bitten wir dich: ▶ S. 501

Am Pfingsttag:

Darum kommen wir vor dein Angesicht
und feiern in Gemeinschaft mit der ganzen Kirche
das hohe Pfingstfest,
an dem der Heilige Geist
in Feuerzungen auf die Jünger herabkam.
Und wir bitten dich: ▶ S. 501

An Johannes' Geburt:

Darum kommen wir vor dein Angesicht
und feiern in Gemeinschaft
mit der ganzen Kirche den Tag,
an dem Johannes geboren wurde,
der Christus voranging, um ihm den Weg zu bereiten,
dem Erlöser der Welt.
Durch ihn, der nach Johannes kam
und doch vor ihm war,
bitten wir dich: ▶ S. 501

An Mariä Himmelfahrt:

Darum kommen wir vor dein Angesicht
und feiern in Gemeinschaft
mit der ganzen Kirche den Tag,
an dem die jungfräuliche Gottesmutter
in den Himmel aufgenommen wurde
von unserem Herrn Jesus Christus.
Durch ihn,
den Urheber und Vollender unseres Glaubens,
bitten wir dich: ▶ S. 501

An Allerheiligen:

Darum kommen wir vor dein Angesicht
und feiern in Gemeinschaft
mit der ganzen Kirche den Tag,
der dem Gedächtnis aller Heiligen geweiht ist,
die im Leben Christus nachfolgten
und im Sterben
von ihm die Krone der Herrlichkeit empfingen.
Durch ihn,
den Urheber und Vollender unseres Glaubens,
bitten wir dich:

Darum bitten wir dich:

Sende deinen Geist auf diese Gaben herab
und heilige sie,
damit sie uns werden Leib † und Blut
deines Sohnes, unseres Herrn Jesus Christus.

Denn am Abend,
an dem er ausgeliefert wurde
und sich aus freiem Willen
dem Leiden unterwarf,
nahm er das Brot und sagte Dank,
brach es,
reichte es seinen Jüngern und sprach:

NEHMET UND ESSET ALLE DAVON:
DAS IST MEIN LEIB,
DER FÜR EUCH HINGEGEBEN WIRD.

Ebenso nahm er nach dem Mahl den Kelch,
dankte wiederum,
reichte ihn seinen Jüngern und sprach:

NEHMET UND TRINKET ALLE DARAUS:
DAS IST DER KELCH
DES NEUEN UND EWIGEN BUNDES,

MEIN BLUT,
DAS FÜR EUCH
UND FÜR ALLE VERGOSSEN WIRD
ZUR VERGEBUNG DER SÜNDEN.
TUT DIES ZU MEINEM GEDÄCHTNIS.

Geheimnis des Glaubens:

G: Deinen Tod, o Herr,
verkünden wir
und deine Auferstehung
preisen wir,
bis du kommst in
Herrlichkeit.

G: Mortem tuam
annuntiámus,
Dómine,
et tuam resurrec-
tiónem confitémur,
donec vénias.

P: Darum, gütiger Vater,
feiern wir das Gedächtnis
des Todes und der Auferstehung deines Sohnes
und bringen dir so das Brot des Lebens
und den Kelch des Heiles dar.
Wir danken dir, dass du uns berufen hast,
vor dir zu stehen und dir zu dienen.
Wir bitten dich:
Schenke uns Anteil an Christi Leib und Blut
und lass uns eins werden
durch den Heiligen Geist.

Gedenke deiner Kirche auf der ganzen Erde
und vollende dein Volk in der Liebe,
vereint mit unserem Papst N.,
unserem Bischof N. und allen Bischöfen,
unseren Priestern und Diakonen
und mit allen,
die zum Dienst in der Kirche bestellt sind. ▶ S. 503

(An bestimmten Tagen und bei verschiedenen Anlässen kann hier eine besondere Bitte angefügt werden.)

Von der Osternacht bis zum Weißen Sonntag:

Gedenke auch jener, die an diesem Osterfest
aus dem Wasser und dem Heiligen Geist
zum neuen Leben geboren wurden,
denen du alle Sünden vergeben hast. ▶ unten

(In einer Messe für Verstorbene kann der Priester hier einfügen:)

Erbarme dich
unseres Bruders N. (unserer Schwester N.),
den (die) du aus dieser Welt zu dir gerufen hast.
Durch die Taufe gehört er (sie) Christus an,
ihm ist er (sie) gleichgeworden im Tod:
lass ihn (sie) mit Christus zum Leben auferstehen.

Gedenke (aller) unserer Brüder und Schwestern,
die entschlafen sind in der Hoffnung,
dass sie auferstehen.
Nimm sie
und alle, die in deiner Gnade
aus dieser Welt geschieden sind,
in dein Reich auf,
wo sie dich schauen
von Angesicht zu Angesicht.

Vater, erbarme dich über uns alle,
damit uns das ewige Leben zuteil wird
in der Gemeinschaft mit der seligen
Jungfrau und Gottesmutter Maria,
mit deinen Aposteln
und mit allen,
die bei dir Gnade gefunden haben
von Anbeginn der Welt,
dass wir dich loben und preisen
durch deinen Sohn Jesus Christus.

DURCH IHN UND MIT IHM UND IN IHM IST DIR,
GOTT, ALLMÄCHTIGER VATER, IN DER EINHEIT DES
HEILIGEN GEISTES ALLE HERRLICHKEIT UND EHRE
JETZT UND IN EWIGKEIT.

G: Amen.

(Fortsetzung: Gebet des Herrn – siehe S. 531 f.)

DRITTES HOCHGEBET

(Der Priester breitet die Hände aus und spricht:)

P: Ja, du bist heilig, großer Gott,
und alle deine Werke verkünden dein Lob.
Denn durch deinen Sohn,
unseren Herrn Jesus Christus,
und in der Kraft des Heiligen Geistes
erfüllst du die ganze Schöpfung
mit Leben und Gnade.
Bis ans Ende der Zeiten
versammelst du dir ein Volk,
damit deinem Namen
das reine Opfer dargebracht werde
vom Aufgang der Sonne bis zum Untergang. ► S. 508

(Hier kann an bestimmten Tagen das Festgeheimnis erwähnt werden.)

An Sonntagen:

Darum kommen wir vor dein Angesicht
und feiern in Gemeinschaft mit der ganzen Kirche
den ersten Tag der Woche als den Tag,
an dem Christus von den Toten erstanden ist.
Durch ihn, den du zu deiner Rechten erhöht hast,
bitten wir dich, allmächtiger Gott: ► S. 508

An Mariä Empfängnis:

Darum kommen wir vor dein Angesicht
und feiern in Gemeinschaft
mit der ganzen Kirche den Tag,
an dem Maria ohne Erbschuld empfangen wurde,
da sie auserwählt war,
die Mutter des Erlösers zu werden.
Durch ihn, der unsere Sünden hinwegnimmt,
bitten wir dich, allmächtiger Gott: ▸ S. 508

Von Weihnachten bis Neujahr:

Darum kommen wir vor dein Angesicht
und feiern in Gemeinschaft mit der ganzen Kirche
(die hochheilige Nacht) den hochheiligen Tag,
(in der) an dem Maria
in unversehrter Jungfräulichkeit
der Welt den Erlöser geboren hat.
Durch ihn, unseren Retter und Herrn,
bitten wir dich, allmächtiger Gott: ▸ S. 508

An Erscheinung des Herrn:

Darum kommen wir vor dein Angesicht
und feiern in Gemeinschaft mit der ganzen Kirche
den hochheiligen Tag,
an dem dein eingeborener Sohn,
dir gleich in ewiger Herrlichkeit,
als wahrer Mensch
leibhaft und sichtbar erschienen ist.
Durch ihn, unseren Erlöser und Heiland,
bitten wir dich, allmächtiger Gott: ▸ S. 508

An Lichtmess:

Darum kommen wir vor dein Angesicht
und feiern in Gemeinschaft
mit der ganzen Kirche den Tag,

an dem dein eingeborener Sohn
im Tempel dargestellt wurde.
Durch ihn, das Licht von deinem Licht,
bitten wir dich, allmächtiger Gott: ▶ S. 508

An Verkündigung des Herrn:

Darum kommen wir vor dein Angesicht
und feiern in Gemeinschaft
mit der ganzen Kirche den Tag,
an dem Maria deinen ewigen Sohn
durch den Heiligen Geist empfangen hat.
Durch ihn, der zu unserem Heil
Mensch geworden ist,
bitten wir dich, allmächtiger Gott: ▶ S. 508

Am Gründonnerstag:

Darum kommen wir vor dein Angesicht
und feiern in Gemeinschaft
mit der ganzen Kirche
den Tag, an dem unser Herr Jesus Christus
sich für uns hingegeben hat.
Durch ihn, unseren Erlöser und Heiland,
den du verherrlicht hast,
bitten wir dich, allmächtiger Gott: ▶ S. 508

Von der Osternacht bis zum Weißen Sonntag:

Darum kommen wir vor dein Angesicht
und feiern in Gemeinschaft
mit der ganzen Kirche
das Hochfest
der Auferstehung unseres Herrn Jesus Christus.
Durch ihn, der zu deiner Rechten erhöht ist,
bitten wir dich, allmächtiger Gott: ▶ S. 508

An Christi Himmelfahrt:

Darum kommen wir vor dein Angesicht
und feiern in Gemeinschaft
mit der ganzen Kirche den Tag,
an dem unser Herr Jesus Christus,
dein eingeborener Sohn,
unsere schwache,
mit seiner Gottheit vereinte Menschennatur
zu deiner Rechten erhoben hat.
Durch ihn bitten wir dich,
allmächtiger Gott: ▶ S. 508

Am Pfingsttag:

Darum kommen wir vor dein Angesicht
und feiern in Gemeinschaft mit der ganzen Kirche
das hohe Pfingstfest,
an dem der Heilige Geist
in Feuerzungen auf die Jünger herabkam.
Und wir bitten dich, allmächtiger Gott: ▶ S. 508

An Johannes' Geburt:

Darum kommen wir vor dein Angesicht
und feiern in Gemeinschaft
mit der ganzen Kirche den Tag,
an dem Johannes geboren wurde,
der Christus voranging,
um ihm den Weg zu bereiten,
dem Erlöser der Welt.
Durch ihn,
der nach Johannes kam und doch vor ihm war,
bitten wir dich, allmächtiger Gott: ▶ S. 508

An Mariä Himmelfahrt:

Darum kommen wir vor dein Angesicht
und feiern in Gemeinschaft

mit der ganzen Kirche den Tag,
an dem die jungfräuliche Gottesmutter
in den Himmel aufgenommen wurde
von unserem Herrn Jesus Christus.
Durch ihn,
den Urheber und Vollender unseres Glaubens,
bitten wir dich, allmächtiger Gott: ▶ unten

An Allerheiligen:

Darum kommen wir vor dein Angesicht
und feiern in Gemeinschaft
mit der ganzen Kirche den Tag,
der dem Gedächtnis aller Heiligen geweiht ist,
die im Leben Christus nachfolgten
und im Sterben
von ihm die Krone der Herrlichkeit empfingen.
Durch ihn,
den Urheber und Vollender unseres Glaubens,
bitten wir dich, allmächtiger Gott:

Darum bitten wir dich,
allmächtiger Gott:

Heilige unsere Gaben durch deinen Geist,
damit sie uns werden Leib † und Blut
deines Sohnes, unseres Herrn Jesus Christus,
der uns aufgetragen hat,
dieses Geheimnis zu feiern.

Denn in der Nacht, da er verraten wurde,
nahm er das Brot und sagte Dank,
brach es,
reichte es seinen Jüngern und sprach:

NEHMET UND ESSET ALLE DAVON:
DAS IST MEIN LEIB,
DER FÜR EUCH HINGEGEBEN WIRD.

Ebenso nahm er nach dem Mahl den Kelch,
dankte wiederum,
reichte ihn seinen Jüngern und sprach:

NEHMET UND TRINKET ALLE DARAUS:
DAS IST DER KELCH
DES NEUEN UND EWIGEN BUNDES,
MEIN BLUT,
DAS FÜR EUCH
UND FÜR ALLE VERGOSSEN WIRD
ZUR VERGEBUNG DER SÜNDEN.
TUT DIES ZU MEINEM GEDÄCHTNIS.

Geheimnis des Glaubens:

G: Deinen Tod, o Herr,
verkünden wir
und deine Auferstehung
preisen wir,
bis du kommst in
Herrlichkeit.

G: Mortem tuam
annuntiámus,
Dómine,
et tuam resurrec-
tiónem confitémur,
donec vénias.

P: Darum, gütiger Vater,
feiern wir das Gedächtnis deines Sohnes.
Wir verkünden sein heilbringendes Leiden,
seine glorreiche Auferstehung
und Himmelfahrt
und erwarten seine Wiederkunft.
So bringen wir dir mit Lob und Dank
dieses heilige und lebendige Opfer dar.
Schau gütig auf die Gabe deiner Kirche.
Denn sie stellt dir
das Lamm vor Augen,
das geopfert wurde
und uns nach deinem Willen
mit dir versöhnt hat.
Stärke uns durch den Leib und das Blut
deines Sohnes

und erfülle uns mit seinem Heiligen Geist,
damit wir *ein* Leib und *ein* Geist werden
in Christus.

Er mache uns auf immer
zu einer Gabe, die dir wohlgefällt,
damit wir das verheißene Erbe erlangen
mit deinen Auserwählten,
mit der seligen Jungfrau
und Gottesmutter Maria,
mit deinen Aposteln und Märtyrern
(mit dem – der – heiligen N.:

Tagesheiliger oder Patron)

und mit allen Heiligen,
auf deren Fürsprache wir vertrauen.

Barmherziger Gott, wir bitten dich:
Dieses Opfer unserer Versöhnung
bringe der ganzen Welt Frieden und Heil.
Beschütze deine Kirche
auf ihrem Weg durch die Zeit
und stärke sie im Glauben und in der Liebe:
deinen Diener, unseren Papst N.,
unseren Bischof N.
und die Gemeinschaft der Bischöfe,
unsere Priester und Diakone,
alle, die zum Dienst in der Kirche bestellt sind,
und das ganze Volk deiner Erlösten. ► S. 511

(An bestimmten Tagen und bei verschiedenen Anlässen kann hier eine besondere Bitte eingefügt werden.)

Von der Osternacht bis zum Weißen Sonntag:

Gedenke auch jener, die an diesem Osterfest
aus dem Wasser und dem Heiligen Geist

zum neuen Leben geboren wurden,
denen du alle Sünden vergeben hast.

Erhöre, gütiger Vater,
die Gebete der hier versammelten Gemeinde
und führe zu dir
auch alle deine Söhne und Töchter,
die noch fern sind von dir.

(In einer Messe für Verstorbene kann der Priester hier einfügen:)

Erbarme dich unseres Bruders N.
(unserer Schwester N.),
den (die) du aus dieser Welt zu dir gerufen hast.
Durch die Taufe gehört er (sie) Christus an,
ihm ist er (sie) gleichgeworden im Tod:
gib ihm (ihr) auch Anteil an der Auferstehung,
wenn Christus die Toten auferweckt
und unseren irdischen Leib
seinem verklärten Leib ähnlich macht.

Erbarme dich (aller) unserer
verstorbenen Brüder und Schwestern
und aller, die in deiner Gnade
aus dieser Welt geschieden sind.
Nimm sie auf in deine Herrlichkeit.
Und mit ihnen lass auch uns,
wie du verheißen hast,
zu Tische sitzen in deinem Reich.

(In einer Messe für Verstorbene:)

Dann wirst du alle Tränen trocknen.
Wir werden dich, unseren Gott,
schauen, wie du bist,
dir ähnlich sein auf ewig
und dein Lob singen ohne Ende.

Darum bitten wir dich
durch unseren Herrn Jesus Christus.
Denn durch ihn
schenkst du der Welt alle guten Gaben.

DURCH IHN UND MIT IHM UND IN IHM IST DIR, GOTT, ALLMÄCHTIGER VATER, IN DER EINHEIT DES HEILIGEN GEISTES ALLE HERRLICHKEIT UND EHRE JETZT UND IN EWIGKEIT.

G: Amen.

(Fortsetzung: Gebet des Herrn – siehe S. 531 f.)

VIERTES HOCHGEBET

P: Der Herr sei mit euch.
G: Und mit deinem Geiste.
P: Erhebet die Herzen.
G: Wir haben sie beim Herrn.
P: Lasset uns danken
dem Herrn, unserm Gott.
G: Das ist würdig und recht.

P: Dóminus vobíscum.
G: Et cum spíritu tuo.
P: Sursum corda.
G: Habémus ad Dóminum.
P: Grátias agámus
Dómino Deo nostro.
G: Dignum et iustum est.

P: In Wahrheit ist es würdig,
dir zu danken, heiliger Vater.
Es ist recht, dich zu preisen.
Denn du allein bist der lebendige und wahre Gott.
Du bist vor den Zeiten und lebst in Ewigkeit.
Du wohnst in unzugänglichem Lichte.
Alles hast du erschaffen,
denn du bist die Liebe
und der Ursprung des Lebens.
Du erfüllst deine Geschöpfe mit Segen
und erfreust sie alle
mit dem Glanz deines Lichtes.
Vor dir stehen die Scharen der Engel

und schauen dein Angesicht.
Sie dienen dir Tag und Nacht,
nie endet ihr Lobgesang.
Mit ihnen preisen auch wir deinen Namen,
durch unseren Mund rühmen dich alle Geschöpfe
und künden voll Freude
das Lob deiner Herrlichkeit:

A: Heilig, heilig, heilig
Gott, Herr aller Mächte
und Gewalten.
Erfüllt sind Himmel und Erde
von deiner Herrlichkeit.
Hosanna in der Höhe.
Hochgelobt sei, der da kommt
im Namen des Herrn.
Hosanna in der Höhe.

A: Sanctus, Sanctus,
Sanctus Dóminus Deus
Sábaoth.
Pleni sunt caeli et terra
glória tua.
Hosánna in excélsis.
Benedíctus qui venit
in nómine Dómini.
Hosánna in excélsis.

P: Wir preisen dich, heiliger Vater,
denn groß bist du
und alle deine Werke
künden deine Weisheit und Liebe.

Den Menschen hast du
nach deinem Bild geschaffen
und ihm die Sorge für die ganze Welt anvertraut.
Über alle Geschöpfe sollte er herrschen
und allein dir, seinem Schöpfer, dienen.

Als er im Ungehorsam deine Freundschaft verlor
und der Macht des Todes verfiel,
hast du ihn dennoch nicht verlassen,
sondern voll Erbarmen allen geholfen,
dich zu suchen und zu finden.

Immer wieder hast du den Menschen
deinen Bund angeboten
und sie durch die Propheten gelehrt,
das Heil zu erwarten.

So sehr hast du die Welt geliebt,
heiliger Vater,
dass du deinen eingeborenen Sohn
als Retter gesandt hast,
nachdem die Fülle der Zeiten gekommen war.

Er ist Mensch geworden
durch den Heiligen Geist,
geboren von der Jungfrau Maria.
Er hat wie wir als Mensch gelebt,
in allem uns gleich außer der Sünde.

Den Armen verkündete er
die Botschaft vom Heil,
den Gefangenen Freiheit,
den Trauernden Freude.

Um deinen Ratschluss zu erfüllen,
hat er sich dem Tod überliefert,
durch seine Auferstehung
den Tod bezwungen
und das Leben neu geschaffen.

Damit wir nicht mehr uns selber leben,
sondern ihm,
der für uns gestorben und auferstanden ist,
hat er von dir, Vater,
als erste Gabe für alle, die glauben,
den Heiligen Geist gesandt,
der das Werk deines Sohnes
auf Erden weiterführt
und alle Heiligung vollendet.

So bitten wir dich, Vater:
der Geist heilige diese Gaben,
damit sie uns werden Leib † und Blut
unseres Herrn Jesus Christus,
der uns die Feier dieses Geheimnisses

aufgetragen hat
als Zeichen des ewigen Bundes.

Da er die Seinen liebte,
die in der Welt waren,
liebte er sie bis zur Vollendung.
Und als die Stunde kam,
da er von dir verherrlicht werden sollte,
nahm er beim Mahl das Brot
und sagte Dank,
brach das Brot,
reichte es seinen Jüngern und sprach:

NEHMET UND ESSET ALLE DAVON:
DAS IST MEIN LEIB,
DER FÜR EUCH HINGEGEBEN WIRD.

Ebenso nahm er den Kelch mit Wein,
dankte wiederum,
reichte den Kelch seinen Jüngern
und sprach:

NEHMET UND TRINKET ALLE DARAUS:
DAS IST DER KELCH
DES NEUEN UND EWIGEN BUNDES,
MEIN BLUT,
DAS FÜR EUCH
UND FÜR ALLE VERGOSSEN WIRD
ZUR VERGEBUNG DER SÜNDEN.
TUT DIES ZU MEINEM GEDÄCHTNIS.

Geheimnis des Glaubens:

G: Deinen Tod, o Herr,
verkünden wir
und deine Auferstehung
preisen wir,
bis du kommst in
Herrlichkeit.

G: Mortem tuam
annuntiámus,
Dómine,
et tuam resurrec-
tiónem confitémur,
donec vénias.

P: Darum, gütiger Vater,
feiern wir das Gedächtnis unserer Erlösung.
Wir verkünden den Tod deines Sohnes
und sein Hinabsteigen zu den Vätern,
bekennen seine Auferstehung
und Himmelfahrt
und erwarten sein Kommen in Herrlichkeit.
So bringen wir dir seinen Leib und sein Blut dar,
das Opfer, das dir wohlgefällt
und der ganzen Welt Heil bringt.

Sieh her auf die Opfergabe,
die du selber deiner Kirche bereitet hast,
und gib, dass alle, die Anteil erhalten
an dem *einen* Brot und dem *einen* Kelch,
ein Leib werden im Heiligen Geist,
eine lebendige Opfergabe in Christus
zum Lob deiner Herrlichkeit.

Herr, gedenke aller, für deren Heil
wir das Opfer darbringen.
Wir bitten dich für unseren Papst N.,
unseren Bischof N.
und die Gemeinschaft der Bischöfe,
für unsere Priester und Diakone
und für alle,
die zum Dienst in der Kirche bestellt sind,
für alle, die ihre Gaben spenden,
für die hier versammelte Gemeinde,
für dein ganzes Volk
und für alle Menschen,
die mit lauterem Herzen dich suchen.

Wir empfehlen dir auch jene,
die im Frieden Christi heimgegangen sind,
und alle Verstorbenen,
um deren Glauben niemand weiß als du.

Gütiger Vater,
gedenke, dass wir deine Kinder sind,
und schenke uns allen das Erbe des Himmels
in Gemeinschaft mit der seligen Jungfrau
und Gottesmutter Maria,
mit deinen Aposteln und mit allen Heiligen.
Und wenn die ganze Schöpfung
von der Verderbnis der Sünde
und des Todes befreit ist,
lass uns zusammen mit ihr dich verherrlichen
in deinem Reich
durch unseren Herrn Jesus Christus.
Denn durch ihn
schenkst du der Welt alle guten Gaben.

DURCH IHN UND MIT IHM UND IN IHM IST DIR, GOTT, ALLMÄCHTIGER VATER, IN DER EINHEIT DES HEILIGEN GEISTES ALLE HERRLICHKEIT UND EHRE JETZT UND IN EWIGKEIT.

G: Amen.

(Fortsetzung: Gebet des Herrn – siehe S. 531 f.)

VOTIVHOCHGEBET „VERSÖHNUNG“

Der Bund des Friedens

PRÄFATION

P: Der Herr sei mit euch.
G: Und mit deinem Geiste.
P: Erhebet die Herzen.
G: Wir haben sie beim Herrn.
P: Lasset uns danken dem Herrn, unserm Gott.
G: Das ist würdig und recht.

P: Wir danken dir, Gott, allmächtiger Vater,
und preisen dich
für dein Wirken in dieser Welt
durch unseren Herrn Jesus Christus:
Denn inmitten einer Menschheit,
die gespalten und zerrissen ist,
erfahren wir,
dass du Bereitschaft zur Versöhnung schenkst.
Dein Geist bewegt die Herzen,
wenn Feinde wieder miteinander sprechen,
Gegner sich die Hände reichen
und Völker einen Weg zueinander suchen.
Dein Werk ist es,
wenn der Wille zum Frieden den Streit beendet,
Verzeihung den Hass überwindet
und Rache der Vergebung weicht.

Darum können wir nicht aufhören,
dir zu danken und dich zu preisen.
Wir stimmen ein
in den Lobgesang der Chöre des Himmels,
die ohne Ende rufen:

A: Heilig, heilig, heilig
Gott, Herr aller Mächte und Gewalten.
Erfüllt sind Himmel und Erde
von deiner Herrlichkeit.
Hosanna in der Höhe.
Hochgelobt sei,
der da kommt im Namen des Herrn.
Hosanna in der Höhe.

P: Herr aller Mächte und Gewalten,
gepriesen bist du
in deinem Sohn Jesus Christus,
der in deinem Namen gekommen ist.
Er ist dein rettendes Wort für uns Menschen.

Er ist die Hand,
die du den Sündern entgegenstreckst.
Er ist der Weg,
auf dem dein Friede zu uns kommt.

Gott, unser Vater,
als wir Menschen
uns von dir abgewandt hatten,
hast du uns durch deinen Sohn zurückgeholt.
Du hast ihn in den Tod gegeben,
damit wir zu dir und zueinander finden.

Darum feiern wir die Versöhnung,
die Christus uns erwirkt hat,
und bitten dich:

Heilige diese Gaben durch deinen Geist,
da wir nun den Auftrag
deines † Sohnes erfüllen.

Denn bevor er sein Leben hingab,
um uns zu befreien,
nahm er beim Mahl das Brot in seine Hände,
dankte dir, brach es,
reichte es seinen Jüngern und sprach:

NEHMET UND ESSET ALLE DAVON:
DAS IST MEIN LEIB,
DER FÜR EUCH HINGEGEBEN WIRD.

Ebenso nahm er an jenem Abend
den Kelch in seine Hände,
pries dein Erbarmen,
reichte den Kelch seinen Jüngern und sprach:

NEHMET UND TRINKET ALLE DARAUS:
DAS IST DER KELCH
DES NEUEN UND EWIGEN BUNDES,
MEIN BLUT, DAS FÜR EUCH

UND FÜR ALLE VERGOSSEN WIRD
ZUR VERGEBUNG DER SÜNDEN.
TUT DIES ZU MEINEM GEDÄCHTNIS.

Geheimnis des Glaubens:

G: Deinen Tod, o Herr, verkünden wir
und deine Auferstehung preisen wir,
bis du kommst in Herrlichkeit.

P: Herr, unser Gott.
Dein Sohn hat uns dieses Vermächtnis
seiner Liebe anvertraut.
In der Gedächtnisfeier
seines Todes und seiner Auferstehung
bringen wir dar,
was du uns gegeben hast:
das Opfer der Versöhnung.
Wir bitten dich,
nimm auch uns an in deinem Sohn
und schenke uns in diesem Mahl den Geist,
den er verheißen hat,
den Geist der Einheit,
der wegnimmt, was trennt,
und der uns zusammenhält in der Gemeinschaft
mit unserem Papst N.,
unserem Bischof N.,
mit allen Bischöfen
und mit deinem ganzen Volk.

Mach deine Kirche zum Zeichen der Einheit
unter den Menschen
und zum Werkzeug deines Friedens.

Wie du uns hier am Tisch deines Sohnes
versammelt hast,
in Gemeinschaft mit der seligen Jungfrau
und Gottesmutter Maria

und allen Heiligen,
so sammle die Menschen
aller Rassen und Sprachen,
aller Schichten und Gruppen
zum Gastmahl der ewigen Versöhnung
in der neuen Welt
deines immerwährenden Friedens
durch unseren Herrn Jesus Christus.

DURCH IHN UND MIT IHM UND IN IHM
IST DIR, GOTT, ALLMÄCHTIGER VATER,
IN DER EINHEIT DES HEILIGEN GEISTES
ALLE HERRLICHKEIT UND EHRE
JETZT UND IN EWIGKEIT.

G: Amen.

(Fortsetzung: Gebet des Herrn – siehe S. 531 f.)

HOCHGEBET FÜR MESSEN FÜR BESONDERE ANLIEGEN

PRÄFATION I

Die Kirche auf dem Weg zur Einheit

P: Der Herr sei mit euch.
G: Und mit deinem Geiste.
P: Erhebet die Herzen.
G: Wir haben sie beim Herrn.
P: Lasset uns danken dem Herrn, unserm Gott.
G: Das ist würdig und recht.

P: Wir danken dir, gütiger Vater,
und preisen dich,
denn durch die Frohe Botschaft deines Sohnes
hast du Menschen
aus allen Völkern und Sprachen

vereint in der Gemeinschaft der Kirche.
Durch sie,
die aus der Kraft deines Geistes lebt,
führst du alle Menschen zur Einheit.
So bezeugt die Kirche deine Liebe
und schenkt allen
die Hoffnung auf ewige Vollendung.
Sie wird zum Zeichen deiner Treue,
die du uns für immer versprochen hast
in unserem Herrn Jesus Christus.

Darum rühmen dich Himmel und Erde
und mit der ganzen Kirche
singen wir das Lob deiner Herrlichkeit:

A: Heilig, heilig, heilig
Gott, Herr aller Mächte und Gewalten.
Erfüllt sind Himmel und Erde
von deiner Herrlichkeit.
Hosanna in der Höhe.
Hochgelobt sei,
der da kommt im Namen des Herrn.
Hosanna in der Höhe. ► S. 525

PRÄFATION II

Gott führt die Kirche

P: Der Herr sei mit euch.
G: Und mit deinem Geiste.
P: Erhebet die Herzen.
G: Wir haben sie beim Herrn.
P: Lasset uns danken dem Herrn, unserm Gott.
G: Das ist würdig und recht.

P: Wir danken dir, Gott, unser Vater,
und preisen dich,
denn du hast uns ins Leben gerufen.

Du lässt uns niemals allein auf unserm Weg
und bist immer da für uns.
Einst hast du Israel, dein Volk,
mit starker Hand
durch die weglose Wüste geleitet.
Heute führst du deine pilgernde Kirche
in der Kraft des Heiligen Geistes.
Du bahnst ihr den Weg durch diese Zeit
in die ewige Freude deines Reiches
durch unseren Herrn Jesus Christus.

Darum singen wir mit allen Engeln und Heiligen
das Lob deiner Herrlichkeit:

A: Heilig, heilig, heilig
Gott, Herr aller Mächte und Gewalten.
Erfüllt sind Himmel und Erde
von deiner Herrlichkeit.
Hosanna in der Höhe.
Hochgelobt sei,
der da kommt im Namen des Herrn.
Hosanna in der Höhe. ▶ S. 525

PRÄFATION III

Jesus, unser Weg

P: Der Herr sei mit euch.
G: Und mit deinem Geiste.
P: Erhebet die Herzen.
G: Wir haben sie beim Herrn.
P: Lasset uns danken dem Herrn, unserm Gott.
G: Das ist würdig und recht.

P: Wir danken dir, Vater,
Herr des Himmels und der Erde,
und preisen dich
durch unseren Herrn Jesus Christus.

Durch ihn, dein Wort,
hast du die Welt geschaffen
und lenkst sie in deiner Weisheit.
Ihn, deinen menschgewordenen Sohn,
hast du uns zum Mittler gegeben.
Er hat deine Botschaft verkündet
und uns gerufen, ihm zu folgen.
Er hat uns erlöst durch sein Kreuz
und mit deinem Geiste besiegelt.
Er ist der Weg, der uns zu dir führt,
er ist die Wahrheit, die uns frei macht;
er ist das Leben
und erfüllt uns mit Freude.
Durch ihn
führst du deine Söhne und Töchter
zusammen zu einer einzigen Familie.
Darum rühmen wir jetzt und in Ewigkeit
dein Erbarmen
und singen mit den Chören der Engel
das Lob deiner Herrlichkeit:

A: Heilig, heilig, heilig
Gott, Herr aller Mächte und Gewalten.
Erfüllt sind Himmel und Erde
von deiner Herrlichkeit.
Hosanna in der Höhe.
Hochgelobt sei,
der da kommt im Namen des Herrn.
Hosanna in der Höhe. ▶ S. 525

PRÄFATION IV

Jesus, der Bruder aller

P: Der Herr sei mit euch.
G: Und mit deinem Geiste.
P: Erhebet die Herzen.

G: Wir haben sie beim Herrn.
P: Lasset uns danken dem Herrn, unserm Gott.
G: Das ist würdig und recht.

P: Wir danken dir,
treuer Gott und barmherziger Vater,
für deinen Sohn Jesus Christus,
unseren Herrn und Erlöser.
Er hatte ein Herz
für die Armen und die Kranken,
die Ausgestoßenen und die Sünder.
Den Bedrängten und den Verzweifelten
war er ein Bruder.
Sein Leben und seine Botschaft lehren uns,
dass du für deine Kinder sorgst
wie ein guter Vater
und eine liebende Mutter.

Darum rühmen wir deine Güte und Treue
und singen mit allen Engeln und Heiligen
das Lob deiner Herrlichkeit:

A: Heilig, heilig, heilig
Gott, Herr aller Mächte und Gewalten.
Erfüllt sind Himmel und Erde
von deiner Herrlichkeit.
Hosanna in der Höhe.
Hochgelobt sei,
der da kommt im Namen des Herrn.
Hosanna in der Höhe.

P: Ja, du bist heilig, großer Gott.
Du liebst die Menschen
und bist ihnen nahe.
Gepriesen sei dein Sohn,
der immer mit uns auf dem Weg ist
und uns um sich versammelt

zum Mahl der Liebe.
Wie den Jüngern (von Emmaus)
deutet er uns die Schrift
und bricht das Brot für uns.

So bitten wir dich, gütiger Vater:
Sende deinen Heiligen Geist
über die Gaben von Brot und Wein.
Er heilige sie,
damit sie uns werden Leib † und Blut
unseres Herrn Jesus Christus.

Am Abend vor seinem Leiden
nahm er beim Mahl das Brot
und sagte dir Dank,
brach das Brot,
reichte es seinen Jüngern
und sprach:

NEHMET UND ESSET ALLE DAVON:
DAS IST MEIN LEIB,
DER FÜR EUCH HINGEGEBEN WIRD.

Ebenso nahm er nach dem Mahl den Kelch,
dankte wiederum,
reichte ihn seinen Jüngern
und sprach:

NEHMET UND TRINKET ALLE DARAUS:
DAS IST DER KELCH
DES NEUEN UND EWIGEN BUNDES,
MEIN BLUT, DAS FÜR EUCH
UND FÜR ALLE VERGOSSEN WIRD
ZUR VERGEBUNG DER SÜNDEN.
TUT DIES ZU MEINEM GEDÄCHTNIS.

Geheimnis des Glaubens:

G: Deinen Tod, o Herr, verkünden wir
und deine Auferstehung preisen wir,
bis du kommst in Herrlichkeit.

P: Darum, gütiger Vater,
feiern wir das Gedächtnis deines Sohnes,
der uns erlöst hat.
Durch sein Leiden
und seinen Tod am Kreuz
hast du ihn zur Herrlichkeit
der Auferstehung geführt
und ihn erhöht zu deiner Rechten.
Wir verkünden dieses Werk deiner Liebe,
bis er wiederkommt,
und bringen dir das Brot des Lebens
und den Kelch des Segens dar.

Wir feiern das Opfer Christi,
das er uns anvertraut hat.
Er hat sich für uns hingegeben
und schenkt uns Anteil
an seinem Leib und Blut.
Wir bitten dich:
Schau gütig auf die Gabe deiner Kirche
und gib, dass wir im Geist deiner Liebe
für immer verbunden bleiben
mit ihm und untereinander.

INTERZESSION I
(wenn Präfation I gewählt wurde)

Barmherziger Gott,
erleuchte deine Kirche
(in unserem Land

und auf der ganzen Erde)
und erneuere sie durch das Evangelium.
Festige das Band der Einheit
zwischen den Gläubigen und ihren Hirten,
in der Gemeinschaft mit unserem Papst N.,
unserem Bischof N.
und allen Bischöfen.
Mache dein Volk
in unserer zerrissenen Welt
zum Werkzeug der Einheit
und des Friedens. ► S. 530

INTERZESSION II
(wenn Präfation II gewählt wurde)

Barmherziger Gott,
durch die Teilnahme an diesem Mahl
stärke uns in der Einheit.
Lass uns
in Gemeinschaft mit unserem Papst N.
und unserem Bischof N.,
mit allen Bischöfen, Priestern und Diakonen
und mit deinem ganzen Volk
in Vertrauen und Hoffnung
deine Wege gehen
und für alle
eine Quelle der Freude
und Zuversicht sein. ► S. 530

INTERZESSION III
(wenn Präfation III gewählt wurde)

Barmherziger Gott,
schenke uns

durch die Teilnahme an dieser Feier
den Geist, der uns mit Leben erfüllt.
Erneuere uns
nach dem Bild deines Sohnes.
Stärke unsere Einheit
mit deinem ganzen Volk,
mit unserem Papst N.
und unserem Bischof N.,
mit allen Bischöfen, Priestern und Diakonen
und mit allen Männern und Frauen,
die zu einem Dienst in der Kirche bestellt sind.
Lass die Gläubigen
die Zeichen der Zeit verstehen
und sich mit ganzer Kraft
für das Evangelium einsetzen.
Mache uns offen für das,
was die Menschen bewegt,
dass wir ihre Trauer und Angst,
ihre Freude und Hoffnung teilen
und als treue Zeugen der Frohen Botschaft
mit ihnen dir entgegengehen. ▶ S. 530

INTERZESSION IV
(wenn Präfation IV gewählt wurde)

Barmherziger Gott,
vollende deine Kirche im Glauben
und in der Liebe:
unseren Papst N. und unseren Bischof N.,
alle Bischöfe, Priester und Diakone
und das ganze Volk,
das du dir erworben hast.
Öffne unsere Augen für jede Not.
Gib uns das rechte Wort,
wenn Menschen Trost und Rat suchen.

Hilf uns zur rechten Tat,
wo Menschen uns brauchen.
Lass uns denken und handeln
nach dem Wort und Beispiel Christi.
Mache deine Kirche
zu einem Ort der Wahrheit
und der Freiheit,
des Friedens und der Gerechtigkeit,
damit die Menschen
neue Hoffnung schöpfen.

Vater, erbarme dich
unserer Brüder und Schwestern (N. und N.),
die im Frieden Christi heimgegangen sind,
und aller Verstorbenen,
deren Glauben du allein kennst.

Lass sie dein Angesicht schauen
und schenke ihnen das Leben in Fülle.
Wenn unser eigener Weg zu Ende geht,
nimm auch uns für immer bei dir auf,
und lass uns
zusammen mit der seligen Jungfrau
und Gottesmutter Maria,
mit den Aposteln und den Märtyrern
(mit dem/der heiligen N.,
mit den heiligen N. und N.)
und mit allen Heiligen
dich loben und preisen
durch unseren Herrn Jesus Christus.

DURCH IHN UND MIT IHM UND IN IHM IST DIR, GOTT, ALLMÄCHTIGER VATER, IN DER EINHEIT DES HEILIGEN GEISTES ALLE HERRLICHKEIT UND EHRE JETZT UND IN EWIGKEIT.

G: Amen.

KOMMUNION

GEBET DES HERRN

(Der Priester lädt zum Gebet des Herrn ein:)

P: Dem Wort unseres Herrn und Erlösers gehorsam und getreu seiner göttlichen Weisung wagen wir zu sprechen:

P: Praecéptis salutáribus móniti, et divína institutióne formáti, audémus dícere:

Oder:

P: Lasset uns beten, wie der Herr uns zu beten gelehrt hat:

Oder:

P: Wir heißen Kinder Gottes und sind es. Darum beten wir voll Vertrauen:

Oder:

P: Wir haben den Geist empfangen, der uns zu Kindern Gottes macht. Darum wagen wir zu sprechen:

(Priester und Gemeinde singen oder sprechen gemeinsam:)

A: Vater unser
im Himmel,
geheiligt werde dein
Name.
Dein Reich komme.
Dein Wille geschehe, wie
im Himmel so auf Erden.
Unser tägliches Brot
gib uns heute.
Und vergib uns
unsere Schuld,

A: Pater noster,
qui es in caelis:
sanctificétur nomen
tuum;
advéniat regnum tuum;
fiat volúntas tua,
sicut in caelo, et in terra.
Panem nostrum cotidiá-
num da nobis hódie;
et dimítte nobis
débita nostra,

wie auch wir vergeben
unsern Schuldigern.
Und führe uns nicht in
Versuchung,
sondern erlöse uns
von dem Bösen.

sicut et nos dimíttimus
debitóribus nostris;
et ne nos indúcas in
tentatiónem;
sed líbera nos
a malo.

(Der Priester singt oder spricht:)

P: Erlöse uns, Herr, allmächtiger Vater, von allem Bösen und gib Frieden in unseren Tagen. Komm uns zu Hilfe mit deinem Erbarmen und bewahre uns vor Verwirrung und Sünde, damit wir voll Zuversicht das Kommen unseres Erlösers Jesus Christus erwarten.

(Die Gemeinde beschließt das Gebet mit dem Ruf:)

G: Denn dein ist das Reich
und die Kraft
und die Herrlichkeit
in Ewigkeit. Amen.

G: Quia tuum est regnum,
et potéstas,
et glória
in sáecula. Amen.

FRIEDENSGEBET

(Der Priester lädt nun mit folgenden oder ähnlichen Worten zum Friedensgebet ein:)

P: Der Herr hat zu seinen Aposteln gesagt:
Frieden hinterlasse ich euch,
meinen Frieden gebe ich euch.
Deshalb bitten wir: ▸ S. 533

In der Weihnachtszeit:

Als Christus geboren wurde,
verkündeten Engel den Frieden auf Erden.
Deshalb bitten wir:
Herr Jesus Christus, starker Gott, Friedensfürst,
▸ S. 533

In der Fastenzeit:

Christus ist unser Friede und unsere Versöhnung.
Deshalb bitten wir:
Herr Jesus Christus, ▶ unten

In der Osterzeit:

Am Ostertag trat Jesus in die Mitte seiner Jünger
und sprach den Friedensgruß.
Deshalb bitten wir:
Herr Jesus Christus,
du Sieger über Sünde und Tod, ▶ unten

Am Pfingsttag:

Unser Herr Jesus Christus
hat den Heiligen Geist gesandt,
damit er die Kirche aus allen Völkern
in Einheit und Liebe zusammenfüge.
Deshalb bitten wir:

Herr Jesus Christus,
schau nicht auf unsere Sünden,
sondern auf den Glauben deiner Kirche
und schenke ihr nach deinem Willen
Einheit und Frieden.

(Der Gemeinde zugewandt, breitet der Priester die Hände aus und singt oder spricht:)

P: Der Friede des Herrn
sei allezeit mit euch.
G: Und mit deinem Geiste.

P: Pax Dómini sit
semper vobíscum.
G: Et cum spíritu tuo.

(Der Diakon oder der Priester kann dazu auffordern, in einer den örtlichen Gewohnheiten entsprechenden Weise einander die Bereitschaft zu Frieden und Versöhnung zu bekunden, etwa:)

D/P: Gebt einander ein Zeichen
des Friedens und der Versöhnung.

BRECHUNG DES BROTES

(Der Priester bricht die Hostie über der Schale. Ein kleines Fragment der Hostie senkt er in den Kelch. Dabei spricht er leise:)

P: Das Sakrament des Leibes und Blutes Christi
schenke uns ewiges Leben.

(Inzwischen wird der Gesang zur Brechung – Agnus Dei – gesungen bzw. gesprochen:)

AGNUS DEI

A: Lamm Gottes, du nimmst hinweg die Sünde der Welt: erbarme dich unser.	A: Agnus Dei, qui tollis peccáta mundi: miserére nobis.
Lamm Gottes, du nimmst hinweg die Sünde der Welt: erbarme dich unser.	Agnus Dei, qui tollis peccáta mundi: miserére nobis.
Lamm Gottes, du nimmst hinweg die Sünde der Welt: gib uns deinen Frieden.	Agnus Dei, qui tollis peccáta mundi: dona nobis pacem.

(Falls die Brechung länger andauert, kann der Ruf öfter wiederholt werden. Der letzte Ruf schließt: „Gib uns deinen Frieden“ bzw. „Dona nobis pacem“.)

STILLES GEBET VOR DER KOMMUNION

(Der Priester faltet die Hände und spricht leise:)

P: Herr Jesus Christus, Sohn des lebendigen Gottes, dem Willen des Vaters gehorsam, hast du im Heiligen Geist durch deinen Tod der Welt das Leben geschenkt. Erlöse mich durch deinen Leib und dein Blut von allen Sünden und allem Bösen. Hilf mir, dass ich deine Gebote treu erfülle, und lass nicht zu, dass ich jemals von dir getrennt werde.

Oder:

P: Herr Jesus Christus, der Empfang deines Leibes und Blutes bringe mir nicht Gericht und Verdammnis, sondern Segen und Heil.

EINLADUNG ZUR KOMMUNION

(Der Priester macht eine Kniebeuge, nimmt ein Stück der Hostie, hält es über der Schale und spricht, zur Gemeinde gewandt, laut:)

P: Seht das Lamm Gottes,
das hinwegnimmt die Sünde der Welt.

(Gemeinsam mit der Gemeinde spricht er ein Mal:)

A: Herr, ich bin nicht würdig,
dass du eingehst unter mein Dach,
aber sprich nur ein Wort,
so wird meine Seele gesund.

(Der Priester kann hinzufügen:)

P: Selig, die zum Hochzeitsmahl des Lammes
geladen sind.

Oder:

P: Kostet und seht, wie gut der Herr ist.

Oder:

P: Wer von diesem Brot isst, wird in Ewigkeit leben.

(Oder einen anderen Kommunionvers aus dem Messbuch, vor allem den der Tagesmesse.)

KOMMUNIONSPENDUNG

(Zum Altar gewandt, spricht der Priester leise:)

P: Der Leib Christi schenke mir das ewige Leben.

(Dann nimmt er den Kelch und spricht leise:)

P: Das Blut Christi schenke mir das ewige Leben.

(Nachdem er Leib und Blut Christi empfangen hat, teilt er die Kommunion aus. Er zeigt jedem Kommunikanten die Hostie, indem er sie ein wenig emporhebt, und spricht:)

P: Der Leib Christi.

(Der Kommunikant antwortet:) Amen.

(In gleicher Weise teilen auch Diakon, Akolyth und Kommunionhelfer die Kommunion aus. Wird die Kommunion unter beiden Gestalten gereicht, so geschieht das in einer der dafür vorgesehenen Weisen.)

(Beim Reichen des Kelches spricht der Kommunionspender:)

Das Blut Christi.

(Der Kommunikant antwortet:) Amen.

GESANG ZUR KOMMUNION

(Während der Priester den Leib des Herrn empfängt, wird der Gesang zur Kommunion angestimmt.)

PURIFIKATION DER GEFÄSSE

(Nach der Kommunionausteilung reinigt der Priester, Diakon oder Akolyth die Hostienschale über dem Kelch und dann auch den Kelch. Unterdessen betet er still:)

P/D: Was wir mit dem Munde empfangen haben, Herr, das lass uns mit reinem Herzen aufnehmen, und diese zeitliche Speise werde uns zur Arznei der Unsterblichkeit.

(Der Priester, Diakon oder Akolyth kann die Gefäße auch nach der Messe reinigen.)

BESINNUNG UND DANKHYMNUS

(Nach der Kommunionausteilung kann der Priester an seinen Sitz zurückkehren. Auch kann man einige Zeit in stillem Gebet verweilen. Es empfiehlt sich, einen Dankpsalm oder ein Loblied zu singen.)

SCHLUSSGEBET

(Der Priester steht am Altar oder am Sitz. Er singt oder spricht:)

P: Lasset uns beten.

(Falls schon vorher Zeit zum stillen Gebet gegeben war, folgt sofort das Gebet. Der Priester breitet die Hände aus und singt oder spricht das Schlussgebet. Die Gemeinde beschließt das Gebet mit dem Ruf:)

G: Amen.

ENTLASSUNG

VERLAUTBARUNGEN

(Wenn noch kurze Verlautbarungen für die Gemeinde zu machen sind, werden sie hier eingefügt.)

SEGEN UND ENTLASSUNG

(Es folgt die Entlassung. Der Priester, zur Gemeinde gewandt, breitet die Hände aus und singt oder spricht:)

P: Der Herr sei mit euch.	P: Dóminus vobíscum.
G: Und mit deinem Geiste.	G: Et cum spíritu tuo.

(Der Priester segnet die Gemeinde, indem er singt oder spricht:)

P: Es segne euch der allmächtige Gott, der Vater und der Sohn † und der Heilige Geist.	P: Benedícat vos omnípotens Deus, Pater, et Fílius, † et Spíritus Sanctus.
G: Amen.	G: Amen.

(An bestimmten Tagen und zu bestimmten Anlässen kann der Priester statt des einfachen Segens eine feierliche Segensformel bzw. ein Gebet über die Gläubigen sprechen.)

(Der Diakon – oder der Priester selbst – singt oder spricht, zur Gemeinde gewandt, mit gefalteten Händen:)

P: Gehet hin in Frieden.	P: Ite, missa est.
G: Dank sei Gott, dem Herrn.	G: Deo grátias.

(In der Osterwoche bis zum Weißen Sonntag:)

P: Gehet hin in Frieden. Halleluja, halleluja.
G: Dank sei Gott, dem Herrn. Halleluja, halleluja.

(Wenn der Entlassungsruf gesungen wird, kann das doppelte „Halleluja“ in der ganzen Osterzeit hinzugefügt werden.)

(Wie zu Beginn des Gottesdienstes küsst der Priester den Altar. Gemeinsam mit allen, die bei der Messfeier einen besonderen Dienst versehen haben, macht er die vorgesehene Ehrenbezeigung und kehrt zur Sakristei zurück.
Folgt unmittelbar auf die Messfeier eine andere liturgische Feier, endet die Messfeier mit dem Schlussgebet ohne den Schlusssegen und die Entlassung.)

Die Wort-Gottes-Feier an Sonn- und Festtagen

Brannte uns nicht das Herz in der Brust, als er unterwegs mit uns redete und uns den Sinn der Schrift erschloss?

Lk 24, 32

Aufbau der Wort-Gottes-Feier

L = Leiter/in V = Vorbeter/in A = Alle
D = Diakon K = Kantor/in GL = Gotteslob

ERÖFFNUNG

EINZUG – GESANG ZUR ERÖFFNUNG

(Vor Beginn des Einzugs kann zur Einstimmung Orgel- oder andere Instrumentalmusik gespielt werden. Beim Einzug kann von einem Lektor/einer Lektorin das Mess-Lektionar bzw. Evangeliar mitgetragen werden. Falls das Taufgedächtnis gefeiert wird, können Ministranten/Ministrantinnen auch ein Gefäß mit Wasser mittragen. Während des Einzugs wird der Gesang zur Eröffnung gesungen.)

KREUZZEICHEN – LITURGISCHER GRUSS – EINFÜHRUNG

(Am Sitz wendet sich der Leiter/die Leiterin zur Gemeinde und spricht:)

L: Im Namen des Vaters und des Sohnes
und des Heiligen Geistes. Amen.

(Alle machen das Kreuzzeichen.)

D: Gnade und Friede von Gott, unserem Vater,
und dem Herrn Jesus Christus sei mit euch.
A: Und mit deinem Geiste.

(Oder ein anderer im Messbuch vorgesehener Text.)

L: Der auferstandene Herr Jesus Christus
ist bei uns heute
und alle Tage bis in Ewigkeit.
A: Amen.

Oder:

L: Jesus Christus ist in unserer Mitte
und schenkt uns seinen Frieden.

A: Amen.

Oder:

L: Der Name des Herrn sei gepriesen.

A: Von nun an bis in Ewigkeit.

Oder:

L: Unsere Hilfe ist im Namen des Herrn.

A: Der Himmel und Erde erschaffen hat.

(Oder ein anderes geeignetes Eröffnungswort.)

[Der Leiter/die Leiterin oder jemand anderes führt nun mit folgenden oder ähnlichen Worten in die sonn-(fest-)tägliche Feier ein:]

L: Am ersten Tag der Woche, dem Sonntag, versammeln sich Christen, um Gott für Tod und Auferstehung Jesu Christi zu preisen. Auch wenn wir an diesem Sonntag nicht Eucharistie feiern können, gedenken wir beim Hören des Wortes Gottes der großen Taten, die Gott an uns Menschen getan hat und heute noch an uns tut. Ihm danken wir für die Hoffnung, die er uns im Tod und in der Auferstehung seines Sohnes geschenkt hat.

Oder:

L: Nach einer Woche, die wir unterschiedlich erlebt haben, lädt Christus uns ein, zu ihm zu kommen. Ihm halten wir unser Leben hin mit allem, was es gerade ausmacht: was uns erfreut, aber auch unsere Sorgen und unsere Schuld. Danken wir ihm für das, was gelungen ist, bitten wir ihn um Kraft für das, was uns aufgegeben ist.

Oder:

L: Gottes heilende und befreiende Liebe ist uns in den Worten und Taten Jesu Christi sichtbar geworden. Wir haben uns versammelt, um sein befreiendes Wort zu hören und seine heilsame Nähe zu erfahren.

Oder:

L: Die Heilige Schrift ist für Christen kein totes Wort. Wir glauben, dass der Herr in seinem Wort in der Gemeinde fortlebt und seine Kirche aufbaut. Christus selbst spricht zu uns und erklärt uns die Schrift, um uns Freiheit und Erlösung zu schenken. Ihm huldigen wir.

Oder:

L: Ganz verschiedene Menschen haben sich zu unserem Gottesdienst versammelt: Frauen und Männer, Alte und Junge, Menschen mit unterschiedlichen Ansichten, Meinungen und Lebenserfahrungen. Uns alle verbindet: Gott hat uns als seine Gemeinde hier zusammengerufen. Er beschenkt uns mit seinem Wort. Er stärkt uns im Glauben und in der Gemeinschaft. Er gibt uns von seinem Geist. Er ermutigt uns zum Christsein im Alltag.

Oder:

L: Es kann unterschiedliche Gründe dafür geben, dass wir jetzt hier sind. Doch gemeinsam ist unsere Zuversicht: Wir werden in dieser Feier beschenkt. Wir dürfen sehen und erfahren, dass wir als Glaubende nicht allein sind. Es wird uns Gottes Wort verkündet, wir hören, was Gott durch Christus getan hat und bis heute unter uns tut. Christus grüßen wir jetzt mit dem Ruf, mit dem ihn seit 2000 Jahren Christen begrüßen:

CHRISTUSRUFE (KYRIE-LITANEI)

(Nun können sich Anrufungen an Christus anschließen, die in der Regel gesungen werden.)

V: Herr Jesus Christus, du bist das lebendige Wort Gottes.
K: Herr, erbarme dich. *oder:* Kyrie, eleison.
A: Herr, erbarme dich. *oder:* Kyrie, eleison.

V: Dein Wort ist das Licht auf unseren Wegen.
K: Christus, erbarme dich. *oder:* Christe, eleison.
A: Christus, erbarme dich. *oder:* Christe, eleison.

V: Du hast Worte des ewigen Lebens.
K: Herr, erbarme dich. *oder:* Kyrie, eleison.
A: Herr, erbarme dich. *oder:* Kyrie, eleison.

Oder:

Kyrie-Litanei (GL 163, 1)

Oder:

(Es können auch andere Kyrie-Rufe, etwa aus dem Gotteslob, oder die in diesem Messbuch für die einzelnen Tage formulierten Kyrie-Rufe verwendet werden.)

ERÖFFNUNGSGEBET

(Der Leiter/die Leiterin lädt zum Gebet ein.)

L: Lasset uns beten.

(Nach einer kurzen Stille trägt der Leiter/die Leiterin das Eröffnungsgebet vor.
Es wird das Tagesgebet vom betreffenden Sonntag/Festtag genommen. Für die Sonntage im Jahreskreis wird eine weitere, auf das Evangelium des Tages bezogene Oration zur Wahl angeboten. Siehe jeweils „Eröffnungsgebet zur Wahl“.)

VERKÜNDIGUNG DES WORTES GOTTES

ERSTE LESUNG

(An Sonn- und Festtagen sind vor dem Evangelium zwei Lesungen vorgesehen.
Die Gemeinde kann durch kurze Hinweise in die Lesungen eingeführt werden.

Der Lektor/die Lektorin holt gegebenenfalls das Mess-Lektionar, geht zum Ambo und trägt die erste Lesung vor.
Nach der Lesung soll eine kurze Stille gehalten werden.)

PSALM (GESANG)

(Der Kantor/die Kantorin trägt den vorgesehenen Antwortpsalm oder einen anderen passenden Psalm vom Ambo aus vor. Die Gemeinde antwortet mit der Antiphon/dem Kehrvers.)

ZWEITE LESUNG

(Es folgt die zweite Lesung.
Falls eine Evangelienprozession vorgesehen ist, wird das Mess-Lektionar nach der Lesung zum Kredenztisch gebracht.)

RUF VOR DEM EVANGELIUM

(Wer das Evangelium verkündet, holt das Evangeliar vom Ambo bzw. dem Platz, wo es sich befindet, und geht zusammen mit den Ministranten/Ministrantinnen, die brennende Kerzen und gegebenenfalls Weihrauch tragen, in Prozession zum Ambo. Die Gemeinde erhebt sich.
Während der Prozession wird das Halleluja oder der in der Fastenzeit vorgesehene Christusruf gesungen.)

EVANGELIUM

(Am Ambo trägt der Diakon, ein Lektor/eine Lektorin oder der Leiter/die Leiterin das Evangelium vor.)

(D: Der Herr sei mit euch.
A: Und mit deinem Geiste.)
D/L: Aus dem heiligen Evangelium nach N.
A: Ehre sei dir, o Herr.

(Wird Weihrauch verwendet, so wird nun das Buch beräuchert; dann wird das Evangelium verkündet.

Wo nach dem Evangelium ein Zuruf der Gemeinde üblich ist, wird angefügt:)

D/L: Evangelium unseres Herrn Jesus Christus.
A: Lob sei dir, Christus.

(Als Zuruf nach dem Evangelium kann auch das Halleluja bzw. in der Fastenzeit der Christusruf wiederholt und in feierlicher Mehrstimmigkeit abgeschlossen werden.)

AUSLEGUNG UND DEUTUNG

(Es folgen die Auslegung und Deutung der Schriftlesungen.)

STILLE

ANTWORT DER GEMEINDE

Aus den folgenden Elementen wird eine sinnvolle Auswahl getroffen:
- Glaubensbekenntnis
- Predigtlied
- Taufgedächtnis
- Schuldbekenntnis und Vergebungsbitte
- Segnungen, die zum Sonn-(Fest-)tag gehören

A) GLAUBENSBEKENNTNIS

(Das Apostolische oder das Große Glaubensbekenntnis wird von dem Leiter/der Leiterin zusammen mit der ganzen Gemeinde gesprochen oder gesungen.)

L: Wir sprechen das Apostolische (*oder:* Große) Glaubensbekenntnis.
A: Ich glaube an Gott … (GL 3,4/S. 473)

Oder:

A: Wir glauben an den einen Gott ... (GL 586,2/S. 470)

► FRIEDENSZEICHEN

B) PREDIGTLIED

(Schriftlesung, Auslegung und Deutung können im Predigtlied nachklingen und vertieft werden.)

► FRIEDENSZEICHEN

C) TAUFGEDÄCHTNIS (FORM A)

(Der Leiter/die Leiterin geht zum Taufbrunnen oder es wird ein geeignetes Gefäß mit Wasser gebracht.
Der Leiter/die Leiterin lädt mit folgenden oder ähnlichen Worten zum Taufgedächtnis ein:)

L: Das Wasser erinnert uns daran: Wir alle sind in der Taufe von Gott erwählt, sein heiliges Volk zu sein, wir alle haben teil am Priestertum seines Sohnes und sind berufen, seine großen Taten zu verkünden.

Lasset uns beten.
Gott, du Quelle des Lebens.
Du schenkst uns dein Heil in sichtbaren Zeichen.
So sei uns dieses Wasser
ein Zeichen für das neue Leben,
das du in der Taufe in uns gewirkt hast.
Erneuere in uns die Gaben deines Geistes.
Darum bitten wir durch Christus, unseren Herrn.

A: Amen.

(Nach dem Gebet wird das Wasser ausgeteilt. Zur Austeilung des Wassers kann die Gemeinde singen. Die Austeilung kann auf verschiedene Weise geschehen:
– Das Wasser wird über die Gläubigen ausgesprengt.

- *Das Wasser wird den Gläubigen gereicht; die Gläubigen bekreuzigen sich.*
- *In einer Prozession gehen die Mitfeiernden zum Taufort, nehmen vom Wasser im Taufbrunnen und bekreuzigen sich damit. Der Leiter/die Leiterin kann auch den Einzelnen mit dem Wasser ein Kreuz auf die Stirn zeichnen.)*

▶ FRIEDENSZEICHEN

D) SCHULDBEKENNTNIS UND VERGEBUNGSBITTE

(Der Leiter/die Leiterin lädt die Gemeinde mit folgenden oder ähnlichen Worten zum Schuldbekenntnis ein. In der Einleitung kann auch ein Wort aus dem Evangelium aufgegriffen werden.)

L: Schwestern und Brüder,
das Wort Gottes hat unser Gewissen erleuchtet.
Es ist wirksam,
es vermag die Gedanken des Herzens zu richten.
Alles liegt offen vor den Augen Gottes.
Besinnen wir uns auf unser Versagen
und bekennen wir unsere Schuld.

(Nach einer kurzen Stille sprechen alle gemeinsam das Schuldbekenntnis:)

A: Ich bekenne Gott, dem Allmächtigen,
und allen Brüdern und Schwestern,
dass ich Gutes unterlassen
und Böses getan habe
– ich habe gesündigt
in Gedanken, Worten und Werken –

(alle schlagen an die Brust)

durch meine Schuld, durch meine Schuld,
durch meine große Schuld.

Darum bitte ich die selige Jungfrau Maria,
alle Engel und Heiligen
und euch, Brüder und Schwestern,
für mich zu beten bei Gott, unserem Herrn.

Oder:

L: Wir haben Gottes Wort gehört.
Es ist für uns Rettung und Heil.
Vor Gott und unseren Schwestern und Brüdern
wollen wir bekennen, dass wir gesündigt haben.

(Stille)

A: Ich bekenne …

Oder:

L: Das Wort Gottes hat unser Gewissen erleuchtet;
es lädt uns ein, umzukehren zum Herrn.
Es drängt uns, ihm zu bekennen:

(Stille)

A: Ich bekenne …

Oder:

L: Gott hat uns im Wort der Schrift
seinen Willen kundgetan.
Vor diesem Wort prüfen wir uns
und bitten den Herrn um Vergebung unserer Schuld.

(Stille)

A: Ich bekenne …

Oder:

L: Jesus Christus ist nicht gekommen, um zu richten,
sondern zu suchen, was verloren ist,
und zu befreien, was in Schuld und Angst gefangen liegt,
um uns zu retten, wenn unser Herz uns anklagt.
So wollen wir vertrauensvoll vor Gott
und voreinander bekennen,
dass wir gesündigt haben.

Oder:

L: Schwestern und Brüder,
das Wort Gottes hat uns gestärkt und ermutigt.
Es lässt uns aber auch unser Versagen
und unsere Schuld erkennen.
Im Vertrauen auf die Güte des Herrn rufen wir:

L: Erbarme dich, Herr, unser Gott, erbarme dich.
A: Denn wir haben vor dir gesündigt.
L: Erweise uns, Herr, deine Huld.
A: Und schenke uns dein Heil.

Oder: Psalm 130 (GL 639)

L: Der allmächtige Gott erbarme sich unser.
Er lasse uns die Sünden nach
und führe uns zum ewigen Leben.
A: Amen.

▸ FRIEDENSZEICHEN

E) SEGNUNGEN, DIE ZUM SONN-(FEST-)TAG GEHÖREN

(Anrufungen und Segensgebet werden aus der jeweiligen Ordnung des Benediktionale für die katholischen Bistümer des deutschen Sprachgebietes übernommen. Gegebenenfalls können auch Weihwasser und Weihrauch verwendet werden. Bei der Segnung von Personen kann diesen ein Kreuz auf die Stirn gezeichnet werden.)

FRIEDENSZEICHEN

(Der Leiter/die Leiterin lädt zum Friedensgruß mit folgenden oder ähnlichen Worten ein:)

L: Jesus Christus ist unser Friede und unsere Versöhnung.
Friede mit ihm ist die Quelle des Friedens
unter uns Menschen.
Geben wir einander ein Zeichen dieses Friedens.

Oder:

L: Der auferstandene Herr hat uns
seinen Frieden zugesprochen.
Deshalb gilt auch für uns die Aufforderung:
In euren Herzen herrsche der Friede Christi,
dazu seid ihr berufen als Glieder eines Leibes.
Geben wir einander ein Zeichen dieses Friedens.

(Es kann ein Friedenslied gesungen werden.)

KOLLEKTE (SAMMLUNG DER GABEN)

(Auf die Verwendung der Kollekte kann mit folgenden oder ähnlichen Worten hingewiesen werden:)

L: Die Verbundenheit, die wir im Friedensgruß bekundet haben, geht über unsere Gemeinde hinaus. Dies wird auch in unserer Kollekte sichtbar, die heute bestimmt ist für …

(Zur Kollekte wird ein Lied gesungen oder Instrumentalmusik gespielt.)

LOBPREIS UND BITTE

SONN-(FEST-)TÄGLICHER LOBPREIS

(Am Sitz lädt der Leiter/die Leiterin zum Lobpreis ein. Die Gemeinde erhebt sich.)

L: Schwestern und Brüder,
Gott hat zu uns gesprochen in den heiligen Schriften.
Wir haben sein Wort gehört.
Im Sonntäglichen Lobpreis (*oder:* Festtäglichen Lobpreis)
geben wir ihm Antwort.
Wir vereinen uns mit allen auf der Erde,
die heute den Tag des Herrn feiern, und beten:

Oder:

L: Lasst uns einstimmen in den Sonntäglichen Lobpreis (*oder:* Festtäglichen Lobpreis).

Oder:

L: Kommt, lasst uns den Herrn loben und preisen.

(Stille)

A. LOBPREIS UND DANK FÜR DAS GESCHENK DES SONNTAGS

„Das ist der Tag, den der Herr gemacht“

T: nach Lk 2,14 M: Heino Schubert

Oder:

T u. M: Franz Forsthuber

Oder:

Das ist der Tag, den der Herr gemacht (GL 66,1 / 335)
Jubelt dem Herrn alle Lande (GL 643,3)
Auf, lasst uns jubeln dem Herrn (GL 141)

L: Gepriesen bist du, Schöpfer der Welt:
Am Sonntag gedenken wir deiner Güte,
mit der du Himmel und Erde erschaffen hast.
Du bist die Quelle und der Ursprung allen Lebens.
Du hast am siebten Tag geruht von deinem Werk;
du lädst auch uns nach den Tagen der Arbeit ein,
an deiner schöpferischen Ruhe teilzuhaben.
Du willst, dass wir das Leben feiern,
das du uns immerfort schenkst.
Du lässt uns ausruhen von Mühe und Hast
und aufatmen im Blick auf deine Treue
zu uns und allen Geschöpfen.

K/A: Ehre Gott in der Höhe (siehe S. 552)

Oder:

K/A: Dir sei Preis und Dank und Ehre! (siehe S. 552)

L: Gepriesen bist du, Gott, für den Tag,
an dem du Christus, deinen Sohn, aus dem Tod erweckt
und zur Sonne des Heils gemacht hast.
Am Sonntag sammelst du deine Gemeinde um ihn
und stellst sie in das Licht seiner Liebe.
Am Sonntag erneuerst du den Bund der Treue,
den du mit uns geschlossen hast
in Christi Tod und Auferstehung.
Christus, dein Sohn, tritt in unsere Mitte:
Er bringt uns deine Versöhnung und deinen Frieden.
Er schenkt uns immer neu seinen Heiligen Geist,
der uns das Herz aufschließt
für das Geheimnis deiner Liebe
und uns den Mund auftut zum Lob deiner großen Taten,
die du für uns und alle Welt vollbracht hast.

K/A: Ehre Gott in der Höhe (siehe S. 552)

Oder:

K/A: Dir sei Preis und Dank und Ehre! (siehe S. 552)

L: Gepriesen bist du, Vater, für den Tag,
an dem wir die lebendige Hoffnung feiern,
zu der du die Welt berufen hast
durch die Auferweckung deines Sohnes.
Sie ist uns Unterpfand der kommenden Vollendung,
die wir mit der ganzen Schöpfung
(voll Sehnsucht) erwarten.
Dein Sohn hat Sünde, Leid und Tod besiegt.
Er lässt uns in dieser Feier
den Geschmack der Hoffnung verkosten:
dass deine Liebe stärker ist als alle Mächte des Todes
und deine Herrschaft des Erbarmens sich durchsetzt
in dieser Welt voll Unrecht und Gewalt.

K/A: Ehre Gott in der Höhe (siehe S. 552)

Oder:

K/A: Dir sei Preis und Dank und Ehre! (siehe S. 552)

L: Gepriesen bist du, Freund unseres Lebens,
für das Geschenk des (dieses) Sonntags.
Wir heißen ihn an diesem Morgen (Abend)
dankbar willkommen.
Befreie uns aus aller Enge und Hast,
und lass uns aufatmen in deiner Liebe.
Wir preisen dich mit deinem Sohn im Heiligen Geist
und stimmen freudig ein
in das Lied der himmlischen Chöre,
die das Lob deiner Herrlichkeit singen:

▶ HYMNUS

[Weitere Texte für den sonn-(fest-)täglichen Lobpreis (Form B–G) siehe S. 562 ff.]

HYMNUS

[An den Festtagen und an den Sonntagen außerhalb der Advents- und Fastenzeit schließt der Hymnus „Ehre sei Gott in der Höhe" (Gloria-Hymnus) den Lobpreis ab. In der Advents- und Fastenzeit

schließt der Lobpreis mit einem anderen Hymnus, beispielsweise: „Dir gebührt unser Lob".]

FÜRBITTEN (ALLGEMEINES GEBET)

(Nach dem Hymnus folgen die Fürbitten. Es sollte in der Regel gebetet werden für die Anliegen der Weltkirche und der Ortsgemeinde, die Regierenden, die Notleidenden, alle Menschen und das Heil der ganzen Welt, ausdrücklich auch für den Papst und den Diözesanbischof. Es ist sinnvoll, regelmäßig darum zu beten, dass die Gemeinde wieder gemeinsam die Eucharistie feiern kann. Der Leiter/die Leiterin spricht die Einleitung. Die einzelnen Anliegen werden von verschiedenen Gemeindegliedern vorgetragen. Dabei sollte eine ausreichende Zeit der Stille gegeben werden, damit auch für eigene Anliegen gebetet werden kann. Die Antwort der Gemeinde kann gesungen werden. Der Leiter/die Leiterin lädt nach der letzten Bitte sogleich zum Vaterunser ein.)

VATERUNSER

(Der Leiter/die Leiterin lädt zum gemeinsamen Gebet des Vaterunsers ein:)

L: Wir heißen Kinder Gottes und sind es.
Darum beten wir voll Vertrauen:

Oder:

L: Lasst uns beten,
wie der Herr uns zu beten gelehrt hat:

Oder:

L: Wir haben den Geist empfangen,
der uns zu Kindern Gottes macht.
Darum wagen wir zu sprechen:

A: Vater unser im Himmel,
geheiligt werde dein Name.
Dein Reich komme.

Dein Wille geschehe,
wie im Himmel so auf Erden.
Unser tägliches Brot gib uns heute.
Und vergib uns unsere Schuld,
wie auch wir vergeben unsern Schuldigern.
Und führe uns nicht in Versuchung,
sondern erlöse uns von dem Bösen.
Denn dein ist das Reich und die Kraft
und die Herrlichkeit in Ewigkeit.
Amen.

LOBLIED/DANKLIED

(An dieser Stelle kann ein Loblied, ein Danklied oder ein der Kirchenjahreszeit entsprechendes Lied gesungen werden.)

ABSCHLUSS

MITTEILUNGEN

(An dieser Stelle kann auf Gottesdienste und Veranstaltungen der Gemeinde an den kommenden Tagen hingewiesen oder anderes bekannt gemacht werden.)

SEGENSBITTE

(Leitet ein Diakon die Feier, so erteilt er am Sitz den Segen in der für ihn vorgesehenen Weise. Leitet ein Beauftragter Laie die Feier, so kann die Segensbitte in folgender oder ähnlicher Weise erfolgen:)

L: Der Herr segne uns und behüte uns.
Der Herr lasse sein Angesicht über uns leuchten
und sei uns gnädig.
Der Herr wende uns sein Angesicht zu
und schenke uns seinen Frieden.
A: Amen.

Oder:

L: Der Vater schenke uns seine Liebe.
A: Amen.
L: Der Sohn erfülle uns mit seinem Leben.
A: Amen.
L: Der Heilige Geist stärke uns mit seiner Kraft.
A: Amen.

(Die Segensbitte schließt mit den Worten:)

L: Und der Segen des allmächtigen Gottes,
des Vaters und des Sohnes und des Heiligen Geistes
komme auf uns herab und bleibe bei uns allezeit.

(Währenddessen machen alle das Kreuzzeichen.)

A: Amen.

ENTLASSUNG

D: Gehet hin in Frieden.
A: Dank sei Gott, dem Herrn.

L: Singet Lob und Preis.
A: Dank sei Gott, dem Herrn.

(ABENDLIED/MORGENLIED/MARIENLIED)

(Zum Abschluss kann gegebenenfalls ein Abend- oder Morgenlied oder ein Marienlied gesungen werden.)

AUSZUG

(Der Auszug findet in derselben Ordnung statt wie der Einzug. Er kann mit Orgel- oder anderer Instrumentalmusik begleitet werden.)

AUSTEILUNG UND EMPFANG DER KOMMUNION

(Die Wort-Gottes-Feier folgt bis einschließlich der Fürbitten der oben aufgeführten Ordnung. Die Fürbitten werden jedoch in diesem Fall vom Leiter/von der Leiterin durch ein Lobgebet abgeschlossen. Die Austeilung der Kommunion schließt sich nach dem folgenden Modell an.)

HINWEIS AUF DIE EUCHARISTISCHE GEMEINSCHAFT

(Der Leiter/die Leiterin verweist am Sitz mit folgenden oder ähnlichen Worten auf die eucharistische Tischgemeinschaft:)

L: Wir haben die Gegenwart
unseres Herrn Jesus Christus erfahren
in der Verkündigung seines Wortes.
Das eucharistische Brot, das uns jetzt geschenkt wird,*
verbindet uns mit der Eucharistiefeier,
die wir am vergangenen Sonntag
(in der vergangenen Woche, im vergangenen Monat,
am Fest …)
hier zuletzt gefeiert haben.

(Oder:
*verbindet uns mit der Eucharistiefeier,
die heute in unserer Nachbargemeinde gefeiert wurde.)

Die bleibende Gegenwart des Herrn im eucharistischen Brot ist uns kostbares Gut, das den Glauben nährt, die Hoffnung stärkt und die Gemeinschaft mit unserem Herrn Jesus Christus festigt.

BEREITUNG DES ALTARES – ÜBERTRAGUNG DES ALLERHEILIGSTEN

(Ein Ministrant/eine Ministrantin breitet das Korporale auf dem Altar aus.
Die Gemeinde kniet.

Während der Übertragung wird ein Christus- oder ein Sakramentslied gesungen.)

STILLE ANBETUNG

(Nach der Übertragung lädt der Leiter/die Leiterin zur stillen Anbetung ein und kniet zusammen mit den anderen liturgischen Diensten vor dem Altar nieder.)

VATERUNSER

(Die Gemeinde erhebt sich. Der Leiter/die Leiterin lädt zum Gebet des Herrn ein.)

L: Lasst uns beten,
wie der Herr uns zu beten gelehrt hat:

(Alle singen oder sprechen gemeinsam:)

A: Vater unser im Himmel,
geheiligt werde dein Name.
Dein Reich komme.
Dein Wille geschehe,
wie im Himmel so auf Erden.
Unser tägliches Brot gib uns heute.
Und vergib uns unsere Schuld,
wie auch wir vergeben unsern Schuldigern.
Und führe uns nicht in Versuchung,
sondern erlöse uns von dem Bösen.
Denn dein ist das Reich und die Kraft
und die Herrlichkeit in Ewigkeit.
Amen.

EINLADUNG ZUR KOMMUNION – KOMMUNION

(Der Leiter/die Leiterin macht vor dem Altar eine Kniebeuge, nimmt eine Hostie, hält sie über der Hostienschale und spricht der Gemeinde zugewandt:)

L: Seht das Lamm Gottes,
das hinwegnimmt die Sünde der Welt.
A: Herr, ich bin nicht würdig,
dass du eingehst unter mein Dach,
aber sprich nur ein Wort,
so wird meine Seele gesund.

(Dann teilt der Leiter/die Leiterin die Kommunion an die anderen Kommunionhelfer/Kommunionhelferinnen aus und empfängt selbst die Kommunion. Anschließend wird die Kommunion in der gewohnten Weise an die Gemeinde ausgeteilt.)

(Leiter/in oder Kommunionhelfer/in:)

Der Leib Christi.

(Kommunizierende/r:)

Amen.

(Während der Kommunionausteilung kann Orgel- oder andere Instrumentalmusik gespielt werden. Es kann auch ein geeigneter Wechselgesang gewählt oder Stille gehalten werden.
Die Schale/n mit den nach der Kommunionausteilung verbliebenen Hostien wird/werden in den Tabernakel zurückgestellt. Die leeren Gefäße werden zur Kredenz gebracht und – nach dem Gottesdienst – gereinigt.)

STILLE – DANKLIED

(Nach einer angemessenen Zeit der Stille kann ein geeignetes Danklied gesungen werden.)

SCHLUSSGEBET

(Der Leiter/die Leiterin spricht am Sitz das folgende oder ein anderes Schlussgebet (siehe S. 574 ff).

L: Lasset uns beten.

(Nach einer kurzen Stille trägt der Leiter/die Leiterin das Schlussgebet vor.)

L: Barmherziger Gott,
du hast uns gestärkt durch das lebendige Brot,
das vom Himmel kommt.
Deine Liebe,
die wir in der heiligen Speise empfangen haben,
mache uns bereit,
dir in unseren Schwestern und Brüdern zu dienen.
Darum bitten wir durch Christus, unseren Herrn.
A: Amen.

(Die Feier wird in der Weise abgeschlossen, wie es auf S. 556 vorgesehen ist.)

Auswahlelemente

AUSWAHLELEMENTE

SONNTÄGLICHER LOBPREIS

B. LOBPREIS DES DREIEINIGEN GOTTES

„Preist den dreieinigen Gott, den Vater, den Sohn
und den Heiligen Geist“

(Die folgende Akklamation wird beim ersten Mal vorgesungen und dann von allen wiederholt.)

K/A: Dir sei Preis und Dank und Ehre! (siehe S. 552)

L: Gepriesen bist du, Herr, unser Gott,
für das Leben, das du geschaffen hast.
Die ganze Welt hältst du in der Hand,
und wir dürfen dich unseren Vater nennen.

A: Dir sei Preis und Dank und Ehre! (siehe S. 552)

L: Wir danken dir für deinen Sohn Jesus Christus,
unseren Herrn und Bruder.
Durch ihn wurde deine Güte
in menschlicher Gestalt sichtbar.
In seinem Tod und seiner Auferstehung
hast du uns erlöst
und bleibende Hoffnung geschenkt.
Er ist das Wort, das uns den Weg weist,
er ist die Wahrheit, die uns frei macht.

A: Dir sei Preis und Dank und Ehre! (siehe S. 552)

L: Wir preisen dich für den Heiligen Geist,
der uns zusammenführt und als Kirche eint.
Aus seiner Fülle haben wir empfangen,
aus seiner Kraft dürfen wir leben.

A: Dir sei Preis und Dank und Ehre! (siehe S. 552)

L: Wir danken dir für alle,
die den Weg mit uns gemeinsam gehen

und ihr Leben mit uns teilen.
Für alle, die bei uns bleiben in Stunden der Freude,
aber auch in Stunden der Not und der Angst.

A: Dir sei Preis und Dank und Ehre! (siehe S. 552)

L: Wir preisen dich, Herr, unseren Gott,
durch ihn, Jesus Christus, deinen Sohn,
im Heiligen Geist
und stimmen ein in den Lobgesang
der himmlischen Chöre:

▶ HYMNUS

C. LOBPREIS UND DANK FÜR SCHÖPFUNG UND NEUSCHÖPFUNG

„Gott ruft sein Volk zusammen"

(Die folgende Akklamation wird beim ersten Mal vorgesungen und dann von allen wiederholt. Anstelle der gesungenen Akklamation kann der folgende Ruf auch jeweils gesprochen werden.)

(Kantor/in oder Leiter/in:)

K: Wir loben dich, wir preisen dich, wir beten dich an. (nach GL 131)
A: Wir loben dich, wir preisen dich, wir beten dich an.

L: Gepriesen bist du, Herr, unser Gott,
für die Gabe des ersten Tages der Woche.
Dies ist der Tag,
an dem du das Werk der Schöpfung begonnen hast,
indem du Licht und Finsternis trenntest.
Dies ist der Tag,
an dem du durch die Auferweckung deines Sohnes
mitten in der alten Schöpfung
die neue Schöpfung schon begonnen hast.
Dies ist der Tag
der Ruhe und Unterbrechung,
den du uns allen am Berg Sinai
durch dein Sabbatgebot geschenkt hast.

Denn du hast uns deinem geliebten Volk Israel
im Neuen Bunde zugesellt.
So halten auch wir einen Tag der Woche für dich frei.
Wie dein Volk Israel
sehnen wir uns nach der Erfüllung deiner Verheißungen.
Wir vereinen uns mit allen, die deinen Namen kennen,
und rufen:

K/A: Wir loben dich, wir preisen dich,
wir beten dich an.

L: Als die Zeit ihre Fülle erreicht hatte,
hast du uns Jesus, den Christus, geschenkt,
dein ewiges, nun sichtbares und Leben schaffendes Wort.
Seiner vor allem gedenken wir am Sonntag.
Es ist der Tag,
an dem er den Geist
auf die im Saal Versammelten sandte
und so deine Kirche schuf.
Als deine Gemeinde (von ...)
sind wir versammelt
(in der Ortskirche/im Bistum von ...),
um auf deinen Sohn zu hören
und ihm im Glauben zu folgen.

(An dieser Stelle kann entsprechend der Zeit im Kirchenjahr einer der folgenden Einschübe eingefügt werden:)

Sonntage im Jahreskreis:

Sein Wort ist Frohe Botschaft.
Seine Taten zeugen von Barmherzigkeit
und Gerechtigkeit.
Sein Leiden und Tod machen Solidarität
und Wahrheit offenbar.
Seine Auferstehung kündet von einer Liebe,
die kein Hass zerstören kann.

► S. 566

Oder:

Er hat Großes an uns getan:
Durch seinen Tod und seine Auferstehung
hat er uns von der Sünde
und von der Knechtschaft des Todes befreit
und neues Leben geschenkt.
In ihm sind wir ein auserwähltes Geschlecht,
dein heiliges Volk, dein königliches Priestertum.

► S. 566

Oder:

Er hat den Armen eine gute Nachricht gebracht,
den Gefangenen die Entlassung verkündet,
Blinden das Augenlicht geschenkt,
Tauben die Ohren geöffnet,
Aussätzige rein gemacht
und Tote zum Leben gerufen.

► S. 566

Sonntage im Advent:

Ihn hast du der Menschheit als Erlöser verheißen.
Seine Wahrheit leuchtet den Suchenden,
seine Kraft stärkt die Schwachen,
seine Barmherzigkeit bringt den Sündern Vergebung.
Er ist der Heiland der Welt,
den du gesandt hast in Treue zu deinem Wort.

► S. 566

Sonntage in der Weihnachtszeit:

Er ist Mensch geworden
und hat der Welt Rettung und Licht gebracht.
Er heilt die Wunden der Schöpfung,
richtet auf, was gebeugt ist und darniederliegt,
er ruft die Menschen ins Reich deines Friedens.

► S. 566

Sonntage in der Österlichen Bußzeit:

Er hat Erbarmen mit uns Menschen.
Sein Wort ruft uns zu Umkehr und Buße.
Seine Botschaft schenkt uns Hoffnung und Vergebung.
Seine Taten eröffnen Heil und Leben.

► unten

Sonntage in der Osterzeit:

Er hat den Tod besiegt und
durch seine Auferstehung das Leben neu geschaffen.
Er schenkt uns Hoffnung,
die dem Leben Licht
und im Sterben Halt schenkt.

K/A: Wir loben dich, wir preisen dich,
wir beten dich an.

L: Als die Gemeinde Jesu Christi,
die er aus der Zerstreuung und Vereinzelung sammelt,
folgen wir ihm auf seinem Weg durch die Zeit.
In ihm geschwisterlich verbunden,
teilen wir die Sorgen und Nöte,
die Hoffnungen und Freuden aller Menschen guten Willens.
Sie stehen vor uns an diesem Tag,
und im Geist Christi beten wir.
Wir bitten dich, Gott, um den Heiligen Geist,
den Tröster und Befreier,
den Atem und Wind.
Als deine heilige Versammlung rufen wir:

K: Sende aus deinen Geist,
und das Antlitz der Erde wird neu. (GL 645,3)
A: Sende aus deinen Geist,
und das Antlitz der Erde wird neu.

L: Wir feiern (diesen …) Sonntag.
Du hast uns heute zusammengerufen,

dass wir dein Wort hören
und dir das Lob singen konnten.
(Das Brot zu brechen, ist uns nicht gegeben,
doch deine Nähe ist uns zugesagt.)
Herr, es ist die Kirche,
die Jesus als dein Volk aus allen Völkern gesammelt hat.
Als seine Kirche halten wir Ausschau
nach seinem endgültigen Kommen.
Mit allen, die den Weg auf dein Reich hin gehen,
geben wir dir, Gott, die Ehre.

▶ HYMNUS

D. LOBPREIS UND DANK FÜR JESUS CHRISTUS

„Jesus Christus ist der Herr zur Ehre Gottes des Vaters“

(Die folgende Akklamation wird beim ersten Mal vorgesungen und dann von allen wiederholt. Anstelle der gesungenen Akklamation kann der folgende Ruf auch jeweils gesprochen werden.)

(Kantor/in oder Leiter/in:)

M: Walter Röder / Rechte: Christophorus, Freiburg

L: Menschenfreundlicher Gott,
Vater unseres Herrn Jesus Christus,
so sehr hast du die Welt geliebt,
dass du uns deinen einzigen Sohn gabst,
damit jeder, der an ihn glaubt,

nicht zugrunde geht,
sondern das ewige Leben hat.

A: Jesus Christus ist der Herr zur Ehre Gottes des Vaters.

L: Wir preisen dich, Vater,
für die Menschwerdung deines Sohnes,
für seine Geburt aus der Jungfrau Maria,
für sein Leben in unserer Mitte.

A: Jesus Christus ist der Herr zur Ehre Gottes des Vaters.

L: Wir preisen dich, Vater,
für Jesu Leben in Nazaret,
für die Offenbarung deines Sohnes am Jordan,
für seinen Sieg über den Versucher in der Wüste.

A: Jesus Christus ist der Herr zur Ehre Gottes des Vaters.

L: Wir preisen dich, Vater,
für jedes Wort aus dem Munde Jesu,
für sein heilendes Wirken,
für die Zeichen seiner Herrlichkeit.

A: Jesus Christus ist der Herr zur Ehre Gottes des Vaters.

L: Wir preisen dich, Vater,
für das Abendmahl deines Sohnes,
für sein Leiden und Sterben,
für seine Grabesruhe
und seine Auferstehung.

A: Jesus Christus ist der Herr zur Ehre Gottes des Vaters.

L: Wir preisen dich, Vater,
für alle Macht,
die du Christus gegeben hast,
im Himmel und auf Erden,
für seine Auffahrt zu dir,
für die Sendung des Heiligen Geistes.

A: Jesus Christus ist der Herr zur Ehre Gottes des Vaters.

L: Wir preisen dich, Vater,
dass dein Sohn uns nicht allein lässt;
dass er gegenwärtig ist,
wo zwei oder drei
in seinem Namen versammelt sind;
dass er alle Tage bei uns ist
bis zum Ende der Welt.

A: Jesus Christus ist der Herr zur Ehre Gottes des Vaters.

L: Wir preisen dich, Vater,
Herr des Himmels und der Erde,
in Dankbarkeit, in Ehrfurcht und in Liebe
durch deinen Sohn im Heiligen Geist
und stimmen ein in das Loblied der himmlischen Chöre:

▶ HYMNUS

E. LOBPREIS UND DANK FÜR GOTTES WIRKEN

„Durch ihn und auf ihn hin ist alles geschaffen"

(Die folgende Akklamation wird beim ersten Mal vorgesungen und dann von allen wiederholt. Anstelle der gesungenen Akklamation kann der folgende Ruf auch jeweils gesprochen werden.)

(Kantor/in oder Leiter/in:)

K: Lobet den Herrn, preist seine Huld und Treue. (GL 401)
A: Lobet den Herrn, preist seine Huld und Treue.

L: Gepriesen bist du, Herr, unser Gott.
Alles, was du geschaffen hast, ist gut.

A: Lobet den Herrn, preist seine Huld und Treue.

L: Die Welt kündet deine Weisheit und Größe.
Der Mensch kann dich erkennen und dir dienen.

A: Lobet den Herrn, preist seine Huld und Treue.

L: Du lässt uns in der Sorge um die Welt nicht allein.
In Jesus Christus ist uns deine Liebe erschienen.

A: Lobet den Herrn, preist seine Huld und Treue.

L: Auf ihn hin ist alles geschaffen;
er schenkt uns die Fülle des Lebens.

A: Lobet den Herrn, preist seine Huld und Treue.

L: Er heilt die Wunden der Schöpfung
und gibt uns unzerstörbare Hoffnung.

A: Lobet den Herrn, preist seine Huld und Treue.

L: Er ist der Anfang einer neuen Schöpfung;
durch ihn willst du die Welt vollenden.

A: Lobet den Herrn, preist seine Huld und Treue.

L: Gepriesen bist du, Herr, unser Gott,
durch ihn, Jesus Christus, deinen Sohn.
Im Heiligen Geist versammelt, stimmen wir ein
in den Lobgesang der himmlischen Chöre:

▶ HYMNUS

F. LOBPREIS UND DANK FÜR GOTTES WORT

„Dein Wort, o Herr, geleitet uns"

(Die folgende Akklamation wird beim ersten Mal vorgesungen und dann von allen wiederholt. Anstelle der gesungenen Akklamation kann der folgende Ruf auch jeweils gesprochen werden.)

(Kantor/in oder Leiter/in:)

K: Dein Wort ist Licht und Wahrheit;
es leuchtet mir auf all meinen Wegen. (GL 630,4)
A: Dein Wort ist Licht und Wahrheit;
es leuchtet mir auf all meinen Wegen.

L: Gott, unser Vater,
wir leben nicht vom Brot allein,
sondern von jedem Wort
aus deinem Munde.
Denn durch dein Wort

hast du die Welt erschaffen;
durch dein Wort hast du alles ins Leben gerufen.

A: Dein Wort ist Licht und Wahrheit;
es leuchtet mir auf all meinen Wegen.

L: Auf dein Wort hast du den Bund
mit Israel gegründet.
Du hast Mose
das Wort deiner Treue anvertraut
als Halt und Weisung für dein Volk,
als Kraft und Stärke für dein Erbe.

A: Dein Wort ist Licht und Wahrheit;
es leuchtet mir auf all meinen Wegen.

L: Du hast die Propheten berufen
als Künder deiner Liebe.
Durch dein Wort mahnten sie das Volk
zu Umkehr und Buße,
sagten an dein Gericht,
spendeten Trost in Not und Bedrängnis.

A: Dein Wort ist Licht und Wahrheit;
es leuchtet mir auf all meinen Wegen.

L: Dein Wort hat Israels Sänger bewegt
und sie erfüllt mit dem Geist des Gebetes.
Deine Weisheit haben sie bekundet,
uns gelehrt, deinen Namen zu preisen.

A: Dein Wort ist Licht und Wahrheit;
es leuchtet mir auf all meinen Wegen.

L: In der Fülle der Zeiten
hast du deinen Sohn gesandt:
das ewige Wort am Herzen des Vaters.
Gnade und Wahrheit kamen durch ihn.
Geist und Leben sind seine Worte.

A: Dein Wort ist Licht und Wahrheit;
es leuchtet mir auf all meinen Wegen.

L: Um das Werk deines Sohnes zu vollenden,
hast du den Heiligen Geist ausgegossen,
damit er uns alles lehre
und uns stärke
zum Zeugnis des Glaubens.

A: Dein Wort ist Licht und Wahrheit;
es leuchtet mir auf all meinen Wegen.

L: Wir preisen dich für dein Wort
und danken dir für dein Wirken.
Ja, dir gebührt unser Lob,
dir unser rühmendes Lied:

▶ HYMNUS

G. LOBPREIS UND DANK FÜR DEN SONNTAG

„Dankt unserm Gott, lobsinget ihm“

L: Schwestern und Brüder,
wir sind im Namen Jesu versammelt.
Er ist in unserer Mitte.
Er ist unser Mittler bei Gott.
Deshalb beten wir:

(Stille)

L: Allmächtiger Gott,
den Sabbat hast du geheiligt
als Tag des Lobes und Dankes
für das Werk deiner Schöpfung.
Der Mensch soll ausruhen von der Arbeit,
dein Wort hören und deinen Namen preisen.
Dankbar erheben wir unsere Stimme:

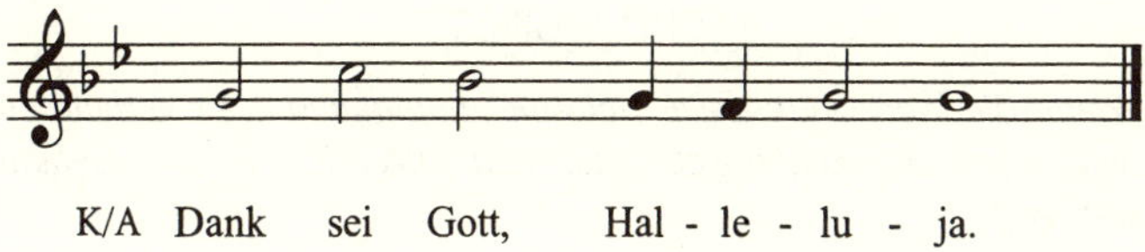

T: Liturgie / M: Erhard Quack

(In der österlichen Bußzeit:)
Danket dem Herrn, denn er ist gütig,
denn seine Huld währt ewig. (GL 558,1)

L: Den Sonntag hast du uns geschenkt,
damit wir uns freuen
und deines geliebten Sohnes gedenken.
Er kam in die Welt als dein Wort.
Er lebte mit den Menschen.
Sie überlieferten ihn dem Tod.
Du aber hast ihn gerettet.
Darum feiern wir diesen Tag
und gedenken seiner Auferstehung:

K/A: Dank sei Gott, Halleluja.

L: In Christus hast du alle Menschen berufen,
dein auserwähltes Volk zu werden.
Von dir geliebt, schreitet es durch die Zeit,
zur ewigen Vollendung hin,
um dich für immer zu schauen und zu loben:

K/A: Dank sei Gott, Halleluja.

L: Ja, dieser Tag ist ein Geschenk deiner Liebe.
Darum loben und preisen wir dich,
beten wir dich an und danken dir
durch Jesus Christus im Heiligen Geist
und vereinen uns mit den Chören des Himmels
zu deinem Lobgesang:

► HYMNUS

SCHLUSSGEBETE

(Wenn die Wort-Gottes-Feier mit einer Kommunionfeier verbunden wird, kann das Schlussgebet aus den folgenden Texten gewählt werden.)

SCHLUSSGEBET 1

Gott, unser himmlischer Vater,
du schenkst Vergebung und Frieden.
Bleib bei uns auf dem Weg.
Lass uns Sorge tragen für alle, die uns brauchen,
und wo Unrecht deinem Reich entgegensteht,
lass uns Verzeihung üben
durch Jesus Christus, unseren Herrn.

SCHLUSSGEBET 2

Gott,
du bist reich an Liebe und Güte.
Wie eine Mutter für ihre Kinder sorgt,
so bist du uns zugetan.
Begleite uns in dieser Woche,
dass wir deinen Namen
in Wort und Tat verherrlichen
durch Jesus Christus, unseren Herrn.

SCHLUSSGEBET 3

Gott, Spender aller Gaben!
Du hast uns bewirtet
mit deinem Wort und dem Brot des Lebens.
Gib uns ein wachsames Herz,
damit wir dich erkennen in allem,
was uns im Alltag begegnet.
Darum bitten wir
durch Jesus Christus, unseren Herrn.

SCHLUSSGEBET 4

Gott, Urgrund unseres Seins!
Wir danken dir für Jesus, deinen Sohn,
unseren Herrn und Bruder.
Er sei unsere Stärke,
wenn wir dich, den Verborgenen, suchen.
Er sei unsere Kraft,
wenn wir auf seinen Spuren durchs Leben gehen.
Darum bitten wir durch ihn,
Jesus Christus, unseren Herrn.

SCHLUSSGEBET 5

Herr, unser Gott,
du hast uns als deine Gemeinde versammelt.
Wir bitten dich:
Ruf uns zusammen mit den Menschen aller Völker
und Nationen in das Reich deines Sohnes,
der mit dir lebt und herrscht in Ewigkeit.

SCHLUSSGEBET 6

Allmächtiger Gott und Vater,
du hast deinen gekreuzigten Sohn auferweckt
und ihm, dem Lebendigen,
die Macht des Leben spendenden Geistes gegeben.
Nimm dich deiner Kirche an, o Herr,
und erneuere ihre Jugend.
Lass sie aufleben durch deinen Heiligen Geist
durch Jesus Christus, unseren Herrn.

SCHLUSSGEBET 7

Gott, unser Vater,
dein Sohn hat uns von dir Kunde gebracht.
Er hat uns erkennen lassen, wie du bist:

groß in deiner Huld für deine Geschöpfe,
gewaltig in deiner Hoheit,
wehrlos in deiner Liebe.
Wir sagen dir Dank durch ihn,
der sich uns im Wort und im Brot des Lebens
geschenkt hat,
Jesus Christus, unseren Herrn.

SCHLUSSGEBET 8

Herr, unser Gott,
du hast gewollt,
dass sich das Bild deines Sohnes auspräge
im Wesen der Getauften,
die du zu deinem Tisch geladen hast.
Ermutige uns, dem Evangelium zu folgen
und deinem Heiligen Geist Raum zu geben,
durch Jesus Christus, unseren Herrn.

SCHLUSSGEBET 9

Allmächtiger Gott,
in dieser Feier
hast du uns an deinem göttlichen Leben Anteil geschenkt.
Lass uns niemals von dir getrennt werden,
sondern bewahre uns in deiner Liebe
durch Jesus Christus, unseren Herrn.

Zeit im Jahreskreis

DREIFALTIGKEITSSONNTAG – HOCHFEST

27. Mai 2018

Das trinitarische Bekenntnis, das Bekenntnis zum dreieinen Gott, ist im Neuen Testament grundgelegt, doch dieses bietet noch keine ausgefaltete Trinitätslehre. In den kommenden Jahrhunderten stand die Frage nach dem Verhältnis von Vater und Sohn im Vordergrund. 325 wurde sie auf dem Konzil von Nizäa mit dem Bekenntnis zu Jesus Christus als wahrem Gott beantwortet. Die Gottheit des Geistes wurde auf dem Konzil von Konstantinopel (381) festgehalten. – Vater, Sohn und Geist, oder: ursprungloser Ursprung aller Wirklichkeit, Logos, Sinn und Orientierung aller Welt in der Welt, und Gotteshauch, Lebendigmacher, wirksam überall in der Schöpfung, spürbar mitten im Menschen, in seinem, in ihrem innersten Inneren. So reich gibt sich der eine und einzige Gott, Gott Abrahams, Isaaks und Jakobs, Gott und Abba Jesu Christi, zu erfahren! Ein einziges göttliches Wesen in drei Hypostasen, in drei Personen, drei Verwirklichungsformen. Nahe einem jeden und einer jeden, unnahbar, und unvorstellbar nahe zugleich aller Welt. Offenbares Geheimnis. Wir feiern es – heute.

ERÖFFNUNGSVERS

Gepriesen sei der dreieinige Gott:
der Vater und sein eingeborener Sohn
und der Heilige Geist;
denn er hat uns sein Erbarmen geschenkt.

KYRIE-RUFE

Jesus Christus, unser Herr, du lebst und herrschst
mit dem Vater in der Einheit des Heiligen Geistes.
V/A: Herr, erbarme dich.
Du hast uns den Geist gegeben, der uns zu Kindern
Gottes und zu deinen Miterben macht, den Geist,
in dem wir rufen: Abba, Vater.
V/A: Christus, erbarme dich.
Du hast uns aufgetragen, alle Menschen zu
deinen Jüngern zu machen und sie zu taufen
auf den Namen des Vaters und des Sohnes
und des Heiligen Geistes.
V/A: Herr, erbarme dich.

Ehre sei Gott, S. 467 f.

TAGESGEBET

Herr, himmlischer Vater, du hast dein Wort und deinen Geist in die Welt gesandt, um das Geheimnis des göttlichen Lebens zu offenbaren. Gib, dass wir im wahren Glauben die Größe der göttlichen Dreifaltigkeit bekennen und die Einheit der drei Personen in ihrem machtvollen Wirken verehren. Darum bitten wir durch Jesus Christus.

WORTGOTTESDIENST

ZUR 1. LESUNG Schau dich doch um und hör dich um: Wo hat es das schon einmal gegeben? Adonai, dein Gott, ist unsagbar hoch und heilig, und gerade er, der Ewige, war immer treu und nah bei seinem Volk, wenn es erniedrigt wurde, wo es unrettbar verloren schien. Dieser Gott ist jenseits der Welt, doch die Welt ist von ihm, und er kommt zur Welt, als Helfer, als Retter, in Taten der Liebe. Öffne ihm also – deine Welt, deine Wohnung, dein Wissen und Wollen, dein Woher und Wohin.

ERSTE LESUNG

Dtn 4,32–34.39–40

Jahwe ist der Gott im Himmel droben und auf der Erde unten, keiner sonst

Lesung aus dem Buch Deuteronomium.

Mose sprach zum Volk; er sagte: Forsche einmal in früheren Zeiten nach, die vor dir gewesen sind, seit dem Tag, als Gott den Menschen auf der Erde schuf; forsche nach vom einen Ende des Himmels bis zum andern Ende:

Hat sich je etwas so Großes ereignet wie dieses und hat man je solche Worte gehört? Hat je ein Volk einen Gott mitten aus dem Feuer im Donner sprechen hören, wie du ihn gehört hast, und ist am Leben geblieben?

Oder hat je ein Gott es ebenso versucht, zu einer Nation zu kommen und sie mitten aus einer anderen herauszuholen unter Prüfungen, unter Zeichen, Wundern und Krieg, mit starker Hand und hoch erhobenem Arm und unter großen Schrecken, wie es der Herr, euer Gott, in Ägypten mit euch getan hat, vor deinen Augen?

Heute sollst du erkennen und dir zu Herzen nehmen: Jahwe ist der Gott im Himmel droben und auf der Erde unten, keiner sonst. Daher sollst du auf seine Gesetze und seine Gebote, auf die ich dich heute verpflichte, achten, damit es dir und später deinen Nachkommen gut geht und du lange lebst in dem Land, das der Herr, dein Gott, dir gibt für alle Zeit.

ANTWORTPSALM

Ps 33(32),4–5.6 u. 9.18–19.20 u. 22 (R: vgl. 12b)

℟ Selig das Volk, das der Herr sich zum Erbteil erwählt hat. – ℟

Das Wort des Herrn ist wahrhaftig, *
all sein Tun ist verlässlich.
Er liebt Gerechtigkeit und Recht, *
die Erde ist erfüllt von der Huld des Herrn. – (℟)

Durch das Wort des Herrn wurden die Himmel geschaffen, *
ihr ganzes Heer durch den Hauch seines Mundes.
Der Herr sprach und sogleich geschah es; *
er gebot und alles war da. – (R)

Das Auge des Herrn ruht auf allen, die ihn fürchten und ehren, *
die nach seiner Güte ausschaun;
denn er will sie dem Tod entreißen *
und in der Hungersnot ihr Leben erhalten. – (R)

Unsre Seele hofft auf den Herrn; *
er ist für uns Schild und Hilfe.
Lass deine Güte über uns walten, o Herr, *
denn wir schauen aus nach dir. – R

ZUR 2. LESUNG In der Taufe, sagt Paulus, haben wir Gottes eigenes Leben empfangen, den einen Atem, der Enges weit macht und Ungelöstes löst. Den wir zum Leben brauchen wie das täglich Brot und doch anders als das täglich Brot. Der uns befreit von allen Mächten und Gewalten, die uns die Luft zum Atmen nehmen oder sie uns zuteilen wollen, selbstherrlich, geizig und gängelnd. Woran wir merken, dass es Gottes Geist ist, der durch unser Leben weht und das Leben belebt? Paulus nennt das Gebet. Wenn wir zu Gott von Herzen Abba, Vater, rufen, dann ist es sein eigener Atem, der in unserem Atem spricht und uns zusagt, was wir nicht aus uns selbst heraus wissen noch wirken können: Es ist Zeit für einen Neuanfang. Und diesen Anfang hat Gott in Christus schon gemacht. Spürt ihm nach, Gottes von Furcht und Versklavung, Gottes zur Gotteskindschaft befreiendem Hauch.

ZWEITE LESUNG

Röm 8,14–17

Ihr habt den Geist empfangen, der euch zu Söhnen macht, den Geist, in dem wir rufen: Abba, Vater!

Lesung aus dem Brief des Apostels Paulus an die Römer.

Brüder [*oder:* Brüder und Schwestern! *oder:* Schwestern und Brüder!]! Alle, die sich vom Geist Gottes leiten lassen, sind Söhne Gottes. Denn ihr habt nicht einen Geist empfangen, der euch zu Sklaven macht, sodass ihr euch immer noch fürchten müsstet, sondern ihr habt den Geist empfangen, der euch zu Söhnen macht, den Geist, in dem wir rufen: Abba, Vater!

So bezeugt der Geist selber unserem Geist, dass wir Kinder Gottes sind. Sind wir aber Kinder, dann auch Erben; wir sind Erben Gottes und sind Miterben Christi, wenn wir mit ihm leiden, um mit ihm auch verherrlicht zu werden.

RUF VOR DEM EVANGELIUM

Vers: vgl. Offb 1,8

Halleluja. Halleluja.
Ehre sei dem Vater und dem Sohn und dem Heiligen Geist.
Ehre sei dem einen Gott,
der war und der ist und der kommen wird.
Halleluja.

ZUM EVANGELIUM Globalisierung, ein Schlüsselwort unserer Zeit. Bei den einen weckt es Hoffnungen, bei den anderen löst es schrillen Alarm aus. Die Kirche, sagen manche, ist der älteste „global player". Um Globalisierung, um weltweite Wirkung, und um Wirkung über diese Weltzeit hinaus, geht es auch im Abschiedswort Jesu. Auf dem Berg in Galiläa – die Gedankenverbindung zur Lehre auf dem Berg ist gewollt (Mt 5,1 und 8,1) – zeigt sich der Auferstandene den Seinen ein letztes Mal. Sie fallen vor ihm nieder und zweifeln zugleich. Ist dem Besiegten und Beseitigten, dem Gequälten und Getöteten wirklich alle Macht im Himmel und auf der Erde gegeben? Diese Macht kommt von Gott. Sie will befreien und heilen. Sie will nicht unterdrücken, quälen und töten. Sie fragt nicht triumphierend: Was kostet die Welt? Sie schenkt sich der Welt. Man kann sie mit Ohnmacht verwechseln. Doch der Schein trügt. Durch die Auferweckung Jesu sind die Mächte schon entmachtet, ist die zweifelhafte Ordnung der Welt auf den Kopf gestellt. Alle Jüngerinnen und Jünger sind von Jesus beauftragt, den auferstandenen Gekreuzigten an die Macht zu bringen – des einen und dreieinen Gottes liebevolle und befreiende Gegenwart.

EVANGELIUM

Mt 28,16–20

Tauft sie auf den Namen des Vaters und des Sohnes und des Heiligen Geistes!

+ **Aus dem heiligen Evangelium nach Matthäus.**

In jener Zeit gingen die elf Jünger nach Galiläa auf den Berg, den Jesus ihnen genannt hatte. Und als sie Jesus sahen, fielen sie vor ihm nieder. Einige aber hatten Zweifel.

Da trat Jesus auf sie zu und sagte zu ihnen: Mir ist alle Macht gegeben im Himmel und auf der Erde. Darum geht zu allen Völkern und macht alle Menschen zu meinen Jüngern; tauft sie auf den Namen des Vaters und des Sohnes und des Heiligen Geistes und lehrt sie, alles zu befolgen, was ich euch geboten habe.

Seid gewiss: Ich bin bei euch alle Tage bis zum Ende der Welt.

Glaubensbekenntnis, S. 470 ff.

FÜRBITTEN

Jüngerinnen und Jünger Jesu werden auf seinen Namen getauft und tauchen ein in die Gemeinschaft des Vaters mit dem Sohn im Heiligen Geist. So bitten wir den dreieinen Gott um seine Nähe und sein Erbarmen:

- Erfülle die Kirche mit deinem Geist in Glaube, Hoffnung und Liebe. V: Dreieiner Gott. A: Wir bitten dich, erhöre uns.

- Tröste und stärke die Menschen, die einsam sind, die sich ausgeschlossen fühlen, und schenke ihnen Nähe und Ermutigung durch gute Begegnungen. V: Dreieiner Gott. A: Wir bitten dich, erhöre uns.
- Stärke alle, die sich zu dir bekennen, dass ihr Leben Hoffnung ausstrahle und deine Nähe bezeuge. V: Dreieiner Gott. A: Wir bitten dich, erhöre uns.
- Schenke Leben und Nahrung allen, die elementaren Mangel leiden und nur geringe Chancen auf Teilhabe, Bildung und Arbeit haben. V: Dreieiner Gott. A: Wir bitten dich, erhöre uns.
- Tröste mit deiner guten Gegenwart alle, die schwer erkrankt sind und deren Lebensende nahe ist. V: Dreieiner Gott. A: Wir bitten dich, erhöre uns.

Dreieiner Gott, du willst uns nahe sein. Du lädst uns ein, dein Wort zu hören und teilzuhaben am Mahl. Dein Heiliger Geist stärke unseren Glauben und unsere Liebe. Darum bitten wir durch Jesus Christus, unseren Bruder und Herrn.

EUCHARISTIEFEIER

GABENGEBET

Gott, unser Vater, wir rufen deinen Namen an über Brot und Wein. Heilige diese Gaben und nimm mit ihnen auch uns an, damit wir dir auf ewig gehören. Darum bitten wir durch Christus, unseren Herrn.

PRÄFATION

In Wahrheit ist es würdig und recht, dir, Herr, heiliger Vater, allmächtiger, ewiger Gott, immer und überall zu danken. Mit deinem eingeborenen Sohn und dem Heiligen Geist bist du der eine Gott und der eine Herr, nicht in der Einzigkeit einer Person, sondern in den drei Personen des einen göttlichen Wesens. Was wir auf deine Offenbarung hin von deiner Herrlichkeit glauben, das bekennen wir ohne Unterschied von deinem Sohn, das bekennen wir vom Heiligen Geiste. So beten wir an im Lobpreis des wahren und ewigen Gottes die Sonderheit in den Personen, die Einheit im Wesen und die gleiche Fülle in der Herrlichkeit. Dich loben die Engel und Erzengel, die Kerubim und Serafim. Wie aus einem Mund preisen sie dich Tag um Tag und singen auf ewig das Lob deiner Herrlichkeit: Heilig …

KOMMUNIONVERS

Gal 4,6

Weil ihr Söhne seid,
sandte Gott den Geist seines Sohnes in eure Herzen,
den Geist, der ruft: Abba, Vater.

SCHLUSSGEBET

Herr, unser Gott, wir haben den Leib und das Blut deines Sohnes empfangen. Erhalte uns durch dieses Sakrament im wahren Glauben und im Bekenntnis des einen Gottes in drei Personen. Darum bitten wir durch Christus, unseren Herrn.

FEIERLICHER SCHLUSSSEGEN

Gott, unser Vater, segne euch mit allem Segen des Himmels, damit ihr rein und heilig lebt vor seinem Angesicht. – A: Amen.
Er lehre euch durch das Wort der Wahrheit; er bilde euer Herz nach dem Evangelium Christi und gebe euch Anteil an seiner Herrlichkeit. – A: Amen.
Er schenke euch jene brüderliche Liebe, an der die Welt die Jünger Christi erkennen soll. – A: Amen.

Das gewähre euch der dreieinige Gott, der Vater und der Sohn † und der Heilige Geist. – A: Amen.

***

WIR BEGREIFEN ES NICHT

Wir begreifen es nicht
das Geheimnis Gottes

drei Personen
und doch ein Gott

aber wir spüren es
jeden Tag
das Geheimnis Gottes

die Liebe

die fließt
zwischen Vater
Sohn
und Geist

die Liebe

die Menschen verbindet
und uns
von Gott erzählt

Heinz Detlef Stäps

HOCHFEST DES LEIBES UND BLUTES CHRISTI

FRONLEICHNAM

31. Mai 2018

Seit der Mitte des 13. Jahrhunderts feiert die katholische Kirche das Hochfest des Leibes und Blutes Christi. Sinnlich und unsinnlich zugleich ist dieses universalkirchliche Fest zu Ehren der Eucharistie. Es gibt etwas zu sehen. Deutlich, überdeutlich, ausgestellt. Den Leib Christi? Und doch ist dieser entleibt, reduziert zu einer papierenen Hostie. Aber vielleicht wird gerade in dieser Spannung, in dieser Zweideutigkeit, das Fest seinem Geheimnis gerecht.

ERÖFFNUNGSVERS

Vgl. Ps 81(80),17

Er hat uns mit bestem Weizen genährt
und mit Honig aus dem Felsen gesättigt.

KYRIE-RUFE

Herr Jesus Christus, du gibst uns Anteil
an dem *einen* Brot und dem *einen* Kelch.
V/A: Herr, erbarme dich.
Du machst uns zu *einer* lebendigen Opfergabe.
V/A: Christus, erbarme dich.
Du lässt uns *ein* Leib werden im Heiligen Geist.
V/A: Herr, erbarme dich.

Ehre sei Gott, S. 467 f.

TAGESGEBET

Herr Jesus Christus, im wunderbaren Sakrament des Altares hast du uns das Gedächtnis deines Leidens und deiner Auferstehung hinterlassen. Gib uns die Gnade, die heiligen Geheimnisse deines Leibes und Blutes so zu verehren, dass uns die Frucht der Erlösung zuteil wird. Der du in der Einheit des Heiligen Geistes mit Gott dem Vater lebst und herrschest in alle Ewigkeit.

WORTGOTTESDIENST

ZUR 1. LESUNG „Wir wollen tun und hören", sagt der hebräische Text. Da gerät man ins Stolpern. Erst tun, dann hören? Kann das so stimmen? In der deutschen Übersetzung ist diese Auffälligkeit geglättet, die Stelle hat ihren Stachel verloren: „Alles, was der Herr gesagt hat, wollen wir tun; wir wollen gehorchen." Kannst du nicht hören? Das sagt man Kindern. Gut zuhören ist aber auch für Große wichtig. Es ist so einfach, wegzuhören. Es fällt so leicht, den Ruf zu überhören; das ist wohl der Normalfall unseres Lebens. Die Stimme des anderen ist so leise. Gottes Ruf ist nur ein Hauch. Das Flehen des Nächsten, Gottes eigenes Wort, ich komme erst in ihre Hörweite, sie werden mir erst vernehmlich, wenn ich den Gehorsam wage, wenn ich mich bewege, und sei es um einen infinitesimal kleinen Schritt. „Wir wollen tun und hören." Ein biblischer Denkfehler? Ein biblischer Denkanstoß.

ERSTE LESUNG Ex 24,3–8

Das ist das Blut des Bundes, den der Herr mit euch geschlossen hat

Lesung aus dem Buch Exodus.

In jenen Tagen kam Mose und übermittelte dem Volk alle Worte und Rechtsvorschriften des Herrn. Das ganze Volk antwortete einstimmig und sagte: Alles, was der Herr gesagt hat, wollen wir tun.

Mose schrieb alle Worte des Herrn auf. Am nächsten Morgen stand er zeitig auf und errichtete am Fuß des Berges einen Altar und zwölf Steinmale für die zwölf Stämme Israels.

Er schickte die jungen Männer Israels aus. Sie brachten Brandopfer dar und schlachteten junge Stiere als Heilsopfer für den Herrn. Mose nahm die Hälfte des Blutes und goss es in eine Schüssel, mit der anderen Hälfte besprengte er den Altar. Darauf nahm er die Urkunde des Bundes und verlas sie vor dem Volk. Sie antworteten: Alles, was der Herr gesagt hat, wollen wir tun; wir wollen gehorchen.

Da nahm Mose das Blut, besprengte damit das Volk und sagte: Das ist das Blut des Bundes, den der Herr aufgrund all dieser Worte mit euch geschlossen hat.

ANTWORTPSALM Ps 116(115), 12–13.15–16.17–18 (℟: vgl. 1 Kor 10, 16)

℟ Der Kelch des Segens gibt uns Anteil an Christi Blut. – ℟

Oder:

℟ Halleluja. – ℟

Wie kann ich dem Herrn all das vergelten, *
was er mir Gutes getan hat?
Ich will den Kelch des Heils erheben *
und anrufen den Namen des Herrn. – (℟)

Kostbar ist in den Augen des Herrn *
das Sterben seiner Frommen.
Ach Herr, ich bin doch dein Knecht, †
dein Knecht bin ich, der Sohn deiner Magd. *
Du hast meine Fesseln gelöst. – (℟)

Ich will dir ein Opfer des Dankes bringen *
und anrufen den Namen des Herrn.
Ich will dem Herrn meine Gelübde erfüllen *
offen vor seinem ganzen Volk. – ℟

ZUR 2. LESUNG Opfern. Eine jahrhundertealte Tradition. Im Jerusalemer Tempel wie anderswo, hier wohl auch anders als anderswo. Und dennoch, nun verändert sich etwas. Der Tempel zerstört. Die römische Besatzungsmacht hatte im Jahr 70 nach Christus durchgegriffen. Grausam. Eine Erschütterung für die gläubige Judenheit. Eine Erschütterung, die die Christus-Gläubigen aus Judentum und bald auch aus dem Heidentum bereits durchlebt und durchlitten haben. Abendmahl, Kreuz, Auferstehung, die alten Gewissheiten vom Opfer sind bereits durcheinandergeschüttelt. Kein Stein bleibt auf dem anderen. Kein Opferstein mehr da. Kein Altar. Weil des Todes Macht getötet wurde. Im gewalttätigen, im gewaltlosen Tod des Geliebten, des Liebenden. Des Sohnes.

ZWEITE LESUNG Hebr 9,11–15

Das Blut Christi wird unser Gewissen von toten Werken reinigen

Lesung aus dem Hebräerbrief.

Christus ist gekommen als Hoherpriester der künftigen Güter; und durch das erhabenere und vollkommenere Zelt, das nicht von Menschenhand gemacht, das heißt nicht von dieser Welt ist, ist er ein für alle Mal in das Heiligtum hineingegangen, nicht mit dem Blut von Böcken und jungen Stieren, sondern mit seinem eigenen Blut, und so hat er eine ewige Erlösung bewirkt.

Denn wenn schon das Blut von Böcken und Stieren und die Asche einer Kuh die Unreinen, die damit besprengt werden, so heiligt, dass sie leiblich rein werden, wie viel mehr wird das Blut Christi, der sich selbst kraft ewigen Geistes Gott als makelloses Opfer dargebracht hat, unser Gewissen von toten Werken reinigen, damit wir dem lebendigen Gott dienen.

Und darum ist er der Mittler eines neuen Bundes; sein Tod hat die Erlösung von den im ersten Bund begangenen Übertretungen bewirkt, damit die Berufenen das verheißene ewige Erbe erhalten.

SEQUENZ

Deinem Heiland, deinem Lehrer,
deinem Hirten und Ernährer,
Sion, stimm ein Loblied an!

Preis nach Kräften seine Würde,
da kein Lobspruch, keine Zierde
seinem Ruhm genügen kann.

Dieses Brot sollst du erheben,
welches lebt und gibt das Leben,
das man heut den Christen weist.

Dieses Brot, mit dem im Saale
Christus bei dem Abendmahle
die zwölf Jünger hat gespeist.

Laut soll unser Lob erschallen
und das Herz in Freude wallen,
denn der Tag hat sich genaht,

da der Herr zum Tisch der Gnaden
uns zum ersten Mal geladen
und dies Mahl gestiftet hat.

Neuer König, neue Zeiten,
neue Ostern, neue Freuden,
neues Opfer allzumal!

Vor der Wahrheit muss das Zeichen,
vor dem Licht der Schatten weichen,
hell erglänzt des Tages Strahl.

Was von Christus dort geschehen,
sollen wir fortan begehen,
seiner eingedenk zu sein.

Treu dem heiligen Befehle
wandeln wir zum Heil der Seele
in sein Opfer Brot und Wein.

Doch wie uns der Glaube kündet,
der Gestalten Wesen schwindet,
Fleisch und Blut wird Brot und Wein.

Was das Auge nicht kann sehen,
der Verstand nicht kann verstehen,
sieht der feste Glaube ein.

Unter beiderlei Gestalten
hohe Dinge sind enthalten,
in den Zeichen tief verhüllt.

Blut ist Trank und Fleisch ist Speise,
doch der Herr bleibt gleicherweise
ungeteilt in beider Bild.

Wer ihm nahet voll Verlangen,
darf ihn unversehrt empfangen,
ungemindert, wunderbar.

Einer kommt und tausend kommen,
doch so viele ihn genommen,
er bleibt immer, der er war.

Gute kommen, Böse kommen,
alle haben ihn genommen,
die zum Leben, die zum Tod.

Bösen wird er Tod und Hölle,
Guten ihres Lebens Quelle,
wie verschieden wirkt dies Brot!

Wird die Hostie auch gespalten,
zweifle nicht an Gottes Walten,
dass die Teile das enthalten,
was das ganze Brot enthält.

Niemals kann das Wesen weichen,
teilen lässt sich nur das Zeichen,
Sach und Wesen sind die gleichen,
beide bleiben unentstellt.

Seht das Brot, die Engelspeise!
Auf des Lebens Pilgerreise
nehmt es nach der Kinder Weise,
nicht den Hunden werft es hin!

Lang im Bild war's vorbereitet:
Isaak, der zum Opfer schreitet;
Osterlamm, zum Mahl bereitet;
Manna nach der Väter Sinn.

Guter Hirt, du wahre Speise,
Jesus, gnädig dich erweise!
Nähre uns auf deinen Auen,
lass uns deine Wonnen schauen
in des Lebens ewigem Reich!

Du, der alles weiß und leitet,
uns im Tal des Todes weidet,
lass an deinem Tisch uns weilen,
deine Herrlichkeit uns teilen.
Deinen Seligen mach uns gleich!

Oder (Kurzfassung):

SEQUENZ

Seht das Brot, die Engelspeise!
Auf des Lebens Pilgerreise
nehmt es nach der Kinder Weise,
nicht den Hunden werft es hin!

Lang im Bild war's vorbereitet:
Isaak, der zum Opfer schreitet;
Osterlamm, zum Mahl bereitet;
Manna nach der Väter Sinn.

Guter Hirt, du wahre Speise,
Jesus, gnädig dich erweise!
Nähre uns auf deinen Auen,
lass uns deine Wonnen schauen
in des Lebens ewigem Reich!

Du, der alles weiß und leitet,
uns im Tal des Todes weidet,
lass an deinem Tisch uns weilen,
deine Herrlichkeit uns teilen.
Deinen Seligen mach uns gleich!

Oder:

SEQUENZ

Lobe, Zion, deinen Hirten;
dem Erlöser der Verirrten
stimme Dank und Jubel an.
Lass dein Lob zum Himmel dringen;
ihn zu rühmen, ihm zu singen,
hat kein Mensch genug getan.

Er ist uns im Brot gegeben,
Brot, das lebt und spendet Leben,

Brot das Ewigkeit verheißt,
Brot, mit dem der Herr im Saale
dort beim österlichen Mahle
die zwölf Jünger hat gespeist.

Lobt und preist, singt Freudenlieder;
festlich kehrt der Tag uns wieder,
jener Tag von Brot und Wein,
da der Herr zu Tisch geladen
und dies heilge Mahl der Gnaden
setzte zum Gedächtnis ein.

Was bei jenem Mahl geschehen,
sollen heute wir begehen
und verkünden seinen Tod.
Wie der Herr uns aufgetragen,
weihen wir, Gott Dank zu sagen,
nun zum Opfer Wein und Brot.

Seht das Brot, der Engel Speise,
Brot auf unsrer Pilgerreise,
das den Hunger wahrhaft stillt.
Abrams Opfer hats gedeutet,
war im Manna vorbereitet,
fand im Osterlamm sein Bild.

Guter Hirt, du Brot des Lebens,
wer dir traut, hofft nicht vergebens,
geht getrost durch diese Zeit.
Die du hier zu Tisch geladen,
ruf auch dort zum Mahl der Gnaden
in des Vaters Herrlichkeit.

Oder (Kurzfassung):

SEQUENZ

Seht das Brot, der Engel Speise,
Brot auf unsrer Pilgerreise,
das den Hunger wahrhaft stillt.
Abrams Opfer hats gedeutet,
war im Manna vorbereitet,
fand im Osterlamm sein Bild.

Guter Hirt, du Brot des Lebens,
wer dir traut, hofft nicht vergebens,
geht getrost durch diese Zeit.
Die du hier zu Tisch geladen,
ruf auch dort zum Mahl der Gnaden
in des Vaters Herrlichkeit.

RUF VOR DEM EVANGELIUM

Vers: vgl. Joh 6,51

Halleluja. Halleluja.
(So spricht der Herr:)
Ich bin das lebendige Brot, das vom Himmel gekommen ist.
Wer dieses Brot isst, wird in Ewigkeit leben.
Halleluja.

ZUM EVANGELIUM Ein großes Fest braucht einen geeigneten, großzügigen, einladenden Raum. Der Raum, in dem Jesus mit seinen Jüngern feiern wird, ist groß, und er ist sogar einladend ausgepolstert. Das klingt nach Entspannung und Annehmlichkeit. Zwei Freunde bereiten das Essen vor. Der Abend kann kommen. Ja, Entspannung – die Richtung stimmt. Bei diesem Fest geht es sogar um mehr, es geht tiefer. Das Paschafest vergegenwärtigt Befreiung, Entkommen. Es ist lebendige Erinnerung an die Flucht der Vorfahren aus dem ägyptischen Sklavenhaus. Gott hat sein Volk erlöst. Grund genug, gelöst zu feiern. Gottes Geschichte mit seinem Volk erneuert sich in jeder, und auf unvorhersehbare Weise in dieser Paschanacht. Der Menschensohn, der von Gott gekommen ist, um den anderen zu dienen, will sich hingeben „als Lösegeld für viele" (Mk 10,45). Jesus lobt und dankt dem treuen Gott: erlöst, gelöst. So löst er die Gefangenen, Versklavten, Verlorenen und Vergessenen aus.

EVANGELIUM

Mk 14,12–16.22–26

Das ist mein Leib. Das ist mein Blut, das Blut des Bundes

\+ **Aus dem heiligen Evangelium nach Markus.**

Am ersten Tag des Festes der Ungesäuerten Brote, an dem man das Paschalamm schlachtete, sagten die Jünger zu Jesus: Wo sollen wir das Paschamahl für dich vorbereiten?

Da schickte er zwei seiner Jünger voraus und sagte zu ihnen: Geht in die Stadt; dort wird euch ein Mann begegnen, der einen Wasserkrug trägt. Folgt ihm, bis er in ein Haus hineingeht; dann sagt zu dem Herrn des Hauses: Der Meister lässt dich fragen: Wo ist der Raum, in dem ich mit meinen Jüngern das Paschalamm essen kann? Und der Hausherr wird euch einen großen Raum im Obergeschoss zeigen, der schon für das Festmahl hergerichtet und mit Polstern ausgestattet ist. Dort bereitet alles für uns vor!

Die Jünger machten sich auf den Weg und kamen in die Stadt. Sie fanden alles so, wie er es ihnen gesagt hatte, und bereiteten das Paschamahl vor.

Während des Mahls nahm Jesus das Brot und sprach den Lobpreis; dann brach er das Brot, reichte es ihnen und sagte: Nehmt, das ist mein Leib.

Dann nahm er den Kelch, sprach das Dankgebet, reichte ihn den Jüngern und sie tranken alle daraus. Und er sagte zu ihnen: Das ist mein Blut, das Blut des Bundes, das für viele vergossen wird. Amen, ich sage euch: Ich werde nicht mehr von der Frucht des Weinstocks trinken bis zu dem Tag, an dem ich von Neuem davon trinke im Reich Gottes.

Nach dem Lobgesang gingen sie zum Ölberg hinaus.

Glaubensbekenntnis, S. 470 ff.

FÜRBITTEN

Guter Gott, deine Wirklichkeit kommt heilend und befreiend, wahrhaft nährend zu den Menschen. Wir bitten dich:

- Lass alle Getauften deinen Willen immer mehr erkennen – und befähige sie, danach zu leben. V: Du Gott des Lebens. A: Nähre uns.
- Schenke allen Gliedern deiner Kirche das Bewusstsein, dass sie gerufen sind, – und lass sie mutig Verantwortung übernehmen, wo es nottut. V: Du Gott des Lebens. A: Nähre uns.
- Bestärke junge Menschen, sich in Freiwilligendiensten für Benachteiligte und Schwächere einzusetzen – und behüte sie auf all ihren Wegen V: Du Gott des Lebens. A: Nähre uns.
- Wecke das Verantwortungsbewusstsein der Politikerinnen und Politiker – und hilf ihnen, Wege des Friedens zu suchen und zu gehen. V: Du Gott des Lebens. A: Nähre uns.

Allmächtiger, ewiger Gott, im Geheimnis der Eucharistie bist du uns Menschen bleibend verbunden. Du nährst uns und erfüllst uns mit deinem Geist. Dir sei Dank und Ehre, jetzt und in Ewigkeit.

EUCHARISTIEFEIER

GABENGEBET

Herr, unser Gott, wir bringen das Brot dar, das aus vielen Körnern bereitet, und den Wein, der aus vielen Trauben gewonnen ist. Schenke deiner Kirche, was diese Gaben geheimnisvoll bezeichnen: die Einheit und den Frieden. Darum bitten wir durch Christus, unseren Herrn.

PRÄFATION

In Wahrheit ist es würdig und recht, dir, Herr, heiliger Vater, allmächtiger, ewiger Gott, immer und überall zu danken durch unseren Herrn Jesus Christus. Denn er hat beim letzten Abendmahl das Gedächtnis des Kreuzesopfers gestiftet zum Heil der Menschen bis ans Ende der Zeiten. Er hat sich dargebracht als Lamm ohne Makel, als Gabe, die dir gefällt, als Opfer des Lobes. Dieses erhabene Geheimnis heiligt und stärkt deine Gläubigen, damit der eine Glaube die Menschen der einen Erde erleuchte, die eine Liebe sie alle verbinde. So kommen wir zu deinem heiligen Tisch, empfangen von dir Gnade um Gnade und werden neu gestaltet nach dem Bild deines Sohnes. Durch ihn rühmen dich Himmel und Erde, Engel und Menschen und singen wie aus einem Munde das Lob deiner Herrlichkeit: Heilig …

KOMMUNIONVERS Joh 6,56

So spricht der Herr:
Wer mein Fleisch isst und mein Blut trinkt,
der bleibt in mir und ich bleibe in ihm.

SCHLUSSGEBET

Herr Jesus Christus, der Empfang deines Leibes und Blutes ist für uns ein Vorgeschmack der kommenden Herrlichkeit. Sättige uns im ewigen Leben durch den vollen Genuss deiner Gottheit. Der du lebst und herrschest in alle Ewigkeit.

FEIERLICHER SCHLUSSSEGEN S. 197

Oder:

Gott hat euch zu Königen gemacht und zu Priestern. Er gebe euch die Kraft, aus dem Opfer Christi zu leben. – A: Amen.

Er hat euch um den einen Tisch versammelt und euch gestärkt mit dem einen Brot. Er mache euch eines Herzens und eines Sinnes. – A: Amen.
Er hat euch gesandt, euren Glauben zu bezeugen. Er helfe euch, die Menschen durch das Beispiel eurer Liebe zu Jesus Christus zu führen. – A: Amen.
Das gewähre euch der dreieinige Gott, der Vater und der Sohn † und der Heilige Geist. – A: Amen.

***

KOMMT ESST

steht auf vom tod
ihr seid geweckt
kommt her zu tisch
er ist gedeckt

kommt esst
das brot
das ist
mein leib

kommt trinkt
den wein
das ist
mein blut

steht auf vom tod
ihr seid geweckt
kommt her zu tisch
er ist gedeckt

geht und
verteilt
ihr seid
das brot

geht und
reicht rund
ihr seid
der wein

steht auf vom tod
ihr seid geweckt
kommt her zu tisch
er ist gedeckt

geht und
sagt rund
von mund
zu mund

geht und
sagt rund
ein neu
er bund

steht auf vom tod
ihr seid geweckt
kommt her zu tisch
er ist gedeckt

Wilhelm Willms

9. SONNTAG IM JAHRESKREIS

3. Juni 2018

Der wöchentliche Ruhetag in der Sieben-Tage-Woche – der Sabbat der Juden wie der christliche Sonntag – ist eines der großen zivilisatorischen Geschenke der biblischen Religion an die Menschheit. Dabei verbindet sich für den Christen Gottes Gebot, den Sabbat als alle Geschöpfe befreienden Ruhetag zu heiligen, mit dem Charakter des Sonntags als Tag des Herrn, als „Dies Domini", mit der wöchentlichen Erinnerung an die Auferstehung Christi. Heute gilt es, den arbeitsfreien Sonntag an mehreren Fronten zugleich zu verteidigen: politisch gegen das rücksichtslos an ihrer Profitmaximierung orientierte Streben der Ökonomie, immer weitere Lücken in den Schutz der sonntäglichen Arbeitsruhe zu schlagen; gesellschaftlich gegen eine sich ausbreitende geistige Verarmung, der als Freizeitgestaltung auch am Sonntag nur noch „shoppen" einfällt; schließlich aber auch in der persönlichen Lebensgestaltung gegen jene Formen von Selbstausbeutung, die die sonntägliche „Arbeits-Ruhe" als Zeitressource ungestörter Arbeit missbrauchen.

ERÖFFNUNGSVERS

Ps 25(24),16.18

Herr, wende dich mir zu und sei mir gnädig,
denn ich bin einsam und gebeugt.
Sieh meine Not und meine Plage an
und vergib mir all meine Sünden.

KYRIE-RUFE

Jesus Christus, Menschensohn,
du bist Herr über den Sabbat.
V/A: Herr, erbarme dich.

Du willst, dass der Sabbat für den Menschen
da ist, nicht der Mensch für den Sabbat.
V/A: Christus, erbarme dich.
Du hast uns den Sonntag geschenkt als Tag
der Freude und der Muße, als Tag der
Arbeitsruhe und der seelischen Erhebung.
V/A: Herr, erbarme dich.

Ehre sei Gott, S. 467 f.

TAGESGEBET

Gott, unser Vater, deine Vorsehung geht niemals fehl. Halte von uns fern, was uns schadet, und gewähre uns alles, was zum Heile dient. Darum bitten wir durch Jesus Christus.

WORTGOTTESDIENST

ZUR 1. LESUNG Einer der besonders schönen Züge jüdischer Glaubenspraxis bis heute ist die Freude am Sabbat und der liebevolle Umgang mit ihm. Quellen des Sabbatgebots sind die beiden Texte Ex 20,8–11 und die Verse aus dem Deuteronomium in der vorliegenden Lesung. Das Gebot schließt alle ein: Sohn und Tochter, Sklave und Sklavin, selbst die Tierwelt, die in Dtn 5,14 gegenüber Ex 20 noch etwas differenziert wird; auch der Fremde – sie alle „sollen sich ausruhen wie du" (V. 14). Dabei wird hier nicht einfach gefordert. Das Gebot findet, wie bereits in Ex 20, eine Begründung, jedoch anders als dort. Lag diese in Ex noch bei dem Verweis auf Gottes Ruhen am siebten Tag nach der Vollendung des Schöpfungswerks, erinnert Dtn an Gottes Befreiung Israels aus der Sklaverei in Ägypten. Die Verpflichtung zur Arbeitsruhe wird begründet über die Arbeitsruhe für die Sklaven, die zweimal eingeschärft wird – die Sklaven, in denen Israel sich wiedererkennen soll. Schon im Ansatz also eine soziale Zuspitzung. Welch ein gutes, welch ein köstliches Gebot: nicht neigungsfreie Pflichterfüllung, sondern eine Pflicht zum Wohlergehen, zu Erholung und Genuss. Wir haben allen Grund, uns in die Sabbatfreude, die Sonntagsfreude einzuüben.

ERSTE LESUNG Dtn 5,12–15

Denk daran: Als du in Ägypten Sklave warst, hat dich der Herr dort herausgeführt

Lesung aus dem Buch Deuteronomium.

So spricht der Herr: Achte auf den Sabbat: Halte ihn heilig, wie es dir der Herr, dein Gott, zur Pflicht gemacht hat. Sechs Tage darfst du schaffen und jede Arbeit tun.

Der siebte Tag ist ein Ruhetag, dem Herrn, deinem Gott, geweiht. An ihm darfst du keine Arbeit tun: du, dein Sohn und deine Tochter, dein Sklave und deine Sklavin, dein Rind, dein Esel und dein ganzes Vieh und der Fremde, der in deinen Stadtbereichen Wohnrecht hat. Dein Sklave und deine Sklavin sollen sich ausruhen wie du.

Denk daran: Als du in Ägypten Sklave warst, hat dich der Herr, dein Gott, mit starker Hand und hoch erhobenem Arm dort herausgeführt. Darum hat es dir der Herr, dein Gott, zur Pflicht gemacht, den Sabbat zu halten.

ANTWORTPSALM Ps 81 (80),3–4.5–6b.6c–8a.10–11 (R: vgl. 2a)

℟ Lobet Gott, den Herrn;
denn er ist unsere Zuflucht. – ℟

Stimmt an den Gesang, schlagt die Pauke, *
die liebliche Laute, dazu die Harfe!
Stoßt in die Posaune am Neumond *
und zum Vollmond, am Tag unsres Festes! – (℟)

Denn das ist Satzung für Israel, *
Entscheid des Gottes Jakobs.
Das hat er als Gesetz für Josef erlassen, *
als Gott gegen Ägypten auszog. – (R)

Eine Stimme höre ich, die ich noch nie vernahm: †
Seine Schulter hab ich von der Bürde befreit, *
seine Hände kamen los vom Lastkorb.
Du riefst in der Not, *
und ich riss dich heraus. – (R)

Für dich gibt es keinen andern Gott. *
Du sollst keinen fremden Gott anbeten.
Ich bin der Herr, dein Gott, †
der dich heraufgeführt hat aus Ägypten. *
Tu deinen Mund auf! Ich will ihn füllen. – R

ZUR 2. LESUNG Über weite Strecken ist Paulus' Apostelamt das Thema im 2 Kor. So auch in den Versen 7–11. Doch gilt, was hier über die Teilhabe am Leiden Christi gesagt wird, für jede christliche Existenz. Wer an Christus glaubt, ist nicht ausgenommen vom Leid und von der Not des Alltags. Und wenn von dem gehetzten In-die-Enge-getrieben-Werden und Nicht-ein-noch-aus-Wissen die Rede ist, dann weiß auch jeder, der in einem heutigen Berufsleben das mörderische Zermahlenwerden zwischen immer noch mehr Anforderungen und Terminen von innen kennt, ganz genau, was gemeint ist. Und doch finden wir Raum, müssen nicht verzweifeln, sind nicht verlassen, werden nicht vernichtet: Der Glaube öffnet den Horizont. Auch er ist zerbrechlich. Ständig werden wir daran erinnert, woher diese Kraft kommt, die in ihrem Übermaß die Signatur der göttlichen Herrlichkeit trägt. In all dem geschieht, was die Sprache des geistlichen Lebens das Gleichförmig-Werden mit Christus nennt: Sein Kreuz wird an uns offenbar, und so auch sein neues, endgültiges Leben.

ZWEITE LESUNG

2 Kor 4,6–11

Das Leben Jesu wird an unserem Leib sichtbar

Lesung aus dem zweiten Brief des Apostels Paulus an die Korinther.

Brüder [*oder:* Brüder und Schwestern! *oder:* Schwestern und Brüder!]! Gott, der sprach: Aus Finsternis soll Licht aufleuchten!, er ist in unseren Herzen aufgeleuchtet, damit wir erleuchtet werden zur Erkenntnis des göttlichen Glanzes auf dem Antlitz Christi.

Diesen Schatz tragen wir Apostel in zerbrechlichen Gefäßen; so wird deutlich, dass das Übermaß der Kraft von Gott und nicht von uns kommt. Von allen Seiten werden wir in die Enge getrieben und finden doch noch Raum; wir wissen weder aus noch ein und verzweifeln dennoch nicht; wir werden gehetzt und sind doch nicht verlassen; wir werden niedergestreckt und doch nicht vernichtet. Wohin wir auch kommen, immer tragen wir das Todesleiden Jesu an unserem Leib, damit auch das Leben Jesu an unserem Leib sichtbar wird.

Denn immer werden wir, obgleich wir leben, um Jesu willen dem Tod ausgeliefert, damit auch das Leben Jesu an unserem sterblichen Fleisch offenbar wird.

RUF VOR DEM EVANGELIUM

Vers: vgl. Joh 17,17

Halleluja, Halleluja.
Dein Wort, o Herr, ist Wahrheit;
heilige uns in der Wahrheit!
Halleluja.

ZUM EVANGELIUM Immer wieder unterstreicht Jesus, dass er sich in keiner Weise gegen das Gesetz stellen will. Gerade an dem Konflikt über den Sabbat wird deutlich, dass es ihm darum geht, den eigentlichen Sinn des Gebotes zur Geltung zu bringen. Der Sabbat zielt auf den Menschen. Er soll ausruhen dürfen. Es geht um diese Wohltat und nicht um irgendeine Kasuistik, deren ängstliche Erfüllung das Gebot schützen zu müssen glaubt: „Der Sabbat ist für den Menschen da, nicht der Mensch für den Sabbat." (Kap. 2, V. 27) Um diesen Satz dreht sich alles. Und ganz nebenbei ist hier so deutlich wie kaum irgendwo sonst jene Wende zum Menschen artikuliert, die der biblische Glaube in die abendländische Kultur gebracht hat – bis in die säkularen Menschenrechtsgarantien heutiger Verfassungen hinein. Der Zorn und die Trauer Jesu aber über das verstockte Herz seiner Zuhörer (Kap. 3, V. 5) mag in jedem hochkommen, der sieht, wie heute auch in der Kirche an Gesetzen ängstlich festgehalten und so Leben verhindert wird.

EVANGELIUM Mk 2,23–3,6

Der Menschensohn ist Herr auch über den Sabbat

+ **Aus dem heiligen Evangelium nach Markus.**

An einem Sabbat ging Jesus durch die Kornfelder, und unterwegs rissen seine Jünger Ähren ab. Da sagten die Pharisäer zu ihm: Sieh dir an, was sie tun! Das ist doch am Sabbat verboten.

Er antwortete: Habt ihr nie gelesen, was David getan hat, als er und seine Begleiter hungrig waren und nichts zu essen hatten – wie er zur Zeit des Hohenpriesters Abjatar in das Haus Gottes ging und die heiligen Brote aß, die außer den Priestern niemand essen darf, und auch seinen Begleitern davon gab?

Und Jesus fügte hinzu: Der Sabbat ist für den Menschen da, nicht der Mensch für den Sabbat. Deshalb ist der Menschensohn Herr auch über den Sabbat.

Als er ein andermal in eine Synagoge ging, saß dort ein Mann, dessen Hand verdorrt war. Und sie gaben Acht, ob Jesus ihn am Sabbat heilen werde; sie suchten nämlich einen Grund zur Anklage gegen ihn.

Da sagte er zu dem Mann mit der verdorrten Hand: Steh auf und stell dich in die Mitte! Und zu den anderen sagte er: Was ist am Sabbat erlaubt: Gutes zu tun oder Böses, ein Leben zu retten oder es zu vernichten? Sie aber schwiegen. Und er sah sie der Reihe nach an,

voll Zorn und Trauer über ihr verstocktes Herz, und sagte zu dem Mann: Streck deine Hand aus! Er streckte sie aus, und seine Hand war wieder gesund.
Da gingen die Pharisäer hinaus und fassten zusammen mit den Anhängern des Herodes den Beschluss, Jesus umzubringen.

Oder:

KURZFASSUNG

Mk 2,23–28

Der Menschensohn ist Herr auch über den Sabbat

+ Aus dem heiligen Evangelium nach Markus.

An einem Sabbat ging Jesus durch die Kornfelder, und unterwegs rissen seine Jünger Ähren ab. Da sagten die Pharisäer zu ihm: Sieh dir an, was sie tun! Das ist doch am Sabbat verboten.
Er antwortete: Habt ihr nie gelesen, was David getan hat, als er und seine Begleiter hungrig waren und nichts zu essen hatten – wie er zur Zeit des Hohenpriesters Abjatar in das Haus Gottes ging und die heiligen Brote aß, die außer den Priestern niemand essen darf, und auch seinen Begleitern davon gab?
Und Jesus fügte hinzu: Der Sabbat ist für den Menschen da, nicht der Mensch für den Sabbat. Deshalb ist der Menschensohn Herr auch über den Sabbat.

Glaubensbekenntnis, S. 470 ff.

FÜRBITTEN

Der biblische Sabbat ist der Tag des Atemholens, des neuen Atems. Sabbat bedeutet: Schöpfer und Schöpfung atmen gemeinsam auf. Wir beten zu Gott, dem Schöpfer der Welt:

- Für alle, die am Sonntag zum Hören des Wortes Gottes und zur Feier des Mahles in deinem Geist zusammenkommen. V/A: Komm, Schöpfer Geist.

- Für alle, die in Armut leben und auch sonntags um den Lebensunterhalt ringen müssen. V/A: Komm, Schöpfer Geist.
- Für alle, die die kommenden Wochen des Sommers nutzen wollen, um Atem zu holen und Herz und Sinne zu beleben. V/A: Komm, Schöpfer Geist.
- Für alle, die unter chronischen Krankheiten, unter Enge und Atemnot leiden. V/A: Komm, Schöpfer Geist.
- Für alle, die innerlich ruhelos sind. V/A: Komm, Schöpfer Geist.
- Für alle, die auch am Sonntag für kranke und hilflose Menschen da sind. V/A: Komm, Schöpfer Geist.

Guter Gott, du schenkst Leben in Fülle, du schenkst Ruhe und Frieden. Gib, dass auch wir im Gleichklang mit der Schöpfung und ihrem Schöpfer leben. So bitten wir durch Jesus, unseren Bruder und Lehrer.

EUCHARISTIEFEIER

GABENGEBET

Herr, unser Gott, im Vertrauen auf deine Güte kommen wir mit Gaben zu deinem Altar. Tilge unsere Schuld durch das Geheimnis des Glaubens, das wir im Auftrag deines Sohnes feiern, und schenke uns deine Gnade. Darum bitten wir durch Christus, unseren Herrn.

Präfation, S. 482 ff.

KOMMUNIONVERS

Ps 17(16),6

Ich rufe dich an, denn du, Gott, erhörst mich.
Wende dein Ohr mir zu, vernimm meine Rede.

Oder: Mk 11,23.24

So spricht der Herr:
Amen, ich sage euch:
Betet und bittet, um was ihr wollt;
glaubt nur, dass ihr es schon erhalten habt,
dann wird es euch zuteil.

SCHLUSSGEBET

Herr, wir haben den Leib und das Blut deines Sohnes empfangen. Führe uns durch deinen Geist, damit wir uns nicht nur mit Worten zu dir bekennen, sondern dich auch durch unser Tun bezeugen und den ewigen Lohn erhalten in deinem Reich. Darum bitten wir durch Christus, unseren Herrn.

***

Für eine Wort-Gottes-Feier:

ERÖFFNUNGSGEBET ZUR WAHL

Gott, unser Vater, dein Gebot gibt uns Weisung, und frei wird, wer ihm folgt. Schenke uns Einsicht in deinen Willen und die Kraft zu vollbringen, was du von uns erwartest, dass deine Gebote uns Heil bringen durch unseren Herrn Jesus Christus, deinen Sohn, der mit dir und dem Heiligen Geist lebt und herrscht von Ewigkeit zu Ewigkeit.

***

DER ZEITLICHE GLEICHKLANG

Die soziale Bedeutung des Sonn- und Feiertagsschutzes und mithin der generellen Arbeitsruhe im weltlichen Bereich resultiert wesentlich aus der – namentlich durch den Wochenrhythmus bedingten – synchronen Taktung des sozialen Lebens. Während die Arbeitszeit- und Arbeitsschutzregelungen jeweils für den Einzelnen Schutzwirkung entfalten, ist der zeitliche Gleichklang einer für alle Bereiche regelmäßigen Arbeitsruhe ein grundlegendes Element für die Wahrnehmung der verschiedenen Formen sozialen Lebens.

Bundesverfassungsgericht, Urteil des Ersten Senats vom 1. Dezember 2009 über das Berliner Ladenöffnungsgesetz, 1 BvR 2857/07, Rn. 145

HEILIGSTES HERZ JESU – HOCHFEST

8. Juni 2018

Gott kennenlernen heißt die Freiheit kennenlernen. Israel hat Gottes befreiende Liebe erfahren. Eine besondere und besondernde, den Geliebten erst besonders machende Liebe. Zart und kraftvoll, schöpferisch und neuschöpferisch. Barmherzige Liebe. Liebe, die Bedrängnis spürt, Fesseln löst, Unheiles heil und Unheiliges heilig macht. Ausgerechnet Israel! Wer konnte damit rechnen? Was ist an Israel so besonders? Dass Gott es ansieht. Dass sein Auge liebend auf ihm ruht. Ausgerechnet wir! Was ist an uns so besonders? In Jesus zeigt Gott uns sein Herz. Man sieht nur mit dem Herzen gut.

ERÖFFNUNGSVERS

Vgl. Ps 33(32),11.19

Der Ratschluss des Herrn bleibt ewig bestehen,
die Pläne seines Herzens überdauern die Zeiten:
Er will uns dem Tod entreißen
und in der Hungersnot unser Leben erhalten.

KYRIE-RUFE

Herr Jesus Christus, du hast die Deinen geliebt,
die in der Welt waren.
V/A: Herr, erbarme dich.
Du hast sie geliebt bis zur Vollendung.
V/A: Christus, erbarme dich.
Du hast dich hingegeben bis zum Tod, und in
deiner Auferstehung das Leben neu geschaffen.
V/A: Herr, erbarme dich.

Ehre sei Gott, S. 467 f.

TAGESGEBET

Allmächtiger Gott, wir verehren das Herz deines geliebten Sohnes und preisen die großen Taten seiner Liebe. Gib, dass wir aus dieser Quelle göttlichen Erbarmens die Fülle der Gnade und des Lebens empfangen. Darum bitten wir durch Jesus Christus.

WORTGOTTESDIENST

ZUR 1. LESUNG Gott erinnert sich an die Zeiten inniger Fürsorge für sein Kind Israel. Aber war die liebevolle Hingabe nicht vergebens? Die erwachsenen Söhne und Töchter gehen Wege ins Nirgendwo. Ihre neuen Götter, ihre angebeteten Autoritäten, ihre Idole, verheißen alles und verführen ins Nichts. Da wird der zärtliche zum zornigen Gott. Soll er gelassen zusehen, wie sich seine Kinder zugrunde richten? Müsste er nicht dreinschlagen? Dem tödlichen Treiben ein Ende bereiten? Alle Taue kappen? Gott kann es nicht. Sein mütterliches Innerstes revoltiert dagegen. Erbarmen siegt über Zorn. Über Abgründen Brücken bauen. Das ist nicht unsere, das ist seine Herzlichkeit. Das ist Gottes Heiligkeit.

ERSTE LESUNG Hos 11,1.3–4.8a.c–9

Mein Herz wendet sich gegen mich, mein Mitleid lodert auf

Lesung aus dem Buch Hosea.

So spricht der Herr: Als Israel jung war, gewann ich ihn lieb, ich rief meinen Sohn aus Ägypten. Ich war es, der Efraim gehen lehrte, ich nahm ihn auf meine Arme. Sie aber haben nicht erkannt, dass ich sie heilen wollte. Mit menschlichen Fesseln zog ich sie an mich, mit den Ketten der Liebe. Ich war da für sie wie die Eltern, die den Säugling an ihre Wangen heben. Ich neigte mich ihm zu und gab ihm zu essen.

Wie könnte ich dich preisgeben, Efraim, wie dich aufgeben, Israel? Mein Herz wendet sich gegen mich, mein Mitleid lodert auf. Ich will meinen glühenden Zorn nicht vollstrecken und Efraim nicht noch einmal vernichten. Denn ich bin Gott, nicht ein Mensch, der Heilige in deiner Mitte. Darum komme ich nicht in der Hitze des Zorns.

ANTWORTPSALM

Jes 12,2.3 u. 4bcd.5–6 (℟: 3)

℟ Ihr werdet Wasser schöpfen voll Freude
aus den Quellen des Heils. – ℟

Gott ist meine Rettung: *
ihm will ich vertrauen und niemals verzagen.
Denn meine Stärke und mein Lied ist der Herr. *
Er ist für mich zum Retter geworden. – (℟)

Ihr werdet Wasser schöpfen voll Freude *
aus den Quellen des Heils.
Dankt dem Herrn! Ruft seinen Namen an! †
Macht seine Taten unter den Völkern bekannt, *
verkündet: Sein Name ist groß und erhaben! – (℟)

Preist den Herrn; denn herrliche Taten hat er vollbracht; *
auf der ganzen Erde soll man es wissen.
Jauchzt und jubelt, ihr Bewohner von Zion; *
denn groß ist in eurer Mitte der Heilige Israels. – ℟

ZUR 2. LESUNG Wie lässt sich Unergründliches ergründen, wie ermessen, was unermesslich ist? Wie „die Liebe Christi verstehen, die alle Erkenntnis übersteigt"? Eine unlösbare Aufgabe. Gott selbst hat uns die Lösung zugespielt: Christus will in unseren Herzen wohnen. Wir dürfen sein Herz unser Herz sein lassen, wir dürfen selbstvergessen mit seinem Herzen lieben. Was gibt es da Besseres, als sein Herz zu verlieren?

ZWEITE LESUNG Eph 3,8–12.14–19

Die Liebe Christi verstehen, die alle Erkenntnis übersteigt

Lesung aus dem Brief des Apostels Paulus an die Epheser.

Brüder [*oder:* Brüder und Schwestern! *oder:* Schwestern und Brüder!]! Mir, dem Geringsten unter allen Heiligen, wurde diese Gnade geschenkt: Ich soll den Heiden als Evangelium den unergründlichen Reichtum Christi verkündigen und enthüllen, wie jenes Geheimnis Wirklichkeit geworden ist, das von Ewigkeit her in Gott, dem Schöpfer des Alls, verborgen war.

So sollen jetzt die Fürsten und Gewalten des himmlischen Bereichs durch die Kirche Kenntnis erhalten von der vielfältigen Weisheit Gottes, nach seinem ewigen Plan, den er durch Christus Jesus, unseren Herrn, ausgeführt hat. In ihm haben wir den freien Zugang durch das Vertrauen, das der Glaube an ihn schenkt.

Daher beuge ich meine Knie vor dem Vater, nach dessen Namen jedes Geschlecht im Himmel und auf der Erde benannt wird, und bitte, er möge euch aufgrund des Reichtums seiner Herrlichkeit schenken, dass ihr in eurem Innern durch seinen Geist an Kraft und Stärke zunehmt.

Durch den Glauben wohne Christus in eurem Herzen. In der Liebe verwurzelt und auf sie gegründet, sollt ihr zusammen mit allen Heiligen dazu fähig sein, die Länge und Breite, die Höhe und Tiefe zu ermessen und die Liebe Christi zu verstehen, die alle Erkenntnis übersteigt. So werdet ihr mehr und mehr von der ganzen Fülle Gottes erfüllt.

RUF VOR DEM EVANGELIUM

Vers: Mt 11,29ab

Halleluja. Halleluja.
(So spricht der Herr:)
Nehmt mein Joch auf euch und lernt von mir;
denn ich bin gütig und von Herzen demütig.
Halleluja.

Oder: Vers: vgl. 1 Joh 4,10b

Halleluja. Halleluja.
Gott hat uns geliebt
und seinen Sohn gesandt als Sühne für unsere Sünden.
Halleluja.

ZUM EVANGELIUM Jesus ist schon tot, der Lanzenstich des römischen Soldaten macht es nur augenscheinlich. Doch in dem Blut, das nun aus der Herzwunde, der Seitenwunde fließt, wird noch mehr offenbar: Jesus hat „sein Fleisch für das Leben der Welt" gegeben (Joh 6,51). Im eucharistischen Wein wird diese Gabe geschenkt. Jesus ist tot, und darum werden ihm die Knochen nicht zerbrochen. So gleicht er dem Paschalamm, an dem ebenfalls „kein Knochen zerbrochen" wird (Ex 12,46). Am Kreuz geschieht, woran das Paschafest erinnert: erbarmende Befreiung aus dem Sklavendasein, barmherziger Loskauf aus der Knechtschaft der Sünde. Gottes mitleidiges Herz, im verwundeten Herzen Jesu offenbar.

EVANGELIUM

Joh 19,31–37

Einer der Soldaten stieß mit der Lanze in seine Seite und sogleich floss Blut und Wasser heraus

+ Aus dem heiligen Evangelium nach Johannes.

Weil Rüsttag war und die Körper während des Sabbats nicht am Kreuz bleiben sollten, baten die Juden Pilatus, man möge den

Gekreuzigten die Beine zerschlagen und ihre Leichen dann abnehmen; denn dieser Sabbat war ein großer Feiertag.

Also kamen die Soldaten und zerschlugen dem Ersten die Beine, dann dem andern, der mit ihm gekreuzigt worden war. Als sie aber zu Jesus kamen und sahen, dass er schon tot war, zerschlugen sie ihm die Beine nicht, sondern einer der Soldaten stieß mit der Lanze in seine Seite und sogleich floss Blut und Wasser heraus.

Und der, der es gesehen hat, hat es bezeugt, und sein Zeugnis ist wahr. Und er weiß, dass er Wahres berichtet, damit auch ihr glaubt. Denn das ist geschehen, damit sich das Schriftwort erfüllte: Man soll an ihm kein Gebein zerbrechen. Und ein anderes Schriftwort sagt: Sie werden auf den blicken, den sie durchbohrt haben.

Glaubensbekenntnis, S. 470 ff.

FÜRBITTEN

Mit unseren Verletzungen und Verwundungen vertrauen wir uns dem verwundeten Herzen Jesu an:

- Wir beten für alle, die Gewalt erfuhren und an Seele und Leib wund sind. V: Kyrie, eleison. A: Christe, eleison.
- Wir bitten für alle, die ihnen behutsam zur Seite stehen. V: Kyrie, eleison. A: Christe, eleison.
- Wir beten für alle, die von Sorge um einen anderen Menschen erfüllt sind. V: Kyrie, eleison. A: Christe, eleison.
- Wir beten für die, die ihnen zuhören und mit ihnen nach Lösungen suchen. V: Kyrie, eleison. A: Christe, eleison.
- Wir bitten für die Menschen, die bald sterben müssen und voller Angst sind. V: Kyrie, eleison. A: Christe, eleison.
- Wir bitten für alle, die Sterbende liebevoll begleiten. V: Kyrie, eleison. A: Christe, eleison.

Guter Gott, die Liebe ist der Anfang von allem. Wir danken dir für deine Gegenwart und hoffen auf deine Geistkraft, die uns zum Guten führt. So bitten wir durch Christus, unseren Menschenbruder und lieben Herrn.

EUCHARISTIEFEIER

GABENGEBET

Allmächtiger Gott, sieh auf das durchbohrte Herz deines Sohnes, der uns geliebt und sich für uns hingegeben hat. Lass unser Opfer dir wohlgefallen und zur Sühne für unsere Sünden werden. Darum bitten wir durch Christus, unseren Herrn.

PRÄFATION

In Wahrheit ist es würdig und recht, dir, allmächtiger Vater, zu danken und dich mit der ganzen Schöpfung zu loben, durch unseren Herrn Jesus Christus. Am Kreuz erhöht, hat er sich für uns dahingegeben aus unendlicher Liebe und alle an sich gezogen. Aus seiner geöffneten Seite strömen Blut und Wasser, aus seinem durchbohrten Herzen entspringen die Sakramente der Kirche. Das Herz des Erlösers steht offen für alle, damit sie freudig schöpfen aus den Quellen des Heiles. Durch ihn rühmen dich deine Erlösten und singen mit den Chören der Engel das Lob deiner Herrlichkeit: Heilig …

KOMMUNIONVERS

Joh 7,37–38

Wer Durst hat, komme zu mir,
und es trinke, wer an mich glaubt!
Die Schrift sagt:
Aus seinem Inneren werden
Ströme von lebendigem Wasser fließen.

Oder: Joh 19,34

Ein Soldat stieß mit der Lanze in seine Seite
und sogleich floss Blut und Wasser heraus.

SCHLUSSGEBET

Herr, unser Gott, du hast uns gestärkt mit dem Sakrament jener Liebe, durch die dein Sohn alles an sich zieht. Entzünde auch in uns das Feuer seiner Liebe, damit wir in unseren Brüdern ihn erkennen und ihm dienen. Darum bitten wir durch ihn, Christus, unseren Herrn.

***

DAS HERZ

Das Herz
in beide Hände nehmen
sich ein Herz fassen
das Herz öffnen
ein volles Herz ausschütten
sich zu Herzen nehmen
unter dem Herzen tragen
im Herzen bewahren
am gebrochenen Herzen sterben
mit brennendem Herzen leben
das Herz
aufs Spiel setzen
verlieren
verschenken:
lieben und sich lieben lassen

Eleonore Beck

10. SONNTAG IM JAHRESKREIS

10. Juni 2018

Jesu Botschaft und Anspruch waren von Anfang an umstritten. Der Evangelienabschnitt des heutigen Sonntags gibt eine drastische Vorstellung von den Gegensätzen und Spannungen, denen Jesus ausgesetzt war: die zahllosen Menschen, die zu ihm kommen, auf der einen, die Ablehnung durch die Schriftgelehrten auf der anderen Seite. Der Blick auf die eigene Familie und deren Unverständnis – seine Angehörigen kommen, „um ihn mit Gewalt zurückzuholen" (V. 21) – rahmt das Geschehen hier ein. Warum sollten wir mit angenehmeren, mit bequemeren Reaktionen rechnen?

ERÖFFNUNGSVERS

Ps 27(26), 1–2

Der Herr ist mein Licht und mein Heil;
vor wem sollte ich mich fürchten?
Der Herr ist die Kraft meines Lebens;
vor wem sollte mir bangen?
Meine Bedränger und Feinde,
sie müssen straucheln und fallen.

KYRIE-RUFE

Herr Jesus Christus, du rufst dein Volk zusammen
als Zeichen und Werkzeug der Einheit.
V/A: Herr, erbarme dich.
Du stiftest die Kirche als Familie,
als das Hauswesen Gottes.
V/A: Christus, erbarme dich.

Du machst uns zu Mitbürgern der Heiligen
und Hausgenossen Gottes.
V/A: Herr, erbarme dich.

Ehre sei Gott, S. 467 f.

TAGESGEBET

Gott, unser Vater, alles Gute kommt allein von dir. Schenke uns deinen Geist, damit wir erkennen, was recht ist, und es mit deiner Hilfe auch tun. Darum bitten wir durch Jesus Christus.

WORTGOTTESDIENST

ZUR 1. LESUNG Der Erdling ist dazu geschaffen, den Erdboden zu bebauen – doch warum muss das unter so vielen Opfern und Entbehrungen geschehen? Die Menschen sind von Gott gewollt als Mann und Frau, im Menschsein gleich, verschieden genug, um einander Hilfe und glückliche Bereicherung zu sein – warum gelingt es so selten? Warum bestimmt der Mann über die Frau? Die Frau bringt Leben hervor – warum so mühsam und manchmal sogar unter Lebensgefahr? Die Menschen sind vom Schöpfer geliebt und mit allem ausgestattet, was sie brauchen – warum verletzen sie die Grenze zwischen Gott und Mensch? Auf diese uralten Fragen gibt das dritte Kapitel der Genesis Antwort. Die Antwort will den fragwürdigen Ist-Zustand von Welt und Mensch nicht festschreiben. Sie hält vielmehr die Erinnerung daran wach, wie Gott die Welt will, wie sie sein soll: Ort der Freundschaft zwischen Gott und Mensch und von Mensch zu Mensch.

ERSTE LESUNG Gen 3,9–15

Feindschaft setze ich zwischen dich und die Frau, zwischen deinen Nachwuchs und den Nachwuchs der Frau

Lesung aus dem Buch Genesis.

Nachdem Adam von der Frucht des Baumes gegessen hatte, rief Gott, der Herr, ihm zu und sprach: Wo bist du? Er antwortete: Ich habe dich im Garten kommen hören; da geriet ich in Furcht, weil ich nackt bin, und versteckte mich.

Darauf fragte er: Wer hat dir gesagt, dass du nackt bist? Hast du von dem Baum gegessen, von dem zu essen ich dir verboten habe? Adam antwortete: Die Frau, die du mir beigesellt hast, sie hat mir von dem Baum gegeben und so habe ich gegessen.

Gott, der Herr, sprach zu der Frau: Was hast du da getan? Die Frau antwortete: Die Schlange hat mich verführt und so habe ich gegessen.

Da sprach Gott, der Herr, zur Schlange: Weil du das getan hast, bist du verflucht unter allem Vieh und allen Tieren des Feldes. Auf dem Bauch sollst du kriechen und Staub fressen alle Tage deines Lebens. Feindschaft setze ich zwischen dich und die Frau, zwischen deinen Nachwuchs und ihren Nachwuchs. Er trifft dich am Kopf und du triffst ihn an der Ferse.

ANTWORTPSALM

Ps 130(129), 1–2.3–4.5–6b.6c–7a u. 8 (R: 7bc)

℟ Beim Herrn ist die Huld,
bei ihm ist Erlösung in Fülle. – ℟

Aus der Tiefe rufe ich, Herr, zu dir: *
Herr, höre meine Stimme!
Wende dein Ohr mir zu, *
achte auf mein lautes Flehen! – (℟)

Würdest du, Herr, unsere Sünden beachten, *
Herr, wer könnte bestehen?
Doch bei dir ist Vergebung, *
damit man in Ehrfurcht dir dient. – (℟)

Ich hoffe auf den Herrn, es hofft meine Seele, *
ich warte voll Vertrauen auf sein Wort.

Meine Seele wartet auf den Herrn *
mehr als die Wächter auf den Morgen. – (℟)

Mehr als die Wächter auf den Morgen *
soll Israel harren auf den Herrn.
Ja, er wird Israel erlösen *
von all seinen Sünden. – ℟

ZUR 2. LESUNG Tod durchkreuzt Leben. Das ist wahr. So grausam wahr. Ist es aber auch so wahr, so wahr mir Gott helfe? Der Tod ist Wirklichkeit. Der Tod ist die Wirklichkeit. Schauen wir nicht weg, sehen wir genau hin. Scheuen wir uns nicht, da hinzuschauen, wo es schmerzt. Ein Leben ohne Scheuklappen. Doch so genau wie Gott schauen wir nie hin, so selbstgewiss wir unseres tapferen Realismus' auch sein mögen. Auf das Sichtbare starren, auf die Todessichtbarkeit, ist nicht das Letzte, wozu wir gerufen sind. „Wenn unser irdisches Zelt abgebrochen wird, dann haben wir eine Wohnung von Gott, ein nicht von Menschenhand errichtetes ewiges Haus im Himmel." Sehen wir weiter.

ZWEITE LESUNG

2 Kor 4,13 – 5,1

Wir glauben, darum reden wir

Lesung aus dem zweiten Brief des Apostels Paulus an die Korinther.

Brüder [*oder:* Brüder und Schwestern! *oder:* Schwestern und Brüder!]! Wir haben den gleichen Geist des Glaubens, von dem es in der Schrift heißt: Ich habe geglaubt, darum habe ich geredet. Auch wir glauben und darum reden wir. Denn wir wissen, dass der, welcher Jesus, den Herrn, auferweckt hat, auch uns mit Jesus auferwecken und uns zusammen mit euch vor sein Angesicht stellen wird.

Alles tun wir euretwegen, damit immer mehr Menschen aufgrund der überreich gewordenen Gnade den Dank vervielfachen, Gott zur Ehre. Darum werden wir nicht müde; wenn auch unser äußerer Mensch aufgerieben wird, der innere wird Tag für Tag erneuert. Denn die kleine Last unserer gegenwärtigen Not schafft uns in maßlosem Übermaß ein ewiges Gewicht an Herrlichkeit, uns, die wir nicht auf das Sichtbare starren, sondern nach dem Unsichtbaren ausblicken; denn das Sichtbare ist vergänglich, das Unsichtbare ist ewig.

Wir wissen: Wenn unser irdisches Zelt abgebrochen wird, dann haben wir eine Wohnung von Gott, ein nicht von Menschenhand errichtetes ewiges Haus im Himmel.

RUF VOR DEM EVANGELIUM

Vers: vgl. Joh 12,31b.32

Halleluja. Halleluja.
(So spricht der Herr:)
Jetzt wird der Herrscher dieser Welt hinausgeworfen.
Und wenn ich über die Erde erhöht bin,
werde ich alle an mich ziehen.
Halleluja.

ZUM EVANGELIUM Wenn Jesus feststellt, „nirgends" habe „ein Prophet so wenig Ansehen wie in seiner Heimat, bei seinen Verwandten und in seiner Familie" (Mk 6,4), und wenn ausdrücklich vermerkt wird, wie er sich „über ihren Unglauben" „wunderte" (Mk 6,6a), so wird damit eine Erfahrung markiert, die zwar verallgemeinerbar, deshalb aber nicht weniger enttäuschend ist: dass gerade die Nahen nicht verstehen. Am Ende steht hier eine Neubestimmung von Verwandtschaft: Familie ist, „wer den Willen Gottes erfüllt" (V. 35). Was muss Jesus sich nicht alles anhören: „Er ist von Sinnen." (V. 21) „Er ist von Beelzebul besessen." (V. 22) Er treibe Dämonen aus „mit Hilfe des Anführers der Dämonen" (V. 22). Seine Entgegnung ist ganz rational:

Wie sollte sich der Satan gegen sich selbst wenden? Das wäre ein in sich gespaltenes System, das keinen Bestand haben kann.

EVANGELIUM

Mk 3,20–35

Das Reich des Satans hat keinen Bestand

+ **Aus dem heiligen Evangelium nach Markus.**

In jener Zeit ging Jesus in ein Haus und wieder kamen so viele Menschen zusammen, dass er und die Jünger nicht einmal mehr essen konnten. Als seine Angehörigen davon hörten, machten sie sich auf den Weg, um ihn mit Gewalt zurückzuholen; denn sie sagten: Er ist von Sinnen.

Die Schriftgelehrten, die von Jerusalem herabgekommen waren, sagten: Er ist von Beelzebul besessen; mithilfe des Anführers der Dämonen treibt er die Dämonen aus. Da rief er sie zu sich und belehrte sie in Form von Gleichnissen:

Wie kann der Satan den Satan austreiben? Wenn ein Reich in sich gespalten ist, kann es keinen Bestand haben. Wenn eine Familie in sich gespalten ist, kann sie keinen Bestand haben. Und wenn sich der Satan gegen sich selbst erhebt und mit sich selbst im Streit liegt, kann er keinen Bestand haben, sondern es ist um ihn geschehen. Es kann aber auch keiner in das Haus eines starken Mannes einbrechen und ihm den Hausrat rauben, wenn er den Mann nicht vorher fesselt; erst dann kann er sein Haus plündern.

Amen, das sage ich euch: Alle Vergehen und Lästerungen werden den Menschen vergeben werden, so viel sie auch lästern mögen; wer aber den Heiligen Geist lästert, der findet in Ewigkeit keine Vergebung, sondern seine Sünde wird ewig an ihm haften. Sie hatten nämlich gesagt: Er ist von einem unreinen Geist besessen.

Da kamen seine Mutter und seine Brüder; sie blieben vor dem Haus stehen und ließen ihn herausrufen. Es saßen viele Leute um ihn herum und man sagte zu ihm: Deine Mutter und deine Brüder stehen draußen und fragen nach dir. Er erwiderte: Wer ist meine Mutter und wer sind meine Brüder? Und er blickte auf die Men-

schen, die im Kreis um ihn herumsaßen, und sagte: Das hier sind meine Mutter und meine Brüder.
Wer den Willen Gottes erfüllt, der ist für mich Bruder und Schwester und Mutter.

Glaubensbekenntnis, S. 470 ff.

FÜRBITTEN

Herr Jesus Christus, du willst, dass wir eins sind – und doch ist auch unser Alltag oft von Zwistigkeiten geprägt. Wir rufen zu dir:

- Ermutige deine Kirche, erkennbare und spürbare Schritte zur Einheit aller Getauften zu unternehmen. V: Kyrie, eleison. A: Christe, eleison.
- Schenke den Paaren und Familien, bei denen Sprachlosigkeit und Kälte immer mehr Raum gewonnen haben, einen liebevollen Neubeginn. V: Kyrie, eleison. A: Christe, eleison.
- Stärke und begleite die jungen Menschen, die nun, zum Ende ihrer Schulzeit, Entscheidungen über ihren weiteren Ausbildungs- und Lebensweg treffen müssen. V: Kyrie, eleison. A: Christe, eleison.
- Hilf den vielen Jungen und Mädchen, die in Armut leben und kaum Lebens- und Ausbildungschancen haben, entsprechend ihren Talenten und Begabungen zu leben. V: Kyrie, eleison. A: Christe, eleison.
- Wecke in allen Menschen, die im Wohlstand leben, den Wunsch, anderen zu helfen und Leid und Not zu lindern. V: Kyrie, eleison. A: Christe, eleison.
- Geleite die Schwerkranken und Sterbenden mit deinem Licht und deiner Liebe in ein neues Sein bei dir. V: Kyrie, eleison. A: Christe, eleison.

Gott, du bist unser Vater, der allen Getauften den gleichen Geist des Glaubens geschenkt hat. Lass uns dieses Geschenk als Gabe und Aufgabe annehmen und danach leben. Darum bitten wir durch Jesus Christus, unseren Bruder und Herrn.

EUCHARISTIEFEIER

GABENGEBET

Herr, sieh gütig auf dein Volk, das sich zu deinem Lob versammelt hat. Nimm an, was wir darbringen, und mehre durch diese Feier unsere Liebe. Darum bitten wir durch Christus, unseren Herrn.

Präfation, S. 482 ff.

KOMMUNIONVERS 1 Joh 4,16

Gott ist Liebe,
und wer in der Liebe bleibt, bleibt in Gott
und Gott bleibt in ihm.

SCHLUSSGEBET

Barmherziger Gott, die heilende Kraft dieses Sakramentes befreie uns von allem verkehrten Streben und führe uns auf den rechten Weg. Darum bitten wir durch Christus, unseren Herrn.

***

Für eine Wort-Gottes-Feier:

ERÖFFNUNGSGEBET ZUR WAHL

Allmächtiger Gott, immer wieder erfahren wir den Einfluss des Bösen. Gib uns die Kraft, seiner Macht zu widerstehen, damit dein Reich unter uns wachse. Darum bitten wir durch unseren Herrn Jesus Christus, deinen Sohn, der mit dir und dem Heiligen Geist lebt von Ewigkeit zu Ewigkeit.

***

WEHE, WEHE, WEHE

wenn ich auf das Ende sehe

sehe ich einen Engel
der Seifenblasen
in den Himmel bläst

sehe ich einen Vogel
der tanzt
mit einem Heiligen

sehe ich goldenes Licht

nein
das Ende
hat keinen Schrecken

es ist Leben in Fülle

Heinz Detlef Stäps

11. SONNTAG IM JAHRESKREIS

17. Juni 2018

Jesu Gleichnisse von der von selbst wachsenden Saat und vom Senfkorn. Nicht nur ein Aspekt dieser Gleichnisse ist von brennender Aktualität: die von Jesus selbstverständlich vorausgesetzte Überzeugung nämlich, dass die Saat tatsächlich wachsen wird – auch heute und in Zukunft. Dass, übersetzt, also beispielsweise rückläufige Entwicklungen bei der Kirchengliedschaft und beim Gottesdienstbesuch weder endgültig noch unumkehrbar sein müssen. Dass es vielleicht nur darum gehen könnte, das sichere Wachsen der Saat nicht zu verhindern. Der allgemeine Rückbau kirchlicher Strukturen heute, das Erheben des Abschieds von in Jahrhunderten apostolischen Eifers Aufgebautem zur programmatischen Leitkategorie ist vor dem Maßstab des Evangeliums jedenfalls nichts als ein Zeichen des Unglaubens.

ERÖFFNUNGSVERS

Ps 27(26),7.9

Vernimm, o Herr, mein lautes Rufen,
sei mir gnädig und erhöre mich.
Du bist meine Hilfe: Verstoß mich nicht,
verlass mich nicht, du Gott meines Heils!

KYRIE-RUFE

Herr Jesus Christus, du verkündigst,
dass das Reich Gottes nahe ist.
V/A: Herr, erbarme dich.
Du verkündigst das Reich Gottes,
das von selbst keimt und wächst
wie der Same auf dem Acker.
V/A: Christus, erbarme dich.

Du verkündigst das Reich Gottes, das groß
wird wie der Baum, der aus einem kleinen
Senfkorn hervorgegangen ist.
V/A: Herr, erbarme dich.

Ehre sei Gott, S. 467 f.

TAGESGEBET

Gott, du unsere Hoffnung und unsere Kraft, ohne dich vermögen wir nichts. Steh uns mit deiner Gnade bei, damit wir denken, reden und tun, was dir gefällt. Darum bitten wir durch Jesus Christus.

WORTGOTTESDIENST

ZUR 1. LESUNG Israel liegt in Trümmern, doch der Gottesmann Ezechiel macht Mut. Er erzählt ein Gleichnis: Der Herr pflanzt ein kleines, schwaches Zweiglein in die Erde und daraus wächst ein starker Baum voll Saft und Kraft, der wird vielen Vögeln Nahrung bieten und als Nistplatz dienen. In einer weniger bildhaften Sprache: Seht euch um, seht euch an, da gibt es nichts zu beschönigen. Wir sind Habenichtse, wir haben nichts, nichts als die Stunde null, aber die haben wir, mit allen Risiken und allen Chancen. Wenn wir uns auf den Neuanfang einlassen, wenn wir uns beim Anfangen auf Gott verlassen, wenn wir seine Weisung, seine Wirklichkeit zur Grundlage unseres Zusammenlebens machen, dann wird Leben glücken. Der Gottesmann Jesus greift Generationen später auf dieses Bild zurück. Auch er spricht von der Armut der Stunde null, vom winzigen Senfkorn. Doch der Keim des Gottesreiches ist gelegt, er wächst, still und unaufhaltsam, er wächst auf zu einem mächtigen, das Leben bergenden Baum – wenn wir den Mut zum armen Anfang haben, wenn wir bereit sind, Gottes Unscheinbarkeit wachsen zu lassen.

ERSTE LESUNG Ez 17,22–24

Ich mache den niedrigen Baum hoch

Lesung aus dem Buch Ezechiel.

So spricht Gott, der Herr: Ich selbst nehme ein Stück vom hohen Wipfel der Zeder und pflanze es ein. Einen zarten Zweig aus den obersten Ästen breche ich ab, ich pflanze ihn auf einen hoch aufragenden Berg. Auf die Höhe von Israels Bergland pflanze ich ihn. Dort treibt er dann Zweige, er trägt Früchte und wird zur prächtigen Zeder. Allerlei Vögel wohnen darin; alles, was Flügel hat, wohnt im Schatten ihrer Zweige.

Dann werden alle Bäume auf den Feldern erkennen, dass ich der Herr bin. Ich mache den hohen Baum niedrig, den niedrigen mache ich hoch. Ich lasse den grünenden Baum verdorren, den verdorrten erblühen. Ich, der Herr, habe gesprochen, und ich führe es aus.

ANTWORTPSALM Ps 92(91),2–3.13–14.15–16 (℟: 2a)

℟ Wie schön ist es, dem Herrn zu danken! – ℟

Wie schön ist es, dem Herrn zu danken, *
deinem Namen, du Höchster, zu singen,
am Morgen deine Huld zu verkünden *
und in den Nächten deine Treue. – (℟)

Der Gerechte gedeiht wie die Palme, *
er wächst wie die Zedern des Libanon.
Gepflanzt im Hause des Herrn, *
gedeihen sie in den Vorhöfen unseres Gottes. – (℟)

Sie tragen Frucht noch im Alter *
und bleiben voll Saft und Frische;
sie verkünden: Gerecht ist der Herr; *
mein Fels ist er, an ihm ist kein Unrecht. – ℟

ZUR 2. LESUNG Aus dem Leib auswandern. Zweifellos ist hier nicht der pubertäre, und heute oft genug postpubertäre, Hader mit dem eigenen Körper gemeint. Aber worum geht es dann? Genügt die sogenannte Naherwartung, also die Glaubensgewissheit des Paulus, das Ende aller Zeiten sei in Reichweite, um diesen vitalen Auswanderungswunsch zu erklären? Aber letztlich ist die Frage, „ob wir daheim oder in der Fremde sind", für den Apostel ausdrücklich zweitrangig. Der Lebensmut, der Herzenswunsch, beim Herrn, dem lieben Freund, Rabbi, Hoffnungsträger, hilfreichen Heiler, bei Jesus, Gottes Christus, daheim zu sein, das gilt. Abschied von alten Gültigkeiten. Beziehung, die alte Zugehörigkeiten und Heimaten umstürzt, umbaut, von Grund auf verändert – relativiert. Für ungeahnte neue Beziehungen und Verpflichtungen öffnet sich so die Weite des Raums. Nur Mut, nur Herz, nur Offenheit für Christi Liebe, die unermesslich ist; nichts anderes zählt.

ZWEITE LESUNG 2 Kor 5,6–10

Wir suchen unsere Ehre darin, dem Herrn zu gefallen

Lesung aus dem zweiten Brief des Apostels Paulus an die Korinther.

Brüder [*oder:* Brüder und Schwestern! *oder:* Schwestern und Brüder!]! Wir sind immer zuversichtlich, auch wenn wir wissen, dass wir fern vom Herrn in der Fremde leben, solange wir in diesem Leib zu Hause sind; denn als Glaubende gehen wir unseren Weg, nicht als Schauende. Weil wir aber zuversichtlich sind, ziehen wir es vor, aus dem Leib auszuwandern und daheim beim Herrn zu sein.

Deswegen suchen wir unsere Ehre darin, ihm zu gefallen, ob wir daheim oder in der Fremde sind. Denn wir alle müssen vor dem Richterstuhl Christi offenbar werden, damit jeder seinen Lohn empfängt für das Gute oder Böse, das er im irdischen Leben getan hat.

RUF VOR DEM EVANGELIUM

Halleluja. Halleluja.
Der Samen ist das Wort Gottes, der Sämann ist Christus.
Wer Christus findet, der bleibt in Ewigkeit.
Halleluja.

ZUM EVANGELIUM

Jesus hat das Reich Gottes verkündigt, und er hat das in Gleichnissen getan. Zwei davon enthält der heutige Evangelientext: das Gleichnis vom Wachsen der Saat und das Gleichnis vom Senfkorn. Welch schöne und wunderbar entspannende Bilder sind das doch: Die Saat keimt von selbst. Wenn einer gesät hat, ist schon alles getan, man kann warten und zusehen, wie die Frucht wächst und gedeiht, bis zur Ernte. Und das Samenkorn, das in die Erde gesenkt wird, mag noch so klein sein. Es wird zu einem großen Baum. Das rückt Gott, der allein wachsen lässt, und seine Verkündiger, die die Saat ausgebracht haben, ins rechte Verhältnis.

EVANGELIUM

Mk 4,26–34

Das kleinste von allen Samenkörnern geht auf und wird größer als alle anderen Gewächse

+ **Aus dem heiligen Evangelium nach Markus.**

In jener Zeit sprach Jesus zu der Menge: Mit dem Reich Gottes ist es so, wie wenn ein Mann Samen auf seinen Acker sät; dann schläft er und steht wieder auf, es wird Nacht und wird Tag, der Samen keimt und wächst und der Mann weiß nicht, wie. Die Erde bringt von selbst ihre Frucht, zuerst den Halm, dann die Ähre, dann das volle Korn in der Ähre. Sobald aber die Frucht reif ist, legt er die Sichel an; denn die Zeit der Ernte ist da.

Er sagte: Womit sollen wir das Reich Gottes vergleichen, mit welchem Gleichnis sollen wir es beschreiben? Es gleicht einem Senfkorn. Dieses ist das kleinste von allen Samenkörnen, die man in die Erde sät. Ist es aber gesät, dann geht es auf und wird größer als alle anderen Gewächse und treibt große Zweige, sodass in seinem Schatten die Vögel des Himmels nisten können.

Durch viele solche Gleichnisse verkündete er ihnen das Wort, so wie sie es aufnehmen konnten. Er redete nur in Gleichnissen zu ihnen; seinen Jüngern aber erklärte er alles, wenn er mit ihnen allein war.

Glaubensbekenntnis, S. 470 ff.

FÜRBITTEN

Alles aus sich herausholen und sich gnadenlos selbst optimieren, das ist kein Kennzeichen des Christlichen. Wir müssen nicht alles leisten und machen – weil es Gott ist, der das Wunder des Wachstums schenkt. In diesem Geist dürfen wir vor ihn treten und bitten wir ihn:

- Für alle, die den Samen des Gotteswortes in die Herzen der Menschen legen. V/A: Höre und erhöre uns.
- Für die Verantwortlichen in den Parlamenten und Regierungen, dass sie die Würde des Menschen achten. V/A: Höre und erhöre uns.
- Für alle, die nicht mitmachen, wenn über andere gehetzt wird. V/A: Höre und erhöre uns.
- Für alle, die sich in unseren Gemeinden engagieren und das Wort Gottes lebendig werden lassen. V/A: Höre und erhöre uns.
- Für alle, die Hoffnung säen, sich konkret für Gerechtigkeit einsetzen und etwas gegen den Hunger in der Welt und die Bildungsarmut unternehmen. V/A: Höre und erhöre uns.
- Für alle, die durch ihre Spenden Menschen in Armut und Hoffnungslosigkeit ein besseres Leben ermöglichen. V/A: Höre und erhöre uns.

Du hilfst uns aus unseren Verspannungen und Anspannungen heraus, sodass wir befreit zum Wachsen deines Reiches beitragen können. Dafür danken wir dir durch Christus, unseren Lehrer und Bruder.

EUCHARISTIEFEIER

GABENGEBET

Herr, durch diese Gaben nährst du den ganzen Menschen: du gibst dem irdischen Leben Nahrung und dem Leben der Gnade Wachstum. Lass uns daraus immer neue Kraft schöpfen für Seele und Leib. Darum bitten wir durch Christus, unseren Herrn.

Präfation, S. 482 ff.

KOMMUNIONVERS Joh 17,11

Heiliger Vater, bewahre sie in deinem Namen,
die du mir gegeben hast,
damit sie eins sind wie wir.

SCHLUSSGEBET

Herr, unser Gott, das heilige Mahl ist ein sichtbares Zeichen, dass deine Gläubigen in dir eins sind. Lass diese Feier wirksam werden für die Einheit der Kirche. Darum bitten wir durch Christus, unseren Herrn.

FEIERLICHER SCHLUSSSEGEN

Gott, der allmächtige Vater, segne euch; er bewahre euch vor Unheil und Schaden. – A: Amen.

Er öffne eure Herzen für sein göttliches Wort und bereite sie für die unvergänglichen Freuden. – A: Amen.
Er lasse euch erkennen, was zum Heile dient, und führe euch auf dem Weg seiner Gebote zur Gemeinschaft der Heiligen. – A: Amen.
Das gewähre euch der dreieinige Gott, der Vater und der Sohn † und der Heilige Geist. – A: Amen.

***

Für eine Wort-Gottes-Feier:

ERÖFFNUNGSGEBET ZUR WAHL

Unbegreiflicher Gott, in deiner Weisheit hast du die Schöpfung mit deiner Kraft erfüllt. Lass den Samen deines Wortes in unseren Herzen aufgehen, damit alle deine Größe erkennen und dich preisen mit deinem Sohn, unserem Herrn Jesus Christus, der mit dir und dem Heiligen Geist lebt und herrscht jetzt und in Ewigkeit.

***

PROPHETISCHER RAT

mach die Augen auf
schau ins Weite
über dich hinaus
sieh Gott in die Augen
und mach dich fest
im Du

Heinz Detlef Stäps

GEBURT DES HEILIGEN JOHANNES DES TÄUFERS
HOCHFEST

24. Juni 2018

Die Zeit erfüllte sich: Was Gott verheißen hat, wird wahr. Elisabet und Zacharias erfahren es leiblich. Bei der Feier zur Beschneidung des kleinen Knaben können es Nachbarn und Verwandte miterleben. Sie erschrecken. Nachdrücklich stellen sie die Frage, die jede Geburt stellt: Was wird aus diesem Kind werden? Die Geburt des Täufers ist die Erfüllung der Zeit – und der Anfang vom Anfang. – Sind auch wir bereit: zur Begegnung mit Gottes Fülle, zur Begrüßung des Lebens, das zu uns kommt, das auf uns zukommt, das in uns reift?

ERÖFFNUNGSVERS

Joh 1,6–7; Lk 1,17

Ein Mensch trat auf, der von Gott gesandt war;
sein Name war Johannes.
Er kam als Zeuge, um Zeugnis abzulegen für das Licht
und das Volk für den Herrn bereitzumachen.

KYRIE-RUFE

Herr Jesus Christus, du bist es,
dem Johannes vorausgegangen ist
und für den er Zeugnis abgelegt hat.
V/A: Herr, erbarme dich.
Du bist es, den Johannes
als Sohn Gottes bezeugt hat.
V/A: Christus, erbarme dich.

Du bist das Lamm Gottes, das die
Sünde der Welt hinwegnimmt.
V/A: Herr, erbarme dich.

Ehre sei Gott, S. 467 f.

TAGESGEBET

Gott, du hast den heiligen Johannes den Täufer berufen, das Volk des Alten Bundes Christus, seinem Erlöser, entgegenzuführen. Schenke deiner Kirche die Freude im Heiligen Geist und führe alle, die an dich glauben, auf dem Weg des Heiles und des Friedens. Darum bitten wir durch Jesus Christus.

WORTGOTTESDIENST

ZUR 1. LESUNG Wie in einem Spiegel ... Wie der namenlose Gottesknecht wird Johannes schon im Mutterleib von Gott berufen und beim Namen genannt. Er ist, wie alle wahren Propheten, mit Gottes Wort ausgerüstet. Die rettende Rechtsordnung des Herrn macht er allerorten bekannt. Heil und Heilung soll er Israel bringen, damit das Volk leuchte und zu einem hellen Licht werde, das auch die in der Ferne anzieht und zu Gott führt. Doch das ist schwer. Enttäuschung und Scheitern säumen den Weg des Boten. Der Gottesknecht des Jesaja-Buches hat dies geradeso erfahren wie die Gotteskünder und Menschenhelfer Johannes und Jesus. Verdunkelung und Todesnacht aber werden nicht das letzte Wort behalten. Das ist die fromme Gewissheit des Gottesknechtes, und der Name Johannes bedeutet eben dies: Der Herr ist gnädig.

ERSTE LESUNG

Jes 49,1–6

Ich mache dich zum Licht für die Völker

Lesung aus dem Buch Jesaja.

Hört auf mich, ihr Inseln, merkt auf, ihr Völker in der Ferne! Der Herr hat mich schon im Mutterleib berufen; als ich noch im Schoß meiner Mutter war, hat er meinen Namen genannt. Er machte meinen Mund zu einem scharfen Schwert, er verbarg mich im Schatten seiner Hand. Er machte mich zum spitzen Pfeil und steckte mich in seinen Köcher. Er sagte zu mir: Du bist mein Knecht, Israel, an dem ich meine Herrlichkeit zeigen will.

Ich aber sagte: Vergeblich habe ich mich bemüht, habe meine Kraft umsonst und nutzlos vertan. Aber mein Recht liegt beim Herrn und mein Lohn bei meinem Gott.

Jetzt aber hat der Herr gesprochen, der mich schon im Mutterleib zu seinem Knecht gemacht hat, damit ich Jakob zu ihm heimführe und Israel bei ihm versammle. So wurde ich in den Augen des Herrn geehrt und mein Gott war meine Stärke.

Und er sagte: Es ist zu wenig, dass du mein Knecht bist, nur um die Stämme Jakobs wieder aufzurichten und die Verschonten Israels heimzuführen. Ich mache dich zum Licht für die Völker, damit mein Heil bis an das Ende der Erde reicht.

ANTWORTPSALM

Ps 139(138), 1–3.13–14.15–16 (℟: vgl. 14a)

℟ Ich danke dir, Herr:
du hast mich wunderbar gestaltet. – ℟

Herr, du hast mich erforscht und du kennst mich. †
Ob ich sitze oder stehe, du weißt von mir. *
Von fern erkennst du meine Gedanken.
Ob ich gehe oder ruhe, es ist dir bekannt; *
du bist vertraut mit all meinen Wegen. – (℟)

Du hast mein Inneres geschaffen, *
mich gewoben im Schoß meiner Mutter.
Ich danke dir, dass du mich so wunderbar gestaltet hast. *
Ich weiß: Staunenswert sind deine Werke. – (℟)

Als ich geformt wurde im Dunkeln, †
kunstvoll gewirkt in den Tiefen der Erde, *
waren meine Glieder dir nicht verborgen.
Deine Augen sahen, wie ich entstand, *
in deinem Buch war schon alles verzeichnet. – ℟

ZUR 2. LESUNG Paulus buchstabiert die Heilsgeschichte neu. Ihr kennt euch da aus, euch muss ich eigentlich nichts erzählen. Aber es gilt, im Bekannten das Unbekannte zu sehen. Jesus ist der neue David, Johannes geht Jesus voran, bereitet mit seiner Bußpredigt das Volk auf den Retter vor. Unwahrscheinlich? Aber wer hätte denn in dem kleinen Hütejungen den Mann nach dem Herzen Gottes vermutet, der Gottes Pläne verwirklicht? Wer hätte denn vermutet, dass der berühmte Täufer, die große geistliche Autorität, sich selbst vorläufig nennt? Hoffnungsgeschichte braucht Unverhofftes und die Bereitschaft, im Neuen das Alte zu entdecken und das Alte neu.

ZWEITE LESUNG Apg 13,16.22–26

Vor dem Auftreten Jesu hat Johannes Umkehr und Taufe verkündigt

Lesung aus der Apostelgeschichte.

In der Synagoge von Antiochia in Pisidien stand Paulus auf, gab mit der Hand ein Zeichen und sagte:

Ihr Israeliten und ihr Gottesfürchtigen, hört! Gott erhob David zum König, von dem er bezeugte: Ich habe David, den Sohn des Isai, als einen Mann nach meinem Herzen gefunden, der alles, was ich will, vollbringen wird. Aus seinem Geschlecht hat Gott dem Volk Israel, der Verheißung gemäß, Jesus als Retter geschickt. Vor dessen Auftreten hat Johannes dem ganzen Volk Israel Umkehr und Taufe verkündigt.

Als Johannes aber seinen Lauf vollendet hatte, sagte er: Ich bin nicht der, für den ihr mich haltet; aber seht, nach mir kommt einer, dem die Sandalen von den Füßen zu lösen ich nicht wert bin.

Brüder, ihr Söhne aus Abrahams Geschlecht und ihr Gottesfürchtigen! Uns wurde das Wort dieses Heils gesandt.

RUF VOR DEM EVANGELIUM

Vers: vgl. Lk 1,76

Halleluja. Halleluja.
Du wirst Prophet des Höchsten heißen;
denn du wirst dem Herrn vorausgehen und ihm den Weg bereiten.
Halleluja.

ZUM EVANGELIUM Werdende Eltern suchen einen Namen für ihr Kind, und manchmal sucht die ganze Verwandtschaft mit. Die Auswahl ist heute riesengroß, denn die Welt ist ein Dorf geworden, und es existieren hierzulande kaum noch Bräuche, die die Namensgebung regulieren. Das war vor wenigen Generationen anders. Mancherorts erhielten Kinder den Namen des Taufpaten oder der Taufpatin. Der älteste Sohn wurde häufig nach dem Vater, die älteste Tochter nach der Mutter genannt. Maria und Josef waren in katholischen Landstrichen unschlagbar. Aber auch Namen von Landesfürsten waren zu allen Zeiten als Taufnamen beliebt. Exotischere Vornamen bei Dorfkindern wie Philomene oder Bernhardin verrieten den Klosternamen einer Tante oder eines Großonkels. Im Grunde gibt es zwei Möglichkeiten: Namen können betont Familientraditionen weiterführen. Mit einem Namen kann aber auch bewusst eine neue Seite aufgeschlagen werden. Das Leben des Täufers steht von Anfang an unter dem Zeichen des Besonderen. Die Eltern hatten keine Hoffnung auf Nachkommen mehr, als er ihnen schließlich geschenkt wurde. Sein Name erzählt diese Familiengeschichte. Er drückt den Dank von Vater und Mutter aus – Gott ist gnädig – und nimmt das Kind zugleich aus einem Zusammenhang heraus, den die Verwandten energisch einfordern: Zacharias. Gott ist gnädig. Mit Johannes beginnt etwas beispiellos Neues, das in kein Familienalbum passt.

EVANGELIUM

Lk 1,57–66.80

Sein Name ist Johannes

+ **Aus dem heiligen Evangelium nach Lukas.**

Für Elisabet kam die Zeit der Niederkunft und sie brachte einen Sohn zur Welt. Ihre Nachbarn und Verwandten hörten, welch großes Erbarmen der Herr ihr erwiesen hatte, und freuten sich mit ihr.

Am achten Tag kamen sie zur Beschneidung des Kindes und wollten ihm den Namen seines Vaters Zacharias geben.

Seine Mutter aber widersprach ihnen und sagte: Nein, er soll Johannes heißen. Sie antworteten ihr: Es gibt doch niemand in deiner Verwandtschaft, der so heißt.

Da fragten sie seinen Vater durch Zeichen, welchen Namen das Kind haben solle. Er verlangte ein Schreibtäfelchen und schrieb zum Erstaunen aller darauf: Sein Name ist Johannes.

Im gleichen Augenblick konnte er Mund und Zunge wieder gebrauchen und er redete und pries Gott. Und alle, die in jener Gegend wohnten, erschraken und man sprach von all diesen Dingen im ganzen Bergland von Judäa.

Alle, die davon hörten, machten sich Gedanken darüber und sagten: Was wird wohl aus diesem Kind werden? Denn es war deutlich, dass die Hand des Herrn mit ihm war.

Das Kind wuchs heran und sein Geist wurde stark. Und Johannes lebte in der Wüste bis zu dem Tag, an dem er den Auftrag erhielt, in Israel aufzutreten.

Glaubensbekenntnis, S. 470 ff.

FÜRBITTEN

„Gott ist gnädig“, das bedeutet der Name Johannes. Weil Gott gnädig ist, und weil dies auch für unsere Zeit gilt, rufen wir zu ihm:

- Für die Kirche, dass sie sich immer wieder neu als Wegbereiterin versteht für dein Kommen zu den Menschen. V: Gott unser Vater. A: Höre und erhöre uns.
- Für alle, die in prophetischer Tradition dein Wort in Kirche und Gesellschaft vergegenwärtigen, sei es gelegen oder ungelegen. V: Gott unser Vater. A: Höre und erhöre uns.
- Für alle, die sich in der Seelsorge einsetzen und neue Wege der Glaubensvermittlung wagen. V: Gott unser Vater. A: Höre und erhöre uns.
- Für alle Ordenschristen, die ihren Glauben durch ihr Leben bezeugen und ihre Stimme gegen Unrecht erheben. V: Gott unser Vater. A: Höre und erhöre uns.
- Für alle werdenden Eltern, dass sie offen sind für das Wunder neuen Lebens. V: Gott unser Vater. A: Höre und erhöre uns.
- Für alle Familien, in denen das Gespräch verstummt ist, dass sie neue Wege zueinander und miteinander finden. V: Gott unser Vater. A: Höre und erhöre uns.

Guter Gott, gib, dass auch wir stark werden im Glauben und uns wie Johannes der Täufer mit ganzer Kraft einsetzen für das als richtig Erkannte. Erfülle uns mit deinem Geist, dass er uns leite in Christus, unserem Herrn.

EUCHARISTIEFEIER

GABENGEBET

Herr, unser Gott, in Freude legen wir unsere Gaben auf deinen Altar am Geburtsfest des heiligen Vorläufers Johannes. Er hat angekündigt, dass der Erlöser kommt, und als er gekommen war, auf ihn gezeigt, auf Jesus Christus, deinen Sohn, der mit dir lebt und herrscht in alle Ewigkeit.

PRÄFATION

In Wahrheit ist es würdig und recht, dir, allmächtiger Vater, zu danken und am Fest des heiligen Johannes das Werk deiner Gnade zu rühmen. Du hast ihn geehrt vor allen, die je eine Frau geboren hat, schon im Mutterschoß erfuhr er das kommende Heil, seine Geburt erfüllte viele mit Freude. Als Einziger der Propheten schaute er den Erlöser und zeigte hin auf das Lamm, das die Sünde der Welt hinwegnimmt. Im Jordan taufte er Christus, der seiner Kirche die Taufe geschenkt hat, so wurde das Wasser zum heiligen Quell des ewigen Lebens. Bis an sein Ende gab Johannes Zeugnis für das Licht und besiegelte mit dem Blut seine Treue. Darum preisen wir dich mit allen Engeln und Heiligen und singen vereint mit ihnen das Lob deiner Herrlichkeit: Heilig …

KOMMUNIONVERS

Lk 1,78

Durch die barmherzige Liebe unseres Gottes
hat uns besucht das aufstrahlende Licht aus der Höhe.

SCHLUSSGEBET

Herr, unser Gott, am Geburtstag Johannes' des Täufers hast du deine Kirche zum Festmahl des Lammes geladen und sie mit Freude erfüllt. Gib, dass wir Christus, den Johannes vorausverkündigt hat, als den erkennen, der uns das ewige Leben erworben hat, der mit dir lebt und herrscht in alle Ewigkeit.

***

WETTERSEGEN

Gott, du Schöpfer aller Dinge, du hast uns Menschen die Welt anvertraut und willst, dass wir ihre Kräfte nützen. Aus dem Reichtum dei-

ner Liebe schenkst du uns die Früchte der Erde: den Ertrag aus Garten und Acker, Weinberg und Wald, damit wir mit frohem und dankbarem Herzen dir dienen. Erhöre unser Gebet: Halte Ungewitter und Hagel, Überschwemmung und Dürre, Frost und alles, was uns schaden mag, von uns fern. Schenke uns alles, was wir zum Leben brauchen. Darum bitten wir durch Christus, unseren Herrn.
Und der Segen des allmächtigen Gottes, des Vaters und des Sohnes † und des Heiligen Geistes, komme auf euch herab und bleibe bei euch allezeit. – A: Amen.

***

ADVENTLICH LEBEN

Dunkel ertragen.
Verlassenheit annehmen.
Gebrochenheit aushalten.
Schweigen durchstehen.

Hoffen auf
das Ende der Nacht,
die Hand, die mich hält,
das Wort, das mich heilt.

Mich ausstrecken nach dem,
der da kommen wird.

Gisela Baltes

HL. PETRUS UND HL. PAULUS, APOSTEL
HOCHFEST

29. Juni 2018

Petrus und Paulus – so spannungsreich kann Kirche gelingen. Zwei Menschen, zwei Wege, vereint in der engen Bindung an den Messias Jesus. Petrus ist die Brücke zwischen dem Leben Jesu und dem Glauben an Jesus, den Auferstandenen. Seine herausragende Stellung gründet nicht nur in seiner besonderen Bindung an den Herrn, sondern auch in seinem Wirken in der Urkirche. Petrus verkündigte das Evangelium zuerst unter Juden im palästinischen Raum, öffnete sich aber auch der Heidenmission. Petrus war ein spontaner, begeisterungsfähiger und wortgewaltiger Mensch mit Führungsqualitäten als Gemeindeleiter. Petrus erlitt in Rom den Märtyrertod.
Paulus entstammte dem hellenistischen Judentum und war von Anfang an mit verschiedenen Denkarten der jüdischen und der römischen Welt vertraut. Mit den Rabbinen seiner Zeit teilte er wichtige Überzeugungen, suchte aber auch nach Verständigung mit den „Heiden". Zunächst hatte Paulus die christusgläubigen Juden, die Anhänger des neuen Weges, vehement bekämpft. Nach einer Christuserfahrung wirkte er als unermüdlicher Missionar Christi, Gemeindegründer und einflussreicher Theologe. Im festen Glauben an Gottes Treue zu Israel trug und übertrug Paulus die Botschaft von Jesus, Gottes Christus, in die griechisch-römische Lebenswelt. Auch er wurde seines Glaubens wegen in Rom hingerichtet.

ERÖFFNUNGSVERS

Die Apostel Petrus und Paulus
haben die Kirche begründet;
sie haben den Kelch des Herrn getrunken,
nun sind sie Gottes Freunde.

KYRIE-RUFE

Herr Jesus Christus, du hast Petrus
die Schlüssel des Himmelreichs gegeben.
V/A: Herr, erbarme dich.
Du hast Paulus berufen, dich unter
den Heiden zu verkündigen.
V/A: Christus, erbarme dich.
Du hast Petrus und Paulus berufen,
durch die Hingabe ihres Lebens für
dich Zeugnis zu geben
V/A: Herr, erbarme dich.

Ehre sei Gott, S. 467 f.

TAGESGEBET

Herr, unser Gott, am Hochfest der Apostel Petrus und Paulus haben wir uns in Freude versammelt. Hilf deiner Kirche, in allem der Weisung deiner Boten zu folgen, durch die sie den Glauben und das Leben in Christus empfangen hat, der in der Einheit des Heiligen Geistes mit dir lebt und herrscht in alle Ewigkeit.

WORTGOTTESDIENST

ZUR 1. LESUNG Mit dem Herrenbruder Jakobus wird kurzer Prozess gemacht, doch Petrus kann auf wundersame Weise aus dem schwer gesicherten Kerker entkommen. Die Anhänger des neuen Weges sind den Machthabern offenbar mehr als ein Dorn im Auge. Wovor haben sie Angst? Diese frommen Leute sind doch nicht auf Krawall aus. Sie sind sanftmütig und fallen vor allem durch Machtverzicht und liebendes Miteinander auf. Doch vielleicht ist das in einer geltungsfixierten und kalten Welt die wahre Provokation.

ERSTE LESUNG

Apg 12,1–11

Nun weiß ich, dass der Herr mich der Hand des Herodes entrissen hat

Lesung aus der Apostelgeschichte.

In jenen Tagen ließ der König Herodes einige aus der Gemeinde verhaften und misshandeln. Jakobus, den Bruder des Johannes, ließ er mit dem Schwert hinrichten. Als er sah, dass es den Juden gefiel, ließ er auch Petrus festnehmen. Das geschah in den Tagen der Ungesäuerten Brote. Er nahm ihn also fest und warf ihn ins Gefängnis. Die Bewachung übertrug er vier Abteilungen von je vier Soldaten. Er beabsichtigte, ihn nach dem Paschafest dem Volk vorführen zu lassen. Petrus wurde also im Gefängnis bewacht. Die Gemeinde aber betete inständig für ihn zu Gott.

In der Nacht, ehe Herodes ihn vorführen lassen wollte, schlief Petrus, mit zwei Ketten gefesselt, zwischen zwei Soldaten; vor der Tür aber bewachten Posten den Kerker.

Plötzlich trat ein Engel des Herrn ein und ein helles Licht strahlte in den Raum. Er stieß Petrus in die Seite, weckte ihn und sagte: Schnell, steh auf! Da fielen die Ketten von seinen Händen.

Der Engel aber sagte zu ihm: Gürte dich und zieh deine Sandalen an! Er tat es. Und der Engel sagte zu ihm: Wirf deinen Mantel um und folge mir! Dann ging er hinaus und Petrus folgte ihm, ohne zu wissen, dass es Wirklichkeit war, was durch den Engel geschah; es kam ihm vor, als habe er eine Vision.

Sie gingen an der ersten und an der zweiten Wache vorbei und kamen an das eiserne Tor, das in die Stadt führt; es öffnete sich ihnen von selbst. Sie traten hinaus und gingen eine Gasse weit; und auf einmal verließ ihn der Engel.

Da kam Petrus zu sich und sagte: Nun weiß ich wahrhaftig, dass der Herr seinen Engel gesandt und mich der Hand des Herodes entrissen hat und all dem, was das Volk der Juden erhofft hat.

ANTWORTPSALM

Ps 34(33),2–3.4–5.6–7.8–9 (R: vgl. 5b)

R All meinen Ängsten hat mich der Herr entrissen. – R

Ich will den Herrn allezeit preisen; *
immer sei sein Lob in meinem Mund.
Meine Seele rühme sich des Herrn; *
die Armen sollen es hören und sich freuen. – (R)

Verherrlicht mit mir den Herrn, *
lasst uns gemeinsam seinen Namen rühmen.
Ich suchte den Herrn und er hat mich erhört, *
er hat mich all meinen Ängsten entrissen. – (R)

Blickt auf zu ihm, so wird euer Gesicht leuchten *
und ihr braucht nicht zu erröten.
Da ist ein Armer; er rief und der Herr erhörte ihn. *
Er half ihm aus all seinen Nöten. – (R)

Der Engel des Herrn umschirmt alle, die ihn fürchten und ehren, *
und er befreit sie.
Kostet und seht, wie gütig der Herr ist; *
wohl dem, der zu ihm sich flüchtet! – R

ZUR 2. LESUNG Wer war Paulus? Ein religiöser Feuerkopf, ein frommer Unruhegeist, der Menschen begeistern, aber auch vor den Kopf stoßen konnte. Zweifellos lebte dieser griechisch sprechende Jude ein beispielhaftes Leben der Gottes- und der Menschenliebe. Wie Jeremia und Jesaja weiß er sich vom Mutterleib an zum Apostel für die Völker gerufen. Durch den erhöhten Herrn selbst weiß er sich gesandt, von Stadt zu Stadt, von Land zu Land. Paulus erlebt Verlust und Gewinn – für Christus. Wer war Paulus? Der Brief an Timotheus zeigt uns einen Menschen, der sich rastlos und restlos verausgabt, im Dienst des Herrn. Aus seinem Gottvertrauen und Glaubensmut schöpfen auch wir.

ZWEITE LESUNG 2 Tim 4,6–8.17–18

Schon jetzt liegt für mich der Kranz der Gerechtigkeit bereit

Lesung aus dem zweiten Brief des Apostels Paulus an Timotheus.

Mein Sohn! Ich werde nunmehr geopfert und die Zeit meines Aufbruchs ist nahe. Ich habe den guten Kampf gekämpft, den Lauf vollendet, die Treue gehalten.

Schon jetzt liegt für mich der Kranz der Gerechtigkeit bereit, den mir der Herr, der gerechte Richter, an jenem Tag geben wird, aber nicht nur mir, sondern allen, die sehnsüchtig auf sein Erscheinen warten.

Der Herr stand mir zur Seite und gab mir Kraft, damit durch mich die Verkündigung vollendet wird und alle Heiden sie hören; und so wurde ich dem Rachen des Löwen entrissen.

Der Herr wird mich allem Bösen entreißen, er wird mich retten und in sein himmlisches Reich führen. Ihm sei die Ehre in alle Ewigkeit. Amen.

RUF VOR DEM EVANGELIUM Vers: Mt 16,18

Halleluja. Halleluja.
(So spricht der Herr:)
Du bist Petrus – der Fels –
und auf diesen Felsen werde ich meine Kirche bauen
und die Mächte der Unterwelt werden sie nicht überwältigen.
Halleluja.

ZUM EVANGELIUM Du bist Petrus, der Fels! Das berühmte Felsenwort des Matthäus-Evangeliums ist von Aussagen gerahmt, die allen Menschen um Jesus und in seiner Nachfolge gelten. So knüpft das Bekenntnis Petri zum Gottessohn an das Gottessohn-Bekenntnis der Jünger insgesamt an (14,33) und die Seligpreisung des Petrus führt deren Seligpreisung fort (13,16–17). Das Wort, in dem Simon, der Sohn des Jona, die Vollmacht zu binden und zu lösen zugesprochen wird, weist voraus auf eine Aussage, die diese Vollmacht allen Jesus-Jüngern, und so allen Menschen in seiner Nachfolge, zuspricht (18,18). Für Matthäus ist Petrus der maßgebliche Jünger, der Jünger schlechthin. Petrus ist im Matthäus-Evangelium hoch bedeutsam, aber Matthäus idealisiert ihn nicht. Glauben wagen – und versagen, die Wahrheit erkennen – und vor ihr zurückschrecken, den Herrn verleugnen – und Schwäche bereuen. Simon Barjona, großes Vorbild und herausfordernder Spiegel: „Du bist Petrus."

EVANGELIUM

Mt 16,13–19

Du bist Petrus, ich werde dir die Schlüssel des Himmelreichs geben

+ Aus dem heiligen Evangelium nach Matthäus.

In jener Zeit, als Jesus in das Gebiet von Cäsarea Philippi kam, fragte er seine Jünger: Für wen halten die Leute den Menschensohn?

Sie sagten: Die einen für Johannes den Täufer, andere für Elija, wieder andere für Jeremia oder sonst einen Propheten.

Da sagte er zu ihnen: Ihr aber, für wen haltet ihr mich?

Simon Petrus antwortete: Du bist der Messias, der Sohn des lebendigen Gottes!

Jesus sagte zu ihm: Selig bist du, Simon Barjona; denn nicht Fleisch und Blut haben dir das offenbart, sondern mein Vater im Himmel. Ich aber sage dir: Du bist Petrus – der Fels – und auf diesen Felsen werde ich meine Kirche bauen und die Mächte der Unterwelt werden sie nicht überwältigen. Ich werde dir die Schlüssel des Himmelreichs geben; was du auf Erden binden wirst, das wird auch im Himmel gebunden sein, und was du auf Erden lösen wirst, das wird auch im Himmel gelöst sein.

Glaubensbekenntnis, S. 470 ff.

FÜRBITTEN

Jesus vertraut fehlbaren Menschen seine Botschaft an. Am Fest der Apostel Petrus und Paulus rufen wir zu ihm in den Anliegen von Kirche und Welt:

- Segne unseren Papst, die Bischöfe, Priester und Diakone, dass sie selbst immer mehr vom Wort Gottes ergriffen werden. V: Jesus, du Freund der Schwachen. A: Wir bitten dich, erhöre uns.
- Hilf den Ordensleuten in aller Welt, in Wort und Tat die Botschaft vom Heil von Gott her den Menschen glaubwürdig zu machen. V: Jesus, du Freund der Schwachen. A: Wir bitten dich, erhöre uns.
- Stärke alle, die durch Krieg und Terror ihre Gemeinschaft, ihre Familie, ihren Alltag verloren haben. V: Jesus, du Freund der Schwachen. A: Wir bitten dich, erhöre uns.
- Segne alle, die geflüchteten Menschen wohlgesonnen sind, die sie ansehen und nicht übersehen. V: Jesus, du Freund der Schwachen. A: Wir bitten dich, erhöre uns.
- Schenke den Sterbenden deine Nähe und lass sie dein Leben sehen. V: Jesus, du Freund der Schwachen. A: Wir bitten dich, erhöre uns.

Erbarmender ewiger Gott, das Beispiel der Apostel Petrus und Paulus lasse in uns den Mut wachsen, die Wahrheit deiner Botschaft mit unserem Leben zu bezeugen, damit deine Liebe erfahrbar werde durch Christus, unseren Lehrer und Bruder.

EUCHARISTIEFEIER

GABENGEBET

Herr und Gott, in Gemeinschaft mit den Aposteln Petrus und Paulus bitten wir dich: Heilige unsere Gaben und lass uns mit Bereitschaft und Hingabe das Opfer deines Sohnes feiern, der mit dir lebt und herrscht in alle Ewigkeit.

PRÄFATION

In Wahrheit ist es würdig und recht, dich, allmächtiger Vater, in deinen Heiligen zu preisen und am Fest der Apostel Petrus und Paulus das Werk deiner Gnade zu rühmen. Petrus hat als Erster den Glauben an Christus bekannt und aus Israels heiligem Rest die erste Kirche gesammelt. Paulus empfing die Gnade tiefer Einsicht und die Berufung zum Lehrer der Heiden. Auf verschiedene Weise dienten beide Apostel der einen Kirche, gemeinsam empfingen sie die Krone des Lebens. Darum ehren wir beide in gemeinsamer Feier und vereinen uns mit allen Engeln und Heiligen zum Hochgesang von deiner göttlichen Herrlichkeit: Heilig …

KOMMUNIONVERS

Mt 16,16.18

Petrus sagte zu Jesus:
Du bist der Messias, der Sohn des lebendigen Gottes.
Jesus erwiderte ihm:
Du bist Petrus und auf diesen Felsen
werde ich meine Kirche bauen.

SCHLUSSGEBET

Herr, unser Gott, du hast uns durch das heilige Sakrament gestärkt. Gib, dass wir im Brotbrechen und in der Lehre der Apostel verharren und in deiner Liebe ein Herz und eine Seele werden. Darum bitten wir durch Christus, unseren Herrn.

FEIERLICHER SCHLUSSSEGEN

Seinen Segen gewähre euch der allmächtige Gott, der auf das Bekenntnis des Petrus die Kirche gegründet und durch ihn die Brüder im Glauben gestärkt hat. – A: Amen.
Durch Paulus hat er die Heidenvölker zum Glauben geführt; das Beispiel dieses Apostels lehre euch, Menschen für Christus zu gewinnen. – A: Amen.
Beide bezeugten den Herrn bis zum Tod: Petrus am Kreuz, Paulus unter dem Schwert; ihre Fürsprache geleite euch zur ewigen Heimat. – A: Amen.
Das gewähre euch der dreieinige Gott, der Vater und der Sohn ✝ und der Heilige Geist. – A: Amen.

***

LIED AN DIE GEMEINDE

ihr seid mir wasser
ich bin der fisch
ihr seid mir luft
ich atme tief

ihr seid mir brot
ich bin zu gast
ihr seid der himmel
hier mach ich rast

ihr seid mir ufer
rettender strand
seid mir nicht fremde
im fremden land

Wilhelm Willms

13. SONNTAG IM JAHRESKREIS

1. Juli 2018

Mein Lieblingsmoment in den Gottesdiensten? Jene Stelle, wo wir als Gemeinde singen: „Deinen Tod, o Herr, verkünden wir und deine Auferstehung preisen wir, bis du kommst in Herrlichkeit." Unser Taufauftrag: Osterzeuginnen und Osterzeugen zu sein. Immer wieder. Lebenslang.

ERÖFFNUNGSVERS

Ps 47(46),2

Ihr Völker alle, klatscht in die Hände;
jauchzt Gott zu mit lautem Jubel.

KYRIE-RUFE

Herr Jesus Christus, du bist die
Auferstehung und das Leben.
V/A: Herr, erbarme dich.
Du senkst den Glauben in uns ein,
der uns zum Leben hilft.
V/A: Christus, erbarme dich.
Du nimmst uns die Furcht
und gibst uns deinen Frieden.
V/A: Herr, erbarme dich.

Ehre sei Gott, S. 467 f.

TAGESGEBET

Gott, unser Vater, du hast uns in der Taufe zu Kindern des Lichtes gemacht. Lass nicht zu, dass die Finsternis des Irrtums über uns

Macht gewinnt, sondern hilf uns, im Licht deiner Wahrheit zu bleiben. Darum bitten wir durch Jesus Christus.

WORTGOTTESDIENST

ZUR 1. LESUNG „Der Tod gehört zum Leben" – das ist eine fast unwidersprochene Floskel in Gesprächen, die immerhin heranreichen an das Thema Tod. Der Tod gehört zum Leben? Das Sterben gehört zum Leben! Und darum muss es als Teil des Lebens gestaltet werden. Der Tod aber ist eben Nicht-Leben. Dies ernsthaft wahrzunehmen, ist dem „Salomo" der Weisheit hoch anzurechnen. Wenn Gott Leben schafft und Leben ist, dann ist der Tod Nicht-Gott. Oder, wie es im biblischen Wort hier heißt: „Teufel". Das Reich des Todes hat keine Macht auf Erden? Eine Zustandsbeschreibung ist das nicht. Hinter der Miene des stillvergnügten, verklärten und glücklichen Weisen, der hier formuliert, scheint mir die Kampfeslust aufzublitzen, diesem Nicht-Gott keinen Zentimeter widerstandslos zu räumen.

ERSTE LESUNG Weish 1,13–15; 2,23–24

Durch den Neid des Teufels kam der Tod in die Welt

Lesung aus dem Buch der Weisheit.

Gott hat den Tod nicht gemacht und hat keine Freude am Untergang der Lebenden. Zum Dasein hat er alles geschaffen und heilbringend sind die Geschöpfe der Welt. Kein Gift des Verderbens ist in ihnen, das Reich des Todes hat keine Macht auf der Erde; denn die Gerechtigkeit ist unsterblich.

Gott hat den Menschen zur Unvergänglichkeit erschaffen und ihn zum Bild seines eigenen Wesens gemacht. Doch durch den Neid des Teufels kam der Tod in die Welt und ihn erfahren alle, die ihm angehören.

ANTWORTPSALM Ps 30(29),2 u. 4.5–6b.6cd u. 12a u. 13b (℟: vgl. 2ab)

℟ Herr, du zogst mich empor aus der Tiefe;
ich will dich rühmen in Ewigkeit. – ℟

Ich will dich rühmen, Herr, †
denn du hast mich aus der Tiefe gezogen *
und lässt meine Feinde nicht über mich triumphieren.
Herr, du hast mich herausgeholt aus dem Reich des Todes, *
aus der Schar der Todgeweihten mich zum Leben gerufen. – (℟)

Singt und spielt dem Herrn, ihr seine Frommen, *
preist seinen heiligen Namen!
Denn sein Zorn dauert nur einen Augenblick, *
doch seine Güte ein Leben lang. – (℟)

Wenn man am Abend auch weint, *
am Morgen herrscht wieder Jubel.
Du hast mein Klagen in Tanzen verwandelt, *
Herr, mein Gott, ich will dir danken in Ewigkeit. – ℟

ZUR 2. LESUNG Dass der große Theologe Paulus sich nicht nur um seine eigene Reisekasse kümmert, sondern dass ihm die Sammlung für die Gemeinde in Jerusalem so sehr am Herzen liegt, dass er in seiner Argumentation sogar Kreuzestheologie – die Armut des Christus – und Exoduserfahrung – Sammlung von Manna – bemüht, muss zu denken geben. Für Paulus sind es eben innere, theologische, geistliche Gründe, die drängen, die Heiligen in Jerusalem zu unterstützen. Die sind die älteren Geschwister, in Jerusalem liegen die Wurzeln, ihnen verdankt sich die Mission. Paulus mochte die jüdische Tempelsteuer vor Augen gestanden haben, ein solidarischer Beitrag zu den Opfern, für den Tempel als Stätte des Gebets; die Gabe ein Bekenntnisakt in Gestalt materieller Unterstützung. Dass allzu große materielle Ungleichheit ohne Ausgleich die Gemeinde belastet, ja, zerstört, hat Paulus schon im Blick auf die Feier des Gottesdienstes, insbesondere des Herrenmahls im ersten Brief nach Korinth beanstandet (1 Kor 11,17ff.). Jetzt im zweiten nimmt er die Weltkirche in den Blick. Jeder Umgang mit Geld in der Kirche steht in der Pflicht, sich am Maßstab des Paulus messen zu lassen.

ZWEITE LESUNG 2 Kor 8,7.9.13–15

Euer Überfluss soll ihrem Mangel abhelfen

Lesung aus dem zweiten Brief des Apostels Paulus an die Korinther.

Brüder [*oder:* Brüder und Schwestern! *oder:* Schwestern und Brüder!]! Wie ihr an allem reich seid, an Glauben, Rede und Erkenntnis, an jedem Eifer und an der Liebe, die wir in euch begründet haben, so sollt ihr euch auch an diesem Liebeswerk mit reichlichen Spenden beteiligen.

Denn ihr wisst, was Jesus Christus, unser Herr, in seiner Liebe getan hat: Er, der reich war, wurde euretwegen arm, um euch durch seine Armut reich zu machen.

Es geht nicht darum, dass ihr in Not geratet, indem ihr anderen helft; es geht um einen Ausgleich. Im Augenblick soll euer Überfluss ihrem Mangel abhelfen, damit auch ihr Überfluss einmal eurem Mangel abhilft. So soll ein Ausgleich entstehen, wie es in der Schrift heißt: Wer viel gesammelt hatte, hatte nicht zu viel, und wer wenig, hatte nicht zu wenig.

RUF VOR DEM EVANGELIUM Vers: vgl. 2 Tim 1,10

Halleluja. Halleluja.
Unser Retter Jesus Christus hat dem Tod die Macht genommen
und uns das Licht des Lebens gebracht durch das Evangelium.
Halleluja.

ZUM EVANGELIUM Man hat die Evangelien einmal „Passionsgeschichten mit langer Einleitung" genannt. Es wäre treffender, sie

Ostergeschichten zu nennen. Ostergeschichten in Variationen. Evangelium, das heißt schließlich ja „gute Nachricht", „Siegesbotschaft". Kunde vom Sieg über den Tod. Wie in einem Kanon, in einer Fuge, verschränkt Markus hier die verschiedenen Themen der einen Botschaft von Ostern.

Variation I: Eine Frau leidet am Blutfluss. Das Leben geht ihr davon. Körperlich, denn die ständigen Blutungen bedeuten ja einen permanenten Kräfteverschleiß. Materiell auch: Sie hat ein Vermögen ausgegeben, ohne dass sie etwas davon gehabt hätte. Sie begegnet Jesus. Von ihm, der sein Blut, sein Leben geben wird, geht Kraft aus, sie zu heilen. Die Frau: eine Zeugin der Auferstehung. Jesus bestätigt: Ihr (Oster-)Glaube hat geholfen.

Variation II: Die Tochter des Synagogenvorstehers stirbt. Auch ihr geht das Leben davon. Angesichts all der Verzögerungen auf dem Weg sieht die Großfamilie den nun eingetretenen Tod. Wozu noch Jesus bemühen? Doch worauf der Text erst noch zuläuft, wirft jetzt schon Licht auf das Kind, seine Eltern, die Jünger und die ganze Großfamilie. Ostern in der Provinz. Es gilt eben auch hier, was einmal Jerusalem zugesagt war: Mädchen, steh auf. Werde licht. Denn dein Licht kommt. Und die Herrlichkeit des Herrn geht auf über dir.

EVANGELIUM Mk 5,21–43

Mädchen, ich sage dir, steh auf!

+ Aus dem heiligen Evangelium nach Markus.

In jener Zeit fuhr Jesus im Boot an das andere Ufer des Sees von Galiläa hinüber und eine große Menschenmenge versammelte sich um ihn. Während er noch am See war, kam ein Synagogenvorsteher namens Jaïrus zu ihm. Als er Jesus sah, fiel er ihm zu Füßen und flehte ihn um Hilfe an; er sagte: Meine Tochter liegt im Sterben. Komm und leg ihr die Hände auf, damit sie wieder gesund wird und am Leben bleibt. Da ging Jesus mit ihm.

Viele Menschen folgten ihm und drängten sich um ihn. Darunter war eine Frau, die schon zwölf Jahre an Blutungen litt. Sie war von vielen Ärzten behandelt worden und hatte dabei sehr zu leiden;

ihr ganzes Vermögen hatte sie ausgegeben, aber es hatte ihr nichts genutzt, sondern ihr Zustand war immer schlimmer geworden. Sie hatte von Jesus gehört.

Nun drängte sie sich in der Menge von hinten an ihn heran und berührte sein Gewand. Denn sie sagte sich: Wenn ich auch nur sein Gewand berühre, werde ich geheilt. Sofort hörte die Blutung auf und sie spürte deutlich, dass sie von ihrem Leiden geheilt war.

Im selben Augenblick fühlte Jesus, dass eine Kraft von ihm ausströmte, und er wandte sich in dem Gedränge um und fragte: Wer hat mein Gewand berührt? Seine Jünger sagten zu ihm: Du siehst doch, wie sich die Leute um dich drängen, und da fragst du: Wer hat mich berührt?

Er blickte umher, um zu sehen, wer es getan hatte. Da kam die Frau, zitternd vor Furcht, weil sie wusste, was mit ihr geschehen war; sie fiel vor ihm nieder und sagte ihm die ganze Wahrheit. Er aber sagte zu ihr: Meine Tochter, dein Glaube hat dir geholfen. Geh in Frieden! Du sollst von deinem Leiden geheilt sein.

Während Jesus noch redete, kamen Leute, die zum Haus des Synagogenvorstehers gehörten, und sagten zu Jaïrus: Deine Tochter ist gestorben. Warum bemühst du den Meister noch länger? Jesus, der diese Worte gehört hatte, sagte zu dem Synagogenvorsteher: Sei ohne Furcht; glaube nur! Und er ließ keinen mitkommen außer Petrus, Jakobus und Johannes, den Bruder des Jakobus. Sie gingen zum Haus des Synagogenvorstehers.

Als Jesus den Lärm bemerkte und hörte, wie die Leute laut weinten und jammerten, trat er ein und sagte zu ihnen: Warum schreit und weint ihr? Das Kind ist nicht gestorben, es schläft nur. Da lachten sie ihn aus.

Er aber schickte alle hinaus und nahm außer seinen Begleitern nur die Eltern mit in den Raum, in dem das Kind lag. Er fasste das Kind an der Hand und sagte zu ihm: Talita kum!, das heißt übersetzt: Mädchen, ich sage dir, steh auf! Sofort stand das Mädchen auf und ging umher. Es war zwölf Jahre alt. Die Leute gerieten außer sich vor Entsetzen. Doch er schärfte ihnen ein, niemand dürfe etwas davon erfahren; dann sagte er, man solle dem Mädchen etwas zu essen geben.

Oder:

KURZFASSUNG Mk 5,21–24.35b–43

Mädchen, ich sage dir, steh auf!

+ **Aus dem heiligen Evangelium nach Markus.**

In jener Zeit fuhr Jesus im Boot an das andere Ufer des Sees von Galiläa hinüber und eine große Menschenmenge versammelte sich um ihn. Während er noch am See war, kam ein Synagogenvorsteher namens Jaïrus zu ihm. Als er Jesus sah, fiel er ihm zu Füßen und flehte ihn um Hilfe an; er sagte: Meine Tochter liegt im Sterben. Komm und leg ihr die Hände auf, damit sie wieder gesund wird und am Leben bleibt. Da ging Jesus mit ihm.

Viele Menschen folgten ihm und drängten sich um ihn. Unterwegs kamen Leute, die zum Haus des Synagogenvorstehers gehörten, und sagten zu Jaïrus: Deine Tochter ist gestorben. Warum bemühst du den Meister noch länger? Jesus, der diese Worte gehört hatte, sagte zu dem Synagogenvorsteher: Sei ohne Furcht; glaube nur! Und er ließ keinen mitkommen außer Petrus, Jakobus und Johannes, den Bruder des Jakobus. Sie gingen zum Haus des Synagogenvorstehers.

Als Jesus den Lärm bemerkte und hörte, wie die Leute laut weinten und jammerten, trat er ein und sagte zu ihnen: Warum schreit und weint ihr? Das Kind ist nicht gestorben, es schläft nur. Da lachten sie ihn aus.

Er aber schickte alle hinaus und nahm außer seinen Begleitern nur die Eltern mit in den Raum, in dem das Kind lag. Er fasste das Kind an der Hand und sagte zu ihm: Talita kum!, das heißt übersetzt: Mädchen, ich sage dir, steh auf! Sofort stand das Mädchen auf und ging umher. Es war zwölf Jahre alt. Die Leute gerieten außer sich vor Entsetzen. Doch er schärfte ihnen ein, niemand dürfe etwas davon erfahren; dann sagte er, man solle dem Mädchen etwas zu essen geben.

Glaubensbekenntnis, S. 470 ff.

FÜRBITTEN

Im Evangelium hören wir davon, wie eine Unberührbare den berührt, der andere heilsam berührt. Wir wissen, dass auch wir mit unseren Anliegen uns dem nahen dürfen, der sich berühren lässt:

- Für die Kirche, dass sie auch heute Wege findet, das Heil von Gott her zu bezeugen. V: Jesus, Heiland der Welt. A: Höre unser Rufen.
- Für alle, die verzweifelt Heil und Heilung suchen und Mühsal und Aufwand nicht scheuen; lass sie deiner Liebe begegnen. V: Jesus, Heiland der Welt. A: Höre unser Rufen.
- Für alle, die sich ein dickes Fell zugelegt haben und die Einsamkeit des Nachbarn nicht mehr sehen; dass sie von dir berührt werden. V: Jesus, Heiland der Welt. A: Höre unser Rufen.
- Für alle, die in medizinischen Berufen arbeiten; dass sie im Patienten den Menschen in seiner Not sehen. V: Jesus, Heiland der Welt. A: Höre unser Rufen.
- Für alle, die Traurigkeit und Leid erkennen und Nähe und Ermutigung geben können. V: Jesus, Heiland der Welt. A: Höre unser Rufen.

Gott, du schenkst Heil allen, die dich mit ganzem Herzen suchen. Wie froh sind wir, dass wir geborgen sind in deiner Liebe, auch über den Tod hinaus. Dafür danken wir dir und loben dich, heute und allezeit.

EUCHARISTIEFEIER

GABENGEBET

Herr, unser Gott, in den Geheimnissen, die wir feiern, wirkst du unser Heil. Gib, dass wir den Dienst an diesem Altar würdig vollziehen, von dem wir deine Gaben empfangen. Darum bitten wir durch Christus, unseren Herrn.

Präfation, S. 482 ff.

KOMMUNIONVERS

Ps 103(102),1

Lobe den Herrn, meine Seele!
Alles in mir lobe seinen heiligen Namen.

SCHLUSSGEBET

Gütiger Gott, die heilige Opfergabe, die wir dargebracht und empfangen haben, schenke uns neues Leben. Lass uns Frucht bringen in Beharrlichkeit und dir auf immer verbunden bleiben. Darum bitten wir durch Christus, unseren Herrn.

***

Für eine Wort-Gottes-Feier:

ERÖFFNUNGSGEBET ZUR WAHL

Gott, Herr des Lebens, dein Sohn Jesus hat Kranke geheilt und Tote zum Leben erweckt. Unsere ganze Hoffnung setzen wir auf dich. Erhöre unsere Bitten und stärke uns durch dein Wort, Jesus Christus, deinen Sohn, der unser Heil und unsere Kraft ist und der mit dir und dem Heiligen Geist lebt, Gott von Ewigkeit.

***

GANZ UND GAR NICHT GEFALLEN

dem herrn unserem gott
hat es ganz und gar nicht gefallen
dass gustav e lips
durch einen verkehrsunfall starb.

erstens war er zu jung
zweitens seiner frau ein zärtlicher mann
drittens zwei kindern ein lustiger vater
viertens den freunden ein guter freund
fünftens erfüllt von vielen ideen

was soll jetzt ohne ihn werden?
was ist seine frau ohne ihn?
wer spielt mit den kindern?
wer ersetzt einen freund?
wer hat die neuen ideen?

dem herrn unserem gott
hat es ganz und gar nicht gefallen
dass einige von euch dachten
es habe ihm solches gefallen

im namen dessen der tote erweckte
im namen des toten der auferstand:
wir protestieren gegen den tod von gustav e lips

Kurt Marti

14. SONNTAG IM JAHRESKREIS

8. Juli 2018

Gegen alle frömmelnde Lockung, dass das Leben mit dem Glauben einfacher werde, stehen die biblischen Berufungsgeschichten. Kaum eine führt umstandslos zu harmonischer Selbstvergewisserung, zu Identität mit sich selbst oder gar zu einem, wie es heute oft heißt, gelingenden Leben. Biblische Berufung bedeutet vielmehr auch Anfechtung, Selbstentfremdung, schiere Überforderung. Auch die Rede vom „erwählten Volk" gehört hier dazu. Erwählung ist keine Miss-Wahl und Berufung keine Preisverleihung. Berufung nimmt in Dienst, und vor Erwählung sei gewarnt. Glaube ist eine Zumutung und das Hören auf Gott nichts für Feiglinge.

ERÖFFNUNGSVERS

Ps 48(47), 10–11

Deiner Huld, o Gott, gedenken wir in deinem heiligen Tempel.
Wie dein Name, Gott,
so reicht dein Ruhm bis an die Enden der Erde;
deine rechte Hand ist voll von Gerechtigkeit.

KYRIE-RUFE

Herr Jesus Christus, du hast
wie wir als Mensch gelebt.
V/A: Herr, erbarme dich.
Du hast gelehrt wie einer,
der göttliche Vollmacht hat.
V/A: Christus, erbarme dich.
Du kamst in dein Eigentum, aber
die Deinen nahmen dich nicht auf.
V/A: Herr, erbarme dich.

Ehre sei Gott, S. 467 f.

TAGESGEBET

Barmherziger Gott, durch die Erniedrigung deines Sohnes hast du die gefallene Menschheit wieder aufgerichtet und aus der Knechtschaft der Sünde befreit. Erfülle uns mit Freude über die Erlösung und führe uns zur ewigen Seligkeit. Darum bitten wir durch Jesus Christus.

WORTGOTTESDIENST

ZUR 1. LESUNG Israel liegt am Boden. Aber Gott ruft seinen Propheten sich auf Augenhöhe. Die Tochter Jerusalem ist gefallen. Aber Gott will den Menschen, den er sich ersehen hat, auf beiden Füßen stehen sehen. Schließlich liegen schwere Aufgaben vor ihm. Der Mehrheit zu widersprechen, gegen den Strom zu schwimmen, da sind alle Kräfte vonnöten. Der biblische Gott ist kein Gott, der uns in unseren schwachen Momenten überlisten will. Er braucht unsere Stärke.

ERSTE LESUNG Ez 1,28b–2,5

Sie sind ein widerspenstiges Volk, sie werden erkennen müssen, dass mitten unter ihnen ein Prophet war

Lesung aus dem Buch Ezechiel.

In jenen Tagen, als ich die Erscheinung der Herrlichkeit des Herrn sah, fiel ich nieder auf mein Gesicht. Und ich hörte, wie jemand redete. Er sagte zu mir: Stell dich auf deine Füße, Menschensohn; ich will mit dir reden. Als er das zu mir sagte, kam der Geist in mich und stellte mich auf die Füße. Und ich hörte den, der mit mir redete.

Er sagte zu mir: Menschensohn, ich sende dich zu den abtrünnigen Söhnen Israels, die sich gegen mich aufgelehnt haben. Sie und ihre Väter sind immer wieder von mir abgefallen, bis zum heutigen Tag. Es sind Söhne mit trotzigem Gesicht und hartem Herzen. Zu ihnen sende ich dich. Du sollst zu ihnen sagen: So spricht Gott, der Herr.

Ob sie dann hören oder nicht – denn sie sind ein widerspenstiges Volk –, sie werden erkennen müssen, dass mitten unter ihnen ein Prophet war.

ANTWORTPSALM

Ps 123(122),1–2.3–4 (℟: vgl. 2c)

℟ Unsre Augen schauen auf den Herrn, unsern Gott,
bis er uns gnädig ist. – ℟

Ich erhebe meine Augen zu dir, *
der du hoch im Himmel thronst.
Wie die Augen der Knechte auf die Hand ihres Herrn, †
wie die Augen der Magd auf die Hand ihrer Herrin, *
so schauen unsre Augen auf den Herrn, unsern Gott,
bis er uns gnädig ist. – (℟)

Sei uns gnädig, Herr, sei uns gnädig! *
Denn übersatt sind wir vom Hohn der Spötter,
übersatt ist unsre Seele von ihrem Spott, *
von der Verachtung der Stolzen. – ℟

ZUR 2. LESUNG Es ist eine besondere Kunst, in der Seelsorge Menschen zu locken, ihr Leben, ihre Not auch nur für eine kurze Zeit in einem anderen Licht zu sehen. Wenn das Problem gelöst wäre – welche Auswirkungen hätte das? Wenn Sie einem anderen mit eben Ihrem Kummer begegneten, was würden Sie ihm dann sagen? Liegt in Ihrer eigenen Not auch irgendeine Art von Gewinn? Wichtig ist immer, dass mein Gegenüber sich selbst wieder als handelnd erlebt, nicht nur als getrieben, passiv, leidend. Paulus war solch ein guter Seelsorger, dass er von sich selbst sagen konnte: Ich kann mich meiner Schwachheit rühmen. Ich bin fähig zu handeln. Ich bejahe Ohnmacht und Misshandlung. Ich kann handeln. Wenn ich schwach bin, bin ich stark. Ich nehme meine Berufung an.

ZWEITE LESUNG

2 Kor 12,7–10

Ich will mich meiner Schwachheit rühmen, damit die Kraft Christi auf mich herabkommt

Lesung aus dem zweiten Brief des Apostels Paulus an die Korinther.

Brüder [*oder:* Brüder und Schwestern! *oder:* Schwestern und Brüder!]! Damit ich mich wegen der einzigartigen Offenbarungen nicht überhebe, wurde mir ein Stachel ins Fleisch gestoßen: ein Bote Satans, der mich mit Fäusten schlagen soll, damit ich mich nicht überhebe.

Dreimal habe ich den Herrn angefleht, dass dieser Bote Satans von mir ablasse. Er aber antwortete mir: Meine Gnade genügt dir; denn sie erweist ihre Kraft in der Schwachheit.

Viel lieber also will ich mich meiner Schwachheit rühmen, damit die Kraft Christi auf mich herabkommt. Deswegen bejahe ich meine Ohnmacht, alle Misshandlungen und Nöte, Verfolgungen und Ängste, die ich für Christus ertrage; denn wenn ich schwach bin, dann bin ich stark.

RUF VOR DEM EVANGELIUM

Vers: vgl. Lk 4,18ab

Halleluja. Halleluja.
Der Geist des Herrn ruht auf mir:
Der Herr hat mich gesandt,
den Armen die Frohe Botschaft zu bringen.
Halleluja.

ZUM EVANGELIUM In vielen Gruppen funktioniert das Prinzip Krabbenkorb. Alle Krabben versuchen, sich zu befreien und aus dem Korb zu kommen. Wenn aber eine es fast geschafft hätte, hängen sich die anderen an sie dran und ziehen sie zurück. Das Prinzip Krabbenkorb kommt oft scheinbar wohlwollend daher. „Das wäre zu viel für dich gewesen." „Das hätte dir nichts gebracht." Das Prinzip Krabbenkorb nutzt niemandem und schadet vielen. Und es ist so schwer zu überwinden. Es gibt Leute in Nazaret, die leben auch nach dem Prinzip Krabbenkorb. Einer von ihnen, der Sohn des Zimmermanns, wird anerkannt wegen seiner Weisheit? Kann nicht sein, wir kennen die Brüder. Wunder sind durch ihn geschehen? Interessiert nicht. Wir kennen die Schwestern. Logisch ist das alles nicht. Nur wirkungsvoll. Vor allem für die, die nicht hinausschauen wollen. Die gute Nachricht dabei? Jesus zog los – durch benachbarte Dörfer.

EVANGELIUM Mk 6, 1b–6

Nirgends hat ein Prophet so wenig Ansehen wie in seiner Heimat

+ Aus dem heiligen Evangelium nach Markus.

In jener Zeit kam Jesus in seine Heimatstadt; seine Jünger begleiteten ihn. Am Sabbat lehrte er in der Synagoge. Und die vielen Menschen, die ihm zuhörten, staunten und sagten: Woher hat er das alles? Was ist das für eine Weisheit, die ihm gegeben ist! Und was sind das für Wunder, die durch ihn geschehen! Ist das nicht der Zimmermann, der Sohn der Maria und der Bruder von Jakobus, Joses, Judas und Simon? Leben nicht seine Schwestern hier unter uns? Und sie nahmen Anstoß an ihm und lehnten ihn ab.

Da sagte Jesus zu ihnen: Nirgends hat ein Prophet so wenig Ansehen wie in seiner Heimat, bei seinen Verwandten und in seiner Familie. Und er konnte dort kein Wunder tun; nur einigen Kranken legte er die Hände auf und heilte sie. Und er wunderte sich über ihren Unglauben. Und Jesus zog durch die benachbarten Dörfer und lehrte dort.

Glaubensbekenntnis, S. 470 ff.

FÜRBITTEN

Der Bauhandwerker, der Nachbarssohn, der kann doch kein Prophet sein. Oder doch? Zu ihm, der unser Bruder und geisterfüllter Lehrer ist, rufen wir voll Hoffnung:

- Wir beten für die Kirche, dass sie sich auch unbequemen Fragen stellt und sich öffnet für prophetische Stimmen unserer Zeit. V/A: Jesus Christus, höre und erhöre uns.
- Wir beten für unseren Papst, dass sein Anliegen, die Menschen am Rande aufzusuchen, gehört und gelebt werde. V/A: Jesus Christus, höre und erhöre uns.
- Wir bitten dich für Eltern, deren Kinder unbegreifliche Wege gehen, dass sie ihre Kinder nicht ablehnen, sondern ihnen in Liebe verbunden bleiben. V/A: Jesus Christus, höre und erhöre uns.
- Schenke uns den Blick der Liebe, das rechte Wort und die helfende Tat, damit wir uns nicht abschotten gegen Not und Leid um uns. V/A: Jesus Christus, höre und erhöre uns.
- Weise uns Wege zur Einheit aller Getauften und wecke uns aus dem Schlaf der Anpassung und Gewöhnung. V/A: Jesus Christus, höre und erhöre uns.
- Umfange die Sterbenden mit deinem tröstlichen Licht und lass sie einmal Gemeinschaft mit dir und allen Heiligen des Himmels erfahren. V/A: Jesus Christus, höre und erhöre uns.

Gott, guter Vater, du schenkst uns Gemeinschaft in deinem Sohn. Dein Heiliger Geist weite auch unsere Herzen. Darum bitten wir durch Christus, unseren Herrn.

EUCHARISTIEFEIER

GABENGEBET

Herr, zu deiner Ehre feiern wir dieses Opfer. Es befreie uns vom Bösen und helfe uns, Tag für Tag das neue Leben sichtbar zu machen, das wir von dir empfangen. Darum bitten wir durch Christus, unseren Herrn.

Präfation, S. 482 ff.

KOMMUNIONVERS

Mt 11,28

Kommt alle zu mir,
die ihr euch plagt und unter Lasten stöhnt!
Ich will euch Ruhe verschaffen – so spricht der Herr.

SCHLUSSGEBET

Herr, du hast uns mit reichen Gaben beschenkt. Lass uns in der Danksagung verharren und einst die Fülle des Heils erlangen. Darum bitten wir durch Christus, unseren Herrn.

***

Für eine Wort-Gottes-Feier:

ERÖFFNUNGSGEBET ZUR WAHL

Gott, dein Sohn ist als Messias und Heiland zu uns Menschen gekommen. Er ist das Wort, das du zu uns sprichst, er ist das Zeichen der Liebe, die du uns schenkst. Stärke unseren Glauben, damit wir sein Wort hören und danach handeln. So bitten wir im Heiligen Geist durch ihn, Jesus Christus, unseren Mittler und Herrn, der mit dir lebt in Ewigkeit.

***

AUF WUNDERBARE WEISE

Herr, ich bitte dich für alle,
auf die mit Fingern gezeigt wird,
für alle, die nicht glauben können,
dass Gott auf wunderbare Weise
in unser Leben eingreift,
für alle, denen noch nicht aufgegangen ist,
wer Jesus ist,
für alle, die ein Amt in der Kirche haben,
für alle, die wissen müssten,
was es mit Glaube und Wundern
und Gottes Herrlichkeit auf sich hat,
und sich doch nicht darauf verlassen wollen,
für mich selber, Herr,
damit mir deine Herrlichkeit aufscheint
und mein Glaube wächst.
Herr, hilf meinem Unglauben.

Gabriele Miller

15. SONNTAG IM JAHRESKREIS

15. Juli 2018

In der Welt, aber nicht von der Welt. Die Kirche hat einen eigenartigen Auftrag, und sie hat ihn sich nicht selbst gewählt; sie verkörpert ein Sowohl-als-auch. Es geht der Kirche um das Wohl der Menschen, denn die Bibel ist übervoll von dieser Einsicht, dass Gott den Menschen wohl will. So tanzt die Kirche auf zwei Hochzeiten und muss sich ganz in die irdischen Sachzwänge hineinbegeben, damit sie ihren Auftrag erfüllen kann, Menschen in ihrer Entwicklungsmöglichkeit zu unterstützen. So gibt es neben der gottesdienstlichen Liturgie der sauberen Hände auch die Liturgie des Nächstendienstes, der schmutzigen Hände.

ERÖFFNUNGSVERS

Ps 17(16),15

Ich will in Gerechtigkeit dein Angesicht schauen,
mich sattsehen an deiner Gestalt, wenn ich einst erwache.

KYRIE-RUFE

Herr Jesus Christus, du hast Menschen
in deine Nachfolge gerufen und sie zu
Menschenfischern bestellt.
V/A: Herr, erbarme dich.
Du hast die Zwölf ausgesandt, das Reich
Gottes zu verkünden und zu heilen.
V/A: Christus, erbarme dich.
Du hast sie in die ganze Welt gesandt, das
Evangelium allen Geschöpfen zu verkünden.
V/A: Herr, erbarme dich.

Ehre sei Gott, S. 467 f.

TAGESGEBET

Gott, du bist unser Ziel, du zeigst den Irrenden das Licht der Wahrheit und führst sie auf den rechten Weg zurück. Gib allen, die sich Christen nennen, die Kraft, zu meiden, was diesem Namen widerspricht, und zu tun, was unserem Glauben entspricht. Darum bitten wir durch Jesus Christus.

WORTGOTTESDIENST

ZUR 1. LESUNG Amt und Charisma sind manchmal miteinander im Konflikt. Die Kirche braucht beides: Sie braucht das Amt, damit sie als eine der größten und ältesten menschlichen Institutionen über die Zeiten hinweg bestehen kann und es in ihr mit rechten Dingen zugeht. Sie braucht aber auch das Charisma, sie braucht Menschen, die von Gott und dem Geist Jesu so bewegt sind, dass sie sich zu unbekannten Ufern aufmachen und so für die notwendigen Veränderungen sorgen. Dabei ist es wichtig, dass auch das Amt Charisma hat, denn als Despotie verliert es seine Autorität, und dass auch das Charisma Rede und Antwort stehen kann. Es geht nicht um Erbsenzählen, aber das Gespräch zählt.

ERSTE LESUNG Am 7,12–15

Geh und rede als Prophet zu meinem Volk Israel!

Lesung aus dem Buch Amos.

In jenen Tagen sagte Amazja, der Priester von Bet-El, zu Amos: Geh, Seher, flüchte ins Land Juda! Iss dort dein Brot und tritt dort

als Prophet auf! In Bet-El darfst du nicht mehr als Prophet reden; denn das hier ist ein Heiligtum des Königs und ein Reichstempel.
Amos antwortete Amazja: Ich bin kein Prophet und kein Prophetenschüler, sondern ich bin ein Viehzüchter und ich ziehe Maulbeerfeigen. Aber der Herr hat mich von meiner Herde weggeholt und zu mir gesagt: Geh und rede als Prophet zu meinem Volk Israel!

ANTWORTPSALM

Ps 85(84),9–10.11–12.13–14 (R: 8)

℟ Erweise uns, Herr, deine Huld,
und gewähre uns dein Heil! – ℟

Ich will hören, was Gott redet: †
Frieden verkündet der Herr seinem Volk *
und seinen Frommen, den Menschen mit redlichem Herzen.
Sein Heil ist denen nahe, die ihn fürchten. *
Seine Herrlichkeit wohne in unserm Land. – (℟)

Es begegnen einander Huld und Treue; *
Gerechtigkeit und Friede küssen sich.
Treue sprosst aus der Erde hervor; *
Gerechtigkeit blickt vom Himmel hernieder. – (℟)

Auch spendet der Herr dann Segen *
und unser Land gibt seinen Ertrag.
Gerechtigkeit geht vor ihm her *
und Heil folgt der Spur seiner Schritte. – ℟

ZUR 2. LESUNG Im Voraus erwählt, schon vor der Erschaffung der Welt – wie soll das geschehen (sein)? Hat Gott alles vorherbestimmt, sodass wir als unfreie Marionetten seiner Vorsehung unser Leben fristen müssen? Wohl kaum, denn dann wäre Erlösung nicht notwendig. Wenn wir die Heiligkeit unseres Lebens im Vorhinein erhielten, dann bedeutete dies, dass wir es selbst nicht wählen könnten und dass es für uns sogar so unvorstellbar wäre, dass wir nicht einmal bis auf den Grund und den Anfang dieser Heiligkeit sehen und denken könnten. Gottes Wunsch nach unserem Leben bei ihm ist so wunderbar und geht so unbedingt auf ihn zurück, dass er uns unendlich mehr entzogen ist als der Weltenbeginn im astronomischen Urknall.

ZWEITE LESUNG Eph 1,3–14

In Christus hat Gott uns erwählt vor der Erschaffung der Welt

Lesung aus dem Brief des Apostels Paulus an die Epheser.

Gepriesen sei Gott, der Gott und Vater unseres Herrn Jesus Christus: Er hat uns mit allem Segen seines Geistes gesegnet durch unsere Gemeinschaft mit Christus im Himmel.

Denn in ihm hat er uns erwählt vor der Erschaffung der Welt, damit wir heilig und untadelig leben vor Gott; er hat uns aus Liebe im Voraus dazu bestimmt, seine Söhne zu werden durch Jesus Christus und zu ihm zu gelangen nach seinem gnädigen Willen, zum Lob seiner herrlichen Gnade. Er hat sie uns geschenkt in seinem geliebten Sohn; durch sein Blut haben wir die Erlösung, die Vergebung der Sünden nach dem Reichtum seiner Gnade.

Durch sie hat er uns reich beschenkt mit aller Weisheit und Einsicht und hat uns das Geheimnis seines Willens kundgetan, wie er es gnädig im Voraus bestimmt hat: die Fülle der Zeiten heraufzuführen in Christus und alles, was im Himmel und auf Erden ist, in ihm zu vereinen. Durch ihn sind wir auch als Erben vorherbestimmt und eingesetzt nach dem Plan dessen, der alles so verwirklicht, wie er es in seinem Willen beschließt; wir sind zum Lob seiner Herrlichkeit bestimmt, die wir schon früher auf Christus gehofft haben. Durch ihn habt auch ihr das Wort der Wahrheit gehört, das Evangelium von eurer Rettung; durch ihn habt ihr das Siegel des verheißenen Heiligen Geistes empfangen, als ihr den Glauben annahmt. Der Geist ist der erste Anteil des Erbes, das wir erhalten sollen, der Erlösung, durch die wir Gottes Eigentum werden, zum Lob seiner Herrlichkeit.

Oder:

KURZFASSUNG Eph 1,3–10

In Christus hat Gott uns erwählt vor der Erschaffung der Welt

Lesung aus dem Brief des Apostels Paulus an die Epheser.

Gepriesen sei Gott, der Gott und Vater unseres Herrn Jesus Christus: Er hat uns mit allem Segen seines Geistes gesegnet durch unsere Gemeinschaft mit Christus im Himmel.

Denn in ihm hat er uns erwählt vor der Erschaffung der Welt, damit wir heilig und untadelig leben vor Gott; er hat uns aus Liebe im Voraus dazu bestimmt, seine Söhne zu werden durch Jesus Christus und zu ihm zu gelangen nach seinem gnädigen Willen, zum Lob seiner herrlichen Gnade. Er hat sie uns geschenkt in seinem geliebten Sohn; durch sein Blut haben wir die Erlösung, die Vergebung der Sünden nach dem Reichtum seiner Gnade.

Durch sie hat er uns reich beschenkt mit aller Weisheit und Einsicht und hat uns das Geheimnis seines Willens kundgetan, wie er es gnädig im Voraus bestimmt hat: die Fülle der Zeiten heraufzuführen in Christus und alles, was im Himmel und auf Erden ist, in ihm zu vereinen.

RUF VOR DEM EVANGELIUM Vers: vgl. Eph 1,17–18

Halleluja. Halleluja.
Der Vater unseres Herrn Jesus Christus
erleuchte die Augen unseres Herzens,
damit wir verstehen, zu welcher Hoffnung wir berufen sind.
Halleluja.

ZUM EVANGELIUM Jesus schickt die Zwölf in Paaren aus. Warum? Vielleicht gibt es Dinge, die man nur gemeinsam tun kann und bei denen der Auftritt einer einzelnen Person zu unerwünschten Reaktionen führt. Sind zwei unterwegs, kann sich keiner allein ein Wunder oder die Wirkung der Umkehrpredigt zuschreiben. Die Paarregel schützt die Zwölf vor Überheblichkeit und schützt auch Jesus, den die Menschen nur zu gern schon zu Lebzeiten als politischen Anführer ausgerufen hätten. Jesus strebte keine weltliche Macht an, sodass er auch seine engsten Mitarbeiter in großer Armut auf den Weg schickt. So müssen wir uns vor jedem falschen Personenkult in Acht nehmen und Besitz dort scheuen, wo er belastet.

EVANGELIUM

Mk 6,7–13

Er begann, die Zwölf auszusenden

+ **Aus dem heiligen Evangelium nach Markus.**

In jener Zeit rief Jesus die Zwölf zu sich und sandte sie aus, jeweils zwei zusammen.

Er gab ihnen die Vollmacht, die unreinen Geister auszutreiben, und er gebot ihnen, außer einem Wanderstab nichts auf den Weg mitzunehmen, kein Brot, keine Vorratstasche, kein Geld im Gürtel, kein zweites Hemd und an den Füßen nur Sandalen.

Und er sagte zu ihnen: Bleibt in dem Haus, in dem ihr einkehrt, bis ihr den Ort wieder verlasst. Wenn man euch aber in einem Ort nicht aufnimmt und euch nicht hören will, dann geht weiter und schüttelt den Staub von euren Füßen, zum Zeugnis gegen sie.

Die Zwölf machten sich auf den Weg und riefen die Menschen zur Umkehr auf. Sie trieben viele Dämonen aus und salbten viele Kranke mit Öl und heilten sie.

Glaubensbekenntnis, S. 470 ff.

FÜRBITTEN

Ballast abwerfen, erleichtert auf die Menschen zugehen, vertrauensvoll, heilvoll Jesu Spuren folgen. Wir bitten um seinen Beistand angesichts des Unheils in der Welt und des Ungeheilten in uns:

- Wir beten für die Kirche, dass sie ihre Türen öffne und den Menschen entgegengehe. V/A: Jesus Christus, höre und erhöre uns.
- Wir beten für die Ordenschristen, die in diesen Sommerwochen ihr Haus öffnen für Menschen auf der Suche. V/A: Jesus Christus, höre und erhöre uns.
- Wir beten für alle, die in der Urlaubszeit Gewohntes verlassen und sich auf neue Begegnungen einlassen. V/A: Jesus Christus, höre und erhöre uns.
- Wir beten für die Menschen in Krisengebieten, deren Alltag nicht nur beschwerlich, sondern schwer ist von Furcht und Todesangst. V/A: Jesus Christus, höre und erhöre uns.
- Wir beten besonders für die Kinder in diesen Gebieten, deren Leben eng und traurig geworden ist. V/A: Jesus Christus, höre und erhöre uns.

Gütiger Gott, du willst, dass wir unseren kleinen Kreis durchbrechen und füreinander da sind. Lass uns immer mehr aus deinem Geist der Liebe und des Vertrauens leben, darum bitten wir durch Jesus Christus, unseren Lehrer und Bruder.

EUCHARISTIEFEIER

GABENGEBET

Gott, sieh auf dein Volk, das im Gebet versammelt ist, und nimm unsere Gaben an. Heilige sie, damit alle, die sie empfangen, in deiner Liebe wachsen und dir immer treuer dienen. Darum bitten wir durch Christus, unseren Herrn.

Präfation, S. 482 ff.

KOMMUNIONVERS

Joh 6,56

So spricht der Herr:
Wer mein Fleisch isst und mein Blut trinkt,
der bleibt in mir, und ich bleibe in ihm.

SCHLUSSGEBET

Herr, unser Gott, wir danken dir für die heilige Gabe. Lass deine Heilsgnade in uns wachsen, sooft wir diese Speise empfangen. Darum bitten wir durch Christus, unseren Herrn.

***

Für eine Wort-Gottes-Feier:

ERÖFFNUNGSGEBET ZUR WAHL

Gott, reich an Güte, in der Taufe hast du uns berufen, deine Zeugen zu sein. Öffne unsere Herzen für deine Botschaft, damit wir sie glaubwürdig verkünden. Darum bitten wir durch Jesus Christus, deinen Sohn, unseren Herrn, der mit dir und dem Heiligen Geist lebt jetzt und in Ewigkeit.

***

FÜR ALLE

Wir danken dir, Herr, für alle,
die mit leeren Händen unterwegs sind,
die uns zeigen,
dass man mit Vertrauen weiter kommt
als mit Vorräten, Geld
und einem zweiten Paar Schuhe.
Wir danken dir.

Eleonore Beck

16. SONNTAG IM JAHRESKREIS

22. Juli 2018

Jesus sendet seine Apostel aus, um zu lehren, und der Prophet ermahnt die Hirten, ihrer Aufgabe gerecht zu werden. Und was tun die Schafe? Auf den ersten Blick dürfen sie alle Verantwortung abgeben und sorglos weiden, aber ganz so einfach ist es nicht; sie sollen nämlich auch fruchtbar sein. Über alle biologischen Zwänge hinaus bedeutet dies nichts anderes, als dass wir für andere Verantwortung übernehmen sollen, auch dann, wenn wir gerade keine Lust dazu haben. So funktioniert unsere (kirchliche) Gemeinschaft: Jeder übernimmt seine Verantwortung dort, wo er sie übernehmen kann; für das große Ganze sorgt der Herr.

ERÖFFNUNGSVERS

Ps 54(53),6.8

Gott ist mein Helfer, der Herr beschützt mein Leben.
Freudig bringe ich dir mein Opfer dar
und lobe deinen Namen, Herr, denn du bist gütig.

KYRIE-RUFE

Herr Jesus Christus, du hast die Apostel
an einen einsamen Ort eingeladen, um
ein wenig auszuruhen.
V/A: Herr, erbarme dich.
Du hattest Mitleid mit den vielen Menschen,
die wie Schafe waren, die keinen Hirten haben.
V/A: Christus, erbarme dich.
Du hast die Menschen lange gelehrt
und ihnen zu essen gegeben.
V/A: Herr, erbarme dich.

Ehre sei Gott, S. 467 f.

TAGESGEBET

Herr, unser Gott, sieh gnädig auf alle, die du in deinen Dienst gerufen hast. Mach uns stark im Glauben, in der Hoffnung und in der Liebe, damit wir immer wachsam sind und auf dem Weg deiner Gebote bleiben. Darum bitten wir durch Jesus Christus.

WORTGOTTESDIENST

ZUR 1. LESUNG Der Prophet hält mit seiner Kritik nicht hinter dem Berg; ihm sind alle Hirten und Anführer offenbar suspekt. Sie handeln entweder zu ihrem eigenen Vorteil oder nehmen ihren Auftrag nicht ernst, für die zu sorgen, die ihnen anvertraut sind. Natürlich wird hier einer endzeitlich anmutenden Hoffnung Ausdruck verliehen, dass irdische Sachzwänge an ihr Ende kommen und dass endlich der Herr selbst sich um seine Herde kümmern wird. Zugleich muss man sich aber vor der Gefahr hüten, die Hände in den Schoß zu legen und auf die Ankunft des Herrn zu warten, denn er sammelt nicht nur, er hat auch versprengt. Wenn der Herr in alle Richtungen handelt, dann ist es am Menschen, das zu tun, was er für richtig hält – in der Hoffnung, dass der Herr ihn in seinem, des Herrn Sinne, leitet.

ERSTE LESUNG Jer 23,1–6

Ich sammle den Rest meiner Schafe und bestelle Hirten für sie

Lesung aus dem Buch Jeremia.

Weh den Hirten, die die Schafe meiner Weide zugrunde richten und zerstreuen – Spruch des Herrn.

Darum – so spricht der Herr, der Gott Israels, über die Hirten, die mein Volk weiden: Ihr habt meine Schafe zerstreut und versprengt und habt euch nicht um sie gekümmert. Jetzt ziehe ich euch zur Rechenschaft wegen eurer bösen Taten – Spruch des Herrn.

Ich selbst aber sammle den Rest meiner Schafe aus allen Ländern, wohin ich sie versprengt habe. Ich bringe sie zurück auf ihre Weide; sie sollen fruchtbar sein und sich vermehren. Ich werde für sie Hirten bestellen, die sie weiden, und sie werden sich nicht mehr fürchten und ängstigen und nicht mehr verlorengehen – Spruch des Herrn.

Seht, es kommen Tage – Spruch des Herrn –, da werde ich für David einen gerechten Spross erwecken. Er wird als König herrschen und weise handeln, für Recht und Gerechtigkeit wird er sorgen im Land. In seinen Tagen wird Juda gerettet werden, Israel kann in Sicherheit wohnen. Man wird ihm den Namen geben: Der Herr ist unsere Gerechtigkeit.

ANTWORTPSALM

Ps 23(22),1–3.4.5.6 (R: 1)

R Der Herr ist mein Hirte,
nichts wird mir fehlen. – R

Der Herr ist mein Hirte, nichts wird mir fehlen. †
Er lässt mich lagern auf grünen Auen *
und führt mich zum Ruheplatz am Wasser.
Er stillt mein Verlangen; *
er leitet mich auf rechten Pfaden, treu seinem Namen. – (R)

Muss ich auch wandern in finsterer Schlucht, *
ich fürchte kein Unheil;
denn du bist bei mir, *
dein Stock und dein Stab geben mir Zuversicht. – (R)

Du deckst mir den Tisch *
vor den Augen meiner Feinde.
Du salbst mein Haupt mit Öl, *
du füllst mir reichlich den Becher. – (R)

Lauter Güte und Huld *
werden mir folgen mein Leben lang
und im Haus des Herrn *
darf ich wohnen für lange Zeit. – R̸

ZUR 2. LESUNG Der Epheserbrief beschreibt eindringlich die heilsgeschichtliche Wendung durch Jesus: Durch ihn hat nicht mehr allein Israel Zugang zum Herrn, sondern auch alle Barbaren und Heiden; also auch wir. Gott hatte am Sinai einen exklusiven Bund mit seinem erstgeliebten Volk geschlossen und er hat ihm das Gesetz und die Verheißungen gegeben. Diese Zusagen Gottes bleiben bestehen, verlieren aber in Jesus ihre Ausschließlichkeit und werden wieder auf den Abrahams- bzw. Noachbund erweitert: Alle Menschen guten Willens können Anteil erhalten am Herrn. Das Zweite Vatikanische Konzil ließ sich von dieser Menschenfreundlichkeit Gottes anstecken und anerkennt ausdrücklich in allen Religionen Wahres und Heiliges.

ZWEITE LESUNG Eph 2,13–18

Er ist unser Friede: Er vereinigt Juden und Heiden

Lesung aus dem Brief des Apostels Paulus an die Epheser.

Brüder [*oder:* Brüder und Schwestern! *oder:* Schwestern und Brüder!]! Jetzt seid ihr, die ihr einst in der Ferne wart, durch Christus Jesus, nämlich durch sein Blut, in die Nähe gekommen.

Denn er ist unser Friede. Er vereinigte die beiden Teile – Juden und Heiden – und riss durch sein Sterben die trennende Wand der Feindschaft nieder. Er hob das Gesetz samt seinen Geboten und Forderungen auf, um die zwei in seiner Person zu dem einen neuen Menschen zu machen. Er stiftete Frieden und versöhnte die beiden durch das Kreuz mit Gott in einem einzigen Leib. Er hat in seiner Person die Feindschaft getötet.

Er kam und verkündete den Frieden: euch, den Fernen, und uns, den Nahen. Durch ihn haben wir beide in dem einen Geist Zugang zum Vater.

RUF VOR DEM EVANGELIUM

Vers: Joh 10,27

Halleluja. Halleluja.
(So spricht der Herr:)
Meine Schafe hören auf meine Stimme;
ich kenne sie und sie folgen mir.
Halleluja.

ZUM EVANGELIUM Jesus will seinen Aposteln Ruhe verschaffen und übernimmt es am Schluss sogar selbst, die Leute zu lehren. So lernen wir, dass es eines gesunden Wechsels von Anforderung und Ruhe bedarf, um das zu tun, was uns aufgetragen ist. Gleichzeitig können wir uns fragen, wen wir bedrängen, obwohl er der Ruhe bedarf. Und dennoch fordern z. B. Kinder nicht zu Unrecht, dass wir uns genau jetzt um sie kümmern. Wie verhält es sich da mit dem Wechsel von Ruhe und Anspannung? Wir dürfen nicht der Versuchung erliegen, Jesus zu spielen und alles selbst zu machen – aber auch er sucht und findet Rückzug und Ruhe –, wir dürfen uns aber auch dort nicht verweigern, wo wir gebraucht werden. Hilf uns, beides zu unterscheiden, Herr.

EVANGELIUM

Mk 6,30–34

Sie waren wie Schafe, die keinen Hirten haben

+ Aus dem heiligen Evangelium nach Markus.

In jener Zeit versammelten sich die Apostel, die Jesus ausgesandt hatte, wieder bei ihm und berichteten ihm alles, was sie getan und gelehrt hatten. Da sagte er zu ihnen: Kommt mit an einen einsamen Ort, wo wir allein sind, und ruht ein wenig aus. Denn sie fanden nicht einmal Zeit zum Essen, so zahlreich waren die Leute, die kamen und gingen.

Sie fuhren also mit dem Boot in eine einsame Gegend, um allein zu sein. Aber man sah sie abfahren und viele erfuhren davon; sie liefen zu Fuß aus allen Städten dorthin und kamen noch vor ihnen an.

Als er ausstieg und die vielen Menschen sah, hatte er Mitleid mit ihnen; denn sie waren wie Schafe, die keinen Hirten haben. Und er lehrte sie lange.

Glaubensbekenntnis, S. 470 ff.

FÜRBITTEN

Jesus weiß, dass auch er und seine Boten Rückzug und Ruhe brauchen. Wir bitten ihn:

- Für unsere Seelsorgerinnen und Seelsorger: Lass sie Rast und Regeneration an Leib und Seele finden. V: Jesus Christus, du unsere Hoffnung. A: Wir bitten dich, erhöre uns.
- Für Eltern chronisch kranker oder behinderter Kinder: Hilf ihnen, in aller Hingabe ihre eigenen Bedürfnisse und ihre Sehnsucht nach Ruhe zu achten. V: Jesus Christus, du unsere Hoffnung. A: Wir bitten dich, erhöre uns.
- Für alle, die in den Urlaub fahren: Dass diese freie Zeit eine erfüllte Zeit werde, in der sie ihre Lebensfreude wiederfinden. V: Jesus Christus, du unsere Hoffnung. A: Wir bitten dich, erhöre uns.
- Für alle, denen es jetzt nicht möglich ist, Urlaub zu machen: Dass sie mitten im Alltag Erleichterung und Leichtigkeit erfahren. V: Jesus Christus, du unsere Hoffnung. A: Wir bitten dich, erhöre uns.
- Für alle, die durch berufliche oder familiäre Belastung ausgebrannt sind: Führe sie aus Leistungsdruck und Traurigkeit heraus. V: Jesus Christus, du unsere Hoffnung. A: Wir bitten dich, erhöre uns.
- Für unsere lieben Toten, die uns so viel gegeben haben, die für uns da waren, wann immer es nötig war: Nimm du sie auf in dein Paradies und vergelte ihnen das Gute, das sie uns getan haben. V: Jesus Christus, du unsere Hoffnung. A: Wir bitten dich, erhöre uns.

Gott, deine schöne Schöpfung schenkt uns Trost und Freude. Dafür loben wir dich und preisen dich, heute und alle Tage unseres Lebens.

EUCHARISTIEFEIER

GABENGEBET

Herr, du hast die vielen Opfer, die dir je von Menschen dargebracht werden, in dem einen Opfer des Neuen Bundes vollendet. Nimm die Gaben deiner Gläubigen an und heilige sie, wie du einst das Opfer Abels angenommen hast; und was jeder Einzelne zu deiner Ehre darbringt, das werde allen zum Heil. Darum bitten wir durch Christus, unseren Herrn.

Präfation, S. 482 ff.

KOMMUNIONVERS

Offb 3,20

So spricht der Herr:
Ich stehe an der Tür und klopfe.
Wenn einer meine Stimme hört und die Tür öffnet,
werde ich bei ihm eintreten und mit ihm Mahl halten,
und er mit mir.

SCHLUSSGEBET

Barmherziger Gott, höre unser Gebet. Du hast uns im Sakrament das Brot des Himmels gegeben, damit wir an Seele und Leib gesunden. Gib, dass wir die Gewohnheiten des alten Menschen ablegen und als neue Menschen leben. Darum bitten wir durch Christus, unseren Herrn.

***

Für eine Wort-Gottes-Feier:

ERÖFFNUNGSGEBET ZUR WAHL

Gott, du Hirte deines Volkes, du hast Mitleid mit den Menschen und lehrst sie durch dein Wort. Gib uns Ruhe und Geborgenheit in der Nachfolge deines Sohnes, unseres Herrn Jesus Christus, der mit dir und dem Heiligen Geist lebt und herrscht in alle Ewigkeit.

***

GEMEINDELIED

ich will
gegen das geläut
der leute
mein geschweige
stimmen

ich will
gegen das gedröhn
der bomben
meine träume
summen

ich will
gegen das geleucht
der lichter
meinen dunkelheiten
trauen

ich will
für die große flut
der tränen
eine freudenmauer
bauen

Wilhelm Willms

17. SONNTAG IM JAHRESKREIS

29. Juli 2018

Hunger und Zwist gehören zu den großen Geiseln der Menschheit. Heute hätten wir wahrscheinlich genug Lebensmittel, damit alle Menschen überleben könnten, aber wir schaffen es nicht, dass alle genug bekommen. Was für ein Armutszeugnis! Leider schaffen wir es zu gut, nur auf uns selbst zu schauen, und wir müssen Mauern bauen, um unseren Alltag zu bewältigen, Mauern, die uns stumpf werden lassen. So vieles kann diese Mauern zum Einsturz bringen – ein Sonnenstrahl, ein freudiges Lachen, eine hungrige Hand –, dass es erstaunlich ist, wie stabil unsere Mauern sind. Herr, reiß unsere Mauern ein, dass uns der Weg zum anderen gelingt.

ERÖFFNUNGSVERS

Vgl. Ps 68(67),6–7.36

Gott ist hier, an heiliger Stätte.
Gott versammelt sein Volk in seinem Haus,
er schenkt ihm Stärke und Kraft.

KYRIE-RUFE

Herr Jesus Christus, du gibst uns
Speise zur rechten Zeit.
V/A: Herr, erbarme dich.
Du öffnest deine Hand und sättigst alles,
was lebt, nach deinem Gefallen.
V/A: Christus, erbarme dich.
Du erhältst alles im Dasein, und
du erneuerst das Antlitz der Erde.
V/A: Herr, erbarme dich.

Ehre sei Gott, S. 467 f.

TAGESGEBET

Gott, du Beschützer aller, die auf dich hoffen, ohne dich ist nichts gesund und nichts heilig. Führe uns in deinem Erbarmen den rechten Weg und hilf uns, die vergänglichen Güter so zu gebrauchen, dass wir die ewigen nicht verlieren. Darum bitten wir durch Jesus Christus.

WORTGOTTESDIENST

ZUR 1. LESUNG Der Prophet erträumt, was für uns in den reichen Ländern Realität ist – Überfülle. Während es in biblischer Zeit aber um eine eschatologische Überfülle geht, um Gottes überreiche Zuwendung am Ende der Zeiten, geht es für uns heute um eine eher apokalyptische Überfülle: Wir haben von allem zu viel und wissen doch um all jene, die verhungern und verdursten. Wie gehen wir mit diesem Dilemma um? Was macht es mit einer Gesellschaft, dass sie ihre Schuld angesichts ihres Reichtums ständig verdrängen muss? Fällt es uns so schwer zu glauben, gerade weil wir technisch so vieles herstellen können, weil uns so vieles zur Verfügung steht, wir aber ohnmächtig sind, Frieden zu erwirken und Hunger zu stillen?

ERSTE LESUNG 2 Kön 4,42–44

Man wird essen und noch übrig lassen

Lesung aus dem zweiten Buch der Könige.

In jenen Tagen kam ein Mann von Baal-Schalischa und brachte dem Gottesmann Brot von Erstlingsfrüchten, zwanzig Gerstenbrote und frische Körner in einem Beutel. Elischa befahl seinem Diener:

Gib es den Leuten zu essen! Doch dieser sagte: Wie soll ich das hundert Männern vorsetzen?

Elischa aber sagte: Gib es den Leuten zu essen! Denn so spricht der Herr: Man wird essen und noch übrig lassen. Nun setzte er es ihnen vor; und sie aßen und ließen noch übrig, wie der Herr gesagt hatte.

ANTWORTPSALM

Ps 145(144),8–9.15–16.17–18 (℟: 16)

℟ Herr, du öffnest deine Hand
und sättigst alles, was lebt, nach deinem Gefallen. – ℟

Der Herr ist gnädig und barmherzig, *
langmütig und reich an Gnade.
Der Herr ist gütig zu allen, *
sein Erbarmen waltet über all seinen Werken. – (℟)

Aller Augen warten auf dich *
und du gibst ihnen Speise zur rechten Zeit.
Du öffnest deine Hand *
und sättigst alles, was lebt, nach deinem Gefallen. – (℟)

Gerecht ist der Herr in allem, was er tut, *
voll Huld in all seinen Werken.
Der Herr ist allen, die ihn anrufen, nahe, *
allen, die zu ihm aufrichtig rufen. – ℟

ZUR 2. LESUNG Der Schreiber des Epheserbriefes mahnt die Einheit an: Es gibt nur einen Gott, und deshalb soll auch die Gemeinde zusammenhalten. Das klingt so gut und so einfach und doch ist es so schwer. Lehrt uns nicht die Geschichte, dass wir von Gott Unterschiedliches erfahren und deshalb den anderen und seine Gotteserkenntnis kritisieren, infrage stellen, abwerten? Ist es nicht so, dass wir lieber getrennte Wege gehen, als den anderen in seiner Andersheit zu ertragen? Einfach wäre es, hätte Gott für uns alle nur ein Gesicht – aber das entspräche nicht ihm, weil er so unendlich vielfältig und unendlich groß ist, dass er uns in Vielfalt erschaffen hat und sich uns, der Eine, in Vielfalt zeigen will.

ZWEITE LESUNG

Eph 4,1–6

Ein Leib, ein Herr, ein Glaube, eine Taufe

Lesung aus dem Brief des Apostels Paulus an die Epheser.

Brüder [*oder:* Brüder und Schwestern! *oder:* Schwestern und Brüder!]! Ich, der ich um des Herrn willen im Gefängnis bin, ermahne euch, ein Leben zu führen, das des Rufes würdig ist, der an euch erging. Seid demütig, friedfertig und geduldig, ertragt einander in Liebe und bemüht euch, die Einheit des Geistes zu wahren durch den Frieden, der euch zusammenhält.

Ein Leib und *ein* Geist, wie euch durch eure Berufung auch *eine* gemeinsame Hoffnung gegeben ist; *ein* Herr, *ein* Glaube, *eine* Taufe, *ein* Gott und Vater aller, der über allem und durch alles und in allem ist.

RUF VOR DEM EVANGELIUM

Vers: vgl. Lk 7,16

Halleluja. Halleluja.
Ein großer Prophet trat unter uns auf:
Gott nahm sich seines Volkes an.
Halleluja.

ZUM EVANGELIUM Das Evangelium stellt uns die Fülle der Endzeit vor Augen, denn nach irdischen Maßstäben würden 5000 Männer wohl alles Gras platttrampeln, das ihnen zu Füßen läge. Aber vielleicht geht es weniger um die Überfülle an Brot als um den Hunger der Menschen nach Gefolgschaft. Wie gerne wollen sie einen haben, dem sie blind vertrauen. Jesus will das nicht, er will keinen blinden Gehorsam und kommt mit den Leuten nicht zurecht, deren Augen nur auf ihn starren. Deshalb entzieht er sich, und so muss jeder Mensch für sich selbst überlegen und verantworten, was Gott von ihm und von ihr will.

EVANGELIUM

Joh 6,1–15

Jesus teilte an die Leute aus, so viel sie wollten

+ **Aus dem heiligen Evangelium nach Johannes.**

In jener Zeit ging Jesus an das andere Ufer des Sees von Galiläa, der auch See von Tiberias heißt. Eine große Menschenmenge folgte ihm, weil sie die Zeichen sahen, die er an den Kranken tat. Jesus stieg auf den Berg und setzte sich dort mit seinen Jüngern nieder. Das Pascha, das Fest der Juden, war nahe.

Als Jesus aufblickte und sah, dass so viele Menschen zu ihm kamen, fragte er Philippus: Wo sollen wir Brot kaufen, damit diese Leute zu essen haben? Das sagte er aber nur, um ihn auf die Probe zu stellen; denn er selbst wusste, was er tun wollte. Philippus antwortete ihm: Brot für zweihundert Denare reicht nicht aus, wenn jeder von ihnen auch nur ein kleines Stück bekommen soll.

Einer seiner Jünger, Andreas, der Bruder des Simon Petrus, sagte zu ihm: Hier ist ein kleiner Junge, der hat fünf Gerstenbrote und zwei Fische; doch was ist das für so viele! Jesus sagte: Lasst die Leute sich setzen! Es gab dort nämlich viel Gras. Da setzten sie sich; es waren etwa fünftausend Männer. Dann nahm Jesus die Brote, sprach das Dankgebet und teilte an die Leute aus so viel sie wollten; ebenso machte er es mit den Fischen.

Als die Menge satt war, sagte er zu seinen Jüngern: Sammelt die übrig gebliebenen Brotstücke, damit nichts verdirbt. Sie sammelten und füllten zwölf Körbe mit den Stücken, die von den fünf Gerstenbroten nach dem Essen übrig waren.

Als die Menschen das Zeichen sahen, das er getan hatte, sagten sie: Das ist wirklich der Prophet, der in die Welt kommen soll. Da erkannte Jesus, dass sie kommen würden, um ihn in ihre Gewalt zu bringen und zum König zu machen. Daher zog er sich wieder auf den Berg zurück, er allein.

Glaubensbekenntnis, S. 470 ff.

FÜRBITTEN

Alle vier Evangelien erzählen das Wunder von der Speisung der Fünftausend. Jesus Christus, der die vielen speiste und selbst zum Brot für die vielen wurde, bitten wir:

- Für die ganze Kirche und alle, die ein Amt innehaben, dass sie mit dem Hunger, den Sorgen und Nöten der Menschen vertraut werden und wirksam Hilfe leisten. V: Jesus, Brot der Welt. A: Stärke uns.
- Für die Verantwortlichen in Politik und Gesellschaft, dass sie ihre Möglichkeiten einsetzen, Ungerechtigkeit und Leid zu verringern. V: Jesus, Brot der Welt. A: Stärke uns.
- Für alle, die in Freiwilligenorganisationen dazu beitragen, Hunger in der Welt und den Mangel an Bildung zu verringern, und für alle, die ihren Konsum, ihre Lebensgewohnheiten bewusst ändern. V: Jesus, Brot der Welt. A: Stärke uns.
- Für alle, die ausgezehrt sind vom Immergleichen ihres Alltags, von der Last der Anforderungen im Beruf, in der Schule oder in der Ausbildung. V: Jesus, Brot der Welt. A: Stärke uns.

Du, barmherziger Gott, nährst und stärkst uns. Hilf uns, mit geöffneten Händen und ausgebreiteten Armen zu leben. Darum bitten wir durch Jesus Christus, deinen Sohn, im Heiligen Geist, heute und alle Tage unseres Lebens.

EUCHARISTIEFEIER

GABENGEBET

Gütiger Gott, nimm die Gaben an, die wir von deiner Güte empfangen haben. Lass deine Kraft in ihnen wirken, damit sie uns in diesem

Leben heiligen und zu den ewigen Freuden führen. Darum bitten wir durch Christus, unseren Herrn.

Präfation, S. 482 ff.

KOMMUNIONVERS

Mt 5,7–8

Selig, die barmherzig sind;
denn sie werden Erbarmen finden.
Selig, die ein reines Herz haben;
denn sie werden Gott schauen.

SCHLUSSGEBET

Herr, unser Gott, wir haben das Gedächtnis des Leidens Christi gefeiert und das heilige Sakrament empfangen. Was uns dein Sohn in unergründlicher Liebe geschenkt hat, das werde uns nicht zum Gericht, sondern bringe uns das ewige Heil. Darum bitten wir durch Christus, unseren Herrn.

***

Für eine Wort-Gottes-Feier:

ERÖFFNUNGSGEBET ZUR WAHL

Gott, du Ursprung des Lebens, du gibst uns Nahrung für Geist und Leib. Erfülle uns mit deinem Wort und lass es fruchtbar werden in Taten der Liebe. Darum bitten wir durch Jesus Christus, deinen Sohn, unseren Herrn und Gott, der mit dir und dem Heiligen Geist lebt heute, alle Tage und in Ewigkeit.

***

GESPRÄCH ÜBER GERSTENBROT

Zwanzig Laibe Gerstenbrot
sind für dich allein!
Im ganzen Land herrscht Hungersnot.
Satt kann nicht jeder sein.

Zwanzig Laibchen Gerstenbrot
für hundert Mann?
Die schlagen sich beim Teilen tot,
damit fang ich nichts an!

Was ist das für ein Wunderbrot,
das sich beim Teilen mehrt,
uralte Angst löst vor der Not
und geben lehrt?

Susanne Sandherr

18. SONNTAG IM JAHRESKREIS

5. August 2018

Über die „Furcht vor der Freiheit" hat im 20. Jahrhundert der Philosoph, Soziologe und Tiefenpsychologe Erich Fromm geschrieben. Von der Furcht vor der Freiheit erzählt auch das Buch Exodus. Der Auszug aus Ägypten ist das leuchtende Symbol israelitischer Befreiungserfahrung. Romantisch verklärt wurde diese Erfahrung aber nicht. Vielleicht wusste man einfach zu gut, wie schwer es gewesen war, mit der geschenkten Freiheit umzugehen. Die Wüste ist ein hartes Übungsfeld.

ERÖFFNUNGSVERS

Ps 70(69),2.6

Gott, komm mir zu Hilfe; Herr, eile, mir zu helfen.
Meine Hilfe und mein Retter bist du, Herr, säume nicht.

KYRIE-RUFE

Herr Jesus Christus, du bist der Menschensohn,
den Gott, der Vater, mit seinem Siegel beglaubigt hat.
V/A: Herr, erbarme dich.
Du gibst uns eine Speise, die für das ewige Leben bleibt.
V/A: Christus, erbarme dich.
Du bist das Brot des Lebens.
V/A: Herr, erbarme dich.

Ehre sei Gott, S. 467 f.

TAGESGEBET

Gott, unser Vater, steh deinen Dienern bei und erweise allen, die zu dir rufen, Tag für Tag deine Liebe. Du bist unser Schöpfer und der Lenker unseres Lebens. Erneuere deine Gnade in uns, damit wir dir gefallen, und erhalte, was du erneuert hast. Darum bitten wir durch Jesus Christus.

WORTGOTTESDIENST

ZUR 1. LESUNG Am Volk nagt nicht nur der Hunger, sondern auch der Zweifel. Sind Mose und Aaron wirklich von Gott gesandt – oder doch eher Traumtänzer, Scharlatane? Ist unsere Flucht und diese ganze Verheißungsgeschichte etwa eine Riesendummheit, eine einzige große Seifenblase, die jetzt gerade platzt? Der Herr hat Erbarmen mit dem verunsicherten, Hungersnot leidenden Volk. Es gibt Brot! Brot, das noch keiner gesehen hat, gibt es das? Gott gibt es. Gott – gibt.

ERSTE LESUNG Ex 16,2–4.12–15

Ich will euch Brot vom Himmel regnen lassen

Lesung aus dem Buch Exodus.

In jenen Tagen murrte die ganze Gemeinde der Israeliten in der Wüste gegen Mose und Aaron. Die Israeliten sagten zu ihnen: Wären wir doch in Ägypten durch die Hand des Herrn gestorben, als wir an den Fleischtöpfen saßen und Brot genug zu essen hatten. Ihr habt uns nur deshalb in diese Wüste geführt, um alle, die hier versammelt sind, an Hunger sterben zu lassen.

Da sprach der Herr zu Mose: Ich will euch Brot vom Himmel regnen lassen. Das Volk soll hinausgehen, um seinen täglichen Bedarf zu sammeln. Ich will es prüfen, ob es nach meiner Weisung lebt oder nicht. Ich habe das Murren der Israeliten gehört. Sag ihnen: Am Abend werdet ihr Fleisch zu essen haben, am Morgen werdet ihr satt sein von Brot und ihr werdet erkennen, dass ich der Herr, euer Gott, bin.

Am Abend kamen die Wachteln und bedeckten das Lager. Am Morgen lag eine Schicht von Tau rings um das Lager. Als sich die Tauschicht gehoben hatte, lag auf dem Wüstenboden etwas Feines, Knuspriges, fein wie Reif, auf der Erde. Als das die Israeliten sahen, sagten sie zueinander: Was ist das? Denn sie wussten nicht, was es war. Da sagte Mose zu ihnen: Das ist das Brot, das der Herr euch zu essen gibt.

ANTWORTPSALM

Ps 78(77),3–4b.23–24.25 u. 54 (℟: vgl. 24b)

℟ Der Herr gab ihnen Brot vom Himmel. – ℟

Was wir hörten und erfuhren, *
was uns die Väter erzählten,
das wollen wir unseren Kindern nicht verbergen, *
sondern dem kommenden Geschlecht erzählen. – (℟)

Er gebot den Wolken droben *
und öffnete die Tore des Himmels.
Er ließ Manna auf sie regnen als Speise, *
er gab ihnen Brot vom Himmel. – (℟)

Da aßen die Menschen Wunderbrot; *
Gott gab ihnen Nahrung in Fülle.
Er brachte sie in sein heiliges Land, *
in die Berge, die er erwarb mit mächtiger Hand. – ℟

ZUR 2. LESUNG Kleider machen Leute, sagt das Sprichwort, und der Verfasser des Epheserbriefes fordert zum Ablegen des alten und zum Anziehen des neuen Menschen auf. Damit ist offenbar nicht nur das Aussortieren von Kleidung, die wir nicht mehr tragen wollen, und nicht alleine die Freude an einem schönen neuen Kleidungsstück gemeint. Der frühchristliche Lehrer spricht von einem Neuwerden, das den Getauften ein für alle Mal widerfährt und doch immer neu ihr Ja verlangt. Denken wir an das Taufkleid, das uns allen einmal Leben aus dem neuen Sterben und aus dem neuen Leben Jesu Christi nicht nur verheißen, sondern erwirkt, gegeben und aufgegeben hat.

ZWEITE LESUNG Eph 4,17.20–24

Zieht den neuen Menschen an, der nach dem Bild Gottes geschaffen ist

Lesung aus dem Brief des Apostels Paulus an die Epheser.

Brüder [*oder:* Brüder und Schwestern! *oder:* Schwestern und Brüder!]! Ich sage es euch und beschwöre euch im Herrn: Lebt nicht mehr wie die Heiden in ihrem nichtigen Denken!

Das entspricht nicht dem, was ihr von Christus gelernt habt. Ihr habt doch von ihm gehört und seid unterrichtet worden in der Wahrheit, die Jesus ist. Legt den alten Menschen ab, der in Verblendung und Begierde zugrunde geht, ändert euer früheres Leben und erneuert euren Geist und Sinn!

Zieht den neuen Menschen an, der nach dem Bild Gottes geschaffen ist in wahrer Gerechtigkeit und Heiligkeit.

RUF VOR DEM EVANGELIUM Vers: vgl. Mt 4,4b

Halleluja. Halleluja.
Nicht nur von Brot lebt der Mensch,
sondern von jedem Wort aus Gottes Mund.
Halleluja.

ZUM EVANGELIUM Weder das wunderbare Himmelsbrot in der Wüste noch ein anderes Wunder, nichts zwischen Himmel und Erde, vermag den Menschen selig zu machen. Nur die persönliche Gemeinschaft zwischen Gott und Mensch schenkt ewiges Leben. Die Zuhörer verstehen dies noch nicht. Sie verlangen Zeichen und Wunder, sind fasziniert vom Wundertäter, der ihnen erneut das Manna vor die Füße legen könnte. So schielen sie erwartungsvoll nach oben, ob es nicht abermals Brot regnet. Jesus will letztgültiges, widerstandsfähiges, endlich befreiendes Leben schenken, während sie ihn nur zu ihrem Brötchengeber machen wollen, der ihnen Tag für Tag den Tisch decken möge. „Unser tägliches Brot gib uns heute"! Diese Bitte bittet noch heute für so viele, denen das Minimum fehlt. Lassen wir uns bitten.

EVANGELIUM

Joh 6,24–35

Wer zu mir kommt, wird nie mehr hungern, und wer an mich glaubt, wird nie mehr Durst haben

+ **Aus dem heiligen Evangelium nach Johannes.**

In jener Zeit, als die Leute sahen, dass weder Jesus noch seine Jünger am Ufer des Sees waren, stiegen sie in die Boote, fuhren nach Kafarnaum und suchten Jesus. Als sie ihn am anderen Ufer des Sees fanden, fragten sie ihn: Rabbi, wann bist du hierher gekommen?

Jesus antwortete ihnen: Amen, amen, ich sage euch: Ihr sucht mich nicht, weil ihr Zeichen gesehen habt, sondern weil ihr von den Broten gegessen habt und satt geworden seid. Müht euch nicht ab für die Speise, die verdirbt, sondern für die Speise, die für das ewige Leben bleibt und die der Menschensohn euch geben wird. Denn ihn hat Gott, der Vater, mit seinem Siegel beglaubigt.

Da fragten sie ihn: Was müssen wir tun, um die Werke Gottes zu vollbringen? Jesus antwortete ihnen: Das ist das Werk Gottes, dass ihr an den glaubt, den er gesandt hat.

Sie entgegneten ihm: Welches Zeichen tust du, damit wir es sehen und dir glauben? Was tust du? Unsere Väter haben das Manna in der Wüste gegessen, wie es in der Schrift heißt: Brot vom Himmel gab er ihnen zu essen.

Jesus sagte zu ihnen: Amen, amen, ich sage euch: Nicht Mose hat euch das Brot vom Himmel gegeben, sondern mein Vater gibt euch das wahre Brot vom Himmel. Denn das Brot, das Gott gibt, kommt vom Himmel herab und gibt der Welt das Leben.

Da baten sie ihn: Herr, gib uns immer dieses Brot! Jesus antwortete ihnen: Ich bin das Brot des Lebens; wer zu mir kommt, wird nie mehr hungern, und wer an mich glaubt, wird nie mehr Durst haben.

Glaubensbekenntnis, S. 470 ff.

FÜRBITTEN

Wir sind fasziniert von Zeichen und Wundern. Und wir suchen Sicherheit. Doch nur die innige Gemeinschaft zwischen Gott und Mensch schenkt Leben. Zum Gott des Lebens rufen wir:

- Um Fülle und Freude für alle, die Gottes Wort vernehmbar und seinen Reichtum erfahrbar machen. V: Gott, du Quelle des Lebens. A: Wir bitten dich, belebe uns.

- Um Fülle und Freude für alle, die Verantwortung übernehmen, in der Familie, in Gemeinden und Gemeinschaften, in Orden, in der Schule und am Arbeitsplatz. V: Gott, du Quelle des Lebens. A: Wir bitten dich, belebe uns.

- Um Fülle und Freude für alle, die zu wenig von allem haben, zu wenig Liebe, zu wenig Aufmerksamkeit, zu wenig Hoffnung. V: Gott, du Quelle des Lebens. A: Wir bitten dich, belebe uns.

- Um Fülle und Freude für alle, die hungern und dürsten, die ihre Heimat verlassen mussten und das Brot der Verzweiflung essen. V: Gott, du Quelle des Lebens. A: Wir bitten dich, belebe uns.

Bei dir, Gott, ist die Quelle des Lebens. In dir finden wir mehr als das, was wir suchen. Wir danken dir für deinen Segen und bitten dich, dass auch wir zum Segen werden, durch Christus, unseren Bruder und Herrn.

EUCHARISTIEFEIER

GABENGEBET

Barmherziger Gott, heilige diese Gaben. Nimm das Opfer an, das dir im Heiligen Geist dargebracht wird, und mache uns selbst zu einer Gabe, die für immer dir gehört. Darum bitten wir durch Christus, unseren Herrn.

Präfation, S. 482 ff.

KOMMUNIONVERS

Joh 6,35

So spricht der Herr:
Ich bin das Brot des Lebens,
wer zu mir kommt, wird nicht mehr hungern,
und wer an mich glaubt, wird nicht mehr Durst haben.

SCHLUSSGEBET

Barmherziger Gott, in den heiligen Gaben empfangen wir neue Kraft. Bleibe bei uns in aller Gefahr und versage uns nie deine Hilfe, damit wir der ewigen Erlösung würdig werden. Darum bitten wir durch Christus, unseren Herrn.

***

Für eine Wort-Gottes-Feier:

ERÖFFNUNGSGEBET ZUR WAHL

Gütiger Gott, unser Hunger nach Leben ist vielfältig und groß. Stille ihn durch den, der all unser Sehnen erfüllen will, Jesus Christus, dein Sohn, unser Herr und Gott, der in der Einheit des Heiligen Geistes mit dir lebt und herrscht in alle Ewigkeit.

***

SELIGER MENSCH

wer wie David
glauben kann
dass Gott ihn liebt

ist wie ein Baum
der am Wasser steht
der wächst und blüht

ist ein Sünder
den Gott
zum König macht

Heinz Detlef Stäps

VERKLÄRUNG DES HERRN – FEST

6. August 2018

Ein Fest des Lichtes mitten im Sommer. Dabei geht es gar nicht um Licht, sondern um ein Zuviel an Licht, es geht um die Überfülle, um das, was blendet und überfordert. Es gibt dieses Glänzen in den Augen des anderen, das nicht von dieser Welt zu sein scheint und ein Widerschein eines Lichtes ist, das anderswoher kommt. Wir sehen dieses Licht in den Augen des anderen, sodass nur wir es sehen können, es dem anderen selbst aber unsichtbar ist, denn er kann seine Augen nicht sehen. Seine Augen spiegeln etwas für ihn Unsichtbares wider und so werden wir auf etwas verwiesen, das jenseits all dessen ist, was man mit Augen einfach sehen kann. Wo leuchtet uns dieses Licht?

ERÖFFNUNGSVERS

Vgl. Mt 17,5

Aus einer leuchtenden Wolke kam die Stimme des Vaters:
Dies ist mein geliebter Sohn,
an dem ich Gefallen gefunden habe:
Auf ihn sollt ihr hören.

KYRIE-RUFE

Herr Jesus Christus, du bist Gottes
geliebter Sohn, auf den wir hören sollen.
V/A: Herr, erbarme dich.
Du bist der Anbruch des Reiches Gottes.
V/A: Christus, erbarme dich.
Du öffnest den Deinen schon in dieser Zeit
die Erfahrung der künftigen Herrlichkeit.
V/A: Herr, erbarme dich.

Ehre sei Gott, S. 467 f.

TAGESGEBET

Allmächtiger Gott, bei der Verklärung deines eingeborenen Sohnes hast du durch das Zeugnis der Väter die Geheimnisse unseres Glaubens bekräftigt. Du hast uns gezeigt, was wir erhoffen dürfen, wenn unsere Annahme an Kindes Statt sich einmal vollendet. Hilf uns, auf das Wort deines Sohnes zu hören, damit wir Anteil erhalten an seiner Herrlichkeit. Darum bitten wir durch Jesus Christus.

WORTGOTTESDIENST

ZUR 1. LESUNG Ein himmlischer Hofstaat, ganz wie der irdische. Zeichen der Macht werden sichtbar und der flammende Thron mit all der Dienerschaft flößt Ehrfurcht ein. Wir hängen an solchen Zeichen und treten zur Seite, wenn eine Staatskarosse hält und eine Entourage den Machthaber abschirmt. Aber ist es das, was die Macht auszeichnet? Zeigt sich diese nicht an ganz anderen Dingen? Kennen wir nicht auch dieses laue Gefühl, wenn Worte nicht treffen, und diese Erschütterung, wenn der Unerwartete ein Wort sagt, das alles entlarvt? Manchmal sind kleine Zeichen sehr viel machtvoller als aller Hofstaat, sodass ein weinendes Kind eine ganze Nation zum Handeln bewegen kann.

ERSTE LESUNG Dan 7,9–10.13–14

Sein Gewand war weiß wie Schnee

Lesung aus dem Buch Daniel.

Ich, Daniel, sah in einer nächtlichen Vision: Throne wurden aufgestellt und ein Hochbetagter nahm Platz. Sein Gewand war weiß wie Schnee, sein Haar wie reine Wolle. Feuerflammen waren sein

Thron und dessen Räder waren loderndes Feuer. Ein Strom von Feuer ging von ihm aus. Tausendmal Tausende dienten ihm, zehntausendmal Zehntausende standen vor ihm. Das Gericht nahm Platz und es wurden Bücher aufgeschlagen.

Immer noch hatte ich die nächtlichen Visionen: Da kam mit den Wolken des Himmels einer wie ein Menschensohn. Er gelangte bis zu dem Hochbetagten und wurde vor ihn geführt. Ihm wurden Herrschaft, Würde und Königtum gegeben. Alle Völker, Nationen und Sprachen müssen ihm dienen. Seine Herrschaft ist eine ewige, unvergängliche Herrschaft. Sein Reich geht niemals unter.

ANTWORTPSALM

Ps 97(96),1–2.5–6.8–9 (℟: vgl. 1a u. 9a)

℟ Der Herr ist König,
er ist der Höchste über der ganzen Erde. – ℟

Der Herr ist König. Die Erde frohlocke. *
Freuen sollen sich die vielen Inseln.
Rings um ihn her sind Wolken und Dunkel, *
Gerechtigkeit und Recht sind die Stützen seines Throns. – (℟)

Berge schmelzen wie Wachs vor dem Herrn, *
vor dem Antlitz des Herrschers aller Welt.
Seine Gerechtigkeit verkünden die Himmel, *
seine Herrlichkeit schauen alle Völker. – (℟)

Zion hört es und freut sich, *
Judas Töchter jubeln, Herr, über deine Gerichte.
Denn du, Herr, bist der Höchste über der ganzen Erde, *
hoch erhaben über alle Götter. – ℟

Oder:

ZUR 2. LESUNG Nur der Augenzeuge kann berichten, und ihm müssen wir glauben, wenn wir nicht selbst dabei waren. Leicht ist es nicht, zu glauben, was man nicht gesehen hat, und doch ruht so vieles auf der Glaubwürdigkeit der Zeugen. Nur so lässt sich der Ärger über Falschmeldungen verstehen: Wir müssen anderen vertrauen können, sonst gelingt das Zusammenleben nicht. Allerdings befinden wir uns nicht in der privilegierten Situation des Apostels. Dieser glaubt dem Prophetenwort, weil er seine Bestätigung erfahren hat. Uns bleibt nur die Hoffnung, dass er Wahres bezeugt und dass wir dereinst eine Bestätigung dafür erfahren dürfen.

ZWEITE LESUNG 2 Petr 1,16–19

Die Stimme, die vom Himmel kam, haben wir gehört, als wir mit ihm auf dem heiligen Berg waren

Lesung aus dem zweiten Brief des Apostels Petrus.

Brüder [*oder:* Brüder und Schwestern! *oder:* Schwestern und Brüder!]! Wir sind nicht irgendwelchen klug ausgedachten Geschichten gefolgt, als wir euch die machtvolle Ankunft Jesu Christi, unseres Herrn, verkündeten, sondern wir waren Augenzeugen seiner Macht und Größe.

Er hat von Gott, dem Vater, Ehre und Herrlichkeit empfangen; denn er hörte die Stimme der erhabenen Herrlichkeit, die zu ihm sprach: Das ist mein geliebter Sohn, an dem ich Gefallen gefunden habe. Diese Stimme, die vom Himmel kam, haben wir gehört, als wir mit ihm auf dem heiligen Berg waren.

Dadurch ist das Wort der Propheten für uns noch sicherer geworden und ihr tut gut daran, es zu beachten; denn es ist ein Licht, das an einem finsteren Ort scheint, bis der Tag anbricht und der Morgenstern aufgeht in eurem Herzen.

RUF VOR DEM EVANGELIUM

Halleluja. Halleluja.
Aus der leuchtenden Wolke rief die Stimme des Vaters:
Das ist mein geliebter Sohn; auf ihn sollt ihr hören.
Halleluja.

ZUM EVANGELIUM Erst muss die Wolke ihren Schatten spenden, damit die Jünger nicht mehr nur sehen, sondern auch verstehen, was sie sehen. Das Sehen selbst hilft ihnen nicht weiter, sie sind geblendet, es ist zu viel für sie. Mit dem Schatten, der die Überfülle bremst, kommt das Verständnis, sodass das Sehen durch Hören vervollständigt wird. Der Evangelist will deutlich machen, dass es nicht reicht, die Schriften zu kennen; ihre überhelle Fülle muss gleichsam auf dem Antlitz eines anderen aufleuchten und durch ihn gebrochen werden, damit man in der Hinwendung zu ihm den Einen erkennt, den wir alle ersehnen.

EVANGELIUM

Mk 9,2–10

Aus der Wolke rief eine Stimme: Das ist mein geliebter Sohn

+ Aus dem heiligen Evangelium nach Markus.

In jener Zeit nahm Jesus Petrus, Jakobus und Johannes beiseite und führte sie auf einen hohen Berg, aber nur sie allein. Und er wurde vor ihren Augen verwandelt; seine Kleider wurden strahlend weiß, so weiß, wie sie auf Erden kein Bleicher machen kann.

Da erschien vor ihren Augen Elija und mit ihm Mose und sie redeten mit Jesus.

Petrus sagte zu Jesus: Rabbi, es ist gut, dass wir hier sind. Wir wollen drei Hütten bauen, eine für dich, eine für Mose und eine für Elija. Er wusste nämlich nicht, was er sagen sollte; denn sie waren vor Furcht ganz benommen.

Da kam eine Wolke und warf ihren Schatten auf sie und aus der Wolke rief eine Stimme: Das ist mein geliebter Sohn; auf ihn sollt ihr hören.

Als sie dann um sich blickten, sahen sie auf einmal niemand mehr bei sich außer Jesus.

Während sie den Berg hinabstiegen, verbot er ihnen, irgendjemand zu erzählen, was sie gesehen hatten, bis der Menschensohn von den Toten auferstanden sei. Dieses Wort beschäftigte sie und sie fragten einander, was das sei: von den Toten auferstehen.

FÜRBITTEN

Im Taborlicht begegnet Jesus den Gottesfreunden Mose und Elija. Seine Jünger haben Gottes Licht auf ihm gesehen und verlassen den Berg erregt und belebt. Wir bitten für alle, die Schweres vor sich haben:

- Wir bitten für kranke Menschen, denen eine schwere Operation bevorsteht. V: Jesus, Licht der Welt. A: Leuchte uns.
- Wir beten für junge Menschen, die Angst vor einer Prüfung haben, und für alle, die unter vielfältigem Druck stehen. V: Jesus, Licht der Welt. A: Leuchte uns.
- Wir bitten für Menschen in Kriegsgebieten, die wissen, dass sie ihr Zuhause, ihre Heimat und alles Liebgewonnene zurücklassen müssen. V: Jesus, Licht der Welt. A: Leuchte uns.
- Wir beten für Angehörige und Freunde, die einen geliebten Menschen in den Tod begleiten, und für alle, die voll Sehnsucht nach einem lieben Menschen sind. V: Jesus, Licht der Welt. A: Leuchte uns.

Gott, unser Vater, in der Verklärung Jesu hast du deine in ihm verborgene Gegenwart offenbar gemacht. Hilf uns, unseren Weg zuversichtlich zu gehen in der Kraft deines Geistes, durch Christus, unseren Herrn.

EUCHARISTIEFEIER

GABENGEBET

Gott, unser Vater, sende über uns und diese Gaben das Licht deiner Herrlichkeit, das in deinem Sohn aufgestrahlt ist. Es vertreibe das Dunkel der Sünde und mache uns zu Kindern des Lichtes. Darum bitten wir durch Christus, unseren Herrn.

PRÄFATION

In Wahrheit ist es würdig und recht, dir, Herr, heiliger Vater, allmächtiger, ewiger Gott, immer und überall zu danken durch unseren Herrn Jesus Christus. Denn er enthüllte auf dem Berg der Verklärung seine verborgene Herrlichkeit, er ließ vor auserwählten Zeugen seinen sterblichen Leib im Lichtglanz erstrahlen und gab den Jüngern die Kraft, das Ärgernis des Kreuzes zu tragen. So schenkte er der ganzen Kirche die Hoffnung, vereint mit ihrem Haupt die ewige Verklärung zu empfangen. Darum preisen wir deine Größe und vereinen uns mit den Chören der Engel zum Hochgesang von deiner göttlichen Herrlichkeit: Heilig …

KOMMUNIONVERS 1 Joh 3,2

Wenn der Herr offenbar wird,
werden wir ihm ähnlich sein,
denn wir werden ihn sehen, wie er ist.

SCHLUSSGEBET

Herr, unser Gott, in der Verklärung deines Sohnes wurde der Glanz seiner Gottheit offenbar. Lass uns durch den Empfang der himmlischen Speise seinem verherrlichten Leib gleichgestaltet werden. Darum bitten wir durch ihn, Christus, unseren Herrn.

FEIERLICHER SCHLUSSSEGEN Num 6,24–26

Der Herr segne euch und behüte euch; der Herr lasse sein Angesicht über euch leuchten und sei euch gnädig; er wende euch sein Antlitz zu und schenke euch seinen Frieden. – A: Amen.

Das gewähre euch der dreieinige Gott, der Vater und der Sohn † und der Heilige Geist. – A: Amen.

***

O LICHT, GEBÜRTIGES LICHT

O Licht, gebürtiges Licht,
Jesus, Erlöser der Welt,
Gütig nimm auf den Gesang,
Loben und Flehen zugleich.

Sonnenhell das Gesicht,
Weiß wie Schnee das Gewand,
Sicht, bezeugt auf dem Berg:
Leuchtender Grund der Welt.

Aus dem Hymnus zur zweiten Vesper
des Verklärungsfestes „O nata lux de lumine“

19. SONNTAG IM JAHRESKREIS

12. August 2018

Leben wir aus dem Geist Gottes, führt er uns seine Wege. Darum drehen sich die heutigen Lesungen: um ein Leben aus dem Geist und um Gottes Wege. Gewiss versuchen wir, diese zu finden und zu leben, wie Gott es will. Aber gelingt es uns? Vielleicht am besten, wenn wir nicht darüber nachdenken, sondern uns spontan überwältigen lassen, zum Beispiel von Mitgefühl. Fliegen unsere Herzen nicht den Kindern deshalb zu, weil sie spontan handeln und nicht ständig alle Ausreden und Systemzwänge im Kopf haben? Lassen wir uns doch öfter mal hinreißen.

ERÖFFNUNGSVERS

Vgl. Ps 74(73),20.19.22.23

Blick hin, o Herr, auf deinen Bund
und vergiss das Leben deiner Armen nicht für immer.
Erhebe dich, Gott, und führe deine Sache.
Vergiss nicht das Rufen derer, die dich suchen.

KYRIE-RUFE

Herr Jesus Christus, du bist das lebendige Brot,
das vom Himmel herabgekommen ist.
V/A: Herr, erbarme dich.
Du hast dich hingegeben für das Leben der Welt.
V/A: Christus, erbarme dich.
Du wirst auferwecken, wen der Vater zu dir führt.
V/A: Herr, erbarme dich.

Ehre sei Gott, S. 467 f.

TAGESGEBET

Allmächtiger Gott, wir dürfen dich Vater nennen, denn du hast uns an Kindes Statt angenommen und uns den Geist deines Sohnes gesandt. Gib, dass wir in diesem Geist wachsen und einst das verheißene Erbe empfangen. Darum bitten wir durch Jesus Christus.

WORTGOTTESDIENST

ZUR 1. LESUNG Wer in der Wüste sterben will, legt sich nicht unter einen Strauch. Der Strauch markiert für Elija einen Ort, einen Platz, an dem er sein kann, alles um ihn herum ist Un-Ort, ist Nicht-Ort, ist wüst und kahl und Einerlei. Dort findet sich Elija nicht zurecht und intuitiv wählt er den richtigen Ort. Es ist aber kein Ort zum Sterben, denn sonst würde ihm die Stimme versagen. Elija aber spricht, er betet. Gebet ist wie ein Ort in unwirtlicher Umgebung. Gebet ist Heimat. Gott lässt den Propheten nicht sterben, der Heimat hat; vielmehr schickt er ihn auf den Weg.

ERSTE LESUNG

1 Kön 19,4–8

Durch diese Speise gestärkt, wanderte er bis zum Gottesberg

Lesung aus dem ersten Buch der Könige.

In jenen Tagen ging Elija eine Tagereise weit in die Wüste hinein. Dort setzte er sich unter einen Ginsterstrauch und wünschte sich den Tod. Er sagte: Nun ist es genug, Herr. Nimm mein Leben; denn ich bin nicht besser als meine Väter. Dann legte er sich unter den Ginsterstrauch und schlief ein.

Doch ein Engel rührte ihn an und sprach: Steh auf und iss! Als er um sich blickte, sah er neben seinem Kopf Brot, das in glühender Asche gebacken war, und einen Krug mit Wasser. Er aß und trank und legte sich wieder hin.

Doch der Engel des Herrn kam zum zweiten Mal, rührte ihn an und sprach: Steh auf und iss! Sonst ist der Weg zu weit für dich. Da stand er auf, aß und trank und wanderte, durch diese Speise gestärkt, vierzig Tage und vierzig Nächte bis zum Gottesberg Horeb.

ANTWORTPSALM

Ps 34(33),2–3.4–5.6–7.8–9 (R: 9a)

℟ Kostet und seht, wie gütig der Herr ist! – ℟

Ich will den Herrn allezeit preisen; *
immer sei sein Lob in meinem Mund.
Meine Seele rühme sich des Herrn; *
die Armen sollen es hören und sich freuen. – (℟)

Verherrlicht mit mir den Herrn, *
lasst uns gemeinsam seinen Namen rühmen.
Ich suchte den Herrn und er hat mich erhört, *
er hat mich all meinen Ängsten entrissen. – (℟)

Blickt auf zu ihm, so wird euer Gesicht leuchten *
und ihr braucht nicht zu erröten.
Da ist ein Armer; er rief und der Herr erhörte ihn. *
Er half ihm aus all seinen Nöten. – (℟)

Der Engel des Herrn umschirmt alle, die ihn fürchten und ehren, *
und er befreit sie.
Kostet und seht, wie gütig der Herr ist; *
wohl dem, der zu ihm sich flüchtet! – ℟

ZUR 2. LESUNG **Gott hat uns durch Christus vergeben und deshalb sollen wir barmherzig sein. Es geht hier weder um ein zeitliches noch um ein ursächliches Verhältnis: Weder hat Gott zuerst vergeben und danach können auch wir vergeben noch können wir vergeben, weil uns Gott vergeben hat. Beides ist natürlich richtig, aber ist es nicht noch viel mehr so, dass wir gar nicht vergeben können, außer wir tun dies in Christus? Also vergeben nicht wir, nicht wir sind barm-**

herzig, sondern in uns ist es Christus, der so handelt. In unserer Barmherzigkeit leuchtet nicht unsere eigene Größe auf, wir können sie uns nicht selbst zuschreiben, vielmehr ist Gott in uns barmherzig.

ZWEITE LESUNG

Eph 4,30–5,2

Liebt einander, weil auch Christus uns geliebt hat

Lesung aus dem Brief des Apostels Paulus an die Epheser.

Brüder [*oder:* Brüder und Schwestern! *oder:* Schwestern und Brüder!]! Beleidigt nicht den Heiligen Geist Gottes, dessen Siegel ihr tragt für den Tag der Erlösung.

Jede Art von Bitterkeit, Wut, Zorn, Geschrei und Lästerung und alles Böse verbannt aus eurer Mitte! Seid gütig zueinander, seid barmherzig, vergebt einander, weil auch Gott euch durch Christus vergeben hat.

Ahmt Gott nach als seine geliebten Kinder und liebt einander, weil auch Christus uns geliebt und sich für uns hingegeben hat als Gabe und als Opfer, das Gott gefällt.

RUF VOR DEM EVANGELIUM

Vers: vgl. Joh 6,51

Halleluja. Halleluja.
(So spricht der Herr:)
Ich bin das lebendige Brot, das vom Himmel gekommen ist.
Wer dieses Brot isst, wird in Ewigkeit leben.
Halleluja.

ZUM EVANGELIUM Was verrät es uns von einem Menschen, wenn wir seine Herkunft kennen? Warum werden wir immer nach unseren Ausweispapieren gefragt und niemals danach, wer wir sind? Kann ich mich wirklich mit meinem Personalausweis ausweisen? Nein, das bin nicht ich, und wer mich kennen will, dem reicht mein Ausweis nicht. Der muss mit mir leben, der muss tiefer blicken. Aber dieses Verständnis des anderen können wir uns nicht erarbeiten, es wird uns geschenkt, so wie niemand Jesus von sich aus verstehen kann, sondern zu diesem Verständnis durch den Vater geführt wird. Von wem lasse ich mich führen?

EVANGELIUM

Joh 6,41–51

Ich bin das lebendige Brot, das vom Himmel herabgekommen ist

+ Aus dem heiligen Evangelium nach Johannes.

In jener Zeit murrten die Juden gegen Jesus, weil er gesagt hatte: Ich bin das Brot, das vom Himmel herabgekommen ist. Und sie sagten: Ist das nicht Jesus, der Sohn Josefs, dessen Vater und Mutter wir kennen? Wie kann er jetzt sagen: Ich bin vom Himmel herabgekommen?

Jesus sagte zu ihnen: Murrt nicht! Niemand kann zu mir kommen, wenn nicht der Vater, der mich gesandt hat, ihn zu mir führt; und ich werde ihn auferwecken am Letzten Tag.

Bei den Propheten heißt es: Und alle werden Schüler Gottes sein. Jeder, der auf den Vater hört und seine Lehre annimmt, wird zu mir kommen.

Niemand hat den Vater gesehen außer dem, der von Gott ist; nur er hat den Vater gesehen.

Amen, amen, ich sage euch: Wer glaubt, hat das ewige Leben.

Ich bin das Brot des Lebens. Eure Väter haben in der Wüste das Manna gegessen und sind gestorben. So aber ist es mit dem Brot, das vom Himmel herabkommt: Wenn jemand davon isst, wird er nicht sterben.

Ich bin das lebendige Brot, das vom Himmel herabgekommen ist. Wer von diesem Brot isst, wird in Ewigkeit leben. Das Brot, das ich geben werde, ist mein Fleisch, ich gebe es hin für das Leben der Welt.

Glaubensbekenntnis, S. 470 ff.

FÜRBITTEN

Nur wer das Wagnis des Glaubens auf sich nimmt, nur wer vom Brot des Lebens isst, kann erfahren, dass Christus das Brot ist, das unseren Hunger in alle Ewigkeit stillt. Wir tragen unseren Mangel, unsere Leere, unsere Nöte und Sorgen vor ihn:

- Wir beten für deine Kirche, dass sie auf der Seite derer stehe, die den Hunger nach Brot, nach Gerechtigkeit, nach Frieden und Liebe stillen. V: Kyrie, eleison. A: Christe, eleison.
- Wir bitten für alle, die in Krankenhäusern, Hospizen, Heimen, im privaten oder beruflichen Umfeld Kranken und Einsamen Zuwendung und Nähe schenken. V: Kyrie, eleison. A: Christe, eleison.
- Wir beten für die vielen Menschen, die sich aus Not und Hoffnungslosigkeit aufgemacht haben und nun wieder eingeholt werden von Perspektivlosigkeit und Lähmung. V: Kyrie, eleison. A: Christe, eleison.
- Wir beten für die Menschen jeden Alters in unserem Land, die Geflüchteten helfen, ihnen beistehen und durch die Bekanntschaft und Freundschaft mit ihnen auch ihr eigenes Herz und ihren Horizont weiten. V: Kyrie, eleison. A: Christe, eleison.

Bei dir sind wir geborgen, guter Gott. Du stillst Hunger und Sehnsucht. Dafür danken wir dir und loben deinen Namen, heute und alle Tage bis in Ewigkeit.

EUCHARISTIEFEIER

GABENGEBET

Herr, unser Gott, wir bringen die Gaben zum Altar, die du selber uns geschenkt hast. Nimm sie von deiner Kirche entgegen und mache sie für uns zum Sakrament des Heiles. Darum bitten wir durch Christus, unseren Herrn.

Präfation, S. 482 ff.

KOMMUNIONVERS

Joh 6,51

So spricht der Herr:
Das Brot, das ich geben werde, ist mein Fleisch;
ich gebe es hin für das Leben der Welt.

SCHLUSSGEBET

Barmherziger Gott, wir haben den Leib und das Blut deines Sohnes empfangen. Das heilige Sakrament bringe uns Heil, es erhalte uns in der Wahrheit und sei unser Licht in der Finsternis. Darum bitten wir durch Christus, unseren Herrn.

FEIERLICHER SCHLUSSSEGEN

Gott, unser Vater, segne euch mit allem Segen des Himmels, damit ihr rein und heilig lebt vor seinem Angesicht. – A: Amen.
Er lehre euch durch das Wort der Wahrheit; er bilde euer Herz nach dem Evangelium Christi und gebe euch Anteil an seiner Herrlichkeit. – A: Amen.
Er schenke euch jene brüderliche Liebe, an der die Welt die Jünger Christi erkennen soll. – A: Amen.
Das gewähre euch der dreieinige Gott, der Vater und der Sohn † und der Heilige Geist. – A: Amen.

***

Für eine Wort-Gottes-Feier:

ERÖFFNUNGSGEBET ZUR WAHL

Gott und Vater, niemand kann zu deinem Sohn kommen, wenn nicht du ihn führst. Öffne unsere Herzen, dass wir auf dich hören und ihn erkennen, den du gesandt hast, Jesus Christus, unseren

Herrn und Gott, der in der Einheit des Heiligen Geistes mit dir lebt und herrscht in Ewigkeit.

***

WANDELT EUCH

wandelt euch und wandelt gut
euer wandel wunder tut

einer trägt des andern last
einer hält beim andern rast

last des lebens last zu zweit
halbe last und halbes leid

einer trägt des andern last
einer hält beim andern rast

last zu tragen was ich bin
last des andern mein gewinn

einer trägt des andern last
einer hält beim andern rast

maß ist voll von bitterkeit
wandlung kommt nicht vor der zeit

einer trägt des andern last
einer hält beim andern rast

füllt die krüge schöpft und fragt
bester wein ist zugesagt

einer trägt des andern last
einer hält beim andern rast

Wilhelm Willms

MARIÄ AUFNAHME IN DEN HIMMEL
HOCHFEST

15. August 2018

Maria wird von alters her liturgisch verehrt, aber ihre genaue Stellung im Heilsplan Gottes ist und war umstritten. Kann der unendliche Gott geboren werden, sodass Maria Gottesmutter genannt werden darf, oder hat Maria einen endlichen Menschen geboren und ist darin allen Müttern gleich? Da wir in Jesus von Nazaret den göttlichen Sohn erkennen, dürfen wir seine Mutter als Gottesmutter bezeichnen, auch wenn klar bleibt, dass sie ihn und nicht den unendlichen Vater geboren hat. Dieser ist ohne Anfang; Zeichen des Sohnes ist es, geboren zu sein: vor aller Zeit aus dem Vater, in der Zeit aus Maria. Geburt bedeutet, von einem anderen her das Leben zu erhalten. Abhängigkeit, Abkünftigkeit, gehört zu den grundlegenden Merkmalen des Menschseins.

ERÖFFNUNGSVERS

Offb 12,1

Ein großes Zeichen erschien am Himmel:
Eine Frau, umgeben von der Sonne,
den Mond unter ihren Füßen
und einen Kranz von zwölf Sternen auf ihrem Haupt.

Oder:

Freut euch alle im Herrn am Fest der Aufnahme
der seligsten Jungfrau Maria in den Himmel.
Mit uns freuen sich die Engel und loben Gottes Sohn.

KYRIE-RUFE

Herr Jesus Christus, du hast deine Mutter Maria
mit Leib und Seele in die himmlische Herrlichkeit
aufgenommen.
V/A: Herr, erbarme dich.
Du hast deine Mutter Maria mit aller Gnade
und allem Segen des Himmels erfüllt.
V/A: Christus, erbarme dich.
Du hast deine Mutter Maria
zur Königin des Himmels gekrönt.
V/A: Herr, erbarme dich.

Ehre sei Gott, S. 467 f.

TAGESGEBET

Allmächtiger, ewiger Gott, du hast die selige Jungfrau Maria, die uns Christus geboren hat, vor aller Sünde bewahrt und sie mit Leib und Seele zur Herrlichkeit des Himmels erhoben. Gib, dass wir auf dieses Zeichen der Hoffnung und des Trostes schauen und auf dem Weg bleiben, der hinführt zu deiner Herrlichkeit. Darum bitten wir durch Jesus Christus.

WORTGOTTESDIENST

ZUR 1. LESUNG Eigentlich eine verstörende Lesung. Sie wird auf Maria gedeutet, dabei sehen wir die Gottesmutter heute oft in einer gewissen Entrücktheit. Hier wird von einer Frau gesprochen, die in Geburtswehen schreit. Hat Maria unter Schmerzen geboren, oder war ihr dieser Schmerz fremd, weil sie keine Erbsünde kannte und deshalb von den Plagen und Mühen ausgenommen war, die Gott den Menschen nach dem Sündenfall auferlegt hat (Gen 3,16)? Bis in die

Renaissance gibt es jedenfalls bildliche Darstellungen von Maria im Wochenbett. Wichtig bleibt, dass Gott den Drachen und damit sowohl den Schmerz als auch die Furcht vor ihm überwinden wird.

ERSTE LESUNG

Offb 11,19a;12,1–6a.10ab

Ein großes Zeichen erschien am Himmel: eine Frau, mit der Sonne bekleidet, der Mond unter ihren Füßen

Lesung aus der Offenbarung des Johannes.

Der Tempel Gottes im Himmel wurde geöffnet und in seinem Tempel wurde die Lade seines Bundes sichtbar. Dann erschien ein großes Zeichen am Himmel: eine Frau, mit der Sonne bekleidet; der Mond war unter ihren Füßen und ein Kranz von zwölf Sternen auf ihrem Haupt. Sie war schwanger und schrie vor Schmerz in ihren Geburtswehen.

Ein anderes Zeichen erschien am Himmel: ein Drache, groß und feuerrot, mit sieben Köpfen und zehn Hörnern und mit sieben Diademen auf seinen Köpfen. Sein Schwanz fegte ein Drittel der Sterne vom Himmel und warf sie auf die Erde herab.

Der Drache stand vor der Frau, die gebären sollte; er wollte ihr Kind verschlingen, sobald es geboren war. Und sie gebar ein Kind, einen Sohn, der über alle Völker mit eisernem Zepter herrschen wird. Und ihr Kind wurde zu Gott und zu seinem Thron entrückt. Die Frau aber floh in die Wüste, wo Gott ihr einen Zufluchtsort geschaffen hatte.

Da hörte ich eine laute Stimme im Himmel rufen: Jetzt ist er da, der rettende Sieg, die Macht und die Herrschaft unseres Gottes und die Vollmacht seines Gesalbten.

ANTWORTPSALM

Ps 45(44),11–12.16 u. 18

℟ Selig bist du, Jungfrau Maria,
du thronst zur Rechten des Herrn. – ℟

Höre, Tochter, sieh her und neige dein Ohr, *
vergiss dein Volk und dein Vaterhaus!
Der König verlangt nach deiner Schönheit; *
er ist ja dein Herr, verneig dich vor ihm! – (℟)

Man geleitet sie mit Freude und Jubel, *
sie ziehen ein in den Palast des Königs.
Ich will deinen Namen rühmen von Geschlecht zu Geschlecht; *
darum werden die Völker dich preisen immer und ewig. – ℟

ZUR 2. LESUNG Wir leben niemals für uns selbst, sondern inmitten von Gemeinschaft. Diese formt uns, sie prägt unsere Sprache, unser Denken, unser Verhalten. Deshalb gibt es den Gedanken der Korporativpersönlichkeit: Wir leben alle wie eine einzige Person. Mit Adam haben alle Menschen gesündigt, sich gegen Gott gewandt; mit Jesus sind wir unserer Bestimmung gerecht geworden und deshalb hat uns Gott mit ihm auferweckt. Gehöre ich zu ihm, dass auch mir die Auferweckung zuteilwerden wird, wie all denen, die zu ihm gehören? Ich weiß es nicht, aber hoffentlich kommt er bald – ich will es wissen.

ZWEITE LESUNG 1 Kor 15,20–27a

In Christus werden alle lebendig gemacht werden: Erster ist Christus; dann folgen alle, die zu ihm gehören

Lesung aus dem ersten Brief des Apostels Paulus an die Korinther.

Brüder [*oder:* Brüder und Schwestern! *oder:* Schwestern und Brüder!]! Christus ist von den Toten auferweckt worden als der Erste der Entschlafenen. Da nämlich durch *einen* Menschen der Tod gekommen ist, kommt durch *einen* Menschen auch die Auferstehung der Toten. Denn wie in Adam alle sterben, so werden in Christus alle lebendig gemacht werden.

Es gibt aber eine bestimmte Reihenfolge: Erster ist Christus; dann folgen, wenn Christus kommt, alle, die zu ihm gehören. Danach

kommt das Ende, wenn er jede Macht, Gewalt und Kraft vernichtet hat und seine Herrschaft Gott, dem Vater, übergibt.
Denn er muss herrschen, bis Gott ihm alle Feinde unter die Füße gelegt hat. Der letzte Feind, der entmachtet wird, ist der Tod. Sonst hätte er ihm nicht alles zu Füßen gelegt.

RUF VOR DEM EVANGELIUM

Halleluja. Halleluja.
Aufgenommen in den Himmel ist die Jungfrau Maria.
Die Engel freuen sich und preisen den Herrn.
Halleluja.

ZUM EVANGELIUM Maria bewegt die Herzen der Menschen, wie sie das Kind in Elisabets Schoß bewegt hat. Dieser wird die Zunge gelöst, sie wünscht Gottes Segen auf Maria und ihre Leibesfrucht herab. Maria spricht ihrerseits ein Gebet, das der Gebetstradition Israels entspringt und christliches Beten geprägt hat. Sie verweist auf Gottes Taten in der Geschichte, auf seine Zuwendung zu den Armen und Erniedrigten, sie weiß um die Verheißungen Gottes für sein Volk Israel. Dieser Gott hat nun auch ihr sein Angesicht zugewandt – wer würde nicht erschrecken, wenn ihm solches widerführe? Marias Größe besteht wohl darin, dass sie es tragen konnte, der Gegenwart Gottes gewürdigt worden zu sein.

EVANGELIUM

Lk 1,39–56

Der Mächtige hat Großes an mir getan: er erhöht die Niedrigen

+ Aus dem heiligen Evangelium nach Lukas.

In jenen Tagen machte sich Maria auf den Weg und eilte in eine Stadt im Bergland von Judäa. Sie ging in das Haus des Zacharias und begrüßte Elisabet. Als Elisabet den Gruß Marias hörte, hüpfte das Kind in ihrem Leib.

Da wurde Elisabet vom Heiligen Geist erfüllt und rief mit lauter Stimme: Gesegnet bist du mehr als alle anderen Frauen und gesegnet ist die Frucht deines Leibes. Wer bin ich, dass die Mutter meines Herrn zu mir kommt? In dem Augenblick, als ich deinen Gruß hörte, hüpfte das Kind vor Freude in meinem Leib. Selig ist die, die geglaubt hat, dass sich erfüllt, was der Herr ihr sagen ließ.

Da sagte Maria:

Meine Seele preist die Größe des Herrn und mein Geist jubelt über Gott, meinen Retter. Denn auf die Niedrigkeit seiner Magd hat er geschaut. Siehe, von nun an preisen mich selig alle Geschlechter. Denn der Mächtige hat Großes an mir getan und sein Name ist heilig. Er erbarmt sich von Geschlecht zu Geschlecht über alle, die ihn fürchten. Er vollbringt mit seinem Arm machtvolle Taten: Er zerstreut, die im Herzen voll Hochmut sind; er stürzt die Mächtigen vom Thron und erhöht die Niedrigen. Die Hungernden beschenkt er mit seinen Gaben und lässt die Reichen leer ausgehen. Er nimmt sich seines Knechtes Israel an und denkt an sein Erbarmen, das er unsern Vätern verheißen hat, Abraham und seinen Nachkommen auf ewig.

Und Maria blieb etwa drei Monate bei Elisabet; dann kehrte sie nach Hause zurück.

Glaubensbekenntnis, S. 470 ff.

FÜRBITTEN

Marias Lobpreis erkennt Gottes Handeln überall dort, wo Schwachen und Notleidenden Hilfe zukommt. Wir bitten ihn, der sich herabbeugt und sich kleinmacht:

- Du hast Maria in die Herrlichkeit des Himmels aufgenommen. Hilf der Kirche, neue Wege zu gehen, um glaubwürdig deine Güte und Menschenfreundlichkeit zu bezeugen. V: Erbarmender Gott. A: Wir bitten dich, erhöre uns.
- Elisabet preist Maria selig, weil sie geglaubt hat. Stärke die Getauften im Vertrauen auf deine erbarmende Liebe zu allen Menschen. V: Erbarmender Gott. A: Wir bitten dich, erhöre uns.

- Maria erkennt Gottes Handeln in der Sorge um die Schwachen. Bestärke die Verantwortlichen in Politik und Gesellschaft, Stellung gegen Unrecht und Ausbeutung zu beziehen und die Würde jedes Menschen zu achten. V: Erbarmender Gott. A: Wir bitten dich, erhöre uns.

- Maria preist Gott als den, der die Herrschaft der Hochmütigen und Arroganten nicht überdauern lässt. Wir bitten dich für alle, die gedemütigt, kleingehalten, ausgegrenzt und übersehen werden. V: Erbarmender Gott. A: Wir bitten dich, erhöre uns.

- Maria geht zu Elisabet, um ihr beizustehen. Segne alle, die dort helfen, wo es nötig ist, und zupacken ohne große Worte. V: Erbarmender Gott. A: Wir bitten dich, erhöre uns.

Gott, mit Maria und allen Heiligen des Himmels preisen wir dich, weil du auch in unserer Zeit heilsam gegenwärtig bist in Jesus Christus, unserem Bruder und Herrn.

EUCHARISTIEFEIER

GABENGEBET

Allmächtiger Gott, unser Gebet und unser Opfer steige zu dir empor. Höre auf die selige Jungfrau Maria, die du in den Himmel aufgenommen hast, und entzünde in unseren Herzen das Feuer der Liebe, damit wir dich allezeit suchen. Darum bitten wir durch Christus, unseren Herrn.

PRÄFATION

In Wahrheit ist es würdig und recht, dir, allmächtiger Vater, zu danken und das Werk deiner Gnade zu rühmen. Denn heute hast du die jungfräuliche Gottesmutter in den Himmel erhoben, als Erste empfing sie von Christus die Herrlichkeit, die uns allen verheißen ist, und wurde zum Urbild der Kirche in ihrer ewigen Vollendung. Dem pilgernden Volk ist sie ein untrügliches Zeichen der Hoffnung und eine Quelle des Trostes. Denn ihr Leib, der den Urheber des Lebens geboren hat, sollte die Verwesung nicht schauen. Darum preisen wir jetzt und in Ewigkeit dein Erbarmen und singen mit den Chören der Engel das Lob deiner Herrlichkeit: Heilig …

KOMMUNIONVERS Lk 1,48–49

Von nun an preisen mich selig alle Geschlechter.
Denn der Mächtige hat Großes an mir getan.

SCHLUSSGEBET

Barmherziger Gott, wir haben das heilbringende Sakrament empfangen. Lass uns auf die Fürsprache der seligen Jungfrau Maria, die du in den Himmel aufgenommen hast, zur Herrlichkeit der Auferstehung gelangen. Darum bitten wir durch Christus, unseren Herrn.

FEIERLICHER SCHLUSSSEGEN

Gott, der allmächtige Vater, segne euch durch den Erlöser der Welt, unseren Herrn Jesus Christus, den Sohn der jungfräulichen Mutter Maria. – A: Amen.
Sie hat den Urheber des Lebens geboren; ihre mütterliche Fürsprache erwirke euch Gottes Hilfe. – A: Amen.
Euch und allen, die heute das Fest ihrer Aufnahme in den Himmel begehen, schenke Gott die wahre Freude und den ewigen Lohn. – A: Amen.
Das gewähre euch der dreieinige Gott, der Vater und der Sohn † und der Heilige Geist. – A: Amen.

***

PFORTE DES HIMMELS

Ich denke an die Menschen,
die das Ave Maria vergessen haben,
die es für lächerlich halten,
dich anzurufen.
Ich denke an die Menschen,
die mit Gleichgültigkeit
und voll Verachtung
auf dein Bild schauen …
Sind sie unglücklich?
Du bist die Mutter der Unglücklichen.
Sind sie Sünder?
Du bist die Zuflucht der Sünder.
Haben sie dem Heil den Rücken gekehrt?
Du bist die Pforte des Himmels.

Dom Hélder Câmara

20. SONNTAG IM JAHRESKREIS

19. August 2018

Drei Texte für diesen Sonntag, so vielstimmig, ja widersprüchlich, wie sie nur sein können. Wir hören von der Weisheit, die uns mahnt, umzukehren und Gelassenheit unser Herz regieren zu lassen. Wir nehmen die drängende Zeit der Apokalyptik wahr, die heute noch mit dem Wiederkommen des Herrn rechnet. Und wir hören Johannes, nach dem wir das Leben des Herrn in uns aufnehmen sollen wie unser täglich Brot. Deutlich bleibt, dass wir auf anderes blicken sollen, dass wir unseren Blick nach außen wenden sollen: Dort tritt uns entgegen, was wir nicht aus uns selbst nehmen können.

ERÖFFNUNGSVERS

Vgl. Ps 84(83),10–11

Gott, du unser Beschützer,
schau auf das Angesicht deines Gesalbten.
Denn ein einziger Tag in den Vorhöfen deines Heiligtums
ist besser als tausend andere.

KYRIE-RUFE

Herr Jesus Christus, du bist von Gott, und
der lebendige Vater hat dich gesandt.
V/A: Herr, erbarme dich.
Du lebst durch den Vater,
und nur du hast ihn gesehen.
V/A: Christus, erbarme dich.
Wer Anteil hat an deinem Fleisch
und Blut, den wirst du hineinnehmen
in deine Gemeinschaft mit dem Vater.
V/A: Herr, erbarme dich.

Ehre sei Gott, S. 467 f.

TAGESGEBET

Barmherziger Gott, was kein Auge geschaut und kein Ohr gehört hat, das hast du denen bereitet, die dich lieben. Gib uns ein Herz, das dich in allem und über alles liebt, damit wir den Reichtum deiner Verheißungen erlangen, der alles übersteigt, was wir ersehnen. Darum bitten wir durch Jesus Christus.

WORTGOTTESDIENST

ZUR 1. LESUNG Vor der Weisheit sind wir alle unerfahren. Gegenüber einem anderen, und womöglich auch uns selbst gegenüber, fällt es uns schwer, zuzugeben, dass wir unerfahren sind. Vor der Weisheit wird dies überdeutlich. Manchmal begegnet uns diese Weisheit, da trifft uns ein Wort unvorbereitet, ein Blick, eine Geste. Kinder sind sehr gut darin, uns diese Art des Spiegels vorzuhalten, uns unsere eigenen Kompromisse und kleinen Verfehlungen des Alltags widerzuspiegeln. Dann fühlen wir uns ertappt und stellen fest: Der andere hat recht, ich muss mich ändern. Weisheit begegnet uns und hat uns ein Heim gebaut, wenn wir es wagen, uns zu ändern.

ERSTE LESUNG Spr 9, 1–6

Kommt, esst von meinem Mahl und trinkt vom Wein, den ich mischte

Lesung aus dem Buch der Sprichwörter.

Die Weisheit hat ihr Haus gebaut, ihre sieben Säulen behauen. Sie hat ihr Vieh geschlachtet, ihren Wein gemischt und schon ihren Tisch gedeckt. Sie hat ihre Mägde ausgesandt und lädt ein auf der Höhe der Stadtburg: Wer unerfahren ist, kehre hier ein.

Zum Unwissenden sagt sie: Kommt, esst von meinem Mahl und trinkt vom Wein, den ich mischte. Lasst ab von der Torheit, dann bleibt ihr am Leben und geht auf dem Weg der Einsicht.

ANTWORTPSALM

Ps 34(33),2–3.10–11.12–13.14–15 (℟: 9a)

℟ Kostet und seht, wie gütig der Herr ist! – ℟

Ich will den Herrn allezeit preisen; *
immer sei sein Lob in meinem Mund.
Meine Seele rühme sich des Herrn; *
die Armen sollen es hören und sich freuen. – (℟)

Fürchtet den Herrn, ihr seine Heiligen; *
denn wer ihn fürchtet, leidet keinen Mangel.
Reiche müssen darben und hungern; *
wer aber den Herrn sucht, braucht kein Gut zu entbehren. – (℟)

Kommt, ihr Kinder, hört mir zu! *
Ich will euch in der Furcht des Herrn unterweisen.
Wer ist der Mensch, der das Leben liebt *
und gute Tage zu sehen wünscht? – (℟)

Bewahre deine Zunge vor Bösem *
und deine Lippen vor falscher Rede!
Meide das Böse und tu das Gute; *
suche Frieden und jage ihm nach! – ℟

ZUR 2. LESUNG Nutze die Zeit! Zeitmanagement ist heute ein großes Thema. Aber zu was soll man sie nutzen, wofür haben wir Zeit, wozu wird sie uns geschenkt? Im griechischen Wortlaut wird klar, dass es sich um ein apokalyptisches Wort handelt: Wir sollen nicht wie die Händler die weiterhin verstreichende Zeit nutzen, um etwas Profitables für uns oder andere zu erwirken. Vielmehr hat uns Christus erlöst, hat uns aus der Zeit herausgekauft, und so sollen auch wir die Zeit verkaufen, so das griechische Original: Wir sollen nicht versuchen, unsere eigene Zeit zu verlängern, sondern sie, so wie Er, für das Wohlergehen des anderen nutzen.

ZWEITE LESUNG

Eph 5,15–20

Begreift, was der Wille des Herrn ist

Lesung aus dem Brief des Apostels Paulus an die Epheser.

Brüder [*oder:* Brüder und Schwestern! *oder:* Schwestern und Brüder!]! Achtet sorgfältig darauf, wie ihr euer Leben führt, nicht töricht, sondern klug. Nutzt die Zeit; denn diese Tage sind böse. Darum seid nicht unverständig, sondern begreift, was der Wille des Herrn ist.

Berauscht euch nicht mit Wein – das macht zügellos –, sondern lasst euch vom Geist erfüllen! Lasst in eurer Mitte Psalmen, Hymnen und Lieder erklingen, wie der Geist sie eingibt. Singt und jubelt aus vollem Herzen zum Lob des Herrn!

Sagt Gott, dem Vater, jederzeit Dank für alles im Namen Jesu Christi, unseres Herrn!

RUF VOR DEM EVANGELIUM

Vers: Joh 6,56

Halleluja. Halleluja.
(So spricht der Herr:)
Wer mein Fleisch isst und mein Blut trinkt,
der bleibt in mir und ich bleibe in ihm.
Halleluja.

ZUM EVANGELIUM Zum Schluss der johanneischen Brotrede fasst der Evangelist noch einmal all seine auf den ersten Blick so widersprüchlichen Aussagen zusammen. Jesus wird sein Fleisch geben, das heißt sich selbst, seine ganze Person. Er wird sich hingeben und die Gläubigen sollen essen. Nicht das Fleisch, das am Kreuz hing; das wäre absurd und abstoßend. Wir sollen Anteil erhalten an dem, was sein Leben ausmacht, wir sollen Anteil erhalten an seinem Leben, an der Lebensmacht, die auch ihn erfüllt. Dabei soll uns dieses Leben nicht äußerlich bleiben, wir müssen es in uns hineinlassen, um uns von ihm bestimmen zu lassen.

EVANGELIUM

Joh 6,51–58

Mein Fleisch ist wirklich eine Speise und mein Blut ist wirklich ein Trank

+ Aus dem heiligen Evangelium nach Johannes.

In jener Zeit sprach Jesus zu der Menge: Ich bin das lebendige Brot, das vom Himmel herabgekommen ist. Wer von diesem Brot isst, wird in Ewigkeit leben. Das Brot, das ich geben werde, ist mein Fleisch, ich gebe es hin für das Leben der Welt.

Da stritten sich die Juden und sagten: Wie kann er uns sein Fleisch zu essen geben?

Jesus sagte zu ihnen: Amen, amen, das sage ich euch: Wenn ihr das Fleisch des Menschensohnes nicht esst und sein Blut nicht trinkt, habt ihr das Leben nicht in euch.

Wer mein Fleisch isst und mein Blut trinkt, hat das ewige Leben, und ich werde ihn auferwecken am Letzten Tag. Denn mein Fleisch ist wirklich eine Speise und mein Blut ist wirklich ein Trank.

Wer mein Fleisch isst und mein Blut trinkt, der bleibt in mir und ich bleibe in ihm. Wie mich der lebendige Vater gesandt hat und wie ich durch den Vater lebe, so wird jeder, der mich isst, durch mich leben.

Dies ist das Brot, das vom Himmel herabgekommen ist. Mit ihm ist es nicht wie mit dem Brot, das die Väter gegessen haben; sie sind gestorben. Wer aber dieses Brot isst, wird leben in Ewigkeit.

Glaubensbekenntnis, S. 470 ff.

FÜRBITTEN

Das Menschsein Jesu bekennt der christliche Glaube unverkürzt. Am geschundenen und auferweckten Leib Christi hängt unsere Hoffnung. Zu Jesus, der uns zum Brot des Lebens geworden ist, rufen wir und bitten ihn:

- Für alle, denen die christliche Einheit mehr als ein Lippenbekenntnis ist und die sich mutig dafür einsetzen, dass wir eins werden in Christus. V: Christus höre uns. A: Christus, erhöre uns.
- Für alle, die in diesen Wochen des Sommers nicht nur ihre Arbeitskraft erhalten wollen, sondern einen Weg zur Mitte suchen. V: Christus höre uns. A: Christus, erhöre uns.
- Für alt gewordene Menschen, die auf selbstverständliche Weise ihren Glauben leben und ihn gerade so glaubwürdig bezeugen. V: Christus höre uns. A: Christus, erhöre uns.
- Für die Kinder und Jugendlichen, für die der Schulanfang, die Rückstellung in eine untere Klasse, ein Schulwechsel oder der Übergang in Ausbildung oder Studium bevorsteht. V: Christus höre uns. A: Christus, erhöre uns.
- Für alle Kinder weltweit, die keinen Zugang zu Bildung und Ausbildung haben und um Lohn arbeiten müssen. V: Christus höre uns. A: Christus, erhöre uns.
- Für die Geschundenen und Ausgebeuteten in Steinbrüchen, Bergwerken, Haushalten und Fabriken. V: Christus höre uns. A: Christus, erhöre uns.

Gott, du bist Zuflucht und Kraft, wahrhaft Helfer der Schwachen. Steh auch uns bei durch deinen Sohn, der unter uns gelebt und gelitten hat: Jesus Christus, unseren Bruder.

EUCHARISTIEFEIER

GABENGEBET

Herr, wir bringen unsere Gaben dar für die Feier, in der sich ein heiliger Tausch vollzieht. Nimm sie in Gnaden an und schenke uns dich selbst in deinem Sohn Jesus Christus, der mit dir lebt und herrscht in alle Ewigkeit.

Präfation, S. 482 ff.

KOMMUNIONVERS

Joh 6,51

So spricht der Herr:
Ich bin das lebendige Brot,
das vom Himmel herabgekommen ist.
Wer von diesem Brote isst, wird leben in Ewigkeit.

SCHLUSSGEBET

Barmherziger Gott, im heiligen Mahl schenkst du uns Anteil am Leben deines Sohnes. Dieses Sakrament mache uns auf Erden Christus ähnlich, damit wir im Himmel zur vollen Gemeinschaft mit ihm gelangen, der mit dir lebt und herrscht in alle Ewigkeit.

***

Für eine Wort-Gottes-Feier:

ERÖFFNUNGSGEBET ZUR WAHL

Gütiger Gott, du gibst allen Geschöpfen Speise zur rechten Zeit. Sättige uns durch das Wort deines Sohnes, in dem wir das Leben haben. Darum bitten wir durch Jesus Christus, deinen Sohn, unseren Herrn und Gott, der in der Einheit des Heiligen Geistes mit dir lebt und herrscht in Ewigkeit.

***

EIN OSTERGEDANKE

LEBENDIG wie:

Leidenschaft
Eigensinn
Berührung
Erfahren
Nähe
Dasein
Innig
Ganz und Gar Gut

Kathrin Höfer

21. SONNTAG IM JAHRESKREIS

26. August 2018

Der heutige Sonntag versammelt Texte, die sich um die Frage bemühen, welche Geschichten zu erzählen sind und was mit ihnen an die nächste Generation weitergegeben werden soll. Geschichten können Gewohnheiten zementieren oder Anstoß erregen; sie bleiben nicht ungehört. Dabei ändert sich mit der Lebensphase, welche Worte einer Erzählung mich treffen, welche ich verstehen kann, welche ich ins Leben zu übersetzen vermag. So sammelt sich in mir eine kleine Bibliothek an (Alltags-)-Weisheiten, die mir auf den Leib geschrieben sind. Wort wird Fleisch.

ERÖFFNUNGSVERS

Ps 86(85), 1–3

Wende dein Ohr mir zu, erhöre mich, Herr,
hilf deinem Knecht, der dir vertraut,
sei mir gnädig, o Herr.
Den ganzen Tag rufe ich zu dir.

KYRIE-RUFE

Herr Jesus Christus, du hast
Worte des ewigen Lebens.
V/A: Herr, erbarme dich.
Du gibst uns in deinem Wort den Geist,
der lebendig macht.
V/A: Christus, erbarme dich.
Du bist der Heilige Gottes.
V/A: Herr, erbarme dich.

Ehre sei Gott, S. 467 f.

TAGESGEBET

Gott, unser Herr, du verbindest alle, die an dich glauben, zum gemeinsamen Streben. Gib, dass wir lieben, was du befiehlst, und ersehnen, was du uns verheißen hast, damit in der Unbeständigkeit dieses Lebens unsere Herzen dort verankert seien, wo die wahren Freuden sind. Darum bitten wir durch Jesus Christus.

WORTGOTTESDIENST

ZUR 1. LESUNG **Gott hat eine Geschichte mit seinem Volk – und das Volk mit ihm. Die Großeltern haben ihm vertraut und von seinen Großtaten berichtet, deshalb wird sich das Volk keinen anderen Göttern zuwenden. Was geschieht, wenn niemand mehr von Gott erzählt, wenn die Geschichten über das mit ihm Erlebte nicht mehr weitergegeben werden? Der Traditionsabbruch ist heute unübersehbar und er bedeutet vor allem, dass man in seinem jeweiligen Alltag nicht mehr in der Lage ist, die Spuren von Gottes Anwesenheit wahrzunehmen. Wir brauchen Geschichten, um die Vielschichtigkeit und Mehrdimensionalität unseres Lebens zu erkennen, sonst wird alles, sei es beherrschbar oder unbeherrschbar, selbst gemachte Technik.**

ERSTE LESUNG

Jos 24,1–2a.15–17.18b

Wir wollen dem Herrn dienen; denn er ist unser Gott

Lesung aus dem Buch Josua.

In jenen Tagen versammelte Josua alle Stämme Israels in Sichem; er rief die Ältesten Israels, seine Oberhäupter, Richter und Listenführer zusammen, und sie traten vor Gott hin.

Josua sagte zum ganzen Volk: Wenn es euch nicht gefällt, dem Herrn zu dienen, dann entscheidet euch heute, wem ihr dienen wollt: den Göttern, denen eure Väter jenseits des Stroms dienten, oder den Göttern der Amoriter, in deren Land ihr wohnt. Ich aber und mein Haus, wir wollen dem Herrn dienen.

Das Volk antwortete: Das sei uns fern, dass wir den Herrn verlassen und anderen Göttern dienen. Denn der Herr, unser Gott, war es, der uns und unsere Väter aus dem Sklavenhaus Ägypten herausgeführt hat und der vor unseren Augen alle die großen Wunder getan hat. Er hat uns beschützt auf dem ganzen Weg, den wir gegangen sind, und unter allen Völkern, durch deren Gebiet wir gezogen sind. Auch wir wollen dem Herrn dienen; denn er ist unser Gott.

ANTWORTPSALM Ps 34(33),2–3.16–17.18–19.20–21.22–23 (R: 9a)

℟ Kostet und seht, wie gütig der Herr ist! – ℟

Ich will den Herrn allezeit preisen; *
immer sei sein Lob in meinem Mund.
Meine Seele rühme sich des Herrn; *
die Armen sollen es hören und sich freuen. – (℟)

Die Augen des Herrn blicken auf die Gerechten, *
seine Ohren hören ihr Schreien.
Das Antlitz des Herrn richtet sich gegen die Bösen, *
um ihr Andenken von der Erde zu tilgen. – (℟)

Schreien die Gerechten, so hört sie der Herr; *
er entreißt sie all ihren Ängsten.
Nahe ist der Herr den zerbrochenen Herzen, *
er hilft denen auf, die zerknirscht sind. – (℟)

Der Gerechte muss viel leiden, *
doch allem wird der Herr ihn entreißen.
Er behütet all seine Glieder, *
nicht eines von ihnen wird zerbrochen. – (℟)

Den Frevler wird seine Bosheit töten; *
wer den Gerechten hasst, muss es büßen.
Der Herr erlöst seine Knechte; *
straflos bleibt, wer zu ihm sich flüchtet. – R

ZUR 2. LESUNG Zum Ende der Bahnlesung aus dem Epheserbrief stoßen wir auf einen sehr umstrittenen Text, der die Ehe mit der Beziehung Christi zu seiner Kirche vergleicht, weswegen er auch in Traugottesdiensten gelesen werden kann. Dabei ist nicht so sehr die Empfehlung an die Frauen, sich ihren Männern unterzuordnen, aufsehenerregend, weil dies in patriarchalen Strukturen leider bis in unsere Zeit weitergegeben wird. Viel spannender ist vor dem Hintergrund dieses Gesellschaftsbildes die Aufforderung an die Männer, ihre Frauen zu lieben und sich für sie so einzusetzen, wie es Christus im Hinblick auf die Kirche getan hat: Er hat für sie alles gegeben, sogar sein Leben. Könnte in dieser Haltung nicht ein Zeitalter erneuerter Geschlechterbeziehung anbrechen?

ZWEITE LESUNG

Eph 5,21–32

Dies ist ein tiefes Geheimnis; ich beziehe es auf Christus und die Kirche

Lesung aus dem Brief des Apostels Paulus an die Epheser.

Brüder [*oder:* Brüder und Schwestern! *oder:* Schwestern und Brüder!]! Einer ordne sich dem andern unter in der gemeinsamen Ehrfurcht vor Christus. Ihr Frauen, ordnet euch euren Männern unter wie Christus, dem Herrn; denn der Mann ist das Haupt der Frau, wie auch Christus das Haupt der Kirche ist; er hat sie gerettet, denn sie ist sein Leib. Wie aber die Kirche sich Christus unterordnet, sollen sich die Frauen in allem den Männern unterordnen.
Ihr Männer, liebt eure Frauen, wie Christus die Kirche geliebt und sich für sie hingegeben hat, um sie im Wasser und durch das Wort rein und heilig zu machen. So will er die Kirche herrlich vor sich

erscheinen lassen, ohne Flecken, Falten oder andere Fehler; heilig soll sie sein und makellos.

Darum sind die Männer verpflichtet, ihre Frauen so zu lieben wie ihren eigenen Leib. Wer seine Frau liebt, liebt sich selbst. Keiner hat je seinen eigenen Leib gehasst, sondern er nährt und pflegt ihn, wie auch Christus die Kirche. Denn wir sind Glieder seines Leibes.

Darum wird der Mann Vater und Mutter verlassen und sich an seine Frau binden und die zwei werden ein Fleisch sein. Dies ist ein tiefes Geheimnis; ich beziehe es auf Christus und die Kirche.

RUF VOR DEM EVANGELIUM

Vers: vgl. Joh 6,63b.68c

Halleluja. Halleluja.
Deine Worte, Herr, sind Geist und Leben.
Du hast Worte des ewigen Lebens.
Halleluja.

ZUM EVANGELIUM Was Jesus sagte, erregte Widerstand, so berichtet es Johannes. Die Leute wollen sich das Leben nicht geben lassen, sie lehnen Jesu Worte ab. Diese Worte bedeuten aber Leben, weil sie erst das Leben eröffnen und sinnvoll machen. Leben kann so leer sein, so sinnlos, wenn man kein Ziel hat und keine Orientierung. Petrus hat sich von Jesus ansprechen lassen und bezeugt die verändernde Kraft der Worte Jesu. Warum ist es so schwer, sich auf einen anderen Menschen einzulassen? Warum müssen wir von klein auf mühsam die Rattenfänger und Scharlatane von den Wohlmeinenden unterscheiden lernen? Zum Glück haben wir die Heiligen Schriften und in ihnen Jesu Worte.

EVANGELIUM

Joh 6,60–69

Herr, zu wem sollen wir gehen? Du hast Worte des ewigen Lebens

+ Aus dem heiligen Evangelium nach Johannes.

In jener Zeit sagten viele der Jünger Jesu, die ihm zuhörten: Was er sagt, ist unerträglich. Wer kann das anhören?
Jesus erkannte, dass seine Jünger darüber murrten, und fragte sie: Daran nehmt ihr Anstoß? Was werdet ihr sagen, wenn ihr den Menschensohn hinaufsteigen seht, dorthin, wo er vorher war? Der Geist ist es, der lebendig macht; das Fleisch nützt nichts.
Die Worte, die ich zu euch gesprochen habe, sind Geist und sind Leben. Aber es gibt unter euch einige, die nicht glauben. Jesus wusste nämlich von Anfang an, welche es waren, die nicht glaubten, und wer ihn verraten würde. Und er sagte: Deshalb habe ich zu euch gesagt: Niemand kann zu mir kommen, wenn es ihm nicht vom Vater gegeben ist.
Daraufhin zogen sich viele Jünger zurück und wanderten nicht mehr mit ihm umher. Da fragte Jesus die Zwölf: Wollt auch ihr weggehen?
Simon Petrus antwortete ihm: Herr, zu wem sollen wir gehen? Du hast Worte des ewigen Lebens. Wir sind zum Glauben gekommen und haben erkannt: Du bist der Heilige Gottes.

Glaubensbekenntnis, S. 470 ff.

FÜRBITTEN

Einige aus dem engsten Kreis um Jesus können nicht mehr mitgehen, im wörtlichen und im übertragenen Sinne. Und wer sich heute noch als bekenntnisstark zeigt, wird morgen doch auf Distanz gehen, wie Petrus. Doch welche Distanz könnte so groß sein, dass sie nicht längst und immer wieder neu überbrückt wäre vom Ruf Jesu. Zu ihm, dem Treuen und auch heute Gegenwärtigen, rufen wir und bitten ihn:

- Um Vertrauen für alle, die auf Jesus Christus getauft sind. V/A: Sende deinen Geist.
- Um Mut für all diejenigen, die ihre Stimme erheben, wo sich alle in Ausgrenzung und Verachtung wortlos einig sind. V/A: Sende deinen Geist.

- Um Beistand für alle, die im Privaten wie im Politischen Schritte zur Versöhnung wagen. V/A: Sende deinen Geist.
- Um Hilfe für alle, die obdachlos und schwer erkrankt sind. V/A: Sende deinen Geist.
- Um Unterstützung und Geleit für alle, die an einer Sucht leiden. V/A: Sende deinen Geist.
- Um deine erbarmende Nähe für alle, deren Lebensweg zu Ende geht. V/A: Sende deinen Geist.

Gott, in der Kraft deines Geistes begleitest du unsere verschlungenen Wege, bis wir einmal bei dir am Ziel unseres Lebens ankommen. Wir sagen dir Dank und preisen dein Erbarmen, jeden Tag neu. Durch Christus, unseren Herrn.

EUCHARISTIEFEIER

GABENGEBET

Herr und Gott, du hast dir das eine Volk des Neuen Bundes erworben durch das Opfer deines Sohnes, das er ein für alle Mal dargebracht hat. Sieh gnädig auf uns und schenke uns in deiner Kirche Einheit und Frieden. Darum bitten wir durch Christus, unseren Herrn.

Präfation, S. 482 ff.

KOMMUNIONVERS

Joh 6,54

So spricht der Herr:
Wer mein Fleisch isst und mein Blut trinkt,
hat das ewige Leben,
und ich werde ihn auferwecken am Letzten Tag.

SCHLUSSGEBET

Herr, unser Gott, schenke uns durch dieses Sakrament die Fülle deines Erbarmens und mache uns heil. Gewähre uns deine Hilfe, damit wir so vor dir leben können, wie es dir gefällt. Darum bitten wir durch Christus, unseren Herrn.

***

Für eine Wort-Gottes-Feier:

ERÖFFNUNGSGEBET ZUR WAHL

Heiliger Gott, durch das Wort, das dein Sohn Jesus Christus zu uns gesprochen hat, spendest du Geist und Leben. Stärke unseren Glauben, damit wir nie von ihm getrennt werden. Das gewähre uns durch ihn, Jesus Christus, deinen Sohn, der in der Einheit des Heiligen Geistes mit dir lebt in Ewigkeit.

***

DAS GLÜCK DES SISYPHOS
(ROM 2014)

Immer wieder
gehe ich
darüber hinweg

Auf dem
Hinweg
frühmorgens
auf unruhigem
Kopfsteinpflaster

Ich suche
mit

müdem Blick
die
Kreideschrift
am Boden
und
verpasse sie
doch
immer wieder

Auf dem
Rückweg
bergauf
schaut sie
mir
dann
entgegen

„Ti amo"
anonym und
persönlich
direkt und
diskret
verlässlich
wie
unauslöschlich
immer
tröstend
bergauf

Bergab
frühmorgens
werde ich
wieder
suchen
wie immer
vergebens

Michael Völkel

22. SONNTAG IM JAHRESKREIS

2. September 2018

Wie sollen wir unseren Alltag gestalten, wie unsere Feste? Manchmal blicken wir nostalgisch in die Vergangenheit und erblicken die Einfachheit des damaligen Lebens. Es war ärmer an Optionen – aber wir sollten uns vor jeglicher Verklärung hüten: Einfacher war es dadurch nicht. Es gehört zum Menschsein, nach Orientierung zu suchen, sie suchen zu müssen, und wir finden sie nicht, wenn uns andere sagen, was wir tun sollen. Wir finden Orientierung nur dann, wenn wir uns selbst dazu entschließen, uns von bestimmten Geboten und Gebräuchen einnehmen zu lassen. Was ich tue, ist ein Spiegel dessen, was mir wichtig ist. Warum sollte ich es nicht verantworten dürfen? Mein Wort ist – Antwort.

ERÖFFNUNGSVERS

Ps 86(85),3.5

Sei mir gnädig, o Herr.
Den ganzen Tag rufe ich zu dir.
Herr, du bist gütig und bereit, zu verzeihen;
für alle, die zu dir rufen, reich an Gnade.

KYRIE-RUFE

Herr Jesus Christus, du schenkst uns
ein neues Herz und legst einen neuen
Geist in uns.
V/A: Herr, erbarme dich.
Du bewegst uns, zu lieben
nicht mit Wort und Zunge,
sondern in Tat und Wahrheit.
V/A: Christus, erbarme dich.

Du wohnst durch den Glauben
in unseren Herzen.
V/A: Herr, erbarme dich.

Ehre sei Gott, S. 467 f.

TAGESGEBET

Allmächtiger Gott, von dir kommt alles Gute. Pflanze in unser Herz die Liebe zu deinem Namen ein. Binde uns immer mehr an dich, damit in uns wächst, was gut und heilig ist. Wache über uns und erhalte, was du gewirkt hast. Darum bitten wir durch Jesus Christus.

WORTGOTTESDIENST

ZUR 1. LESUNG Der Gesetzesgehorsam Israels ist revolutionär: Keine heilige Kaste von Priestern ist Gott nahe und für den Gottesdienst alleine zuständig; auch gibt es kein zentrales Heiligtum, an dem Gott verehrt wird. Vielmehr ist Gott jedem Israeliten und jeder Israelitin nahe – wenn diese seine Gebote halten. Israel ist damit kein kultisches Volk mehr, es lebt die Nähe Gottes in seinem Alltag. Die Gefahr besteht darin, dass man sich gegen Gott wendet, sobald man seine Gebote nicht hält. Doch welcher Segen, wenn man täglich nur ein kleines oder auch nur das Kleinste der Gebote hält; wenn man es wahrhaft in sein Leben einlässt.

ERSTE LESUNG

Dtn 4,1–2.6–8

Achtet auf die Gebote des Herrn! Fügt nichts hinzu!

Lesung aus dem Buch Deuteronomium.

Mose sprach zum Volk: Israel, höre die Gesetze und Rechtsvorschriften, die ich euch zu halten lehre. Hört und ihr werdet leben, ihr werdet in das Land, das der Herr, der Gott eurer Väter, euch gibt, hineinziehen und es in Besitz nehmen. Ihr sollt dem Wortlaut dessen, worauf ich euch verpflichte, nichts hinzufügen und nichts davon wegnehmen; ihr sollt auf die Gebote des Herrn, eures Gottes, achten, auf die ich euch verpflichte.

Ihr sollt auf sie achten und sollt sie halten. Denn darin besteht eure Weisheit und eure Bildung in den Augen der Völker. Wenn sie dieses Gesetzeswerk kennenlernen, müssen sie sagen: In der Tat, diese große Nation ist ein weises und gebildetes Volk. Denn welche große Nation hätte Götter, die ihr so nah sind, wie Jahwe, unser Gott, uns nah ist, wo immer wir ihn anrufen? Oder welche große Nation besäße Gesetze und Rechtsvorschriften, die so gerecht sind wie alles in dieser Weisung, die ich euch heute vorlege?

ANTWORTPSALM

Ps 15(14),2–3.4.5 (R: 1)

℟ Herr, wer darf Gast sein in deinem Zelt,
wer darf weilen auf deinem heiligen Berg? – ℟

Der makellos lebt und das Rechte tut; †
der von Herzen die Wahrheit sagt *
und mit seiner Zunge nicht verleumdet;
der seinem Freund nichts Böses antut *
und seinen Nächsten nicht schmäht; – (℟)

der den Verworfenen verachtet, *
doch alle, die den Herrn fürchten, in Ehren hält;
der sein Versprechen nicht ändert, *
das er seinem Nächsten geschworen hat; – (℟)

der sein Geld nicht auf Wucher ausleiht *
und nicht zum Nachteil des Schuldlosen Bestechung annimmt.
Wer sich danach richtet, *
der wird niemals wanken. – ℟

ZUR 2. LESUNG Luther nannte den Jakobusbrief eine stroherne Epistel, und man kann seinen Unmut verstehen. Der Brief entwickelt eine ganz eigene Art, nach dem Gesetz zu leben, und ruft alle zu einem Leben in vollkommener Reinheit auf. Hier wird man sich von einem sektiererischen und weltfremden Rigorismus befreien müssen, aber den ethischen Ernst unseres Lebens dürfen wir nicht leugnen: Religiös gesehen, geht es darum, sich nach dem Wort Gottes auszurichten. Wen die Not der anderen rührt, wird verstehen, dass ihnen zu helfen Gottesdienst ist.

ZWEITE LESUNG Jak 1,17–18.21b–22.27

Hört das Wort nicht nur an, sondern handelt danach!

Lesung aus dem Jakobusbrief.

Meine geliebten Brüder [*oder:* Brüder und Schwestern! *oder:* Schwestern und Brüder!]! Jede gute Gabe und jedes vollkommene Geschenk kommt von oben, vom Vater der Gestirne, bei dem es keine Veränderung und keine Verfinsterung gibt.

Aus freiem Willen hat er uns durch das Wort der Wahrheit geboren, damit wir gleichsam die Erstlingsfrucht seiner Schöpfung seien.

Nehmt euch das Wort zu Herzen, das in euch eingepflanzt worden ist und das die Macht hat, euch zu retten. Hört das Wort nicht nur an, sondern handelt danach; sonst betrügt ihr euch selbst.

Ein reiner und makelloser Dienst vor Gott, dem Vater, besteht darin: für Waisen und Witwen zu sorgen, wenn sie in Not sind, und sich vor jeder Befleckung durch die Welt zu bewahren.

RUF VOR DEM EVANGELIUM

Vers: vgl. Jak 1,18

Halleluja. Halleluja.
Durch das Wort der Wahrheit
hat uns der Vater das Leben geschenkt
und uns zu Erstlingen seiner Schöpfung gemacht.
Halleluja.

ZUM EVANGELIUM Nach dem langen Einschub der johanneischen Brotrede kehrt die Leseordnung wieder zum Markus-Evangelium zurück und führt uns mitten in die Auseinandersetzung Jesu mit den Pharisäern und Schriftgelehrten. Diese mahnen an, dass sich Jesu Jünger nicht an die Überlieferung halten. Jesus und der Glaube an ihn haben offenbar mit Traditionsbruch zu tun, und auch heute beklagen viele Menschen, dass nichts mehr so sei wie früher. Offenbar verändert sich die Lebensweise der Menschen ständig – und beständig ist nur der Wandel. Bei der Beurteilung dessen, was getan werden muss, hilft die Unterscheidung zwischen notwendig und nur kulturell überliefert, und es hilft das Wissen, dass wir innerlich frei sind und dass das Böse dann entsteht, wenn wir verkrampfen.

EVANGELIUM

Mk 7,1–8.14–15.21–23

Ihr gebt Gottes Gebot preis und haltet euch an die Überlieferung der Menschen

+ Aus dem heiligen Evangelium nach Markus.

In jener Zeit hielten sich die Pharisäer und einige Schriftgelehrte, die aus Jerusalem gekommen waren, bei Jesus auf. Sie sahen, dass einige seiner Jünger ihr Brot mit unreinen, das heißt mit ungewaschenen Händen aßen. Die Pharisäer essen nämlich wie alle Juden nur, wenn sie vorher mit einer Handvoll Wasser die Hände gewaschen haben, wie es die Überlieferung der Alten vorschreibt. Auch wenn sie vom Markt kommen, essen sie nicht, ohne sich vorher zu waschen. Noch viele andere überlieferte Vorschriften halten sie ein, wie das Abspülen von Bechern, Krügen und Kesseln.

Die Pharisäer und die Schriftgelehrten fragten ihn also: Warum halten sich deine Jünger nicht an die Überlieferung der Alten, sondern essen ihr Brot mit unreinen Händen?

Er antwortete ihnen: Der Prophet Jesaja hatte Recht mit dem, was er über euch Heuchler sagte:

Dieses Volk ehrt mich mit den Lippen, sein Herz aber ist weit weg von mir. Es ist sinnlos, wie sie mich verehren; was sie lehren, sind Satzungen von Menschen.

Ihr gebt Gottes Gebot preis und haltet euch an die Überlieferung der Menschen.

Dann rief Jesus die Leute wieder zu sich und sagte: Hört mir alle zu und begreift, was ich sage: Nichts, was von außen in den Menschen hineinkommt, kann ihn unrein machen; sondern was aus dem Menschen herauskommt, das macht ihn unrein.

Denn von innen, aus dem Herzen der Menschen, kommen die bösen Gedanken, Unzucht, Diebstahl, Mord, Ehebruch, Habgier, Bosheit, Hinterlist, Ausschweifung, Neid, Verleumdung, Hochmut und Unvernunft. All dieses Böse kommt von innen und macht den Menschen unrein.

Glaubensbekenntnis, S. 470 ff.

FÜRBITTEN

Gott sieht nicht auf die Außenseite, Gott schaut ins Herz. Wir bitten ihn:

- Für alle, die in der Kirche ein Amt innehaben, dass sie es im Geist der Liebe ausfüllen. V: Gott, der du in unsere Herzen siehst. A: Höre und erhöre uns.

- Wir beten für alle, die Rechtgläubigkeit als Waffe einsetzen, dass dein Geist der Wahrheit ihnen einen weiten Blick schenke. V: Gott, der du in unsere Herzen siehst. A: Höre und erhöre uns.

- Wir beten für alle, die deine Gebote erfüllen, indem sie andere stützen und stärken, Traurigkeit erkennen und feinfühlig helfen. V: Gott, der du in unsere Herzen siehst. A: Höre und erhöre uns.

- Wir beten für die jungen Menschen in Freiwilligendiensten, für alle, die sich in Flüchtlingsprojekten, Nachbarschaftshilfen oder Hospizen für andere engagieren. V: Gott, der du in unsere Herzen siehst. A: Höre und erhöre uns.

- Wir bitten dich für alle, denen die Bewahrung der Schöpfung ein Anliegen ist, und für alle, die den Hunger in der Welt nicht hinnehmen wollen. V: Gott, der du in unsere Herzen siehst. A: Höre und erhöre uns.

Guter Gott, Lippenbekenntnisse genügen nicht. Hilf uns, aus unserem Inneren heraus nach deinem Gebot zu handeln. Darum bitten wir durch Christus, unseren Bruder und Lehrer.

EUCHARISTIEFEIER

GABENGEBET

Herr, unser Gott, diese Opferfeier bringe uns Heil und Segen. Was du jetzt unter heiligen Zeichen wirkst, das vollende in deinem Reich. Darum bitten wir durch Christus, unseren Herrn.

Präfation, S. 482 ff.

KOMMUNIONVERS Mt 5,9–10

Selig, die Frieden stiften;
denn sie werden Söhne Gottes genannt werden.
Selig, die um der Gerechtigkeit willen verfolgt werden;
denn ihnen gehört das Himmelreich.

SCHLUSSGEBET

Allmächtiger Gott, du hast uns gestärkt durch das lebendige Brot, das vom Himmel kommt. Deine Liebe, die wir im Sakrament empfangen haben, mache uns bereit, dir in unseren Brüdern zu dienen. Darum bitten wir durch Christus, unseren Herrn.

***

Für eine Wort-Gottes-Feier:

ERÖFFNUNGSGEBET ZUR WAHL

Guter Gott, du bist langmütig und reich an Erbarmen. Du hast uns in deinen Dienst gerufen. Du willst, dass wir dich mit ganzem Herzen lieben. Entferne das Böse und das Verhärtete und mach uns rein. Darum bitten wir durch Jesus Christus, deinen Sohn, der mit dir und dem Heiligen Geist lebt in alle Ewigkeit.

***

EIN LÄCHELN NUR

Mutmacher
unscheinbar
spielt den Ball
der schweigenden
Worte
im Spiel
der Tränen
zu

wieder
und wieder

bis wir lernen
Hände zu öffnen
Arme zu weiten

den Geist

Und der Tod
schreit uns an

beißt
auf Stein

ein Lächeln nur
das Leben

Christoph Strack

23. SONNTAG IM JAHRESKREIS

9. September 2018

Wenn jemand kommt, verändert sich die bisherige Situation. Wenn ein Reicher kommt, ordnen wir uns nach gesellschaftlichen Hierarchiemustern neu (Epistel); wenn Jesus kommt, tut er das Naheliegende, das zu tun den anderen aufgrund sozialer Schranken nicht möglich war (Evangelium); wenn Gott selbst kommt, dann heilt er alle Wunden und beseitigt alle Ungerechtigkeit (Prophet). Kommen verändert, weshalb jede Ankunft stört, was uns immer wieder verärgert: Wer stört mich? Wie viel Kraft habe ich, mich immer wieder stören zu lassen? Wen störe ich? Welche Störung gibt mir Kraft? Herr, öffne mich, damit ich Ankunft nicht mehr als Störung meiner Person, sondern als Geschenk des anderen erfahre.

ERÖFFNUNGSVERS

Ps 119(118),137.124

Herr, du bist gerecht und deine Entscheide sind richtig.
Handle an deinem Knecht nach deiner Huld.

KYRIE-RUFE

Herr Jesus Christus, du machst,
dass die Tauben hören
und die Stummen sprechen.
V/A: Herr, erbarme dich.
Blinden tust du die Augen auf.
V/A: Christus, erbarme dich.
Du hast alles gut gemacht.
V/A: Herr, erbarme dich.

Ehre sei Gott, S. 467 f.

TAGESGEBET

Gütiger Gott, du hast uns durch deinen Sohn erlöst und als deine geliebten Kinder angenommen. Sieh voll Güte auf alle, die an Christus glauben, und schenke ihnen die wahre Freiheit und das ewige Erbe. Darum bitten wir durch Jesus Christus.

WORTGOTTESDIENST

ZUR 1. LESUNG Mit Gottes Kommen verändert sich alles; Schlechtes wird in Gutes verwandelt, die Welt, so wie sie ist, wird auf den Kopf gestellt. Allerdings kommen auch Rache und Vergeltung. Warum ist das nötig, freue ich mich über das eigene Glück nur, wenn es dem, der jetzt Schlechtes tut, dann selbst schlecht ergehen wird? Oder sind Rache und Vergeltung gleichsam pädagogische Maßnahmen, damit der Schlechte am eigenen Leib erfährt, was es bedeutet, schlecht behandelt zu werden? Gott kommt mit einer Rache, die Wohltat verheißt, könnte man den hebräischen Text übersetzen. Rache bezeichnet hier das Abkühlen überkochender Emotionen. Und: Gott bleibt nicht ruhig, wird Schlimmes (an-)getan.

ERSTE LESUNG Jes 35,4–7a

Die Ohren der Tauben öffnen sich; die Zunge der Stummen jauchzt auf

Lesung aus dem Buch Jesaja.

Sagt den Verzagten: Habt Mut, fürchtet euch nicht! Seht, hier ist euer Gott! Die Rache Gottes wird kommen und seine Vergeltung; er selbst wird kommen und euch erretten.

Dann werden die Augen der Blinden geöffnet, auch die Ohren der Tauben sind wieder offen. Dann springt der Lahme wie ein Hirsch, die Zunge des Stummen jauchzt auf. In der Wüste brechen Quellen hervor und Bäche fließen in der Steppe. Der glühende Sand wird zum Teich und das durstige Land zu sprudelnden Quellen.

ANTWORTPSALM

Ps 146(145),6–7.8–9b.9c–10 (℟: 1)

℟ Lobe den Herrn, meine Seele! – ℟

Oder:

℟ Halleluja. – (℟)

Der Herr hat Himmel und Erde gemacht, †
das Meer und alle Geschöpfe; *
er hält ewig die Treue.
Recht verschafft er den Unterdrückten, †
den Hungernden gibt er Brot; *
der Herr befreit die Gefangenen. – (℟)

Der Herr öffnet den Blinden die Augen, *
er richtet die Gebeugten auf.
Der Herr beschützt die Fremden *
und verhilft den Waisen und Witwen zu ihrem Recht. – (℟)

Der Herr liebt die Gerechten, *
doch die Schritte der Frevler leitet er in die Irre.
Der Herr ist König auf ewig, *
dein Gott, Zion, herrscht von Geschlecht zu Geschlecht. – ℟

ZUR 2. LESUNG Der Jakobusbrief besticht durch Klarheit. Er geißelt die soziale Konstruktion von Reichtum und Armut und stellt klar, dass sich Gott den Armen zuwendet, den Benachteiligten. Unsere Kirche und unsere Gesellschaft tun sich schwer mit dieser Einsicht und so bleibt der heutige Text ein ewiger Stachel im Fleisch. Warum begeistert uns das Gold so sehr, warum verehren wir den Reichtum, warum lassen wir uns so schnell blenden? Reichtum verheißt Leichtigkeit, das Ende der alltäglichen Sorgen. Selig, wer erkennt, dass nur Gott uns von unseren Sorgen erlösen kann.

ZWEITE LESUNG Jak 2,1–5

Hat Gott nicht die Armen auserwählt, um sie zu Erben des Königreichs zu machen?

Lesung aus dem Jakobusbrief.

Meine Brüder [*oder:* Brüder und Schwestern, *oder:* Schwestern und Brüder,], haltet den Glauben an unseren Herrn Jesus Christus, den Herrn der Herrlichkeit, frei von jedem Ansehen der Person.

Wenn in eure Versammlung ein Mann mit goldenen Ringen und prächtiger Kleidung kommt, und zugleich kommt ein Armer in schmutziger Kleidung, und ihr blickt auf den Mann in der prächtigen Kleidung und sagt: Setz dich hier auf den guten Platz!, und zu dem Armen sagt ihr: Du kannst dort stehen!, oder: Setz dich zu meinen Füßen! – macht ihr dann nicht untereinander Unterschiede und fällt Urteile aufgrund verwerflicher Überlegungen?

Hört, meine geliebten Brüder [*oder:* Brüder und Schwestern: *oder:* Schwestern und Brüder:]: Hat Gott nicht die Armen in der Welt auserwählt, um sie durch den Glauben reich und zu Erben des Königreichs zu machen, das er denen verheißen hat, die ihn lieben?

RUF VOR DEM EVANGELIUM Vers: Mt 4,23b

Halleluja. Halleluja.
Jesus verkündete das Evangelium vom Reich
und heilte im Volk alle Krankheiten und Leiden.
Halleluja.

ZUM EVANGELIUM Jesu Handeln wird sehr genau verortet. Damit wird klargestellt, dass er ein konkreter Mensch war und seine Geschichte nicht erfunden ist. Diese Verortung ist notwendig, denn die berichtete Heilung ist fast unglaublich, auch wenn sie ohne großes Brimborium geschieht, den Gehörgang befreit und die Zunge benetzt. Jesus selbst macht kein Aufheben um seine Person, aber fraglos erregt er Staunen. Er selbst hat den klaren Blick für das, was hier gefordert ist. Die anderen versuchen jedoch, das Geschehen zu verstehen und zu interpretieren. Dabei geht es nur darum, konfrontiert mit der Not des anderen, das Notwendige zu tun.

EVANGELIUM

Mk 7,31–37

Er macht, dass die Tauben hören und die Stummen sprechen

+ **Aus dem heiligen Evangelium nach Markus.**

In jener Zeit verließ Jesus das Gebiet von Tyrus und kam über Sidon an den See von Galiläa, mitten in das Gebiet der Dekapolis.

Da brachte man einen Taubstummen zu Jesus und bat ihn, er möge ihn berühren. Er nahm ihn beiseite, von der Menge weg, legte ihm die Finger in die Ohren und berührte dann die Zunge des Mannes mit Speichel; danach blickte er zum Himmel auf, seufzte und sagte zu dem Taubstummen: Effata! das heißt: Öffne dich! Sogleich öffneten sich seine Ohren, seine Zunge wurde von ihrer Fessel befreit und er konnte richtig reden.

Jesus verbot ihnen, jemand davon zu erzählen. Doch je mehr er es ihnen verbot, desto mehr machten sie es bekannt. Außer sich vor Staunen sagten sie: Er hat alles gut gemacht; er macht, dass die Tauben hören und die Stummen sprechen.

Glaubensbekenntnis, S. 470 ff.

FÜRBITTEN

Um Offenheit geht es im heutigen Evangelium: Effata, öffne dich. Wir bitten Jesus um seinen Beistand für die Menschen in Bedrückung, Beschränkung und Not:

- Wir beten für alle in deiner Kirche, die offen sind für die Not ihres Nächsten und so Gott bezeugen. V: Christus, höre uns. A: Christus, erhöre uns.
- Wir beten für die Menschen, deren Gehör schwach und deren Kontakt mit der Umgebung darum mühselig geworden ist. V: Christus, höre uns. A: Christus, erhöre uns.
- Wir bitten dich für alle, die auf Menschen mit körperlichen und geistigen Einschränkungen zugehen und sie so hinein ins Leben nehmen. V: Christus, höre uns. A: Christus, erhöre uns.
- Wir beten für alle Kranken, die keinen Zugang zu medizinischer Versorgung haben. V: Christus, höre uns. A: Christus, erhöre uns.
- Wir beten für alle, die sich aus einer Ideologie oder einem fanatischen Glauben lösen wollen, dass sie Heimat in Freiheit erfahren können. V: Christus, höre uns. A: Christus, erhöre uns.

Guter Gott, du gibst Tauben das Gehör und Stummen die Sprache wieder. Lass auch uns offen werden für deine Worte und deinen Geist. Darum bitten wir durch Jesus, deinen Sohn, unseren Bruder.

EUCHARISTIEFEIER

GABENGEBET

Herr, unser Gott, du schenkst uns den Frieden und gibst uns die Kraft, dir aufrichtig zu dienen. Lass uns dich mit unseren Gaben ehren und durch die Teilnahme an dem einen Brot und dem einen Kelch eines Sinnes werden. Darum bitten wir durch Christus, unseren Herrn.

Präfation, S. 482 ff.

KOMMUNIONVERS

Joh 8,12

So spricht der Herr:
Ich bin das Licht der Welt.
Wer mir nachfolgt, wird nicht in der Finsternis gehen,
sondern wird das Licht des Lebens haben.

SCHLUSSGEBET

Herr, unser Gott, in deinem Wort und Sakrament gibst du uns Nahrung und Leben. Lass uns durch diese großen Gaben in der Liebe wachsen und zur ewigen Gemeinschaft mit deinem Sohn gelangen, der mit dir lebt und herrscht in alle Ewigkeit.

***

Für eine Wort-Gottes-Feier:

ERÖFFNUNGSGEBET ZUR WAHL

Gott, du gibst Tauben das Gehör und Stummen die Sprache. Wir bitten dich: Öffne unsere Ohren für dein Wort, löse unsere Zunge für dein Lob. Entzünde das Herz für dich und deine Geschöpfe, damit wir dich rühmen und preisen durch Jesus Christus, deinen Sohn, der mit dir und dem Heiligen Geist lebt jetzt und in Ewigkeit.

***

MICH AUGENBLICKSSTERN

Mich
Augenblicksstern

Du
Wort
in mir
pochender Atemschlag

schweigend
umwirbst Du
Dein Tönen

Zu festigen Antwort im böigen Strom:

Mich
Augenblicksstern

der Gedankenhast Schnuppe

Dein unsteter Zeuge

Dir
atemvererdet
am Himmel Deiner Geduld

Volker Jacobs

24. SONNTAG IM JAHRESKREIS

16. September 2018

Ständig müssen wir handeln, immer entscheiden; nie ist Ruhe. Das hängt mit der Zeit zusammen, die unaufhaltsam vergeht. Sie läuft und rennt und wir können sie nicht aufhalten. Sie zwingt uns dazu, zu handeln und sie zu füllen, denn wir können nicht einfach nur herumsitzen. Wir haben ja Hunger und Durst und ebenso schreit unser Geist nach Nahrung. Leider werden wir dann auch viel zu oft umtriebig und verlieren das rechte Maß, sodass sich unsere Taten gegen andere richten, anstatt ihnen zu dienen. Hilf, Herr, dass wir lernen, unsere verrinnende Zeit mit anderen zu teilen und unsere Kraft ihnen zur Verfügung zu stellen, auf dass wir gemeinsam fähig werden, gute Werke zu tun.

ERÖFFNUNGSVERS

Vgl. Sir 36,18.21–22

Herr, gib Frieden denen, die auf dich hoffen,
und erweise deine Propheten als zuverlässig.
Erhöre das Gebet deiner Diener und deines Volkes.

KYRIE-RUFE

Herr Jesus Christus, du hast dich,
um Gottes Ratschluss zu erfüllen,
dem Tod überliefert.
V/A: Herr, erbarme dich.
Du lädst auch deine Jünger ein,
ihr Kreuz auf sich zu nehmen
und dir nachzufolgen.
V/A: Christus, erbarme dich.

Du hast durch deine Auferstehung
den Tod bezwungen und das Leben
neu geschaffen.
V/A: Herr, erbarme dich.

Ehre sei Gott, S. 467 f.

TAGESGEBET

Gott, du Schöpfer und Lenker aller Dinge, sieh gnädig auf uns. Gib, dass wir dir mit ganzem Herzen dienen und die Macht deiner Liebe an uns erfahren. Darum bitten wir durch Jesus Christus.

WORTGOTTESDIENST

ZUR 1. LESUNG Der Prophet sieht sich Anfeindungen ausgesetzt, so wie Israel von den umliegenden Völkern verfolgt und verspottet wird. Es gäbe die Möglichkeit, klein beizugeben, aber Israel bleibt hart, hält zu seinem Gott. Diese Härte bricht nicht in Verhärtung um, sondern verändert sich zur Gewissheit, auf dem richtigen Weg zu sein. Manchmal ist es gut, bei seiner Meinung zu bleiben und sich jemanden zu suchen, mit dem man „zusammen vortreten“ (V. 8) kann. Was ist mir so wichtig, dass ich mir Mitstreiter suche? Wo passe ich mich an – und wann „mache ich mein Gesicht hart wie einen Kiesel“ (V. 7), weil ich weiß, dass ich nicht weichen darf?

ERSTE LESUNG Jes 50,5–9a

Ich hielt meinen Rücken denen hin, die mich schlugen

Lesung aus dem Buch Jesaja

Gott, der Herr, hat mir das Ohr geöffnet. Ich aber wehrte mich nicht und wich nicht zurück. Ich hielt meinen Rücken denen hin, die mich schlugen, und denen, die mir den Bart ausrissen, meine Wangen. Mein Gesicht verbarg ich nicht vor Schmähungen und Speichel.

Doch Gott, der Herr, wird mir helfen; darum werde ich nicht in Schande enden. Deshalb mache ich mein Gesicht hart wie einen Kiesel; ich weiß, dass ich nicht in Schande gerate. Er, der mich freispricht, ist nahe. Wer wagt es, mit mir zu streiten? Lasst uns zusammen vortreten! Wer ist mein Gegner im Rechtsstreit? Er trete zu mir heran.

Seht her, Gott, der Herr, wird mir helfen.

ANTWORTPSALM

Ps 116(114), 1–2.3–4.5–6.8–9 (R: vgl. 9)

℟ Ich gehe meinen Weg vor Gott
im Land der Lebenden. – ℟

Oder:

℟ Halleluja. – (℟)

Ich liebe den Herrn; *
denn er hat mein lautes Flehen gehört
und sein Ohr mir zugeneigt *
an dem Tag, als ich zu ihm rief. – (℟)

Mich umfingen die Fesseln des Todes, †
mich befielen die Ängste der Unterwelt, *
mich trafen Bedrängnis und Kummer.
Da rief ich den Namen des Herrn an: *
„Ach Herr, rette mein Leben!" – (℟)

Der Herr ist gnädig und gerecht, *
unser Gott ist barmherzig.
Der Herr behütet die schlichten Herzen; *
ich war in Not und er brachte mir Hilfe. – (℟)

Ja, du hast mein Leben dem Tod entrissen, †
meine Tränen getrocknet, *
meinen Fuß bewahrt vor dem Gleiten.
So gehe ich meinen Weg vor dem Herrn *
im Land der Lebenden. – ℟

ZUR 2. LESUNG Welch schrecklicher Ambivalenz müssen wir uns stellen: Natürlich können wir uns das Himmelreich nicht verdienen, wenn unsere guten Werke nicht in der rechten Gesinnung getan sind. Aber fest zu glauben und die Hände in den Schoß zu legen, das reicht auch nicht. Glaube ist Gewissheit und Hoffnung, dass Gott uns erlöst; aus dieser Gewissheit erwächst die Kraft, sich für andere einzusetzen. Glaube und Werke gehen Hand in Hand; der Glaube kann uns bestärken und die Hinwendung zum anderen kann zu Haltung werden, die uns den Alltag erleichtert, wenn der Glaube manchmal lahmt ob all der Not, die auf uns einströmt.

ZWEITE LESUNG

Jak 2, 14–18

Der Glaube für sich allein ist tot, wenn er nicht Werke vorzuweisen hat

Lesung aus dem Jakobusbrief.

Meine Brüder [*oder:* Brüder und Schwestern, *oder:* Schwestern und Brüder,], was nützt es, wenn einer sagt, er habe Glauben, aber es fehlen die Werke? Kann etwa der Glaube ihn retten?

Wenn ein Bruder oder eine Schwester ohne Kleidung ist und ohne das tägliche Brot und einer von euch zu ihnen sagt: Geht in Frieden, wärmt und sättigt euch!, ihr gebt ihnen aber nicht, was sie zum Leben brauchen – was nützt das? So ist auch der Glaube für sich allein tot, wenn er nicht Werke vorzuweisen hat.

Nun könnte einer sagen: Du hast Glauben und ich kann Werke vorweisen; zeig mir deinen Glauben ohne die Werke und ich zeige dir meinen Glauben aufgrund der Werke.

RUF VOR DEM EVANGELIUM

Vers: Gal 6, 14

Halleluja. Halleluja.
Ich will mich allein des Kreuzes
unseres Herrn Jesus Christus rühmen,
durch das mir die Welt gekreuzigt ist und ich der Welt.
Halleluja.

ZUM EVANGELIUM Wann wusste Jesus, wer er ist und wie seine Sendung aussehen und ausgehen wird? Anfangs liefen die Leute ihm ja zu, und auch seine Jünger waren bei ihm. Und doch gelangte er zur Einsicht, dass es kein gutes Ende mit ihm nehmen wird, und er beginnt, mit seinen Jüngern darüber zu reden. Natürlich verwirrt sie das, aber Jesus bleibt bei seiner Einschätzung der Lage. Jesus sammelt nun nicht mehr das Volk und ruft es zur Umkehr auf, sondern weiß um die Verwerfungen, die seine Botschaft der nahenden Königsherrschaft Gottes hervorruft. Warum nur schmieden wir unsere eigenen Reiche und überlassen uns nicht der Herrschaft des Herrn?

EVANGELIUM

Mk 8, 27–35

Du bist der Messias. – Der Menschensohn muss vieles erleiden

+ Aus dem heiligen Evangelium nach Markus.

In jener Zeit ging Jesus mit seinen Jüngern in die Dörfer bei Cäsarea Philippi. Unterwegs fragte er die Jünger: Für wen halten mich die Menschen? Sie sagten zu ihm: Einige für Johannes den Täufer, andere für Elija, wieder andere für sonst einen von den Propheten.

Da fragte er sie: Ihr aber, für wen haltet ihr mich? Simon Petrus antwortete ihm: Du bist der Messias! Doch er verbot ihnen, mit jemand über ihn zu sprechen.

Dann begann er, sie darüber zu belehren, der Menschensohn müsse vieles erleiden und von den Ältesten, den Hohenpriestern und den Schriftgelehrten verworfen werden; er werde getötet, aber nach drei Tagen werde er auferstehen. Und er redete ganz offen darüber.

Da nahm ihn Petrus beiseite und machte ihm Vorwürfe. Jesus wandte sich um, sah seine Jünger an und wies Petrus mit den Worten zurecht: Weg mit dir, Satan, geh mir aus den Augen! Denn du hast nicht das im Sinn, was Gott will, sondern was die Menschen wollen.

Er rief die Volksmenge und seine Jünger zu sich und sagte: Wer mein Jünger sein will, der verleugne sich selbst, nehme sein Kreuz auf sich und folge mir nach.

Denn wer sein Leben retten will, wird es verlieren; wer aber sein Leben um meinetwillen und um des Evangeliums willen verliert, wird es retten.

Glaubensbekenntnis, S. 470 ff.

FÜRBITTEN

Wer ist Jesus für mich? Bin ich bereit, mit meinem Einsatz zu zeigen: Ja, ich glaube an Jesus Christus und folge ihm nach!? Im fürbittenden Gebet bewegen wir uns in seiner Spur. So rufen wir zu ihm und bitten ihn:

- Für alle, die auf der Suche sind, die zweifeln und fragen und nach guten Wegen Ausschau halten. V: Kyrie, eleison. A: Christe, eleison.

- Für alle, die durch ihre Art zu leben Wegweiser für andere sind. V: Kyrie, eleison. A: Christe, eleison.

- Für alle, die in diesen frühherbstlichen Wochen im Wandern und Erleben der Natur zur Ruhe kommen wollen. V: Kyrie, eleison. A: Christe, eleison.

- Für alle, denen dieser Herbst auch Herbst des Lebens ist, dass sie die Fülle ihres Lebens mit Dankbarkeit in sich tragen. V: Kyrie, eleison. A: Christe, eleison.

- Für alle, die den Tod vor Augen und noch so viele Fragen haben, noch so viele Erwartungen, noch so vieles, was sich runden soll.
  V: Kyrie, eleison. A: Christe, eleison.

Guter Gott, du weißt, wie schwach und schwankend wir sind. Komm uns entgegen mit deiner Gnade in Christus Jesus, unserem Herrn.

EUCHARISTIEFEIER

GABENGEBET

Herr, nimm die Gebete und Gaben deiner Kirche an; und was jeder Einzelne zur Ehre deines Namens darbringt, das werde allen zum Heil. Darum bitten wir durch Christus, unseren Herrn.

Präfation, S. 482 ff.

KOMMUNIONVERS

Vgl. 1 Kor 10,16

Der Kelch des Segens, über den wir den Segen sprechen,
ist Teilhabe am Blut Christi.
Das Brot, das wir brechen, ist Teilhabe am Leib Christi.

SCHLUSSGEBET

Herr, unser Gott, wir danken dir, dass du uns Anteil am Leib und Blut Christi gegeben hast. Lass nicht unser eigenes Streben Macht über uns gewinnen, sondern gib, dass die Wirkung dieses Sakramentes unser Leben bestimmt. Darum bitten wir durch Christus, unseren Herrn.

***

Für eine Wort-Gottes-Feier:

ERÖFFNUNGSGEBET ZUR WAHL

Herr, unser Gott, in der Gegenwart deines Sohnes haben wir uns versammelt als deine Gemeinde. Gib, dass wir ihn als deinen Sohn erkennen und ihn bekennen als Messias, den du gesandt hast zu unserem Heil. Darum bitten wir durch ihn, Jesus Christus, deinen Sohn, der mit dir und dem Heiligen Geist lebt jetzt und in Ewigkeit.

***

DEM STERN FOLGEN

Sterne siehst du nur,
wenn du das Dunkel wagst.

Heb deinen Blick
und hab Geduld.

Vielleicht entdeckst du
deinen Stern.

Kannst du sein Zeichen deuten?
Weist er dir einen neuen Weg?

Lass los! Brich auf
und folge ihm!

Vertraue deinem Stern.
Er wird dich führen.

Er kennt dein Ziel,
längst eh du selbst es weißt.

Führt dich aus Angst und Dunkel
in Morgenglanz.

Gisela Baltes

25. SONNTAG IM JAHRESKREIS

23. September 2018

Unsere Welt erscheint uns schnell und hektisch; wir lassen uns nur zu gerne von allen möglichen Dingen ablenken, wollen nichts verpassen und sind von den Zwängen des Alltags so sehr in Beschlag genommen, dass unsere Aufmerksamkeit überfordert scheint. Entschleunigung tut hier manchmal Not, und so verweisen die Texte des heutigen Sonntags auf eine weisheitlich gelassene Lebensführung, die im Wort des Herrn Orientierung findet und sich von den Machenschaften der anderen nicht aus der Ruhe bringen lässt. Ach, wie schön wäre es, Orte der Ruhe zu finden; Gott verheißt diese Ruhe.

ERÖFFNUNGSVERS

Das Heil des Volkes bin ich – so spricht der Herr.
In jeder Not, aus der sie zu mir rufen, will ich sie erhören.
Ich will ihr Herr sein für alle Zeit.

KYRIE-RUFE

Herr Jesus Christus, immer wieder hast
du dich aus der Menge zurückgezogen.
V/A: Herr, erbarme dich.
Du hast in der Einsamkeit gebetet.
V/A: Christus, erbarme dich.
Du warst mit deinen Jüngern ungestört
zusammen, um sie zu belehren.
V/A: Herr, erbarme dich.

Ehre sei Gott, S. 467 f.

TAGESGEBET

Heiliger Gott, du hast uns das Gebot der Liebe zu dir und zu unserem Nächsten aufgetragen als die Erfüllung des ganzen Gesetzes. Gib uns die Kraft, dieses Gebot treu zu befolgen, damit wir das ewige Leben erlangen. Darum bitten wir durch Jesus Christus.

WORTGOTTESDIENST

ZUR 1. LESUNG Wie perfide die Frevler doch sind: Lasst uns den Gerechten quälen, foltern und töten. Wenn er ein Sohn Gottes ist, dann wird Gott ihm helfen. Gott hilft und handelt nicht derart; er greift nicht ein. Gott handelt im Nachhinein, er erweckt Tote zum Leben, bewahrt sie aber nicht vor menschlicher Grausamkeit. Das mag seltsam erscheinen, speziell in unserer wissenschaftlichen Welt, in der wir alles nach Ursache und Wirkung berechnen. Aber ist wirklich alles berechenbar? Machen wir uns hier nicht etwas vor? Liebe bleibt unberechenbar, so wie Kunstwerke, die uns ansprechen. Sollen wir etwa ein Beethoven-Gen suchen? Das wäre absurd.

ERSTE LESUNG

Weish 2, 1a.12.17–20

Zu einem ehrlosen Tod wollen wir ihn verurteilen

Lesung aus dem Buch der Weisheit.

Die Frevler tauschen ihre verkehrten Gedanken aus und sagen: Lasst uns dem Gerechten auflauern! Er ist uns unbequem und steht unserem Tun im Weg. Er wirft uns Vergehen gegen das Gesetz vor und beschuldigt uns des Verrats an unserer Erziehung.

Wir wollen sehen, ob seine Worte wahr sind, und prüfen, wie es mit ihm ausgeht. Ist der Gerechte wirklich Sohn Gottes, dann nimmt sich Gott seiner an und entreißt ihn der Hand seiner Gegner.

Roh und grausam wollen wir mit ihm verfahren, um seine Sanftmut kennenzulernen, seine Geduld zu erproben. Zu einem ehrlosen

Tod wollen wir ihn verurteilen; er behauptet ja, es werde ihm Hilfe gewährt.

ANTWORTPSALM

Ps 54(53),3–4.5–6.8–9 (℟: 6)

℟ Gott ist mein Helfer,
der Herr beschützt mein Leben. – ℟

Hilf mir, Gott, durch deinen Namen, *
verschaff mir Recht mit deiner Kraft!
Gott, höre mein Flehen, *
vernimm die Worte meines Mundes! – (℟)

Denn es erheben sich gegen mich stolze Menschen, †
freche Leute trachten mir nach dem Leben; *
sie haben Gott nicht vor Augen.
Doch Gott ist mein Helfer, *
der Herr beschützt mein Leben. – (℟)

Freudig bringe ich dir dann mein Opfer dar *
und lobe deinen Namen, Herr; denn du bist gütig.
Der Herr hat mich herausgerissen aus all meiner Not *
und mein Auge kann auf meine Feinde herabsehn. – ℟

ZUR 2. LESUNG Der Jakobusbrief steht in der Tradition der Weisheitsliteratur. Die Weisheit führt den Menschen zur Gelassenheit und lehrt den Umgang mit den menschlichen Leidenschaften, die zur Verwirrung führen. Aus der Beobachtung und weisen Lenkung der eigenen Triebe hat sich eine lange Tradition der christlichen Lebensführung entwickelt, die spiritualitätsgeschichtlich vergessen zu sein scheint und sich oft zu einseitig mit zölibatärer Lebensführung beschäftigt hat. Wo sind die Lehrerinnen und Lehrer, die vorleben, wie man sein Leben christlich gestalten kann? Wir haben hier Nachholbedarf und sollten Ausschau halten nach Vorbildern.

ZWEITE LESUNG

Jak 3,16 – 4,3

Wo Frieden herrscht, wird von Gott für die Menschen, die Frieden stiften, die Saat der Gerechtigkeit ausgestreut

Lesung aus dem Jakobusbrief.

Brüder [*oder:* Brüder und Schwestern! *oder:* Schwestern und Brüder!]! Wo Eifersucht und Ehrgeiz herrschen, da gibt es Unordnung und böse Taten jeder Art. Doch die Weisheit von oben ist erstens heilig, sodann friedlich, freundlich, gehorsam, voll Erbarmen und reich an guten Früchten, sie ist unparteiisch, sie heuchelt nicht. Wo Frieden herrscht, wird von Gott für die Menschen, die Frieden stiften, die Saat der Gerechtigkeit ausgestreut.

Woher kommen die Kriege bei euch, woher die Streitigkeiten? Doch nur vom Kampf der Leidenschaften in eurem Innern. Ihr begehrt und erhaltet doch nichts. Ihr mordet und seid eifersüchtig und könnt dennoch nichts erreichen. Ihr streitet und führt Krieg.

Ihr erhaltet nichts, weil ihr nicht bittet. Ihr bittet und empfangt doch nichts, weil ihr in böser Absicht bittet, um es in eurer Leidenschaft zu verschwenden.

RUF VOR DEM EVANGELIUM

Vers: vgl. 2 Thess 2,14

Halleluja. Halleluja.
Durch das Evangelium hat Gott uns berufen
zur Herrlichkeit Jesu Christi, unseres Herrn.
Halleluja.

ZUM EVANGELIUM Die Jünger erkennen Jesu Vorrangstellung an und organisieren sich in Zuordnung zu ihm. Seltsam – sie haben alle Möglichkeit, den zu befragen, nach dem wir alle Ausschau halten, und befragen ihn doch nicht; was er ihnen sagt, verstehen sie nicht, und sie fragen nicht nach. Manchmal scheint es so zu sein, als wollte der Evangelist uns Nachgeborene trösten und uns zeigen: Es ist nicht schlimm, dass ihr den Herrn nicht kennt, denn auch seine engsten Vertrauten haben ihn nicht verstanden. Deshalb gibt Jesus ihnen zwei einfache Ratschläge: Kümmert euch nicht um Rang und Namen, sondern wascht einander die Füße, und kümmert euch auch um die, von denen ihr nichts bekommt.

EVANGELIUM

Mk 9,30–37

Der Menschensohn wird den Menschen ausgeliefert.
Wer der Erste sein will, soll der Diener aller sein

+ Aus dem heiligen Evangelium nach Markus.

In jener Zeit zogen Jesus und seine Jünger durch Galiläa. Jesus wollte aber nicht, dass jemand davon erfuhr; denn er wollte seine Jünger über etwas belehren. Er sagte zu ihnen: Der Menschensohn wird den Menschen ausgeliefert und sie werden ihn töten; doch drei Tage nach seinem Tod wird er auferstehen. Aber sie verstanden den Sinn seiner Worte nicht, scheuten sich jedoch, ihn zu fragen.

Sie kamen nach Kafarnaum. Als er dann im Haus war, fragte er sie: Worüber habt ihr unterwegs gesprochen? Sie schwiegen, denn sie hatten unterwegs miteinander darüber gesprochen, wer von ihnen der Größte sei.

Da setzte er sich, rief die Zwölf und sagte zu ihnen: Wer der Erste sein will, soll der Letzte von allen und der Diener aller sein. Und er stellte ein Kind in ihre Mitte, nahm es in seine Arme und sagte zu ihnen: Wer ein solches Kind um meinetwillen aufnimmt, der nimmt mich auf; wer aber mich aufnimmt, der nimmt nicht nur mich auf, sondern den, der mich gesandt hat.

Glaubensbekenntnis, S. 470 ff.

FÜRBITTEN

Wir möchten groß und stark sein, und wir wollen unsere Vorbilder groß und stark sehen. Jesus zeigt, worauf es ankommt: dass wir die Schwachen und Bedrohten nicht aus dem Auge verlieren und dafür Nachteile und Leiden in Kauf nehmen. Wir bitten ihn:

- Hilf deiner Kirche, dass sie dem Menschen diene ohne Ansehen der Person, des sozialen Ranges. V: Du Gott des Lebens. A: Wir bitten dich, erhöre uns.
- Stärke unsere Kinder und Jugendlichen, dass sie es nicht hinnehmen, wenn andere ausgegrenzt, lächerlich gemacht und herabgewürdigt werden. V: Du Gott des Lebens. A: Wir bitten dich, erhöre uns.
- Hilf Eltern und Lehrern, in den Kindern die Fähigkeit zum Mitfühlen zu wecken, und lass die Erwachsenen glaubwürdige Vorbilder sein. V: Du Gott des Lebens. A: Wir bitten dich, erhöre uns.
- Sei bei denen, die ihr Leben in Armut und Aussichtslosigkeit verbringen, und lass sie Hilfe finden. V: Du Gott des Lebens. A: Wir bitten dich, erhöre uns.
- Schenke den Kranken deine Nähe und die Gewissheit, dass sie geliebt und nicht vergessen sind. V: Du Gott des Lebens. A: Wir bitten dich, erhöre uns.

Lebendiger Gott, vor dir hat keine Rangordnung Bestand, allein die Liebe zählt. Lass uns immer mehr diesen Weg gehen, darum bitten wir durch Jesus Christus, unseren Bruder und Lehrer.

EUCHARISTIEFEIER

GABENGEBET

Herr, unser Gott, nimm die Gaben deines Volkes an und gib, dass wir im Geheimnis der heiligen Eucharistie empfangen, was wir im Glauben bekennen. Darum bitten wir durch Christus, unseren Herrn.

Präfation, S. 482 ff.

KOMMUNIONVERS

Joh 10, 14

So spricht der Herr:
Ich bin der Gute Hirt, ich kenne die Meinen
und die Meinen kennen mich.

SCHLUSSGEBET

Allmächtiger Gott, du erneuerst uns durch deine Sakramente. Gewähre uns deine Hilfe und mache das Werk der Erlösung, das wir gefeiert haben, auch in unserem Leben wirksam. Darum bitten wir durch Christus, unseren Herrn.

***

Für eine Wort-Gottes-Feier:

ERÖFFNUNGSGEBET ZUR WAHL

Gott, du hast deinen Sohn in die Welt gesandt als Diener aller. In ihm schenkst du uns deine Gegenwart. Gib, dass wir sein Wort verstehen und seinem Beispiel folgen. Darum bitten wir durch ihn, Jesus Christus, unseren Herrn, der in der Einheit des Heiligen Geistes mit dir lebt und herrscht in Ewigkeit.

***

WENN, JA WENN

wenn
die satten
die hungrigen sehen

die unempfindsamen
die leidenden

die munteren
die müden

die planer
die verzweifelten

die starken
die schwachen

die gleichgültigen
die liebenden

dann werden

die hungrigen
satt

die leidenden
leicht

die müden
munter

die verzweifelten
sicher

die schwachen
stark

und die gleichgültigen
lieben

Susanne Sandherr

26. SONNTAG IM JAHRESKREIS

30. September 2018

Die Lesungen des heutigen Sonntags vereinen sich in der Frage, in welcher Gesinnung man etwas tut: Schaue ich bei meinem Handeln nur auf mich? Geht es mir um meinen Reichtum und um die Disziplin meiner Gemeinschaft? Oder geht es mir um das Gute, das anderen getan wird? Gutes sollte nicht misstrauisch betrachtet werden, aber es ist auch falsch, alles nur vom Ergebnis her zu betrachten. Wenn wir offene Herzen und Ohren haben, wird es uns immer öfter gelingen, Gutes auf guten Wegen zu erreichen.

ERÖFFNUNGSVERS

Vgl. Dan 3,31.29.30.43.42

Alles, was du uns getan hast, o Herr,
das hast du nach deiner gerechten Entscheidung getan,
denn wir haben gesündigt,
wir haben dein Gesetz übertreten.
Verherrliche deinen Namen und rette uns
nach der Fülle deines Erbarmens.

KYRIE-RUFE

Herr Jesus Christus, du rufst die Menschen
in die Entscheidung.
V/A: Herr, erbarme dich.
Du lädst ein, dem Bösen zu widersagen,
damit es nicht Macht über uns gewinnt.
V/A: Christus, erbarme dich.
Du befreist uns von dem Bösen, sodass wir
in der Freiheit der Kinder Gottes leben können.
V/A: Herr, erbarme dich.

Ehre sei Gott, S. 467 f.

TAGESGEBET

Großer Gott, du offenbarst deine Macht vor allem im Erbarmen und im Verschonen. Darum nimm uns in Gnaden auf, wenn uns auch Schuld belastet. Gib, dass wir unseren Lauf vollenden und zur Herrlichkeit des Himmels gelangen. Darum bitten wir durch Jesus Christus.

WORTGOTTESDIENST

ZUR 1. LESUNG Eldad und Medad standen auf der Liste, sie waren registriert und deshalb kommt der Geist auch auf sie. Das mutet auf den ersten Blick seltsam an: Hält sich der Geist an Listen, oder überkommt er diejenigen, die mit Mose hinausgezogen sind, um im Offenbarungszelt Gott zu begegnen? Offenbar hat das Buch Numeri eine Schwäche für Listen; andererseits darf man diese wirklich nicht gering achten, steht das geschriebene Wort doch für Unverfälschtheit, es schafft Sicherheit dort, wo sich die eigene Erinnerung schnell einmal täuscht. Was soll ich aufschreiben, damit es an spätere Generationen weitergegeben wird?

ERSTE LESUNG Num 11,25–29

Willst du dich für mich ereifern? Wenn nur das ganze Volk zu Propheten würde!

Lesung aus dem Buch Numeri.

In jenen Tagen kam der Herr in der Wolke herab und redete mit Mose. Er nahm etwas von dem Geist, der auf ihm ruhte, und legte ihn auf die siebzig Ältesten. Sobald der Geist auf ihnen ruhte, gerieten sie in prophetische Verzückung, die kein Ende nahm.

Zwei Männer aber waren im Lager geblieben; der eine hieß Eldad, der andere Medad. Auch über sie war der Geist gekommen. Sie standen in der Liste, waren aber nicht zum Offenbarungszelt hinausgegangen. Sie gerieten im Lager in prophetische Verzückung.

Ein junger Mann lief zu Mose und berichtete ihm: Eldad und Medad sind im Lager in prophetische Verzückung geraten. Da ergriff Josua, der Sohn Nuns, der von Jugend an der Diener des Mose gewesen war, das Wort und sagte: Mose, mein Herr, hindere sie daran!

Doch Mose sagte zu ihm: Willst du dich für mich ereifern? Wenn nur das ganze Volk des Herrn zu Propheten würde, wenn nur der Herr seinen Geist auf sie alle legte!

ANTWORTPSALM

Ps 19(18),8.10.12–13.14 (℟: 9ab)

℟ Die Befehle des Herrn sind richtig;
sie erfreuen das Herz. – ℟

Die Weisung des Herrn ist vollkommen, *
sie erquickt den Menschen.
Das Gesetz des Herrn ist verlässlich, *
den Unwissenden macht es weise. – (℟)

Die Furcht des Herrn ist rein, *
sie besteht für immer.
Die Urteile des Herrn sind wahr, *
gerecht sind sie alle. – (℟)

Auch dein Knecht lässt sich von ihnen warnen; *
wer sie beachtet, hat reichen Lohn.
Wer bemerkt seine eigenen Fehler? *
Sprich mich frei von Schuld, die mir nicht bewusst ist! – (℟)

Behüte deinen Knecht auch vor vermessenen Menschen; *
sie sollen nicht über mich herrschen.
Dann bin ich ohne Makel *
und rein von schwerer Schuld. – ℟

ZUR 2. LESUNG Mit seiner Kritik des Reichtums und an denen, die ihn horten, steht der Jakobusbrief ganz in der prophetischen Tradition Israels. Wie Amos geißelt er die Gier der Reichen, die es sich auf Kosten anderer gut gehen lassen. Reichtum ist eine schwere Bürde und Last auf dem Weg ins Himmelreich; nicht an sich, aber aufgrund der Art und Weise, wie er unter irdischen Bedingungen erworben wird. Warum fällt es uns so schwer, gemeinsam für das Wohl aller zu sorgen? Gemeinsinn scheint nicht nur eine Frage der Gesinnung zu sein, sondern ist auch ein konkretes, Wirklichkeit prägendes Gut, für das sich das Christentum einsetzen muss.

ZWEITE LESUNG

Jak 5,1–6

Euer Reichtum verfault

Lesung aus dem Jakobusbrief.

Ihr Reichen, weint nur und klagt über das Elend, das euch treffen wird. Euer Reichtum verfault und eure Kleider werden von Motten zerfressen. Euer Gold und Silber verrostet; ihr Rost wird als Zeuge gegen euch auftreten und euer Fleisch verzehren wie Feuer.

Noch in den letzten Tagen sammelt ihr Schätze. Aber der Lohn der Arbeiter, die eure Felder abgemäht haben, der Lohn, den ihr ihnen vorenthalten habt, schreit zum Himmel; die Klagerufe derer, die eure Ernte eingebracht haben, dringen zu den Ohren des Herrn der himmlischen Heere.

Ihr habt auf Erden ein üppiges und ausschweifendes Leben geführt und noch am Schlachttag habt ihr euer Herz gemästet. Ihr habt den Gerechten verurteilt und umgebracht, er aber leistete euch keinen Widerstand.

RUF VOR DEM EVANGELIUM

Vers: vgl. Joh 17,17

Halleluja. Halleluja.
Dein Wort, o Herr, ist Wahrheit;

heilige uns in der Wahrheit!
Halleluja.

ZUM EVANGELIUM Johannes sagt es fast unbeabsichtigt richtig: Der Fremde heilt im Namen Jesu, folgt aber uns nicht nach. Jesus korrigiert ihn: Ja, er folgt uns nicht nach, aber mir; er heilt ja in meinem Namen. So wird deutlich, um was es geht: Jesusnachfolge. Diese zeigt sich in einer sehr strengen Konsequenz, weil das Leben ernst genommen wird; es ist nicht gleichgültig, was man tut, sondern alles hat Konsequenzen bis in die Ewigkeit hinein. Ein dementsprechend waches und bewusstes Leben wird einem nur mit der Hilfe Gottes gelingen – und so ist es gut, wenn schon ein Becher Wasser den Weg zum Himmelreich öffnen kann.

EVANGELIUM

Mk 9,38–43.45.47–48

Wer nicht gegen uns ist, der ist für uns.
Wenn dich deine Hand zum Bösen verführt, dann hau sie ab!

+ Aus dem heiligen Evangelium nach Markus.

In jener Zeit sagte Johannes – einer der Zwölf – zu Jesus: Meister, wir haben gesehen, wie jemand in deinem Namen Dämonen austrieb; und wir versuchten, ihn daran zu hindern, weil er uns nicht nachfolgt.

Jesus erwiderte: Hindert ihn nicht! Keiner, der in meinem Namen Wunder tut, kann so leicht schlecht von mir reden. Denn wer nicht gegen uns ist, der ist für uns. Wer euch auch nur einen Becher Wasser zu trinken gibt, weil ihr zu Christus gehört – amen, ich sage euch: er wird nicht um seinen Lohn kommen.

Wer einen von diesen Kleinen, die an mich glauben, zum Bösen verführt, für den wäre es besser, wenn er mit einem Mühlstein um den Hals ins Meer geworfen würde.

Wenn dich deine Hand zum Bösen verführt, dann hau sie ab; es ist besser für dich, verstümmelt in das Leben zu gelangen, als mit zwei Händen in die Hölle zu kommen, in das nie erlöschende Feuer.

Und wenn dich dein Fuß zum Bösen verführt, dann hau ihn ab; es ist besser für dich, verstümmelt in das Leben zu gelangen, als mit zwei Füßen in die Hölle geworfen zu werden.

Und wenn dich dein Auge zum Bösen verführt, dann reiß es aus; es ist besser für dich, einäugig in das Reich Gottes zu kommen, als mit zwei Augen in die Hölle geworfen zu werden, wo ihr Wurm nicht stirbt und das Feuer nicht erlischt.

Glaubensbekenntnis, S. 470 ff.

FÜRBITTEN

Gott schließt niemanden aus, der Gutes will und wirkt. Wir wenden uns in den Sorgen und Anliegen von Kirche und Welt an Gott und bitten:

- Für alle Einsamen und Unversorgten, dass sie Hilfe finden und Nähe erfahren. V: Gott und Vater. A: Schenke dein Erbarmen.
- Für alle, deren Vertrauen zerstört ist, auch das in sich selbst, weil sie missbraucht und misshandelt wurden. V: Gott und Vater. A: Schenke dein Erbarmen.
- Für alle in Heil- und Pflegeberufen Tätigen, die im Kranken den Menschen sehen und sich ihm freundlich zuwenden. V: Gott und Vater. A: Schenke dein Erbarmen.
- Für alle, die Verantwortung für Hungernde, Entrechtete und Landlose wahrnehmen. V: Gott und Vater. A: Schenke dein Erbarmen.
- Für alle, die Trauernde trösten und an deinen Tisch einladen. V: Gott und Vater. A: Schenke dein Erbarmen.

Gott des Erbarmens, du siehst die Not. Lass uns nicht gleichgültig werden gegenüber Leid und Unrecht und sende deinen Geist, damit wir deine Wege gehen. Darum bitten dir durch Christus, unseren Herrn.

EUCHARISTIEFEIER

GABENGEBET

Barmherziger Gott, nimm unsere Gaben an und öffne uns in dieser Feier die Quelle, aus der aller Segen strömt. Darum bitten wir durch Christus, unseren Herrn.

Präfation, S. 482 ff.

KOMMUNIONVERS

Vgl. 1 Joh 3,16

Die Liebe Gottes haben wir daran erkannt,
dass Christus sein Leben für uns gegeben hat.
So müssen auch wir das Leben hingeben für die Brüder.

SCHLUSSGEBET

Allmächtiger Gott, in der Feier der Eucharistie haben wir den Tod des Herrn verkündet. Dieses Sakrament stärke uns an Leib und Seele und mache uns bereit, mit Christus zu leiden, damit wir auch mit ihm zur Herrlichkeit gelangen, der mit dir lebt und herrscht in alle Ewigkeit.

***

Für eine Wort-Gottes-Feier:

ERÖFFNUNGSGEBET ZUR WAHL

Gott, unser Vater, du zeigst uns in deinem Sohn den Weg zum Leben. Nimm alles von uns, was uns von ihm trennt, damit wir nie die Gemeinschaft verlieren mit ihm, unserem Herrn Jesus Christus, der in der Einheit des Heiligen Geistes mit dir lebt und herrscht in Ewigkeit.

***

REDET NICHT VON FREIHEIT

redet nicht von freiheit
seid frei und befreit

redet nicht von hoffnung
seid unsere hoffnung

redet nicht von freude
seid unsere freude

redet nicht von frieden
seid unser friede

redet nicht von feuer
seid unser feuer

redet nicht von leben
seid unser leben

redet nicht von brot
seid unser brot

redet nicht von wein
seid unser wein

redet nicht von gott
zeigt uns euren gott

Wilhelm Willms

27. SONNTAG IM JAHRESKREIS

7. Oktober 2018

Der religiöse Mensch führt sich und sein Leben auf Gott zurück. Hier hilft es, ihn als letzten Grund zu benennen, aber nicht als Ursache. Warum? Wäre Gott die Ursache, dann könnte alles bis auf ihn zurückgeführt werden; das wäre zu einfach. Gott ist der Grund des Lebens; die Schöpfung gründet in ihm, er umfasst sie, aber nicht alles ist auf ihn zurückzuführen. Hier liegt ein klares Abhängigkeitsverhältnis vor, aber Gott ist nicht einfach schuld an dem, was passiert, auch wenn er mitverantwortlich ist, wie Eltern es sind für das, was ihre erwachsenen Kinder tun. So betrachtet, wird Verantwortung nicht abgewälzt, aber sowohl der Schöpfer als auch der Beter werden entlastet.

ERÖFFNUNGSVERS

Est 13,9.10–11 (Vulgata)

Deiner Macht ist das All unterworfen, Herr,
und niemand kann sich dir widersetzen;
denn du hast Himmel und Erde gemacht
und alles, was wir unter dem Himmel bestaunen.
Du bist der Herr über alles.

KYRIE-RUFE

Herr Jesus Christus, unser Bruder, du hast nach
Gottes gnädigem Willen für alle den Tod erlitten.
V/A: Herr, erbarme dich.
Du bist um deines Todesleidens willen
mit Herrlichkeit und Ehre gekrönt.
V/A: Christus, erbarme dich.
Du bist der Urheber unseres Heils.
V/A: Herr, erbarme dich.

Ehre sei Gott, S. 467 f.

TAGESGEBET

Allmächtiger Gott, du gibst uns in deiner Güte mehr, als wir verdienen, und Größeres, als wir erbitten. Nimm weg, was unser Gewissen belastet, und schenke uns jenen Frieden, den nur deine Barmherzigkeit geben kann. Darum bitten wir durch Jesus Christus.

WORTGOTTESDIENST

ZUR 1. LESUNG Weiß Gott nicht, welche Hilfe dem Menschen entspricht? Warum macht er erst all die Tiere, bevor er etwas vom Menschen nimmt, um eine ihm Entsprechende zu machen? Ist es der männliche Narzissmus, der erst dann eine andere anerkennt, wenn sie ihm möglichst ähnlich ist? Dem biblischen Autor ging es wohl weder um eine Vorordnung des Mannes noch um dessen Narzissmus. Vielmehr geht es ihm um die Hinordnung des Adam – des Menschen – auf die, die ihm entspricht, und um seine freiwillige Bindung an sie: Er muss seine Herkunftsfamilie verlassen, um mit seiner Frau eine neue Familie zu werden. Glücklich, wer diese findet.

ERSTE LESUNG Gen 2,18–24

Und sie werden e i n Fleisch

Lesung aus dem Buch Genesis.

Gott, der Herr, sprach: Es ist nicht gut, dass der Mensch allein bleibt. Ich will ihm eine Hilfe machen, die ihm entspricht.

Gott, der Herr, formte aus dem Ackerboden alle Tiere des Feldes und alle Vögel des Himmels und führte sie dem Menschen zu, um zu sehen, wie er sie benennen würde. Und wie der Mensch jedes lebendige Wesen benannte, so sollte es heißen. Der Mensch gab Namen allem Vieh, den Vögeln des Himmels und allen Tieren des Feldes. Aber eine Hilfe, die dem Menschen entsprach, fand er nicht.

Da ließ Gott, der Herr, einen tiefen Schlaf auf den Menschen fallen, sodass er einschlief, nahm eine seiner Rippen und verschloss ihre Stelle mit Fleisch. Gott, der Herr, baute aus der Rippe, die er vom Menschen genommen hatte, eine Frau und führte sie dem Menschen zu. Und der Mensch sprach: Das endlich ist Bein von meinem Bein und Fleisch von meinem Fleisch. Frau soll sie heißen; vom Mann ist sie genommen.

Darum verlässt der Mann Vater und Mutter und bindet sich an seine Frau, und sie werden *ein* Fleisch.

ANTWORTPSALM

Ps 128(127),1–2.3.4–6 (℟: vgl. 5)

℟ Der Herr segne uns alle Tage unseres Lebens. – ℟

Wohl dem Mann, der den Herrn fürchtet und ehrt *
und der auf seinen Wegen geht!
Was deine Hände erwarben, kannst du genießen; *
wohl dir, es wird dir gut ergehn. – (℟)

Wie ein fruchtbarer Weinstock ist deine Frau *
drinnen in deinem Haus.
Wie junge Ölbäume sind deine Kinder *
rings um deinen Tisch. – (℟)

So wird der Mann gesegnet, der den Herrn fürchtet und ehrt. *
Es segne dich der Herr vom Zion her.
Du sollst dein Leben lang das Glück Jerusalems schauen †
und die Kinder deiner Kinder sehen. *
Frieden über Israel! – ℟

ZUR 2. LESUNG Bis zum Ende des Jahres begleitet uns der Hebräerbrief, der sich intensiv mit den israelitischen Vorstellungen von Tempel und Opfer auseinandersetzt. In der heutigen Lesung gipfelt dieser Gedankengang in der Vorstellung, dass Jesus Christus der „Urheber des Heiles" ist, ohne dass er dabei die Vorrangstellung Gottes einnehmen würde, denn nach seinem Willen starb er. Das Heil geht also von Gott aus, aber für uns Menschen gründet es in Jesus Christus und seiner Fähigkeit, Gottes Willen unter all den menschlichen Einflüsterungen herauszuhören und auch zu tun.

ZWEITE LESUNG

Hebr 2,9–11

Er, der heiligt, und sie, die geheiligt werden, stammen alle von Einem ab

Lesung aus dem Hebräerbrief.

Brüder [*oder:* Brüder und Schwestern! *oder:* Schwestern und Brüder!]! Den, der nur für kurze Zeit unter die Engel erniedrigt war, Jesus, ihn sehen wir um seines Todesleidens willen mit Herrlichkeit und Ehre gekrönt; es war nämlich Gottes gnädiger Wille, dass er für alle den Tod erlitt.

Denn es war angemessen, dass Gott, für den und durch den das All ist und der viele Söhne zur Herrlichkeit führen wollte, den Urheber ihres Heils durch Leiden vollendete.

Denn er, der heiligt, und sie, die geheiligt werden, stammen alle von Einem ab; darum scheut er sich nicht, sie Brüder [*oder:* Brüder und Schwestern *oder:* Schwestern und Brüder] zu nennen.

RUF VOR DEM EVANGELIUM

Vers: 1 Joh 4,12b

Halleluja. Halleluja.
Wenn wir einander lieben, bleibt Gott in uns
und seine Liebe ist in uns vollendet.
Halleluja.

ZUM EVANGELIUM Das Matthäus-Evangelium kennt Unzucht als möglichen Scheidungsgrund (Mt 5,32), aber nach Markus lehnt Jesus dies aus schöpfungstheologischen Gründen kategorisch ab: Mann und Frau gehören als Eheleute untrennbar zusammen. Dies klingt hart in einer Zeit, in der Männer und Frauen so lange wie niemals zuvor zusammenleben dürfen und es doch oft nicht zu schaffen meinen. Mit Blick auf Matthäus wird zumindest klar, dass die eheliche Treue kein Selbstzweck ist, sondern eine Veränderung der Zeit bedeutet: Zeit wird gelebte Erotik, wenn sie ausschließlich einem einzigen Menschen geschenkt wird. Ist das keinen Versuch wert?

EVANGELIUM Mk 10,2–16

Was Gott verbunden hat, das darf der Mensch nicht trennen

+ Aus dem heiligen Evangelium nach Markus.

In jener Zeit kamen Pharisäer zu Jesus und fragten: Darf ein Mann seine Frau aus der Ehe entlassen? Damit wollten sie ihm eine Falle stellen. Er antwortete ihnen: Was hat euch Mose vorgeschrieben? Sie sagten: Mose hat erlaubt, eine Scheidungsurkunde auszustellen und die Frau aus der Ehe zu entlassen.

Jesus entgegnete ihnen: Nur weil ihr so hartherzig seid, hat er euch dieses Gebot gegeben. Am Anfang der Schöpfung aber hat Gott sie als Mann und Frau geschaffen. Darum wird der Mann Vater und Mutter verlassen und die zwei werden ein Fleisch sein. Sie sind also nicht mehr zwei, sondern eins. Was aber Gott verbunden hat, das darf der Mensch nicht trennen.

Zu Hause befragten ihn die Jünger noch einmal darüber. Er antwortete ihnen: Wer seine Frau aus der Ehe entlässt und eine andere heiratet, begeht ihr gegenüber Ehebruch. Auch eine Frau begeht Ehebruch, wenn sie ihren Mann aus der Ehe entlässt und einen anderen heiratet.

Da brachte man Kinder zu ihm, damit er ihnen die Hände auflegte. Die Jünger aber wiesen die Leute schroff ab.

Als Jesus das sah, wurde er unwillig und sagte zu ihnen: Lasst die Kinder zu mir kommen; hindert sie nicht daran! Denn Menschen wie ihnen gehört das Reich Gottes. Amen, das sage ich euch: Wer das Reich Gottes nicht so annimmt, wie ein Kind, der wird nicht hineinkommen. Und er nahm die Kinder in seine Arme; dann legte er ihnen die Hände auf und segnete sie.

Oder:

KURZFASSUNG

Mk 10,2–12

Was Gott verbunden hat, das darf der Mensch nicht trennen

+ **Aus dem heiligen Evangelium nach Markus.**

In jener Zeit kamen Pharisäer zu Jesus und fragten: Darf ein Mann seine Frau aus der Ehe entlassen? Damit wollten sie ihm eine Falle stellen.

Er antwortete ihnen: Was hat euch Mose vorgeschrieben? Sie sagten: Mose hat erlaubt, eine Scheidungsurkunde auszustellen und die Frau aus der Ehe zu entlassen.

Jesus entgegnete ihnen: Nur weil ihr so hartherzig seid, hat er euch dieses Gebot gegeben. Am Anfang der Schöpfung aber hat Gott sie als Mann und Frau geschaffen. Darum wird der Mann Vater und Mutter verlassen und die zwei werden ein Fleisch sein. Sie sind also nicht mehr zwei, sondern eins. Was aber Gott verbunden hat, das darf der Mensch nicht trennen.

Zu Hause befragten ihn die Jünger noch einmal darüber. Er antwortete ihnen: Wer seine Frau aus der Ehe entlässt und eine andere heiratet, begeht ihr gegenüber Ehebruch. Auch eine Frau begeht Ehebruch, wenn sie ihren Mann aus der Ehe entlässt und einen anderen heiratet.

Glaubensbekenntnis, S. 470 ff.

FÜRBITTEN

Gott hat die Menschen als Mann und Frau geschaffen, in Liebe hat er sie füreinander geschaffen. Wir bitten den schöpferischen Gott:

- Um deinen Geist für die Kirche, dass sie die Liebe Gottes zu den Menschen auch heute glaubwürdig bezeuge. V: Gott der Liebe. A: Höre und erhöre uns.

- Um deinen Beistand für alle, die in diesem Jahr Ja zueinander sagen. V: Gott der Liebe. A: Höre und erhöre uns.

- Um deinen Segen für alle, die in diesem Jahr zueinander Ja gesagt und im Bund der Ehe Verantwortung füreinander übernommen haben. V: Gott der Liebe. A: Höre und erhöre uns.

- Um deine erneuernde Kraft der Liebe für die Paare, die miteinander alt geworden sind. V: Gott der Liebe. A: Höre und erhöre uns.

- Um deine Kraft der Liebe und Treue für alle Paare, die durch Kriege, Terror, Flucht und Vertreibung getrennt wurden. V: Gott der Liebe. A: Höre und erhöre uns.

- Um deinen Geist des Trostes für alle, die einen lieben Menschen im Tod verloren haben und nun sehr traurig sind. V: Gott der Liebe. A: Höre und erhöre uns.

Lebendiger Gott: In Jesus Christus hast du unser Menschsein angenommen. Begleite alle, die schwere Lasten tragen müssen, so bitten wir durch Jesus Christus, deinen Sohn, unseren Freund und Bruder.

EUCHARISTIEFEIER

GABENGEBET

Allmächtiger Gott, nimm die Gaben an, die wir nach deinem Willen darbringen. Vollende in uns das Werk der Erlösung und der Heiligung durch die Geheimnisse, die wir zu deiner Verherrlichung feiern. Darum bitten wir durch Christus, unseren Herrn.

Präfation, S. 482 ff.

KOMMUNIONVERS

Vgl. 1 Kor 10,17

Ein Brot ist es, darum sind wir viele *ein* Leib.
Denn wir alle haben teil an dem einen Brot
und dem einen Kelch.

SCHLUSSGEBET

Gott und Vater, du reichst uns das Brot des Lebens und den Kelch der Freude. Gestalte uns nach dem Bild deines Sohnes, der im Sakrament unsere Speise geworden ist. Darum bitten wir durch ihn, Christus, unseren Herrn.

***

Für eine Wort-Gottes-Feier:

ERÖFFNUNGSGEBET ZUR WAHL

Vater im Himmel, du hast uns als deine Kinder angenommen und uns dein Reich verheißen. Nimm unser Beten und Arbeiten an und begleite unser Tun mit deinem Segen. Darum bitten wir durch Jesus Christus, deinen Sohn, unseren Herrn und Bruder, der in der Einheit des Heiligen Geistes mit dir lebt jetzt und in Ewigkeit.

***

IM GARTEN

DU
vor meiner zeit

im garten
sprossen die bäume
beladen mit frucht

ihr werdet
nicht gieren
nicht töten

im kreisen der sterne
gastliche hände

wir
DIR
zugetraut
ante omnia saecula

Josef Wohlmuth

28. SONNTAG IM JAHRESKREIS

14. Oktober 2018

Täglich haben wir es mit uns selbst zu tun und müssen mit uns klarkommen, müssen uns im Spiegel anschauen können. Deshalb beobachten wir uns selbst und lernen uns selbst immer besser verstehen – und bleiben uns doch stets ein Rätsel. Deshalb brauchen wir Worte der Orientierung und darum lernen wir im Umgang mit anderen Menschen Verhaltensregeln, die uns sinnvoll erscheinen. In einem religiösen Kontext geschieht dies immer in Rückbindung an Gottes Wort und so dürfen wir darauf hoffen, dass wir unser Leben gut leben – wenn wir uns mühen, diese Orientierung in unser Leben zu integrieren.

ERÖFFNUNGSVERS

Ps 130(129),3–4

Würdest du, Herr, unsere Sünden beachten,
Herr, wer könnte bestehen?
Doch bei dir ist Vergebung, Gott Israels.

KYRIE-RUFE

Herr Jesus Christus, du bist gekommen, damit wir
das Leben haben und es in Fülle haben.
V/A: Herr, erbarme dich.
Du befreist von der Angst um die irdischen Güter.
V/A: Christus, erbarme dich.
Du öffnest deine Hand und sättigst alles,
was lebt, nach deinem Gefallen.
V/A: Herr, erbarme dich.

Ehre sei Gott, S. 467 f.

TAGESGEBET

Herr, unser Gott, deine Gnade komme uns zuvor und begleite uns, damit wir dein Wort im Herzen bewahren und immer bereit sind, das Gute zu tun. Darum bitten wir durch Jesus Christus.

WORTGOTTESDIENST

ZUR 1. LESUNG Gewiss ist die Weisheit allem vorzuziehen und gewiss wird der Weise auch innerweltlich belohnt; das bedeutet nicht, dass alle Reichen weise sind, aber der Weise geht nicht leer aus. Ijob erging es da deutlich schlechter, denn Weisheit durchzuhalten, obwohl einem der Wind hart entgegenschlägt, ist sehr schwer. Woher kommt die Kraft dazu? Einzig von dem, von dem auch die Weisheit kommt, denn diese Kraft kommt aus dem Gebet. Aus Gott fließt also alle Weisheit, und nur von ihm können wir sie erbitten. Ach, wie nötig haben wir diese Gabe.

ERSTE LESUNG Weish 7,7–11

Reichtum achtete ich für nichts im Vergleich mit der Weisheit

Lesung aus dem Buch der Weisheit.

Ich betete und es wurde mir Klugheit gegeben; ich flehte und der Geist der Weisheit kam zu mir. Ich zog sie Zeptern und Thronen vor, Reichtum achtete ich für nichts im Vergleich mit ihr.

Keinen Edelstein stellte ich ihr gleich; denn alles Gold erscheint neben ihr wie ein wenig Sand und Silber gilt ihr gegenüber so viel wie Lehm.

Ich liebte sie mehr als Gesundheit und Schönheit und zog ihren Besitz dem Lichte vor; denn niemals erlischt der Glanz, der von ihr ausstrahlt.

Zugleich mit ihr kam alles Gute zu mir, unzählbare Reichtümer waren in ihren Händen.

ANTWORTPSALM

Ps 90(89),12–13.14–15.16–17 (℟: vgl. 14)

℟ Sättige uns, Herr, mit deiner Huld!
Dann werden wir jubeln und uns freuen. – ℟

Unsere Tage zu zählen, lehre uns! *
Dann gewinnen wir ein weises Herz.
Herr, wende dich uns doch endlich zu! *
Hab Mitleid mit deinen Knechten! – (℟)

Sättige uns am Morgen mit deiner Huld! *
Dann wollen wir jubeln und uns freuen all unsre Tage.
Erfreue uns so viele Tage, wie du uns gebeugt hast, *
so viele Jahre, wie wir Unglück erlitten. – (℟)

Zeig deinen Knechten deine Taten *
und ihren Kindern deine erhabene Macht!
Es komme über uns die Güte des Herrn, unsres Gottes. †
Lass das Werk unsrer Hände gedeihen, *
ja, lass gedeihen das Werk unsrer Hände! – ℟

ZUR 2. LESUNG Mit Gottes Wort ist nicht zu spaßen: Es dringt bis in das tiefste Selbst vor, alles liegt vor ihm offen da. Es ist mit Gottes Wort offenbar wie in einer Familie: Man lebt so intensiv zusammen, dass alle alles von allen mitbekommen. Gehört Gottes Wort zu meiner Familie? Offenbar schon, denn ich kann es nicht ausschließen oder mich vor ihm verbergen. Alles liegt offenbar zutage, nichts ist verborgen. Kann ich mich nicht einmal in mich zurückziehen? Der Gedanke eines allwissenden göttlichen Wortes ist nur dann nicht erschreckend, wenn wir dieses Wort als den Urheber unseres Heiles verstehen dürfen.

ZWEITE LESUNG

Hebr 4,12–13

Das Wort Gottes richtet über die Regungen und Gedanken des Herzens

Lesung aus dem Hebräerbrief.

Lebendig ist das Wort Gottes, kraftvoll und schärfer als jedes zweischneidige Schwert; es dringt durch bis zur Scheidung von Seele und Geist, von Gelenk und Mark; es richtet über die Regungen und Gedanken des Herzens; vor ihm bleibt kein Geschöpf verborgen, sondern alles liegt nackt und bloß vor den Augen dessen, dem wir Rechenschaft schulden.

RUF VOR DEM EVANGELIUM

Vers: Mt 5,3

Halleluja. Halleluja.
Selig, die arm sind vor Gott;
denn ihnen gehört das Himmelreich.
Halleluja.

ZUM EVANGELIUM Ein Mann läuft auf Jesus zu und stellt ihm eine gewichtige Frage. Jesus erschrickt vor der Anrede: Ist sie gerechtfertigt? Offenbar nimmt er auch Höflichkeitsfloskeln wörtlich und macht so deutlich, dass wir unsere Worte wohl wählen sollen. So tut es Jesus: Wer um seinetwillen etwas verlassen hat, der bekommt es hundertfältig zurück. Das bedeutet, dass man für Ihn nichts verlassen darf, um einen Lohn zu erhalten, sondern dass man etwas verlässt und im Rückblick feststellt, dass man es für Ihn verlassen hat. Deshalb schafft es der reiche Jüngling nicht, seinen Reichtum aufzugeben; hätte er ihn um der Gebote willen bereits aufgegeben, dann könnte er jetzt feststellen: Ich habe es für Ihn getan.

EVANGELIUM

Mk 10,17–30

Verkaufe, was du hast, und folge mir nach!

+ Aus dem heiligen Evangelium nach Markus.

In jener Zeit lief ein Mann auf Jesus zu, fiel vor ihm auf die Knie und fragte ihn: Guter Meister, was muss ich tun, um das ewige Leben zu gewinnen?

Jesus antwortete: Warum nennst du mich gut? Niemand ist gut außer Gott, dem Einen. Du kennst doch die Gebote: Du sollst nicht töten, du sollst nicht die Ehe brechen, du sollst nicht stehlen, du sollst nicht falsch aussagen, du sollst keinen Raub begehen; ehre deinen Vater und deine Mutter!

Er erwiderte ihm: Meister, alle diese Gebote habe ich von Jugend an befolgt.

Da sah ihn Jesus an, und weil er ihn liebte, sagte er: Eines fehlt dir noch: Geh, verkaufe, was du hast, gib das Geld den Armen und du wirst einen bleibenden Schatz im Himmel haben; dann komm und folge mir nach! Der Mann aber war betrübt, als er das hörte, und ging traurig weg; denn er hatte ein großes Vermögen.

Da sah Jesus seine Jünger an und sagte zu ihnen: Wie schwer ist es für Menschen, die viel besitzen, in das Reich Gottes zu kommen! Die Jünger waren über seine Worte bestürzt. Jesus aber sagte noch einmal zu ihnen: Meine Kinder, wie schwer ist es, in das Reich Gottes zu kommen! Eher geht ein Kamel durch ein Nadelöhr, als dass ein Reicher in das Reich Gottes gelangt.

Sie aber erschraken noch mehr und sagten zueinander: Wer kann dann noch gerettet werden? Jesus sah sie an und sagte: Für Menschen ist das unmöglich, aber nicht für Gott; denn für Gott ist alles möglich.

Da sagte Petrus zu ihm: Du weißt, wir haben alles verlassen und sind dir nachgefolgt.

Jesus antwortete: Amen, ich sage euch: Jeder, der um meinetwillen und um des Evangeliums willen Haus oder Brüder, Schwestern, Mutter, Vater, Kinder oder Äcker verlassen hat, wird das Hundertfache dafür empfangen: Jetzt in dieser Zeit wird er Häuser, Brüder, Schwestern, Mütter, Kinder und Äcker erhalten, wenn auch unter Verfolgungen, und in der kommenden Welt das ewige Leben.

Oder:

KURZFASSUNG

Mk 10,17–27

Verkaufe, was du hast, und folge mir nach!

+ Aus dem heiligen Evangelium nach Markus.

In jener Zeit lief ein Mann auf Jesus zu, fiel vor ihm auf die Knie und fragte ihn: Guter Meister, was muss ich tun, um das ewige Leben zu gewinnen?

Jesus antwortete: Warum nennst du mich gut? Niemand ist gut außer Gott, dem Einen. Du kennst doch die Gebote: Du sollst nicht töten, du sollst nicht die Ehe brechen, du sollst nicht stehlen, du sollst nicht falsch aussagen, du sollst keinen Raub begehen; ehre deinen Vater und deine Mutter!

Er erwiderte ihm: Meister, alle diese Gebote habe ich von Jugend an befolgt.

Da sah ihn Jesus an, und weil er ihn liebte, sagte er: Eines fehlt dir noch: Geh, verkaufe, was du hast, gib das Geld den Armen und du wirst einen bleibenden Schatz im Himmel haben; dann komm und folge mir nach! Der Mann aber war betrübt, als er das hörte, und ging traurig weg; denn er hatte ein großes Vermögen.

Da sah Jesus seine Jünger an und sagte zu ihnen: Wie schwer ist es für Menschen, die viel besitzen, in das Reich Gottes zu kommen! Die Jünger waren über seine Worte bestürzt. Jesus aber sagte noch einmal zu ihnen: Meine Kinder, wie schwer ist es, in das Reich Gottes zu kommen! Eher geht ein Kamel durch ein Nadelöhr, als dass ein Reicher in das Reich Gottes gelangt.

Sie aber erschraken noch mehr und sagten zueinander: Wer kann dann noch gerettet werden? Jesus sah sie an und sagte: Für Menschen ist das unmöglich, aber nicht für Gott; denn für Gott ist alles möglich.

Glaubensbekenntnis, S. 470 ff.

FÜRBITTEN

Viele Verpflichtungen haben uns im Griff: Beruf, Familie, Sicherung des Lebensunterhalts, Altersvorsorge. Doch das Evangelium lässt nicht locker. Üben wir loszulassen und unsere Sorgen in Gottes Hände zu legen:

- Wir bitten für unsere Kirche, dass sie ihren Reichtum nicht in Einfluss, Macht und materiellen Gütern, sondern im Einsatz für die Kleinen erkenne. V/A: Herr, höre unser Rufen.
- Wir beten für die Politikerinnen und Politiker der wohlhabenden Staaten, dass sie Bildung für Jungen und Mädchen in armen Ländern fördern. V/A: Herr, höre unser Rufen.
- Wir bitten dich für alle, deren Leben von Sorge um die Existenz verdunkelt ist, dass sie Hilfe erfahren. V/A: Herr, höre unser Rufen.
- Wir beten für die Menschen, die materiell gesichert sind und doch viele Sorgen und Nöte haben, dass sie zu befreiendem Teilen finden. V/A: Herr, höre unser Rufen.
- Wir bitten dich für unsere lieben Verstorbenen und für alle, derer niemand gedenkt, dass sie Wohnung finden in deinem Haus. V/A: Herr, höre unser Rufen.

Du, guter Gott, bist der Schatz unseres Lebens. Erleuchte die Augen unseres Herzens, damit wir in Jesus Christus erkennen, zu welcher Hoffnung wir berufen sind.

EUCHARISTIEFEIER

GABENGEBET

Herr und Gott, nimm die Gebete und Opfergaben deiner Gläubigen an. Lass uns diese heilige Feier mit ganzer Hingabe begehen, damit wir einst das Leben in der Herrlichkeit des Himmels erlangen. Darum bitten wir durch Christus, unseren Herrn.

Präfation, S. 482 ff.

KOMMUNIONVERS

Ps 34(33), 11

Reiche müssen darben und hungern.
Wer aber den Herrn sucht,
braucht kein Gut zu entbehren.

SCHLUSSGEBET

Allmächtiger Gott, in der heiligen Opferfeier nährst du deine Gläubigen mit dem Leib und dem Blut deines Sohnes. Gib uns durch dieses Sakrament auch Anteil am göttlichen Leben. Darum bitten wir durch Christus, unseren Herrn.

***

Für eine Wort-Gottes-Feier:

ERÖFFNUNGSGEBET ZUR WAHL

Treuer Gott, du willst, dass alle Menschen gerettet werden. Hilf uns, dass wir unser Leben ganz auf dich ausrichten, und führe uns auf dem Weg deiner Gebote. So bitten wir im Heiligen Geist durch Jesus Christus, deinen Sohn, unseren Herrn, der mit dir lebt in Ewigkeit.

***

ICH FREUE MICH …

wenn ich höre, dass jemand unterwegs ist. Was heißt das? Dass dieser Mensch nicht verschlossen ist, dass er nicht stillsteht. Unterwegs! Auf dem Weg hin zu einem ganz bestimmten Ziel, auf der Suche nach etwas: Oft weiß ich nicht, wohin ich gelangen werde, aber ich bin auf der Suche. Das ist unserem Urvater Abraham widerfahren, zu dem der Herr gesagt hat: „Mach dich auf, geh! Geh voran!" „Wohin?" „Ich werde es dir sagen!" Und er ist nicht zum Bahnhof gegangen, um eine Fahrkarte für einen bestimmten Ort zu lösen. – Er hat sich auf Wanderschaft begeben: er wusste nicht wohin, aber er vertraute auf den Herrn. Das ist eine der Eigenschaften der Christen: Unterwegs sein.

Papst Franziskus

29. SONNTAG IM JAHRESKREIS

21. Oktober 2018

Die heutigen Texte verändern die Blickrichtung: Es geht nicht darum, andere für das anzuklagen, was das Schicksal für uns bereithält, was uns gleichsam auferlegt und damit gegeben wird, es geht vielmehr darum, wie wir uns anderen zuwenden, wie wir also das weitergeben, was wir selbst erhalten haben. Es geht um eine Selbstrücknahme, es geht darum, ein Medium zu werden und aus der Einbahnstraße der Egozentrik herauszutreten. Solches Umdenken kann nur von Gott her angestoßen werden, weil es aus dem Munde menschlicher Ratgeberliteratur unglaubwürdig erschiene. Umkehr und Umdenken, es kommt von Gott her, und von ihm dürfen wir es uns sagen lassen.

ERÖFFNUNGSVERS

Ps 17(16),6.8

Ich rufe dich an, denn du, Gott, erhörst mich.
Wende dein Ohr mir zu, vernimm meine Rede!
Behüte mich wie den Augapfel, den Stern des Auges,
birg mich im Schatten deiner Flügel.

KYRIE-RUFE

Herr Jesus Christus, Menschensohn, du bist
gekommen, um zu dienen und dein Leben
hinzugeben als Lösegeld für viele.
V/A: Herr, erbarme dich.
Du forderst von den Machthabern
deiner Gemeinde, dass sie ihre Macht
über die Menschen nicht missbrauchen.
V/A: Christus, erbarme dich.

Du stürzt die Mächtigen vom Thron
und erhöhst die Niedrigen.
V/A: Herr, erbarme dich.

Ehre sei Gott, S. 467 f.

TAGESGEBET

Allmächtiger Gott, du bist unser Herr und Gebieter. Mach unseren Willen bereit, deinen Weisungen zu folgen, und gib uns ein Herz, das dir aufrichtig dient. Darum bitten wir durch Jesus Christus.

WORTGOTTESDIENST

ZUR 1. LESUNG Durch ein kurzes Zitat aus dem vierten Gottesknechtslied fühlen wir uns an den Karfreitag zurückversetzt. Gott schlägt seinen Knecht mit Krankheit – welch brutale Aussage und Vorstellung. Etwas kommt auf uns zu, wir sind sprachlos, geschlagen, verwundet. Wir können es nicht anders verstehen, als dass der Herr uns übel will. Die Reaktion des Gottesknechtes überrascht: Er klagt nicht den Herrn an, obwohl er alles Recht dazu hätte; vielmehr gibt er seinen Lebensatem als Schuldopfer. Er gibt dem Herrn zurück, was er von ihm erhalten hat. Der Gottesknecht bekommt also Gutes und Schlechtes auferlegt und nimmt beides gleichermaßen entgegen als Gabe des Herrn. Wem gelingt dieser Gleichmut?

ERSTE LESUNG

Jes 53,10–11

Er gab sein Leben als Sühnopfer hin; er wird Nachkommen sehen und lange leben

Lesung aus dem Buch Jesaja.

Der Herr fand Gefallen an seinem zerschlagenen Knecht, er rettete den, der sein Leben als Sühnopfer hingab. Er wird Nachkommen sehen und lange leben. Der Plan des Herrn wird durch ihn gelingen.

Nachdem er so vieles ertrug, erblickt er das Licht. Er sättigt sich an Erkenntnis. Mein Knecht, der gerechte, macht die vielen gerecht; er lädt ihre Schuld auf sich.

ANTWORTPSALM

Ps 33(32),4–5.18–19.20 u. 22 (℞: 22)

℞ Lass deine Güte über uns walten, o Herr,
denn wir schauen aus nach dir. – ℞

Das Wort des Herrn ist wahrhaftig, *
all sein Tun ist verlässlich.
Er liebt Gerechtigkeit und Recht, *
die Erde ist erfüllt von der Huld des Herrn. – (℞)

Das Auge des Herrn ruht auf allen, die ihn fürchten und ehren, *
die nach seiner Güte ausschaun;
denn er will sie dem Tod entreißen *
und in der Hungersnot ihr Leben erhalten. – (℞)

Unsre Seele hofft auf den Herrn; *
er ist für uns Schild und Hilfe.
Lass deine Güte über uns walten, o Herr, *
denn wir schauen aus nach dir. – ℞

ZUR 2. LESUNG Der Hohepriester Israels war aus Fleisch und Blut, ein herausgehobener Teilhaber an der geistlichen Macht, aber dennoch nicht entrückt. Er hatte den Vorsitz bei liturgischen Handlungen inne, die sichtbar waren. Das junge Christentum hat das Problem, dass der neue Hohepriester in ein unsichtbares, himmlisches Heiligtum eingegangen ist, und es muss nun klarmachen, dass der Hohepriester Jesus Christus dennoch nicht bloß eine mythisch-metaphysische Figur ist, sondern ein konkreter Mensch: Jesus ist einer von uns, auch wenn sein himmlischer Opferdienst für uns nicht greifbar ist. So wandelt sich der Gottesdienst und wird zum Lob-„opfer", das auch ohne Tempel im rechten Geist von jedem und jeder und überall vollzogen werden kann.

ZWEITE LESUNG Hebr 4,14–16

Lasst uns voll Zuversicht hingehen zum Thron der Gnade

Lesung aus dem Hebräerbrief.

Brüder [*oder:* Brüder und Schwestern! *oder:* Schwestern und Brüder!]! Da wir nun einen erhabenen Hohenpriester haben, der die Himmel durchschritten hat, Jesus, den Sohn Gottes, lasst uns an dem Bekenntnis festhalten. Wir haben ja nicht einen Hohenpriester, der nicht mitfühlen könnte mit unserer Schwäche, sondern einen, der in allem wie wir in Versuchung geführt worden ist, aber nicht gesündigt hat.

Lasst uns also voll Zuversicht hingehen zum Thron der Gnade, damit wir Erbarmen und Gnade finden und so Hilfe erlangen zur rechten Zeit.

RUF VOR DEM EVANGELIUM Vers: vgl. Mk 10,45

Halleluja. Halleluja.
Der Menschensohn ist gekommen, um zu dienen
und sein Leben hinzugeben als Lösegeld für viele.
Halleluja.

ZUM EVANGELIUM Ist es Hochmut, der die Zebedäussöhne treibt? Sie wollen Jesu Kelch trinken und mit seiner Taufe getauft werden – also sterben, so wie er sterben wird? Es ist wohl kein Hochmut, sondern das Wissen darum, dass Jesu menschliche Taten von Menschen nach- und mitvollzogen werden können. Uns heute scheint das nicht nachvollziehbar, seinen Jüngern war Jesus näher. Zugleich kommt eine neue Wendung in das Gespräch, weil es auf die Frage nach der Art des Herrschens erweitert wird. Dieses wird vollkommen neu verstanden, weil es nicht um die Macht über andere geht, sondern um die Sorge für andere. Wem trauen wir diese Sorge zu?

EVANGELIUM

Mk 10,35–45

Der Menschensohn ist gekommen, um sein Leben hinzugeben als Lösegeld für viele

+ **Aus dem heiligen Evangelium nach Markus.**

In jener Zeit traten Jakobus und Johannes, die Söhne des Zebedäus, zu Jesus und sagten: Meister, wir möchten, dass du uns eine Bitte erfüllst. Er antwortete: Was soll ich für euch tun? Sie sagten zu ihm: Lass in deinem Reich einen von uns rechts und den andern links neben dir sitzen.

Jesus erwiderte: Ihr wisst nicht, um was ihr bittet. Könnt ihr den Kelch trinken, den ich trinke, oder die Taufe auf euch nehmen, mit der ich getauft werde? Sie antworteten: Wir können es. Da sagte Jesus zu ihnen: Ihr werdet den Kelch trinken, den ich trinke, und die Taufe empfangen, mit der ich getauft werde. Doch den Platz zu meiner Rechten und zu meiner Linken habe nicht ich zu vergeben; dort werden die sitzen, für die diese Plätze bestimmt sind.

Als die zehn anderen Jünger das hörten, wurden sie sehr ärgerlich über Jakobus und Johannes. Da rief Jesus sie zu sich und sagte: Ihr wisst, dass die, die als Herrscher gelten, ihre Völker unterdrücken und die Mächtigen ihre Macht über die Menschen missbrauchen. Bei euch aber soll es nicht so sein, sondern wer bei euch groß sein will, der soll euer Diener sein, und wer bei euch der Erste sein will, soll der Sklave aller sein.

Denn auch der Menschensohn ist nicht gekommen, um sich dienen zu lassen, sondern um zu dienen und sein Leben hinzugeben als Lösegeld für viele.

Oder:

KURZFASSUNG

Mk 10,42–45

Der Menschensohn ist gekommen, um sein Leben hinzugeben als Lösegeld für viele

+ Aus dem heiligen Evangelium nach Markus.

In jener Zeit rief Jesus die Jünger zu sich und sagte: Ihr wisst, dass die, die als Herrscher gelten, ihre Völker unterdrücken und die Mächtigen ihre Macht über die Menschen missbrauchen. Bei euch aber soll es nicht so sein, sondern wer bei euch groß sein will, der soll euer Diener sein, und wer bei euch der Erste sein will, soll der Sklave aller sein.

Denn auch der Menschensohn ist nicht gekommen, um sich dienen zu lassen, sondern um zu dienen und sein Leben hinzugeben als Lösegeld für viele.

Glaubensbekenntnis, S. 470 ff.

FÜRBITTEN

Kann jemand Jesus nachfolgen ohne die Bereitschaft anzuecken, belächelt oder benachteiligt zu werden? Wir bitten Gott, der seinen Sohn in die Welt gesandt hat, um seinen Beistand:

- Für alle, die im Dienst der Verkündigung bedroht werden. V: Gott, du unsere Hoffnung. A: Wir bitten dich, erhöre uns.
- Für die Eltern eines behinderten Kindes, die unfreundlichen Blicken ausgesetzt sind und auf Unverständnis und Abwertung stoßen. V: Gott, du unsere Hoffnung. A: Wir bitten dich, erhöre uns.

- Für alle, die wegen ihres Einsatzes für geflüchtete Menschen angefeindet werden. V: Gott, du unsere Hoffnung. A: Wir bitten dich, erhöre uns.
- Für alle Journalistinnen und Journalisten, die schwere Missstände aufdecken und dabei ihre materielle Sicherheit und sogar Leib und Leben riskieren. V: Gott, du unsere Hoffnung. A: Wir bitten dich, erhöre uns.
- Für alle, die die Erinnerung an willkürlich Verhaftete und ihrer Freiheit Beraubte wachhalten. V: Gott, du unsere Hoffnung. A:Wir bitten dich, erhöre uns.
- Für alle, die getötet wurden, weil sie sich für Recht und Gerechtigkeit eingesetzt haben. V: Gott, du unsere Hoffnung. A: Wir bitten dich, erhöre uns.

Erbarmender Gott, lass deine Güte über uns walten und stärke uns, wenn wir schwanken wie ein Rohr im Schilf. Erbarme dich unserer Schwachheit und sei bei uns, heute und alle Tage unseres Lebens.

EUCHARISTIEFEIER

GABENGEBET

Hilf uns, Herr, dass wir den Dienst am Altar mit freiem Herzen vollziehen. Befreie uns durch diese Feier von aller Schuld, damit wir rein werden und dir gefallen. Darum bitten wir durch Christus, unseren Herrn.

Präfation, S. 482 ff.

KOMMUNIONVERS Mk 10,45

Der Menschensohn ist gekommen,
um sein Leben als Lösegeld hinzugeben für viele.

SCHLUSSGEBET

Allmächtiger Gott, gib, dass die heiligen Geheimnisse, die wir gefeiert haben, in uns Frucht bringen. Schenke uns Tag für Tag, was wir zum Leben brauchen, und führe uns zur ewigen Vollendung. Darum bitten wir durch Christus, unseren Herrn.

***

Für eine Wort-Gottes-Feier:

ERÖFFNUNGSGEBET ZUR WAHL

Gütiger Gott, allen Menschen hast du die gleiche Würde geschenkt. Hilf uns, als deine Kinder zu leben, uns gegenseitig anzunehmen als Brüder und Schwestern und einander zu dienen. Darum bitten wir durch Jesus Christus, unseren Herrn, der in der Einheit des Heiligen Geistes mit dir lebt in Ewigkeit.

***

STRAHLT LICHT AUS

Beginnt alles mutig,
vertreibt die Dunkelheit
und strahlt Licht aus.

Denkt nicht an eure eigenen Schwächen,
sondern erkennt,
dass euch alles möglich ist
in Christus, dem Gekreuzigten.

Ich werde euch zur Seite stehen
mit jener unsichtbaren Gegenwart,
die der Heilige Geist schenkt,
und ich werde euch nie verlassen.

Katharina von Siena

30. SONNTAG IM JAHRESKREIS

28. Oktober 2018

Mitten im Herbst leuchten die Farben der welken Blätter hell in der Sonne. Doch auch der Regen kommt, es ist nass und kalt und nach der Zeitumstellung wird es abends früh dunkel. Der Herbst ist eine Zeit der Bewegung, aber auch des Abschieds. Auch der blinde Bartimäus verabschiedet sich aus seiner alten Rolle. Nach der Begegnung mit Jesus kann er wieder sehen und es beginnt eine neue Zukunft für ihn. Er folgt Jesus auf seinem Weg nach Jerusalem, wo Tod und Auferstehung ganz dicht beieinanderliegen.

ERÖFFNUNGSVERS

Vgl. Ps 105(104),3–4

Freuen sollen sich alle, die den Herrn suchen.
Sucht den Herrn und seine Macht,
sucht sein Antlitz allezeit.

KYRIE-RUFE

Herr Jesus Christus, du verkündest das Reich Gottes
und rufst zu Umkehr und Glauben.
V/A: Herr, erbarme dich.
Du machst Blinde sehen, Lahme gehen
und Taube hören.
V/A: Christus, erbarme dich.
Du hast alles gut gemacht.
V/A: Herr, erbarme dich.

Ehre sei Gott, S. 467 f.

TAGESGEBET

Allmächtiger, ewiger Gott, mehre in uns den Glauben, die Hoffnung und die Liebe. Gib uns die Gnade, zu lieben, was du gebietest, damit wir erlangen, was du verheißen hast. Darum bitten wir durch Jesus Christus.

WORTGOTTESDIENST

ZUR 1. LESUNG **Weinend kommen sie. Zum Herbst hin fühlen sich viele Menschen bedrückt, niedergeschlagen oder einfach unwohl. In solcher Stimmungslage wird man leicht blind für die heiteren Seiten des Lebens und verharrt lieber, lahm und träge geworden, in der unbefriedigenden, aber doch gewohnten Situation. So kommen auch heute so manche Menschen weinend daher. Doch Gott verheißt Trost, Erfrischung und gut zu meisternde Wege. Der Trost, den Gott verspricht, ist kein billiger Trost, auch keiner, den man auf Knopfdruck konsumieren kann. Er lädt ein, sich auf den Weg zu machen. Und wer immer weinend des Wegs kommt, den will er tröstend geleiten.**

ERSTE LESUNG

Jer 31,7–9

Blinde und Lahme, tröstend geleite ich sie heim

Lesung aus dem Buch Jeremia.

So spricht der Herr: Jubelt Jakob voll Freude zu und jauchzt über das Haupt der Völker! Verkündet, lobsingt und sagt: Der Herr hat sein Volk gerettet, den Rest Israels.

Seht, ich bringe sie heim aus dem Nordland und sammle sie von den Enden der Erde, darunter Blinde und Lahme, Schwangere und Wöchnerinnen; als große Gemeinde kehren sie hierher zurück.

Weinend kommen sie und tröstend geleite ich sie. Ich führe sie an wasserführende Bäche, auf einen ebenen Weg, wo sie nicht straucheln. Denn ich bin Israels Vater und Efraim ist mein erstgeborener Sohn.

ANTWORTPSALM

Ps 126(125), 1–2b.2c–3.4–5.6 (℟: 3)

℟ Großes hat der Herr an uns getan.
Da waren wir fröhlich. – ℟

Als der Herr das Los der Gefangenschaft Zions wendete, *
da waren wir alle wie Träumende.
Da war unser Mund voll Lachen *
und unsere Zunge voll Jubel. – (℟)

Da sagte man unter den andern Völkern: *
„Der Herr hat an ihnen Großes getan."
Ja, Großes hat der Herr an uns getan. *
Da waren wir fröhlich. – (℟)

Wende doch, Herr, unser Geschick, *
wie du versiegte Bäche wieder füllst im Südland.
Die mit Tränen säen, *
werden mit Jubel ernten. – (℟)

Sie gehen hin unter Tränen *
und tragen den Samen zur Aussaat.
Sie kommen wieder mit Jubel *
und bringen ihre Garben ein. – ℟

ZUR 2. LESUNG Im Hebräerbrief wird auf der Folie der alttestamentlichen und frühjüdischen Tradition die Bedeutung Jesu Christi reflektiert. Dabei wird dem levitischen Priestertum der Priesterkönig Melchisedek gegenübergestellt. Melchisedek, der König des Friedens, hatte dem Stammvater Abraham Brot und Wein entgegengebracht und ihn gesegnet. Abraham überließ ihm daraufhin den Zehnten seines Besitzes (Gen 14,18–20). Wein und Brot sowie die Universalität, die in der Anerkennung durch Abraham zum Ausdruck kommt, geben Anlass, in dieser ersten priesterlichen Figur der Bibel ein Vorbild Jesu Christi zu erkennen. Zitiert wird allerdings nicht aus dem Buch Genesis, sondern aus Psalm 110: „Du bist Priester nach der Ordnung Melchisedeks."

ZWEITE LESUNG — Hebr 5,1–6

Du bist Priester auf ewig nach der Ordnung Melchisedeks

Lesung aus dem Hebräerbrief.

Jeder Hohepriester wird aus den Menschen ausgewählt und für die Menschen eingesetzt zum Dienst vor Gott, um Gaben und Opfer für die Sünden darzubringen.
Er ist fähig, für die Unwissenden und Irrenden Verständnis aufzubringen, da auch er der Schwachheit unterworfen ist; deshalb muss er für sich selbst ebenso wie für das Volk Sündopfer darbringen. Und keiner nimmt sich eigenmächtig diese Würde, sondern er wird von Gott berufen, so wie Aaron.
So hat auch Christus sich nicht selbst die Würde eines Hohenpriesters verliehen, sondern der, der zu ihm gesprochen hat:
Mein Sohn bist du. Heute habe ich dich gezeugt,
wie er auch an anderer Stelle sagt:
Du bist Priester auf ewig nach der Ordnung Melchisedeks.

RUF VOR DEM EVANGELIUM — Vers: vgl. 2 Tim 1,10

Halleluja. Halleluja.
Unser Retter Jesus Christus hat dem Tod die Macht genommen
und uns das Licht des Lebens gebracht durch das Evangelium.
Halleluja.

ZUM EVANGELIUM Jesus ist auf dem Weg nach Jerusalem und Bartimäus sitzt am Ortsausgang von Jericho. Der Bettler ist blind und wird Sohn des Timäus genannt. Er ist der Sohn seines Vaters, nichts Besonderes. Er kann nicht sehen und muss daher betteln – das ist traurig, aber auch nichts Besonderes. Die Leute haben sich an ihn gewöhnt. Doch als Jesus vorübergeht, steigt Bartimäus aus seiner Rolle aus: er ruft und lässt sich nicht einschüchtern. Als Jesus ihn ermutigen lässt, wirft er sogar den Mantel weg und springt auf. Er startet durch – und hat Erfolg. Jesus kommentiert: Dein Glaube hat dir geholfen. Bartimäus kann wieder sehen und folgt Jesus nach.

EVANGELIUM

Mk 10,46–52

Rabbuni, ich möchte wieder sehen können

+ Aus dem heiligen Evangelium nach Markus.

In jener Zeit, als Jesus mit seinen Jüngern und einer großen Menschenmenge Jericho verließ, saß an der Straße ein blinder Bettler, Bartimäus, der Sohn des Timäus. Sobald er hörte, dass es Jesus von Nazaret war, rief er laut: Sohn Davids, Jesus, hab Erbarmen mit mir! Viele wurden ärgerlich und befahlen ihm zu schweigen. Er aber schrie noch viel lauter: Sohn Davids, hab Erbarmen mit mir!

Jesus blieb stehen und sagte: Ruft ihn her! Sie riefen den Blinden und sagten zu ihm: Hab nur Mut, steh auf, er ruft dich. Da warf er seinen Mantel weg, sprang auf und lief auf Jesus zu. Und Jesus fragte ihn: Was soll ich dir tun? Der Blinde antwortete: Rabbuni, ich möchte wieder sehen können.

Da sagte Jesus zu ihm: Geh! Dein Glaube hat dir geholfen. Im gleichen Augenblick konnte er wieder sehen und er folgte Jesus auf seinem Weg.

Glaubensbekenntnis, S. 470 ff.

FÜRBITTEN

Die Heilungswunder Jesu zeigen an, dass in ihm das Reich Gottes schon angebrochen ist. Wir rufen voll Hoffnung zu ihm und bitten ihn:

- Ermutige deine Kirche, sich an die Seite der Geschundenen und Geschlagenen zu stellen. A: Jesus, unser Heiland. A: Höre unser Rufen.
- Stärke die Christen und Christinnen, dass sie auf dein Wort hören und ihr Glaube in ihrem Leben fruchtbar werde. A: Jesus, unser Heiland. A: Höre unser Rufen.
- Öffne allen, die in Traurigkeit gefangen sind, Herz und Sinn für die Schönheit dieser Erde. A: Jesus, unser Heiland. A: Höre unser Rufen.
- Sei bei den Entmutigten und Hoffnungslosen in Gefängnissen und Lagern und entzünde in ihnen das Licht der Hoffnung. A: Jesus, unser Heiland. A: Höre unser Rufen.
- Schenke den Menschen, um die es dunkel wird, Hoffnung auf ein Leben in deinem Licht. A: Jesus, unser Heiland. A: Höre unser Rufen.

Gott und Vater, du willst, dass wir sehend werden, dass es hell wird in uns. Lass uns die Schönheit des Lebens, aber auch Not sehen, und hilf uns, in der Kraft deines Geistes zu leben. Darum bitten wir durch Jesus, unseren Herrn und Heiland.

EUCHARISTIEFEIER

GABENGEBET

Allmächtiger Gott, sieh gnädig auf die Gaben, die wir darbringen, und lass uns dieses Opfer so feiern, dass es dir zur Ehre gereicht. Darum bitten wir durch Christus, unseren Herrn.

Präfation, S. 482 ff.

KOMMUNIONVERS

Eph 5,2

Christus hat uns geliebt und sich für uns hingegeben
als Gabe und Opfer, das Gott wohlgefällt.

SCHLUSSGEBET

Herr, unser Gott, gib, dass deine Sakramente in uns das Heil wirken, das sie enthalten, damit wir einst als unverhüllte Wirklichkeit empfangen, was wir jetzt in heiligen Zeichen begehen. Darum bitten wir durch Christus, unseren Herrn.

***

Für eine Wort-Gottes-Feier:

ERÖFFNUNGSGEBET ZUR WAHL

Guter Gott, in Jesus Christus schenkst du uns deine ganze Liebe. Öffne uns die Augen, dass wir ihn als unseren Heiland erkennen und ihm folgen auf seinem Weg. Darum bitten wir durch ihn, Jesus Christus, deinen Sohn, unseren Herrn und Gott, der in der Einheit des Heiligen Geistes mit dir lebt in Ewigkeit.

***

DER MORGEN

Das Geheimnis des Morgens ist zu licht
zu frei
zu unendlich
um es in meine Armut zu verdichten
Jeden Morgen werde ich hinausgeboren ins Geheimnis
wie ein Kind in eine Welt
die es nicht fassen kann
Ahne ich ein wenig
wächst es vor mir her
läuft davon
zieht mich an
und meint immer lauterer Dich
Du Geliebter
Auferweckter
Ehre sei Dir

Dir hoffe ich den neuen Tag zu

Mirijam Schaeidt

ALLERHEILIGEN – HOCHFEST

1. November 2018

Die Festgesellschaft aller Heiligen könnte bunter, außergewöhnlicher und besser vorbereitet nicht sein. Sie alle haben sich ganz auf Gottes Schöpfermacht, seine Ideen und seine Führung eingelassen. Unter vielen anderen, die um den himmlischen Thron Gottes versammelt sind, findet sich eine arme Klara und eine reiche Elisabeth, eine kleine Therese und eine große Katharina, ein beschwingter Philipp Neri und ein asketischer Antonius, ein kämpferischer Georg und ein sich sorgender Josef. Sie alle haben in der Schrift und im Leben die Begegnung mit ihrem Schöpfer gesucht und mit ihrer ganzen Existenz und all ihren Möglichkeiten auf seinen Ruf geantwortet. Nun leben sie bei Gott: eine bunte, außergewöhnliche und gut vorbereitete Festversammlung.

ERÖFFNUNGSVERS

Freut euch alle im Herrn am Fest aller Heiligen;
mit uns freuen sich die Engel und loben Gottes Sohn.

KYRIE-RUFE

Herr Jesus Christus, du hast uns Anteil gegeben
am Heiligen, an deinem Wort und Sakrament.
V/A: Herr, erbarme dich.
So hast du uns eingeladen
in die Gemeinschaft der Heiligen.
V/A: Christus, erbarme dich.
Du vereinst die pilgernde Kirche
mit der Kirche des Himmels.
V/A: Herr, erbarme dich.

Ehre sei Gott, S. 467 f.

TAGESGEBET

Allmächtiger, ewiger Gott, du schenkst uns die Freude, am heutigen Fest die Verdienste aller deiner Heiligen zu feiern. Erfülle auf die Bitten so vieler Fürsprecher unsere Hoffnung und schenke uns dein Erbarmen. Darum bitten wir durch Jesus Christus.

WORTGOTTESDIENST

ZUR 1. LESUNG Die Offenbarung des Johannes konfrontiert den Leser mit einer Fülle von Visionen, die kaskadenförmig ineinandergreifen, einander ablösen und neu wieder auftauchen. Es geht in diesem Abschnitt zunächst um die Erde als Ort der Entscheidung, um die Endlichkeit des Lebens, das zu erwartende Gericht Gottes und um die Möglichkeit von Rettung und Vernichtung. Das Siegel auf der Stirn der Knechte Gottes erinnert an das Blut an den Türpfosten der Hebräer vor dem Auszug aus Ägypten. Gott verschont diejenigen, die trotz Bedrängnis zu ihm halten. Sie haben konkreten Anlass zur Hoffnung: Hundertvierundvierzigtausend empfangen das Siegel. Danach richtet sich der Fokus auf den Himmel. Eine große Schar, die niemand zählen kann, trägt wie beim Einzug Jesu in Jerusalem Palmzweige in Händen. Diese Vision zeigt den Himmel als unendlichen Raum der Erlösten, die Gott auf seinem Thron anbeten und verherrlichen.

ERSTE LESUNG

Offb 7,2–4.9–14

Ich sah eine große Schar aus allen Nationen und Sprachen; niemand konnte sie zählen

Lesung aus der Offenbarung des Johannes.

Ich, Johannes, sah vom Osten her einen anderen Engel emporsteigen; er hatte das Siegel des lebendigen Gottes und rief den vier Engeln, denen die Macht gegeben war, dem Land und dem Meer Schaden zuzufügen, mit lauter Stimme zu: Fügt dem Land, dem Meer und den Bäumen keinen Schaden zu, bis wir den Knechten unseres Gottes das Siegel auf die Stirn gedrückt haben.

Und ich erfuhr die Zahl derer, die mit dem Siegel gekennzeichnet waren. Es waren hundertvierundvierzigtausend aus allen Stämmen der Söhne Israels, die das Siegel trugen.

Danach sah ich: eine große Schar aus allen Nationen und Stämmen, Völkern und Sprachen; niemand konnte sie zählen. Sie standen in weißen Gewändern vor dem Thron und vor dem Lamm und trugen Palmzweige in den Händen. Sie riefen mit lauter Stimme: Die Rettung kommt von unserem Gott, der auf dem Thron sitzt, und von dem Lamm.

Und alle Engel standen rings um den Thron, um die Ältesten und die vier Lebewesen. Sie warfen sich vor dem Thron nieder, beteten Gott an und sprachen: Amen, Lob und Herrlichkeit, Weisheit und Dank, Ehre und Macht und Stärke unserem Gott in alle Ewigkeit. Amen.

Da fragte mich einer der Ältesten: Wer sind diese, die weiße Gewänder tragen, und woher sind sie gekommen? Ich erwiderte ihm: Mein Herr, das musst du wissen. Und er sagte zu mir: Es sind die, die aus der großen Bedrängnis kommen; sie haben ihre Gewänder gewaschen und im Blut des Lammes weiß gemacht.

ANTWORTPSALM

Ps 24(23),1–2.3–4.5–6 (℟: vgl. 6)

℟ Aus allen Völkern hast du sie erwählt,
die dein Antlitz suchen, o Herr. – ℟

Dem Herrn gehört die Erde und was sie erfüllt, *
der Erdkreis und seine Bewohner.
Denn er hat ihn auf Meere gegründet, *
ihn über Strömen befestigt. – (℟)

Wer darf hinaufziehn zum Berg des Herrn, *
wer darf stehn an seiner heiligen Stätte?
Der reine Hände hat und ein lauteres Herz, *
der nicht betrügt und keinen Meineid schwört. – (℟)

Er wird Segen empfangen vom Herrn *
und Heil von Gott, seinem Helfer.
Das sind die Menschen, die nach ihm fragen, *
die dein Antlitz suchen, Gott Jakobs. – ℟

ZUR 2. LESUNG Einen Menschen zu verstehen bedeutet, ihm ähnlich zu werden. Dazu muss man nicht unbedingt seine Eigenheiten übernehmen oder sich bestimmte Charakterzüge selbst aneignen. Zwingend aber muss man die eigenen Denkmuster anpassen, teilweise sogar überwinden, und die Perspektive des anderen Menschen einnehmen können, um in eine gute Beziehung zu kommen. Wenn es gelingt, ist das eine Bereicherung und Horizonterweiterung für beide Seiten. Um wie viel mehr wird das auf die Begegnung mit Gott zutreffen, wenn wir, aus den Kinderschuhen herausgewachsen und in sie hineingewachsen, ihm ähnlich sein werden und ihn sehen, wie er wirklich ist. Darin liegen der Grund und das Ziel von Heiligkeit.

ZWEITE LESUNG 1 Joh 3,1–3

Wir werden Gott sehen, wie er ist

Lesung aus dem ersten Johannesbrief.

Brüder [*oder:* Brüder und Schwestern! *oder:* Schwestern und Brüder!]! Seht, wie groß die Liebe ist, die der Vater uns geschenkt hat: Wir heißen Kinder Gottes und wir sind es. Die Welt erkennt uns nicht, weil sie ihn nicht erkannt hat. Liebe Brüder [*oder:* Brüder und Schwestern, *oder:* Schwestern und Brüder,], jetzt sind wir Kinder Gottes. Aber was wir sein werden, ist noch nicht offenbar geworden. Wir wissen, dass wir ihm ähnlich sein werden, wenn er offenbar wird; denn wir werden ihn sehen, wie er ist.
Jeder, der dies von ihm erhofft, heiligt sich, so wie Er heilig ist.

RUF VOR DEM EVANGELIUM

Vers: Mt 11,28

Halleluja. Halleluja.
(So spricht der Herr:)
Kommt alle zu mir,
die ihr euch plagt und schwere Lasten zu tragen habt.
Ich werde euch Ruhe verschaffen.
Halleluja.

ZUM EVANGELIUM Die Seligpreisungen sind eine Zumutung. Gerade die, die Jesus anspricht, sind zunächst einmal alles andere als selig. Es sind die Armen, die Trauernden, die Wehrlosen, die keine Gerechtigkeit erfahren, die Verfolgten und Beschimpften. Sie sind zu bedauern und wo man kann, sollte man ihnen zu Hilfe kommen. Allenfalls die Friedensstifter, die Barmherzigen und die mit den reinen Herzen würde man normalerweise guten Gewissens öffentlich beglückwünschen, also seligpreisen. Jesus provoziert mit seinen Seligpreisungen. Dabei aber stellt er die alltägliche Wirklichkeit mit all ihren Schattenseiten in den Horizont des Himmels. Er mutet sie uns zu, macht uns Mut und weiß: In der Begegnung mit Gott liegt Segen und Heil.

EVANGELIUM

Mt 5,1–12a

Freut euch und jubelt: Euer Lohn im Himmel wird groß sein

+ Aus dem heiligen Evangelium nach Matthäus.

In jener Zeit, als Jesus die vielen Menschen sah, die ihm folgten, stieg er auf einen Berg. Er setzte sich und seine Jünger traten zu ihm. Dann begann er zu reden und lehrte sie.

Er sagte: Selig, die arm sind vor Gott; denn ihnen gehört das Himmelreich. Selig die Trauernden; denn sie werden getröstet werden. Selig, die keine Gewalt anwenden; denn sie werden das Land erben. Selig, die hungern und dürsten nach der Gerechtigkeit; denn sie werden satt werden. Selig die Barmherzigen; denn sie werden Erbarmen finden. Selig, die ein reines Herz haben; denn sie werden Gott schauen. Selig, die Frieden stiften; denn sie werden Söhne Gottes genannt werden. Selig, die um der Gerechtigkeit willen verfolgt werden; denn ihnen gehört das Himmelreich.

Selig seid ihr, wenn ihr um meinetwillen beschimpft und verfolgt und auf alle mögliche Weise verleumdet werdet. Freut euch und jubelt: Euer Lohn im Himmel wird groß sein.

Glaubensbekenntnis, S. 470 ff.

FÜRBITTEN

In den Seligpreisungen bricht Zukunft an. „Selig seid ihr", das ist nicht nur ein Ausblick, sondern Gottes eigene Gegenwart bei den Armen, Trauernden, Gewaltlosen, den Barmherzigen. Am heutigen Festtag vereinen wir unsere Fürbitte mit den Stimmen aller Heiligen und rufen zu Gott:

- Schenke allen Getauften das Wissen, dass sie zur Heiligkeit berufen sind, und hilf ihnen, das Gute zu wollen und das Rechte zu tun. V: Heiliger Gott. A: Höre und erhöre uns.

- Bestärke uns, Schritte des Friedens zu gehen, wo Menschen in Feindseligkeit erstarrt sind. V: Heiliger Gott. A: Höre und erhöre uns.

- Segne die Frauen und Männer, die in Orden und religiösen Gemeinschaften freiwillig arm leben und mit den Menschen am Rande solidarisch sind. V: Heiliger Gott. A: Höre und erhöre uns.

- Gib Kraft und Stärke denen, die als Eltern behinderter Kinder, in der Pflege kranker Angehöriger oder als Alleinerziehende ihren Alltag in Liebe und Freundlichkeit leben. V: Heiliger Gott. A: Höre und erhöre uns.

- Wecke in allen, die materiell gut gestellt sind, den Willen, Armen und Notleidenden zu helfen. V: Heiliger Gott. A: Höre und erhöre uns.

- Lass unsere lieben Toten in der Gemeinschaft deiner Seligen geborgen und glücklich sein. V: Heiliger Gott. A: Höre und erhöre uns.

Du, barmherziger Gott, bist unermesslich und doch der Maßstab unseres Lebens. Du erbarmst dich unser und willst, dass wir uns anderer erbarmen. Dir sei Lob und Dank in Ewigkeit.

EUCHARISTIEFEIER

GABENGEBET

Herr, unser Gott, nimm die Gaben entgegen, die wir am heutigen Fest darbringen. Wir glauben, dass deine Heiligen bei dir leben und dass Leid und Tod sie nicht mehr berühren. Erhöre ihr Gebet und lass uns erfahren, dass sie uns nahe bleiben und für uns eintreten. Darum bitten wir durch Christus, unseren Herrn.

PRÄFATION

In Wahrheit ist es würdig und recht, dir, allmächtiger Vater, zu danken und dich mit der ganzen Schöpfung zu rühmen. Denn heute schauen wir deine heilige Stadt, unsere Heimat, das himmlische Jerusalem. Dort loben dich auf ewig die verherrlichten Glieder der Kirche, unsere Brüder und Schwestern, die schon zur Vollendung gelangt sind. Dorthin pilgern auch wir im Glauben, ermutigt durch ihre Fürsprache und ihr Beispiel, und gehen freudig dem Ziel der Verheißung entgegen. Darum preisen wir dich in der Gemeinschaft deiner Heiligen und singen mit den Chören der Engel das Lob deiner Herrlichkeit: Heilig …

KOMMUNIONVERS

Mt 5,8–10

Selig, die ein reines Herz haben;
denn sie werden Gott schauen.
Selig, die Frieden stiften;
denn sie werden Söhne Gottes genannt werden.
Selig, die um der Gerechtigkeit willen verfolgt werden;
denn ihnen gehört das Himmelreich.

SCHLUSSGEBET

Gott, du allein bist heilig, dich ehren wir, wenn wir der Heiligen gedenken. Stärke durch dein Sakrament in uns das Leben der Gnade und führe uns auf dem Weg der Pilgerschaft zum ewigen Gastmahl, wo du selbst die Vollendung der Heiligen bist. Darum bitten wir durch Christus, unseren Herrn.

FEIERLICHER SCHLUSSSEGEN

Der gütige Gott, der die Heiligen zur Vollendung geführt hat, segne euch und bewahre euch vor allem Unheil. – A: Amen.
Das Vorbild der Heiligen lehre euch und ihre Fürsprache helfe euch, Gott und den Menschen zu dienen. – A: Amen.
Am heutigen Festtag gedenkt die Kirche in Freude aller Heiligen; Gott führe euch nach diesem Leben zur ewigen Gemeinschaft mit ihnen. – A: Amen.
Das gewähre euch der dreieinige Gott, der Vater und der Sohn † und der Heilige Geist. – A: Amen.

***

GEZEICHNET

Sie hat rotes Haar,
lodernd wie Feuer,
verfilztes Gestrüpp
mit einer Schleife
darin als Diadem.
Königlich residiert sie
auf der Schwelle
eines verlassenen Hauses,
lang schon verwaist
und leer.

Bei Wind und Wetter verweilt sie in Treue
mit ihrer Habe
in Tüten und Pappkartons.
Und tritt einer näher
an sie heran, so herrscht sie
ihn an: Bleib nicht stehen!
Sie bedeutet ihm, weiter-
zuziehen. Und sie lehrt dich
zu schweigen,

im Abstand ihre Fremdheit
zu ertragen, vielleicht
auch die deine.
Gezeichnet an Leib und
Seele, lässt sie dich
fragen: Wer bist du?
Was ist dir
begegnet?
Sie scheint seltsam
gesegnet.

Lisa F. Oesterheld

ALLERSEELEN

2. November 2018

In den Himmel kommt man nie allein, immer nur zusammen. Ob das stimmt? Gott hat die Menschheit ja nicht als Summe von Individuen geschaffen, sondern als Gemeinschaft, die sich durch Freiheit und Solidarität auszeichnet. Diese Solidarität endet nicht mit dem Tod. Christliche Gemeinschaft besteht vielmehr über den Tod hinaus, weil sie von Gott her immer wieder neues Leben empfängt, besonders durch die Auferstehung nach dem Tod. An Allerseelen feiert die Kirche diese Solidarität über den Tod hinaus. Als Brüder und Schwestern treten wir füreinander ein, auch vor Gott, ehrlich und aufrichtig, in Liebe zueinander und voller Hoffnung. Das ist die Botschaft von Allerseelen.

ERÖFFNUNGSVERS

1 Thess 4,14; 1 Kor 15,22

Wie Jesus gestorben und auferstanden ist,
so wird Gott auch die in Jesus Entschlafenen
mit ihm vereinen.
Denn wie in Adam alle sterben,
so werden in Christus einst alle lebendig gemacht.

KYRIE-RUFE

Jesus Christus, auferstandener Herr,
du hast die Todesnot der Menschen geteilt.
V/A: Herr, erbarme dich.
Du hast die Tränen abgewischt
von jedem Gesicht.
V/A: Christus, erbarme dich.

Durch dein heiliges Kreuz, o Herr,
hast du die Welt erlöst.
V/A: Herr, erbarme dich.

TAGESGEBET

Allmächtiger Gott, wir glauben und bekennen, dass du deinen Sohn als Ersten von den Toten auferweckt hast. Stärke unsere Hoffnung, dass du auch unsere Brüder und Schwestern auferwecken wirst zum ewigen Leben. Darum bitten wir durch ihn, Jesus Christus.

WORTGOTTESDIENST

ZUR 1. LESUNG Im Zweiten Buch der Makkabäer finden sich, mitten in Erzählungen über Kriege und Rachefeldzüge, bemerkenswerte Zeugnisse eines Glaubens an ein Leben nach dem Tod. Dem Textabschnitt hier geht die Schilderung eines Kampfes voran, in dem einige Israeliten, Mitstreiter des Judas Makkabäus, zu Tode kommen. Als die Leichen geborgen werden sollen, findet man bei ihnen verbotene Amulette anderer Götter. Das bedeutete Götzendienst und Abfall vom wahren Gott. Daraufhin bitten die Leute des Judas Makkabäus Gott um die Auslöschung dieser Sünde, und es schließt sich in der Erzählung der folgende Text an. Bei aller Fremdheit sowohl der kriegerischen als auch kultischen Praxis – bemerkenswert bleibt die nicht verherrlichende, sondern ernsthafte und verantwortliche Solidarität auch mit den Verstorbenen, die schuldig geworden sind.

ERSTE LESUNG 2 Makk 12,43–45

Er handelte schön und edel; denn er dachte an die Auferstehung

Lesung aus dem zweiten Buch der Makkabäer.

In jenen Tagen veranstaltete Judas, der Makkabäer, eine Sammlung, an der sich alle beteiligten, und schickte etwa zweitausend Silberdrachmen nach Jerusalem, damit man dort ein Sündopfer darbringe. Damit handelte er sehr schön und edel; denn er dachte an die Auferstehung.

Hätte er nicht erwartet, dass die Gefallenen auferstehen werden, wäre es nämlich überflüssig und sinnlos gewesen, für die Toten zu beten.

Auch hielt er sich den herrlichen Lohn vor Augen, der für die hinterlegt ist, die in Frömmigkeit sterben. Ein heiliger und frommer Gedanke! Darum ließ er die Toten entsühnen, damit sie von der Sünde befreit werden.

ANTWORTPSALM

Ps 130(129), 1–2.3–4.5–6b.6c–8 (℟: 1)

℟ Aus der Tiefe rufe ich, Herr, zu dir. – ℟

Aus der Tiefe rufe ich, Herr zu dir: *
Herr, höre meine Stimme!
Wende dein Ohr mir zu; *
achte auf mein lautes Flehen! – (℟)

Würdest du, Herr, unsere Sünden beachten, *
Herr, wer könnte bestehen?
Doch bei dir ist Vergebung, *
damit man in Ehrfurcht dir dient. – (℟)

Ich hoffe auf den Herrn, es hofft meine Seele, *
ich warte voll Vertrauen auf sein Wort.
Meine Seele wartet auf den Herrn *
mehr als die Wächter auf den Morgen. – (℟)

Mehr als die Wächter auf den Morgen *
soll Israel harren auf den Herrn.

Denn beim Herrn ist die Huld, †
bei ihm ist Erlösung in Fülle. *
Ja, er wird Israel erlösen von all seinen Sünden. – ℟

ZUR 2. LESUNG Besonders an Allerseelen hat die Trauer über die lieben Menschen, die in der Familie oder im Freundeskreis verstorben sind, wieder eine Zeit, und auf dem Friedhof auch einen Ort. Doch Trauer ist nicht gleich Trauer. Nicht nur trauert jeder Mensch auf die ihm eigene Art und Weise, findet einen eigenen Ausdruck für den Schmerz und den Verlust oder findet in kleinen Ritualen eine ihm hilfreiche Weise des Trauerns. Paulus schreibt: ihr sollt nicht so trauern wie Menschen, die keine Hoffnung haben. Hoffnungsvolle Trauer bleibt traurig und tut auch weh, doch gibt die Hoffnung Halt und Richtung. Hoffnung öffnet die Trauer auf Zukunft, eine offene Zukunft bei Gott.

ZWEITE LESUNG 1 Thess 4, 13–18

Wir werden immer beim Herrn sein

Lesung aus dem ersten Brief des Apostels Paulus an die Thessalonicher.

Brüder [*oder:* Brüder und Schwestern, *oder:* Schwestern und Brüder,], wir wollen euch über die Verstorbenen nicht in Unkenntnis lassen, damit ihr nicht trauert wie die anderen, die keine Hoffnung haben.

Wenn Jesus – und das ist unser Glaube – gestorben und auferstanden ist, dann wird Gott durch Jesus auch die Verstorbenen zusammen mit ihm zur Herrlichkeit führen. Denn dies sagen wir euch nach einem Wort des Herrn: Wir, die Lebenden, die noch übrig sind, wenn der Herr kommt, werden den Verstorbenen nichts voraushaben. Denn der Herr selbst wird vom Himmel herabkommen, wenn der Befehl ergeht, der Erzengel ruft und die Posaune Gottes erschallt. Zuerst werden die in Christus Verstorbenen auferstehen; dann werden wir, die Lebenden, die noch übrig sind, zugleich mit

ihnen auf den Wolken in die Luft entrückt, dem Herrn entgegen. Dann werden wir immer beim Herrn sein.
Tröstet also einander mit diesen Worten!

RUF VOR DEM EVANGELIUM

Vers: Joh 11,25a.26b

Christus Sieger, Christus König, Christus Herr in Ewigkeit! – R̸
(So spricht der Herr:)
Ich bin die Auferstehung und das Leben.
Jeder, der an mich glaubt, wird auf ewig nicht sterben.
Christus Sieger, Christus König, Christus Herr in Ewigkeit!

ZUM EVANGELIUM Marta, die Schwester des Lazarus und der Maria, wird oft unterschätzt. Sie ist nicht nur die eifrige Hausfrau und Dienerin, die sich einmal bei Jesus beschwert, dass sie von ihrer Schwester keine Unterstützung erfährt. Vor allem ist sie eine Frau starken Glaubens und großer Überzeugung. Als ihr Bruder nach einer Krankheit gestorben ist, geht sie Jesus entgegen und konfrontiert ihn mit ihrer Sicht der Dinge in der Überzeugung, dass Jesus mit Gottes Hilfe helfen kann. Sie glaubte bereits an die Auferstehung nach dem Tod und hört nun von Jesus, dass er die Auferstehung und das Leben selbst ist. Vermutlich haben die beiden sich in die Augen geschaut, vielleicht forschend, vertrauensvoll, erkennend. Sie jedenfalls glaubt ihm und ist die Erste, die Jesus im Johannes-Evangelium als Messias, den Erlöser und Sohn Gottes, bekennt.

EVANGELIUM

Joh 11,17–27

Ich bin die Auferstehung und das Leben

+ **Aus dem heiligen Evangelium nach Johannes.**

In jener Zeit, als Jesus in Betanien ankam, fand er Lazarus schon vier Tage im Grab liegen. Betanien war nahe bei Jerusalem, etwa fünfzehn Stadien entfernt.

Viele Juden waren zu Marta und Maria gekommen, um sie wegen ihres Bruders zu trösten.

Als Marta hörte, dass Jesus komme, ging sie ihm entgegen, Maria aber blieb im Haus. Marta sagte zu Jesus: Herr, wärst du hier gewesen, dann wäre mein Bruder nicht gestorben. Aber auch jetzt weiß ich: Alles, worum du Gott bittest, wird Gott dir geben.

Jesus sagte zu ihr: Dein Bruder wird auferstehen.

Marta sagte zu ihm: Ich weiß, dass er auferstehen wird bei der Auferstehung am Letzten Tag.

Jesus erwiderte ihr: Ich bin die Auferstehung und das Leben. Wer an mich glaubt, wird leben, auch wenn er stirbt, und jeder, der lebt und an mich glaubt, wird auf ewig nicht sterben. Glaubst du das?

Marta antwortete ihm: Ja, Herr, ich glaube, dass du der Messias bist, der Sohn Gottes, der in die Welt kommen soll.

FÜRBITTEN

„Ich bin die Auferstehung und das Leben." Jesus spricht in tröstlichen Bildern von den vorbereiteten Wohnungen im Haus des Vaters. (Joh 14,1–6) Es geht weniger um einen Raum als um eine Beziehung. Wir sollen dort sein, wo Jesus ist: in der Nähe des Vaters. So tragen wir voll Zuversicht unsere Sorgen und Hoffnungen vor ihn:

- Halte in deiner Kirche den Glauben lebendig, dass du für uns eine ewige Wohnung beim Vater bereitet hast. V: Christus, Licht und Leben. A: Wir bitten dich, erhöre uns.
- Nimm die Opfer von Hass und Gewalt auf in das Haus des Friedens. V: Christus, Licht und Leben. A: Wir bitten dich, erhöre uns.
- Tröste alle, die am Grab eines lieben Menschen trauern, und schenke ihnen die Hoffnung, dass der Vater den Lebenden und den Toten nahe ist. V: Christus, Licht und Leben. A: Wir bitten dich, erhöre uns.

- Bestärke alle in der Seelsorge Tätigen und gib ihnen die Gabe des Hörens und des Tröstens. V: Christus, Licht und Leben. A: Wir bitten dich, erhöre uns.

- Schenke denen, um die niemand getrauert hat, Leben und Wärme. V: Christus, Licht und Leben. A: Wir bitten dich, erhöre uns.

Barmherziger Gott, du führst uns durch das Dunkel des Todes ins Licht des ewigen Lebens. Stärke unser Vertrauen, dass uns deine Liebe auch im Tod gewiss ist. Darum bitten wir durch Jesus Christus, der unser Weg zu dir, dem Vater, ist.

EUCHARISTIEFEIER

GABENGEBET

Herr, unser Gott, schau gütig auf unsere Gaben. Nimm deine Diener und Dienerinnen auf in die Herrlichkeit deines Sohnes, mit dem auch wir durch das große Sakrament der Liebe verbunden sind. Darum bitten wir durch ihn, Christus, unseren Herrn.

PRÄFATION

In Wahrheit ist es würdig und recht, dir, allmächtiger Vater, zu danken durch unseren Herrn Jesus Christus. Denn er ist das Heil der Welt, das Leben der Menschen, die Auferstehung der Toten. Durch ihn rühmen dich Himmel und Erde, Engel und Menschen und singen wie aus einem Munde das Lob deiner Herrlichkeit: Heilig …

KOMMUNIONVERS

Joh 11,25–26

So spricht der Herr:
Ich bin die Auferstehung und das Leben;
wer an mich glaubt, wird leben, auch wenn er stirbt,
und jeder, der lebt und an mich glaubt,
wird in Ewigkeit nicht sterben.

SCHLUSSGEBET

Barmherziger Gott, wir haben das Gedächtnis des Todes und der Auferstehung Christi gefeiert für unsere Brüder und Schwestern. Führe sie vom Tod zum Leben, aus dem Dunkel zum Licht, aus der Bedrängnis in deinen Frieden. Darum bitten wir durch Christus, unseren Herrn.

FEIERLICHER SCHLUSSSEGEN

Die Gnade seines Segens schenke euch der Gott allen Trostes, der uns aus Liebe erschaffen und uns in Christus die Hoffnung auf die selige Auferstehung geschenkt hat. – A: Amen.
Den Lebenden gewähre er die Verzeihung der Sünden, die Verstorbenen führe er in sein Licht und seinen Frieden. – A: Amen.
Der Lebenden und der Toten erbarme sich Christus, der wahrhaft aus dem Grabe erstanden ist. – A: Amen.
Das gewähre euch der dreieinige Gott, der Vater und der Sohn † und der Heilige Geist. – A: Amen.

***

DA HIN

Durchs Fenster des Tischlers
zieht Duft von Kieferspänen.
Es singen die Sägen.

Der Baum wird zum Sarg,
zum Bett und zum Tisch,
zum Cello, zur Bank.

Alles entsteht und
alles vergeht –
jeder Leib, jede Blume

und jeder Baum,
jeder Tag, jede Nacht,
jede Lust und Last.

Was bleibt?
Das Ende ist
sicher

offen.

Lisa F. Oesterheld

31. SONNTAG IM JAHRESKREIS

4. November 2018

„Herr, eile mir zu Hilfe" (Ps 38,23) ist ein gutes Leitwort. Denn wer vermag schon von sich aus immer das Angemessene, Gerechte und Gebotene zu tun? Und letztlich kommt es auf noch viel mehr an: Es geht darum, Gott zu lieben mit ganzem Herzen, mit ganzer Seele und mit ganzer Kraft. Und den Nächsten wie sich selbst. Wer könnte das allein und von sich aus? Es lohnt sich ein Blick auf den Eröffnungsvers!

ERÖFFNUNGSVERS — Ps 38(37),22–23

Herr, verlass mich nicht, bleib mir nicht fern, mein Gott!
Eile mir zu Hilfe, Herr, du mein Heil.

KYRIE-RUFE

Herr Jesus Christus, du bist nicht gekommen, um
das Gesetz aufzuheben, sondern um es zu erfüllen.
V/A: Herr, erbarme dich.
Du lehrst uns die Liebe zu Gott und zum Nächsten
als die Erfüllung des ganzen Gesetzes.
V/A: Christus, erbarme dich.
Du hast uns ein Beispiel deiner Liebe gegeben, damit
auch wir so handeln, wie du an uns gehandelt hast.
V/A: Herr, erbarme dich.

Ehre sei Gott, S. 467 f.

TAGESGEBET

Allmächtiger, barmherziger Gott, es ist deine Gabe und dein Werk, wenn das gläubige Volk dir würdig und aufrichtig dient. Nimm alles von uns, was uns auf dem Weg zu dir aufhält, damit wir ungehindert der Freude entgegeneilen, die du uns verheißen hast. Darum bitten wir durch Jesus Christus.

WORTGOTTESDIENST

ZUR 1. LESUNG Es klingt wie eine Überforderung: Wer kann denn mit ganzem Herzen, mit ganzer Seele und mit ganzer Kraft lieben? Doch genau das ist der Kernsatz jüdischen Glaubens, der im „Höre Israel" mehrmals täglich rezitiert wird. Aus ganzem Herzen zu lieben kann man sich nicht auf eine To-do-Liste schreiben, um am Ende des Tages ein Häkchen dahinter zu machen. Gott zu lieben erschöpft sich nicht im Erledigen von Aufgaben und der Erfüllung von Pflichten. Es bedeutet vielmehr, Gottes Anliegen zu den eigenen Anliegen zu machen. Seine Worte wollen Eingang finden in die Gedanken, Gefühle und Motivationen, die tief im Herzen wohnen. Und dort kann sich dann was tun: Denn Gottes Worte vermögen die Liebe zu wecken …

ERSTE LESUNG

Dtn 6,2–6

Höre, Israel! Du sollst den Herrn, deinen Gott, lieben mit ganzem Herzen

Lesung aus dem Buch Deuteronomium.

Mose sprach zum Volk: Wenn du den Herrn, deinen Gott, fürchtest, indem du auf alle seine Gesetze und Gebote, auf die ich dich verpflichte, dein ganzes Leben lang achtest, du, dein Sohn und dein Enkel, wirst du lange leben.

Deshalb, Israel, sollst du hören und darauf achten, alles, was der Herr, unser Gott, mir gesagt hat, zu halten, damit es dir gut geht und ihr so unermesslich zahlreich werdet, wie es der Herr, der Gott deiner Väter, dir zugesagt hat, in dem Land, wo Milch und Honig fließen.

Höre, Israel! Jahwe, unser Gott, Jahwe ist einzig. Darum sollst du den Herrn, deinen Gott, lieben mit ganzem Herzen, mit ganzer Seele und mit ganzer Kraft.

Diese Worte, auf die ich dich heute verpflichte, sollen auf deinem Herzen geschrieben stehen.

ANTWORTPSALM

Ps 18(17),2–3.4 u. 47.51 u. 50 (℟: 2a)

℟ Ich will dich lieben, Herr, meine Stärke. – ℟

Ich will dich lieben, Herr, meine Stärke, *
Herr, du mein Fels, meine Burg, mein Retter,
mein Gott, meine Feste, in der ich mich berge, *
mein Schild und sicheres Heil, meine Zuflucht. – (℟)

Ich rufe: Der Herr sei gepriesen!, *
und ich werde vor meinen Feinden gerettet.
Es lebt der Herr! Mein Fels sei gepriesen. *
Der Gott meines Heils sei hoch erhoben. – (℟)

Seinem König verlieh er große Hilfe. †
Huld erwies er seinem Gesalbten, *
David und seinem Stamm auf ewig.
Darum will ich dir danken, Herr, vor den Völkern, *
ich will deinem Namen singen und spielen. – ℟

ZUR 2. LESUNG Auf dem Hintergrund des Tempelkultes am Jerusalemer Tempel beschreibt der Hebräerbrief Jesus Christus als den alles bisher Gekannte Überragenden. Er ist wie Melchisedek ein außergewöhnlicher Hohepriester, der überdies sein Priestertum – aufgrund der Auferstehung und seiner göttlichen Vollmacht – in alle Ewigkeit ausüben kann. Die Christen sollen sich glücklich schätzen.

Doch ein Grund zur Überheblichkeit ist das nicht: Der Text ist in diesem Punkt zwar sehr dezent. Doch warum sollte ein solcher Hohepriester „für uns in der Tat notwendig" sein, wenn nicht aufgrund der immer wieder schwächelnden und von Gott sich entfernenden Christen?

ZWEITE LESUNG

Hebr 7,23–28

Weil Jesus auf ewig bleibt, hat er ein unvergängliches Priestertum

Lesung aus dem Hebräerbrief.

Brüder [*oder:* Brüder und Schwestern! *oder:* Schwestern und Brüder!]! Im Alten Bund folgten viele Priester aufeinander, weil der Tod sie hinderte zu bleiben; Jesus aber hat, weil er auf ewig bleibt, ein unvergängliches Priestertum.

Darum kann er auch die, die durch ihn vor Gott hintreten, für immer retten; denn er lebt allezeit, um für sie einzutreten.

Ein solcher Hoherpriester war für uns in der Tat notwendig: einer, der heilig ist, unschuldig, makellos, abgesondert von den Sündern und erhöht über die Himmel; einer, der es nicht Tag für Tag nötig hat, wie die Hohenpriester zuerst für die eigenen Sünden Opfer darzubringen und dann für die des Volkes; denn das hat er ein für allemal getan, als er sich selbst dargebracht hat.

Das Gesetz nämlich macht Menschen zu Hohenpriestern, die der Schwachheit unterworfen sind; das Wort des Eides aber, der später als das Gesetz kam, setzt den Sohn ein, der auf ewig vollendet ist.

RUF VOR DEM EVANGELIUM

Vers: vgl. Joh 14,23

Halleluja. Halleluja.
(So spricht der Herr:)
Wer mich liebt, hält fest an meinem Wort.
Mein Vater wird ihn lieben, und wir werden bei ihm wohnen.
Halleluja.

ZUM EVANGELIUM Freund oder Feind? Die Gegner Jesu sind im Markus-Evangelium keine homogene Gruppe, man denke an das unerschütterliche Vertrauen des Synagogenvorstehers Jaïrus in Jesus (Mk 5,22–23). So ist es auch hier. Während einige Schriftgelehrte Jesus in Widersprüche verwickeln und widerlegen wollen, sympathisieren andere offen. Hier tritt einer von ihnen auf. Jesus kombiniert in seiner Antwort bezüglich des Ersten Gebots das „Höre Israel" (Dtn 6,4) mit dem Gebot der Nächstenliebe (Lev 19,18). Der Schriftgelehrte seinerseits stellt beides in den Horizont der Kultpraxis: Gottes- und Nächstenliebe seien mehr als alle Brandopfer und anderen Opfer. Das heißt wohl auch: Religiöse Regeln haben ihren Sinn, doch viel wertvoller noch ist die Liebe.

EVANGELIUM Mk 12,28b–34

Du sollst den Herrn, deinen Gott, lieben; du sollst deinen Nächsten lieben wie dich selbst

+ Aus dem heiligen Evangelium nach Markus.

In jener Zeit ging ein Schriftgelehrter zu Jesus hin und fragte ihn: Welches Gebot ist das erste von allen? Jesus antwortete: Das erste ist: Höre, Israel, der Herr, unser Gott, ist der einzige Herr. Darum sollst du den Herrn, deinen Gott, lieben mit ganzem Herzen und ganzer Seele, mit all deinen Gedanken und all deiner Kraft. Als zweites kommt hinzu: Du sollst deinen Nächsten lieben wie dich selbst. Kein anderes Gebot ist größer als diese beiden.

Da sagte der Schriftgelehrte zu ihm: Sehr gut, Meister! Ganz richtig hast du gesagt: Er allein ist der Herr, und es gibt keinen anderen außer ihm, und ihn mit ganzem Herzen, ganzem Verstand und ganzer Kraft zu lieben und den Nächsten zu lieben, wie sich selbst, ist weit mehr als alle Brandopfer und anderen Opfer.

Jesus sah, dass er mit Verständnis geantwortet hatte, und sagte zu ihm: Du bist nicht fern vom Reich Gottes. Und keiner wagte mehr, Jesus eine Frage zu stellen.

Glaubensbekenntnis, S. 470 ff.

FÜRBITTEN

Gott hat uns seine Gebote als Leuchte für unseren Fuß gegeben. Wir bitten ihn:

- Stärke den Einsatz aller Getauften für die Einheit der Christenheit. V: Gott unseres Lebens. A: Höre und erhöre uns.
- Sende deinen Geist zu Völkern, die in Feindschaft verharren, dass er sie zum Frieden bewege. V: Gott unseres Lebens. A: Höre und erhöre uns.
- Erhelle das Leben derer, die in Armut und Dunkelheit leben, und hilf uns, ihnen zu helfen. V: Gott unseres Lebens. A: Höre und erhöre uns.
- Ermutige alle, die sich ehrenamtlich einsetzen in Lebensmittelausgaben, in der Betreuung von Pfarrbüchereien, in der Kommunion- und Firmkatechese, in Krankenbesuchen und in jeder Aufmerksamkeit für die Not der anderen. V: Gott unseres Lebens. A: Höre und erhöre uns.

Dein Wort macht unser Leben hell. Hilf uns, unseren Beitrag zu leisten, damit unsere Welt die Gestalt gewinnt, die du ihr geben willst, in Christus Jesus, unserem Bruder.

EUCHARISTIEFEIER

GABENGEBET

Heiliger Gott, diese Gabe werde zum reinen Opfer, das deinen Namen groß macht unter den Völkern. Für uns aber werde sie zum Sakrament, das uns die Fülle deines Erbarmens schenkt. Darum bitten wir durch Christus, unseren Herrn.

Präfation, S. 482 ff.

KOMMUNIONVERS

Joh 6,57

So spricht der Herr:
Wie mich der lebendige Vater gesandt hat
und wie ich durch den Vater lebe,
so wird jeder, der mich isst, durch mich leben.

SCHLUSSGEBET

Gütiger Gott, du hast uns mit dem Brot des Himmels gestärkt. Lass deine Kraft in uns wirken, damit wir fähig werden, die ewigen Güter zu empfangen, die uns in diesen Gaben verheißen sind. Darum bitten wir durch Christus, unseren Herrn.

***

Für eine Wort-Gottes-Feier:

ERÖFFNUNGSGEBET ZUR WAHL

Gott, du willst, dass wir dich lieben aus ganzem Herzen und mit ganzer Seele. Hilf uns, deinen Willen zu erfüllen, damit wir Anteil haben an deinem Reich. Darum bitten wir durch Jesus Christus, deinen Sohn, unseren Herrn, der mit dir und dem Heiligen Geist lebt, jetzt und in Ewigkeit.

***

DER FADEN

Wer aus Liebe auch nur einen Faden aufhebt,
hat mehr getan,
als wer ohne Liebe die ganze Welt bekehrt.

Therese von Lisieux

32. SONNTAG IM JAHRESKREIS

11. November 2018

Was erwarten wir? Was trauen wir anderen Menschen zu? Was trauen wir Gott zu? Mit welchem Blick schauen wir in die Welt? Die Texte dieses Sonntags ermutigen dazu, von anderen Menschen und von Gott groß zu denken. Menschen sind in der Lage, auch in sehr kritischen Situationen von ihrem eigenen Vorteil abzusehen. Manche geben das sprichwörtlich letzte Hemd, nicht weil sie unter einem Helfer-Syndrom leiden, sondern weil sie Gottes Hilfe erfahren haben und wieder darauf vertrauen. Es sind Menschen, die mit Gott rechnen und die Gott nicht im Stich lässt. Er hat in seiner Universalität unendlich viele Möglichkeiten.

ERÖFFNUNGSVERS

Ps 88(87),3

Herr, lass mein Gebet zu dir dringen,
wende dein Ohr meinem Flehen zu.

KYRIE-RUFE

Herr Jesus Christus, du liebst einen fröhlichen Geber.
V/A: Herr, erbarme dich.
Du willst, dass wir lieben nicht mit Wort und Zunge,
sondern in Tat und Wahrheit.
V/A: Christus, erbarme dich.
Du willst, dass wir Gott mit ungeteiltem Herzen dienen.
V/A: Herr, erbarme dich.

Ehre sei Gott, S. 467 f.

TAGESGEBET

Allmächtiger und barmherziger Gott, wir sind dein Eigentum, du hast uns in deine Hand geschrieben. Halte von uns fern, was uns gefährdet, und nimm weg, was uns an Seele und Leib bedrückt, damit wir freien Herzens deinen Willen tun. Darum bitten wir durch Jesus Christus.

WORTGOTTESDIENST

ZUR 1. LESUNG Reicht man ihm den kleinen Finger, nimmt er gleich die ganze Hand. Das könnte sich die arme Witwe gedacht haben. Dass sie ihm zu trinken bringt, reicht dem Propheten Elija nicht, nun soll es auch noch etwas zu essen sein. Doch sie hat kaum noch etwas, so gut wie nichts! Doch da spricht Elija zu ihr wie später der Engel Gabriel zur Jungfrau Maria: Fürchte dich nicht! Und er verheißt, dass Mehltopf und Ölkrug ihr nicht versiegen werden. Die Witwe lässt sich darauf ein: Nicht ihre Angst und Sorge behalten das letzte Wort, lieber vertraut sie auf Gottes Wort. Und der hält sein Versprechen.

ERSTE LESUNG 1 Kön 17,10–16

Die Witwe machte aus der Handvoll Mehl ein kleines Gebäck und brachte es zu Elija heraus

Lesung aus dem ersten Buch der Könige.

In jenen Tagen machte sich der Prophet Elija auf und ging nach Sarepta. Als er an das Stadttor kam, traf er dort eine Witwe, die Holz auflas. Er bat sie: Bring mir in einem Gefäß ein wenig Wasser zum Trinken! Als sie wegging, um es zu holen, rief er ihr nach: Bring mir auch einen Bissen Brot mit!

Doch sie sagte: So wahr der Herr, dein Gott, lebt: Ich habe nichts mehr vorrätig als eine Handvoll Mehl im Topf und ein wenig Öl im Krug. Ich lese hier ein paar Stücke Holz auf und gehe dann heim, um für mich und meinen Sohn etwas zuzubereiten. Das wollen wir noch essen und dann sterben.

Elija entgegnete ihr: Fürchte dich nicht! Geh heim und tu, was du gesagt hast. Nur mache zuerst für mich ein kleines Gebäck und bring es zu mir heraus! Danach kannst du für dich und deinen Sohn etwas zubereiten; denn so spricht der Herr, der Gott Israels: Der Mehltopf wird nicht leer werden und der Ölkrug nicht versiegen bis zu dem Tag, an dem der Herr wieder Regen auf den Erdboden sendet.

Sie ging und tat, was Elija gesagt hatte. So hatte sie mit ihm und ihrem Sohn viele Tage zu essen. Der Mehltopf wurde nicht leer und der Ölkrug versiegte nicht, wie der Herr durch Elija versprochen hatte.

ANTWORTPSALM

Ps 146(145),6–7.8–9b.9c–10 (R: 1a)

℟ Lobe den Herrn, meine Seele! – ℟

Oder:

℟ Halleluja. – (℟)

Der Herr hat Himmel und Erde gemacht, †
das Meer und alle Geschöpfe: *
er hält ewig die Treue.
Recht verschafft er den Unterdrückten, †
den Hungernden gibt er Brot; *
der Herr befreit die Gefangenen. – (℟)

Der Herr öffnet den Blinden die Augen, *
er richtet die Gebeugten auf.
Der Herr beschützt die Fremden *
und verhilft den Waisen und Witwen zu ihrem Recht. – (℟)

Der Herr liebt die Gerechten, *
doch die Schritte der Frevler leitet er in die Irre.

Der Herr ist König auf ewig, *
dein Gott, Zion, herrscht von Geschlecht zu Geschlecht. – R

ZUR 2. LESUNG Einer für alle. Und ein für alle Mal. Wie kann man es begreiflich machen, dass Jesus durch seinen Tod die Sünde insgesamt weggenommen und ausgelöscht hat? Schuld ist durch ihn immer überwindbar. Um das zu erklären, greift der Hebräerbrief die alte platonische Vorstellung der ewigen, vollkommenen Ideen und der abbildhaften, zeitlichen Dinge auf: Die Hohepriester im Tempel gehören der zeitlichen Sphäre an und müssen immer neue Opfer darbringen. Jesus Christus hingegen gehört dem ewigen Himmel an, weshalb sein Opfer im Tod universale Geltung hat für alle Zeiten. Schuld und Sünde halten die Menschen im Letzten also nicht von Gott fern. Die Frage ist vielmehr, wer ihn erwartet.

ZWEITE LESUNG

Hebr 9,24–28

Christus wurde ein einziges Mal geopfert, um die Sünden vieler hinwegzunehmen

Lesung aus dem Hebräerbrief.

Christus ist nicht in ein von Menschenhand errichtetes Heiligtum hineingegangen, in ein Abbild des wirklichen, sondern in den Himmel selbst, um jetzt für uns vor Gottes Angesicht zu erscheinen; auch nicht, um sich selbst viele Male zu opfern, denn er ist nicht wie der Hohepriester, der jedes Jahr mit fremdem Blut in das Heiligtum hineingeht; sonst hätte er viele Male seit der Erschaffung der Welt leiden müssen.

Jetzt aber ist er am Ende der Zeiten ein einziges Mal erschienen, um durch sein Opfer die Sünde zu tilgen.

Und wie es dem Menschen bestimmt ist, ein einziges Mal zu sterben, worauf dann das Gericht folgt, so wurde auch Christus ein einziges Mal geopfert, um die Sünden vieler hinwegzunehmen; beim zweiten Mal wird er nicht wegen der Sünde erscheinen, sondern um die zu retten, die ihn erwarten.

RUF VOR DEM EVANGELIUM

Vers: Mt 5,3

Halleluja. Halleluja.
Selig, die arm sind vor Gott;
denn ihnen gehört das Himmelreich.
Halleluja.

ZUM EVANGELIUM Eine arme, vielleicht schon ältere Witwe stellt Jesus den Jüngern als Vorbild vor Augen. Schaut sie euch an! Wie viele ältere Frauen finden sich auch in unseren Kirchen. Wir schauen natürlich aus Gründen der Diskretion nicht hin, wenn sie ihr Geld in den Klingelbeutel werfen. Doch würde sich ein aufmerksamer Blick vermutlich lohnen. Denn es gibt viele Menschen, die auf beeindruckende Weise aus ihrem Glauben heraus leben. Jesus hält frei und unbefangen Ausschau. Ist auch unser Blick offen und erwartungsvoll?

EVANGELIUM

Mk 12,38–44

Diese arme Witwe hat mehr in den Opferkasten hineingeworfen als alle andern

+ Aus dem heiligen Evangelium nach Markus.

In jener Zeit lehrte Jesus eine große Menschenmenge und sagte: Nehmt euch in Acht vor den Schriftgelehrten! Sie gehen gern in langen Gewändern umher, lieben es, wenn man sie auf den Straßen und Plätzen grüßt, und sie wollen in der Synagoge die vordersten Sitze und bei jedem Festmahl die Ehrenplätze haben. Sie bringen die Witwen um ihre Häuser und verrichten in ihrer Scheinheiligkeit lange Gebete. Aber umso härter wird das Urteil sein, das sie erwartet.

Als Jesus einmal im Tempel dem Opferkasten gegenübersaß, sah er zu, wie die Leute Geld in den Kasten warfen. Viele Reiche kamen und gaben viel. Da kam auch eine arme Witwe und warf zwei kleine Münzen hinein.

Er rief seine Jünger zu sich und sagte: Amen, ich sage euch: Diese arme Witwe hat mehr in den Opferkasten hineingeworfen als alle andern. Denn sie alle haben nur etwas von ihrem Überfluss hergegeben; diese Frau aber, die kaum das Nötigste zum Leben hat, sie hat alles gegeben, was sie besaß, ihren ganzen Lebensunterhalt.

Oder:

KURZFASSUNG

Mk 12,41–44

Diese arme Witwe hat mehr in den Opferkasten hineingeworfen als alle andern

+ **Aus dem heiligen Evangelium nach Markus.**

In jener Zeit als Jesus einmal im Tempel dem Opferkasten gegenübersaß, sah er zu, wie die Leute Geld in den Kasten warfen. Viele Reiche kamen und gaben viel. Da kam auch eine arme Witwe und warf zwei kleine Münzen hinein.

Er rief seine Jünger zu sich und sagte: Amen, ich sage euch: Diese arme Witwe hat mehr in den Opferkasten hineingeworfen als alle andern. Denn sie alle haben nur etwas von ihrem Überfluss hergegeben; diese Frau aber, die kaum das Nötigste zum Leben hat, sie hat alles gegeben, was sie besaß, ihren ganzen Lebensunterhalt.

Glaubensbekenntnis, S. 470 ff.

FÜRBITTEN

Zu ungeteiltem Einsatz für das Wachsen des Gottesreiches, zur klaren Ausrichtung ohne doppelten Boden und Heuchelei, sind nicht nur wenige, sondern alle Gläubigen berufen, unabhängig von ihrem

Stand. Niemand ist ausgenommen. Wir bitten zu Gott, der die Herzen der Menschen kennt, um den Beistand seines Geistes:

- Für alle in der Kirche, die gemeinsam neue Wege in Pastoral und Verkündigung suchen. V/A: Höre unser Rufen.
- Für alle, die in Forschung und Lehre Rechenschaft vom Glauben geben. V/A: Höre unser Rufen.
- Für alle, die sich im interreligiösen Dialog bewähren und so den Frieden stärken. V/A: Höre unser Rufen.
- Für alle, die kaum genug zum Leben haben und doch die Not des kranken Nachbarn sehen. V/A: Höre unser Rufen.
- Für alle Großeltern und Eltern, die durch ihr Leben den Glauben an den barmherzigen Gott bezeugen und weitergeben. V/A: Höre unser Rufen.
- Für alle, die Sterbende begleiten und ihnen durch ihre Nähe und Freundlichkeit etwas vom Licht deines Lebens aufscheinen lassen. V/A: Höre unser Rufen.

Ewiger Gott, deine Liebe begleitet unser Leben. Dafür danken wir dir und preisen dein Erbarmen, das uns aufrichtet und stützt, wenn wir geschwächt sind. Dir sei Lob und Preis in Ewigkeit.

EUCHARISTIEFEIER

GABENGEBET

Gott, unser Vater, nimm unsere Opfergaben gnädig an und gib, dass wir mit gläubigem Herzen das Leidensgeheimnis deines Sohnes feiern, der mit dir lebt und herrscht in alle Ewigkeit.

Präfation, S. 482 ff.

KOMMUNIONVERS

Ps 23(22),1–2

Der Herr ist mein Hirte, nichts wird mir fehlen.
Er lässt mich lagern auf grünen Auen
und führt mich zum Ruheplatz am Wasser.

SCHLUSSGEBET

Wir danken dir, gütiger Gott, für die heilige Gabe, in der wir die Kraft von oben empfangen. Erhalte in uns deinen Geist und lass uns dir stets aufrichtig dienen. Darum bitten wir durch Christus, unseren Herrn.

***

Für eine Wort-Gottes-Feier:

ERÖFFNUNGSGEBET ZUR WAHL

Gott, du siehst in unser Herz, du kennst unseren guten Willen und weißt um unser Versagen. Wir bitten dich: Bewahre uns vor falschem Schein und stärke unser Verlangen nach dir und deinem Wort. So bitten wir durch Jesus Christus, deinen Sohn, der mit dir und dem Heiligen Geist lebt und herrscht in Ewigkeit.

***

PERSPEKTIVE

Woher schaust Du die Menschen an?
Dein tiefster Herzensgrund ist unten.
Dort bist Du eins mit dir
geheimnisvoll
geliebt
geborgen
in grenzenloser Weite.
Fließt Dir von dort das Augenlicht zu?
Selig bist Du
denn Du schaust hinauf
Schönes siehst Du
Schätze, die größer sind
viel schöner als die
die Du schon kennst
veredelt durch Hoffnung
Hoffnung für Menschen
die in Dir Göttliches weckt
weil Du – unendlich geliebt
lebst

Mirijam Schaeidt

33. SONNTAG IM JAHRESKREIS

18. November 2018

Zum Ende des Kirchenjahres wird es nicht nur draußen immer noch dunkler, auch die Schrifttexte werden schwieriger, düsterer und schwerer zu verdauen. Oft genug versteht man nicht richtig, was genau gemeint ist. Doch die grobe Richtung ist klar: alles bezieht sich auf das endgültige Offenbarwerden Gottes. Am Ende wird Gott alles in allem sein, und das wird ein Strahlen und Leuchten, dass es eine Freude ist.

ERÖFFNUNGSVERS

Vgl. Jer 29,11.12.14

So spricht der Herr:
Ich sinne Gedanken des Friedens und nicht des Unheils.
Wenn ihr mich anruft, so werde ich euch erhören
und euch aus der Gefangenschaft
von allen Orten zusammenführen.

KYRIE-RUFE

Herr Jesus Christus, Menschensohn,
du wirst kommen mit großer Macht
und Herrlichkeit.
V/A: Herr, erbarme dich.
Du wirst die Auserwählten zusammenführen
vom Ende der Erde bis zum Ende des Himmels.
V/A: Christus, erbarme dich.
Du sprichst Worte, die nicht vergehen werden.
V/A: Herr, erbarme dich.

Ehre sei Gott, S. 467 f.

TAGESGEBET

Gott, du Urheber alles Guten, du bist unser Herr. Lass uns begreifen, dass wir frei werden, wenn wir uns deinem Willen unterwerfen, und dass wir die vollkommene Freude finden, wenn wir in deinem Dienst treu bleiben. Darum bitten wir durch Jesus Christus.

WORTGOTTESDIENST

ZUR 1. LESUNG Es gibt auf sehr verschiedenen Ebenen Zeiten, die sich zuspitzen, in denen es enger wird und eine Entscheidung fallen muss bzw. etwas entschieden wird. Das gibt es im persönlichen privaten Leben, im öffentlichen politischen Umfeld und selbst im die Welt umgebenden Kosmos. Die Endzeit, wie sie im Buch Daniel beschrieben wird, ist eine solche Zeit der Zuspitzung. Selbst die Toten werden erwachen und in den Prozess hineingezogen. Für diese Zeit der Not, des Chaos und der Entscheidung verheißt Gott seinem Volk Rettung. Ihm entgleitet die Situation nicht, es ist alles festgehalten im Buch des Lebens.

ERSTE LESUNG Dan 12,1–3

Dein Volk wird in jener Zeit gerettet

Lesung aus dem Buch Daniel.

In jener Zeit tritt Michael auf, der große Engelfürst, der für die Söhne deines Volkes eintritt. Dann kommt eine Zeit der Not, wie noch keine da war, seit es Völker gibt, bis zu jener Zeit. Doch dein Volk wird in jener Zeit gerettet, jeder, der im Buch verzeichnet ist.

Von denen, die im Land des Staubes schlafen, werden viele erwachen, die einen zum ewigen Leben, die anderen zur Schmach, zu ewigem Abscheu.
Die Verständigen werden strahlen, wie der Himmel strahlt; und die Männer, die viele zum rechten Tun geführt haben, werden immer und ewig wie die Sterne leuchten.

ANTWORTPSALM

Ps 16(15),5 u. 8.9–10.2 u. 11 (℟: vgl. 1)

℟ Behüte mich, Gott,
denn ich vertraue auf dich. – ℟

Du, Herr, gibst mir das Erbe und reichst mir den Becher; *
du hältst mein Los in deinen Händen.
Ich habe den Herrn beständig vor Augen. *
Er steht mir zur Rechten, ich wanke nicht. – (℟)

Darum freut sich mein Herz und frohlockt meine Seele; *
auch mein Leib wird wohnen in Sicherheit.
Denn du gibst mich nicht der Unterwelt preis; *
du lässt deinen Frommen das Grab nicht schauen. – (℟)

Ich sage zum Herrn: „Du bist mein Herr; *
mein ganzes Glück bist du allein."
Du zeigst mir den Pfad zum Leben. †
Vor deinem Angesicht herrscht Freude in Fülle, *
zu deiner Rechten Wonne für alle Zeit. – ℟

ZUR 2. LESUNG Christus sitzt zur Rechten Gottes und wartet. Ist das nicht sonderbar? Bis seine Feinde ihm als Schemel unter die Füße gelegt werden, sitzt er da und wartet. Der wartende Christus ist zugleich der Sieger und der Demütige. Durch seinen Tod und seine Auferstehung ist der Himmel für alle offen. Und doch wartet er ab, lässt die Menschen ihre eigenen Entscheidungen fällen und vertraut darauf, dass alles Lebensfeindliche am Ende doch keine Chance haben wird. Der wartende Christus ist Trost und Herausforderung zugleich. Denn oft genug möchte man ihm einen Schubs geben, dass er endlich aufsteht.

ZWEITE LESUNG

Hebr 10,11–14.18

Durch ein einziges Opfer hat er die, die geheiligt werden, für immer zur Vollendung geführt

Lesung aus dem Hebräerbrief.

Jeder Priester des Alten Bundes steht Tag für Tag da, versieht seinen Dienst und bringt viele Male die gleichen Opfer dar, die doch niemals Sünden wegnehmen können.

Jesus Christus aber hat nur ein einziges Opfer für die Sünden dargebracht und sich dann für immer zur Rechten Gottes gesetzt; seitdem wartet er, bis seine Feinde ihm als Schemel unter die Füße gelegt werden. Denn durch ein einziges Opfer hat er die, die geheiligt werden, für immer zur Vollendung geführt.

Wo aber die Sünden vergeben sind, da gibt es kein Sündopfer mehr.

RUF VOR DEM EVANGELIUM

Vers: vgl. Lk 21,36

Halleluja. Halleluja.
Wacht und betet allezeit,
damit ihr hintreten könnt vor den Menschensohn.
Halleluja.

ZUM EVANGELIUM Auch Jesus hat in den Dimensionen endzeitlicher Umbrüche, kriegerischer Auseinandersetzungen, kosmischer Katastrophen und des schließlich kommenden göttlichen Heils gedacht. Ob er eine solche Zeit nach seinem Tod ganz konkret erwartet hat? Oder ob es für ihn Bilder waren für den Wechsel von der Zeit in die Ewigkeit? Die in der Bibel ganz unterschiedlich dargestellte apokalyptische Endzeit meint vor allem eine Zeit der Unterscheidung und der Reinigung. Ganz zentral ist der Satz Jesu: „Der Himmel und die Erde werden vergehen, meine Worte aber werden nicht vergehen." Denn Gottes Gegenwart in der Welt ist immer schon ein Funke der Ewigkeit auf Erden. Je mehr Gottes Wort das Leben eines Menschen prägt, desto mehr bleibt von diesem Leben auch in Ewigkeit.

EVANGELIUM Mk 13,24–32

Er wird die von ihm Auserwählten aus allen vier Windrichtungen zusammenführen

+ Aus dem heiligen Evangelium nach Markus.

In jener Zeit sprach Jesus zu seinen Jüngern: In jenen Tagen, nach der großen Not, wird sich die Sonne verfinstern und der Mond wird nicht mehr scheinen; die Sterne werden vom Himmel fallen und die Kräfte des Himmels werden erschüttert werden.

Dann wird man den Menschensohn mit großer Macht und Herrlichkeit auf den Wolken kommen sehen.

Und er wird die Engel aussenden und die von ihm Auserwählten aus allen vier Windrichtungen zusammenführen, vom Ende der Erde bis zum Ende des Himmels.

Lernt etwas aus dem Vergleich mit dem Feigenbaum! Sobald seine Zweige saftig werden und Blätter treiben, wisst ihr, dass der Sommer nahe ist. Genauso sollt ihr erkennen, wenn ihr all das geschehen seht, dass das Ende vor der Tür steht.

Amen, ich sage euch: Diese Generation wird nicht vergehen, bis das alles eintrifft. Himmel und Erde werden vergehen, aber meine Worte werden nicht vergehen.

Doch jenen Tag und jene Stunde kennt niemand, auch nicht die Engel im Himmel, nicht einmal der Sohn, sondern nur der Vater.

Glaubensbekenntnis, S. 470 ff.

FÜRBITTEN

Wir kennen nicht den Tag noch die Stunde, und doch dürfen wir hoffen, nicht im Bodenlosen zu versinken, sondern von Gottes Erbarmen gehalten zu sein. Wir rufen zu ihm und bitten ihn:

- Lass deine Getauften und alle Menschen spüren, wie kostbar dieses Leben ist, und hilf ihnen, bewusst und verantwortlich die Gabe des Lebens anzunehmen. V: Treuer Gott. A: Höre und erhöre uns.

- Stärke alle, die schweres Leid getroffen hat, und lass sie Hilfe und Unterstützung finden. V: Treuer Gott. A: Höre und erhöre uns.

- Segne das Tun aller, die sich für den Zusammenhalt unserer Gesellschaft einsetzen, in sozialem und bürgerschaftlichem Engagement. V: Treuer Gott. A: Höre und erhöre uns.

- Bewahre die Völker vor Hass und Gewalt und wecke das Gefühl der Verantwortung in denjenigen, die über Krieg und Frieden entscheiden. V: Treuer Gott. A: Höre und erhöre uns.

- Unterstütze, die durch Spenden oder durch konkrete Hilfe Not und Hunger in der Welt lindern und die Chancen der Armen auf Bildung und Teilhabe erhöhen. V: Treuer Gott. A: Höre und erhöre uns.

- Wir beten für unsere lieben Verstorbenen, die uns so sehr fehlen, und für alle Toten, dass sie in deiner Liebe geborgen sind. V: Treuer Gott. A: Höre und erhöre uns.

Unsere Zeit steht in Gottes Händen. Hilf uns, wachsam zu sein und verantwortlich zu leben. Darum bitten wir durch Christus Jesus, unseren Herrn.

EUCHARISTIEFEIER

GABENGEBET

Herr, unser Gott, die Gabe, die wir darbringen, schenke uns die Kraft, dir treu zu dienen, und führe uns zur ewigen Gemeinschaft mit dir. Darum bitten wir durch Christus, unseren Herrn.

Präfation, S. 482 ff.

KOMMUNIONVERS

Ps 73(72),28

Gott nahe zu sein ist mein Glück.
Ich setze mein Vertrauen auf Gott, den Herrn.

SCHLUSSGEBET

Barmherziger Gott, wir haben den Auftrag deines Sohnes erfüllt und sein Gedächtnis begangen. Die heilige Gabe, die wir in dieser Feier empfangen haben, helfe uns, dass wir in der Liebe zu dir und unseren Brüdern Christus nachfolgen, der mit dir lebt und herrscht in alle Ewigkeit.

***

Für eine Wort-Gottes-Feier:

ERÖFFNUNGSGEBET ZUR WAHL

Gott, unsere Hoffnung, du allein kennst die Stunde, in der du alles vollenden wirst. Wecke uns aus trügerischer Sicherheit, damit wir auf deine Zeichen achten und bereit sind für die Wiederkunft deines

Sohnes, unseres Herrn Jesus Christus, der in der Einheit des Heiligen Geistes mit dir lebt und regiert in Ewigkeit.

***

ZUTRAUEN FASSEN

mit den Sorgen
galoppiere ich
ins Übermorgen

drehe Runden
in der Gedanken-
manege

getrieben
vernehme ich
das Angstgetöse

und mitten darin
den Klang
deiner Stimme

dein Wort
ohne Zucker
redet mir zu

führt mich
geduldig ins Jetzt
von dir erwartet

Lisa F. Oesterheld

CHRISTKÖNIGSSONNTAG – HOCHFEST

25. November 2018

Es geht ums Ganze. Bist du nun ein König oder nicht? Pilatus will es wissen. Im Verhör, von Jesus. Es geht um Leben und Tod. Jesus aber antwortet weder plakativ noch eindeutig. Er lässt sich nicht so einfach festlegen und vor allem zwingt er niemanden unter seine Herrschaft. Lieber lässt er sich selbst bezwingen. Denn letztlich ist die Wahrheit, die er bezeugt, stärker als jede weltliche Macht. Die apokalyptischen Texte der Bibel formen genau diese Wahrheit, die tiefer reicht als die irdische Wirklichkeit, in Bilder. Sie sollen helfen, durch das alltägliche Leben hindurch das in den Blick zu bekommen, worauf es ankommt.

ERÖFFNUNGSVERS

Offb 5,12; 1,6

Würdig ist das Lamm, das geschlachtet ist,
Macht zu empfangen,
Reichtum und Weisheit, Kraft und Ehre.
Ihm sei die Herrlichkeit und die Herrschermacht
in Ewigkeit.

KYRIE-RUFE

Christus König, du bist der Herrscher
über die Könige der Erde.
V/A: Herr, erbarme dich.
Du hast uns erlöst durch dein Blut;
du bist der Erstgeborene der Toten.
V/A: Christus, erbarme dich.

Du hast uns zu Königen gemacht
und zu Priestern vor Gott, dem Vater.
V/A: Herr, erbarme dich.

Ehre sei Gott, S. 467 f.

TAGESGEBET

Allmächtiger, ewiger Gott, du hast deinem geliebten Sohn alle Gewalt gegeben im Himmel und auf Erden und ihn zum Haupt der neuen Schöpfung gemacht. Befreie alle Geschöpfe von der Macht des Bösen, damit sie allein dir dienen und dich in Ewigkeit rühmen. Darum bitten wir durch Jesus Christus.

WORTGOTTESDIENST

ZUR 1. LESUNG Mit dem siebten Kapitel beginnt der zweite Teil des Buches Daniel, eine Sammlung von apokalyptischen Visionen. Es tun sich Bildwelten auf, die man heute in die Kategorie von Fantasy-Romanen einordnen würde: Tiere mit Hörnern, ein kleines Horn mit Augen und einem Maul, mit dem es bissige Prahlereien von sich gibt. Daneben taucht ein Hochbetagter auf. Er sitzt auf einem Thron aus Feuerflammen, von dem aus die Tiere gerichtet werden. Und dann kommt „mit den Wolken des Himmels einer wie ein Menschensohn“. Er genießt offenbar volles Vertrauen und bekommt alle Macht und Würde verliehen. „Sein Reich geht niemals unter.“ Es handelt sich um Widerstands-Literatur, von der die Kirche glaubt, dass sie von Gott inspiriert, also Wort des lebendigen Gottes ist. Als solcher ist dieser Text eine geniale Vorlage, um Jesus Christus als den Retter der Welt besser zu verstehen. Die Fantasie kann dabei helfen!

ERSTE LESUNG

Dan 7,2a.13b–14

Seine Herrschaft ist eine ewige Herrschaft

Lesung aus dem Buch Daniel.

Ich, Daniel, hatte während der Nacht eine Vision: Da kam mit den Wolken des Himmels einer wie ein Menschensohn. Er gelangte bis zu dem Hochbetagten und wurde vor ihn geführt.

Ihm wurden Herrschaft, Würde und Königtum gegeben. Alle Völker, Nationen und Sprachen müssen ihm dienen. Seine Herrschaft ist eine ewige, unvergängliche Herrschaft. Sein Reich geht niemals unter.

ANTWORTPSALM

Ps 93(92),1.2–3.4–5 (℟: 1a)

℟ Der Herr ist König, bekleidet mit Hoheit. – ℟

Der Herr ist König, bekleidet mit Hoheit; *
der Herr hat sich bekleidet und mit Macht umgürtet.
Der Erdkreis ist fest gegründet, *
nie wird er wanken. – (℟)

Dein Thron steht fest von Anbeginn, *
du bist seit Ewigkeit.
Fluten erheben sich, Herr, †
Fluten erheben ihr Brausen, *
Fluten erheben ihr Tosen. – (℟)

Gewaltiger als das Tosen vieler Wasser, †
gewaltiger als die Brandung des Meeres *
ist der Herr in der Höhe.
Deine Gesetze sind fest und verlässlich; †
Herr, deinem Haus gebührt Heiligkeit *
für alle Zeiten. – ℟

ZUR 2. LESUNG Ein Pendant zu den apokalyptischen Texten des Alten Testaments ist das letzte Buch der Bibel, die Offenbarung des Johannes. Jesus Christus wird gleich zu Beginn beschrieben als der, der „mit den Wolken" kommt (vgl. Dan 7). Dann werden „seinetwegen jammern und klagen", die sich gegen ihn gestellt hatten – und das wird jeden Menschen in der einen oder anderen Ecke seines Herzens betreffen. Allerdings will Gott die Menschen nicht das Fürchten lehren, sondern ihnen Mut machen. Denn „er liebt uns", hat uns befreit und „uns zu Königen gemacht und zu Priestern". Das heißt, dass Christen schon jetzt teilhaben an Gottes Macht und sein Heil auf Erden erfahrbar machen können, und zwar so lange, bis Christus „mit den Wolken" kommt und Gottes Heil zur Vollendung führt.

ZWEITE LESUNG Offb 1,5b–8

Der Herrscher über die Könige der Erde hat uns zu Königen gemacht und zu Priestern vor Gott

Lesung aus der Offenbarung des Johannes.

Jesus Christus ist der treue Zeuge, der Erstgeborene der Toten, der Herrscher über die Könige der Erde.

Er liebt uns und hat uns von unseren Sünden erlöst durch sein Blut; er hat uns zu Königen gemacht und zu Priestern vor Gott, seinem Vater. Ihm sei die Herrlichkeit und die Macht in alle Ewigkeit. Amen.

Siehe, er kommt mit den Wolken und jedes Auge wird ihn sehen, auch alle, die ihn durchbohrt haben; und alle Völker der Erde werden seinetwegen jammern und klagen. Ja, amen.

Ich bin das Alpha und das Omega, spricht Gott, der Herr, der ist und der war und der kommt, der Herrscher über die ganze Schöpfung.

RUF VOR DEM EVANGELIUM

Vers: Mk 11,9.10

Halleluja. Halleluja.
Gesegnet sei, der kommt im Namen des Herrn!
Gesegnet sei das Reich unseres Vaters David,
das nun kommt.
Halleluja.

ZUM EVANGELIUM INRI – Iesus Nazarenus Rex Iudaeorum – Jesus, der Nazarener, König der Juden. Das berühmte Schild am Kreuz Jesu sollte darauf hinweisen, dass ein Hochstapler und politisch gefährlicher Mann seine gerechte Strafe bekommen hat. Das war Hohn und Spott. Doch selbst darin findet sich ein wahrer Kern, denn politische Anmaßung war und ist Jesu Sache nicht, sonst würden seine Leute kämpfen. Aber er ist ein König im Reich Gottes, das mit seinem Kommen in die Welt schon begonnen hat. Er lebt als König in all jenen, die ihm den ersten Platz in ihrem Leben einräumen. Sie bezeugen mit ihm die Wahrheit und damit den tiefsten Sinn des Lebens.

EVANGELIUM

Joh 18,33b–37

Du sagst es, ich bin ein König

+ Aus dem heiligen Evangelium nach Johannes.

In jener Zeit fragte Pilatus Jesus: Bist du der König der Juden? Jesus antwortete: Sagst du das von dir aus oder haben es dir andere über mich gesagt? Pilatus entgegnete: Bin ich denn ein Jude? Dein eigenes Volk und die Hohenpriester haben dich an mich ausgeliefert. Was hast du getan?

Jesus antwortete: Mein Königtum ist nicht von dieser Welt. Wenn es von dieser Welt wäre, würden meine Leute kämpfen, damit ich den Juden nicht ausgeliefert würde. Aber mein Königtum ist nicht von hier.

Pilatus sagte zu ihm: Also bist du doch ein König? Jesus antwortete: Du sagst es, ich bin ein König. Ich bin dazu geboren und dazu in die Welt gekommen, dass ich für die Wahrheit Zeugnis ablege. Jeder, der aus der Wahrheit ist, hört auf meine Stimme.

Glaubensbekenntnis, S. 470 ff.

FÜRBITTEN

Christkönig ist ein Gegenentwurf. Jesus Christus ist der König mit der Dornenkrone. Darum rufen wir voll Hoffnung zu ihm:

- Wir bitten für jene, die keinen Anteil an den üppigen Gütern dieser Erde haben. V: Kyrie, eleison. A: Christe, eleison.
- Wir bitten für alle, die Ungerechtigkeit und Unrecht lindern und Veränderungen herbeiführen. V: Kyrie, eleison. A: Christe, eleison.
- Wir bitten für die Kinder weltweit, die auf der Straße leben, die ihre Arbeitskraft, die sich und ihre Kindheit verkaufen müssen. V: Kyrie, eleison. A: Christe, eleison.
- Wir beten für Ordenschristen und für alle Menschen, die solchen Kindern Lebenschancen eröffnen und für sie verlässlich da sind. V: Kyrie, eleison. A: Christe, eleison.
- Wir bitten um deinen Beistand für die Kranken und Sterbenden, die einsam und verlassen sind. V: Kyrie, eleison. A: Christe, eleison.
- Wir bitten für alle, die sie aufsuchen, ihnen helfen und ihnen Nähe schenken. V: Kyrie, eleison. A: Christe, eleison.

Christus, du bist treu. Der andere König, ein König des Erbarmens. Du bist uns Menschen nahegekommen bis ins Leiden und im Sterben. Dir danken wir und dich preisen wir, heute und alle Tage unseres Lebens.

EUCHARISTIEFEIER

GABENGEBET

Herr, unser Gott, wir bringen das Opfer deines Sohnes dar, das die Menschheit mit dir versöhnt. Er, der für uns gestorben ist, schenke allen Völkern Einheit und Frieden, der mit dir lebt und herrscht in alle Ewigkeit.

PRÄFATION

In Wahrheit ist es würdig und recht, dir, Herr, heiliger Vater, immer und überall zu danken. Du hast deinen eingeborenen Sohn, unseren Herrn Jesus Christus, mit dem Öl der Freude gesalbt zum ewigen Priester und zum König der ganzen Schöpfung. Als makelloses Lamm und friedenstiftendes Opfer hat er sich dargebracht auf dem Altar des Kreuzes, um das Werk der Erlösung zu vollziehen. Wenn einst die ganze Schöpfung seiner Herrschaft unterworfen ist, wird er dir, seinem Vater, das ewige, alles umfassende Reich übergeben: das Reich der Wahrheit und des Lebens, das Reich der Heiligkeit und der Gnade, das Reich der Gerechtigkeit, der Liebe und des Friedens. Durch ihn rühmen dich Himmel und Erde, Engel und Menschen und singen das Lob deiner Herrlichkeit: Heilig …

KOMMUNIONVERS

Ps 29(28), 10–11

Der Herr thront als König in Ewigkeit.
Der Herr segne sein Volk mit Frieden.

SCHLUSSGEBET

Allmächtiger Gott, du hast uns berufen, Christus, dem König der ganzen Schöpfung, zu dienen. Stärke uns durch diese Speise, die uns Unsterblichkeit verheißt, damit wir Anteil erhalten an seiner Herrschaft und am ewigen Leben. Darum bitten wir durch ihn, Christus, unseren Herrn.

FEIERLICHER SCHLUSSSEGEN

Num 6,24–26

Der Herr segne euch und behüte euch; der Herr lasse sein Angesicht über euch leuchten und sei euch gnädig; er wende euch sein Antlitz zu und schenke euch seinen Frieden. – A: Amen.
Das gewähre euch der dreieinige Gott, der Vater und der Sohn † und der Heilige Geist. – A: Amen.

***

Für eine Wort-Gottes-Feier:

ERÖFFNUNGSGEBET ZUR WAHL

Gott, du Herrscher des Alls, in deinem Sohn ist dein Reich unter uns angebrochen: das Reich der Gerechtigkeit, der Liebe und des Friedens. Mach uns bereit, auf dein Wort zu hören, damit deine Herrschaft wachse in dieser Welt. Darum bitten wir dich durch ihn, Jesus Christus, deinen Sohn, unseren Herrn und König, der mit dir lebt und herrscht in der Einheit des Heiligen Geistes, heute und alle Tage und in Ewigkeit.

***

SUBVERSIV

Herrschaftsgesten
verweigert er wortlos
der Esel-
reiter

erduldet
Bei-
fall
wird Hohn

geht weiter
den Abstiegs-
weg
am Ölberg

Throne taugen nicht
mehr
der durchlittene Schmerz
die geteilte Liebe

stürzen
die Herrschaft
des Todes
ins Leben

Lisa F. Oesterheld

VERZEICHNIS DER SCHRIFTLESUNGEN

ALTES TESTAMENT

LUKAS

JOHANNES

VERZEICHNIS DER PRÄFATIONEN

VERZEICHNIS DER FEIERLICHEN SCHLUSSSEGEN

STICHWORTVERZEICHNIS ZU DEN MEDITATIONSTEXTEN

VERZEICHNIS DER AUTOREN UND IHRER EINFÜHRUNGEN UND TEXTE

FLORIAN BRUCKMANN, Apl. Prof. Dr. theol., geboren 1974, Studium der Katholischen Theologie, arbeitet im Bischöflichen Ordinariat Dresden–Meißen; Publikationen zum christlich-jüdischen Dialog, zur Christologie und zum Gespräch mit philosophischen Positionen der Gegenwart.
Einführungen: Verkündigung des Herrn – Hochfest; 15. Sonntag im Jahreskreis; 16. Sonntag im Jahreskreis; 17. Sonntag im Jahreskreis; Verklärung des Herrn – Fest; 19. Sonntag im Jahreskreis; Mariä Aufnahme in den Himmel – Hochfest; 20. Sonntag im Jahreskreis; 21. Sonntag im Jahreskreis; 22. Sonntag im Jahreskreis; 23. Sonntag im Jahreskreis; 24. Sonntag im Jahreskreis; 25. Sonntag im Jahreskreis; 26. Sonntag im Jahreskreis; 27. Sonntag im Jahreskreis; 28. Sonntag im Jahreskreis; 29. Sonntag im Jahreskreis.

KIRA BUSCH-WAGNER, geboren 1961, Studium der Evangelischen Theologie und Judaistik, Pfarrerin in Karlsruhe, Vorsitzende des Studienkreises „Kirche und Israel“ der Evangelischen Landeskirche in Baden; theologische Bildungsarbeit, Veröffentlichungen in Fachzeitschriften und Presse.
Einführungen: 1. Fastensonntag; 2. Fastensonntag; 3. Fastensonntag; 4. Fastensonntag; 5. Fastensonntag; 13. Sonntag im Jahreskreis; 14. Sonntag im Jahreskreis.

RENÉ DAUSNER, PD Dr. theol. habil., geboren 1975, Studium der Katholischen Theologie, Germanistik und Erziehungswissenschaft; Publikationen zum jüdisch-christlichen Dialog, zum Verhältnis von Theologie und Literatur sowie zur Theologie und Philosophie der Gegenwart; Akad. Rat am Lehrstuhl für Fundamentaltheologie an der Katholischen Universität Eichstätt-Ingolstadt.
Einführungen: Karfreitag – Die Feier vom Leiden und Sterben Christi; Ostersonntag – Die Feier der Osternacht; Ostersonntag – Am Tag; Ostermontag.

KATRIN GROSSMANN, geboren 1980, Studium der katholischen Theologie in Tübingen und Jerusalem, Dipl. Theol., Beauftragte für den Dialog mit den nichtchristlichen Religionen im Bistum Osnabrück.
Einführungen: 2. Sonntag der Osterzeit – Weißer Sonntag; 3. Sonntag der Osterzeit; 4. Sonntag der Osterzeit; 5. Sonntag der Osterzeit; 6. Sonntag der Osterzeit; Christi Himmelfahrt – Hochfest.

TOBIAS LICHT, geboren 1962, Studium der Katholischen Theologie, Dipl. Theol., Leiter des „Karlsruher Foyers Kirche und Recht", Leiter des Bildungszentrums Karlsruhe (Bildungswerk der Erzdiözese Freiburg), Katholischer Beauftragter für privaten Hörfunk in Karlsruhe, umfangreiche Tätigkeit im publizistischen und im Bildungsbereich, Beirat für theologische Fragen der Zeitschrift MAGNIFICAT.
Texte: Kyrie-Rufe.
Einführungen: 9. Sonntag im Jahreskreis; 10. Sonntag im Jahreskreis (Einführung zum Tag, Evangelium); 11. Sonntag im Jahreskreis (Einführung zum Tag, Evangelium).

SUSANNE SANDHERR, Dr. theol., geboren 1960, Studium der Katholischen Theologie, Philosophie, Germanistik und Erziehungswissenschaft, Professorin für Systematische Theologie an der Katholischen Stiftungsfachhochschule München, Abt. Benediktbeuern, Schwerpunkte: jüdisch-christlicher Dialog, Gespräche zwischen Theologie und Literatur; Theologie und Philosophie, Theologie und Therapie. Redakteurin der Zeitschrift MAGNIFICAT.
Einführungen: Hochfest der ohne Erbsünde empfangenen Jungfrau und Gottesmutter Maria; 5. Sonntag im Jahreskreis; 6. Sonntag im Jahreskreis; Aschermittwoch; Heiliger Josef, Bräutigam der Gottesmutter Maria – Hochfest; Palmsonntag; Gründonnerstag – Hoher Donnerstag; 7. Sonntag der Osterzeit; Pfingsten – Hochfest – Am Vorabend; Pfingsten – Hochfest – Am Tag; Pfingstmontag; Dreifaltigkeitssonntag – Hochfest; Hochfest des Leibes und Blutes Christi – Fronleichnam; 10. Sonntag im Jahreskreis (1. Lesung, 2. Lesung); 11. Sonntag im Jahreskreis (1. Lesung, 2. Lesung); Heiligstes Herz Jesu – Hochfest; Geburt des heiligen Johannes des Täufers – Hochfest; Hl. Petrus und hl. Paulus, Apostel – Hochfest; 18. Sonntag im Jahreskreis.

DOROTHEE SANDHERR-KLEMP, geboren 1960, Studium der Katholischen Theologie, Germanistik und Erziehungswissenschaft; Staatsexamen; Redakteurin der Zeitschrift MAGNIFICAT, Herausgeberin und Autorin, Geistliche Beirätin des Bundesverbandes des Katholischen Deutschen Frauenbundes.
Texte: Fürbitten.

SCHWESTER LYDIA SCHULTE-SUTRUM OSB, geboren 1982, Studium der Theologie in Münster und Rom, Dipl. Theol., Benediktinerin im Kloster Burg Dinklage.
Einführungen: 30. Sonntag im Jahreskreis; Allerheiligen – Hochfest; Allerseelen; 31. Sonntag im Jahreskreis; 32. Sonntag im Jahreskreis; 33. Sonntag im Jahreskreis; Christkönigssonntag – Hochfest.

STEFAN VOGES, Dr. theol., geboren 1978, Studium der Geschichte, Journalistik und Katholischen Theologie; Referent bei missio in Aachen, Autor.
Einführungen: Weihnachten – Am Morgen; Weihnachten – Am Tag; Heiliger Stephanus, erster Märtyrer – Fest; Fest der Heiligen Familie; Hochfest der Gottesmutter Maria; Erscheinung des Herrn – Hochfest; Taufe des Herrn – Fest; 2. Sonntag im Jahreskreis; 3. Sonntag im Jahreskreis; 4. Sonntag im Jahreskreis; Darstellung des Herrn – Fest.

MARC WITZENBACHER, geboren 1971, Studium der Evangelischen Theologie und Altphilologie, Pfarrer, Referent der EKD in der Ökumenischen Centrale der ACK in Deutschland.
Einführungen: 1. Adventssonntag; 2. Adventssonntag; 3. Adventssonntag; 4. Adventssonntag; Weihnachten – Am Heiligen Abend; Weihnachten – In der Heiligen Nacht.

VERZEICHNIS DER SCHRIFTLESUNGEN AN DEN WOCHENTAGEN

1. ADVENTSWOCHE

Mo.	4.12.	Jes 2,1–5 oder Jes 4,2–6 I Mt 8,5–11
Di.	5.12.	Jes 11,1–10 I Lk 10,21–24
Mi.	6.12.	Jes 25,6–10a I Mt 15,29–37
Do.	7.12.	Jes 26,1–6 I Mt 7,21.24–27
Fr.	8.12.	siehe Seite 22 ff.
Sa.	9.12.	Jes 30,19–21.23–26 I Mt 9,35–10,1.6–8

2. ADVENTSWOCHE

Mo.	11.12.	Jes 35,1–10 I Lk 5,17–26
Di.	12.12.	Jes 40,1–11 I Mt 18,12–14
Mi.	13.12.	Jes 40,25–31 I Mt 11,28–30
Do.	14.12.	Jes 41,13–20 I Mt 11,7b.11–15
Fr.	15.12.	Jes 48,17–19 I Mt 11,16–19
Sa.	16.12.	Sir 48,1–4.9–11 I Mt 17,9a.10–13

3. ADVENTSWOCHE

Mo.	18.12.	Jer 23,5–8 I Mt 1,18–24
Di.	19.12.	Ri 13,2–7.24–25a I Lk 1,5–25
Mi.	20.12.	Jes 7,10–14 I Lk 1,26–38
Do.	21.12.	Hld 2,8–14 oder Zef 3,14–17(14–18a) I Lk 1,39–45
Fr.	22.12.	1 Sam 1,24–28 I Lk 1,46–56
Sa.	23.12.	Mal 3,1–4.23–24 I Lk 1,57–66

WEIHNACHTSZEIT

Mo.	25.12.	siehe Seite 73 ff.
Di.	26.12.	siehe Seite 88 ff.
Mi.	27.12.	1 Joh 1,1–4 I Joh 20,2–8
Do.	28.12.	1 Joh 1,5–2,2 I Mt 2,13–18
Fr.	29.12.	1 Joh 2,3–11 I Lk 2,22–35
Sa.	30.12.	1 Joh 2,12–17 I Lk 2,36–40
Mo.	1.1.	siehe Seite 106 ff.
Di.	2.1.	1 Joh 2,22–28 I Joh 1,19–28
Mi.	3.1.	1 Joh 2,29–3,6 I Joh 1,29–34
Do.	4.1.	1 Joh 3,7–10 I Joh 1,35–42

Fr. 5.1. 1 Joh 3,11–21 | Joh 1,43–51
Sa. 6.1. siehe Seite 114 ff.

1. WOCHE IM JAHRESKREIS

Mo. 8.1. 1 Sam 1,1–8 | Mk 1,14–20
Di. 9.1. 1 Sam 1,9–20 | Mk 1,21–28
Mi. 10.1. 1 Sam 3,1–10.19–20 | Mk 1,29–39
Do. 11.1. 1 Sam 4,1b–11(1–11) | Mk 1,40–45
Fr. 12.1. 1 Sam 8,4–7.10–22a | Mk 2,1–12
Sa. 13.1. 1 Sam 9,1–4.17–19; 10,1(1a) | Mk 2,13–17

2. WOCHE IM JAHRESKREIS

Mo. 15.1. 1 Sam 15,16–23 | Mk 2,18–22
Di. 16.1. 1 Sam 16,1–3 | Mk 2,23–28
Mi. 17.1. 1 Sam 17,32–33.37.40–51 | Mk 3,1–6
Do. 18.1. 1 Sam 18,6–9; 19,1–7 | Mk 3,7–12
Fr. 19.1. 1 Sam 24,3–21 | Mk 3,13–19
Sa. 20.1. 2 Sam 1,1–4.11–12.17.19.23–27 | Mk 3,20–21

3. WOCHE IM JAHRESKREIS

Mo. 22.1. 2 Sam 5,1–7.10 | Mk 3,22–30
Di. 23.1. 2 Sam 6,12b–15.17–19 | Mk 3,31–35
Mi. 24.1. 2 Sam 7,4–17 | Mk 4,1–20
Do. 25.1. Apg 22,1a.3–16 oder Apg 9,1–22 | Mk 16,15–18
Fr. 26.1. 2 Tim 1,1–8 oder Tit 1,1–5 | Mk 4,26–34
Sa. 27.1. 2 Sam 12,1–7a.10–17 | Mk 4,35–41

4. WOCHE IM JAHRESKREIS

Mo. 29.1. 2 Sam 15,13–14.30; 16,5–13a | Mk 5,1–20
Di. 30.1. 2 Sam 18,6.9–10.14b.24–25a.30–19,3 | Mk 5,21–43
Mi. 31.1. 2 Sam 24,2.9–17 | Mk 6,1b–6
Do. 1.2. 1 Kön 2,1–4.10–12 | Mk 6,7–13
Fr. 2.2. siehe Seite 155 ff.
Sa. 3.2. 1 Kön 3,4–13 | Mk 6,30–34

5. WOCHE IM JAHRESKREIS

Mo. 5.2. 1 Kön 8,1–7.9–13 | Mk 6,53–56
Di. 6.2. 1 Kön 8,22–23.27–30 | Mk 7,1–13
Mi. 7.2. 1 Kön 10,1–10 | Mk 7,14–23
Do. 8.2. 1 Kön 11,4–13 | Mk 7,24–30

Fr. 9.2. 1 Kön 11,29–32; 12,19 | Mk 7,31–37
Sa. 10.2. 1 Kön 12,26–32; 13,33–34 | Mk 8,1–10

6. WOCHE IM JAHRESKREIS

Mo. 12.2. Jak 1,1–11 | Mk 8,11–13
Di. 13.2. Jak 1,12–18 | Mk 8,14–21

ASCHERMITTWOCH BIS SAMSTAG

Mi. 14.2. siehe Seite 181 ff.
Do. 15.2. Dtn 30,15–20 | Lk 9,22–25
Fr. 16.2. Jes 58,1–9a | Mt 9,14–15
Sa. 17.2. Jes 58,9b–14 | Lk 5,27–32

1. FASTENWOCHE

Mo. 19.2. Lev 19,1–2.11–18 | Mt 25,31–46
Di. 20.2. Jes 55,10–11 | Mt 6,7–15
Mi. 21.2. Jona 3,1–10 | Lk 11,29–32
Do. 22.2. 1 Petr 5,1–4 | Mt 16,13–19
Fr. 23.2. Ez 18,21–28 | Mt 5,20–26
Sa. 24.2. Apg 1,15–17.20ac–26 | Joh 15,9–17

2. FASTENWOCHE

Mo. 26.2. Dan 9,4b–10 | Lk 6,36–38
Di. 27.2. Jes 1,10.16–20 | Mt 23,1–12
Mi. 28.2. Jer 18,18–20 | Mt 20,17–28
Do. 1.3. Jer 17,5–10 | Lk 16,19–31
Fr. 2.3. Gen 37,3–4.12–13a.17b–28 | Mt 21,33–43.45–46
Sa. 3.3. Mi 7,14–15.18–20 | Lk 15,1–3.11–32

3. FASTENWOCHE

Mo. 5.3. 2 Kön 5,1–15a | Lk 4,24–30
Di. 6.3. Dan 3,25.34–43 | Mt 18,21–35
Mi. 7.3. Dtn 4,1.5–9 | Mt 5,17–19
Do. 8.3. Jer 7,23–28 | Lk 11,14–23
Fr. 9.3. Hos 14,2–10 | Mk 12,28b–34
Sa. 10.3. Hos 6,1–6 | Lk 18,9–14

4. FASTENWOCHE

Mo. 12.3. Jes 65,17–21 | Joh 4,43–54
Di. 13.3. Ez 47,1–9.12 | Joh 5,1–16

Mi. 14.3. Jes 49,8–15 | Joh 5,17–30
Do. 15.3. Ex 32,7–14 | Joh 5,31–47
Fr. 16.3. Weish 2,1a.12–22 | Joh 7,1–2.10.25–30
Sa. 17.3. Jer 11,18–20 | Joh 7,40–53

5. FASTENWOCHE

Mo. 19.3. siehe Seite 233 ff.
Di. 20.3. Num 21,4–9 | Joh 8,21–30
Mi. 21.3. Dan 3,14–21.49.91–92.95 | Joh 8,31–42
Do. 22.3. Gen 17,1a.3–9 | Joh 8,51–59
Fr. 23.3. Jer 20,10–13 | Joh 10,31–42
Sa. 24.3. Ez 37,21–28 | Joh 11,45–57

KARWOCHE

Mo. 26.3. Jes 42,5a.1–7 | Joh 12,1–11
Di. 27.3. Jes 49,1–6 | Joh 13,21–33.36–38
Mi. 28.3. Jes 50,4–9a | Mt 26,14–25
Do. 29.3. siehe Seite 264 ff.
Fr. 30.3. siehe Seite 275 ff.

OSTEROKTAV

Mo. 2.4. siehe Seite 345 ff.
Di. 3.4. Apg 2,14a.36–41 | Joh 20.11–18 oder Mt 28,8–15
Mi. 4.4. Apg 3,1–10 | Lk 24,13–35 oder Joh 20,11–18
Do. 5.4. Apg 3,11–26 | Lk 24,35–48
Fr. 6.4. Apg 4,1–12 | Joh 21,1–14
Sa. 7.4. Apg 4,13–21 | Mk 6,9–15

2. WOCHE DER OSTERZEIT

Mo. 9.4. siehe Seite 363 ff.
Di. 10.4. Apg 4,32–37 | Joh 3,7–15
Mi. 11.4. Apg 5,17–26 | Joh 3,16–21
Do. 12.4. Apg 5,27–33 | Joh 3,31–36
Fr. 13.4. Apg 5,34–42 | Joh 6,1–15
Sa. 14.4. Apg 6,1–7 | Joh 6,16–21

3. WOCHE DER OSTERZEIT

Mo. 16.4. Apg 6,8–15 | Joh 6,22–29
Di. 17.4. Apg 7,51–8,1a | Joh 6,30–35
Mi. 18.4. Apg 8,1b–8 | Joh 6,35–40

Do.	19.4.	Apg 8,26–40 | Joh 6,44–51
Fr.	20.4.	Apg 9,1–20 | Joh 6,52–59
Sa.	21.4.	Apg 9,31–42 | Joh 6,60–69

4. WOCHE DER OSTERZEIT

Mo.	23.4.	Apg 11,1–18 | Joh 10,1–10
Di.	24.4.	Apg 11,19–26 | Joh 10,22–30
Mi.	25.4.	1 Petr 5,5b–14 | Mk 16,15–20
Do.	26.4.	Apg 13,13–25 | Joh 13,16–20
Fr.	27.4.	Apg 13,26–33 | Joh 14,1–6
Sa.	28.4.	Apg 13,44–52 | Joh 14,7–14

5. WOCHE DER OSTERZEIT

Mo.	30.4.	Apg 14,5–18 | Joh 14,21–26
Di.	1.5.	Apg 14,19–28 | Joh 14,27–31a
Mi.	2.5.	Apg 15,1–6 | Joh 15,1–8
Do.	3.5.	1 Kor 15,1–8 | Joh 14,6–14
Fr.	4.5.	Apg 15,22–31 | Joh 15,12–17
Sa.	5.5.	Apg 16,1–10 | Joh 15,18–21

6. WOCHE DER OSTERZEIT

Mo.	7.5.	Apg 16,11–15 | Joh 15,26–16,4a
Di.	8.5.	Apg 16,22–34 | Joh 16,5–11
Mi.	9.5.	Apg 17,15.22–18,1 | Joh 16,12–15
Do.	10.5.	siehe Seite 403 ff.
Fr.	11.5.	Apg 18,9–18 | Joh 16,20–23a
Sa.	12.5.	Apg 18,23–28 | Joh 16,23b–28

7. WOCHE DER OSTERZEIT

Mo.	14.5.	Apg 19,1–8 | Joh 16,29–33
Di.	15.5.	Apg 20,17–27 | Joh 17,1–11a
Mi.	16.5.	Apg 20,28–38 | Joh 17,6a.11b–19
Do.	17.5.	Apg 22,30; 23,6–11 | Joh 17,20–26
Fr.	18.5.	Apg 25,13–21 | Joh 21,1.15–19
Sa.	19.5.	Apg 28,16–20.30–31 | Joh 21,20–25

7. WOCHE IM JAHRESKREIS

Mo.	21.5.	siehe Seite 448 ff.
Di.	22.5.	Jak 4,1–10 | Mk 9,30–37
Mi.	23.5.	Jak 4,13–17 | Mk 9,38–40

Do.	24.5.	Jak 5,1–6 I Mk 9,41–50
Fr.	25.5.	Jak 5,9–12 I Mk 10,1–12
Sa.	26.5.	Jak 5,13–20 I Mk 10,13–16

8. WOCHE IM JAHRESKREIS

Mo.	28.5.	1 Petr 1,3–9 I Mk 10,17–27
Di.	29.5.	1 Petr 1,10–16 I Mk 10,28–31
Mi.	30.5.	1 Petr 1,18–25 I Mk 10,32–45
Do.	31.5.	siehe Seite 586 ff.
Fr.	1.6.	1 Petr 4,7–13 I Mk 11,11–25
Sa.	2.6.	Jud 17.20b–25 I Mk 11,27–33

9. WOCHE IM JAHRESKREIS

Mo.	4.6.	2 Petr 1,2–7 I Mk 12,1–12
Di.	5.6.	2 Petr 3,12–15a.17–18 I Mk 12,13–17
Mi.	6.6.	2 Tim 1,1–3.6–12 I Mk 12,18–27
Do.	7.6.	2 Tim 2,8–15 I Mk 12,28b–34
Fr.	8.6.	siehe Seite 611 ff.
Sa.	9.6.	2 Tim 4,1–8 I Mk 12,38–44

10. WOCHE IM JAHRESKREIS

Mo.	11.6.	Apg 11,21b–26; 13,1–3 I Mt 5,1–12
Di.	12.6.	1 Kön 17,7–16 I Mt 5,13–16
Mi.	13.6.	1 Kön 18,20–39 I Mt 5,17–19
Do.	14.6.	1 Kön 18,41–46 I Mt 5,20–26
Fr.	15.6.	1 Kön 19,9a.11–16 I Mt 5,27–32
Sa.	16.6.	1 Kön 19,19–21 I Mt 5,33–37

11. WOCHE IM JAHRESKREIS

Mo.	18.6.	1 Kön 21,1–16 I Mt 5,38–42
Di.	19.6.	1 Kön 21,17–29 I Mt 5,43–48
Mi.	20.6.	2 Kön 2,1.4b.6–14 I Mt 6,1–6.16–18
Do.	21.6.	Sir 48,1–14(1–15) I Mt 6,7–15
Fr.	22.6.	2 Kön 11,1–4.9–18.20 I Mt 6,19–23
Sa.	23.6.	2 Chr 24,17–25 I Mt 6,24–34

12. WOCHE IM JAHRESKREIS

Mo.	25.6.	2 Kön 17,5–8.13–15a.18 I Mt 7,1–5
Di.	26.6.	2 Kön 19,9b–11.14–21.31–35a.36 I Mt 7,6.12–14
Mi.	27.6.	2 Kön 22,8–13; 23,1–3 I Mt 7,15–20

Do.	28.6.	2 Kön 24,8–17 | Mt 7,21–29
Fr.	29.6.	siehe Seite 645 ff.
Sa.	30.6.	Klgl 2,2.10–14.18–19 | Mt 8,5–17

13. WOCHE IM JAHRESKREIS

Mo.	2.7.	Zef 3,14–18 oder Röm 12,9–16b | Lk 1,39–56
Di.	3.7.	Eph 2,19–22 | Joh 20,24–29
Mi.	4.7.	Am 5,14–15.21–24 | Mt 8,28–34
Do.	5.7.	Am 7,10–17 | Mt 9,1–8
Fr.	6.7.	Am 8,4–6.9–12 | Mt 9,9–13
Sa.	7.7.	Am 9,11–15 | Mt 9,14–17

14. WOCHE IM JAHRESKREIS

Mo.	9.7.	Hos 2,16.17b–18.21–22 | Mt 9,18–26
Di.	10.7.	Hos 8,4–7.11–13 | Mt 9,32–38
Mi.	11.7.	Spr 2,1–9 | Mt 19,27–29
Do.	12.7.	Hos 11,1–4.8ac–9 | Mt 10,7–15
Fr.	13.7.	Hos 14,2–10 | Mt 10,16–23
Sa.	14.7.	Jes 6,1–8 | Mt 10,24–33

15. WOCHE IM JAHRESKREIS

Mo.	16.7.	Jes 1,10–17 | Mt 10,34–11,1
Di.	17.7.	Jes 7,1–9 | Mt 11,20–24
Mi.	18.7.	Jes 10,5–7.13–16 | Mt 11,25–27
Do.	19.7.	Jes 26,7–9.12.16–19 | Mt 11,28–30
Fr.	20.7.	Jes 38,1–6.21–22.7–8 | Mt 12,1–8
Sa.	21.7.	Mi 2,1–5 | Mt 12,14–21

16. WOCHE IM JAHRESKREIS

Mo.	23.7.	Gal 2,19–20 | Joh 15,1–8
Di.	24.7.	Mi 7,14–15.18–20 | Mt 12,46–50
Mi.	25.7.	2 Kor 4,7–15 | Mt 20,20–28
Do.	26.7.	Jer 2,1–3.7–8.12–13 | Mt 13,10–17
Fr.	27.7.	Jer 3,14–17 | Mt 13,18–23
Sa.	28.7.	Jer 7,1–11 | Mt 13,24–30

17. WOCHE IM JAHRESKREIS

Mo.	30.7.	Jer 13,1–11 | Mt 13,31–35
Di.	31.7.	Jer 14,17b–22 | Mt 13,36–43
Mi.	1.8.	Jer 15,10.16–21 | Mt 13,44–46

Do.	2.8.	Jer 18,1–6 I Mt 13,47–52
Fr.	3.8.	Jer 26,1–9 I Mt 13,54–58
Sa.	4.8.	Jer 26,11–16.24 I Mt 14,1–12

18. WOCHE IM JAHRESKREIS

Mo.	6.8.	siehe Seite 704 ff.
Di.	7.8.	Jer 30,1–2.12–15.18–22 I Mt 14,22–36 oder Mt 15,1–2.10–14
Mi.	8.8.	Jer 31,1–7 I Mt 15,21–28
Do.	9.8.	Est 4,17k–m.17r–t(4,17n.p–r.aa–bb.gg–hh) I Joh 4,19–24
Fr.	10.8.	2 Kor 9,6–10 I Joh 12,24–26
Sa.	11.8.	Hab 1,12–2,4 I Mt 17,14–20

19. WOCHE IM JAHRESKREIS

Mo.	13.8.	Ez 1,2–5.24–28c I Mt 17,22–27
Di.	14.8.	Ez 2,8–3,4 I Mt 18,1–5.10.12–14
Mi.	15.8.	siehe Seite 720 ff.
Do.	16.8.	Ez 12,1–12 I Mt 18,21–19,1
Fr.	17.8.	Ez 16,1–15.60.63 oder Ez 16,59–63 I Mt 19,3–12
Sa.	18.8.	Ez 18,1–10.13b.30–32 I Mt 19,13–15

20. WOCHE IM JAHRESKREIS

Mo.	20.8.	Ez 24,15–24 I Mt 19,16–22
Di.	21.8.	Ez 28,1–10 I Mt 19,23–30
Mi.	22.8.	Ez 34,1–11 I Mt 20,1–16a
Do.	23.8.	Ez 36,23–28 I Mt 22,1–14
Fr.	24.8.	Offb 21,9b–14 I Joh 1,45–51
Sa.	25.8.	Ez 43,1–7a I Mt 23,1–12

21. WOCHE IM JAHRESKREIS

Mo.	27.8.	2 Thess 1,1–5.11–12 I Mt 23,13–22
Di.	28.8.	2 Thess 2,1–3a.14–17 I Mt 23,23–26
Mi.	29.8.	2 Thess 3,6–10.16–18 I Mk 6,17–29
Do.	30.8.	1 Kor 1,1–9 I Mt 24,42–51
Fr.	31.8.	1 Kor 1,17–25 I Mt 25,1–13
Sa.	1.9.	1 Kor 1,26–31 I Mt 25,14–30

22. WOCHE IM JAHRESKREIS

Mo.	3.9.	1 Kor 2,1–5 I Lk 4,16–30
Di.	4.9.	1 Kor 2,10b–16 I Lk 4,31–37

Mi.	5.9.	1 Kor 3,1–9 I Lk 4,38–44
Do.	6.9.	1 Kor 3,18–23 I Lk 5,1–11
Fr.	7.9.	1 Kor 4,1–5 I Lk 5,33–39
Sa.	8.9.	Mi 5,1–4a oder Röm 8,28–30 I Mt 1,1–16.18–23

23. WOCHE IM JAHRESKREIS

Mo.	10.9.	1 Kor 5,1–8 I Lk 6,6–11
Di.	11.9.	1 Kor 6,1–11 I Lk 6,12–19
Mi.	12.9.	1 Kor 7,25–31 I Lk 6,20–26
Do.	13.9.	1 Kor 8,1b–7.11–13 I Lk 6,27–32
Fr.	14.9.	Num 21,4–9 oder Phil 2,6–11 I Joh 3,13–17
Sa.	15.9.	1 Kor 10,14–22 I Joh 19,25–27 oder Lk 2,33–35

24. WOCHE IM JAHRESKREIS

Mo.	17.9.	1 Kor 11,17–26.33 I Lk 7,1–10
Di.	18.9.	1 Kor 12,12–14.27–31a I Lk 7,11–17
Mi.	19.9.	1 Kor 12,31–13,13 I Lk 7,31–35
Do.	20.9.	1 Kor 15,1–11 I Lk 7,36–50
Fr.	21.9.	Eph 4,1–7.11–13 I Mt 9,9–13
Sa.	22.9.	1 Kor 15,35–37.42–49 I Lk 8,4–15

25. WOCHE IM JAHRESKREIS

Mo.	24.9.	Spr 3,27–35 I Lk 8,16–18
Di.	25.9.	Spr 21,1–6.10–13 I Lk 8,19–21
Mi.	26.9.	Spr 30,5–9 I Lk 9,1–6
Do.	27.9.	Koh 1,2–11 I Lk 9,7–9
Fr.	28.9.	Koh 3,1–11 I Lk 9,18–22
Sa.	29.9.	Dan 7,9–10.13–14 oder Offb 12,7–12a I Joh 1,47–51

26. WOCHE IM JAHRESKREIS

Mo.	1.10.	Ijob 1,6–22 I Lk 9,46–50
Di.	2.10.	Ijob 3,1–3.11–17.20–23 I Mt 18,1–5.10
Mi.	3.10.	Ijob 9,1–12.14–16 I Lk 9,57–62
Do.	4.10.	Ijob 19,21–27 I Lk 10,1–12
Fr.	5.10.	Ijob 38,1.12–21; 40,3–5 I Lk 10,13–16
Sa.	6.10.	Ijob 42,1–3.5–6.12–17(1–3.5–6.12–16) I Lk 10,17–24

27. WOCHE IM JAHRESKREIS

Mo.	8.10.	Gal 1,6–12 I Lk 10,25–37
Di.	9.10.	Gal 1,13–24 I Lk 10,38–42

Mi.	10.10.	Gal 2,1–2.7–14 | Lk 11,1–4
Do.	11.10.	Gal 3,1–5 | Lk 11,5–13
Fr.	12.10.	Gal 3,6–14 | Lk 11,14–26
Sa.	13.10.	Gal 3,22–29 | Lk 11,27–28

28. WOCHE IM JAHRESKREIS

Mo.	15.10.	Gal 4,22–24.26–27.31–5,1 | Lk 11,29–32
Di.	16.10.	Gal 5,1–6 | Lk 11,37–41
Mi.	17.10.	Gal 5,18–25 | Lk 11,42–46
Do.	18.10.	2 Tim 4,10–17b | Lk 10,1–9
Fr.	19.10.	Eph 1,11–14 | Lk 12,1–7
Sa.	20.10.	Eph 1,15–23 | Lk 12,8–12

29. WOCHE IM JAHRESKREIS

Mo.	22.10.	Eph 2,1–10 | Lk 12,13–21
Di.	23.10.	Eph 2,12–22 | Lk 12,35–38
Mi.	24.10.	Eph 3,2–12 | Lk 12,39–48
Do.	25.10.	Eph 3,14–21 | Lk 12,49–53
Fr.	26.10.	Eph 4,1–6 | Lk 12,54–59
Sa.	27.10.	Eph 4,7–16 | Lk 13,1–9

30. WOCHE IM JAHRESKREIS

Mo.	29.10.	Eph 4,32–5,8 | Lk 13,10–17
Di.	30.10.	Eph 5,21–33 | Lk 13,18–21
Mi.	31.10.	Eph 6,1–9 | Lk 13,22–30
Do.	1.11.	siehe Seite 821 ff.
Fr.	2.11.	siehe Seite 830 ff.
Sa.	3.11.	Phil 1,18b–26 | Lk 14,1.7–11

31. WOCHE IM JAHRESKREIS

Mo.	5.11.	Phil 2,1–4 | Lk 14,12–14
Di.	6.11.	Phil 2,5–11 | Lk 14,15–24
Mi.	7.11.	Phil 2,12–18 | Lk 14,25–33
Do.	8.11.	Phil 3,3–8a | Lk 15,1–10
Fr.	9.11.	Ez 47,1–2.8–9.12 oder 1 Kor 3,9c–11.16–17 | Joh 2,13–22
Sa.	10.11.	Phil 4,10–19 | Lk 16,9–15

32. WOCHE IM JAHRESKREIS

Mo.	12.11.	Tit 1,1–9 | Lk 17,1–6
Di.	13.11.	Tit 2,1–8.11–14 | Lk 17,7–10

Mi. 14.11. Tit 3,1–7 | Lk 17,11–19
Do. 15.11. Phlm 7–20 | Lk 17,20–25
Fr. 16.11. 2 Joh 4–9 | Lk 17,26–37
Sa. 17.11. 3 Joh 5–8 | Lk 18,1–8

33. WOCHE IM JAHRESKREIS

Mo. 19.11. Offb 1,1–4; 2,1–5a | Lk 18,35–43
Di. 20.11. Offb 3,1–6.14–22 | Lk 19,1–10
Mi. 21.11. Offb 4,1–11 | Lk 19,11–28
Do. 22.11. Offb 5,1–10 | Lk 19,41–44
Fr. 23.11. Offb 10,8–11 | Lk 19,45–48
Sa. 24.11. Offb 11,4–12 | Lk 20,27–40

34. WOCHE IM JAHRESKREIS

Mo. 26.11. Offb 14,1–3.4b–5 | Lk 21,1–4
Di. 27.11. Offb 14,14–19 | Lk 21,5–11
Mi. 28.11. Offb 15,1–4 | Lk 21,12–19
Do. 29.11. Offb 18,1–2.21–23; 19,1–3.9a | Lk 21,20–28
Fr. 30.11. Röm 10,9–18 | Mt 4,18–22
Sa. 1.12. Offb 22,1–7 | Lk 21,34–36

NAMENSTAGSVERZEICHNIS

Die mit (H – Hochfest), (F – Fest), (G – gebotener Gedenktag) und (g – nichtgebotener Gedenktag) gekennzeichneten Heiligen und Seligen sind entsprechend ihrem liturgischen Rang im römischen Generalkalender bzw. deutschsprachigen Regionalkalender erwähnt.

Achilleus 12. 5. *(g)*
Adalbert von Prag 23. 4. *(g)*
Adam 24. 12.
Adelgund 30. 1.
Adelheid 16. 12.
Adolf Kolping 4. 12. *(g)*
Agatha 5. 2. *(G)*
Agnes 21. 1. *(g)*
Agritius 19. 1.
Albert der Große 15. 11. *(g)*
Alexander 10. 7.
Alfons Maria von Liguori 1. 8. *(G)*
Alfred 28. 10.
Aloysius Gonzaga 21. 6. *(G)*
Ambrosius 7. 12. *(G)*
Anastasia 25. 12.
Andreas, Ap. 30. 11. *(F)*
Andreas Dung-Lac 24. 11. *(G)*
Andreas Kim Taegon 20. 9. *(G)*
Angela von Foligno 4. 1.
Angela Merici 27. 1. *(g)*
Anna 26. 7. *(G)*
Anna Katharina Emmerick 9. 2.
Anno 5. 12. *(g)*
Anselm 21. 4. *(g)*
Ansgar von Hamburg 3. 2. *(g)*
Antonius, Abt 17. 1. *(G)*
Antonius Maria Claret 24. 10. *(g)*
Antonius Maria Zaccaria 5. 7. *(g)*
Antonius von Padua 13. 6. *(G)*
Apollinaris 20. 7. *(g)*
Arbogast von Straßburg 21. 7.
Arnold 18. 7.
Arnold Janssen 15. 1.
Athanasius der Große 2. 5. *(G)*
Augustinus 28. 8. *(G)*
Augustinus von Canterbury 27. 5. *(g)*
Augustinus Zhao Rong 9. 7. *(g)*

Bantus 28. 7.
Barbara 4. 12. *(g)*
Barnabas, Ap. 11. 6. *(G)*
Bartholomäus, Ap. 24. 8. *(F)*
Basilius der Große 2. 1. *(G)*
Basin 23. 9.
Beatrix 30. 7.
Beatus 28. 7.
Beda der Ehrwürdige 25. 5. *(g)*
Benedikt Josef Labre 16. 4.
Benedikt von Nursia 11. 7. *(F)*
Benno 16. 6. *(g)*
Bernadette Soubirous 16. 4.
Bernhard von Baden 15. 7.
Bernhard von Clairvaux 20. 8. *(G)*
Bernhardin von Siena 20. 5. *(g)*
Bernward 20. 11.
Berta 28. 11.
Bertold 14. 12.
Birgitta von Schweden 23. 7. *(F)*
Blasius 3. 2. *(g)*
Bonaventura 15. 7. *(G)*
Bonifatius 5. 6. *(F)*
Bonosus 17. 2.
Britto 6. 5.
Bruno 6. 10. *(g)*
Bruno von Köln 11. 10.
Bruno von Querfurt 9. 3. *(g)*
Burkhard 14. 10.

Cäcilia 22. 11. *(G)*
Carl Lampert 13. 11. *(g)*
Charlotte 17. 7.
Christian 4. 2.
Christine 24. 7.
Christophorus 24. 7. *(g)*
Christophorus Magallanes 21. 5. *(g)*
Clemens August Graf von Galen 22. 3.
Cyprian 16. 9. *(G)*
Cyrill (Konstantin) 14. 2. *(F)*
Cyrill von Alexandrien 27. 6. *(g)*
Cyrill von Jerusalem 18. 3. *(g)*

Damasus I. 11. 12. *(g)*
Damian 26. 9. *(g)*
Damian Deveuster 15. 4.
Daniel 21. 7.
David 29. 12.
Detlev 23. 11.
Diana 10. 6.
Dietmar 5. 3.
Dietrich I. 7. 9.
Dionysius 9. 10. *(g)*
Dominikus 8. 8. *(G)*
Dominikus Savio 9. 3.
Dorothea 6. 2.

Eberhard 22. 6.
Edith 8. 12.
Edith Stein (Theresia Benedicta vom Kreuz) 9. 8. *(F)*
Edmund 20. 11.
Eduard 18. 3.
Ekkehard 28. 6.
Eleonore 25. 6.
Elfriede 20. 5.
Elisabeth von Portugal 4. 7. *(g)*
Elisabeth von Thüringen 19. 11. *(G)*
Elmar 28. 8.
Engelbert von Köln 7. 11.
Ephräm der Syrer 9. 6. *(g)*
Erhard 8. 1.
Erich von Schweden 10. 7. *(g)*
Ernst 7. 11.
Eucharius 9. 12.
Eusebius von Vercelli 2. 8. *(g)*
Euthymia 9. 9.
Eva 24. 12.
Ewald 3. 10.

Fabian 20. 1. *(g)*
Fabiola 27. 12.
Felix I. 30. 12.
Felizitas 7. 3. *(G)*
Ferdinand III. 30. 5.
Fidelis von Sigmaringen 24. 4. *(g)*
Florian von Lorch 4. 5. *(g)*
Franz von Assisi 4. 10. *(G)*
Franz von Paula 2. 4. *(g)*
Franz von Sales 24. 1. *(G)*
Franz Xaver 3. 12. *(G)*
Franziska von Rom 9. 3. *(g)*
Fridolin von Säckingen 6. 3. *(g)*
Friedrich 3. 3.

Gabriel 29. 9. *(F)*
Gallus vom Bodensee 16. 10. *(g)*
Gebhard von Konstanz 26. 11. *(g)*
Genovefa 3. 1.
Georg 23. 4. *(g)*
Gereon 10. 10.
Gerhard 24. 9.
Gerold 19. 4.
Gertrud von Altenberg 13. 8.
Gertrud von Helfta 17. 11. *(g)*
Gertrud von Nivelles 17. 3. *(g)*
Gilbert 4. 2.
Gisbert 7. 11.
Gisela 7. 5.
Godehard von Hildesheim 5. 5. *(g)*
Gottfried von Kappenberg 13. 1.

Gregor VII. 25. 5. *(g)*
Gregor der Große 3. 9. *(G)*
Gregor von Nazianz 2. 1. *(G)*
Gregor von Utrecht 26. 8.
Gudula 8. 1.
Guido 4. 5.
Gunther 8. 10.
Gunthild 21. 2.
Gustav 10. 3.

Harald 1. 11.
Hartmut 23. 1.
Hartwig 5. 12.
Hedwig 16. 10. *(g)*
Heimerad von Meßkirch 27. 6.
Heinrich II. 13. 7. *(g)*
Heinrich Seuse 23. 1. *(g)*
Helene 18. 8.
Hemma von Gurk 27. 6. *(g)*
Heribert 30. 8.
Hermann Josef 21. 5. *(g)*
Herta 12. 4.
Hieronymus 30. 9. *(G)*
Hieronymus Ämiliani 8. 2. *(g)*
Hilarius 13. 1. *(g)*
Hildegard von Bingen 17. 9. *(g)*
Hildegard Burjan 12. 6. *(g)*
Hildegund 6. 2.
Hiltrud 27. 9.
Hippolyt 13. 8. *(g)*
Hubert 3. 11. *(g)*
Hugo 1. 4.

Ida von Herzfeld 4. 9.
Ignatius von Antiochien 17. 10. *(G)*
Ignatius von Loyola 31. 7. *(G)*
Ingeborg 30. 7.
Ingrid 2. 9.
Irenäus 28. 6. *(G)*
Irene 1. 4.
Iris 4. 9.
Irmengard 16. 7.
Irmgard von Aspel 19. 2.
Irmgard von Süchteln 4. 9.
Irmina 3. 1.
Isaak Jogues 19. 10. *(g)*
Isabella 22. 2.
Isidor 4. 4. *(g)*

Jakobus der Ältere, Ap. 25. 7. *(F)*
Jakobus der Jüngere, Ap. 3. 5. *(F)*
Januarius 19. 9. *(g)*
Jean de Brébeuf 19. 10. *(g)*
Jeanne d'Arc 30. 5.
Joachim 26. 7. *(G)*
Johanna Franziska von Chantal 12. 8. *(g)*
Johannes, Ap. u. Ev. 27. 12. *(F)*
Johannes I. 18. 5. *(g)*
Johannes Baptist de La Salle 7. 4. *(G)*
Johannes Bosco 31. 1. *(G)*
Johannes Capestrano 23. 10. *(g)*
Johannes Chrysostomus 13. 9. *(G)*
Johannes von Damaskus 4. 12. *(g)*
Johannes Eudes 19. 8. *(g)*
Johannes von Gott 8. 3. *(g)*
Johannes von Kety 23. 12.
Johannes von Krakau 23. 12. *(g)*
Johannes vom Kreuz 14. 12. *(G)*
Johannes Leonhardi 9. 10. *(g)*
Johannes Maria Vianney 4. 8. *(G)*
Johannes Nepomuk 16. 5. *(g)*
Johannes Paul II. 22. 10. *(g)*
Johannes der Täufer 24. 6. *(H)*
John Fisher 22. 6. *(g)*
Josaphat 12. 11. *(G)*
Josef von Calazanz 25. 8. *(g)*
Josemaria Escrivá de Balaguer 26. 6. *(g)*
Josefa Stenmanns 20. 5.
Josefine Bakhita 8. 2. *(g)*
Joseph 19. 3. *(H)*

Juan Diego/Johann Didacus 9. 12. *(g)*
Judas Thaddäus, Ap. 28. 10. *(F)*
Judith 29. 6.
Julia 22. 5.
Justin 1. 6. *(G)*
Jutta 22. 12.

Kajetan 7. 8. *(g)*
Kalixtus I. 14. 10. *(g)*
Kamillus von Lellis 14. 7. *(g)*
Karl Borromäus 4. 11. *(G)*
Karl der Große 28. 1.
Karl Leisner 12. 8.
Karl Lwanga 3. 6. *(G)*
Kasimir 4. 3. *(g)*
Kaspar 6. 1.
Kastor 13. 2.
Katharina von Alexandrien 25. 11. *(g)*
Katharina von Siena 29. 4. *(F)*
Kilian von Würzburg 8. 7. *(g)*
Klara 11. 8. *(G)*
Klaudia 18. 8.
Klemens I. 23. 11. *(g)*
Klemens Maria Hofbauer 15. 3. *(g)*
Knud von Dänemark 10. 7. *(g)*
Kolumban 23. 11. *(g)*
Konrad von Konstanz 26. 11. *(g)*
Konrad von Parzham 21. 4. *(g)*
Korbinian 20. 11.
Kordula 22. 10.
Kornelius 16. 9. *(G)*
Kosmas 26. 9. *(g)*
Kunibert 12. 11.
Kunigunde 13. 7. *(g)*

Lambert von Maastricht 18. 9. *(g)*
Landelin 22. 9.
Laurentius 10. 8. *(F)*
Laurentius von Brindisi 21. 7. *(g)*
Leo der Große 10. 11. *(G)*
Leo IX. 19. 4. *(g)*
Leonhard 6. 11. *(g)*
Leopold III. von Österreich 15. 11. *(g)*
Liborius 23. 7.
Lioba 28. 9. *(g)*
Liudger von Münster 26. 3. *(g)*
Liutwin 23. 9.
Lorenzo Ruiz 28. 9. *(g)*
Lothar 29. 12.
Lubentius 13. 10.
Ludwig IX. 25. 8. *(g)*
Ludwig Maria Grignion de Montfort 28. 4. *(g)*
Lukas, Ev. 18. 10. *(F)*
Luzia 13. 12. *(g)*
Luzius 2. 12. *(g)*

Magdalena Sophie Barat 24. 5.
Magnerich 27. 7.
Manfred 28. 1.
Marcel Callo 19. 4. *(g)*
Marcellinus 2. 6. *(g)*
Margareta 20. 7. *(g)*
Margareta Maria Alacoque 16. 10. *(g)*
Margarete von Schottland 16. 11. *(g)*
Maria 12. 9. *(g)*
Maria Droste zu Vischering 8. 6.
Maria Goretti 6. 7. *(g)*
Maria Magdalena 22. 7. *(F)*
Maria Magdalena von Pazzi 25. 5. *(g)*
Marina 17. 7.
Marius 19. 1.
Markus, Ev. 25. 4. *(F)*
Marta 29. 7. *(G)*
Martin I. 13. 4. *(g)*
Martin von Porres 3. 11. *(g)*
Martin von Tours 11. 11. *(G)*
Martina 30. 1.
Maternus 11. 9.
Mathilde 14. 3. *(g)*
Matthäus, Ap. 21. 9. *(F)*

Matthias, Ap. 24. 2. *(F)*
Mauritius 22. 9. *(g)*
Maximin 29. 5.
Maximilian Maria Kolbe 14. 8. *(G)*
Mechthild 26. 2.
Medard 8. 6.
Meinrad von Reichenau 21. 1. *(g)*
Melanie 31. 12.
Melitta 15. 9.
Methodius 14. 2. *(F)*
Michael 29. 9. *(F)*
Mildred 13. 7.
Modesta 6. 11.
Modoald 12. 5.
Monika 27. 8. *(G)*

Natalie 1. 12.
Nepomuk Neumann 5. 1. *(g)*
Nereus 12. 5. *(g)*
Niels Stensen 25. 11.
Niketius 3. 10.
Nikolaus 6. 12. *(g)*
Nikolaus von Flüe 25. 9. *(g)*
Norbert von Xanten 6. 6. *(g)*
Notburg 15. 9.

Odilia 13. 12. *(g)*
Olaf von Norwegen 10. 7. *(g)*
Olga 11. 7.
Oliver 11. 7.
Oswald 5. 8.
Otmar von St. Gallen 16. 11.
Otto von Bamberg 30. 6. *(g)*

Pankratius 12. 5. *(g)*
Patrick 17. 3. *(g)*
Paul Chon Hasang 20. 9. *(G)*
Paul vom Kreuz 19. 10. *(g)*
Paul Miki 6. 2. *(G)*
Paulinus von Nola 22. 6. *(g)*
Paulinus von Trier 31. 8. *(g)*
Paulus, Ap. 29. 6. *(H)*
Pelagius 1. 9.
Perpetua 7. 3. *(G)*
Peter Chanel 28. 4. *(g)*
Petronilla 31. 5.
Petrus 2. 6. *(g)*
Petrus, Ap. 29. 6. *(H)*
Petrus Chrysologus 30. 7. *(g)*
Petrus Claver 9. 9. *(g)*
Petrus Damiani 21. 2. *(g)*
Petrus Fourier 9. 12.
Petrus Julianus Eymard 2. 8. *(g)*
Petrus Kanisius 27. 4. *(g)*
Pierre Chanel 28. 4. *(g)*
Philipp Neri 26. 5. *(G)*
Philippus, Ap. 3. 5. *(F)*
Pirmin 3. 11. *(g)*
Pius V. 30. 4. *(g)*
Pius von Pietrelcina 23. 9. *(G)*
Pius X. 21. 8. *(G)*
Polykarp 23. 2. *(G)*
Pontianus 13. 8. *(g)*

Rabanus Maurus 4. 2. *(g)*
Rafael 29. 9. *(F)*
Raimund Nonnatus 31. 8.
Raimund von Peñafort 7. 1. *(g)*
Regina 22. 8.
Reiner 14. 1.
Reinhard 7. 3.
Reinhild 30. 5.
Remigius 1. 10.
Renate 22. 5.
Richard 30. 12.
Rita 22. 5. *(g)*
Robert Bellarmin 17. 9. *(g)*
Roland 15. 9.
Romuald 19. 6. *(g)*
Rosa von Lima 23. 8. *(g)*

Roswitha 5. 9.
Rudolf 17. 4.
Rupert 24. 9. *(g)*
Ruth 1. 9.

Sabina 29. 8.
Scharbel Mahluf 24. 7. *(g)*
Scholastika 10. 2. *(G)*
Sebastian 20. 1. *(g)*
Severin von Norikum 8. 1. *(g)*
Sigfrid 15. 2.
Sigismund 2. 5.
Silvester I. 31. 12. *(g)*
Simeon von Trier 1. 6.
Simon, Ap. 28. 10. *(F)*
Sixtus II. 7. 8.
Sophia 15. 5.
Stanislaus 11. 4. *(G)*
Stephan I. von Ungarn 16. 8. *(g)*
Stephanus 26. 12. *(F)*
Susanna 11. 8.

Thea 25. 7.
Thekla 23. 9.
Theodor 19. 9.
Theresia von Jesus (von Avila) 15. 10. *(G)*
Theresia vom Kinde Jesus 1. 10. *(G)*
Thomas, Ap. 3. 7. *(F)*
Thomas von Aquin 28. 1. *(G)*
Thomas Becket 29. 12. *(g)*
Thomas Morus 22. 6. *(g)*
Timotheus 26. 1. *(G)*
Titus 26. 1. *(G)*
Tobias 13. 9.
Turibio von Mongrovejo 23. 3. *(g)*
Trudpert von Breisgau 26. 4.

Ulrich von Augsburg 4. 7. *(g)*
Ulrich von Zell 14. 7.
Ursula 21. 10. *(g)*

Valentin von Rätien 7. 1. *(g)*
Valerius 29. 1.
Vera 24. 1.
Verena von Zurzach 1. 9.
Veronika 4. 2.
Viktor 10. 10.
Viktoria 23. 12.
Vinzenz 22. 1. *(g)*
Vinzenz Ferrer 5. 4. *(g)*
Vinzenz Pallotti 22. 1.
Vinzenz von Paul 27. 9. *(G)*
Virgil 24. 9. *(g)*
Vitus 15. 6. *(g)*
Volker 7. 3.

Walburga von Tauberbischofsheim 25. 2. *(g)*
Walter 17. 5.
Wendelin von der Saar 20. 10. *(g)*
Wenzel 28. 9. *(g)*
Werner 19. 4.
Wilfrid 24. 4.
Wilhelm 28. 5.
Willehad 8. 11.
Willibald von Eichstätt 7. 7. *(g)*
Willibrord 7. 11. *(g)*
Willigis 23. 2.
Wiltrud 6. 1.
Wolfgang von Regensburg 31. 10. *(g)*
Wolfram 25. 1.

Xystus II. 7. 8. *(g)*

Zacharias 15. 3.

QUELLENNACHWEIS

S. 21: aus: Gisela Baltes/Friedrich Lurz/Dorothee Sandherr-Klemp, Der Herr ist nicht mehr fern. Meditationen und Andachten zum Advent, Kevelaer 2015, www.bube.de, S. 118.
S. 30: aus: Madeleine Delbrêl, Wir Nachbarn der Kommunisten. Diagnosen, Übersetzung und Vorwort von Hans Urs von Balthasar, © 1975 Johannes Verlag, Einsiedeln, S. 56.
S. 38: aus: Dag Hammarskjöld, Zeichen am Weg. Das spirituelle Tagebuch des UN-Generalsekretärs. Aus dem Schwedischen von Anton Graf Knyphausen, Verlag Urachhaus, Stuttgart ^{4}2016.
S. 93: aus: Alex Stock, Orationen. Die Tagesgebete der Festzeiten, © 2014 Friedrich Pustet, Regensburg, S. 41 f.
S. 105: aus: Papst Franziskus, Amoris Laetitia, © Libreria Editrice Vaticana.
S. 121: Rose Ausländer, In dir, aus: Dies., Wieder ein Tag aus Glut und Wind. Gedichte 1980–1982, © S. Fischer Verlag GmbH, Frankfurt am Main 1986.
S. 139: aus: Said, Psalmen, © 2007 Verlag C. H. Beck, München, S. 57.
S. 146: aus: Erich Fried, Gesammelte Werke. © 1998 Wagenbach Verlag, Berlin.
S. 154: aus: Lothar Zenetti, Auf Seiner Spur. Texte gläubiger Zuversicht, © Matthias Grünewald Verlag der Schwabenverlag AG, Ostfildern 2011, www.verlagsgruppe-patmos.de.
S. 172: aus: Gisela Baltes, Dein Wort – mein Leben. Impulstexte zur Bibel, © 2011 Butzon & Bercker GmbH, Kevelaer, www.bube.de, S. 108.
S. 180: aus: Gisela Baltes, Meine Wege – deine Wege, 2007 Butzon & Bercker GmbH, Kevelaer, www.bube.de, S. 121, © Gisela Baltes.
S. 190: © Bernhard Meuser.
S. 198: aus: Wilhelm Willms, meine schritte kreisen um die mitte. neues lied im alten land, © 1984 Butzon & Bercker GmbH, Kevelaer, www.bube.de, S. 136.
S. 206: aus: Martin Buber, Ich und Du, © 1999 Gütersloher Verlagshaus, Gütersloh, in der Verlagsgruppe Random House GmbH.
S. 216: zitiert nach: Helga Kohler-Spiegel, Todestag von Elsa Brandström, in: Rudolf Englert (Hg.), Woran Sie glaubten, wofür sie lebten. Vorbilder für die 365 Tage des Jahres. Ein Kalenderbuch, © Helga Kohler-Spiegel.
S. 232: © Strube Verlag, München.
S. 241: aus: Heinz Janssen, Der Mann am Rande. Josef aus dem Haus David, © 1995 Butzon & Bercker GmbH, Kevelaer, www.bube.de, S. 91.
S. 362: Papst Franziskus, Jubiläums-Audienz, Donnerstag, 30. Juni 2016, © Libreria Editrice Vaticana.

S. 378: aus: Bertolt Brecht, Werke. Große kommentierte Berliner und Frankfurter Ausgabe. Band 15: Gedichte 5, © 1993 Suhrkamp, Frankfurt am Main, S. 117.
S. 402: Teresa von Avila, „Denn meiner Meinung nach …", aus: Dies., Das Buch meines Lebens. Übersetzt und herausgegeben von Ulrich Dobhan & Elisabeth Peeters, © Verlag Herder GmbH, Freiburg i. Br. 2001, S. 156f.
S. 457: aus: Wilhelm Willms, aus der luft gegriffen. bausteine zu gottesdiensten mit kindern und familien, © 1976 (2. Auflage 1978) Butzon & Bercker GmbH, Kevelaer, www.bube.de, S. 114f.
S. 458: © Eleonore Beck.
S. 599: aus: Wilhelm Willms, meine schritte kreisen um die mitte. neues lied im alten land, © 1984 Butzon & Bercker GmbH, Kevelaer, www.bube.de, S. 30f.
S. 618: © Eleonore Beck.
S. 644: © Gisela Baltes.
S. 653: aus: Wilhelm Willms, meine schritte kreisen um die mitte. neues lied im alten land, © 1984 Butzon & Bercker GmbH, Kevelaer, www.bube.de, S. 32.
S. 663: aus: Kurt Marti, Leichenreden, © 2001 Nagel & Kimche im Carl Hanser Verlag, München.
S. 671: © Gabriele Miller.
S. 679: © Eleonore Beck.
S. 687: aus: Wilhelm Willms, meine schritte kreisen um die mitte. neues lied im alten land, © 1984 Butzon & Bercker GmbH, Kevelaer, www.bube.de, S. 130.
S. 719: aus: Wilhelm Willms, meine Schritte kreisen um die mitte. neues lied im alten land, ©1984 Butzon & Bercker GmbH, Kevelaer, www.bube.de, S. 106.
S. 728: aus: Dom Hélder Câmara, Maria – eine Mutter auf meinem Weg, S. 63, © 1985 Verlag Neue Stadt GmbH, München.
S. 753: aus: Unter den Sternen. Theologische, astronomische und poetische Miniaturen zur Jahrtausendwende, hg. von J. Wohlmuth, Borengässer Bonn 1999, S. 125, © Josef Wohlmuth.
S. 762: aus: Unter den Sternen. Theologische, astronomische und poetische Miniaturen zur Jahrtausendwende, hg. von J. Wohlmuth, Borengässer Bonn 1999, S. 125, © Josef Wohlmuth.
S. 770: aus: Gisela Baltes, Meine Wege – deine Wege, 2007 Butzon & Bercker GmbH, Kevelaer, S. 25, www.bube.de, © Gisela Baltes.
S. 786: aus: Wilhelm Willms, meine schritte kreisen um die mitte. neues lied im alten land,© 1984 Butzon & Bercker GmbH, Kevelaer, www.bube.de, S. 141.

S. 795: aus: Unter den Sternen. Theologische, astronomische und poetische Miniaturen zur Jahrtausendwende, hg. von J. Wohlmuth, Borengässer Bonn 1999, S. 125, © Josef Wohlmuth.
S. 804: © Libreria Editrice Vaticana.
S. 820: aus: Mirijam Schaeidt, Hindurch ins Licht. Wege der Hoffnung im Geist der Benediktusregel, © Echter Verlag Würzburg 2012, S. 103.
S. 829: aus: Lisa Oesterheld, Gottesschimmer: geistliche Gedichte, © Echter Verlag Würzburg 2016, S. 25.
S. 838: aus: Lisa Oesterheld, Gottesschimmer: geistliche Gedichte, © Echter Verlag Würzburg 2016, S. 30.
S. 854: aus: Mirijam Schaeidt, Hindurch ins Licht. Wege der Hoffnung im Geist der Benediktusregel, © Echter Verlag Würzburg 2012, S. 67.
S. 862: aus: Lisa Oesterheld, Gottesschimmer: geistliche Gedichte, © Echter Verlag Würzburg 2016, S. 59.
S. 871: aus: Lisa Oesterheld, Gottesschimmer: geistliche Gedichte, © Echter Verlag Würzburg 2016, S. 50.

Die Rechte an den übrigen namentlich gezeichneten Texten liegen bei den Verfassern/Verfasserinnen.

Wir sind bemüht, jeweils die genaue Quelle anzugeben. Trotz intensiver Recherche war dies nicht in allen Fällen möglich. Für entsprechende Hinweise ist der Verlag dankbar.